Das

Militär-Strafgesetzbuch

für

das Deutsche Reich

nebst dem Einführungsgesetz,

erläutert durch

Karl Hecker,

Königl. Preuß. Divisions-Auditeur bei der 11. Division zu Breslau.

Berlin,

Druck und Verlag von G. Reimer.

1877.

Sr. Excellenz

dem General-Auditeur der Armee und der Marine

Herrn Dr. jur. Eduard Fleck

als Zeichen
aufrichtigster Verehrung und Dankbarkeit
gewidmet.

Vorrede.

Das vorliegende Werk beabsichtigt Juristen und Nichtjuristen bei Handhabung der einzelnen Bestimmungen des Militär-Strafgesetzbuches für das Deutsche Reich möglichst schnellen und sichern Aufschluß zur Lösung zweifelhafter Fragen zu geben, will daher, wie Oppenhoff's Kommentar zum Strafgesetzbuche für das Deutsche Reich, dem es sich in Form und Behandlung des Stoffes eng anschließt, ein praktisches Handbuch und kein systematisches Lehrbuch sein.

Wie Oppenhoff — namentlich in seiner ersten Ausgabe — seinen Aufschlüssen hauptsächlich die Entscheidungen der höchsten Preußischen Gerichtshöfe zu Grunde gelegt hat, so sind in dem vorliegenden Kommentar die Entscheidungen des Preußischen General-Auditoriats, also derjenigen Behörde, welche zur Herbeiführung einer möglichst einheitlichen Rechtsprechung in der Militär-Justiz im Deutschen Reiche vornehmlich berufen ist, ganz besonders berücksichtigt und damit die in Preußen und dem Geltungsbereiche des früheren Preußischen Militär-Strafgesetzbuches bisher gepflegten Rechtsgrundsätze, welche auf einer durch das Militär-Strafgesetzbuch für das Deutsche Reich nicht veränderten, im Preußischen Heere tief eingewurzelten Rechtsanschauung beruhen und in den bisher erschienenen Kommentaren nicht überall gehörig gewürdigt worden sind, zur Geltung gebracht.

Dennoch hat sich der Verfasser bei seiner Auslegung zweifelhafter Rechtsfragen nicht etwa lediglich durch Rücksichten der Disziplin leiten lassen, sondern die wissenschaftlichen Interpretations-Regeln gewissenhaft befolgt und nur da, wo bei unklarem Wortlaut eine sichere Ermittelung des gesetzgeberischen Willens nicht möglich war, sich für berechtigt gehalten, die Rücksicht auf die Erhaltung der Disziplin, der Grundbedingung einer schlagfertigen Armee, in den Vordergrund zu stellen.

Um den Zweck eines praktischen Handbuches möglichst zu erreichen, hat der Verfasser vor Allem erschöpfende Kürze und Uebersichtlichkeit angestrebt, weitläufige Deduktionen aber, soweit sie nicht zur Widerlegung entgegenstehender Ansichten in wesentlichen Fragen geboten erschienen, möglichst vermieden. In den Citaten sind, soweit es nur irgend anging, die eigenen Worte der betreffenden Autoren wiedergegeben. Dies ist namentlich bei Anführung der Motive, der Beschlüsse des Preußischen General-Auditoriats sowie der Kommentare von Fleck, Oberniedermayr und Oppenhoff der Fall. Doch sind als solche Citate nur diejenigen Ausführungen anzusehen, welche mit der Bezeichnung der Quelle ohne die Vorzeichen vgl. oder cf. schließen.

Breslau, den 3. November 1876.

K. H.

Inhalts-Verzeichniß.

Erklärung
der hauptsächlichsten Abkürzungen.

Entw.	=	Entwurf zum Militär-Strafgesetzbuch für das Deutsche Reich.
RStGB. oder StGB. f. d. D. R.	=	bürgerliches Strafgesetzbuch für das Deutsche Reich.
Mil.-StGB. f. d. D. R.	=	Militär-Strafgesetzbuch für das Deutsche Reich.
EG.	=	Einführungsgesetz zu demselben.
Pr. AKO.	=	Preußische Allerhöchste Kabinets-Ordre.
RGBl.	=	Reichsgesetzblatt.
AVBl.	=	Preußisches Armee-Verordnungs-Blatt.
RMG.	=	Reichs-Militärgesetz.
VRglm.	=	Preußisches Strafvollstreckungs-Reglement.
Fleck	=	Kommentar über das Strafgesetzbuch für das Preußische Heer (I. Theil) von Eduard Fleck. Berlin 1869.
Oberniedermayr	=	Kommentar zum Bayerischen Militär-Strafgesetzbuch von Ludwig Oberniedermayr. München 1870.
Oppenhoff	=	Das Strafgesetzbuch für das Deutsche Reich, erläutert durch Dr. F. C. Oppenhoff, herausgegeben von Th. F. Oppenhoff. Berlin 1876.
Schwarze	=	Kommentar zum Strafgesetzbuch für das Deutsche Reich von Dr. Friedrich Oskar Schwarze. Leipzig 1873.
Schwarze, Ergänzungen	=	Ergänzungen zu dem Kommentar des Deutschen Strafgesetzbuches von Dr. Friedrich Oskar von Schwarze. Leipzig 1876.
Rüdorff	=	Strafgesetzbuch für das Deutsche Reich (Neue Fassung). Berlin 1876.
Brauer	=	Handbuch des Militärstrafrechts von Dr. Brauer. Erlangen 1872.
Rubo	=	Militär-Strafgesetzbuch für das Deutsche Reich (Text-Ausgabe mit Anmerkungen &c.) von Dr. Rubo. Berlin 1872.
Keller	=	Militär-Strafgesetzbuch für das Deutsche Reich, erläutert von C. Keller II. Auflage. Berlin 1873.
Solms	=	Strafrecht und Strafprozeß für das Deutsche Heer, erläutert von Solms. Berlin 1873.

Weissenbach = Das Militär-Strafgesetzbuch für das Deutsche Reich, erläutert von Julius Weissenbach. Kassel 1873.

Herbst = Studien zum Militär-Strafgesetzbuch für das Deutsche Reich von G. Herbst. Leipzig 1873.

Koppmann = Das Militär-Strafgesetzbuch für das Deutsche Reich nebst dem Einführungsgesetze. Mit Kommentar herausgegeben von Clemens Koppmann. Nördlingen 1875.

Einleitung*).

Die Verfassung für den Norddeutschen Bund enthält in Artikel 61 die Bestimmung, daß „nach Publikation dieser Verfassung in dem ganzen Bundesgebiete die gesammte Preußische Militär-Gesetzgebung ungesäumt eingeführt“, daß aber nach Durchführung der Kriegsorganisation des Deutschen Heeres „ein umfassendes Reichsmilitär-Gesetz“ geschaffen werden solle.

Auf Grund dieser Verfassungsbestimmung ist durch Verordnung vom 29. Dezember 1867 (Bundesgesetzblatt S. 185) „das in Preußen geltende Militärstrafrecht, insbesondere das Strafgesetzbuch für das Preußische Heer vom 3. April 1845“, in das ganze damalige Bundesgebiet eingeführt worden, mit Ausschluß des Königreichs Sachsen, welches bereits am 4. November 1867 ein im Wesentlichen dem Preußischen nachgebildetes Militär-Strafgesetzbuch — unter Aufhebung seines bisherigen Militär-Strafgesetzbuches vom 11. August 1855 — eingeführt hatte.

Als der Norddeutsche Bund sich zum Deutschen Reich erweiterte, wurde in § 5 des Vertrages über den Beitritt des Königreichs Bayern zur Verfassung des Deutschen Bundes vom 23. November 1870 (Reichsgesetzblatt 1871 S. 19) bestimmt:

> daß der Art. 61 der Verfassung auf Bayern keine Anwendung finde, Bayern vielmehr „zunächst seine Militärgesetzgebung behalten“ solle.

Desgleichen wurde in der Militär-Konvention zwischen dem Norddeutschen Bunde und dem Königreich Württemberg vom 21./25. November 1870 (Bundesgesetzblatt des Nordd. B. S. 661, Art. 10) festgesetzt:

> daß das Württembergische Militär-Strafgesetzbuch „vorerst und bis zur Regelung im Wege der Bundesgesetzgebung in Geltung verbleiben“ solle.

Der Rechtszustand im Deutschen Reiche war somit in Bezug auf das Militärstrafrecht damals folgender:

Es galten in demselben:

a) das Preußische Militär-Strafgesetzbuch vom 3. April 1845,
b) das Bayerische Militär-Strafgesetzbuch vom 1. Januar 1870 in Bayern,
c) das Sächsische vom 4. November 1867 in Sachsen,
d) das Württembergische Militär-Strafgesetzbuch vom 20. Juli 1818 in Württemberg.

---

*) Die Einleitung ist zum größten Theil den amtlichen Motiven entnommen.

Es bestand hiernach eine Disparität zwischen der Geltung des Civilstrafrechts und des Militärstrafrechts im Deutschen Reiche. Denn das Strafgesetzbuch für das Deutsche Reich vom 31. Mai 1870 galt bereits im ganzen Reiche, war also schon ein einheitliches, das Militärstrafrecht war jedoch ein verschiedenes, buntes.

Schon diese Anomalie mußte dahin führen, daß das Reich auf die Herstellung eines gemeinsamen Militärstrafrechts Bedacht nahm. Es lag aber dafür noch ein tieferer Grund vor, der darauf mit einer zwingenden inneren Nothwendigkeit hinwies, ein gemeinsames Deutsches Militär-Strafgesetzbuch zu schaffen.

Dieser Grund lag darin, daß zwischen dem Deutschen Civilstrafrechte und dem Militärstrafrechte Verschiedenheiten in den allgemeinen maaßgebenden Grundsätzen bestanden, die mit innerer Nothwendigkeit eine Ausgleichung erheischten, wenn das Militärstrafrecht nicht hinter den Anforderungen der Wissenschaft und denjenigen Anforderungen, die an eine gute Rechtspflege zu machen sind, zurückbleiben, nicht der Gefahr der Isolirung und damit der Erstarrung Preis gegeben werden sollte.

Die Erkenntniß, daß es durchaus nothwendig sei, schon dieser Ausgleichung wegen das Militärstrafrecht zu reformiren, führte bereits bei der Berathung des Strafgesetzbuches im Reichstage des Norddeutschen Bundes zu dem Antrage

> „auf baldmöglichste Vorlage über eine Revision der Militär-Strafgesetzgebung".

Ueber den Antrag ward in der Sitzung vom 3. März 1870 — Sten. Ber. S. 561 — verhandelt und der Bundesbevollmächtigte, Kriegsminister Graf Dr. von Roon erklärte bei dieser Verhandlung:

> „es könne darüber gar kein Zweifel bestehen, daß sich die Militär-Strafgesetzgebung der allgemeinen Landes-Gesetzgebung anzuschließen habe, und daß, wenn das neue Civil-Strafgesetzbuch zu Stande kommen sollte, auch das Militärstrafrecht modifizirt werden müsse." —

Der Antrag wurde darauf angenommen. (S. 547.)

Nachdem das Strafgesetzbuch zu Stande gekommen, war damit zugleich der Zeitpunkt eingetreten, um auf die Einlösung der gemachten Zusage Bedacht zu nehmen. Der Bundesrath beschloß deshalb, den Reichskanzler zu ersuchen, die Ausarbeitung eines Militär-Strafgesetzbuchs herbeizuführen und der Reichskanzler ersuchte demnächst den Preußischen Kriegsminister, die Aufstellung eines Militär-Strafgesetzbuches für das Deutsche Reich zu veranlassen.

Dem Ansuchen wurde entsprochen; ein Entwurf ward aufgestellt und dieser Entwurf demnächst in einer aus Militärs, Militär- und Civiljuristen zusammengesetzten Kommission während einer umfassenden, 4 Monate dauernden Berathung revidirt.

Ueber die von der Kommission befolgte Methode ist Folgendes zu bemerken:

I. Man konnte sich nicht die Aufgabe stellen, ein ganz neues, von den in den Deutschen Staaten bestehenden Militär-Strafgesetzgebungen durchaus unabhängiges Gesetz zu entwerfen. Ein Bedürfniß zur Wahl dieses, von dem Gesetzgeber überhaupt nur in Ausnahmefällen einzuschlagenden Weges ließ sich nicht anerkennen. Gleichwie bei Aufstellung des Strafgesetzbuches für das Deutsche Reich ging man auch hier davon aus, daß es einem Gebot gesunder Gesetzgebungspolitik entspreche, in einem Falle, wie dem vorliegenden, sich an vorhandenes Gute anzuschließen, dieses auszubauen, zu verbessern und solchergestalt dem neu hervorgetretenen Bedürfnisse anzupassen.

Zweifelhaft war es daher nicht, daß die Ausführung des Werkes nur durch Anschluß an eins der damals in den Deutschen Staaten geltenden Militär-Strafgesetzbücher zu versuchen sein werde.

Bei Erörterung der sodann zunächst zu beantwortenden Frage aber,

welches der in den Deutschen Staaten geltenden Militär-Strafgesetzbücher dem Werke zu Grunde zu legen und für den beabsichtigten Zweck auszubauen sei,

konnten nach dem damaligen Stande der Militär-Strafgesetzgebung in den Deutschen Staaten nur das Preußische und das Bayerische Militär-Strafgesetzbuch in Betracht kommen und einer vergleichenden Prüfung unterworfen werden.

Das Bayerische Militär-Strafgesetzbuch war das neueste; seine Geltung erstreckte sich auf das Königreich Bayern und datirte vom 1. Januar 1870. Die Vorschriften desselben stimmen vielfach mit den Preußischen Militär-Strafgesetzen überein; auch enthält dieses Gesetzbuch außerdem eine nicht unbeträchtliche Anzahl anderer Bestimmungen, welche zur Aufnahme in ein Militär-Strafgesetzbuch für das Deutsche Reich wohl geeignet erschienen. Dasselbe schloß sich jedoch zugleich sehr eng den bisher im Königreich Bayern geltend gewesenen allgemeinen Strafgesetzen an und befand sich in Folge dessen nicht weniger als das Preußische Militär-Strafgesetzbuch in Disparität mit dem Strafgesetzbuche für das Deutsche Reich. Auch ließ bei der kurzen Zeit der Geltung dieses Gesetzbuches sich noch nicht übersehen, in wie weit dasselbe vorwiegend den militärischen Verhältnissen des gesammten Deutschen Heeres entsprechen möchte. — Das Preußische Militär-Strafgesetzbuch dagegen bestand bereits seit 27 Jahren. Sein Geltungsbereich erstreckte sich auf sämmtliche Deutsche Staaten mit alleiniger Ausnahme von Bayern, Sachsen und Württemberg. Auch war dasselbe der großen Mehrzahl der Deutschen Militär-Juristen und dem größten Theile des Deutschen Heeres bekannt und geläufig. Ueberdies war nicht zu verkennen, daß die Preußische Militärgesetzgebung zur Befestigung und Erhaltung der mit Recht rühmend anerkannten Disziplin, welche die glorreichen Erfolge des letzten Feldzugs nicht wenig gefördert, wesentlich beigetragen hat.

Aus diesem Grunde wurden bei Aufstellung des Entwurfs eines Militär-Strafgesetzbuches für das Deutsche Reich die Preußischen materiellen Militär-Strafgesetze im Wesentlichen zur Grundlage genommen.

II. Man bemühte sich, den Entwurf von allem Detail fern zu halten und nur die wirklichen Strafvorschriften mit eigentlich legislativem Inhalt zu geben, alles Reglementarische dagegen auszuscheiden.

III. Leitender Gedanke war:

das Militär-Strafrecht in Bezug auf systematischen Aufbau des Gesetzes thunlichst dem Deutschen Civilstrafrechte, insbesondere also dem Strafgesetzbuche für das Deutsche Reich zu assimiliren, es mit den leitenden Gedanken desselben, und dadurch mit den Anforderungen der heutigen Strafrechtswissenschaft in Einklang zu bringen,

beides aber immer nur in so weit:

als die besonderen Bedürfnisse des Heeres, und die als oberstes Gesetz geltende Rücksicht auf die Erhaltung der Disziplin in demselben, damit vereinbar erschien.

IV. Ferner war man bemüht, den berechtigten Anforderungen an Humanität und zulässige Milde Genüge zu leisten.

V. Endlich sind die Erfahrungen, vornehmlich des Deutsch-Französischen Krieges durch Ausfüllung der in diesem Kriege erkannten Lücken des Strafrechts verwerthet worden.

Der so revidirte Entwurf wurde von einer aus 21 Mitgliedern gebildeten Kommission demnächst berathen und nicht unwesentlich modifizirt.

Insbesondere suchte die Kommission einen noch engeren Anschluß an die Grundsätze des Reichsstrafgesetzbuches zu schaffen, indem sie die besonderen militärischen Freiheitsstrafen bis auf die Arreststrafen beseitigte.

Der so modifizirte Entwurf des Militär-Strafgesetzbuches für das Deutsche Reich gelangte demnächst im Reichstage zur Annahme und wurde nach erfolgter Zustimmung des Bundesrathes unterm 20. Juni 1872 auf Schloß Babelsberg von Seiner Majestät dem Kaiser Wilhelm vollzogen.

Durch Gesetz vom 8. Juli 1872 wurde die Geltung des Militär-Strafgesetzbuches für das Deutsche Reich und des Einführungsgesetzes zu demselben auch auf Elsaß-Lothringen ausgedehnt.

Einführungsgesetz

zum

Militär-Strafgesetzbuche für das Deutsche Reich.

Vom 20. Juni 1872.

Wir Wilhelm, von Gottes Gnaden Deutscher Kaiser, König von Preußen &c.
verordnen im Namen des Deutschen Reichs, nach erfolgter Zustimmung des Bundesrathes und des Reichstages, was folgt:

§ 1.

Das Militär-Strafgesetzbuch für das Deutsche Reich tritt im ganzen Umfange des Bundesgebietes mit dem 1. Oktober 1872 in Kraft.

[Entw. § 1.]

---

§§ 1 und 2.

Inhalt:

1. Wie die Motive hervorheben, bedurfte es nach Lage der Reichsgesetzgebung zur Einführung des Militär-Strafgesetzbuches für das Deutsche Reich in Elsaß und Lothringen noch einer besonderen Kaiserlichen Verordnung (vergl. § 3 des Gesetzes, betreffend die Vereinigung von Elsaß und Lothringen mit dem Deutschen Reiche vom 9. Juni 1871 [RGBl. s. 212]).

Diese Verordnung ist am 8. Juli 1872 erlassen worden (GBl. für Elsaß s. 473).

2. Das Ziel, vermittels des vorliegenden Gesetzes ein einheitlich Deutsches Militärstrafrecht herzustellen, konnte nur erreicht werden, wenn alle noch im Bundesgebiete geltenden materiellen Militär-Strafbestimmungen aufgehoben wurden.

Das Gesetz hat nur solche Handlungen mit Strafe bedroht, die wegen ihrer Schwere einen strafrechtlichen Charakter an sich tragen oder haben können. Solche Handlungen, bei denen eine Disziplinarbestrafung stets ausreicht, hat es nicht aufgenommen.

Dies bewirkt, daß von den bisher geltenden materiellen Bestimmungen des Militär-Strafrechts diejenigen nicht aufgehoben werden durften, welche nur Disziplinar-Vorschriften enthalten. Dergleichen sind seither nicht im Wege der Gesetzgebung, sondern verfassungsmäßig nur durch Verordnungen erlassen worden.

§ 2.

Mit diesem Tage treten im ganzen Bundesgebiete alle Militärstrafgesetze, insoweit sie materielles Strafrecht zum Gegenstande haben, außer Kraft.

In Kraft bleiben die Vorschriften über die Bestrafung der von Landgendarmen begangenen strafbaren Handlungen, sowie die Vorschriften über die Bestrafung der Fahnenflüchtigen im Wege des Ungehorsams- (Kontumazial-) Verfahrens.

Dies berücksichtigt Absatz 1 in § 2 des Einführungsgesetzes, wenn ausweislich desselben im ganzen Bundesgebiete alle Militär-Strafgesetze außer Kraft treten sollen, insoweit sie materielles Strafrecht zum Gegenstande haben. Letztere Beschränkung ist von selbst gegeben, da das formale Militärstrafrecht noch nicht Gegenstand der Reichsgesetzgebung geworden ist (Motive).

In Kraft geblieben sind von materiellen Strafbestimmungen außer den Disziplinar-Vorschriften auch die Bestimmungen über die Ehrengerichte, welche gleich den Disziplinar-Vorschriften nur auf Verordnungen beruhen.

3. Wenn nach § 2 Abs. 2 die Vorschriften über Bestrafung der von Landgendarmen begangenen strafbaren Handlungen in Kraft bleiben sollen, so beruht dies darauf, daß unter den einzelnen Bundesstaaten noch nicht eine Uebereinstimmung darüber besteht, ob die Landgendarmen zu den Militär-Personen gehören oder nicht gehören. Während sie z. B. im Königreich Preußen den Militärpersonen zugezählt werden, schließt sie dagegen die Gesetzgebung anderer Bundesstaaten von denselben aus. Eine Uebereinstimmung bereits jetzt herbeizuführen, war nicht angezeigt, da dies nur unter Eingreifen in organisatorische Vorschriften einzelner Staaten erfolgen konnte (Motive).

In Preußen und im ganzen Geltungsbereiche des Preußischen Militär-Strafgesetzbuches finden auf die Landgendarmen in Beziehung auf materielles Strafrecht die Bestimmungen des an die Stelle des Preußischen Mil.-StGB. getretenen Mil.-StGB. f. d. D. R. Anwendung.

Nur die besonderen Vorschriften des Preuß. Mil.-StGB. über die von Landgendarmen begangenen strafbaren Handlungen bleiben in Kraft.

Es sind dies die Bestimmungen der §§ 48 Abs. 2 und 3 und 188 Th. I. des Preußischen Mil.-StGB. vom 3. April 1845.

Dieselben lauten:

> § 48. Wo Versetzung in die zweite Klasse des Soldatenstandes oder Degradation stattfindet, ist gegen Landgendarmen stets noch außerdem auf Entlassung aus der Gendarmerie zu erkennen.
>
> Auch muß auf diese Entlassung jederzeit erkannt werden, wenn ein Landgendarm wegen Verletzung seiner Amtspflichten zum dritten Male gerichtlich mit der ordentlichen gesetzlichen Strafe belegt wird.
>
> § 188. Landgendarmen, welche in Ausübung des Dienstes sich des Mißbrauchs der Dienstgewalt schuldig machen, sind ebenso zu bestrafen, wie Vorgesetzte, die sich ein solches Verbrechen gegen Untergebene zu Schulden kommen lassen. Machen sie sich des Mißbrauchs der Dienstgewalt gegen Personen schuldig, welche außer diesem Dienstverhältniß ihre Vorgesetzten sind, so ist dies bei Zumessung der Strafe als ein erschwerender Umstand oder als ein Grund zur Verschärfung der Strafe zu betrachten (cf. Beschluß des Pr. General-Auditoriats vom 25. Sept. 1872).

4. Gegenüber den Landgendarmen im Dienst haben die denselben in militärischem Range vorgehenden Militär-Personen nur insoweit die Befehls-Befugniß von Vorgesetzten, als sie deren wirkliche Dienstvorgesetzte sind, d. h. dem Gendarmerie Korps selbst angehören oder sich bei demselben im Dienst befinden.

Die den Landgendarmen im Range nachstehenden Militär-Personen sind der Befehls-Befugniß sämmtlicher Landgendarmen unterworfen, welche der militärisch-organisirten Landgendarmerie eines Bundesstaates im bisherigen Geltungsbereiche

Dagegen finden die Bestimmungen des Militär-Strafgesetzbuches auch auf die Offiziere à la suite Anwendung, welche nicht zum Soldatenstande gehören, wenn und insolange sie zu vorübergehender Dienstleistung zugelassen sind, sowie in Bezug auf Handlungen gegen die militärische Unterordnung, welche sie begehen, während sie die Militäruniform tragen.
[Entw. § 2.]

---

des Preußischen Militärstrafgesetzbuches angehören (Pr. AKO. v. 19. Juli 73). Wenngleich den Gendarmen die Rechte der Wachen nicht eingeräumt sind, so sind dieselben doch in denjenigen Bundes-Staaten, in welchen sie zu den Militärpersonen gehören und im Range der Unteroffiziere stehen, als solche in und außer Dienst Vorgesetzte der Gefreiten und Gemeinen (Allgem. Verf. des Preuß. General-Auditoriates an die Militär-Gerichte vom 6. Nov. 1874).

5. Wegen der gegen Landgendarmen verübten strafbaren Handlungen vgl. Anm. 5 zu § 111.

6. Auf Feldgendarmen finden überall die Bestimmungen des Militär-Straf-Gesetzbuches f. d. D. R. Anwendung.

7. Daß bei Verschiedenheit der Gesetze von der Zeit der begangenen Handlung bis zu deren Aburtheilung das mildeste Gesetz anzuwenden und event. eine Strafe überhaupt nicht auszusprechen ist, folgt aus § 2 des Reichsstrafgesetzbuches in Verbindung mit § 2 des Mil.-StGB. f. d. D. R.

8. Nach § 6 des Einführungs-Gesetzes zum Reichsstrafgesetzbuche in Verbindung mit § 2 des Mil.-StGB. f. d. D. R. darf vom 1. Oktober 1872 ab nur auf die Strafarten des Mil.-StGB. f. d. D. R. erkannt werden.

Da die im § 8 des Einführungs-Gesetzes zum Reichsstrafgesetzbuche in Aussicht gestellten Uebergangsbestimmungen nicht getroffen sind, ist es Sache des Richters, statt der in Wegfall gekommenen Strafart die derselben entsprechende des Mil.-StGB. f. d. D. R. zu wählen (vgl. Keller S. 19 und Koppmann S. 24. 25. 49; Oppenhoff Anm. 7 u. 8 zu § 8 d. EG.).

9. Das Preußische Militär-Strafgesetzbuch bestimmt in seinem ersten, das materielle Strafrecht enthaltenden Theile § 108 (vgl. auch Gesetz vom 11. März 1851 [Mil.-Ges.-Samml. Bd. IV. S. 149]), daß in dem gegen flüchtige Deserteure eröffneten Kontumazial-Strafverfahren auf eine, sonst nicht angedrohte Geldstrafe zu erkennen sei. Diese Vorschrift ist wesentlich eine strafprozessuale und muß daher bis zur Aufstellung einer Militär-Strafprozeßordnung für das Deutsche Reich unberührt bleiben, wie denn auch in Bayern eine entsprechende Bestimmung gerade in die Militär-Strafprozeßordnung aufgenommen worden ist. Die Androhung einer besonderen Geldstrafe gestaltet aber jene Vorschrift zugleich zu einer materiellen, die somit nach § 2 Absatz 1 des Einführungsgesetzes an und für sich mit Inkrafttreten des Militär-Strafgesetzbuches aufgehoben werden würde. Um dem vorzubeugen, bestimmt § 2 Absatz 2, daß die Vorschriften über die Bestrafung der Fahnenflüchtigen im Wege des Ungehorsams- (Kontumazial-) Verfahrens in Kraft bleiben (Motive).

Die in Kraft gebliebenen Vorschriften sind: die §§ 108 und 109 Th. I des Preuß. Mil.-StGB. vom 3. April 1845 und das Gesetz vom 11. März 1850*),

---

*) Die §§ 108 u. 109 Th. I Pr. Mil.-StGB. lauten nach der durch Ges. v. 11. März 50; 9. Septbr. 73 § 69 D. M.-StGB. erfolgten Modifikation wie folgt:

§ 108. Gegen Personen, deren man nach der Entweichung nicht habhaft werden kann, ist nach Vorschrift der Strafgerichts-Ordnung das Kontumazial-Verfahren einzuleiten. Findet sich der Abwesende auf die öffentliche Vorladung nicht ein, so ist er durch das Kontumazial-Urtheil für fahnenflüchtig zu erklären, zugleich auch auf eine Geldbuße von 150—3000 Mark gegen ihn zu erkennen.

§ 109. Gegen Personen des Soldatenstandes, welche nach einem Gefecht oder Rückzuge vermißt werden und innerhalb eines Jahres nach geschlossenem Frieden und nach Auslieferung der Gefangenen von ihrem Leben und Aufent-

§ 3.

Eine Bestrafung in Gemäßheit des Militär-Strafgesetzbuches kann nur auf Grund eines gerichtlichen Erkenntnisses erfolgen.

In leichteren Fällen können im Disziplinarwege geahndet werden:

---

die §§ 109 und 110 Th. I des Mil.-StGB. für Sachsen vom 4. Nov. 1867*), Art. 79 Tit. II des Württembergischen Mil.-StGB. vom 20. Juli 1818) und der Art. 166 der Bayerischen Mil.-StGO. vom 29. April 1869).

10. Die Bestimmung im Absatz 3 betrifft diejenigen Offiziere à la suite, welche nicht zu den Personen des Soldatenstandes, im Sinne des Militär-Strafgesetzbuches gehören und entspricht sachlich dem § 8 Abs. 3 des Bayerischen Militär-Strafgesetzbuches (Motive).

Dieselben sind außer Dienst nur in Bezug auf Handlungen gegen die militärische Unterordnung, welche sie begehen, während sie Militäruniform tragen, den Bestimmungen des Militär-Strafgesetzbuches (Abschnitt VI) unterworfen.

Der Bestimmung des § 2 Abs. 3 entsprechend, verordnet der § 2 der Disziplinar-Strafordnung für das Heer:

Der Disziplinar-Strafgewalt sind unterworfen:

2. Die Offiziere à la suite, wenn und insolange sie zu vorübergehender Dienstleistung zugelassen sind, sowie in Bezug auf solche disziplinarisch strafbare Handlungen gegen die militärische Unterordnung, welche sie begehen, während sie die Militäruniform tragen.

§ 3.

Inhalt:

Bürgerliche Delikte rc. nur gerichtlich zu bestrafen: 7. Ehrenstrafen: 6. Disciplinarvergehen des §. 3: 1—3. reine D.: 4. Leichter Fall. wer dar. entscheid.: 5.

1. Entsprechend dem allgemeinen Zwecke eines Strafgesetzbuches hat das vorliegende Gesetz, wie bereits zu § 2 des Einführungsgesetzes erklärt, nur solche Handlungen aufgenommen, welche von einem Richter abgeurtelt werden müssen. Dies besagt § 3 Abs. 1.

Immerhin enthält jedoch das Gesetz einzelne Handlungen, die, wenn sie auch jedenfalls im Höchstbetrage eine richterliche Aburtelung bedingen, in leichteren Fällen sehr wohl durch die Disziplinarstrafgewalt geahndet werden können. Den Erfahrungen entsprechend, hat § 3 Abs. 2 diese Handlungen bezeichnet und eine Ahndung im Disziplinarwege für leichtere Fälle gestattet. Es ist im militärischen Interesse durchaus nothwendig, daß namentlich bei den leichteren Vergehen die Strafe der That auf dem Fuße folgt, und es ist deshalb besser, daß eine gelindere Strafe sofort verhängt wird, als daß erst nach längerer Zeit eine härtere Strafe eintritt. Der Ablauf einer längeren Zeit wäre aber selbst bei nur geringfügigen Handlungen nicht zu vermeiden, wenn die weitläuftigen Formen einer gerichtlichen Untersuchung und gerichtlichen Aburtelung stets zur Anwendung kommen müßten.

Zwar beabsichtigt das Gesetz nicht, in das Gebiet der Disziplinarstrafgewalt irgendwie einzugreifen, und **insbesondere ist es weit entfernt, das Maß oder die Art der zulässigen Disziplinarstrafen zu bestimmen;** dennoch aber hat es geglaubt, für die vorliegenden Fälle die Grenzen bezeichnen zu müssen, innerhalb

---

hält keine Nachricht geben, tritt nach fruchtloser Vorladung durch die öffentlichen Blätter die Vermuthung des erfolgten Todes ein, und findet gegen sie das Kontumazial-Verfahren zum Zwecke der Auferlegung einer Geldbuße nicht statt, insofern sich nicht später ermittelt, daß sie des Verbrechens der Fahnenflucht sich schuldig gemacht haben.

*) Die Art. 108 u. 109 des Mil.-StGB. für Sachsen stimmen wörtlich überein mit den §§ 108 u. 109 Th. I Pr. Mil.-StGB.

1) Vergehen wider die §§ 64, 89 Absatz 1, 90, 91 Absatz 1, 92, 121 Absatz 1, 137, 141 Absatz 1, 146, 151;

2) Vergehen wider § 114, wenn die strafbare Handlung nur in dem Borgen von Geld oder in der Annahme von Geschenken ohne Vorwissen des gemeinschaftlichen Vorgesetzten besteht.

---

deren die Disziplinarstrafgewalt ihre Befugnisse ausüben dürfe. Handelt es sich hierbei doch nicht sowohl um eine Regelung der Disciplinarstrafgewalt im Allgemeinen, als vielmehr um eine Feststellung des Umfanges, bis zu welchem ein sonst dem Richter zustehendes Recht auf die Disziplinarstrafgewalt übertragen werde (Motive).

2. Diejenigen Vergehen, bei welchen eine Ahndung im Disziplinarwege statthaft ist, sind:

a) Unerlaubte Entfernung, sofern nicht die Abwesenheit durch Schuld des Abwesenden länger als sieben Tage, im Felde länger als drei Tage gedauert hat (§ 64 cf. § 66).

b) Verletzung der dem Vorgesetzten schuldigen Achtung im Dienste oder in Beziehung auf eine Diensthandlung (§ 89 Abs. 1).

c) Belügen eines Vorgesetzten auf Befragen in dienstlichen Angelegenheiten (§ 90).

d) Beleidigung eines Vorgesetzten oder eines im Dienstrange Höheren, wenn dieselbe weder durch Verbreitung von Schriften, Darstellungen oder Abbildungen begangen worden, noch eine verleumderische ist (§ 91 Abs. 1).

e) Ungehorsam gegen einen Befehl in Dienstsachen durch Nichtbefolgung, durch eigenmächtige Abänderung oder durch Ueberschreitung desselben, sofern nicht durch den Ungehorsam ein erheblicher Nachtheil verursacht worden, oder die Gefahr eines erheblichen Nachtheils herbeigeführt ist (§ 92 cf. § 93).

f) Borgen von Geld oder Annahme von Geschenken von Untergebenen ohne Vorwissen des gemeinschaftlichen Vorgesetzten (§ 114).

g) Vorschriftswidrige Behandlung eines Untergebenen, sowie Beleidigung eines Untergebenen, sofern die Beleidigung nicht eine verleumderische ist (§ 121 Abs. 1).

h) Vorsätzliches und rechtswidriges Beschädigen, Zerstören oder Preisgeben eines Dienstgegenstandes (§ 137).

i) Verletzung der Dienstpflichten als Befehlshaber einer militärischen Wache, eines Kommandos oder einer Abtheilung, als Schildwache oder als Posten durch eine Handlung oder Unterlassung, durch welche sie sich in schuldhafter Weise außer Stand setzen, den ihnen obliegenden Dienst zu versehen, durch eigenmächtiges Verlassen des Postens oder durch sonstiges Entgegenhandeln gegen die ihnen in Bezug auf jenen Dienst ertheilten Vorschriften — insofern nicht durch die Pflichtverletzung ein Nachtheil verursacht, oder im Felde die Gefahr eines erheblichen Nachtheiles herbeigeführt worden ist (§ 141 Abs. 1).

k) Unerlaubtes Verlassen der Wache sowie des Platzes bei einem Kommando oder auf dem Marsche (§ 146).

l) Durch Trunkenheit im Dienst oder nach erfolgter Befehligung zum Dienste verschuldete Untauglichkeit zur Ausführung seiner Dienstverrichtung (§ 151).

3. Im Absatz 2 des § 3 wird nur eine andere, als die gerichtliche Form der Bestrafung, — die Ahndung der in den dort allegirten Paragraphen des Mil.-StGB. mit Strafe bedrohten militärischen Vergehen im Disziplinarwege — für zulässig erklärt, eine materielle Aenderung dieser Gesetze aber selbstverständlich nicht beabsichtigt. Eine Disziplinarstrafe, welche wegen der im cit. § 3 aufgeführten Vergehen verhängt wird, darf daher nur in Arrest (strengem, mittlerem, gelindem oder Stuben-Arrest) innerhalb der vorgeschriebenen Grenzen bestehen (Beschl. des Preuß. Gen.-Aud. v. 28. März 1873).

Jedoch darf im Disziplinarwege keine andere Freiheitsstrafe, als Arrest festgesetzt werden, und die Dauer desselben vier Wochen gelinden Arrestes oder Stubenarrestes, drei Wochen mittleren Arrestes oder vierzehn Tage strengen Arrestes nicht übersteigen.

[Entw. § 3.]

Verweis, Strafdienst, Kasernen- und Quartier-Arrest darf in diesen Fällen nicht verhängt werden, ist vielmehr nur bei reinen Disciplinarvergehen zulässig (s. auch Keller S. 23, Weiffenbach S. 8, Koppmann S. 26. 27, ferner auch Anm. 3 zu § 19).

4. Reine Disciplinarvergehen der zum Soldatenstande gehörenden Personen des activen Dienststandes, d. h. solche Handlungen gegen die militärische Zucht und Ordnung und gegen die Dienstvorschriften, für welche die Militär-Gesetze keine Strafbestimmungen enthalten, können mit jeder der im § 3 der Disziplinar-Strafordnung für zulässig erklärten Strafen belegt werden.

Zu den reinen Disziplinarvergehen gehören auch die Zuwiderhandlungen der Mannschaften des Beurlaubtenstandes gegen die zum Zwecke der Aufrechterhaltung der militärischen Kontrole ertheilten Dienstvorschriften ꝛc., welche im § 28 der Disziplinarstrafordnung vom 31. Okt. 1872 wahlweise mit Geldbuße bis zu 60 Mark oder Haft bis zu 8 Tagen bedroht sind.

Hier ist eine andere Strafe als Geldbuße oder Haft nicht zulässig (cf. § 6 des Reichs-Gesetzes vom 15. Febr. 1875, betreffend die Ausübung der militärischen Kontrole über die Personen des Beurlaubtenstandes), welcher lautet:

> „Als Disziplinarstrafmittel dürfen gegen Personen des Beurlaubtenstandes, außerhalb der Zeit, während welcher sie zum activen Heere gehören, abgesehen von den nach § 3 des Einführungsgesetzes zum Mil.-StGB. vom 20. Juni 1872 zulässigen Arreststrafen, nur Geldstrafen bis zu sechszig Mark und Haft bis zu acht Tagen zur Anwendung gebracht werden."

Reine Disziplinarvergehen können in der Regel nur im Disziplinarwege bestraft werden.

Eine Ausnahme machen nur diejenigen Fälle von Ungehorsam gegen allgemeine Dienstvorschriften, welche zwar als reine Disziplinarvergehen aufgefaßt, aber eventuell auch zur gerichtlichen Bestrafung auf Grund des § 92 gezogen werden können (cf. Anm. 7 zu § 92).

Die oben erwähnten Zuwiderhandlungen der Mannschaften des Beurlaubtenstandes können nur im Disziplinarwege geahndet werden.

5. Ob der Gerichtsherr oder der mit Disciplinarstrafgewalt versehene Befehlshaber zu entscheiden habe, ob der Fall ein leichter im Sinne des § 3 des Einführungs-Gesetzes und zur Disziplinarbestrafung geeignet sei, ist zweifelhaft.

Koppmann führt in Note 2 zu § 3 l. c. aus, daß diese Entscheidung nur demjenigen Militärbefehlshaber zustehe, welcher nach den einschlägigen militärprozessualen Vorschriften die Einleitung des gerichtlichen Verfahrens anzuordnen habe.

Dafür scheint der im § 3 Abs. 1 ausgesprochene Grundsatz zu sprechen.

Keller und Brauer dagegen sind der Ansicht, daß der mit Disziplinargewalt versehene Befehlshaber zu prüfen habe, ob er die Disziplinarbestrafung anordnen oder die Sache zur gerichtlichen Entscheidung abgeben wolle (Keller S. 23, Brauer S. 10).

Letztere in der Praxis adoptirte Ansicht dürfte der in den Motiven (s. Anm. 1) ausgesprochenen ratio legis mehr entsprechen, als erstere.

Die Ueberweisung zur gerichtlichen Bestrafung wird angezeigt sein, wenn die strafbare Handlung mit einer nothwendigerweise gerichtlich zu ahndenden konkurrirt, Rückfall, erhebliche Vorbestrafungen wegen ähnlicher Delikte oder sonstige Umstände vorliegen, welche die im Wege der Disziplinarbestrafung zulässige Strafart oder die zulässige Maximaldauer derselben nicht mehr für ausreichend erscheinen lassen (Keller S. 23, Koppmann S. 25).

Urkundlich unter Unserer Höchsteigenhändigen Unterschrift und beigedrucktem Kaiserlichen Insiegel.

Gegeben Schloß Babelsberg, den 20. Juni 1872.

(L. S.) **Wilhelm**

Fürst v. Bismarck.

---

6. Die militärischen Ehrenstrafen des § 30 des Mil.-StGB. f. d. D. R. können nicht im Wege der Disziplinarbestrafung verhängt werden. § 3 der Disziplinar-Straforduung, welcher die zulässigen Disziplinarstrafmittel aufzählt, thut daher auch der l. c. aufgeführten Ehrenstrafen nicht Erwähnung (s. auch Koppmann S. 29).

7. Bürgerliche Vergehen oder Uebertretungen können nicht disziplinarisch bestraft werden (vgl. § 1 der Disziplinarstraforduung).

Militär-Strafgesetzbuch

für das

Deutsche Reich.

Vom 20. Juni 1872.

Wir Wilhelm, von Gottes Gnaden Deutscher Kaiser, König von Preußen ꝛc.

verordnen im Namen des Deutschen Reichs, nach erfolgter Zustimmung des Bundesrathes und des Reichstages, was folgt:

Einleitende Bestimmungen.

§ 1.

Eine Handlung, welche dieses Gesetz mit dem Tode, mit Zuchthaus, oder mit Gefängniß oder Festungshaft von mehr als fünf Jahren bedroht, ist ein militärisches Verbrechen.

---

§ 1.

1. In Uebereinstimmung mit dem Strafgesetzbuche für das Deutsche Reich enthält das Militär-Strafgesetzbuch bereits in dem ersten Paragraphen die systematische Eintheilung der mit Strafe bedrohten Handlungen.

Der Begrenzung und dem Systeme des Militär-Strafgesetzbuches entsprechend, hat § 1 eine selbstständige Definition von Verbrechen und Vergehen nur für diejenigen strafbaren Handlungen gegeben, welche das Gesetz selbst mit Strafe bedroht. Es ist dies daher nur bei solchen für strafbar erachteten Handlungen geschehen, welche, der Strafart, dem Strafmaße oder dem Thatbestande nach, von den Vorschriften des Strafgesetzbuches für das Deutsche Reich abweichen. Denn insoweit die Vorschriften des allgemeinen Strafgesetzbuches auch für Militärpersonen maßgebend sind, entscheidet die in diesem Strafgesetzbuche aufgestellte Definition von Verbrechen und Vergehen auch rücksichtlich jener Vorschriften.

Um dies schon durch den Namen deutlich erkennbar zu machen und jedem Zweifel hierüber vorzubeugen, nennt der § 1 alle durch dieses Gesetz mit Strafe bedrohten Handlungen *militärische* Verbrechen und *militärische* Vergehen.

Bei der Unterscheidung der im Militär-Strafgesetzbuch mit Strafe bedrohten Handlungen in militärische Verbrechen und militärische Vergehen waren übrigens auch prozessualische Gründe mitwirkend, indem angenommen wurde, daß es ohne Schwierigkeit ausführbar sein werde, bei einer anderweiten Regelung der Kompetenz

Eine Handlung, welche dieses Gesetz mit Freiheitsstrafe (§. 16) bis zu fünf Jahren bedroht, ist ein militärisches Vergehen.

[Entw. § 1.]

---

der Militärgerichte für die Untersuchung und Aburtelung der militärischen Vergehen ein für Kriegs- und Friedenszeiten geeignetes abgekürztes Verfahren einzuführen.

Anlangend die Unterscheidungsgrenzen zwischen militärischen Verbrechen und militärischen Vergehen, so lag kein Grund vor, dieselben anders zu regeln, als sie das Strafgesetzbuch für das Deutsche Reich in Ansehung der Verbrechen und Vergehen geregelt hat. § 1 hat folgeweise darum diejenigen Handlungen, welche er mit dem Tode, mit Zuchthaus oder mit einer Freiheitsstrafe von mehr als fünf Jahren bedroht, als militärische Verbrechen, alle übrigen von ihm mit Strafe bedrohten Handlungen als militärische Vergehen bezeichnet (Motive).

2. Gleichwie das Deutsche Strafgesetzbuch hat auch das Militär-Strafgesetzbuch für das Deutsche Reich es als selbstverständlich erachtet, daß bei der Unterscheidung in militärische Verbrechen und Vergehen nur die im Höchstbetrage erfolgte Strafandrohung maßgebend ist (Motive).

Ist eine Handlung ausschließlich oder alternativ mit einer Verbrechensstrafe bedroht, so wird an ihrer Qualität als Verbrechen dadurch nichts geändert, daß das Gesetz in minder schweren Fällen eine Strafe zuläßt, welche im Höchstbetrage fünf Jahre Gefängniß oder Festungshaft nicht übersteigt. Ebenso wird an der Verbrechensqualität dadurch nichts geändert, daß nur Versuch oder Beihülfe vorliegt, welche zwar ein erhebliches Herabgehen unter das für das vollendete Verbrechen vorgeschriebene Strafminimum gestatten, dagegen hinsichtlich des zulässig höchsten Strafmaaßes, auf welches es hier allein ankommt, nur eine Milderung der für das vollendete Verbrechen zulässigen Strafe vorschreiben, mithin bei Gefängniß- und Festungshaft eine Milderung des Strafmaximums um einen Tag gestatten.

Da es nach dem oben Gesagten nur auf das angedrohte Strafmaximum ankommt, kommen die Fälle der §§ 72 und 103 des Mil.-StGB. f. d. D. R., welche eine Erhöhung der verwirkten — d. h. vom Richter erst festzusetzenden — Strafe androhen, hier nicht in Betracht.

Dagegen wird die Qualität einer strafbaren Handlung als Vergehen dadurch, daß wie in den Fällen der §§ 55. 103 Abs. 2. 115. 125 oder 136 eine erhöhte Freiheitsstrafe angedroht ist und damit in Gemäßheit des § 53 das Doppelte des Strafmaximums als angedroht gilt, alterirt und das Vergehen zum Verbrechen umgeschaffen, sobald das so erhöhte Strafmaximum fünf Jahre Gefängniß oder Festungshaft übersteigt, ein Fall, welcher nur eintreten kann, wenn das für das Vergehen angedrohte Strafmaximum mindestens drei Jahre Gefängniß oder Festungshaft beträgt (cf. Koppmann S. 36. 37).

Da nach § 53 der zulässige Höchstbetrag der zu verhängenden Strafart nicht überschritten werden darf, kann ein Vergehen des gemeinen Strafrechts, welches ausschließlich mit Gefängniß bedroht ist, niemals Verbrechen werden (cf. Anm. 4 zu § 53).

3. Das Strafgesetzbuch f. d. D. R. theilt die strafbaren Handlungen außer in Verbrechen und in Vergehen auch noch in Uebertretungen, d. h. in solche Handlungen ein, die im Höchstbetrage mit Geldstrafe bis zu 150 Mark oder mit Haft bedroht sind. Das Militär-Strafgesetzbuch war nicht in der Lage, eine entsprechende Eintheilung ebenfalls zu machen. Denn einestheils droht es Geldstrafe überhaupt nicht an, anderentheils entspricht der Haft, deren Höchstbetrag sechs Wochen ist, gelinder Arrest bis zu sechs Wochen; es findet sich aber im Militär-Strafgesetzbuche keinerlei Handlung, die nur mit gelindem Arrest bis zu sechs Wochen bedroht ist (Motive).

§ 2.

Diejenigen Bestimmungen, welche nach den Vorschriften des Deutschen Strafgesetzbuches in Beziehung auf Verbrechen

---

§ 2.

1. Der Entwurf zu § 2 lautete wie folgt:

„Die allgemeinen Bestimmungen, welche das StGB. f. d. D. R. über Bestrafung der Verbrechen und Vergehen enthält, finden auf die Bestrafung militärischer Verbrechen und Vergehen entsprechende Anwendung."

Da die Eintheilung der im Entwurfe mit Strafe bedrohten Handlungen in militärische Verbrechen und Vergehen ihrem Wesen nach vollkommen der von dem Strafgesetzbuche für das Deutsche Reich aufgestellten Eintheilung in Verbrechen und Vergehen entspricht, hielt man es als Regel gerechtfertigt, die durch das Strafgesetzbuch für das Deutsche Reich für die Verbrechen und Vergehen gegebenen allgemeinen Bestimmungen — die im Einführungsgesetze enthaltenen mit inbegriffen — mit der Maßgabe auf die militärischen Verbrechen und Vergehen anzuwenden, daß alle Bestimmungen, welche rücksichtlich der Verbrechen gelten, auf militärische Verbrechen, alle rücksichtlich der Vergehen geltenden Bestimmungen auf militärische Vergehen Anwendung finden. (Motive)

Die Reichstagskommission hat dem § 2 die demnächst im Reichstage zur Annahme gelangte Fassung gegeben und damit unzweideutig kundgegeben, daß nicht nur die einleitenden und die im I. Theile enthaltenen, sondern auch die im II. Theile des StGB. f. d. D. R. enthaltenen Bestimmungen, welche in Beziehung auf Verbrechen und Vergehen allgemein gelten, auf militärische Verbrechen und Vergehen entsprechende Anwendung finden sollen.

Die Ansicht Koppmanns, daß darunter auch die Vorschriften des II. Theils des StGB. f. d. D. R. zu verstehen seien, welche in Bezug auf die speziellen Verbrechen und Vergehen allgemeine Geltung haben, beseitigt zwar manche in der Praxis sich darbietenden Schwierigkeiten, entspricht aber weder dem Wortlaut des Gesetzes noch der Absicht des Gesetzgebers.

Man muß der Sprache geradezu Gewalt anthun, um zu dieser weiten Interpretation zu gelangen.

Die Bedenken, welche Koppmann gegen die engere Interpretation aufstellt, sind nicht stichhaltig.

Daß die Begriffsbestimmungen des bürgerlichen Strafgesetzbuchs über Landesverrath, Diebstahl, Unterschlagung, Beleidigung, schwere Körperverletzung, auch für die Fälle der §§ 57. 91. 121 Abs. 2. 97 Abs. 2. 123. 138 des Mil.-StGB. f. d. D. R. zur Anwendung zu bringen sind, folgt nicht — wie Koppmann annimmt — aus § 2 des Mil. StGB. f. d. D. R., sondern daraus, daß es sich hier um gemeine Verbrechen und Vergehen handelt, welche nur militärisch qualifizirt worden sind und aus der Bestimmung des § 10 des StGB. f. d D. R., derzufolge auf Deutsche Militärpersonen die allgemeinen Strafgesetze des Reichs insoweit Anwendung finden, als nicht die Militärgesetze ein Anderes bestimmen.

Wenn das Mil.-StGB f. d. D. R. ein gemeines Verbrechen oder Vergehen militärisch qualifizirt, so wird es dadurch zu einem rein militärischen umgeschaffen und hat außer der Definition mit demselben nichts mehr gemein*). (Vgl. Herbst S. 32.)

Dies ist z. B. im § 138 beim einfachen Diebstahl und bei der Unterschlagung der Fall. Auf diese nunmehr militärischen Vergehen finden in Gemäßheit des § 2 des Mil.-StGB. für das Deutsche Reich auch diejenigen Bestimmungen des Deutschen Strafgesetzbuchs, welche sich im Allgemeinen auf Vergehen beziehen, entsprechende Anwendung. Solche allgemeine Bestimmungen sind z. B. auch die in den §§ 32. 43 Abs. 2 enthaltenen. Dagegen gehören die §§ 242 Abs. 2. 247. 248 zu den speziell für die beiden gemeinen Vergehen geltenden Bestimmungen, finden mithin auf § 138 des Mil.-StGB. f. d. D. R. keine Anwendung.

Darum bedurfte es auch im § 138 l. c. des Zusatzes: „zugleich kann auf Ver-

---

*) Die §§ 190. 192. 193 des StGB. f. d. D. R. gehören zur Begriffsbestimmung des Vergehens der Beleidigung.

und Vergehen allgemein gelten, finden auf militärische Verbrechen und Vergehen entsprechende Anwendung.

[Entw. § 2.]

---

lust der bürgerlichen Ehrenrechte erkannt werden", wenn man beim militärischen Diebstahl und bei der militärischen Unterschlagung die Verhängung dieser bürgerlichen Ehrenstrafe ermöglichen wollte. Der fr. Zusatz würde sonst überflüssig gewesen sein.

Ferner würde es aus den angegebenen Gründen des Zusatzes: „der Versuch ist strafbar" bedurft haben, wenn der Gesetzgeber den Versuch dieser militärischen Vergehen mit einer militärischen Strafe hätte bestrafen wollen; da dieser Zusatz fehlt, kann nur angenommen werden, daß der Gesetzgeber hier entweder den Versuch nur nach § 242 Abs. 2 des RStGB. hat bestraft wissen wollen, oder daß er aus Versehen den fraglichen Zusatz nicht gemacht hat. (Vgl. § 138 und die betr. Anm. dazu.)

Für die letztere Annahme sprechen namentlich die Motive zu dem vom Reichstage gestrichenen § 56 d. E., welcher bei militärischen Vergehen den Versuch jedesmal bestraft wissen wollte, wenn das vollendete Vergehen mit einer längeren als sechsmonatigen Freiheitsstrafe bedroht ist. In den Motiven heißt es nämlich:

> „Die Vorschrift von § 2 des Entwurfes brächte es, im Anschluß an § 43 des Strafgesetzbuches für das Deutsche Reich, mit sich, den Versuch eines militärischen Vergehens nur **in den vom Gesetze ausdrücklich bestimmten Fällen** für strafbar zu erachten. Aus Rücksicht für die militärische Disziplin wäre, bei etwaiger Geltung einer solchen Vorschrift, der Entwurf veranlaßt gewesen, bei den meisten Vergehen anzuordnen, der Versuch sei strafbar."

Folgerichtig greift auch die Bestimmung des § 247 Abs. 2 StGB. f. d. D. R. nicht Platz, da § 138 des Mil.-StGB. f. d. D. R. nicht die spezielle Bestimmung enthält, daß ein Diebstahl oder eine Unterschlagung, welche von Verwandten aufsteigender Linie gegen Verwandte absteigender Linie verübt wird, straflos bleiben solle. (Vgl. Anm. 16 zu § 138.)

Der Einwurf, daß nach dieser Interpretation die Bestimmung des § 51 dieses Gesetzes, derzufolge die Verfolgung eines militärischen Verbrechens oder Vergehens unabhängig von dem Antrage des Verletzten oder einer anderen zum Antrage berechtigten Person sein soll, entbehrlich sei, ist nicht durchschlagend.

Es empfahl sich, den im § 51 enthaltenen Grundsatz klar und deutlich auszusprechen, und es genügte nicht, denselben an betreffender Stelle lediglich durch Weglassung der Bestimmung, daß das Verbrechen oder Vergehen nur auf Antrag strafbar sei, zur Geltung zu bringen. Es mußte im Gegensatz zu der im § 61 des RStGB. enthaltenen Andeutung, daß verschiedene bürgerliche Verbrechen, Vergehen und Uebertretungen nur auf Antrag strafbar seien, darauf hingewiesen werden, daß es im Militär-Strafgesetzbuche f. d. D. R. solche sogenannte Antragsdelikte überhaupt nicht giebt.

Obiger Interpretation schließen sich an Dr. Rubo (S. 4), Weiffenbach (S. 10 und 99) und Herbst (S. 32 ff), Brauer scheint sich derselben zuzuneigen (S. 8). Dagegen Keller (S. 177. 178) und Koppmann (S. 44 ff.).

2. Eine Konsequenz der Bestimmung des § 2 ist die, daß überall da, wo das Deutsche StGB. den Ausdruck „Verbrechen" oder „Vergehen" oder „strafbare Handlungen" allgemein braucht, wie z. B. in den Fällen der §§ 240. 241 und 257. 259, darunter nicht nur bürgerliche Verbrechen oder Vergehen, sondern auch militärische Verbrechen oder Vergehen zu verstehen sind. (Vergl. Rubo S. 40, Keller S. 26, Brauer S. 8 und Koppmann S. 44 u. 46.)

3. In Beziehung auf bürgerliche Verbrechen und Vergehen allgemein geltende Bestimmungen sind insbesondere die in den §§ 2. 3. 4 u. 5. 11. 12. 13. 14. 15. 16. 17. 19—21. 22. 23—26. 31—36. 40—42. 43 Abs. 1 und 2. 44. 45. 46. 47. 48. 49. 49a. 50. 51. 52. 53. 54. 56. 57. 59. 60. 66—72. 73—79. 164. 214. 240. 241. 257. 259. 346 des StGB. f. d. D. R. und die in dem Einführungsgesetze zu demselben im § 6 enthaltenen. Dieselben finden auf militärische Verbrechen und Vergehen nur insoweit Anwendung, als sie nicht durch das Mil.-StGB. f. d. D. R. modifizirt werden (siehe insbesondere §§ 8. 14. 15. 16. 17. 31. 47. 49. 50. 52. 54. 76 des Mil.-StGB. f. d. D. R.).

§ 3.

Strafbare Handlungen der Militärpersonen, welche nicht militärische Verbrechen oder Vergehen sind, werden nach den allgemeinen Strafgesetzen beurtheilt.

[Entw. § 3]

Die im StGB. f. d. D. R. enthaltenen Bestimmungen über den Versuch, die Theilnahme, die Gründe, welche die Strafe ausschließen (Unzurechnungsfähigkeit, Nöthigung, Nothwehr und Nothstand), die Gründe, welche die Strafe mildern, die Verjährung und die Ideal- und Realkonkurrenz sind somit mit einzelnen durch das militärische Dienstinteresse gebotenen Abweichungen auch für das Militärstrafrecht maßgebend. (Vergl. übrigens die Anmerkungen zu den §§ 46. 47. 49. 50. 52. 54. 76 und 124 des Mil.-StGB. f. d. D. R. und Anmerkungen 7 und 8. zu §§ 1 u. 2. des Einf.-Ges.)

§ 3.

1. Im § 3 ist die Stellung des Militär-Strafgesetzbuches zu den allgemeinen Strafgesetzen bezeichnet.

Mit Rücksicht auf § 10 des Reichs-Strafgesetzbuches:

> „Auf Deutsche Militärpersonen finden die allgemeinen Strafgesetze des Reichs insoweit Anwendung, als nicht die Militärgesetze ein Anderes bestimmen,"

hatte das Militär-Strafgesetzbuch wegen des, die einzelnen strafbaren Handlungen enthaltenden Theiles eine zweifache Aufgabe zu lösen. Es lag ihm zunächst ob, diejenigen Handlungen zu bezeichnen, welche nach dem Strafgesetzbuche für das Deutsche Reich zwar straffrei sind, aus militärischen Rücksichten aber mit Strafe bedroht werden müssen*). Ueberdies mußte es gegen diejenigen Handlungen eine besondere Strafe androhen, welche zwar bereits im Strafgesetzbuche für das Deutsche Reich für strafbar erklärt sind, bei denen aber, wie z. B. beim sogenannten Kameradendiebstahl, die in jenem Strafgesetzbuche angedrohte Strafe vom militärischen Standpunkte aus nicht angemessen erschien**).

Indem das Militär-Strafgesetzbuch sich der Lösung dieser Aufgabe unterzogen, hat es vermittels Aufnahme derjenigen strafwürdigen Handlungen, welche vom militärischen Standpunkte aus eine andere, als nach dem Strafgesetzbuche für das Deutsche Reich zulässige Beurtheilung erfordern, es bewirkt, daß alle diese Handlungen militärische Verbrechen oder Vergehen geworden sind. Nur eine, sich hiernach von selbst ergebende Folgerung spricht daher § 3 aus. (Motive.)

2. Der § 3 lautete im Entwurf wie folgt:

> „Strafbare Handlungen der Militärpersonen, welche nicht militärische Verbrechen oder Vergehen sind, werden nach den allgemeinen Strafgesetzen beurtheilt; die zu verhängenden Strafarten richten sich nach den Bestimmungen dieses Gesetzes."

Der letzte Satz ist im Reichstage nicht zur Annahme gelangt, weil, — wie in der Anmerkung zur Ueberschrift des I. Theils näher ausgeführt ist, — das im Entwurfe beabsichtigte Strafensystem aufgegeben und im Allgemeinen das Strafensystem des Strafgesetzbuches für das Deutsche Reich adoptirt worden ist.

Hieraus folgt:

a) Für die von Militärpersonen begangenen nach dem Strafgesetzbuche für das Deutsche Reich strafbaren Handlungen kommen auch die Strafarten des bürgerlichen Strafgesetzbuches zur Anwendung.

Die einzige Ausnahme von dieser Regel enthält der § 29, demzufolge da, wo die allgemeinen Strafgesetze Geldstrafe und Freiheitsstrafe wahlweise androhen, auf Geldstrafe nur dann nicht erkannt werden darf, wenn durch die strafbare Handlung zugleich eine militärische Dienstpflicht verletzt worden ist.

---

*) Rein militärische Delikte.

**) Militärisch qualifizirte Delikte.

§ 4.

Unter Militärpersonen sind die Personen des Soldatenstandes und die Militärbeamten zu verstehen, welche zum Heer oder zur Marine gehören.

---

b) Eine Umwandlung in militärische Strafarten findet bei Fällung des Spruches nicht mehr statt.

c) Während wegen militärischer Vergehen in Gemäßheit des § 17 auf Gefängniß oder Festungshaft unter sechs Wochen und einem Tage nicht erkannt werden darf, sind wegen gemeiner Vergehen die im Strafgesetzbuche für das Deutsche Reich festgesetzten Strafgrenzen maßgebend.

3. Wegen der bei gemeinen Verbrechen und Vergehen zulässigen, beziehungsweise gebotenen militärischen Nebenstrafen enthält das Militär-Strafgesetzbuch für das Deutsche Reich besondere Bestimmungen (vgl. die §§ 31. 34. 37. 40. 42.).

§§ 4 u. 5.

Inhalt:

1. Eine ausdrückliche Bestimmung darüber, auf welche Personen das Militär-Strafgesetzbuch Anwendung finde, hat dasselbe nicht für nothwendig erachtet. In Uebereinstimmung mit den in neuerer Zeit zur Geltung gelangten Redaktions-Grundsätzen, nimmt dasselbe vielmehr an, daß sich die Entscheidung dieser Frage aus den einzelnen Vorschriften genügend ergebe.

Abgesehen von den im dritten Titel des zweiten Theiles enthaltenen Anordnungen, sind es nur die Personen des Soldatenstandes und die Militär-Beamten, welche dem Gesetzbuche unterworfen sein sollen.

Es empfahl sich darum, bereits im allgemeinen Theile diese Begriffe zu erläutern. Die §§ 4 und 5, sowie das als Anlage beigefügte, in § 5 erwähnte Verzeichniß erfüllen dies, indem sie zugleich die Personen des Soldatenstandes und die Militärbeamten unter den gemeinsamen Ausdruck Militärpersonen zusammenfassen. Für die Feststellung, wer zu den Personen des Soldatenstandes und wer zu den Militärbeamten gehöre, waren die in dem bei Weitem größten Theile des Deutschen Heeres geltenden Bestimmungen maßgebend. So sind insbesondere denn auch, in Uebereinstimmung mit der Allerhöchsten Verordnung vom 20. Februar 1868 über die Organisation des Sanitäts-Korps, die Mitglieder des Sanitäts-Korps zu den Personen des Soldatenstandes gezählt worden.

2. Eine Sonderung der beiden Arten von Militärpersonen in einzelne Rangklassen hat das Gesetz möglichst nur insoweit bewirken wollen, als dies zur Anwendung der Strafbestimmungen selbst geboten ist.

Rücksichtlich der Personen des Soldatenstandes erwiesen sich dabei Unterscheidungen als nothwendig (cf. §§ 15. 20. 23. 30.).

Auch für die Frage, wer zu den einzelnen Rangklassen gehöre, hat sich das Militär-Strafgesetzbuch darauf beschränkt, nur insoweit Vorschriften zu geben, als dies durch die Bestimmungen desselben bedingt ist. So hat es folgeweise die Begriffe der Subaltern-Offiziere und der Portepee-Unteroffiziere erläutert.

Auch ist behufs Vorbeugung leicht vorauszusehender Zweifel hinzugefügt worden, daß Gefreite und Obergefreite zu den Gemeinen gehören und somit nicht als Unteroffiziere zu erachten sind. Im Uebrigen ist man aber wesentlich von der Annahme ausgegangen, es müsse die gegenwärtige Machtvollkommenheit des obersten Kriegsherrn, zu bestimmen, in welche Rangklassen die einzelnen Arten der Personen des Soldatenstandes zerfielen und wer zu denselben gehöre, im Interesse der Armee nothwendig beibehalten werden. Nicht in die festen Schranken des Gesetzes sei die Regelung zu bannen: der den jeweiligen Bedürfnissen sich leicht anschließenden Verwaltung vielmehr müsse sie überlassen bleiben.

Unter Heer ist das Deutsche Heer, unter Marine die Kaiserliche Marine zu verstehen.

[Entw. § 4.]

§ 5.

Die Klassen-Eintheilung der Militärpersonen ergiebt das diesem Gesetze beigefügte Verzeichniß.

Daß ausweislich des Verzeichnisses die Mitglieder des Sanitäts-Korps, dem Militärrange nach, mindestens den Portepee-Unteroffizieren gleichgestellt werden, ist jedenfalls durch ihre wissenschaftliche Stellung bedingt. Da sie vorerwähntermaßen überdies Personen des Soldatenstandes sind, so rechtfertigt sich ohne Weiteres die Vorschrift des § 5 Absatz 2, daß die Mitglieder des Sanitäts-Korps den für Offiziere und Unteroffiziere gegebenen Vorschriften nach Maßgabe ihres Militärranges unterliegen. (Motive.)

In Beziehung auf die Rangverhältnisse der Mitglieder des Sanitäts-Korps bestimmt § 13 der Verordnung über die Organisation des Sanitäts-Korps vom 20. Februar 1868, wie folgt:

„Die einjährig freiwilligen Aerzte und die Unterärzte stehen im Range der Unteroffiziere mit Portepee. Die Assistenzärzte der unteren Gehaltsstufe haben den Rang der Seconde-Lieutenants, während den älteren Assistenzärzten, die sich im Genusse des höheren chargenmäßigen Gehalts befinden, der Rang der Premier-Lieutenants beigelegt wird.

Sämmtliche Stabsärzte haben den Hauptmannsrang. Die Oberstabsärzte der niederen Gehaltsstufen haben denselben Rang, jedoch mit den Pensions-Ansprüchen eines Hauptmanns I. Klasse; die ältesten, das höchste Gehalt ihrer Charge beziehenden, den Rang eines Majors.

Den General-Aerzten der beiden niedrigeren Gehaltsklassen wird der Rang als Oberstlieutenant, den in der mittleren Gehaltsstufe stehenden daneben der Pensions-Anspruch eines Regiments-Commandeurs gewährt, während die ältesten General-Aerzte mit dem höchsten Gehalt ihrer Charge in den Rang eines Obersten treten.

Der Generalstabsarzt der Armee steht im Range eines General-Majors."

Ueber die Mitglieder des Maschinen-Ingenieur-Korps bestimmt der § 2 der Verordnung vom 7. Mai 1872:

„Die Maschinen-Unter-Ingenieure haben den Rang der Unter-Lieutenants, die Maschinen-Ingenieure den der Lieutenants zur See, die Maschinen-Ober-Ingenieure den der Kapitain-Lieutenants."

3. Für den Begriff „Militärbeamte" enthielten weder das Preußische noch das Bayerische Militär-Strafgesetzbuch eine Erläuterung. Die Aufstellung eines solchen erschien aber geboten, um den Wirkungskreis des Gesetzes in Ansehung der denselben unterworfenen Personen gesetzlich zu regeln. Mit der seitherigen Rechtsprechung steht es im vollen Einklange, wenn das Militär-Strafgesetzbuch in dem Verzeichnisse angenommen hat, daß seinem Wesen nach der Begriff „Militärbeamte" durch fünf Merkmale gebildet werde: Es sei nothwendig, daß die betreffende Person im Heere oder in der Marine angestellt worden, daß die Anstellung für das Bedürfniß des Heeres oder der Marine erfolgt sei, daß die angestellte Person überdies unter dem Kriegs- oder unter dem Marineminister (Chef der Admiralität) als Verwaltungschef stehe und einen Militärrang habe, aber nicht eine Person des Soldatenstandes sei.

Die fernere Bestimmung, ausweislich deren es für den Begriff „Militärbeamter" bedeutungslos ist, ob die Anstellung dauernd oder auf Zeit erfolgt sei, und ob die angestellte Person einen Diensteid geleistet habe, bezweckt eine gleiche Bestimmung rücksichtlich der Militärbeamten zu geben, wie sie das Strafgesetzbuch für das Deutsche Reich in § 359 rücksichtlich der Beamten im Allgemeinen gegeben hat.

Die Mitglieder des Sanitätskorps und des Maschinen-Ingenieur-Korps unterliegen den für andere Personen des Soldatenstandes gegebenen Vorschriften nach Maßgabe ihres Militärranges.

[Entw. § 5].

Wie im § 44 gewürdigt, zerfallen die Militärbeamten in obere Militärbeamte und in untere Militärbeamte. Als obere Militärbeamte gelten die im Offizierrange stehenden, als untere Militärbeamte alle anderen Militärbeamten (Motive). cf. übrigens insbesondere wegen der Civilbeamten der Militärverwaltung Anm. 1 zu § 153.

4. Wenn übrigens § 4 im Absatz 1 vorschreibt, unter Militärpersonen seien nur diejenigen Personen des Soldatenstandes und nur diejenigen Militärbeamten zu verstehen, welche zum Heer oder zur Marine gehören, und demnächst in Absatz 2 die Bestimmung enthält:

„Unter Heer ist das Deutsche Heer, unter Marine die Kaiserliche Marine zu verstehen",

so gilt diese Erläuterung der Begriffe Heer und Marine nicht nur in Ansehung des Begriffes Militärpersonen. Das Militär-Strafgesetzbuch will dieselbe vielmehr überall da angewendet wissen, wo es überhaupt von Heer oder Marine spricht. (Motive.)

5. Den Beginn und das Erlöschen der Eigenschaft als „Militärperson" betreffend, sind die Bestimmungen des Gesetzes, betreffend die Verpflichtung zum Kriegsdienste vom 9. November 1867, des Reichs-Militär-Gesetzes vom 2. Mai 1874 und der Deutschen Wehr-Ordnung maßgebend.

Danach beginnt die Eigenschaft als Militärperson:

a) für die Rekruten mit der Aushebung und Aushändigung*) des Urlaubspasses (§ 34 des RMG. vom 2. Mai 1874 und §§ 72 Nr. 5 Th. I der Deutschen Wehr-Ordnung);
b) für die Freiwilligen mit der definitiven Annahme bei einem Truppentheile (§ 34 des RMG. vom 2. Mai 1874. § 84 Nr. 3. 4 und 94 Nr. 4 Th. I der Deutschen Wehr-Ordnung);
c) für die Kapitulanten mit dem Beginn der abgeschlossenen Kapitulation, falls sie nicht schon vorher Militärpersonen waren (§ 38 RMG. vom 2. Mai 1874);
d) für die Offiziere, Aerzte und Militärbeamten, falls sie nicht bereits Militärpersonen waren, am Tage ihrer Anstellung (§ 38 a. a. O.);
e) für die Invaliden, welche aufgehört hatten Militärpersonen zu sein, mit der Aufnahme in ein Invaliden-Institut.

und erlischt:

a) für die vor abgeleisteter Dienstpflicht zur Disposition der Ersatzbehörden entlassenen Soldaten mit der Ausmusterung als dauernd unbrauchbar (§§ 52. 54. RMG. v. 2. Mai 74 und § 81 Th. I der Deutschen Wehr-Ordnung);
b) für die übrigen Personen des Soldatenstandes mit der Entlassung aus der Landwehr und zwar erst von der Herbst-Kontrolversammlung des betreffenden Jahres an (§ 62 RMG. u. § 12 Nr. 4 Th. I der Deutschen Wehr-Ordnung);
c) für die Aerzte und Militärbeamten mit ihrer Entlassung aus dem Dienste (§ 38 RMG.);
d) für die Offiziere mit der Verabschiedung ohne Pension.
e) für die Kapitulanten mit der Aufhebung der Kapitulation falls sie sich nicht mehr im dienstpflichtigen Alter befinden;
f) für die durch Erkenntniß mit Entfernung aus dem Heere, Dienstentlassung oder Verlust des Rechts zum Tragen der Offizier-Uniform bestraften Personen des Soldatenstandes sowie die mit Amtsverlust bestraften Militärbeamten mit der Rechtskraft des Erkenntnisses.

*) Ist die Aushändigung des Urlaubspasses verabsäumt, so ist der Militärgerichtsstand nicht begründet.

§ 6.

Personen des Beurlaubtenstandes unterliegen den Strafvorschriften dieses Gesetzes in der Zeit, in welcher sie sich im

---

§ 6.

Inhalt:

1. Nach § 15 des zum Reichsgesetze erhobenen Gesetzes, betreffend die Verpflichtung zum Kriegsdienste vom 9. November 1867 (Gesetzblatt für den Norddeutschen Bund von 1867 S. 131, von 1870 S. 647, Reichsgesetzblatt von 1871 S. 398*) sollen die beurlaubten Mannschaften des Heeres und der Marine (Reserve, Landwehr, Seewehr) während der Beurlaubung nur den zur Ausübung der militärischen Kontrole erforderlichen Anordnungen, im Uebrigen aber den allgemeinen Landesgesetzen unterworfen sein.

Das Militär-Strafgesetzbuch ist bestrebt gewesen, diesem Grundsatze sich insoweit anzuschließen, als die militärischen Verhältnisse, insbesondere die Rücksichtnahme auf Aufrechterhaltung der Disziplin in der Armee es irgendwie gestatten. Wollte man doch die bürgerliche Lebensweise, namentlich die bürgerlichen Amtsverhältnisse, von den militärischen Gestaltungen möglichst unberührt lassen.

In vollem Einklange mit der bestehenden Reichsgesetzgebung stellt darum der § 6 als Regel auf, daß Personen des Beurlaubtenstandes den Vorschriften des Militär-Strafgesetzbuchs nur in der Zeit unterliegen, während welcher sie sich im Dienst befinden. Allerdings schränkt § 6 diese Bestimmung durch die Anordnung ein:

> „Außerhalb dieser Zeit finden auf sie nur diejenigen Vorschriften Anwendung, welche in diesem Gesetz ausdrücklich auf Personen des Beurlaubtenstandes für anwendbar erklärt worden sind."

Doch sind dieser, ausnahmsweise für anwendbar erklärten Vorschriften nur wenige. Sie sind in den §§ 68. 69. 113 und 126 enthalten**) und rechtfertigen sich in Ansehung der Schwere des Thatbestandes oder der Umstände, unter welchen die betreffende Handlung geschieht. So wird nach den §§ 68. 69 der Ungehorsam gegen eine Einberufung oder Aufforderung zur Stellung bestraft, wenn er zu einer Zeit erfolgt, in welcher gegen das Deutsche Reich ein Krieg droht oder bereits ausgebrochen ist. Nach § 113 soll es ferner strafbar sein, wenn eine Person des Beurlaubtenstandes eine Versammlung von Personen des Soldatenstandes behufs Berathung über militärische Angelegenheiten oder Einrichtungen veranstaltet, oder zu einer gemeinsamen Vorstellung oder Beschwerde über solche Angelegenheiten oder Einrichtungen Unterschriften sammelt, oder an einer solchen Versammlung, Vorstellung oder Beschwerde sich betheiligt. Für die Schwere des Thatbestandes dieser Handlung fand man einen Beleg unter Anderem darin, daß beispielsweise selbst die Verfassungs-Urkunde für den Preußischen Staat (Artikel 38) vorschreibt:

> „Die bewaffnete Macht darf weder in, noch außer dem Dienste berathschlagen oder sich anders, als auf Befehl versammeln; Versammlungen und Vereine der Landwehr zur Berathung militärischer Einrichtungen, Befehle und Anordnungen sind auch dann, wenn dieselbe nicht zusammenberufen ist, untersagt."

Anlangend die anderweitigen, ausweislich § 113 für strafbar erklärten Handlungen von Personen des Beurlaubtenstandes, so sind dieselben nur auf Ungehorsam oder Widersetzung gegen einen in Gemäßheit der Dienstordnung ertheilten Dienstbefehl und auf solche Handlungen beschränkt, welche eine Verletzung der Pflichten

---

*) Cfr. §§ 56. 57 des RMG. vom 2. Mai 1874 und Anm. 3.

**) Eine fernere Ausnahme enthält § 42.

Dienste befinden; außerhalb dieser Zeit finden auf sie nur diejenigen Vorschriften Anwendung, welche in diesem Gesetze

militärischer Unterordnung enthalten und entweder im dienstlichen Verkehr mit dem Vorgesetzten oder in der Militäruniform begangen werden.

Erwägt man, daß in der Militäruniform eine Person des Beurlaubtenstandes dem militärisch Vorgesetzten gegenüber alle die Pflichten überkommt, welche eine Person des Dienststandes hat, so bedarf es wohl keiner weiteren Ausführung, daß zur Aufrechthaltung der militärischen Disziplin in jedem der beregten Fälle die Person des Beurlaubtenstandes den Personen des Dienststandes gleichgestellt werden mußte.

Gleichwie übrigens, Vorgesetzten gegenüber, eine Person des Beurlaubtenstandes in Militäruniform dieselben Pflichten der militärischen Unterordnung, wie eine Person des Dienststandes hat, so erhält dieselbe in der Militäruniform andererseits auch diejenige Dienstgewalt, welche in gleicher Uniform eine Person des Dienststandes besitzt. Mit Nothwendigkeit ergab sich daher die Vorschrift des § 126, daß jede Handlung, welche, wenn sie von einer Person des Dienststandes begangen würde, als Mißbrauch der Dienstgewalt zu bestrafen wäre, mit derselben Strafe nicht nur dann zu ahnden sei, wenn sie von einer Person des Beurlaubtenstandes im dienstlichen Verkehr mit den Untergebenen begangen wird, sondern auch dann, wenn eine solche Person dieselbe in der Militäruniform begeht. (Motive).

2. § 6 hat durch das Reichs-Militär-Gesetz vom 2. Mai 1874 eine wesentliche Aenderung erfahren. Dasselbe erweitert einestheils den früher für die Bestimmung des § 6 allein maßgebend gewesenen, dem § 15 des Reichsgesetzes vom 9. November 1867, betreffend die Verpflichtung zum Kriegsdienste entnommenen Begriff der Personen des Beurlaubtenstandes und fügt anderntheils (im § 60) den Ausnahmen von der oben ad 1 erwähnten Regel eine neue hinzu:

Es bestimmen nämlich:

„§ 56 a. a. O. Zum Beurlaubtenstande gehören:

1) die Offiziere, Aerzte, Beamten und Mannschaften der Reserve und Landwehr;
2) die vorläufig in die Heimath beurlaubten Rekruten und Freiwilligen (§ 34);
3) die bis zur Entscheidung über ihr ferneres Militärverhältniß zur Disposition der Ersatzbehörden entlassenen Mannschaften (§ 54);
4) die vor erfüllter aktiver Dienstpflicht zur Disposition der Truppentheile beurlaubten Mannschaften.

§ 57. Die Personen des Beurlaubtenstandes sind während der Beurlaubung den zur Ausübung der militärischen Kontrole erforderlichen Anordnungen unterworfen. Sie haben geeignete Vorkehrungen zu treffen, daß dienstliche Befehle ihrer Vorgesetzten und namentlich Einberufungs-Ordres ihnen jederzeit zugestellt werden können.

Im dienstlichen Verkehr mit ihren Vorgesetzten oder wenn sie in Militäruniform erscheinen, sind sie der militärischen Disziplin unterworfen (§ 8).

Ueber die Ausübung der militärischen Kontrole, die Uebungen und die gegen Personen des Beurlaubtenstandes zulässigen Disziplinarstrafmittel wird ein besonderes Gesetz nähere Bestimmungen treffen*).

§ 60 Nr. 3. Die im § 56 unter 2—4 bezeichneten Mannschaften sind den Bestimmungen im dritten Abschnitte des Militär-Strafgesetzbuches vom 20. Juni 1872 über unerlaubte Entfernung und Fahnenflucht, und den Bestimmungen im vierten Abschnitte desselben Gesetzbuchs, über Selbstbeschädigung und Vorschützung von Gebrechen, in gleicher Weise, wie die Personen des aktiven Dienststandes unterworfen."

Zum Beurlaubtenstande gehören demnach:

A. vom Heer:

die oben erwähnten im § 56 des Reichs-Militärgesetzes vom 2. Mai 1874 aufgeführten Personen.

---

*) Gesetz, betreffend die Ausübung der militärischen Kontrole über die Personen des Beurlaubtenstandes, die Uebungen derselben, sowie die gegen sie zulässigen Disziplinarstrafmittel vom 15. Februar 1875 (Reichs-Gesetzbl. von 1875 Nr. 7).

ausdrücklich auf Personen des Beurlaubtenstandes für anwendbar erklärt sind.

[Entw. § 6.]

B. von der Marine:
1) die Reserven der Flotte;
2) die Seewehr.

Letztere besteht nach § 13 Nr. 7 des Reichsgesetzes vom 9. November 1867, betreffend die Verpflichtung zum Kriegsdienste:
a) aus den von der Marinereserve zur Seewehr entlassenen Mannschaften;
b) aus den sonstigen Marinedienstpflichtigen, welche auf der Flotte nicht gedient und zwar bis zum vollendeten 31. Lebensjahre.

3. Hiernach gelten also jetzt für die Personen des Beurlaubtenstandes, in der Zeit, in welcher sie sich nicht im Dienst befinden, folgende militärstrafrechtliche Bestimmungen:

A. für die Offiziere, Aerzte, Beamten*) und Mannschaften der Reserve, der Land- und Seewehr:
die §§ 42. 68. 69. 113. 126 des Mil.-StGB. f. d. D. R.;

B. für die vorläufig in die Heimath beurlaubten Rekruten und Freiwilligen, die bis zur Entscheidung über ihr ferneres Militärverhältniß zur Disposition der Ersatzbehörden entlassenen Mannschaften und die vor erfüllter aktiver Dienstpflicht zur Disposition der Truppentheile beurlaubten Mannschaften:
a) die §§ 42. 113 und 126 desselben Gesetzes.
b) die Vorschriften des III. u. IV. Abschnittes II. Theiles des Mil.-StGB. f. d. D. R. in gleicher Weise, wie sie für die Personen des aktiven Dienststandes gelten.

Es fallen somit jetzt unter § 6 Thl. II Pr. Mil.-StGB. und gehören vor die Militärgerichte folgende während der Beurlaubung begangenen strafbaren Handlungen:

1) Ungehorsam und Widersetzung gegen einen rechtmäßigen Befehl in dienstlichen Angelegenheiten (§ 113 des Mil.-StGB. f. d. D. R).
2) Nichtgestellung im Falle des § 68 a. a. O. und Fahnenflucht § 69 a. a. O. resp. hinsichtlich der oben ad B. aufgeführten Personen des Beurlaubtenstandes, unerlaubte Entfernung und Fahnenflucht (Abschnitt 3 Thl. II a. a. O. cf. auch Anm. 1 zu § 64) (Rekruten haben den Militärgerichtsstand erst mit Aushändigung des Urlaubspasses cf. Anm. 5 zu §§ 4 und 5).
3) Hinsichtlich der oben ad B. aufgeführten Personen des Beurlaubtenstandes: Selbstbeschädigung und Vorschützung von Gebrechen (Abschnitt 4 Thl. II a. a. O. cf. auch die Anmerkungen 1 zu §§ 82 und 83).
4) Zuwiderhandlungen gegen den § 101 a. a. O. (§ 113 a. a. O.).
5) Handlungen gegen die militärische Unterordnung im dienstlichen Verkehr mit dem Vorgesetzten oder in der Militäruniform. (§ 113 a. a. O.).
6) Mißbrauch der Dienstgewalt im dienstlichen Verkehr mit dem Untergebenen oder in der Militäruniform (§ 126 a. a. O.).
7) Herausforderungen und Zweikämpfe beurlaubter (Reserve- und Landwehr-) Offiziere und der mit Vorbehalt der Dienstverpflichtung aus dem stehenden Heere ausgeschiedenen Offiziere, seit Aufhebung der Verordnung vom 20. Juli 1843 jedoch nicht mehr Theilnahme am Zweikampf, da § 6 Nr. 5 der Mil.-Strafgerichtsordnung sich nur auf die Duellanten und nicht auf die Theilnehmer am Zweikampfe bezieht.
8) Die im § 42 Abs. 2 des Mil.-StGB. f. d. D. R. bezeichneten Fälle (cf. § 6 Nr. 6 des Cirkular-Schreibens des Preuß. General-Auditoriats vom 25. September 1872 und Nr. 7 der allgemeinen Verfügung derselben Behörde vom 6. November 1874).

---

*) Es sind dies nur diejenigen Beamten, welche ihrer Militär-Dienstpflicht in einem Beamtenverhältnisse genügen, wie z. B. die Militär-Pharmazeuten.

§ 7.

Strafbare Handlungen, welche von Militärpersonen im Auslande, während sie dort bei den Truppen oder sonst in dienstlicher Stellung sich befinden, begangen werden, sind ebenso zu bestrafen, als wenn diese Handlungen von ihnen im Bundesgebiete begangen wären.

[Entw. § 7.]

---

4. Die Ersatz-Reservisten erster Klasse gehören nicht zu den Personen des Beurlaubtenstandes, sind überhaupt nicht Militärpersonen. Dieselben sind jedoch in dem Falle des § 69 Nr. 5 des Reichs-Militär-Gesetzes vom 2. Mai 1874 den Vorschriften der §§ 68 und 69 des Mil.-StGB. f. d. D. R. unterworfen.

5. „Im Dienst" befinden sich Personen des Beurlaubtenstandes nicht nur, wenn sie zu Uebungen einberufen oder mobil gemacht worden sind, sondern auch bei Kontrol-Versammlungen.

6. Die Disziplinar-Verhältnisse der Personen des Beurlaubtenstandes sind in den §§ 23ff. der Disziplinarstrafordnungen für das Heer und die Marine, sowie in dem § 6 des Reichsgesetzes vom 15. Febr. 1875, betr. die Ausübung der militärischen Kontrole über die Personen des Beurlaubtenstandes geregelt.

7. Daß auf Personen des Beurlaubtenstandes außerhalb der Zeit, in welcher sie sich im Dienst befinden, nicht bloß die im § 6 bezeichneten Vorschriften, sondern auch die allgemeinen Strafgesetze Anwendung finden, wurde in Gemäßheit von § 10 des Strafgesetzbuches für das Deutsche Reich als selbstverständlich erachtet. Eine besondere Bestimmung ist darum nicht aufgenommen worden. (Motive.)

§ 7.

1. Die Vorschrift des Strafgesetzbuches für das Deutsche Reich § 4, daß wegen der im Auslande begangenen Verbrechen und Vergehen in der Regel keine Verfolgung stattfinde und in gewissen Ausnahmefällen eine Verfolgung zwar zulässig, aber nicht nothwendig sei, erschien in Ansehung der Militärpersonen nicht in ihrer Allgemeinheit durchführbar. Die Erwägung, daß beispielsweise während eines gegen das Deutsche Reich ausgebrochenen Krieges die Deutschen Truppen sich im Auslande befinden können, bietet sich ohne Weiteres für den Gesetzgeber dar und fordert im Interesse der militärischen Disziplin unabweisbar eine Ausnahme von jener Vorschrift.

Die Zulassung einer solchen Ausnahme findet denn auch in dem Herkommen, Schiffe auf offenem Meere als Theile des Gebiets ihres Heimathsstaates zu betrachten, einen starken gesetzgeberischen Anhalt.

Bei Entscheidung, in welchem Umfange die Aufstellung der Ausnahme behufs Wahrung der militärischen Disziplin geboten sei, könnte das Gesetz sich auf diejenigen Fälle beschränken, in welchen eine Militärperson als solche, somit also in dienstlicher Stellung, sich im Auslande befindet. Dem entsprechend hat der § 7 das übliche Wort: „der Soldat trägt sein Gesetzbuch mit sich" zum Ausdrucke gebracht. Von gleicher Anschauung geht auch das Preußische Gesetz, die Abänderung mehrerer Bestimmungen des Militär-Strafgesetzbuches betreffend, vom 15. April 1852 § 2 aus. (Motive.)

2. Unter strafbaren Handlungen sind hier nur bürgerliche und militärische Verbrechen und Vergehen, nicht aber Uebertretungen zu verstehen. Es folgt dies daraus, daß die Motive (s. Nr. 1) sich deutlich dahin aussprechen, daß nur eine Aenderung der §§ 4. 5, nicht aber des § 6 des StGB. f. d. D. R. beabsichtigt worden sei (vgl. Herbst S. 98. 99, Koppmann S. 57).

3. Eine Erläuterung des Begriffes: „Ausland", wie sie zur Auslegung des Strafgesetzbuches für das Deutsche Reich im § 8 daselbst gegeben ist, erschien hier nicht geboten. Indem der vorliegende § 7 dem „Ausland" das „Bundesgebiet" gegenüberstellt, ergiebt sich der Begriff des „Auslandes" als „eines jeden nicht zum Deutschen Reiche gehörigen Gebiets" von selbst. (Motive.)

§ 8.

Militärische Verbrechen und Vergehen, welche gegen Militärpersonen verbündeter Staaten in gemeinschaftlichen Dienstverhältnissen begangen werden, sind, wenn Gegenseitigkeit verbürgt ist, ebenso zu bestrafen, als wenn diese Handlungen gegen Militärpersonen des Heeres oder der Marine begangen wären. [Entw. § 8.]

§ 9.

Die in diesem Gesetze für strafbare Handlungen im Felde gegebenen Vorschriften (Kriegsgesetze) gelten:

---

§ 8.

1. Wo es zum Thatbestande eines im Militär-Strafgesetzbuche vorgesehenen militärischen Verbrechens oder Vergehens gehört, daß die betreffende Handlung gegen eine andere Person begangen wird, da ist zur Erfüllung des Thatbestandes meistentheils erforderlich, daß diese Person eine zum Deutschen Heere oder zur Kaiserlichen Flotte gehörige Militärperson ist. Wegen mangelnden Thatbestandes müßte daher von einer Bestrafung abgesehen werden, wenn die beregte Handlung gegen eine andere Person als der oben bezeichneten Art geschähe.

Würde dies auch für den Fall durchgeführt, daß die Handlung gegen Militärpersonen verbündeter Staaten erfolgte, so könnte dies dem militärischen Interesse, insbesondere der militärischen Disziplin, gefahrvoll werden. Der § 8 will dieser Gefahr vorbeugen. Er glaubt dies bereits dadurch zu bewirken, daß er solche Militärpersonen verbündeter Staaten, mit welchen der Thäter bei Begehung der Handlung in gemeinschaftlichen Dienstverhältnissen sich befindet, unter der in Rede stehenden Voraussetzung, den Deutschen Militärpersonen gleichstellt. Allerdings macht er diese Gleichstellung davon abhängig, daß auch Seitens des verbündeten Staates Gegenseitigkeit verbürgt ist. Es bedarf indessen dieser Einschränkung, um zu Gunsten der Deutschen Militärpersonen die Gleichstellung nicht eintreten zu lassen, wenn ihnen nicht derselbe Schutz gewährt wird, wie ihn § 8 für die Militärpersonen verbündeter Staaten schaffen will. (Motive.)

2. Als Militärperson eines verbündeten Staates ist übrigens derjenige zu erachten, welcher als Deutsche Militärperson zu erachten wäre, wenn er dieselbe Stellung im Deutschen Heere oder in der Kaiserlichen Marine hätte, welche er im verbündeten Staate hat (Motive). — Verbündete Staaten sind daher außerdeutsche. Für Militärpersonen Deutscher Staaten wäre die Bestimmung des § 8 überflüssig gewesen.

3. In Abweichung von dem vorliegenden § 8 erstreckt der § 7 der Einleitung zum Preußischen Militär-Straf-Gesetzbuche die in Rede stehende Gleichstellung nicht bloß in Ansehung der militärischen Verbrechen und Vergehen, sondern auch in Ansehung der durch die allgemeinen Strafgesetze für strafbar erklärten Handlungen. Nach Lage der gegenwärtigen Reichsgesetzgebung bedurfte es dieser Erweiterung nicht. Abgesehen nämlich von einzelnen Handlungen, hat das Strafgesetzbuch für das Deutsche Reich bei Feststellung des Thatbestandes der Verbrechen und Vergehen keinerlei Rücksicht darauf genommen, ob die betreffende Handlung gegen einen Inländer oder Ausländer begangen wird. Wo aber, wie beispielsweise in dem Abschnitte von Verbrechen und Vergehen in Beziehung auf die Ausübung staatsbürgerlicher Rechte, jene Unterscheidung zur Geltung gekommen, da geschah es in der ausdrücklichen Erwägung, daß, gegen einen Ausländer begangen, die Handlung straffrei bleiben müsse. (Motive.)

§§ 9 u. 10.

Inhalt:

1) für die Dauer des mobilen Zustandes des Heeres, der Marine oder einzelner Theile derselben;

2) für die Dauer des nach Vorschrift der Gesetze erklärten Kriegszustandes in den davon betroffenen Gebieten;

3) in Ansehung derjenigen Truppen, denen bei einem Aufruhr, einer Meuterei, oder einem kriegerischen Unternehmen der befehligende Offizier dienstlich bekannt gemacht hat, daß die Kriegsgesetze für sie in Kraft treten, für die Dauer dieser Zustände;

---

1. Nach dem Entwurfe lauten die §§ 9 und 10 wie folgt:

§ 9. Die in diesem Gesetz für militärische Verbrechen und Vergehen im Felde gegebenen Strafvorschriften (Kriegsgesetze) gelten für die Dauer des mobilen Zustandes des Heeres oder der Marine oder einzelner Theile derselben. Ihre Anwendbarkeit für die einzelne von der Mobilmachung betroffene Militärperson beginnt mit dem ersten Mobilmachungstage und endet mit ihrer Demobilmachung.

§ 10. Nicht mobile Militärpersonen sind den Kriegsgesetzen (§ 9) unterworfen:

1) insoweit während eines gegen das Deutsche Reich drohenden oder ausgebrochenen Krieges die Anwendbarkeit der Kriegsgesetze nach Beschluß des Kaisers angeordnet ist;

2) wenn sich dieselben in einem nach Vorschrift der Gesetze in Kriegszustand erklärten Gebiete während der Dauer dieses Zustandes befinden;

3) für die Dauer eines außerordentlichen Zustandes, wenn der sie befehligende Offizier ihnen dienstlich bekannt gemacht hat, daß die Kriegsgesetze auf sie Anwendung finden sollen.

Diese beiden Paragraphen sind vom Reichstage auf Vorschlag der Kommission genauer präzisirt worden. Eine wesentliche Abweichung enthält die neue Fassung nur insoweit, als sie (im § 10) hinsichtlich der Dauer des mobilen Zustandes andere Bestimmungen trifft (siehe unten Anm. 6).

2. Je größer in Ansehung des militärischen Interesses die Gefahr erscheint, die mit der Begehung einer Handlung verbunden ist, desto mehr ist es vom militärischen Standpunkte aus begründet, die Handlung mit Strafe zu bedrohen, wenn sie bisher straflos war, und wofern sie bereits mit Strafe bedroht gewesen, diese Strafe noch zu schärfen.

Im ersteren Falle rechtfertigt es sich sonach, den Thatbestand für eine neue strafbare Handlung zu schaffen. Im letzteren Falle kann die Schärfung in zwiefacher Weise erfolgen. Entweder schärft man die Strafe nur durch Erweiterung des Höchstbetrages der angedrohten Strafe. Oder man droht besondere Strafen für den Fall an, daß die Handlung unter den, die größere Gefahr mit sich bringenden Umständen erfolgt. Diese letztere Art der Schärfung empfiehlt sich namentlich dann, wenn die Erhöhung der Strafe der Art oder dem Maße nach eine so große ist, daß bei bloßer Erweiterung des Höchstbetrages der angedrohten Strafe zu besorgen wäre, es könne wegen des umfangreichen Strafrahmens auch beim Nichtvorhandensein jener Umstände der Richter eine solche Strafe verhängen, wie sie der Gesetzgeber nur unter der Voraussetzung verhängt wissen wollte, daß diese Umstände vorhanden sind.

Als einen solchen, die Gefahr erhöhenden Umstand hat das Militär-Strafgesetzbuch es angesehen, wenn die Handlung im Felde begangen wird.

Mit Rücksicht auf das Vorhandensein dieses Umstandes ist beispielsweise im § 135 der Thatbestand einer strafbaren Handlung neu geschaffen worden.

Wo er nur als Straferhöhungsgrund zu erachten gewesen, tritt eine Berücksichtigung desselben selbstverständlich nur dadurch hervor, daß besondere Strafen für den Fall angedroht sind, wenn die Handlung im Felde begangen ist. Es zeigt sich dies

4) in Ansehung derjenigen Kriegsgefangenen, welchen der höchste an ihrem Aufenthaltsorte befehligende Offizier dienstlich bekannt gemacht hat, daß die Kriegsgesetze für sie in Kraft treten.

[Entw. §§ 9 u. 10.]

§ 10.

Den Kriegsgesetzen unterworfen sind im Falle des §. 9 Nr. 1:

---

in den §§ 57. 58. 59. 60. 65. 66. 67. 71. 72. 75. 77. 78. 93. 96. 97. 99. 100. 102. 106. 107. 141. 146 und 153. (Motive.)

3. Wann eine Handlung als „im Felde" begangen zu erachten sei, erläutern die §§ 9 und 10, indem sie zugleich diejenigen Strafvorschriften mit dem Namen Kriegsgesetz belegen, welche für den Fall angedroht sind, daß militärische Verbrechen oder Vergehen im Felde begangen sind. (Motive.)

4. Unter „dem mobilen Zustande" ist nur derjenige mobile Zustand des Heeres oder der Marine oder einzelner Theile derselben zu verstehen, der, insoweit das Bayerische Kontingent nicht in Betracht kommt, vom Kaiser selbst, in Ansehung des Bayerischen Kontingents aber von Seiner Majestät dem Könige von Bayern darum angeordnet worden ist, weil ihn der Kaiser dazu veranlaßt hat. (Motive.)

Als mobiler Zustand gilt in der Marine der Kriegszustand eines Schiffes. Als im Kriegszustande befindlich ist jedes Schiff der Marine zu betrachten, welches außerhalb der heimischen Gewässer allein fährt (§ 164 des Mil.-StGG. f. d. D. R.).

5. Die Vorschrift, daß die Kriegsgesetze gelten sollen für die Dauer des mobilen Zustandes des Heeres oder der Marine oder einzelner Theile derselben, beruht auf den Bestimmungen von Art. 63 der Verfassung des Deutschen Reichs:

> „Der Kaiser . . . . . hat das Recht, die kriegsbereite Aufstellung eines jeden Theiles des Reichsheeres anzuordnen",

und § 5 Nr. III des Vertrages, betreffend den Beitritt Bayerns zur Verfassung des Deutschen Bundes vom 23. November 1870 (BGBl. des D. B. 1871, S. 9):

> „Die Anordnung der Kriegsbereitschaft (Mobilisirung) des Bayerischen Kontingents oder eines Theils desselben erfolgt auf Veranlassung des Bundesfeldherrn durch Seine Majestät den König von Bayern". (Motive.)

6. Die Dauer des mobilen Zustandes ist im § 10 anders geregelt als im Entwurf (siehe oben Nr. 1):

a) Während der Entwurf für alle von der Mobilmachung wirklich betroffene Militärpersonen hinsichtlich der Dauer des mobilen Zustandes dieselben Grenzen bestimmt, scheidet das Gesetz die Personen des aktiven Dienststandes von denen des Beurlaubtenstandes; während ferner der Entwurf als Anfangspunkt des mobilen Zustandes den ersten Mobilmachungstag bezeichnet und die Motive es für unzulässig erklären, denselben auf den Tag zu verlegen, an welchem die betreffenden Militärpersonen wirklich mobil geworden sind, setzt § 10 ausdrücklich fest, daß die Personen des aktiven Dienststandes erst am Tage ihrer Mobilmachung unter die Kriegsgesetze treten sollen.

b. Für Personen des Beurlaubtenstandes beginnt nach § 10 die Geltung der Kriegsgesetze schon an dem Tage, zu welchem sie einberufen sind.

Daraus folgt, daß dieselben im Falle des § 69 wegen Fahnenflucht im Felde nach § 71 zu bestrafen sind (siehe Keller S. 39).

Die Geltung der Kriegsgesetze endigt für sie erst mit der Entlassung von dem mobilen Truppentheile.

Ist der Truppentheil inzwischen demobil gemacht, so endigt dieselbe selbstverständlich mit der Demobilmachung.

7. Nr. 2 und 3 des § 9 beziehen sich auf nichtmobile Militärpersonen, für welche auch während des Krieges nur dann die Kriegsgesetze gelten, wenn die Voraussetzungen des § 9 Nr. 2 und 3 zutreffen.

1) die Personen des aktiven Dienststandes von dem Tage ihrer Mobilmachung bis zu ihrer Demobilmachung;
2) die Personen des Beurlaubtenstandes von dem Tage, zu welchem sie einberufen sind, bis zu ihrer Entlassung.
[Entw. §§ 9 u. 10.]

Daß unter gewissen Voraussetzungen in militärischer Rücksicht auch bei nicht mobilen Truppen dieselben Gefahren bestehen können, welche bei mobilen Truppen vorkommen, zeigt schon die Thatsache, daß während eines Krieges nicht immer alle Truppentheile mobil gemacht werden. In Betracht kommt ferner beispielsweise, daß nichtmobile Militärpersonen sich bei mobilen Truppen oder in einem Gebiete befinden können, welches der Kaiser nach Artikel 68 der Reichsverfassung in Kriegszustand erklärt hat. Wie nothwendig es aber werden kann, während eines Krieges die Anwendbarkeit der Kriegsgesetze überall anzuordnen, hat während des jüngsten Krieges die Erfahrung in Bayern gelehrt. Dort waren nämlich wegen Ueberfüllung der Festungen die Kriegsgefangenen schließlich auf dem Lechfelde untergebracht; die Gefangenen oder die immobilen Truppen unter die Krigsgesetze zu stellen, war jedoch nicht möglich, da nach dem Bayerischen Militär-Strafgesetzbuche Artikel 12 dies nur rücksichtlich der Besatzung fester Plätze zulässig war und das Lechfeld nicht als ein „fester Platz" erachtet werden konnte. (Motive.)

8. Der Vorschrift des § 9 Nr. 2 liegt die Bestimmung des Artikels 68 der Verfassung des Deutschen Reichs zu Grunde, welcher lautet:

„Der Bundesfeldherr kann, wenn die öffentliche Sicherheit in dem Bundesgebiete bedroht ist, einen jeden Theil desselben in Kriegszustand erklären. Bis zum Erlaß eines die Voraussetzungen, die Form der Verkündigung und die Wirkungen einer solchen Erklärung regelnden Bundesgesetzes gelten dafür die Vorschriften des Preußischen Gesetzes vom 4. Juni 1851 (Gesetz-Sammlung 1851 S. 451 und ff." (siehe die Beilagen).

Diesem Gesetze zufolge stehen während des Belagerungszustandes die Militärpersonen unter den Gesetzen, welche für den Kriegszustand erlassen sind.

Auf Bayern findet der Artikel 68 der Verfassung jedoch noch keine Anwendung (BGBl. von 1871 S. 19). (Motive.)

9. Nach § 9 Nr. 3. ist die dem befehligenden Offizier ertheilte Befugniß, die Kriegsgesetze für seine Truppen bekannt zu machen, abweichend von der dieser Vorschrift im Wesentlichen zu Grunde liegenden Bestimmung des § 9 der Einleitung zum Preußischen Militärstrafgesetzbuche auf die Fälle eines Aufruhrs, einer Meuterei und eines kriegerischen Unternehmens beschränkt.

Wann der Befehlshaber von der ihm gegebenen Befugniß Gebrauch zu machen habe, mußte füglich seinem eigenen Ermessen überlassen werden. Demzufolge ist die Befugniß zur Verkündigung der Kriegsgesetze nur einem solchen Befehlshaber beigelegt, der bereits Offizier ist. Als selbstverständlich ist angenommen, daß von dieser Befugniß nur bei außerordentlichen Zuständen, insbesondere dann Anwendung gemacht wird, wenn wie bei militärischem Aufruhr die allgemeinen Bestimmungen nicht ausreichen, um dem Gesetze die für die militärische Disziplin nothwendige Anerkennung zu verschaffen. Erfolgt die Verkündigung, so erstreckt sich die Wirksamkeit derselben nur auf die durch den Offizier befehligten Militärpersonen. Für andere Personen hat dieselbe keine verbindende Kraft. (Motive).

10. Daß unter Aufruhr hier militärischer Aufruhr (§ 106), unter Meuterei militärische Meuterei (§ 103) zu verstehen ist, folgt aus der Natur der Sache (vergl. auch Motive u. Anm. 9).

11. Die Form der Bekanntmachung ist lediglich die dienstliche. Nach § 9 der Einleitung zum Preußischen Militärstrafgesetzbuche mußte die fragliche Bekanntmachung bei Trommelschlag oder Trompetenschall geschehen.

Die Motive führen aus, daß es nicht räthlich erschienen sei, sich hierauf zu beschränken, „da es wohl vorkommen könne, daß der befehligende Offizier weder einen Trommler noch einen Trompeter bei sich habe".

12. Kriegsgefangene sind, abgesehen von dem Falle des § 9 Nr. 4 auch dann

§ 11.

Im Sinne dieses Gesetzes ist als vor dem Feinde befindlich jede Truppe zu betrachten, bei welcher in Gewärtigung eines Zusammentreffens mit dem Feinde der Sicherheitsdienst gegen denselben begonnen hat.

[Entw. § 71.]

§ 12.

Diejenigen Vorschriften dieses Gesetzes, welche die Strafe mit Rücksicht darauf bestimmen, daß eine Handlung vor ver-

---

den Kriegsgesetzen unterworfen, wenn sie sich in einem Gebiete aufhalten, in welchem nach Vorschrift der Gesetze der Kriegszustand erklärt worden ist.

Es folgt dies daraus, daß auf strafbare Handlungen der Kriegsgefangenen nach § 158 des Mil.-StGB. f. d. D. R. die Vorschriften dieses Gesetzes entsprechende Anwendung finden, mithin auch rücksichtlich ihrer der § 9 Nr. 2 Geltung hat. (Siehe übrigens auch Anm. 7.)

In diesem Falle bedarf es der im § 9 Nr. 4 vorgeschriebenen dienstlichen Bekanntmachung durch den höchsten befehligenden Offizier nicht. Es genügt — um die Anwendung des § 59 Abs. 1 StGB. f. d. D. R. auszuschließen — daß den Kriegsgefangenen durch einfache Belehrung oder sonst bekannt geworden ist, daß sie sich in einem Gebiete aufhalten, in welchem der Kriegszustand erklärt worden ist (vergl. Keller S. 39).

§ 11.

1. Die Fälle, in welchen das Gesetz es für nothwendig erachtet hat, strafbare Handlungen, welche „vor dem Feinde" verübt worden sind, mit noch härteren Strafen, als die im Felde verübten zu bedrohen, sind in den §§ 58 Nr. 4 und 6. 85 Nr. 2. 95 Abs. 2. 141 Abs. 2 und 3 enthalten.

2. Ein Schiff ist als vor dem Feinde befindlich zu betrachten, so lange in Gewärtigung eines Zusammentreffens mit dem Feinde ein oder mehrere Geschütze des Schiffes scharf geladen sind. (§ 165).

3. Der Beginn des Sicherheitsdienstes resp. das Laden des Geschützes muß der betr. Militärperson, welche eine strafbare Handlung vor dem Feinde verübt hat, bekannt geworden sein, da ihr sonst nach § 59 des StGB. f. d. D. R. dieser die Strafbarkeit erhöhende Thatumstand nicht zuzurechnen ist.

Es wird sich daher eine Belehrung der Truppen empfehlen, soweit die Zeit dazu vorhanden ist.

4. Ob die Anordnung des Sicherheitsdienstes auf einer irrthümlichen Voraussetzung über die Entfernung des Feindes erfolgte, ist für den Zweck des Gesetzes gleichgültig; die Thatsache der Anordnung des Sicherheitsdienstes, aus welcher der Soldat den Ernst der Situation entnehmen muß, ist das entscheidende Moment. (Oberniedermayr S. 320.)

5. Der Zustand „vor dem Feinde" dauert so lange bis der Sicherheitsdienst wieder aufgegeben ist, umfaßt also auch Vormarsch, Gefecht und Rückzug. (Oberniedermayr a. a. O.)

§ 12.

Inhalt:

1. Diejenigen Vorschriften, welche die Strafe mit Rücksicht darauf bestimmen, daß eine Handlung vor versammelter Mannschaft begangen worden ist, sind enthalten in den §§ 89. 95 und 97 dieses Gesetzes.

sammelter Mannschaft begangen worden ist, finden Anwendung, wenn außer dem Vorgesetzten und dem einzelnen Betheiligten

---

2. Die größere Strafbarkeit der vor versammelter Mannschaft verübten Subordinations-Vergehen ist bedingt durch die größere Gefahr, welche aus diesen Handlungen für die Disziplin entstehen kann. (Motive.)

3. Der entsprechende Paragraph des Entwurfes (§ 103) lautet:

„Unter versammelter Mannschaft im Sinne dieses Gesetzes sind drei oder mehr dienstlich versammelte Personen des Soldatenstandes zu verstehen."

Dazu bemerken die Motive:

„Diese Definition des Begriffs der „versammelten Mannschaft" entspricht derjenigen des Preußischen Militär-Straf-Gesetzbuches Th. I. § 74 Nr. 3. Hiernach müssen bei der That außer den betheiligten Personen noch mindestens drei dienstlich versammelte Personen des Soldatenstandes anwesend gewesen sein."

Der Reichstag hat dem § 103 des Entwurfes eine präzisere Fassung gegeben, um darüber keinen Zweifel zu lassen, daß einerseits auch der Vorgesetzte, welchem gegenüber das Subordinationsvergehen verübt wird, mit zu den „betheiligten Personen" gehöre, andererseits außer ihm nur noch der „einzelne" Betheiligte von der Zahl der versammelten Personen des Soldatenstandes in Abrechnung zu bringen sei, falls nämlich — was durchaus nicht erforderlich ist — zufällig der Vorgesetzte und der einzelne Betheiligte gleichfalls zum militärischen Dienste versammelt sind.

Wenn demzufolge außer dem Thäter drei zum militärischen Dienste versammelte Personen des Soldatenstandes an einem Subordinationsvergehen theilnehmen, so zählen sämmtliche Theilnehmer, da nur der „einzelne" Betheiligte ausgeschlossen ist, mit; das Vergehen ist also auch, wenn sonst Niemand als der Vorgesetzte zugegen gewesen ist, vor versammelter Mannschaft verübt. Gehörte der Thäter auch zu den zum militärischen Dienste versammelten Personen des Soldatenstandes, so hat in dem gegebenen Falle jeder einzelne Theilnehmer sich „vor versammelter Mannschaft" vergangen, da außer ihm, als dem „einzelnen Betheiligten" noch drei zum militärischen Dienste versammelte Personen des Soldatenstandes gegenwärtig waren, nämlich die „übrigen" Betheiligten.

In gleicher Weise ist zu verfahren, wenn das Vergehen gegen mehrere zum militärischen Dienste versammelte Vorgesetzte verübt worden ist, d. h. es ist von der Zahl der zum militärischen Dienste Versammelten nur der einzelne Vorgesetzte auszuschließen, die übrigen Vorgesetzten, gegen welche in gleicher Weise gefehlt ist, zählen mit (vergl. Keller S. 40, Weiffenbach S. 17, Solms S. 8, Dr. Rubo S. 48, Koppmann S. 66).

§ 12 ist übrigens nicht gut gefaßt worden. Wenngleich es nicht zweifelhaft sein kann, daß der Gesetzgeber nicht hat bestimmen wollen, daß auch der Vorgesetzte und der einzelne Betheiligte zum militärischen Dienste versammelt gewesen sein müssen, da eine solche Bestimmung hier, wo es sich lediglich darum handelte, den Begriff der versammelten Mannschaft zu definiren, ganz ungehörig gewesen wäre, vielmehr in die §§ 89, 95 und 97 gehört haben würde, so könnte doch die Wortfassung diese Deutung zulassen.

Das Wort „andere" ist daher nur auf „Personen des Soldatenstandes" zu beziehen (vergl. Koppmann S. 65).

4. Nur Personen des Soldatenstandes zählen zur „versammelten Mannschaft"; zum militärischen Dienste versammelte Militärbeamte zählen also nicht mit. Welchen Rang die „Personen des Soldatenstandes" bekleiden, ist gleichgültig.

Insbesondere ist aus dem Worte „Mannschaft" nicht zu schließen, daß darunter nur Gemeine zu verstehen seien.

5. Der Dienst muß ein militärischer sein, d. h. ein spezieller militärischer Dienst. Der im Entwurf enthaltene Ausdruck: „dienstlich versammelte Personen" wurde — wie Dr. Rubo S. 47 ausführt — als zu weit erachtet, „da auf einem Schiffe alle Militärpersonen dienstlich Versammelte seien, und es sich nicht rechtfertige, eine Strafschärfung darum eintreten zu lassen, weil eine strafbare Handlung daselbst

noch mindestens drei andere zu militärischem Dienste versammelte Personen des Soldatenstandes gegenwärtig gewesen sind.
[Entw. § 103]

---

in Gegenwart so vieler Personen verübt worden, wie zum Begriffe der versammelten Mannschaft gehören".

6. Die Personen des Soldatenstandes müssen zum militärischen Dienste „versammelt" sein. In der Ausübung des Dienstes brauchen sie nicht zu sein; es genügt, daß ein spezieller militärischer Dienst sie zusammengeführt hat und der Zusammenhang zwischen ihnen nicht aufgehoben ist.

Auch brauchen sie sich nicht in dienstlicher Ordnung zu befinden.

Die in der Wachtstube versammelten Wachtmannschaften zählen z. B. mit, auch wenn sie auf der Pritsche liegen und sich ausruhen.

7. Sie müssen endlich „gegenwärtig" sein.

Die bloße körperliche Anwesenheit dürfte hierzu nicht genügen.

Nach den Motiven (siehe oben Anmerkung 2) ist der Grund der größeren Strafbarkeit der vor versammelter Mannschaft verübten Subordinationsvergehen bedingt durch die größere Gefahr, welche aus diesen Handlungen für die Disziplin entstehen „kann". Es ist also die Möglichkeit der größeren Gefahr Bedingung der Strafschärfung. Die Möglichkeit, daß eine größere Gefahr als sonst für die Disziplin entstehen könne, ist zwar auch vorhanden, wenn nur zwei zum militärischen Dienste versammelte Personen des Soldatenstandes gegenwärtig sind; nach dem Willen des Gesetzgebers soll aber die Möglichkeit einer größeren Gefahr für die Disziplin erst dann die Strafschärfung bedingen, wenn wenigstens drei Personen dem schädlichen Einfluß des bösen Beispiels ausgesetzt gewesen sind.

Ist nun diese Möglichkeit des schädlichen Einflusses auf mindestens drei zum militärischen Dienste versammelte Personen des Soldatenstandes geradezu ausgeschlossen, so ist folgerichtig auch die Strafschärfung nicht geboten.

Dies ist nun z. B. unzweifelhaft der Fall, wenn die in der Wachtstube versammelten Mannschaften entweder sämmtlich oder bis auf ein oder zwei Personen schlafen oder die Sprache des lediglich durch Worte gegen die Subordination Handelnden nicht verstehen.

Ebensowenig ist aber eine solche „größere" Gefahr als sonst für die Disziplin vorhanden, wenn die Anwesenden das Subordinationsvergehen zwar hätten wahrnehmen können, es aber aus irgend einem Grunde faktisch nicht wahrgenommen haben.

Wenn z. B. ein Wachtmann beim Einheizen nicht gehört hat, wie ein Kamerad in der Wachtstube dem Wachthabenden gegenüber ausdrücklich den Gehorsam verweigerte, weil seine Aufmerksamkeit durch seine Beschäftigung abgezogen war, so kann auch auf ihn das böse Beispiel, welches sein Kamerad den übrigen Kameraden gegeben, nicht gewirkt haben, da er dem Einflusse desselben gar nicht ausgesetzt gewesen ist. Es ist also geradezu unmöglich, daß durch seine rein körperliche Anwesenheit in der Wachtstube die Disziplin erheblicher gefährdet gewesen sein sollte, als wenn er überhaupt nicht zugegen gewesen wäre.

Daraus folgt, daß nur diejenigen zum militärischen Dienste versammelten Personen des Soldatenstandes als gegenwärtig angesehen werden können, welche nicht allein körperlich sondern auch mit ihrem Wahrnehmungsvermögen anwesend sind. (Dafür: Weiffenbach S. 17. Erlaß des Preuß. General-Auditoriats vom 8. November 1867. Dagegen: Koppmann S. 67.)

Hiernach regelt sich auch die Frage, bis zu welcher Entfernung von dem Thäter Personen noch gegenwärtig zu nennen seien.

Diese Grenze hängt lediglich von dem Wahrnehmungsvermögen der betreffenden Personen, also von Zufälligkeiten ab und läßt sich nicht allgemein fixiren.

§ 13.

Wo das Gesetz die Strafe mit Rücksicht auf den Rückfall bestimmt, tritt dieselbe ein, wenn der Thäter, nachdem er wegen eines militärischen Verbrechens oder Vergehens durch

---

§ 13.

Inhalt

1. Das Mil.-StGB. f. d. D. R. hat den Rückfall nicht als allgemeinen Strafschärfungsgrund aufgenommen. Dem entgegen lautete der Entwurf:

„Mit erhöhter Strafe ist wegen Rückfalls zu belegen, wer, nachdem er wegen eines militärischen Verbrechens oder Vergehens durch ein Deutsches Gericht bestraft worden, dasselbe militärische Verbrechen oder Vergehen abermals begeht.

Diese Bestimmung findet Anwendung auch wenn die frühere Strafe nur theilweise verbüßt oder ganz oder theilweise erlassen ist; sie bleibt jedoch ausgeschlossen, wenn seit der Verbüßung oder dem Erlasse der letzten Strafe bis zur Begehung des neuen militärischen Verbrechens oder Vergehens zehn Jahre verflossen sind."

Dazu bemerken die Motive:

„Obschon das Strafgesetzbuch für das Deutsche Reich den Rückfall nicht als einen allgemeinen Strafschärfungsgrund aufstellt, glaubt dennoch der Entwurf dies im Interesse der militärischen Disziplin wenigstens in Ansehung der militärischen Verbrechen und Vergehen thun zu sollen.

Bei Aufstellung des den Rückfall erfüllenden Thatbestandes hat sich der § 67 dem Strafgesetzbuche für das Deutsche Reich vollständig angeschlossen. In Abweichung von dem Preußischen Militärstrafgesetzbuche ist demgemäß das entscheidende Merkmal für den Rückfall nicht mehr die Verurtheilung, vielmehr besteht dasselbe darin, daß eine gerichtlich erkannte Strafe ganz oder theilweise verbüßt oder erlassen ist." 2c.

Der Reichstag strich den Rückfall als allgemeinen Strafschärfungsgrund hinsichtlich der Freiheitsstrafen, und ließ nur hinsichtlich der militärischen Ehrenstrafen den wiederholten Rückfall in ein militärisches Verbrechen oder Vergehen als allgemeinen Strafschärfungsgrund bestehen; er setzte die Verjährungsfrist der Rückfallstrafe von zehn Jahren auf fünf Jahre herab, strich das Wort „letzten" vor Strafe im zweiten Alinea und schob als drittes Alinea die Worte ein:

„dasselbe gilt bei wiederholtem Rückfalle."

2. Das Gesetz — d. i. das Militär-Straf-Gesetzbuch für das Deutsche Reich — bestimmt die Strafe mit Rücksicht auf den Rückfall rücksichtlich der Freiheitsstrafen nur bei der Fahnenflucht in den Fällen der §§ 70 und 71, rücksichtlich der Ehrenstrafen

a) in zwei speziellen Fällen des Mißbrauchs der Dienstgewalt, nämlich den Fällen der §§ 114 Abs. 2 (Rückfall) und 122 Abs. 2 (wiederholter Rückfall).

b) allgemein bei allen militärischen Verbrechen und Vergehen, für den wiederholten Rückfall, in den §§ 31 Abs. 3, 34. Abs. 2 Nr. 2, 37. Abs. 2 Nr. 1, 40. Abs. 2 Nr. 2, denen zufolge bei wiederholtem Rückfalle erkannt werden kann

α) gegen Gemeine und Unteroffiziere auf Versetzung in die zweite Klasse des Soldatenstandes (§ 37 Abs. 2 Nr. 1).

β) gegen Unteroffiziere auf Degradation (§ 40 Abs. 2, cf. 37 Abs. 2 Nr. 1).

γ) gegen Offiziere auf Dienstentlassung oder auf Entfernung aus dem Heere oder der Marine (§§ 34 Abs. 2 Nr. 2, 31. Nr. 3, cf. 40. Abs. 2 Nr. 2, 37. Abs. 2 Nr. 1).

ein Deutsches Gericht verurtheilt und bestraft worden ist, dasselbe militärische Verbrechen oder Vergehen abermals begeht.

---

3. Das Wort „Thäter" ist gleichbedeutend mit Urheber eines militärischen Verbrechens oder Vergehens; es umfaßt sonach auch alle Theilnehmer und erstreckt sich auch auf Versuchshandlungen.

4. Es muß eine „Verurtheilung" und zwar durch ein „Deutsches" Gericht erfolgt sein. Eine disziplinarische Bestrafung oder eine Bestrafung durch ein „außerdeutsches" Gericht begründet den Rückfall nicht.

5. Die Verurtheilung muß ferner wegen eines „militärischen" Verbrechens oder Vergehens ergangen sein. Auf gemeine Verbrechen oder Vergehen sowie auf Uebertretungen beziehen sich die Bestimmungen des Mil.-StGB. f. d. D. R. rücksichtlich der Strafschärfung wegen Rückfalles nicht.

Hiernach kann auf die militärischen Ehrenstrafen bei wiederholtem Rückfalle nur dann erkannt werden, wenn es sich um ein **militärisches** Verbrechen oder Vergehen handelt (vergl. Anm. 5 zu § 37).

6. Es muß „dasselbe" Verbrechen oder Vergehen abermals begangen sein. Ein gleichartiges reicht nicht aus. Zur Annahme „desselben Verbrechens oder Vergehens" gehört derselbe verbrecherische Thatbestand, sei es mit, sei es ohne erschwerende Umstände (vgl. Oppenhoff, Strafgesetzbuch für die Preußischen Staaten, Leipzig 1867, Anm. 3 zu § 58).

Bei der Prüfung der Frage, ob die früher bestrafte That dasselbe militärische Verbrechen oder Vergehen ꝛc. darstelle, wie die jetzt abzuurtheilende, ist ausschließlich die frühere Entscheidung zum Grunde zu legen, es ist daher lediglich zu fragen, welches Verbrechen ꝛc. hat der damalige Richter als vorliegend angenommen und welches Strafgesetz hat er zur Anwendung gebracht. Auf eine Erörterung der Frage, ob dieses mit Recht geschehen und ob auch nach der jetzigen Gesetzgebung die That in gleicher Weise zu qualifiziren sei, darf sich der Richter des neuen Falles nicht einlassen, zumal da er meistens gar nicht in der Lage ist zu beurtheilen, ob einzelne im Mil. StGB. f. d. D. R. nicht aber im älteren Gesetze für wesentlich erachtete Merkmale vorlagen oder nicht, indem der frühere Richter keine Veranlassung hatte, sie zu ermitteln und festzustellen.

Danach ist im Allgemeinen der Tenor des früheren Erkenntnisses maßgebend. Enthält jedoch der Tenor, aus irgend einem Versehen, eine andere Bezeichnung des Verbrechens ꝛc. als nach den Gründen vom Richter wirklich angenommen und der Bestrafung zum Grunde gelegt ist, oder enthält der Tenor eine unbestimmte Bezeichnung, so kann derselbe aus den Gründen erläutert werden (vgl. Oppenhoff a. a. O. Anm. 4 zu Art. 6 des Einführungs-Gesetzes und die daselbst citirten Entscheidungen des Königlich Preußischen Ober-Tribunals).

Dem entgegen nimmt Koppmann n. 11 zu § 13 an, daß der Richter zu prüfen habe, ob in der That, wegen welcher die frühere Verurtheilung erfolgte, das bezügliche Delikt nach den für dessen Begriff im neuen Gesetz geforderten Merkmalen und ohne Rücksicht auf den Namen, mit dem es bezeichnet erscheint, enthalten sei oder nicht. Diese Prüfung ist nach dem oben Gesagten unzulässig und meistens auch unausführbar.

7. Es muß endlich eine „Bestrafung" erfolgt sein.

Der Bestrafung wird es gleichgehalten, wenn die Strafe auch nur theilweise verbüßt, oder ganz oder theilweise erlassen ist.

Das entscheidende Merkmal für den Rückfall ist also nicht mehr die Verurtheilung, selbst nicht die rechtskräftige (cf. Motive und Anm. 1 zu § 13).

8. Als „Verbüßung" der Strafe ist es auch anzusehen, wenn im Erkenntnisse dem Angeschuldigten auf die Strafe eine erlittene Untersuchungshaft oder eine im Auslande wegen derselben Uebelthat erlittene Strafe (§§ 60. 7. StGB. f. d. D. R.) oder eine Disziplinarstrafe angerechnet worden ist, vorausgesetzt, daß dasselbe rechtskräftig geworden war (Oppenhoff Anm. 2 zu § 245).

9. Die Strafe ist „theilweise verbüßt", sobald mit ihrer Vollstreckung ein Anfang gemacht ist. Bei Freiheitsstrafen muß die Einlieferung in die betr. Strafanstalt bewirkt sein, es genügt nicht, wenn der zu jenem Zwecke Festgenommene auf dem Transporte entspringt (Oppenhoff Anm. 3 zu § 245).

Diese Bestimmung findet Anwendung, auch wenn die frühere Strafe nur theilweise verbüßt, oder ganz oder theil=

---

10. Die Rückfälligkeit ist durch die (gänzliche oder theilweise) Verbüßung der früher verhängten Strafe bedingt; dieser ist ein (gänzlicher oder theilweiser) Erlaß gleichgestellt, nicht aber „die Verjährung" (Oppenhoff Anm. 1 zu §. 245.)

11. Die Strafschärfung wegen Rückfalls bleibt ausgeschlossen, wenn seit der Verbüßung oder dem Erlaß der Strafe bis zur Begehung der neuen strafbaren Handlung fünf Jahre verflossen sind.

Der Entwurf hatte eine Frist von zehn Jahren beabsichtigt, wie das StGB. f. d. D. R. im § 245 sie festsetzt; der Reichstag setzte dieselbe auf fünf Jahre herab.

12. Ist die Strafe theilweise verbüßt, der Rest aber erlassen oder verjährt, so beginnt die Verjährung des Rückfalls mit der Beendigung jener Theilvollstreckung (Oppenhoff Anm. 5 zu § 245).

13. War die letzte Vorbestrafung wegen mehrerer realiter konkurrirender Straffälle erfolgt, von welchen nur einzelne dasselbe Verbrechen oder Vergehen, wie das neuerdings zur Aburtheilung kommende darstellen, so beginnt der Lauf der fünfjährigen Verjährungsfrist doch erst mit der Verbüßung der verhängten Gesammtstrafe. (Oppenhoff Anm. 7 zu § 245).

14. Wenn § 13 im Absatz 3 bestimmt: „dasselbe gilt bei wiederholtem Rückfall," so heißt das mit anderen Worten: „Wo das Gesetz die Strafe „mit Rücksicht auf den wiederholten Rückfall bestimmt, tritt dieselbe ein, wenn der „Thäter, nachdem er wegen eines militärischen Verbrechens oder Vergehens durch „ein Deutsches Gericht verurtheilt und bestraft worden ist, demnächst dasselbe mili„tärische Verbrechen oder Vergehen abermals begangen hat und wegen desselben „bestraft worden ist, dasselbe militärische Verbrechen oder Vergehen von Neuem „begeht.

„Diese Bestimmung findet Anwendung, auch wenn die frühere Strafe nur theil„weise verbüßt, oder ganz oder theilweise erlassen ist. Sie bleibt jedoch ausgeschlossen, „wenn seit der Verbüßung oder dem Erlasse der Strafe bis zur Begehung der neuen strafbaren Handlung fünf Jahre verflossen sind."

Die ungenaue Fassung der den wiederholten Rückfall betreffenden Bestimmung des § 13 läßt es zweifelhaft, ob es bei der Verjährungsfrist für den wiederholten Rückfall lediglich auf die zwischen der letzten Bestrafung und der neuen Strafthat liegende Frist oder ob es auch auf die zwischen der 1. Bestrafung und der 2. Strafthat liegende Frist ankommt.

Die ganz vereinzelt dastehende Ansicht Dr. Rubo's, welcher aus alinea 3 folgern will, daß auch die Verhängung der bei wiederholtem Rückfalle angedrohten Strafen nur dann zulässig sei, wenn seit der Verbüßung oder dem Erlasse der Strafe wegen der ersten bis zur Begehung der dritten strafbaren Handlung fünf Jahre nicht verflossen sind, dürfte sich kaum begründen lassen.

Hält man daran fest, daß der Entwurf bei Aufstellung des den Rückfall erfüllenden Thatbestandes den Motiven zufolge sich vollständig an das Strafgesetzbuch für das Deutsche Reich anschließen wollte, und demgemäß auch die **Wortfassung** des § 245 RStGB. wählte, erwägt man ferner, daß der Reichstag, als er die in Note 1 besprochenen Abänderungen vornahm, dennoch im Wesentlichen die Wortfassung des § 245 RStGB. beibehielt, so kann man sich der Annahme nicht verschließen, daß der Gesetzgeber es nicht beabsichtigt haben kann, den vollständigen Anschluß an das Reichsstrafgesetzbuch aufzugeben. Wollte er dies, wie Herbst und Koppmann (S. 80 ff. resp. 72) annehmen, indem sie sich darauf stützen, daß der wiederholte Rückfall begrifflich den strafbaren Rückfall zur Voraussetzung habe, und unter allen Umständen haben müsse, so genügte nicht der Abstrich des Wortes: „letzten". vor „Strafe", es hätte vielmehr eine wesentliche Umgestaltung der ganzen Wortfassung stattfinden müssen.

Dem entsprechend nimmt denn auch das Preußische General=Auditoriat in seinem Beschlusse v. 28. März 1873 Nr. 2 an, daß die Bestimmung des Absatz 3 des § 13 des Militär=Strafgesetzbuchs für das Deutsche Reich nach Maßgabe des im § 245 des allgemeinen Deutschen Strafgesetzbuches ausgesprochenen Grundsatzes dahin auszulegen sei, daß es bei militärischen Verbrechen oder Vergehen bei der Berechnung der

weise erlassen ist. Sie bleibt jedoch ausgeschlossen, wenn seit der Verbüßung oder dem Erlasse der Strafe bis zur Begehung der neuen strafbaren Handlung fünf Jahre verflossen sind.

Dasselbe gilt bei wiederholtem Rückfalle.

[Entw. § 67.]

Verjährung der wegen wiederholten Rückfalls verwirkten Strafen nur darauf ankomme, ob seit dem Erlaß oder der Verbüßung der letzten Strafe bis zur Begehung der neuen strafbaren Handlung nicht fünf Jahre verflossen seien."

Dafür auch Keller S. 40 und Weissenbach S. 18.

Ganz unzweifelhaft ist die Frage nicht und dürfte bei einer Revision des Gesetzes klarzustellen sein. Dazu kommt schließlich noch, daß die Frage selbst nach dem Reichs-Strafgesetzbuche nicht zweifelsfrei ist.

15. Bei Feststellung eines wiederholten Rückfalles hat der Richter zu prüfen, ob die Handlung, wegen welcher die zweite Verurtheilung erfolgte, auch wirklich erst begangen worden ist, nachdem die für die erste Strafthat verhängte Strafe wenigstens theilweise verbüßt oder erlassen war. Ist dies nicht der Fall, so ist die Anwendung des § 13 Abs. 3 ausgeschlossen, auch wenn die Rückfallstrafe irrthümlich verhängt worden war. Ebenso ist, wenn dem Richter der 2. Strafthat die erste Bestrafung unbekannt geblieben, letztere dennoch von dem Richter der letzten Strafthat zu berücksichtigen und event. auf wiederholten Rückfall zu erkennen.

Auch ist die unter unrichtigem Namen gegen den neuerdings wegen desselben militärischen Verbrechens oder Vergehens Abzuurtheilenden ergangene Vorbestrafung in Rücksicht zu nehmen, wenn nur feststeht, daß Verurtheilung und Bestrafung seine Person betroffen. (cf. Oppenhoff Anm. 14. 21 zu § 244 RStGB.).

16. In § 75 kommt der Rückfall noch insofern in Betracht, als sein Nichtvorhandensein gestattet, von der sonst bei Fahnenflucht gebotenen Versetzung in die zweite Klasse des Soldatenstandes Abstand zu nehmen.

17. Den sogenannten uneigentlichen Rückfall behandelt § 38.

Erster Theil.

Von der Bestrafung im Allgemeinen.

Das Militär-Strafgesetzbuch droht für militärische Verbrechen und Vergehen folgende Strafarten an:

A. Hauptstrafen.

1) Todesstrafe,
2) Zuchthausstrafe,
3) Gefängnißstrafe,
4) Festungshaft,
5) Arrest:
   a) strengen Arrest, von 1 Tage bis zu 4 Wochen,
   b) mittleren Arrest, von 1 Tage bis zu 6 Wochen,
   c) gelinden Arrest, von 1 Tage bis zu 6 Wochen,
   d) Stubenarrest (einfachen und geschärften) von 1 Tage bis zu 6 Wochen.

B. Nebenstrafen.

1) Entfernung aus dem Heere oder der Marine (gegen Offiziere, Unteroffiziere und Gemeine),
2) Dienstentlassung (gegen Offiziere),
3) Degradation (gegen Unteroffiziere),
4) Versetzung in die zweite Klasse des Soldatenstandes (gegen Unteroffiziere bei gleichzeitiger Degradation und gegen Gemeine),
5) Verlust der bürgerlichen Ehrenrechte (in den Fällen der §§ 134 und 138).
6) Amtsverlust (in den Fällen der §§ 43 und 153).

A. Hauptstrafen.

Das Strafensystem des Militär-Strafgesetzbuches ist im Wesentlichen auf das Strafensystem des Strafgesetzbuches für das Deutsche Reich basirt.

Von den Strafarten des Preußischen Militär-Strafgesetzbuches sind ausgeschieden:
Baugefangenschaft, Festungsstrafe, Festungsarrest und Lattenarrest.

Die Strafarten des bürgerlichen Strafgesetzbuches finden auch auf Militärpersonen Anwendung. Der Rang des zu Bestrafenden findet bei Bestimmung der Strafart — abgesehen von den Arreststrafen — keine Berücksichtigung mehr.

Entscheidend ist nicht mehr die persönliche Stellung des zu Bestrafenden, sondern der Charakter der Strafthat.

Die Stellung der Offiziere hat bei Auswahl derjenigen Vergehen, bei welchen dem Richter die Wahl zwischen Gefängniß und Festungshaft frei stehen sollte, besondere Berücksichtigung gefunden, indem nur bei sehr wenigen Vergehen die Wahl von Festungshaft statt Gefängniß untersagt ist (cf. §§ 70. 71. 78. 81. 82. 85. 100. 106. 118. 119. 131. 133. 134. 135. 138. 139).

Dies kommt auch den übrigen Rangklassen zu Gute.

Haft und Geldstrafe ist für militärische Vergehen in diesem Gesetzbuche nicht angedroht.

Wegen bürgerlicher Vergehen beziehungsweise Uebertretungen ist auch gegen Militärpersonen auf beide Strafarten zu erkennen, jedoch mit der im § 29 enthaltenen Einschränkung.

Erster Abschnitt.
Strafen gegen Personen des Soldatenstandes.
§ 14.

Die Todesstrafe ist durch Erschießen zu vollstrecken, wenn sie wegen eines militärischen Verbrechens, im Felde auch dann,

---

Hinsichtlich der Strafvollstreckung waren durch die militärischen Verhältnisse und Interessen Abweichungen von den Vorschriften des Strafgesetzbuches für das Deutsche Reich geboten.

Diese sind im § 15 enthalten.

Der Entwurf wollte die Festungsstrafe als besondere militärische Strafart beibehalten und dieselbe gegen Offiziere als Festungsarrest, gegen Unteroffiziere und Gemeine als Festungsarbeitsstrafe vollstreckt wissen und bestimmte, daß gegen eine Person des Soldatenstandes, sei es wegen eines militärischen, sei es wegen eines nicht militärischen Vergehens, dann, wenn dieselbe nicht zugleich aus dem Heere oder der Marine entfernt werde, stets auf eine militärische, in anderen Fällen aber, wo die fragliche Entfernung eintrete, stets auf eine Freiheitsstrafe des gemeinen Strafrechts zu erkennen sei. Die Motive interessiren hier nicht, da der Reichstag das Strafensystem des Entwurfes verwarf und sich mit geringen Abweichungen dem des gemeinen Strafrechts anschloß.

B. Nebenstrafen.

Von den Ehrenstrafen des Preußischen Mil.-Strafgesetzbuches sind Kassation und Ausstoßung aus dem Soldatenstande ausgeschieden und in die Entfernung aus dem Heere oder der Marine aufgegangen.

Um bei Diebstahl, Unterschlagung, Raub, Erpressung, Hehlerei, Betrug oder Urkundenfälschung, wenn die verwirkte Freiheitsstrafe nicht 3 Monate beträgt, zur wahlweisen Verhängung einer durch die militärischen Interessen häufig gebotenen Ehrenstrafe zu gelangen, hat das Gesetz im § 37 Nr. 2 in diesen Fällen unabhängig von der Dauer der verwirkten Freiheitsstrafe die Versetzung in die zweite Klasse des Soldatenstandes für zulässig erklärt. Im Uebrigen vergleiche die Anmerkungen zu § 37.

§ 14.

Inhalt

1. Die Verhängung der Todesstrafe für besonders schwere militärische Verbrechen wird selbst von denjenigen als nothwendig erkannt, welche sonst Gegner der Todesstrafe sind, weil ohne ein solches Strafmittel die Disziplin in der Armee nicht aufrecht erhalten werden kann.

Diese Strafe ist daher beibehalten, zugleich jedoch darauf Bedacht genommen worden, die Androhung derselben auf das äußerste Maß der Nothwendigkeit zu beschränken. Der Entwurf drohte dieselbe auch — und zwar in 5 Fällen — für militärische Verbrechen in Friedenszeiten an, der Reichstag hat jedoch die Todesstrafe für militärische Verbrechen in Friedenszeiten überhaupt nicht zugelassen und auch für Kriegszeiten die Zahl der zulässigen Fälle noch um zwei vermindert, so daß nur 13 bestehen geblieben sind.

Diese Fälle sind:

1) Kriegsverrath und Nichtanzeige eines Kriegsverraths in schweren Fällen (§§ 58 u. 60),

wenn sie wegen eines nicht militärischen Verbrechens erkannt worden ist.

[Entw. § 11.]

---

2) Ungerechtfertigte Kapitulation (§ 63),
3) Fahnenflucht im Felde im Rückfalle in dieses Verbrechen (§ 71),
4) Anstiftung eines Komplotts zur Fahnenflucht im Felde (§ 72),
5) Fahnenflucht vom Posten vor dem Feinde (§ 73),
6) Feigheit im Gefecht (§ 84),
7) Ausdrückliche Verweigerung des Gehorsams vor dem Feinde durch Wort oder That und zwar vor versammelter Mannschaft ꝛc. (§ 95),
8) Thätlichkeit gegen Vorgesetzte im Felde (§ 97),
9) Anstiftung eines militärischen Aufruhrs im Felde (§ 107),
10) Theilnahme an einem militärischen Aufruhr vor dem Feinde (§ 108),
11) Plünderung mit Tödtung (§ 133),
12) Pflichtverletzung auf Posten vor dem Feinde (§ 141),
13) Bruch des Ehrenworts durch einen Kriegsgefangenen (§ 159).

2. Daß die Todesstrafe für militärische Verbrechen durch Erschießen vollstreckt wird, entspricht dem militärischen Brauche und findet sich in allen Deutschen Staaten.

Die näheren Modalitäten bei Vollziehung der Todesstrafe festzusetzen, ist Sache der Militär-Strafgerichtsordnung und der Dienstvorschriften (Motive).

Diese sind enthalten:

a) für Preußen im § 183 des II. Theils des Preußischen Mil.-StGB. und in den §§ 1 und 2 des Mil.-Strafvollstreckungs-Reglements vom 2. Juli 1873 (cf. §§ 540ff. der Kriminal-Ordnung vom 11. Dez. 1805. Kab.-Ordre vom 15. Oktober 1810. Mil.-Ges.-Sammlung Bd. I S. 84);
b) für Bayern im § 474 der Allgem. Dienstvorschriften;
c) für Sachsen in den §§ 181. 182 der Mil.-Straf-Gerichts-Ordnung;
d) für Württemberg im Art. 5 und 129 der militärischen Strafgesetze vom 20. Juli 1818 und in den §§ 779 und 780 der Kriegsdienst-Ordnung I.

3. Die Vollstreckung der Todesstrafe wegen eines nicht militärischen Verbrechens während des Kriegsstandes durch Erschießen ist bereits im Artikel 12 des Bayerischen Militär-Strafgesetzbuches vorgeschrieben. Die Aufnahme dieser Bestimmung in das Militär-Strafgesetzbuch für das Deutsche Reich ist geschehen, weil im Kriege die Vollziehung der Todesstrafe durch Enthauptung meist unmöglich ist. Im Frieden soll dagegen die Vollstreckung der Todesstrafe wegen eines nicht militärischen Verbrechens durch Enthauptung geschehen. Hier ist eine Abweichung von der Bestimmung des § 13 des Strafgesetzbuches für das Deutsche Reich durch die militärischen Verhältnisse nicht geboten. (Motive.)

Selbstverständlich kommt es nicht darauf an, wann die Strafe erkannt worden ist, sondern lediglich darauf, wann sie zur Vollstreckung gelangt.

Wenn also wegen eines im Felde verübten nicht militärischen Verbrechens die Vollstreckung der Todesstrafe erst nach Beendigung des Kriegsstandes möglich wird, so tritt statt des Erschießens — Enthauptung ein.

4. Wegen des Begriffs „im Felde“ siehe §§ 9 und 10.

5. Nach § 32 des Strafgesetzbuches für das Deutsche Reich kann neben der wegen gemeiner Verbrechen verhängten Todesstrafe auch auf den Verlust der bürgerlichen Ehrenrechte erkannt werden. Geboten ist die gedachte Nebenstrafe nicht. Dies gilt nach § 2 des Mil.-Straf-Gesetzbuches für das Deutsche Reich auch für militärische Verbrechen.

6. Die Vollstreckung der wegen eines gemeinen oder militärischen Verbrechens rechtskräftig erkannten Todesstrafe verjährt in dreißig Jahren (cfr. §§ 70 Nr. 1 R.-StGB. 2 M.-StGB. f. d. D. R.).

7. § 14 bezieht sich nicht nur auf Personen des Soldatenstandes, sondern findet nach § 45 auch auf Militärbeamte Anwendung.

§ 15.

Hat eine Person des Soldatenstandes vor oder nach ihrem Eintritte in den Dienst eine Freiheitsstrafe verwirkt, so wird diese von den Militärbehörden vollstreckt.

---

§ 15.

Inhalt:

1. Wie bereits zur Ueberschrift des I. Theils ausgeführt worden ist, hat der Reichstag das Strafensystem des Entwurfs verworfen und mit geringen Abweichungen das Strafensystem für das Deutsche Reich adoptirt.

Da demgemäß die Strafarten des Reichs-Strafgesetzbuches mit Ausnahme der Haft und der Geldstrafe auch für militärische Verbrechen und Vergehen angedroht sind, und die für gemeine Verbrechen, Vergehen und Uebertretungen nach dem Reichs-Strafgesetzbuche verwirkten Strafen auch gegen Militärpersonen zu erkennen sind, so bedurfte es einer Bestimmung über das Verhältniß der militärischen Freiheitsstrafen zu denen des gemeinen Strafrechts zum Zweck der Strafumwandlung, wie der Entwurf sie aufstellen mußte, nicht.

Geboten erschien nur eine den militärischen Verhältnissen und Interessen mehr entsprechende Art der Vollstreckung der Gefängnißstrafe; die hierauf bezüglichen Anordnungen trifft § 15 in Alinea 2.

In Alinea 1 und 3 ist der auch im Entwurfe aufgestellte Grundsatz zum Ausdruck gebracht, daß Freiheitsstrafen gegen solche Personen, welche im militärischen Verbande bleiben, nur von den Militärbehörden vollzogen werden können, dagegen da, wo die gedachten Personen nicht im militärischen Verbande bleiben, die Strafvollstreckung auf die bürgerlichen Behörden übergehen soll.

2. Absatz 1 des § 15 betrifft nur solche Freiheitsstrafen, welche von Militärgerichten gegen Personen des Soldatenstandes ausgesprochen sind, gleichviel ob die betreffende Strafhandlung vor oder nach dem Eintritte derselben in den Dienst verübt worden ist. (Beschluß des Preußischen General-Auditoriats vom 28. März 1873 Nr. 3).

Auf die von Civilgerichten vor der Einstellung erkannten Freiheitsstrafen bezieht sich Absatz 1 nicht. Darüber zu disponiren ist Sache der Militär-Straf-Gerichts-Ordnung. (Cfr. §§ 9—12 der Preußischen Militär-StGO., welche nach dem oben citirten Beschlusse des Preußischen General-Auditoriats durch § 15 nicht alterirt worden sind und dem Circularschreiben des Preußischen General-Auditoriats vom 25. September 1872 Nr. 1 gemäß durch das Militär-Strafgesetzbuch f. d. D. R. nur insoweit eine Modifikation erlitten haben, als jetzt die einstweilige Entlassung des Angeschuldigten und Ueberweisung der Untersuchung resp. Strafvollstreckung an das zuständige Civilgericht zu verfügen ist, wenn die zu erwartende resp. erkannte Strafe eine sechswöchige Gefängnißstrafe übersteigt.)

3. Wer zu den Personen des Soldatenstandes gehört, bestimmt das dem Gesetze beigefügte, die Klasseneintheilung der Militärpersonen enthaltende Verzeichniß. Es gehören demnach dazu: „Offiziere, Unteroffiziere und Gemeine, die Mitglieder des Sanitäts-Korps und die Mitglieder des Maschinen-Ingenieur-Korps.

Den Bestimmungen des § 15 sind gleich den Personen des Soldatenstandes auch die Militär-Beamten unterworfen (cfr. § 45).

Die Personen des Beurlaubtenstandes nicht.

Wenn aber eine Person des Beurlaubtenstandes eingezogen wird, also wieder in den Dienst eintritt, so findet § 15 auf sie Anwendung, weil sie wieder Person des Soldatenstandes geworden ist.

4. „Freiheitsstrafe" im Sinne dieses Paragraphen ist selbstverständlich nicht nur Gefängniß, Festungshaft und Arrest, sondern auch Haft, da § 15 von den

Ist nach den Vorschriften des Deutschen Strafgesetzbuches eine Beschäftigung des Verurtheilten zulässig oder geboten, so findet dieselbe zu militärischen Zwecken und unter militärischer Aufsicht statt. Die zu Gefängniß verurtheilten Unteroffiziere und Gemeinen können auch ohne ihre Zustimmung außerhalb der Anstalt beschäftigt werden.

Ist Zuchthaus verwirkt, oder wird auf Entfernung aus dem Heer oder der Marine, oder auf Dienstentlassung erkannt, oder wird das militärische Dienstverhältniß aus einem anderen Grunde aufgelöst, so geht die Vollstreckung der Strafe auf die bürgerlichen Behörden über.

[Entw. § 12.]

Freiheitsstrafen des Reichs-Strafgesetzbuches und denen des Militär-Strafgesetzbuches für das Deutsche Reich spricht.

5. Welchen Militär-Behörden die Vollstreckung erkannter Freiheitsstrafen zusteht, bestimmt die Militär-Straf-Gerichts-Ordnung.

Wie dieselben zu vollstrecken sind, bestimmen theils die betreffenden Vorschriften des Reichs-Strafgesetzbuches, soweit sie nicht durch § 15 modifizirt worden sind, theils die darüber ergangenen auf jenen beruhenden Reglements. Bis zum Erlaß eines besonderen Gesetzes ist in Preußen das Militär-Strafvollstreckungs-Reglement vom 2. Juli 1873 maßgebend, demzufolge u. A. Offiziere und Mitglieder des Sanitätskorps jede Gefängnißstrafe in einem Festungsgefängniß, die Haft als Stubenarrest in ihrer Wohnung, Unteroffiziere und Gemeine nur Gefängnißstrafe über 6 Wochen in einem Festungsgefängniß, Gefängnißstrafe bis zu sechs Wochen und Haft im Garnison-Gefängniß, d. h. — einem für gelinden Arrest bestimmten Arrestlokale — verbüßen. Wird auf Gefängniß über sechs Wochen erkannt, so ist die Strafe selbst dann in einem Festungsgefängniß zu vollstrecken, wenn wegen Anrechnung der Untersuchungshaft auf die erkannte Strafe, oder aus einem anderen Grunde die noch zu verbüßende Strafe weniger als sechs Wochen beträgt. (Allgem. Verfügung des Preuß. General-Auditoriats an die Militärgerichte vom 6. Novbr. 1874).

Für Bayern ist das provisorische Strafvollstreckungs-Reglement vom 13. Oktober 1872 maßgebend, welches im Wesentlichen mit dem Preußischen Militär-Strafvollstreckungs-Reglement übereinstimmt, jedoch vorschreibt, daß Gefängnißstrafe bis zu drei Monaten im Garnison-Gefängniß verbüßt werden soll.

6. Absatz 2 enthält diejenigen Modifikationen der nach dem Strafgesetzbuche für das Deutsche Reich vorgeschriebenen Art der Vollstreckung der Gefängnißstrafe, welche durch die militärischen Verhältnisse und die dienstlichen Interessen geboten erschienen (vergl. Anm. 1).

Nach § 16 des Strafgesetzbuches für das Deutsche Reich wird die Gefängnißstrafe durch Internirung in einer Anstalt vollstreckt. Zulässig ist eine Beschäftigung der Gefangenen innerhalb der Anstalt auf eine ihren Fähigkeiten und Verhältnissen angemessene Weise; geboten ist diese Beschäftigung, wenn die Verurtheilten es verlangen. Unzulässig ist eine Beschäftigung außerhalb der Anstalt ohne ihre Zustimmung.

Diese Grundsätze finden nun nach § 15 Absatz 2 auf Offiziere durchweg Anwendung mit der Maßgabe, daß ihre Beschäftigung zu militärischen Zwecken und unter militärischer Aufsicht stattzufinden hat. Von Seiten der Kommission war vorgeschlagen, Offiziere z. B. mit militärwissenschaftlichen Arbeiten zu beschäftigen.

Bezüglich der Unteroffiziere und Gemeinen findet außer dieser Modifikation noch die Abweichung von den Grundsätzen des allgemeinen Deutschen Strafgesetzbuches statt, daß sie auch ohne ihre Zustimmung außerhalb der Anstalt beschäftigt werden können.

Durch Annahme dieser Modifikationen ist es möglich geworden, die früheren Preußischen Festungs-Strafabtheilungen beizubehalten (vergl. Keller S. 53. 54).

§ 16.

Freiheitsstrafe im Sinne dieses Gesetzes ist Gefängniß, Festungshaft oder Arrest.

Die Freiheitsstrafe ist eine lebenslängliche oder eine zeitige. Der Höchstbetrag der zeitigen Freiheitsstrafe ist funfzehn Jahre, ihr Mindestbetrag Ein Tag.

Wo dieses Gesetz die Freiheitsstrafe nicht ausdrücklich als eine lebenslängliche androht, ist dieselbe eine zeitige.

[Entw. § 13.]

Die näheren Bestimmungen enthalten die in Anm. 5 bereits erwähnten Straf-Vollstreckungs-Reglements.

7. Das militärische Dienstverhältniß wird außer den in Absatz 3 speziell erwähnten Fällen auch dann „aufgelöst", wenn der Verurtheilte als dienstunbrauchbar aus der Armee ausscheidet, oder wenn seine Dienstzeit abläuft resp. er verabschiedet wird.

8. Auf welche bürgerlichen Behörden die Vollstreckung der Strafe übergehen soll, wenn das militärische Dienstverhältniß nach erfolgter Verurtheilung aufgelöst wird, zu bestimmen war nicht Sache des materiellen Strafrechts. Nach Koppmann (S. 81) hat der Bundesrath unterm 19. Februar 1875 entschieden, daß die Vollstreckung auf die bürgerlichen Behörden des Heimathsstaates übergehen soll, wenn entweder die strafbare Handlung außerhalb des Bundesgebiets verübt worden oder der Verurtheilte im Gebiete des Heimathsstaates sich aufhalte, in anderen Fällen aber durch die bürgerlichen Behörden des Bundesstaates, in dessen Gebiet die strafbare Handlung verübt worden sei, zu erfolgen habe.

§§ 16. 17.

Inhalt:

1. Das Militär-Strafgesetzbuch für das Deutsche Reich gebraucht den Ausdruck „Freiheitsstrafe" nicht immer in dem engeren Sinne des § 16, welcher nur die Strafen für militärische Verbrechen und Vergehen im Auge hat und die Zuchthausstrafe sowie die Haft nicht mit in sich begreift. (cf. §§ 15. 18. 34. 43. 53 und die Anmerkungen dazu). Bei der Strafandrohung ist „Freiheitsstrafe" stets im engeren Sinne aufzufassen.

2. Wo das Gesetz Freiheitsstrafe für militärische Verbrechen oder Vergehen androht, ist Gefängniß, Festungshaft oder Arrest je nach der Zeitdauer des Strafmaßes als wahlweise angedroht zu verstehen (§ 21). Es muß daher auch auf eine der zur Wahl gestellten Freiheitsstrafen ausdrücklich erkannt werden.

3. Die zeitige Freiheitsstrafe im Sinne dieses Gesetzes ist somit:
von 1 Tage bis zu 6 Wochen inclusive: Arrest,
von 6 Wochen und 1 Tage an bis zu 15 Jahren: Gefängniß oder Festungshaft.

Der Mindestbetrag des Arrestes ist also ein Tag, sein Höchstbetrag sechs Wochen. (Der Höchstbetrag des strengen Arrestes jedoch nach § 24 nur vier Wochen).

Der Mindestbetrag der für militärische Verbrechen oder Vergehen angedrohten Gefängnißstrafe oder Festungshaft ist sechs Wochen und ein Tag, ihr Höchstbetrag fünfzehn Jahre.

Ist nicht „Freiheitsstrafe" sondern nur Gefängniß oder Festungshaft angedroht, so ist gleichwohl der Mindestbetrag der Strafe immer sechs Wochen und ein Tag und die Verhängung von Arrest ausgeschlossen. Ist nur Arrest angedroht, so kann die

§ 17.

Die Freiheitsstrafe ist, wenn ihre Dauer mehr als sechs Wochen beträgt, Gefängniß oder Festungshaft, bei kürzerer Dauer Arrest.

Ist eine angedrohte Zuchthausstrafe auf eine kürzere als einjährige Dauer zu ermäßigen, so tritt an deren Stelle Gefängniß von gleicher Dauer.

[Entw. § 14.]

Zeitdauer von sechs Wochen niemals überschritten und in keinem Falle auf Gefängniß oder Festungshaft erkannt werden.

Die §§ 16 und 17 enthalten demnach insofern eine erhebliche Abweichung von den Bestimmungen des Straf-Gesetzbuches für das Deutsche Reich als sie den Mindestbetrag der für militärische Verbrechen und Vergehen zu verhängenden Gefängnißstrafe und Festungshaft statt auf einen Tag auf sechs Wochen und einen Tag festsetzen und den Höchstbetrag der Gefängnißstrafe für militärische Delikte von fünf resp. zehn Jahren auf fünfzehn Jahre erhöhen (cf. §§. 16 und 74 des StGB. f. d. D. R.)

4. Für die wegen bürgerlicher Delikte zu verhängende Gefängniß- oder Festungshaftstrafe sind selbstverständlich nach § 3 lediglich die vom Strafgesetzbuch für das Deutsche Reich aufgestellten Strafgrenzen maßgebend.

5. Die „Freiheitsstrafe" ist eine lebenslängliche in den Fällen der §§ 93, 95, 97 und 141 Abs. 2. Außerdem ist lebenslängliche Gefängnißstrafe angedroht in dem Falle des § 100. In allen andern Fällen kann auf lebenslängliche Freiheitsstrafe nicht erkannt werden.

Das Strafgesetzbuch für das Deutsche Reich kennt zwar eine lebenslängliche Festungshaft, aber keine lebenslängliche Gefängnißstrafe.

6. „Zuchthausstrafe" für militärische Verbrechen ist gleichfalls entweder eine lebenslängliche oder zeitige. Ihr Mindestbetrag ist ein Jahr, ihr Höchstbetrag fünfzehn Jahre.

Wo das Gesetz die Zuchthausstrafe nicht ausdrücklich als eine lebenslängliche androht, ist dieselbe eine zeitige.

Es ist dies im Militär-Strafgesetzbuch für das Deutsche Reich nicht hervorgehoben, folgt aber bei dem Mangel jeglicher Bestimmung darüber aus § 14 des StGB. f. d. D. R. in Verbindung mit § 2 des Mil.-StGB. f. d. D. R. von selbst.

Lebenslängliche Zuchthausstrafe droht das Mil.-StGB. f. d. D R. nur in den Fällen der §§ 57, 60 und 86 an.

7. Absatz 2 enthält eine wesentliche Abweichung von den Grundsätzen des allgemeinen Deutschen Strafgesetzbuches.

Während nach § 44 alinea 4 des StGB. f. d. D. R. in den Fällen der §§ 44 und 49 die für gemeine Verbrechen verwirkte Zuchthausstrafe, wenn sie auf eine kürzere als einjährige Dauer zu ermäßigen ist, nach Maßgabe des § 21 a. a. O. nach dem Verhältniß von 2 : 3 in Gefängnißstrafe verwandelt werden muß, tritt nach § 17 des Mil.-StGB. f. d. D. R. an Stelle der für militärische Verbrechen verwirkten, auf eine kürzere als einjährige Dauer zu ermäßigenden Zuchthausstrafe, Gefängnißstrafe von gleicher Dauer.

Eine solche Ermäßigung kann eintreten

a) in dem Falle des § 88 des Mil.-StGB. f. d. D. R.;
b) in dem Falle des § 98 des Mil-StGB. f. d. D. R.;
c) beim Versuche eines militärischen Verbrechens (§ 44 des StGB. f. d. D. R.);
d) bei der Theilnahme an einem militärischen Verbrechen § 49 ib.

§ 18.

Die Zeit einer Freiheitsstrafe von mehr als sechs Wochen wird auf die gesetzliche Dienstzeit im stehenden Heer oder in der Flotte nicht angerechnet.

[Entw. § 21.]

§ 19.

Der Arrest zerfällt in Stubenarrest, gelinden Arrest, mittleren Arrest, strengen Arrest.

[Entw. § 22.]

---

§. 18.

1. Nach § 7 des Preußischen Mil.-StrGB. vom 3. April 1845 wurde die Zeit einer erlittenen Festungsstrafe, deren Mindestbetrag nach § 5 a. a. O. drei Monate war, als Dienstzeit im stehenden Heere nicht angerechnet.

Der Entwurf zum Mil.-StGB. f. d. D. R., welcher den Mindestbetrag der Festungsstrafe auf zwei Monate herabsetzte, stellte im § 21 denselben Grundsatz auf.

Der Reichstag, welcher die Festungsstrafe nicht in sein Strafensystem aufnahm, aber den oben erwähnten Grundsatz nicht aufgeben wollte, mußte statt der Festungsstrafe die entsprechende Strafe des neuen Systems, Freiheitsstrafe von mehr als sechs Wochen wählen.

2. Wenn die erlittene Freiheitsstrafe mehr als sechs Wochen beträgt, so ist die ganze Dauer der Freiheitsstrafe und nicht nur der sechs Wochen übersteigende Betrag auf die Dienstzeit nicht anzurechnen. Es folgt dies aus dem Wortlaut und der ad 1 entwickelten Entstehungsgeschichte des § 18.

3. Aus § 18, in welchem der Ausdruck „Freiheitsstrafe" im weiteren Sinne aufzufassen ist, folgt:

a) daß eine erlittene Arreststrafe stets und eine erlittene Haftstrafe dann auf die gesetzliche Dienstzeit angerechnet wird, wenn sie — wie dies, wenn nicht ein Fall des § 77 des StGB. f. d. D. R. vorliegt, regelmäßig der Fall ist — sechs Wochen oder weniger beträgt;

b) daß Gefängnißstrafe und Festungshaft, welche wegen militärischer Verbrechen oder Vergehen verhängt und verbüßt worden sind, niemals auf die Dienstzeit in Anrechnung kommen;

c) daß Gefängniß und Festungshaft, welche wegen bürgerlicher Verbrechen oder Vergehen verhängt und verbüßt worden sind, nur dann auf die Dienstzeit angerechnet werden dürfen, wenn sie die Dauer von sechs Wochen nicht übersteigen.

4. Unter der „gesetzlichen Dienstzeit im stehenden Heere" ist nach § 62 Abs. 3 des Reichsmilitärgesetzes vom 2. Mai 1874 die Zeit der aktiven Dienstpflicht zu verstehen.

Derselbe bestimmt nämlich:

> „Mannschaften, welche in Folge eigenen Verschuldens (§ 18 des Militärstrafgesetzbuches vom 20. Juni 1872) verspätet aus dem aktiven Dienst entlassen werden, treten stets in die jüngste Jahresklasse der Reserve ein."

(Cf. § 7 Th. I der Deutschen Wehr-Ordnung und § 6 des Gesetzes betr. die Verpflichtung zum Kriegsdienste vom 9. November 1867.)

5. Wegen Anrechnung der Freiheitsstrafen bei Pensionirung von Militärpersonen enthalten die §§ 24, 60 des Mil.-Pens.-Ges. vom 27. Juni 1871 die bezüglichen Bestimmungen.

§ 19.

Inhalt:

Arrest (besond. Strafart): 2.
Kasernen-Arrest (kein Arrest): 3.
Lattenarrest (fortgefallen): 1.
Quartier-Arrest (kein Arrest): 3.
Untersuchungs-Arrest: kein Strafarrest, Anrechnung auf d. Strafe, Verhältniß zur Freiheitsstr.: 4.

---

1. Die im Militär-Strafgesetzbuche enthaltene Eintheilung der Arreststrafen ist die des Preußischen Militär-Strafgesetzbuches und hat sich durch die Erfahrung bewährt. Nur ist der Lattenarrest in Wegfall gekommen.

Die Eintheilung der Arreststrafen findet sich mit einigen Abweichungen auch im Würtembergischen Militär-Strafgesetzbuche, im Bayerschen dagegen nicht. Im letzteren ist statt dessen angeordnet, daß die Gefängnißstrafe in einzelnen Fällen durch Dunkelarrest, Beschränkung der Kost auf Wasser und Brot und Anweisung des Lagers auf bloßen Brettern an bestimmten Tagen geschärft und daß dieselbe in solchen Fällen in ihrer Dauer herabgesetzt werden kann; daß aber sowohl das Eine wie das Andere jedesmal im Erkenntnisse bestimmt werden muß.

Es ist dies augenscheinlich nur ein Nothbehelf, herbeigeführt durch das Aufgeben der militärischen Arreststrafen und hat den Nachtheil, daß dadurch die Rechtsprechung zu komplizirt, dem Richter ein zu großer Spielraum eingeräumt und eine zu große Ungleichmäßigkeit der Entscheidungen zum Nachtheil der Disziplin herbeigeführt wird.

Dagegen dürfte die hier gewählte Eintheilung einfacher und zweckentsprechender, auch für die militärischen Spruchgerichte, welche nicht aus Juristen bestehen, leichter verständlich sein. (Motive.)

2. Die Arreststrafen bilden allerdings — wie Dr. Rubo richtig bemerkt — als der nach unten sich erstreckende Abschluß der „Freiheitsstrafen", im Sinne des Militärstrafgesetzbuches, ihrem Wesen nach gewissermaßen die Ausläufer der Festungshaft und des Gefängnisses, sie sind aber dennoch besondere Strafarten. Die entgegenstehende Ansicht Dr. Rubo's (S. 55ff., 85ff.), welcher annimmt, daß beim Arrest nur die Vollstreckung besonders geregelt, derselbe aber als eine besondere Strafart nicht zu betrachten sei, läßt sich nicht begründen.

Seine Deduktion: daß — wenn der Arrest eine besondere Strafart wäre — die Vorschrift des § 54 Abs. 2 Satz 1:

> „bestehen die zusammentreffenden Freiheitsstrafen nur in Arreststrafen, so darf auch die Gesammtstrafe nur in Arrest bestehen",

durch die Vorschrift des § 54 Abs. 1:

> „die Gesammtstrafe darf in keinem Falle den gesetzlich zulässigen Höchstbetrag der zu verhängenden Strafart übersteigen";

erschöpft sein würde, ist zwar nicht unrichtig, seine Annahme aber, daß durch diese beiden Anordnungen der Gesetzgeber auf das Bestimmteste dargethan habe, daß er die Arreststrafen nicht für besondere Strafarten erachtet habe, ist nicht stichhaltig. Koppmann findet (Anm. 3 zu § 19) gerade in der Vorschrift des § 54 Absatz 2 Satz 1 den vornehmlichsten Beweis für das Gegentheil, indem er hervorhebt, daß den hier Platz greifenden Motiven zu § 65 des Entwurfs zufolge die Vorschrift des § 54 Absatz 2 Satz 1 um so mehr geschaffen worden sei, als die Bestimmung von § 79 Theil I des preuß. Mil.-StGB., daß in einem solchen Falle die Gesammtstrafe auch in Festungsstrafe (nunmehr Gefängniß- oder Festungshaft) bestehen könne, sich als zu hart erwiesen habe. Wenn auch die Vorschrift des § 54 Absatz 2 Satz 1 nicht nothwendig war, so ist sie doch insofern nicht überflüssig, als sie den Grundsatz des § 79 Theil I des preuß. Mil.-StGB. ausdrücklich ausschließt und damit jeden möglichen Zweifel für die Auslegung beseitigt.

Für die Frage, ob der Arrest eine besondere Strafart sei oder nicht, dürfte sie aber überhaupt nicht beweisend sein.

Herbst und Koppmann stützen sich zum Beweise der ersteren Alternative insbesondere auf § 53, welcher durch spezielle Bezugnahme auf §§ 16. 17. 24 die Arreststrafe eine „Strafart" nenne. § 53 dürfte jedoch gleichfalls für die in Rede stehende Frage von keiner entscheidenden Bedeutung sein, da auch der Entwurf im § 64 in derselben Weise die Arreststrafe „Strafart" nennt, derselben aber den Charakter einer besonderen Strafart nicht zugesteht, indem in den Motiven zu § 65 ausdrücklich hervorgehoben wird, daß der Entwurf nur eine Art militärischer Freiheitsstrafe kenne.

Der Beweis dafür, daß der Arrest nach dem Militärstrafgesetzbuche für das Deutsche Reich eine besondere Strafart ist, dürfte bei richtiger Würdigung der Entstehungsgeschichte der §§ 15ff. einfach daraus zu entnehmen sein, daß dasselbe nirgends den entgegengesetzten Grundsatz ausdrücklich ausspricht.

§ 20.

Der Stubenarrest findet gegen Offiziere statt, der gelinde Arrest gegen Unteroffiziere und Gemeine, der mittlere Arrest gegen Unteroffiziere ohne Portepee und gegen Gemeine, der strenge Arrest nur gegen Gemeine.

[Entw. § 23.]

Der Entwurf kennt nur eine militärische Freiheitsstrafe, welche gegen die im Heere oder in der Marine verbleibenden Militärpersonen nur verschieden vollstreckt wird, je nachdem sie mehr oder weniger als zwei Monate beträgt und je nachdem sie Offiziere trifft oder nicht.

Besondere Arten der militärischen Freiheitsstrafen wollte der Entwurf — wie die Motive ausdrücklich hervorheben — nicht aufstellen, wenn er auch den Ausdruck „Strafart" nicht vermeiden konnte. Nach dem Entwurfe ist daher auch der Festungsarrest keine besondere Strafart, sondern nur eine andere Vollstreckungsart der militärischen Freiheitsstrafe.

Der Reichstag hat die „militärische Freiheitsstrafe" des Entwurfes verworfen und im Allgemeinen das Strafensystem des Deutschen Strafgesetzbuches angenommen. Indem er einerseits bestimmte, daß die strafbaren Handlungen der Militärpersonen, welche nicht militärische Verbrechen oder Vergehen sind, nach den allgemeinen Strafgesetzen beurtheilt, also auch mit den Strafarten derselben bestraft werden sollten und mit nur geringen Modifikationen die Gefängniß- und Festungshaftstrafe des StGB. f. d. D. R. auch für militärische Verbrechen und Vergehen zuließ, stellte er andererseits im Allgemeinen den Grundsatz der völligen Gleichheit der Person vor dem Gesetz auf und machte von dem gedachten Grundsatz lediglich insofern eine Ausnahme, als er die Arreststrafen und ihre verschiedenen Arten als spezifisch militärische Freiheitsstrafe beibehielt, während er die Festungsstrafe des Entwurfes (Festungsarbeitsstrafe und Festungsarrest) strich.

Hiernach müssen, da das Mil.-StGB. f. d. D. R. nicht ausdrücklich das Gegentheil festsetzt, die Arreststrafen nicht nur unter sich, sondern auch an und für sich als besondere Strafarten gelten.

3. Kasernen- und Quartier-Arrest gehört nicht zum Arrest im Sinne des § 19 und kann nur im Disziplinarwege verhängt werden, jedoch auch nur für reine Disziplinarvergehen, nicht aber auch für die ausnahmsweise disziplinarisch zu ahndenden, im § 3 des Einführungsgesetzes zum Mil.-StGB. f. d. D. R. aufgeführten militärischen Vergehen (siehe auch Anm. 3 zu § 3 d. EG.).

4. Untersuchungs-Arrest (Untersuchungshaft) ist keine Strafe, kann aber nach § 60 des StGB. f. d. D. R. (cf. § 2 des Mil.-StGB. f. d. D. R.) bei Fällung des Urtheils auf die erkannte Strafe ganz oder theilweise angerechnet werden. Ob sie verschuldet ist oder nicht, ist gleichgültig. Da sie keiner Art der Freiheitsstrafe genau entspricht, es auch an einem Umwandlungsmaßstabe für die „Haft", der sie noch am nächsten kommt, gänzlich fehlt, so kann von einer Umwandlung derselben bei der Anrechnung auf die erkannte Strafe auch nicht die Rede sein. Der Richter ist daher befugt, die ganze Dauer der Untersuchungshaft auf die gleiche Dauer der verhängten Freiheitsstrafe (sollte diese auch in Zuchthaus bestehen) in Anrechnung zu bringen. Darum kann auch trotz der verschiedenen Art der Vollstreckung die Untersuchungshaft auf eine gleiche Dauer erkannten strengen oder mittleren Arrestes angerechnet werden. Die Anrechnung ist als eine anticipirte Verbüßung der Strafe anzusehen, der Tenor daher auch am richtigsten dahin zu fassen, daß von der erkannten Strafe so und so viel durch die erlittene Untersuchungshaft für verbüßt zu erachten (cf. Oppenhoff Anmerkungen zu § 60 des Reichsstrafgesetzbuches; siehe auch Anm. 6d. zu § 54).

§ 20.

1. Die Bestimmungen über die Anwendung der verschiedenen Arreststrafen auf die einzelnen Rangklassen und deren Unterabtheilungen sind dem Preußischen Militär-Strafgesetzbuche entnommen und der Stellung jeder einzelnen Charge in der Armee angepaßt. (Motive).

§ 21.

Ist in diesem Gesetze Freiheitsstrafe angedroht, so sind darunter, je nach der Zeitdauer des Strafmaßes, Gefängniß, Festungshaft und Arrest als wahlweise angedroht zu erachten.

[Entw. § 24.]

§ 22.

Ist in diesem Gesetze Arrest angedroht, so kann auf jede der nach dem Militärrange des Thäters statthaften Arten des Arrestes erkannt werden.

Ist in diesem Gesetze eine bestimmte Arrestart angedroht und dieselbe gegen den Thäter nach seinem Militärrange nicht statthaft, so ist auf die nächstfolgende nach seinem Range statthafte Arrestart zu erkennen.

Es ist dies die einzige Ausnahme von dem in der Anmerkung zur Ueberschrift des I. Theils erwähnten, bei Berathung des Militärstrafgesetzbuches aufgestellten Grundsatze, daß nicht der Rang des zu Bestrafenden, sondern der Charakter der Strafthat für die Bestrafung maßgebend sein solle.

2. Nach § 20 sind also gegen die einzelnen Chargen statthaft:

gegen Offiziere nur Stubenarrest,
gegen Portepee-Unteroffiziere nur gelinder Arrest,
gegen Unteroffiziere ohne Portepee gelinder und mittlerer Arrest,
gegen Gemeine, zu welchen auch die Gefreiten gehören, gelinder, mittlerer und strenger Arrest,

und nach § 44:

gegen obere Militärbeamte nur Stubenarrest,
gegen untere Militärbeamte nur gelinder Arrest.

3. Stubenarrest ist nach § 162 für die Marine gleichbedeutend mit Kammerarrest.

§ 21.

Wenn in diesem Gesetze „Freiheitsstrafe" angedroht ist, so darf nicht auf „Freiheitsstrafe", sondern es muß entweder auf Gefängniß, Festungshaft oder Arrest erkannt werden. Eine andere Strafart zu wählen, ist der Richter nicht befugt.

Hält er eine Strafe von längerer als sechswöchiger Dauer für angemessen, so muß er auf Gefängniß- oder Festungshaft, im umgekehrten Falle auf Arrest erkennen (cf. Anm. 2 und 3 zu §§ 16 und 17).

§ 22.

Zum 1. Absatz.

1. Nach Absatz 1 gilt, wenn in diesem Gesetze Arrest ohne Bestimmung der Art angedroht ist, was auch bei Androhung von „Freiheitsstrafe" ohne Angabe eines Minimums der Fall ist, in Gemäßheit des § 20 (cf. Anm. 2 zu § 20) als angedroht:

a) gegen Offiziere und höhere Militärbeamte nur Stubenarrest,
b) gegen Portepee-Unteroffiziere und untere Militärbeamte nur gelinder Arrest,
c) gegen Unteroffiziere ohne Portepee gelinder und mittlerer Arrest,
d) gegen Gemeine gelinder, mittlerer und strenger Arrest;

ad c und d gelten die daselbst angeführten Arten des Arrestes für wahlweise angedroht.

Zum 2. Absatz.

2. Im zweiten Absatz ist mit dem im Preuß. Militär-Strafgesetzbuche aufgestellten Prinzipe, daß gegen Unteroffiziere die Degradation zum Gemeinen ausge-

Strenger Arrest ist, wo das Gesetz ihn nicht in einzelnen Fällen ausdrücklich androht, nur gegen denjenigen zulässig,

---

sprochen, oder die Strafe ihrer Art nach zwar dem Militärrange des Thäters entsprechend bestimmt, ihrer Dauer nach aber über die für Arreststrafen festgesetzten Grenzen hinaus verlängert werden müsse, wenn die im Gesetz bestimmte Arrestart gegen den Thäter nach seinem Militärrange nicht statthaft ist, völlig gebrochen.

Die Motive zu dem mit diesem Absatz völlig gleichlautenden § 25 des Entwurfes lauten:

„Dieser Paragraph entspricht zwar im Allgemeinen den Grundsätzen des Preußischen Militär-Strafgesetzbuches; er weicht aber von demselben in mehreren nicht unwesentlichen Punkten ab".

Das letztere bestimmt nämlich:

a) daß, wenn Portepee-Unteroffiziere ein mit mittlerem oder strengem und wenn Unteroffiziere ohne Portepee ein mit strengem Arrest bedrohtes Vergehen verüben, zugleich auf Degradation zu erkennen ist (Preuß. Militär-Strafgesetzbuch Theil I §§ 14. 17);

b) daß zwar in einzelnen Fällen von der Degradation abgegangen werden darf, dann aber jedesmal auf verhältnißmäßig verlängerten gelinden, beziehungsweise mittleren Arrest erkannt werden soll (§§ 40. 41); sowie

c) daß gegen Offiziere in solchen Fällen ebenfalls auf verlängerten Stuben- oder Festungsarrest z" erkennen ist (§ 25 ibid.);

d) daß bei Berechnung des Verhältnisses der Strafen zu einander eine Woche strengen Arrestes zwei Wochen mittleren oder vier Wochen gelinden (oder Stubenarrestes) gleich zu stellen ist (§ 63 ibid.).

Diese Bestimmungen enthalten jedoch vielfache Härten und eine zu große Beschränkung des richterlichen Ermessens und sind deshalb im Entwurfe fortgelassen worden. Nach den Vorschlägen des Entwurfs soll in solchen Fällen, wo in Rücksicht auf die Charge des zu Verurtheilenden eine mildere Strafart eintreten muß, als im Gesetze angedroht ist, eine verhältnißmäßige Verlängerung der Strafe nicht mehr stattfinden. Es soll vielmehr lediglich dem Ermessen des erkennenden Richters überlassen bleiben, zu bestimmen, ob und in wie weit bei Abwägung des Strafmaßes darauf Rücksicht zu nehmen sei, daß die Strafart eine mildere und die strafbare Handlung von einer mit einer militärischen Charge bekleideten Person verübt ist".

3. Nach § 20 sind dem Militärrange nach unstatthaft:

a) gegen Offiziere und höhere Militärbeamte: gelinder, mittlerer und strenger Arrest;

b) gegen Portepee-Unteroffiziere und untere Militärbeamte: mittlerer und strenger Arrest;

c) gegen Unteroffiziere ohne Portepee: strenger Arrest (cf. Anm. 2 zu § 20).

Es ist demzufolge ad a stets auf Stubenarrest, ad b stets auf gelinden Arrest und ad c statt angedrohten strengen Arrestes stets auf mittleren Arrest zu erkennen. Auf gelinden Arrest darf im letzteren Falle nicht erkannt werden, weil die dem strengen Arrest nächstfolgende, dem Militärrang des Unteroffiziers ohne Portepee nach statthafte Arrestart der mittlere Arrest ist.

Zum 3. Absatz.

Inhalt:

4. Der im Absatz 3 gebrauchte Ausdruck: „ausdrückliche Androhung des strengen Arrestes" ist seiner Wortbedeutung entsprechend dahin zu verstehen, daß die Worte „strenger Arrest" in der Strafandrohung selbst gebraucht sein müssen; sei es, daß diese Arrestart als ausschließliche Strafe, sei es, daß dieselbe wahlweise mit mittlerem Arrest angedroht ist. (Beschluß des Preuß. Gen.-Aud. vom 28. März 73; Keller S. 63; Dr. Rubo S. 59; Weiffenbach S. 27; Koppmann S. 95.)

welcher wegen militärischer Verbrechen oder Vergehen bereits mit einer Freiheitsstrafe bestraft worden ist.

[Entw. § 25.]

§ 23.

Der Stubenarrest wird von dem Verurtheilten in seiner Wohnung verbüßt. Der Verurtheilte darf während der

---

„Ausdrücklich" angedroht ist der strenge Arrest mithin nicht nur in den Fällen der §§ 89 Abs. 2, 93, 94, sondern auch in denen der §§ 99 Abs. 2, 102 Abs. 2, 138 Abs. 1, 141 Abs. 1, 144 Abs. 2, 146, 151.

Droht das Gesetz schlechthin „Arrest" oder „Freiheitsstrafe" an, so kann demzufolge der strenge Arrest nicht als ausdrücklich angedroht gelten.

5. Die Vorbestrafung muß nach § 22 Abs. 3 wegen eines militärischen Verbrechens oder Vergehens erfolgt sein; eine Vorbestrafung wegen einer nach dem bürgerlichen Strafgesetzbuche strafbaren Handlung berechtigt demnach nicht zur Verhängung strengen Arrestes, wenn derselbe nicht ausdrücklich angedroht ist.

6. Der Ausdruck „Freiheitsstrafe" ist hier nicht im engeren Sinne zu verstehen; es fällt darunter namentlich auch eine Freiheitsstrafe, welche nach einem früheren Gesetze verhängt worden ist, wenn sie auch nicht in Gefängniß, Festungshaft oder Arrest bestanden hat. Bedingung ist nur, daß sie wegen eines Deliktes verhängt worden ist, welches nach dem Mil.-StGB. f. d. D. R. ein militärisches Verbrechen oder Vergehen dargestellt. (Dafür auch Koppmann S. 96.)

7. Es ist nicht erforderlich, daß die Vorbestrafung eine gerichtliche war. „Auch eine im Disziplinarwege auf Grund des § 3 des Einführungsgesetzes zum Mil.-StGB. f. d. D. R. verhängte Arreststrafe begründet die Anwendung des strengen Arrestes." (Beschluß des Preuß. Gen.-Aud. vom 28. März 73.)

Es folgt dies einfach aus dem Wortlaute des § 22 Abs. 3, welcher nur verlangt, daß die Bestrafung wegen eines militärischen Verbrechens oder Vergehens (im Sinne dieses Gesetzes) erfolgt sei, nicht aber darüber sich ausspricht, ob die Bestrafung im gerichtlichen Wege erfolgt sein müsse oder nicht. (Dafür auch Keller S. 63; Weiffenbach S. 27; Koppmann S. 95 ff.)

8. Ob die Vorstrafe bereits verbüßt sein müsse oder nicht, sagt das Gesetz nicht. Da die §§ 13 und 38 dieses Gesetzes zwischen „verurtheilt" und „bestraft" ausdrücklich unterscheiden, so dürfte sicherlich die bloße Verurtheilung nicht genügen. Es fragt sich nur, ob eine völlige Verbüßung erforderlich sei oder nicht. Aus dem im § 13 ausgesprochenen Grundsatze dürfte auch für diesen Paragraphen — wie für den § 38 — zu folgern sein, daß der Gesetzgeber der Bestrafung eine theilweise Verbüßung oder einen gänzlichen oder theilweisen Erlaß habe gleichstellen wollen. Dafür auch Keller S. 63 und Koppmann S. 96.

9. Eine Verjährungsfrist, wie sie die §§ 13 und 38 kennen, greift hier nicht Platz.

Ist einmal eine Bestrafung mit einer Freiheitsstrafe wegen eines militärischen Verbrechens oder Vergehens erfolgt, so kann selbst nach Ablauf von fünf Jahren strenger Arrest auch dann verhängt werden, wenn ihn das Gesetz nicht ausdrücklich androht.

§ 23.

Inhalt:

1. Der im Uebrigen gleichlautende § 26 des Entwurfes läßt den geschärften Stubenarrest nur gegen Subalternoffiziere zu.

Dauer des Stubenarrestes seine Wohnung nicht verlassen, auch Besuche nicht annehmen. Gegen Hauptleute, Rittmeister und Subalternoffiziere kann durch Richterspruch die Strafvollstreckung in einem besonderen Offizier-Arrestzimmer angeordnet werden (geschärfter Stubenarrest).

[Entw. § 26.]

Die Motive zu § 26 lauten:

„Dieser Paragraph entspricht dem § 22 Th. I des Preußischen Militär-Strafgesetzbuches. Darnach verbüßt ein Offizier den Stuben-Arrest auf Treue und Glauben in seiner Wohnung mit der Wirkung, daß der Verurtheilte, wenn er den Arrestort verläßt, nicht mehr im Dienste bleiben kann (§ 80). Er hat für die Zeit der Verbüßung dieser Strafe seinen Degen abzugeben und darf Besuche nicht empfangen.

In Beziehung auf den geschärften Stubenarrest weicht der Entwurf dagegen von den Bestimmungen des Preußischen Militär-Strafgesetzbuches ab. Während dies in den §§ 23. 24 bestimmt, daß auch

a) gegen Hauptleute und Rittmeister auf geschärften Stuben-Arrest erkannt werden kann und daß

b) gegen Subaltern-Offiziere auf geschärften Stuben-Arrest erkannt werden muß, wenn die Dauer des Arrestes vierzehn Tage übersteigt,

hat der Entwurf die Bestimmungen aufgenommen:

a) daß nur gegen Subaltern-Offiziere geschärfter Stuben-Arrest stattfinden soll, daß aber

b) auf diese Strafe in allen Fällen, ohne Rücksicht auf die Dauer des Arrestes erkannt werden kann.

Die Bestimmung unter a entspricht den militärischen Verhältnissen und ist von militärischer Seite als nothwendig anerkannt.

Die zu b aber erscheint angemessen, um den erkennenden Richter nicht unnöthig in der Wahl der zu verhängenden Strafart zu beschränken."

Der Reichstag hat den Grundsatz des § 23 des Preußischen Mil.-StGB. wieder hergestellt und den geschärften Stuben-Arrest auch gegen Hauptleute und Rittmeister zugelassen.

2. Der Stubenarrest findet nur gegen Offiziere und höhere Militärbeamte statt (§§ 20 und 44) und darf daher weder gegen Portepee-Fähnriche noch gegen andere Personen des Soldatenstandes oder untere (i. e. nicht im Offizierrange stehende) Militärbeamte vollstreckt werden.

Der geschärfte Stubenarrest findet nur gegen Hauptleute, Rittmeister und Subalternoffiziere, nicht aber gegen höhere Offiziere statt. Auch gegen obere Militärbeamte dürfte derselbe nur dann statthaft sein, wenn denselben ausnahmsweise ein bestimmter Militärrang verliehen ist und dieser die Verhängung von verschärftem Stubenarrest zuläßt. (Cfr. Keller S. 87; Weiffenbach S. 39; Koppmann S. 98.)

3. Wohnung ist für die Marine gleichbedeutend mit Kammer, Stubenarrest gleichbedeutend mit Kammerarrest (§ 162).

4. Unter „Wohnung" sind diejenigen geschlossenen Räume zu verstehen, welche das Quartier des zu einfachem Stubenarrest Verurtheilten umfassen. Sollten sich in einzelnen Fällen Zweifel über den Begriff der Wohnung ergeben, so entscheidet sie der nächste mit mindestens der Disziplinarstrafgewalt eines detachirten Stabsoffiziers, Hauptmanns oder Rittmeisters betraute Vorgesetzte (§ 16 des Preuß. Straf-Vollstreckungs-Reglements.)

5. Der Verurtheilte darf seine Wohnung nicht verlassen. Das Ausgehen ist ihm erst nach einer Strafdauer von 14 Tagen, oder wenn der Arzt Bewegung in freier Luft für nothwendig hält, täglich für eine Stunde und zwar in der Regel unter Aufsicht einer im Range gleich oder höher stehenden Militärperson zu gestatten (§ 16 Straf-Vollstr.-Regl.)

6. Der Verurtheilte darf Besuche nicht annehmen. Bewohnt derselbe eine gemeinsame Wohnung mit anderen Personen, so kann er den Verkehr mit denselben

§ 24.

Der gelinde, der mittlere und der strenge Arrest werden in Einzelhaft verbüßt. Der Höchstbetrag des strengen Arrestes ist vier Wochen.

[Entw. § 27.]

---

auch während der Strafzeit in gewohnter Weise fortsetzen. Der ad 4 bezeichnete Vorgesetzte ist befugt, einzelnen Personen den Zutritt zu dem Verurtheilten in dringenden Fällen zu gestatten. Dem Arzt ist derselbe jeder Zeit gestattet. (§ 16 a. a. O.)

7. Das Nähere über die Bestrafung des eigenmächtigen Verlassens der Wohnung und des Empfangens von Besuchen während der Dauer des einfachen Stubenarrestes siehe in dem § 80 und den Anmerkungen dazu.

8. Ein Gehaltsabzug tritt für den Verurtheilten nicht ein. (§ 16 a. a. O.)

9. Der geschärfte Stubenarrest ist, — wie Fleck S. 32. 33 ausführt, nichts anderes, als der bereits durch die Verordnung wegen Bestrafung der Offiziere vom 3. August 1808 statt des Wachtarrestes eingeführte Arrest in einer Offizier-Arreststube.

Nach dem Preuß. Mil.-Straf-Vollstreckungs-Reglement (§ 17) werden die Verurtheilten in den Offizier-Arrestzimmern, welche sich in der Regel nur in den größeren Garnisonen befinden, eingeschlossen; eine besondere Bewachung findet in der Regel nicht statt.

Die Ausrüstung dieser Zimmer erfolgt nach Maßgabe der Vorschrift über Militärwachen, Militärarreste u. s. w.

Bücher, Schreibmaterialien und gewohnte Bedürfnisse sind dem Verurtheilten während der Strafvollstreckung nicht zu entziehen.

Im Uebrigen findet auf die zu geschärftem Stubenarrest Verurtheilten der § 16 des Preuß. Mil.-Straf-Vollstr.-Regl. Anwendung. (cf. Anm. 4. 5. 6. 8.)

10. Der geschärfte Stubenarrest kann nur durch Richterspruch, nicht disziplinarisch verhängt werden. Die Disziplinarstrafordnung kennt nur: „Stubenarrest," das ist aber nach § 23 lediglich einfacher Stubenarrest. (cf. Weiffenbach S. 28, Koppmann S. 98.)

11. Der „Untersuchungsarrest" wird gegen Offiziere, Mitglieder des Sanitäts-Offizier-Korps und obere Militärbeamte wie der geschärfte Stubenarrest vollstreckt. (Anm. 9.) Die Bewegung in freier Luft kann denselben jedoch täglich für eine Stunde unter Aufsicht gestattet werden, wenn dies mit der schwebenden Untersuchung vereinbar ist. (Preuß. Straf-Vollstreckungs-Reglement § 17.)

Wegen Vollstreckung der Untersuchungshaft gegen Unteroffiziere, Gemeine und untere Militärbeamte siehe Anm. 4 zu § 24.

§§ 24 bis 26.

Inhalt:

Arreststrafen: Allgem.: 1. 2. — Decke: 3. — Morgensuppe: 3.
Einfluß auf die Gesundh.: 1. — Einzelhaft: 2. — Untersuchungsarrest.
Art der Vollstreckung: 3. — Heizung: 3. — Art der Vollstreckung: 4.

1. Die Bestimmungen dieser Paragraphen sind im Wesentlichen denen des Preußischen Mil.-StGB. (§§ 14—20 und 28) entnommen.

Sie enthalten jedoch im Vergleich zu den letzteren eine erhebliche Milderung, insofern, als:

a) beim strengen Arrest der Verurtheilte eine harte Lagerstätte (Pritsche) erhalten soll und nicht mehr auf dem Fußboden zu schlafen braucht;

b) beim mittleren und strengen Arrest die Schärfungen nicht nur alle vier Tage, sondern am 4., 8., 12. und an jedem dritten resp. am 4., 8. und demnächst an jedem dritten Tage in Fortfall kommen.

c) Arreststrafen von längerer als sechswöchiger Dauer überhaupt nicht mehr vollstreckt werden dürfen und der Höchstbetrag des strengen Arrestes von sechs auf vier Wochen herabgesetzt ist.

Der Entwurf setzte den Höchstbetrag des strengen Arrestes auf sechs Wochen, den des gelinden und mittleren Arrestes auf zwei Monate fest und ließ beim mitt-

§ 25.

Der mittlere Arrest wird in der Art vollstreckt, daß der Verurtheilte eine harte Lagerstätte und als Nahrung Wasser und Brot erhält. Diese Schärfungen kommen am vierten, achten, zwölften und demnächst an jedem dritten Tage in Fortfall.

[Entw. § 28.]

§ 26.

Der strenge Arrest wird in einer dunkelen Arrestzelle, im Uebrigen wie der mittlere Arrest vollstreckt. Die Schärfungen kommen am vierten, achten und demnächst an jedem dritten Tage in Fortfall.

[Entw. § 29].

---

leren und strengen Arrest jeden vierten Tag, nach vier Wochen jeden dritten, nach sechs Wochen jeden zweiten Tag die Schärfungen wegfallen.

In der dritten Berathung des Entwurfs im Plenum beschloß der Reichstag auf den Antrag Laskers:

den Reichskanzler zu ersuchen:

1) zu veranlassen, daß eine sachverständige und umfassende Untersuchung darüber angestellt werde, welche Einwirkung auf die Gesundheit die Vollstreckung des mittleren und strengen Arrestes ausübe, ob und in wie weit nachtheilige Wirkungen wahrzunehmen sind, welche mit der besonderen Art der Ernährung und des Aufenthaltes zusammenhängen;

2) das Ergebniß dieser Untersuchung zur Kenntniß des Reichstages zu bringen.

(Stenogr. Berichte S. 835—846).

2. Die Arreststrafen unterscheiden sich von den übrigen Freiheitsstrafen wesentlich dadurch, daß sie in Einzelhaft verbüßt werden müssen.

Diese Bestimmung, welche schon das Preuß. Mil.-StGB. enthielt, beruht nach Fleck's Kommentar (S. 30) auf der Erfahrung, daß vorzugsweise die Einsamkeit des Arrestaten während der Strafvollstreckung geeignet ist, den durch die Bestrafung beabsichtigten Zweck zu erreichen.

Die Gliederung der Arreststrafen in strengen, mittleren und gelinden Arrest datirt nach Fleck a. a. O. aus dem Jahre 1808 und ist seit jener Zeit beibehalten worden.

3. Wie die einzelnen Arten der Arreststrafen zu vollstrecken sind, ist in den §§ 18—20 des Preuß. Straf-Vollstreckungs-Reglements vorgeschrieben. Dieselben halten sich streng an die Vorschriften der §§ 24 bis 26 und disponiren zugleich über einzelne im Gesetz nicht besonders hervorgehobene, vielmehr der Verwaltungsbehörde überlassene, auf die Fürsorge für die Gesundheit der Arrestaten hinzielende Behandlungsmaßregeln.

Dazu gehören insbesondere die Bestimmungen über Heizung der Arrestzellen, die Bewegung der Arrestaten in freier Luft und die fakultative Verabreichung von Decken zur Nachtzeit und der warmen Morgensuppe an den sogenannten schlechten Tagen.

Wegen Vollstreckung der Arreststrafen im Kriege siehe § 28.

4. Der Untersuchungsarrest wird gegen Unteroffiziere, Gemeine und untere Militärbeamte wie der gelinde Arrest vollstreckt, jedoch kann den Untersuchungsarrestaten die Bewegung in freier Luft täglich für eine Stunde gestattet werden, sofern dies mit der schwebenden Untersuchung vereinbar ist. Geistige Getränke und Taback sind erlaubt, wenn Störung der Ordnung nicht zu befürchten. (Pr. StVRglm. § 20). Wegen Vollstreckung der Untersuchungshaft gegen Offiziere 2c. siehe Anm. 11 zu § 23.

§ 27.

Läßt der körperliche Zustand des Verurtheilten die Verbüßung des strengen oder mittleren Arrestes nicht zu, so tritt eine gelindere Arrestart ein.

[Entw. § 30.]

---

§ 27.

Inhalt:

Motive: 1. Umwandlung, erst nach d. Verurtheil.: 2. Umwandlung, Resolut nicht erforderl.: 3.

1. Die Motive zu dem gleichlautenden § 30 des Entw. besagen, daß die Bestimmung dieses Paragraphen der Billigkeit entspreche, da für denjenigen, welcher seiner Gesundheit wegen strengen oder mittleren Arrest nicht erleiden könne, schon eine gelindere Strafart ein ebenso großes Strafübel sei, als für den Gesunden die härtere.

2. Aus dem Ausdrucke „Läßt der körperliche Zustand des Verurtheilten ꝛc.“, ergiebt sich mit Sicherheit, daß die Anwendung einer gelinderen Arrestart erst nach erfolgter Verurtheilung stattfinden soll, die Strafe selbst aber ohne Rücksicht auf den körperlichen Zustand des zu Bestrafenden lediglich nach dem Gesetz festzusetzen ist. Dafür auch Weiffenbach S. 28.

Hätte der Gesetzgeber das Gegentheil beabsichtigt, so würde er statt des Verurtheilten: „des zu Verurtheilenden“ oder „des zu Bestrafenden“ gesagt haben, wie es im Preuß. Mil.-StGB. § 16 hieß.

Der „Verurtheilte“ ist nicht, wie Koppmann (S. 102) zur Begründung seiner entgegenstehenden Ansicht ausführt, der vom Richter „schuldig Befundene“, gegen welchen er nunmehr die Strafe zu finden hat, sondern der zu einer Strafe Verurtheilte. Dies folgt sowohl aus dem allgemeinen Sprachgebrauch als insbesondere aus dem Sprachgebrauch dieses Gesetzes. (cf. §§ 13 und 38).

Dem entsprechend bestimmt denn auch das Preuß. Strafvollstreckungs-Reglement in den §§ 18 und 19 Folgendes:

> „Ergeben sich Zweifel darüber, ob der körperliche Zustand des Verurtheilten die Verbüßung des strengen (oder mittleren) Arrestes zuläßt, und ergiebt die in Folge dessen angeordnete ärztliche Untersuchung, daß eine gelindere Arrestart eintreten muß, so ist dies demjenigen Befehlshaber, welchem die Veranlassung der Strafvollstreckung obliegt, behufs der weiteren Verfügung nach § 27 des Militär-Strafgesetzbuches für das Deutsche Reich sogleich mitzutheilen.“

Ergeben sich während der Untersuchung Zweifel darüber, ob der körperliche Zustand des zu Verurtheilenden die Verbüßung des strengen oder mittleren Arrestes zuläßt, so ist der Richter zwar nicht gesetzlich verpflichtet, die ärztliche Untersuchung zu veranlassen, wohl aber wird er es als ein nobile officium betrachten, dieselbe anzuordnen, damit nach erfolgter Verurtheilung der Befehlshaber, welcher die Strafvollstreckung zu veranlassen hat, in Gemäßheit des § 27 weitere Verfügung treffen kann. Es empfiehlt sich, den Verurtheilten vor dem Antritt des strengen oder mittleren Arrestes jedesmal ärztlich untersuchen zu lassen.

3. Eines Umwandlungs-Resolutes bedarf es zur Anwendung der gelinderen Arrestart nicht, da das Gesetz nicht vorschreibt, daß die erkannte Arrestart nach einem bestimmten Verhältniß in eine gelindere Arrestart umgewandelt werden, sondern, daß eine gelindere Arrestart und zwar von gleicher Dauer eintreten soll, wenn der körperliche Zustand des Verurtheilten die Verbüßung des strengen oder mittleren Arrestes nicht zuläßt.

§ 27 setzt also nur — ähnlich wie § 28 — einen andern Vollstreckungsmodus des strengen resp. mittleren Arrestes für diejenigen Fälle fest, in welchen Verhältnisse halber die Vollstreckung der erkannten Strafart unmöglich ist.

Dafür scheinen sich die §§ 18 und 19 des Preuß. Strafvollstreckungs-Reglements (cf. Anmerkung 2 zu § 27) aussprechen zu wollen. *contra*: Koppmann S. 102. 103.

§ 28.

Die Abweichungen, welche bei Vollstreckung von Arreststrafen dadurch bedingt werden, daß sie während eines Krieges oder auf den in Dienst gestellten Schiffen oder anderen Fahrzeugen der Marine zu vollziehen sind, werden durch Kaiserliche Anordnung bestimmt. [Entw. § 31.]

§ 28.

1. Die Vollziehung der Arreststrafen in der in den §§ 25 und 26 bezeichneten Weise ist im Kriege und auf den in Dienst gestellten Schiffen oft nicht möglich. Ebensowenig läßt sich im Voraus bestimmen, in welcher Weise die nothwendigen Modifikationen einzutreten haben. Dies muß nach den jedesmaligen Verhältnissen, der Zweckmäßigkeit sowie der Erfahrung entsprechend, angeordnet werden. Deshalb hat dem Kaiser das Recht vorbehalten werden müssen, für derartige Nothfälle das Erforderliche zu bestimmen. (Motive.)

Die Bestimmung des § 190 Th. II des Preuß. Mil.-StGB., welche auch für Friedenszeiten Abweichungen von dem Strafvollstreckungsmodus vorschreibt, dürfte für hinfällig zu erachten sein, da das Militär-Straf-Gesetzbuch die in Rede stehende Materie erschöpfend behandelt und derartiger Abweichungen für Friedenszeiten nicht Erwähnung thut. Dafür auch Solms (S. 149) und Koppmann (S. 103. 104). Die Disziplinarstrafordnung hat denn auch die Bestimmung des § 190 Th. II Preuß. Mil.-StGB. nicht mit aufgenommen, hiermit also deutlich zu erkennen gegeben, daß dieselbe als hinfällig betrachtet wird.

2. Die in dem § 28 vorbehaltenen Kaiserlichen Anordnungen sind inzwischen ergangen und finden sich in den §§ 47 und 48 der Disziplinarstrafordnung und in der Verordnung, betreffend die Vollstreckung von Arreststrafen auf den in Dienst gestellten Schiffen und Fahrzeugen der Kaiserlichen Marine vom 23. November 1872. (cf. Beilagen.)

Der § 22 des Preuß. Straf-Vollstreckungs-Reglements, welcher den Inhalt der §§ 47 und 48 der Disziplinarstrafordnung fast wörtlich wiedergiebt, lautet:

> „Wenn im Felde der über Unteroffiziere und Gemeine verhängte gelinde, mittlere oder strenge Arrest den örtlichen Verhältnissen nach weder in einem Ortsgefängniß, noch in einem andern zur Strafvollstreckung geeigneten Lokale verbüßt werden kann, auch die Strafvollstreckung aus dienstlichen Gründen keinen Aufschub erleidet, so ist dem Verurtheilten statt der erkannten Arreststrafe für die Dauer der Strafe, während seiner dienstfreien Zeit, der Aufenthalt auf einer Wache als Arrestat ohne Entziehung seiner Kompetenzen anzuweisen.

Hiermit ist zu verbinden:

1) wenn die verhängte Arreststrafe in mittlerem Arrest besteht: die Heranziehung zu beschwerlichen Dienstverrichtungen außer der Reihe,
2) wenn die verhängte Arreststrafe in strengem Arrest besteht: Anbinden, oder Gewehr- oder Satteltragen zwei Stunden täglich.

Das Anbinden des Arrestaten geschieht auf eine der Gesundheit desselben nicht nachtheilige Weise, in aufrechter Stellung, den Rücken nach einer Wand oder einem Baume gekehrt, dergestalt, daß er sich weder setzen noch legen kann.

Das Gewehr- oder Satteltragen besteht darin, daß der Arrestat im Stillstehen oder Umhergehen eine fünfzehn Kilogramm nicht übersteigende Last, welche durch Gewehre oder durch an hölzerne Stangen befestigte Sättel oder andere Ausrüstungsstücke gebildet wird, auf einer Schulter oder auf beide Schultern ungleich vertheilt, zu tragen hat.

Zweistündiges Anbinden oder zweistündiges Gewehr- u. s. w. Tragen, in Verbindung mit dem Aufenthalt des Arrestaten auf der Wache, steht einem eintägigen strengen Arreste gleich.

Am vierten, achten und demnächst an jedem dritten Tage fällt das Anbinden oder Gewehr- 2c. Tragen fort.

Die Strafvollstreckung erfolgt unter militärischer Aufsicht an einem vor den Augen des Publikums möglichst geschützten Orte."

§ 29.

Wo die allgemeinen Strafgesetze Geldstrafe und Freiheitsstrafe wahlweise androhen, darf, wenn durch die strafbare Handlung zugleich eine militärische Dienstpflicht verletzt worden ist, auf Geldstrafe nicht erkannt werden.

[Entw. § 34.]

Dazu besagt eine Anmerkung:

„Die in diesem Paragraphen angegebene, den §§ 47 und 48 der Disziplinar-Strafordnung für das Heer entsprechende Strafvollstreckungsweise kommt, falls nicht anderweite Allerhöchste Bestimmungen ergehen, auch bei gerichtlich erkannten Strafen zur Anwendung."

§ 29.

Inhalt

1. Nach dem Preußischen Militärstrafgesetzbuche Theil I § 59 konnte von einem Militär-Gericht gegen eine Person des Soldatenstandes niemals auf eine Geldstrafe, es mußte vielmehr, anstatt einer solchen, stets auf eine verhältnißmäßige Freiheitsstrafe erkannt werden.

Dies hat oft zu großen Härten geführt und enthielt eine zu große Benachtheiligung der Personen des Soldatenstandes und eine zu große Ungleichheit vor dem Gesetze.

Der § 29 hat deshalb die Unzulässigkeit der Verhängung einer Geldstrafe auf diejenigen Fälle beschränkt, wo durch die strafbare Handlung zugleich eine militärische Dienstpflicht verletzt ist, weil in der That in allen andern Fällen kein Grund vorliegt, den erkennenden Richter bei der Wahl der zu verhängenden Strafart zu beschränken. (Motive.)

2. Die **allgemeinen Strafgesetze** umfassen alle Landesgesetze, welche Strafbestimmungen enthalten. Die Militär-Strafgesetze kennen, abgesehen von den Strafvorschriften gegen abwesende Deserteure, keine Vergehen, welche mit Geldstrafe bedroht sind. Letztere können daher nur wegen **bürgerlicher** Delikte erkannt werden.

3. Wo nicht **wahlweise**, sondern **ausschließlich**, — oder **kumulativ** neben einer Freiheitsstrafe — Geldstrafen angedroht sind, muß auf dieselben erkannt werden, auch wenn durch die strafbare Handlung zugleich eine militärische Dienstpflicht verletzt ist.

4. Bei Verhängung von Geldstrafen ist Folgendes zu beobachten:

a) Der **Mindestbetrag** der Geldstrafe ist bei **Verbrechen** und **Vergehen** drei Mark, bei **Uebertretungen** Eine Mark. (§ 27 R.-StGB.)

b) Eine **nicht beizutreibende** Geldstrafe ist in Gefängniß und, wenn sie wegen einer Uebertretung erkannt worden ist, in Haft umzuwandeln. (§ 28 a. a. O.) Die Uneinziehbarkeit der Geldstrafe muß erst feststehen, bevor zur Umwandlung resp. Vollstreckung der Freiheitsstrafe geschritten werden darf.

c) Ist bei einem Vergehen Geldstrafe allein oder an erster Stelle oder wahlweise neben Haft angedroht, so kann die Geldstrafe in Haft umgewandelt werden, wenn die erkannte Strafe nicht den Betrag von sechshundert Mark und die an ihre Stelle tretende Freiheitsstrafe nicht die Dauer von sechs Wochen übersteigt. (§ 28 a. a. O.)

d) War neben der Geldstrafe auf Zuchthaus erkannt, so ist die an deren Stelle tretende Gefängnißstrafe nach Maßgabe des § 21 in Zuchthaus umzuwandeln. (§ 28 a. a. O.)

Die substituirte Zuchthausstrafe darf auch weniger als einen Monat, den gesetzlichen Mindestbetrag der Zuchthausstrafe, betragen. (Cf. Oppenhoff Anmerkung 3 zu § 19.)

e) Der Verurtheilte kann sich durch Erlegung des Strafbetrages, soweit dieser durch die erstandene Freiheitsstrafe noch nicht getilgt ist, von der letzteren freimachen.

§ 30.

Die besonderen Ehrenstrafen gegen Personen des Soldatenstandes sind:

1) Entfernung aus dem Heer oder der Marine;
2) gegen Offiziere: Dienstentlassung;
3) gegen Unteroffiziere und Gemeine: Versetzung in die zweite Klasse des Soldatenstandes;
4) gegen Unteroffiziere: Degradation.

[Entw. § 36.]

---

f) Bei Umwandlung einer wegen eines Verbrechens oder Vergehens erkannten Geldstrafe ist der Betrag von drei bis zu fünfzehn Mark, bei Umwandlung einer wegen einer Uebertretung erkannten Geldstrafe der Betrag von Einer Mark bis zu fünfzehn Mark einer eintägigen Freiheitsstrafe gleich zu achten.

Der Mindestbetrag der an Stelle einer Geldstrafe tretenden Freiheitsstrafe ist Ein Tag, ihr höchster Betrag bei Haft sechs Wochen, bei Gefängniß Ein Jahr. Wenn jedoch eine neben der Geldstrafe wahlweise angedrohte Freiheitsstrafe ihrer Dauer nach den vorgedachten Höchstbetrag nicht erreicht, so darf die an Stelle der Geldstrafe tretende Freiheitsstrafe den angedrohten Höchstbetrag jener Freiheitsstrafe nicht übersteigen. (§ 29 a. a. O.)

g) Auf Geldstrafen, welche wegen mehrerer strafbaren Handlungen allein oder neben einer Freiheitsstrafe verwirkt sind, ist ihrem vollen Betrage nach zu erkennen.

Bei Umwandlung mehrerer Geldstrafen ist der Höchstbetrag der an die Stelle derselben tretenden Freiheitsstrafe zwei Jahr Gefängniß und wenn die mehreren Geldstrafen nur wegen Uebertretungen erkannt worden sind, drei Monate Haft. (§ 78 a. a. O.)

h) Die Umwandlung der nicht beizutreibenden Geldstrafe in Freiheitsstrafe ist nach Anleitung der geltenden Strafprozeßgesetze vorzunehmen. Sie kann unbedenklich sofort in dem verurtheilenden Erkenntnisse selbst für den eventuellen Fall der Uneinziehbarkeit ausgesprochen werden. Es muß dies geschehen, wenn es in den Strafprozeßgesetzen vorgeschrieben ist; so in Preußen. (AKO. v. 18. Sept. 1824. Ges. v. 3. Mai 1852 Art. 132.) Ist die Umwandlung nicht im Erkenntnisse vorgenommen, so muß sie, sobald sich die Uneinziehbarkeit herausstellt, in einem Nachtragsverfahren bewirkt werden; fehlt es an den ein solches Nachtragsverfahren regelnden Prozeßvorschriften, so richtet sich dasselbe nach denjenigen Grundsätzen, welche für die Entscheidung eines die Strafvollstreckung betreffenden Streitpunktes maßgebend sind. (Oppenhoff Anmerkung 2 zu § 28.)

5. Vollstreckt wird die Geldstrafe durch das Militärgericht, bei welchem der Spruch ergangen ist. Näheres über die Art der Vollstreckung enthalten die §§ 27. 28 des Preußischen Militär-Strafvollstreckungs-Reglements und die Cirkular-Schreiben des Preußischen General-Auditoriats vom 30. November 1854 und vom 23. Februar 1860.

Da die Geldstrafen dem Militär-Fiskus gehören, so gebührt die Strafvollstreckung selbst in dem Falle den Militärgerichten, wenn wegen konkurrirender Vergehen oder Verbrechen die Vollstreckung der Freiheitsstrafe auf die bürgerlichen Behörden übergegangen ist. Ist die Geldstrafe nicht einziehbar, so geht in dem gedachten Falle die Vollstreckung der substituirten resp. zu substituirenden Freiheitsstrafe selbstverständlich gleichfalls auf die bürgerlichen Behörden über.

§ 30.

1. Die in diesem Paragraphen aufgeführten Ehrenstrafen sind im Wesentlichen diejenigen des Preußischen Mil.-StGB. Nur hat der § 30 die Strafe der „Kassation" und die der „Ausstoßung aus dem Soldatenstande" ausgeschieden und in die Strafe der Entfernung aus dem Heer oder der Marine aufgehen lassen.

§ 31.

Auf Entfernung aus dem Heer oder der Marine muß gegen Unteroffiziere und Gemeine neben Zuchthaus stets, neben dem Verluste der bürgerlichen Ehrenrechte dann erkannt werden, wenn die Dauer dieses Verlustes drei Jahre übersteigt.

Gegen Offiziere muß auf diese Entfernung erkannt werden:

1) neben Zuchthaus oder dem Verluste der bürgerlichen Ehrenrechte ohne Rücksicht auf die Dauer derselben;

---

2. Die besondere Ehrenstrafe gegen Militärbeamte ist der Amtsverlust. (Cf. §§ 43 und 153.)

§ 31.

1. Die Entfernung aus dem Heer oder der Marine ist eine Nebenstrafe für solche strafbare Handlungen, welche die Waffenunwürdigkeit nach sich ziehen. Sie hat zufolge § 31 des Strafgesetzbuches für das Deutsche Reich bei der Verurtheilung zur Zuchthausstrafe stets einzutreten. Die Bestimmungen ferner, daß diese Strafe dann eintreten muß, wenn auf Verlust der bürgerlichen Ehrenrechte von längerer als dreijähriger Dauer erkannt wird, ist dem § 5 des Preußischen Gesetzes vom 15. April 1852 entnommen.

Die Strafe der Entfernung aus dem Heer oder der Marine in den vom Gesetz dazu bestimmten Fällen jedesmal ausdrücklich im Urtheil aussprechen zu lassen, empfahl sich deshalb, um jeden Zweifel zu beseitigen und den Eindruck der Strafe zu erhöhen. (Motive).

2. Nach dem Militär-Strafgesetzbuche für das Deutsche Reich ist also die Entfernung aus dem Heere oder der Marine

I. geboten:

A. gegen Unteroffiziere und Gemeine:
- a) neben Zuchthausstrafe,
- b) neben Verlust der bürgerlichen Ehrenrechte von mehr als drei Jahren,
- c) in dem speziellen Falle des § 81 Absatz 2.

B. Gegen Offiziere:
- a) neben Zuchthausstrafe,
- b) neben dem Verlust der bürgerlichen Ehrenrechte ohne Rücksicht auf die Dauer desselben,
- c) in den Fällen der §§ 74. 81 Absatz 1 und 2, 85 Absatz 2, 106. 131. 132. 133 Absatz 2, 134. 139; in welchen gegen Unteroffiziere oder Gemeine die Versetzung in die zweite Klasse des Soldatenstandes geboten ist;

II. zulässig:

A. gegen Unteroffiziere und Gemeine:
neben Gefängnißstrafe (nicht Festungshaft) von mehr als fünf Jahren.

B. Gegen Offiziere:
- a) neben Gefängniß (nicht Festungshaft) von mehr als fünf Jahren,
- b) in den Fällen der §§ 37 Nr. 2, 38 Nr. 1 und 2, 62 Absatz 2, 70 Abs. 2, 75. 78. 81 Absatz 3, 82. 83. 87. 128. 135 Absatz 1, 137. 140. 144 Absatz 1, in welchen gegen Unteroffiziere oder Gemeine die Versetzung in die zweite Klasse des Soldatenstandes zulässig ist.

Bei der Versuchsstrafe ist gegen Offiziere, wenn für das vollendete Verbrechen oder Vergehen die Versetzung in die zweite Klasse des Soldatenstandes geboten oder zulässig ist, die Entfernung aus dem Heere oder der Marine nur fakultativ, da die Versetzung in die zweite Klasse des Soldatenstandes in Gemäßheit des § 46 neben der Versuchsstrafe nur zulässig und nicht geboten ist.

3a. Durch die Bestimmung des § 31 alinea 3 soll die Möglichkeit gewährt werden, unverbesserliche Individuen aus der Armee zu entfernen. Aus der allge-

2) wo gegen Unteroffiziere oder Gemeine die Versetzung in die zweite Klasse des Soldatenstandes geboten ist.

Auf Entfernung aus dem Heer oder der Marine kann erkannt werden neben Gefängniß von längerer als fünfjähriger Dauer, außerdem gegen Offiziere, in allen Fällen, in denen gegen Unteroffiziere oder Gemeine die Versetzung in die zweite Klasse des Soldatenstandes zulässig ist.

[Entw. § 37.]

§ 32.

Die Entfernung aus dem Heer oder der Marine hat

1) den Verlust der Dienststelle und der damit verbundenen Auszeichnungen, sowie aller durch den Militärdienst

---

meinen Fassung des Gesetzes aber ist zu folgern, daß die Beurtheilung, ob der Angeschuldigte zu solchen Individuen gehört, dem Ermessen des Gerichts überlassen und daß dieses nicht dadurch beschränkt ist, daß unter allen Umständen mehrfach gewichtige Vorbestrafungen stattgefunden haben. (Beschluß des Preuß. Gen.-Aud. vom 28. März 1873. vergl. Keller S. 70.)

3b. Da, wenn Entfernung aus dem Heer oder der Marine neben Gefängniß von längerer als fünfjähriger Dauer eintreten soll, darauf ausdrücklich zu erkennen ist, so kann, besage § 172 der Preuß. Militär-Straf-Gerichtsordnung jene Strafe, wenn darauf erkannt ist, durch den bestätigenden Befehlshaber nicht erlassen werden. Daraus folgt aber auch, daß die Gefängnißstrafe in dem gedachten Falle bei der Bestätigung des Erkenntnisses nicht unter das vorerwähnte Maß gemildert werden darf. (Beschluß des Preuß. Gen.-Aud. v. 28. März 1873.)

§ 32.

Inhalt:

1. „Verlust der Dienststelle und der damit verbundenen Auszeichnungen" ist gleichbedeutend mit dem „Verlust der bekleideten Charge und der damit verbundenen Rechte und Auszeichnungen" des § 42 des Preuß. Mil.-StGB. und umfaßt den Verlust der dienstlichen Stellung überhaupt, sowie des Rechtes, die Uniform zu tragen und den bisherigen Titel zu führen.

2. Durch Entfernung aus dem Heer und der Marine gehen nicht verloren:

a) die den Offizieren und den im Offizierrange stehenden Aerzten zustehenden Pensionserhöhungen;

b) die Pension, die Pensions- und Verstümmelungszulagen der zur Klasse der Unteroffiziere und Gemeinen gehörenden Personen des Soldatenstandes.

Welche von den durch den Militärdienst erworbenen Ansprüchen durch Richterspruch aberkannt werden können, bestimmt das Militär-Strafgesetzbuch für das Deutsche Reich nicht; es kann demzufolge dafür lediglich die Militär-Pensions-Gesetzgebung maßgebend sein. Weder das Militär-Pensions-Gesetz vom 27. Juni 1871 noch die Gesetzes-Novelle vom 4. April 1874 enthält aber darüber Bestimmungen, welche von den Versorgungs-Ansprüchen der aktiven Offiziere rc., Unteroffiziere oder Gemeinen durch Richterspruch aberkannt werden können — und welche nicht. Nur hinsichtlich der bereits pensionirten Offiziere und im Offizierrange stehenden Militärärzte bestimmt § 32 des Militär-Pensions-Gesetzes vom 27. Juni 1871.

„Das Recht auf den Bezug der Pension erlischt:

b) durch rechtskräftige gerichtliche Verurtheilung zum Pensionsverlust.

erworbenen Ansprüche, soweit dieselben durch Richterspruch aberkannt werden können,

2) den dauernden Verlust der Orden und Ehrenzeichen,

Die Pensionserhöhungen können jedoch durch richterliches Erkenntniß nicht entzogen werden".

Auch diese Bestimmungen sind durch die neue Gesetzgebung bedeutungslos geworden, da nach dem Militärstrafgesetzbuch für das Deutsche Reich auf Pensionsverlust nicht mehr erkannt werden kann und nach dem Reichsstrafgesetzbuch eine Verurtheilung zur Zuchthausstrafe oder zu den Ehrenstrafen den Verlust eines bereits bestehenden Pensionsbezugrechtes nicht mehr zur Folge hat (cf. Oppenhoff Anm. 12 zu § 31) mithin den pensionirten Offizieren weder die Pension noch die Pensions-Erhöhungen durch Richterspruch entzogen werden können.

Eine Bestimmung darüber, daß den aktiven Offizieren die Pensions-Erhöhungen nicht aberkannt werden können, enthält das Militär-Pensions-Gesetz nicht.

Es entsteht nun die Frage, ob aus dem Nichtbestehen einer Bestimmung darüber, welche Versorgungs-Ansprüche durch Richterspruch aberkannt werden können zu folgern ist, daß alle Ansprüche verloren gehen oder daß dieselben sämmtlich bestehen bleiben. Die letzte Folgerung dürfte deshalb die richtige sein, weil es nach der hier maßgebenden Militär-Pensions-Gesetzgebung als Regel angesehen werden muß, daß erworbene Ansprüche bestehen bleiben. Daß das Militär-Strafgesetzbuch für das Deutsche Reich im § 32 das Prinzip aufstellt, daß alle durch den Militärdienst erworbenen Ansprüche verloren gehen sollen und dieses Prinzip nur einschränkt durch die Worte: „soweit dieselben durch Richterspruch aberkannt werden können" ist für die Beantwortung der oben aufgeworfenen Frage einflußlos, da es Sache der Militär-Pensions-Gesetzgebung ist, darüber Bestimmung zu treffen, welche Ansprüche aberkennbar sind und welche nicht.

Hiernach behalten die mit Entfernung aus dem Heer oder der Marine bestraften Unteroffiziere und Gemeinen alle erworbenen Ansprüche auf Pension und Pensions- und Verstümmelungs-Zulagen. Die mit Entfernung aus dem Heer oder der Marine bestraften aktiven Offizieren würden gleichfalls einen Anspruch auf die Pension haben, wenn ihnen nicht der § 2 des Militär-Pensions-Gesetzes vom 27. Juni 1871 entgegenstände, welcher bestimmt, daß Offiziere und im Offizierrange stehende Militär-Aerzte nur dann Anspruch auf Pension haben, wenn sie nicht allein zur Fortsetzung des aktiven Militärdienstes unfähig geworden sind, sondern auch deshalb verabschiedet werden.

Dagegen können ihnen die Pensionserhöhungen und Verstümmelungszulagen nicht verloren gehen, da der Anspruch hierauf nach §§ 12 u. ff. a. a. O. nicht auch von der Verabschiedung wegen Dienstuntauglichkeit, sondern nur davon abhängig gemacht ist, daß der betreffende Offizier durch den Krieg invalide und zur Fortsetzung des aktiven Militärdienstes unfähig geworden ist. Wird die Verabschiedung wegen Dienstunfähigkeit durch Entfernung aus dem Heer oder der Marine unmöglich gemacht, so bleibt der erworbene Anspruch auf die Pensionserhöhungen und Verstümmelungszulagen bestehen, weil die Militär-Pensionsgesetzgebung zur Zeit keine Bestimmung darüber enthält, daß der Anspruch aktiver Offiziere auf Pensionserhöhungen und Verstümmelungszulagen durch Richterspruch aberkannt werden könne.

Zu demselben Resultate gelangen Keller (S. 71), Dr. Rubo (S. 64), Weiffenbach (S. 31), Solms (S. 16) jedoch auf anderem Wege, indem sie ohne nähere Begründung auf die §§ 2. 12 ff. 32 Abs. 2 resp. 64. 71. 72. 100 ff. des Reichs-Militär-Pensions-Gesetzes vom 27. Juni 1871 hinweisen, mithin wohl der mit Recht von Koppmann angegriffenen Ansicht sind, daß einerseits aus dem Nichtbestehen einer Bestimmung darüber, welche Ansprüche durch Richterspruch aberkannt werden können, hinsichtlich der Unteroffiziere und Gemeinen die Belassung der Pensionen und Pensionszulagen folge, andererseits aus dem Bestehen der im § 32 a. a. O. für pensionirte Offiziere gegebenen Bestimmungen, daß das Pensionsbezugsrecht durch rechtskräftige gerichtliche Verurtheilung zum Pensionsverlust erlösche, die Pensions-Erhöhungen jedoch durch richterliches Erkenntniß nicht entzogen werden können, auch hinsichtlich

3) die Unfähigkeit zum Wiedereintritte in das Heer und in die Marine

von Rechtswegen zur Folge.

[Entw. § 38.]

---

der aktiven Offiziere gefolgert werden müsse, daß wohl die Pension, nicht aber die Pensionserhöhungen aberkennbar seien.

Koppmann gelangt (S. 109—113) auf dem oben entwickelten Wege zu dem Resultate, daß allen Personen des Soldatenstandes mit der Entfernung aus dem Heer oder der Marine alle durch den Militärdienst erworbenen Ansprüche verloren gehen. Er folgert nämlich aus dem Nichtbestehen einer Bestimmung darüber, welche Ansprüche aberkennbar seien, mit Rücksicht auf das im § 32 des Militär-Strafgesetzbuches für das Deutsche Reich ausgesprochene Prinzip, daß alle durch den Militärdienst erworbenen Ansprüche verloren gehen sollen, von welchem erst durch den in den §§ 32, 39 und 41 gleichmäßig enthaltenen Passus: „insoweit dieselben durch Richterspruch aberkannt werden können" eine Ausnahme zugelassen sei, daß alle durch den Militärdienst erworbenen Ansprüche aberkennbar seien, indem er dabei übersieht, daß die Einschränkung „soweit dieselben durch Richterspruch aberkannt werden können" das ganze Prinzip beseitigt, wenn die Pensionsgesetzgebung keine von den bestehenden Versorgungsansprüchen als aberkennbar bezeichnet.

Der § 64 des Militär-Pensionsgesetzes zählt zu den Invalidenversorgungen der Unteroffiziere und Gemeinen außer der Pension und den Pensionszulagen auch den Civilversorgungsschein, die Aufnahme in Invaliden-Instituten und die Verwendung im Garnisondienst. Daß die mit Entfernung aus dem Heer oder der Marine bestraften Unteroffiziere und Gemeinen die letztgedachten zwei Versorgungsansprüche verlieren, folgt aus ihrer Unfähigkeit zum Wiedereintritt in das Herr. Den Civilversorgungsschein können sie nicht beanspruchen, weil derselbe nur Leuten von guter Führung gegeben wird (cf. auch § 38 des Reglements vom 16. u. 20. Juni 1867).

Aus dem ad 2 Gesagten folgt, daß die Bestimmung des § 32:

> „sowie aller durch den Militärdienst erworbenen Ansprüche, soweit dieselben durch Richterspruch aberkannt werden können"

zur Zeit bedeutungslos ist und überflüssig erscheinen müßte, wenn die Militär-Pensionsgesetzgebung unwandelbar wäre.

3. Der Verlust der Orden und Ehrenzeichen ist ein dauernder. Dieselben können aber später wieder erworben werden, sobald sich nur der Verurtheilte im Besitz der bürgerlichen Ehrenrechte befindet (cfr. Oppenhoff Anm. 4 zu § 33 des Reichs-Straf-Gesetzbuches).

4. In Betreff der Orden und Ehrenzeichen macht es keinen Unterschied, ob dieselben von dem eigenen Landesherrn oder einem andern (in- oder ausländischen) Fürsten verliehen sind. (Oppenhoff Anm. 11 zu § 33 R.-StGB). Zu den Ehrenzeichen gehören auch die Kriegsdenkmünzen.

5. Die Entfernung aus dem Heere wird nach § 23 des Preußischen Strafvollstreckungs-Reglements wie folgt vollstreckt:

Dem Verurtheilten werden durch einen Offizier, oder, ist der Verurtheilte Militärbeamter durch einen Militärbeamten die Patente und Bestallungen, die Preußischen und Nichtpreußischen Orden und Ehrenzeichen nebst deren Besitzzeugnissen und die etwa in seinem Gewahrsam befindlichen Dienstpapiere abgenommen.

Die Patente werden auf dem Instanzenwege an die Geheime Kriegs-Kanzlei des Kriegs-Ministeriums, die Orden 2c. und deren Besitzzeugnisse auf demselben Wege an die General-Ordens-Kommission übersandt.

Befindet sich der Verurtheilte im Besitze des Civilversorgungs- oder Anstellungsscheins, so ist ihm dieser abzunehmen und demjenigen Generalkommando zuzustellen, welches den Schein ausgestellt hat.

Bei pensionirten Offizieren, gegen welche, in Gemäßheit des § 33 des Militär-Strafgesetzbuchs für das Deutsche Reich, statt auf Entfernung aus dem Heere auf Verlust des Offiziertitels erkannt ist, mit welchem Verluste zugleich die unter 2 und 3 vorstehend bezeichneten Folgen, sowie die Verwirkung des Rechts, die Offizier-Uniform zu tragen, von Rechtswegen eintreten, wird entsprechend verfahren.

§ 33.

Gegen pensionirte Offiziere ist statt auf Entfernung aus dem Heer oder der Marine auf Verlust des Offiziertitels zu erkennen. Mit diesem Verluste treten zugleich die in § 32 Nr. 2 und 3 bezeichneten Folgen, sowie die Verwirkung des Rechts, die Offizieruniform zu tragen, von Rechtswegen ein.

[Entw. § 39]

§ 34.

Auf Dienstentlassung muß erkannt werden:

1) neben Erkennung auf Unfähigkeit zur Bekleidung öffentlicher Aemter;

Die mit Entfernung aus dem Heer bestraften Militärpersonen sind demjenigen Landwehr-Bezirks-Kommando, aus dessen Bezirk sie in die Armee eingetreten sind, namhaft zu machen und demnächst in den Listen zu löschen.

Die Benachrichtigung erfolgt durch den Truppentheil beziehungsweise die Behörde, welcher der Verurtheilte zur Zeit seiner Verurtheilung angehört hat; Abschrift der Erkenntnißformel und der Bestätigungs-Ordre ist der Benachrichtigung beizufügen.

§ 33.

1. Nach dem Preußischen Militär-Strafgesetzbuche gehören auch die pensionirten Offiziere zu den Personen des Soldatenstandes und sind dem Militärgerichtsstande unterworfen. Letzteres ist auch in Bayern der Fall. Es gründet sich dies darauf, daß diese Offiziere im Bedarfsfalle, namentlich in Kriegszeiten, zu militärischen Dienstleistungen ihrem Range entsprechend verwendet werden können, wie denn auch dieselben in den letzten Kriegen, namentlich in dem Kriege gegen Frankreich von 1870/71 in großer Anzahl zu solchen Dienstleistungen verwendet worden sind.

Ob es sich empfiehlt, den Militärgerichtsstand derselben künftighin in analoger Weise wie bei den Reserve- und Landwehroffizieren zu regeln, wird bei Berathung der Militär-Strafgerichtsordnung zu erwägen sein. Sollte dies geschehen, so werden auch dann die Bestimmungen der §§ 33 und 36 nicht entbehrt werden können. (Motive).

2. Zu den pensionirten Offizieren gehören alle mit Inaktivitätsgehalt entlassenen, alle zur Disposition gestellten und alle mit Pension verabschiedeten Offiziere, im Offizierrange stehenden Aerzte, gleichgültig ob ihnen das Recht, die Offizieruniform zu tragen verliehen ist oder nicht. Diejenigen Offiziere, welche ohne Wartegeld oder Pension aus dem Militärverhältniß gänzlich ausgeschieden sind und demzufolge nicht unter der Militär-Gerichtsbarkeit stehen, gehören nicht hierher (cfr. Fleck, Kommentar zur Preußischen Strafgerichts-Ordnung § 16 Nr. 3. Neue Ausgabe Berlin, 1864 S. 13).

3. Mit dem Verlust des Offiziertitels treten nicht sämmtliche der im § 32 bezeichneten Folgen der Entfernung aus dem Heer oder der Marine, sondern nur die daselbst unter Nr. 2 und 3 bezeichneten ein.

Der zum Verlust des Offiziertitels verurtheilte pensionirte Offizier behält, auch wenn dieser Verlust wegen Verurtheilung zu Zuchthausstrafe oder Ehrverlust erfolgt, den Anspruch auf Pension, Pensionserhöhung und Verstümmelungszulage (cfr. Anm. 2 zu § 32). Dagegen verwirkt er das Recht die Offizieruniform zu tragen.

4. Wegen Vollstreckung der Strafe siehe Anm. 5 zu § 32.

§ 34.

1. Der Entwurf lautet:

„Auf Dienstentlassung kann erkannt werden, wenn Festungsarrest von längerer als einjähriger Dauer erkannt wird.

2) wo gegen Unteroffiziere Degradation geboten ist.
Auf Dienstentlassung kann erkannt werden:
1) neben Freiheitsstrafe von längerer als einjähriger Dauer;
2) wo gegen Unteroffiziere Degradation zulässig ist.
[Entw. § 40.]

Auf dieselbe muß erkannt werden, wenn Unfähigkeit zur Bekleidung öffentlicher Aemter ausgesprochen wird".

Dazu lauten die Motive:

„Die Strafe der Dienstentlassung ist eine mildere Form, um diejenigen Offiziere aus ihrer Stelle zu entfernen, welche zwar des Offizier-Charakters und der Zugehörigkeit zum Offizierstande nicht unwürdig erscheinen, aber wegen strafbarer Handlungen in ihrer Stellung nicht mehr verbleiben können. Sie tritt deshalb nur bei solchen strafbaren Handlungen ein, welche einen Mangel an ehrliebender Gesinnung nicht zur Voraussetzung haben."

Der Reichstag hat die Strafe der Dienstentlassung auch für diejenigen Fälle, in welchen gegen Unteroffiziere Degradation geboten oder zulässig ist, obligatorisch resp. fakultativ zugelassen. Es können die Motive somit hier nicht mehr zutreffen, da die Dienstentlassung hiernach auch dann anwendbar ist, wenn ein Vergehen vorliegt, bei welchem die Versetzung in die 2. Klasse des Soldatenstandes zulässig ist, so namentlich, wenn eine Verurtheilung wegen Diebstahls, Unterschlagung, Raubes, Erpressung, Hehlerei, Betruges oder Urkundenfälschung erfolgt.

2. Es ist nicht außer Acht zu lassen, daß in allen Fällen, in welchen nach § 34 die Dienstentlassung wegen eines Vergehens erfolgen muß, bei welchem gegen Unteroffiziere (und Gemeine) die Versetzung in die 2. Klasse des Soldatenstandes geboten ist (§ 40 Absatz 1 Nr. 2), auch die Entfernung aus dem Heere obligatorisch ist (cfr. § 31 und Anmerkung 2 dazu), mithin in diesen Fällen nicht auf Dienstentlassung, sondern auf Entfernung aus dem Heere erkannt werden muß, und daß in den Fällen des § 34 Absatz 2 Nr. 2, § 40 Absatz 2 Nr. 2 und 3 nicht allein die Dienstentlassung, sondern auch die Entfernung aus dem Heere zugelassen ist (cfr. § 31 Absatz 3).

3. Die Unfähigkeit zur Bekleidung öffentlicher Aemter ist im Militär-Strafgesetzbuch für das Deutsche Reich nicht angedroht. Die mit dieser Ehrenstrafe bedrohten Verbrechen resp. Vergehen enthält das Strafgesetzbuch für das Deutsche Reich in den §§ 35. 128. 129. 331. 339—341. 352—355. 357. 358.

4. Da neben Gefängnißstrafe von längerer als einjähriger Dauer gegen Unteroffiziere die Degradation geboten, gegen Offiziere also die Dienstentlassung obligatorisch ist, kann unter „Freiheitsstrafe" im Absatz 2 Nr. 1 lediglich „Festungshaft" verstanden werden (vgl. Keller S. 73, Dr. Rubo S. 65, Weiffenbach S. 32).

5. Nach § 34 ist demzufolge die Diestentlassung

I. geboten:

A. in den Fällen des § 34:

1) Neben Erkennung auf Unfähigkeit zur Bekleidung öffentlicher Aemter (cfr. §§ 35. 128. 129. 331. 339—341. 352—355. 357. 358 des Reichsstrafgesetzbuches.

2) neben Gefängniß von längerer als einjähriger Dauer. (Neben Gefängniß von längerer als fünfjähriger Dauer ist auch Entfernung aus dem Heere oder der Marine zulässig (cfr. § 31 Absatz 2),

3) bei erster Fahnenflucht mit Selbstgestellung innerhalb sechs Wochen (§ 75) [hier ist auch Entfernung aus dem Heer zulässig cfr. § 31 Absatz 3].

B. In folgenden Fällen, in welchen Dienstentlassung ausdrücklich angedroht ist:

1) beim Verlassen der Wohnung während des Stubenarrestes und Annahme von Besuchen in schweren Fällen § 80 Absatz 1 und 2,

2) bei Thätlichkeiten gegen einen Vorgesetzten (§ 97),

3) bei Herausforderung eines Vorgesetzten aus dienstlicher Veranlassung (§ 112),

§ 35.

Die Dienstentlassung hat den Verlust der Dienststelle und aller durch den Dienst als Offizier erworbenen Ansprüche, soweit dieselben durch Richterspruch aberkannt werden können,

---

4) bei Annahme eines Zweikampfes aus dienstlicher Veranlassung, Seitens des Vorgesetzten (§ 112),
5) bei Mißhandlung Untergebener im wiederholten Rückfalle, wenn auf Gefängniß oder Festungshaft erkannt wird (§ 122 Absatz 2);

II. zulässig:

A. in den Fällen des § 34 nämlich:
1) neben Festungshaft (cfr. Anm. 4) von längerer als einjähriger Dauer,
2a) neben Gefängniß von einjähriger oder kürzerer Dauer (§ 40 Absatz 2 Nr. 1),
b) bei wiederholtem Rückfalle (§ 40 Absatz 2 Nr. 2) [hier ist auch Entfernung aus dem Heer oder der Marine zulässig cfr. §§ 31 Absatz 2 und 37 Absatz 2 Nr. 1].
c) bei Diebstahl, Unterschlagung, Raub, Erpressung, Hehlerei, Betrug oder Urkundenfälschung, auch wenn der Verlust der bürgerlichen Ehrenrechte nicht eintritt (§ 40 Absatz 2 Nr. 3) [hier ist auch Entfernung aus dem Heer oder der Marine zulässig cfr. §§ 31 Absatz 2 und 37 Absatz 2 Nr. 2];

B. in folgenden Fällen, in welchen Dienstentlassung ausdrücklich für zulässig erklärt ist:
1) bei Thätlichkeiten gegen den Vorgesetzten, wenn der Offizier durch den Vorgesetzten gereizt und auf der Stelle zur That hingerissen worden ist (§ 98),
2) bei unbefugter Veranstaltung von Versammlungen ꝛc. (§ 104),
3) bei Mißbrauch der Dienstgewalt zu Privatzwecken in schweren Fällen (§ 114 Absatz 2) neben (Gefängniß oder) Festungshaft (cf. oben IIA. 2a.
4) bei Unterdrückung von Beschwerden (§ 117),
5) bei Ueberschreitung der Strafbefugnisse (§ 118),
6) bei gesetzwidrigem Einfluß auf die Rechtspflege (§ 119*)
7) bei Mißhandlung eines Untergebenen neben (Gefängniß oder) Festungshaft (cfr. oben IIA. 2a) (§ 122),
8) bei Beschädigung eines Schiffes (§ 142),
9) bei Verabsäumung der Aufsicht über Untergebene (§ 147),
10) bei Verheirathung ohne Konsens (§ 150),
11) bei Trunkenheit im Dienst (§ 151).

§ 35.

Inhalt:

1. Der aus dem Dienst entlassene Offizier verliert die von ihm bekleidete Dienststelle, er behält aber den Offiziertitel und das Offizierpatent, kann auch den Wiedereintritt in die Armee erlangen oder zu sonstigen Dienstleistungen in der Armee verwendet werden, ohne jedoch einen Anspruch hierauf zu haben oder dazu verpflichtet zu sein. Die Dienstentlassung hat die Auflösung des militärischen Dienstverhältnisses zur Folge (cfr. § 15 Absatz 3) ohne jedoch, wie die Entfernung aus dem Heere, die Unfähigkeit zum Wiedereintritte in das Heer nach sich zu ziehen: darum bleibt ein mit Dienstentlassung bestrafter Offizier zu ferneren Dienstleistungen in der Armee

---

*) Hier war die Bestimmung „zugleich kann auf Dienstentlassung oder Degradation erkannt werden" zu entbehren, da wegen dieses Vergehens nur Gefängnißstrafe und nicht Arrest oder Festungshaft angedroht ist, mithin schon deshalb Dienstentlassung oder Degradation eintreten kann, weil diese Ehrenstrafen neben Gefängniß von einjähriger oder kürzerer Dauer stets zulässig sind. (Siehe oben Anm. 5 IIA. 2a.)

ingleichen die Verwirkung des Rechts, die Offizieruniform zu tragen, von Rechtswegen zur Folge. Der Verlust des Diensttitels ist mit dieser Strafe nicht verbunden.

[Entw. § 41.]

§ 36.

Gegen pensionirte Offiziere, welche das Recht zum Tragen der Offizieruniform haben, ist statt auf Dienstentlassung auf Verlust dieses Rechts zu erkennen.

[Entw. § 42.]

§ 37.

Auf Versetzung in die zweite Klasse des Soldatenstandes

---

wohl fähig, er hat aber dazu weder ein Recht noch eine Verpflichtung, selbst wenn er sich noch im dienstpflichtigen Alter befinden sollte. Dafür auch Koppmann S. 110. Dagegen Keller S. 72.

2. Nur die durch den Dienst als Offizier erworbenen Ansprüche gehen verloren, nicht diejenigen, welche durch den Dienst als Unteroffizier oder Gemeiner erworben sind.

3. Rücksichtlich der Frage, welche Ansprüche durch Richterspruch aberkannt werden können, vergleiche Anmerkung 2 zu § 32.

4. Die Dienstentlassung hat den Verlust der Orden und Ehrenzeichen nicht zur Folge.

5. Nach § 24 des Preußischen Strafvollstreckungs-Reglements wird die Dienstentlassung wie folgt vollstreckt:

> Der Verurtheilte bleibt im Besitz der ihm verliehenen Patente und Bestallungen, der Orden und Ehrenzeichen. Dem in § 23 des Strafvollstreckungs-Reglements bezeichneten Landwehr-Bezirks-Kommando (cfr. Anm. 5 zu § 32) ist wie daselbst angegeben, von der Dienstentlassung Kenntniß zu geben.

§ 36.

Inhalt:

1. Wegen des Militärgerichtsstandes der pensionirten Offiziere siehe Anmerkung 1 zu § 33.

2. Gegen pensionirte Offiziere, welche das Recht zum Tragen der Offizieruniform haben, ist statt der Dienstentlassung lediglich auf Verlust dieses Rechtes zu erkennen.

Daraus folgt, daß dieselben den Offiziertitel und das Offizierpatent, Orden und Ehrenzeichen und alle durch den Dienst als Offizier sowohl wie durch den Militärdienst überhaupt erworbenen Ansprüche behalten und zu militärischen Dienstleistungen nicht unfähig werden, ohne jedoch darauf Anspruch zu haben oder dazu verpflichtet zu sein (cfr. Anmerkung 1 zu § 35, Anmerkung 2 zu § 32).

3. Gegen pensionirte Offiziere, welche das Recht zum Tragen der Offizieruniform nicht haben, kann auf eine der Dienstentlassung entsprechende Nebenstrafe überhaupt nicht erkannt werden.

4. Wegen Vollstreckung der Strafe siehe Anm. 5 zu § 35.

§ 37.

Inhalt:

muß erkannt werden neben dem Verluste der bürgerlichen Ehrenrechte, wenn die Dauer dieses Verlustes nicht drei Jahre übersteigt.

---

1. Die Versetzung in die zweite Klasse des Soldatenstandes ist in Preußen durch die Allerhöchste Verordnung vom 3. August 1808 eingeführt. Sie hatte anfänglich die Wirkung, daß der mit dieser Strafe belegte Soldat mit körperlicher Züchtigung bestraft werden konnte, und daß jeder Soldat der ersten Klasse zu ihm im Verhältniß eines Vorgesetzten stand.

Gegenwärtig hat diese Strafe, nachdem die körperliche Züchtigung aus dem Strafkataloge des Preußischen Militär-Strafgesetzbuches längst ausgeschieden ist, nur noch die Wirkung, daß der dazu Verurtheilte die National-Kokarde und das National-Militär-Abzeichen nicht tragen darf, Orden und Ehrenzeichen verliert, auch Versorgungs-Ansprüche nicht geltend machen kann, soweit letztere überhaupt durch Richterspruch verloren gehen können.

Diese Strafart, welche auch das Bayerische Militär-Strafgesetzbuch unter der Bezeichnung „Versetzung in die Strafklasse" kennt, hat sich als ein vorzügliches Mittel bewährt, um das Ehrgefühl in der Armee rege zu erhalten. Nach den Bestimmungen des Preußischen Militär-Strafgesetzbuches kann die Zurückversetzung in die erste Klasse des Soldatenstandes stets nur im Gnadenwege durch Rehabilitirung geschehen, welche niemals vor Ablauf eines Jahres nach verbüßter Strafe beantragt werden darf.

Dies ist in diesem Gesetze nicht abgeändert und namentlich ist nicht bestimmt worden, daß die Versetzung in die zweite Klasse des Soldatenstandes nur auf eine gewisse Zeit eintreten soll.

Und zwar ist dies geflissentlich unterblieben, weil erfahrungsmäßig die Aussicht auf eine etwaige Rehabilitirung ein Hülfsmittel ist, den Verurtheilten zu guter Führung und im Kriege zur Tapferkeit anzuspornen. In letzterer Beziehung war von militärischer Seite besonders darauf hingewiesen worden, welch einen günstigen Eindruck es im letzten Kriege gemacht habe, wenn nach einer Schlacht oder einem Gefecht diejenigen Soldaten der zweiten Klasse, welche sich durch Tapferkeit ausgezeichnet, feierlich in die erste Klasse des Soldatenstandes zurückversetzt wurden. Allseitig wurde deshalb von den Truppen-Befehlshabern die Rehabilitirung als ein Mittel bezeichnet, welches für das militärische Interesse von ganz besonderer Wichtigkeit sei, während es für die Disziplin in der Armee von großem Nachtheil sein würde, wenn ein Soldat der zweiten Klasse ohne Weiteres und selbst bei schlechter Führung nach Ablauf einer bestimmten Zeit wieder in die erste Klasse des Soldatenstandes zurücktreten könnte. (Motive.)

2. Die Versetzung in die zweite Klasse des Soldatenstandes ist nur gegen Unteroffiziere und Gemeine zuläßig (§ 30 Nr. 3.) Bei Unteroffizieren muß neben Versetzung in die zweite Klasse des Soldatenstandes auch auf Degradation erkannt werden (§ 40 Absatz 1 Nr. 2.)

Gegen Offiziere ist bei einem Delikt, bei welchem gegen Unteroffiziere und Gemeine Versetzung in die zweite Klasse des Soldatenstandes geboten ist, Entfernung aus dem Heer obligatorisch und wo sie zuläßig ist, fakultativ (cf. Anmerkung 2 zu § 31). In letzterem Falle ist auch Dienstentlassung zuläßig (cf. Anmerkung 5 zu § 34.)

Gegen **Militärbeamte** ist im Felde statt auf Versetzung in die zweite Klasse des Soldatenstandes (welche gegen Militärbeamte, die zwar Militärpersonen aber keine Personen des Soldatenstandes sind, überhaupt nicht zuläßig ist) auf **Amtsverlust** zu erkennen (§ 153.) In den Fällen des § 37 Absatz 2 Nr. 2, in welchen gegen Unteroffiziere und Gemeine die Versetzung in die zweite Klasse des Soldatenstandes zuläßig ist, ist Amtsverlust stets fakultativ.

3. Die Versetzung in die zweite Klasse des Soldatenstandes ist nach dem Militär-Strafgesetzbuche für das Deutsche Reich

I. **geboten:**

A. in dem Falle des § 37, nämlich:

neben dem Verlust der bürgerlichen Ehrenrechte, wenn die Dauer dieses Verlustes nicht drei Jahre übersteigt, (in welchem Falle nach § 31 auf Entfernung aus dem Heere oder der Marine erkannt werden muß);

Auf Versetzung in die zweite Klasse des Soldatenstandes kann erkannt werden:

1) in wiederholtem Rückfalle,

2) wenn die Verurtheilung wegen Diebstahls, Unterschlagung, Raubes, Erpressung, Hehlerei, Betruges oder Urkundenfälschung erfolgt, auch wenn der Verlust der bürgerlichen Ehrenrechte nicht eintritt.

[Entw. §§ 43. 44. 45.]

B. in folgenden Fällen, in welchen die Versetzung in die zweite Klasse des Soldatenstandes obligatorisch angedroht ist:
 a) bei Fahnenflucht ohne freiwillige Rückkehr innerhalb sechs Wochen (§ 74),
 b) bei Selbstverstümmelung (§ 81),
 c) bei Feigheit (§ 85),
 d) bei militärischem Aufruhr (§ 106),
 e) bei Plünderung (§ 131),
 f) bei Verheerung und Verwüstung im Felde in schweren Fällen (§ 132),
 g) bei Betheiligung an gewaltthätiger Plünderung (§ 133),
 h) bei Diebstahl an Sachen der Gefallenen im Felde in minder schweren Fällen (§ 134),
 i) bei vorsätzlicher Ausstellung unrichtiger dienstlicher Meldungen (§ 139);

II. zulässig:
A. in den Fällen des § 37 Absatz 2, nämlich:
 a) im wiederholten Rückfalle,
 b) wenn die Verurtheilung wegen Diebstahls, Unterschlagung, Raubes, Erpressung, Hehlerei, Betruges oder Urkundenfälschung erfolgt, auch wenn der Verlust der bürgerlichen Ehrenrechte nicht eintritt;
B. in folgenden speziellen Fällen:
 a) beim Rückfalle im uneigentlichen Sinne (§ 38),
 b) bei vorsätzlicher Verletzung der Dienstpflichten im Felde mit nachtheiligen Folgen (neben Gefängniß) [§ 62],
 c) bei Fahnenflucht mit Selbstgestellung innerhalb sechs Wochen § 75,
 d) bei Verleitung zur Fahnenflucht (§ 78),
 e) bei Theilnahme an einer Selbstverstümmelung (§ 82),
 f) bei Vorschützen von Gebrechen (§ 83),
 g) bei Verletzung von Dienstpflichten aus Besorgniß vor persönlicher Gefahr (§ 87),
 h) bei unerlaubtem Beutemachen (§ 128),
 i) beim Marodiren (§ 135),
 k) bei Beschädigung, Zerstörung und Preisgeben von Dienstgegenständen (in besonders schweren Fällen) [§ 137],
 l) bei Bestechung (in minder schweren Fällen neben Gefängniß) [§ 140],
 m) bei Befreiung von Gefangenen (§ 144).

4. Nach der Fassung des § 37 ist es nicht zweifelhaft, daß neben dem Verlust der bürgerlichen Ehrenrechte *ausdrücklich* noch auf Versetzung in die zweite Klasse des Soldatenstandes *erkannt* werden muß.

Die Wirkung dieser Strafe kann deshalb nur durch Rehabilitirung beseitigt werden (Beschluß des Preußischen General-Auditoriats vom 28. März 1873).

5. *Wiederholter Rückfall* ist nur dann ein Grund für die fakultative Versetzung in die zweite Klasse des Soldatenstandes, wenn es sich um ein *militärisches* Verbrechen oder Vergehen handelt. Dies ist in Anmerkung 5 und 1 zu § 13 näher motivirt (cf. auch Koppmann Seite 123).

6. Wegen der *begrifflichen Erfordernisse* des „wiederholten Rückfalles" (siehe Anmerkung 14 zu § 13).

7. Den Motiven zufolge ist die Versetzung in die zweite Klasse des Soldatenstandes bei allen Vergehen entehrender Natur (§ 37 Absatz 2 Nr. 2) — selbst wenn

§ 38.

Wer wegen militärischer Vergehen bereits zweimal gerichtlich verurtheilt und bestraft worden ist, kann, wenn er zum dritten Male wegen eines militärischen Vergehens verurtheilt wird, neben der Freiheitsstrafe in die zweite Klasse des Soldatenstandes versetzt werden.

---

auf Verlust der bürgerlichen Ehrenrechte nicht erkannt wird — deshalb zugelassen, um das Ehrgefühl in der Armee zu erhalten und den Nachtheilen vorzubeugen, welche der Disziplin durch die Bestimmung des § 32 des Reichsstrafgesetzbuches entstehen könnten, daß auf Verlust der bürgerlichen Ehrenrechte neben Gefängnißstrafe nur dann erkannt werden darf, wenn die Dauer der erkannten Strafe drei Monate erreicht.

Auch bei Versuch zu und Theilnahme an einem der im § 37 Absatz 2 Nr. 2 aufgeführten Delikte ist die Versetzung in die zweite Klasse des Soldatenstandes zulässig (§§ 46 des Militär-Strafgesetzbuches für das Deutsche Reich und 47 ff. des Reichsstrafgesetzbuches).

8. Wenn Soldaten der zweiten Klasse solche strafbare Handlungen begehen, welche die Versetzung in die zweite Klasse des Soldatenstandes nach sich ziehen, so empfiehlt es sich, den Tenor des Erkenntnisses dahin zu fassen, „daß der N. N. unter erneuerter Versetzung in die zweite Klasse des Soldatenstandes mit ..... zu bestrafen", um außer Zweifel zu stellen, daß der zu Verurtheilende neben der sonst ihn treffenden Strafe auch diese Ehrenstrafe verwirkt hat. Eine solche erneuerte Verurtheilung zu den Ehrenstrafen ist überdies in der Folge bei Prüfung des Antrags auf Rehabilitirung nicht ohne praktische Bedeutung. (Allgemeine Verfügung des Preußischen General-Auditoriats an die Auditeure vom 6. November 1874).

§ 38.

Inhalt:

Zum 1. Absatz.

1. § 161 des Entwurfs, aus welchem § 38 entstanden ist, lautet:

„Wer den ihm als Soldaten obliegenden Dienst- oder andern Berufspflichten derartig hartnäckig zuwiderhandelt, daß wiederholte Bestrafungen sich als fruchtlos erwiesen haben, wird wegen dieser seiner Unverbesserlichkeit mit strengem Arrest nicht unter vier Wochen oder mit Festungsstrafe bis zu sechs Monaten bestraft; auch kann zugleich auf Versetzung in die zweite Klasse des Soldatenstandes erkannt werden."

Der Reichstag beseitigte die Strafe der Unverbesserlichkeit, gewährte aber, indem er hinsichtlich der Zulässigkeit der Versetzung in die zweite Klasse des Soldatenstandes den wiederholten Rückfall im uneigentlichen Sinne, dem wiederholten Rückfall im engeren Sinne (§ 37 Absatz 2 Nr. 1) gleichstellte, die Möglichkeit, ein Individuum, welches trotz mehrfacher Vorbestrafungen wegen militärischer Vergehen dennoch von Neuem irgend ein militärisches Vergehen begeht, später — wenn auch die Strafschärfung der Versetzung in die zweite Klasse des Soldatenstandes nicht gefruchtet haben sollte — als unverbesserlich auf Grund des § 3 C Nr. 4 der Disziplinarstrafordnung in eine Arbeiterabtheilung einzustellen.

2. Das Vergehen, welches zur gerichtlichen Aburtheilung kommt, muß ein militärisches sein. Ebenso müssen die Vorbestrafungen wegen militärischer Vergehen erfolgt sein, von derselben Art brauchen sie nicht zu sein. Der Ausdruck: „militärische Vergehen" ist hier im weiteren Sinne gebraucht, und umfaßt auch militärische Verbrechen.

3. Die Vorbestrafungen müssen auf Grund gerichtlicher Strafurtheile erfolgt sein. Daß ein deutsches Gericht das Urtheil gefällt hat ist nicht erforderlich.

4. § 38 Abs. 1 verlangt eine zweimalige gerichtliche Verurtheilung. Daraus folgt, daß zwei Vorerkenntnisse vorliegen müssen und eine Verurtheilung

Dasselbe kann geschehen, wenn außer einer gerichtlichen Strafe mehrmalige Disziplinarstrafen des höchsten Grades vollstreckt worden sind und zum zweiten Male wegen eines militärischen Vergehens eine Verurtheilung erfolgt.

Die Strafschärfung bleibt jedoch ausgeschlossen, wenn seit der zuletzt bestraften Handlung bis zur Begehung des Vergehens sechs Monate verflossen sind.

[Entw. § 161.]

---

wegen zweier militärischer Verbrechen oder Vergehen in einem Erkenntnisse nicht genügt.

5. § 38 Abs. 1 verlangt ferner eine zweimalige gerichtliche Bestrafung.

Eine theilweise Verbüßung oder ein gänzlicher oder theilweiser Erlaß der Strafe sind dem in §§ 13 des Mil.-StGB. f. d. D. R. und 244 und 245 des Reichsstrafgesetzbuchs ausgesprochenen Rechtsgrundsatze gemäß auch hier der Bestrafung gleich zu achten.

Dafür auch Keller S. 77, Weissenbach S. 34, Koppmann S, 126 *contra*: Herbst S. 91.

Zum 2. Absatz.

6. Abs. 2 setzt ebenso wie Abs. 1 voraus, daß die Vorbestrafung wegen eines militärischen Verbrechens oder Vergehens erfolgt ist.

(conf. Anm. 2).

7. Mehrmalige Disziplinarstrafen sind nach dem allgemeinen Sprachgebrauch schon zwei.

8. Der Ausdruck: „Disziplinarstrafen des höchsten Grades" bezieht sich nur auf die Art, nicht auf die Dauer der Strafe, ist also gleichbedeutend mit „Disziplinarstrafen des nach der Charge des Angeschuldigten zulässig höchsten Grades"; (§§ 20. 22 Abs. 2) denn der seither mit Rücksicht auf die Steigerungen der militärischen Arrestarten, des gelinden, mittleren und strengen Arrestes übliche Ausdruck „Grad" ist unverändert in das neue Gesetz übergegangen.

(Beschluß des Preuß. General-Auditoriats vom 28. März 1873 Nr. 7).

9. Die Disziplinarstrafen müssen vollstreckt sein. Hier genügt eine theilweise Verbüßung nicht.

Zum 3. Absatz.

10. Wie aus der Fassung des § 38 hervorgeht, bezieht sich die Vorschrift des Absatzes 3 auf die Bestimmungen des ersten und zweiten Absatzes.

Neben der Freiheitsstrafe kann somit die Versetzung in die zweite Klasse des Soldatenstandes ausgesprochen werden, wenn außer einer gerichtlichen Verurtheilung und Bestrafung mehrere Disziplinarstrafen des nach der Charge des Angeschuldigten zulässig höchsten Grades vollstreckt worden sind und derselbe innerhalb 6 Monate seit der zuletzt bestraften Handlung ein militärisches Verbrechen oder Vergehen begeht, welches eine Verurtheilung nach sich zieht. (Beschl. des Preuß. Gen.-Auditoriats vom 28. März 73, Koppmann S. 127.)

11. Die „zuletzt bestrafte Handlung" bildet den Anfang für die Verjährungsfrist. Welche Frist zwischen den vorhergegangenen Bestrafungen liegt, ist völlig gleichgültig.

Zweifelhaft ist nur, ob die Verjährung — wie Keller S. 77 annimmt — von der Begehung der strafbaren Handlung, welche zuletzt bestraft worden ist, oder wie Herbst (S. 92) und Koppmann (S. 127) annehmen — von der letzten Bestrafung an läuft. Die letztere Ansicht dürfte der ratio legis entsprechen.

Ebenso wie die Fruchtlosigkeit vollstreckter Vorstrafen das Motiv für die Zulässigkeit der Versetzung in die zweite Klasse bildet, soll ein wenigstens theilweiser Erfolg der vollstreckten Vorstrafen — eine sechsmonatliche Straflosigkeit — dieselbe abwenden.

Die entgegenstehende Ansicht führt zu dem eigenthümlichen Resultat, daß eine zur Vollstreckung gelangte, sechs Monate erreichende oder übersteigende zweite Vor-

§ 39.

Die Versetzung in die zweite Klasse des Soldatenstandes hat den dauernden Verlust der Orden und Ehrenzeichen von Rechtswegen zur Folge, auch darf der zu dieser Strafe Ver-

---

strafe die Anwendbarkeit des § 38 geradezu ausschließen würde, da in solchen Fällen die Begehung der neuen strafbaren Handlung, auch wenn sie kurz nach der Entlassung aus der Strafhaft verübt sein sollte, stets erst nach längerer als sechsmonatlicher Frist von der Begehung der zuletzt bestraften Handlung an gerechnet, begangen worden ist.

Dasselbe würde der Fall sein, wenn die zweite strafbare Handlung erst sechs Monate nach der Begehung zur Bestrafung gelangt ist (cfr. Herbst S. 92, Koppmann S. 127).

Endlich würde bei der entgegenstehenden Auslegung jeder Anhalt für den Anfang der Verjährungsfrist fehlen, wenn — wie es häufig vorkommt — der Zeitpunkt der Begehung der vorbestraften Handlung sich nicht dem Tage, sondern nur dem Monate oder Jahre nach hat feststellen lassen.

§ 39.

Inhalt:

Einjährig-Freiw.: 6. Nationalkokarde unbefugtes Tragen: 2. Rehabilitirung: 7. Versorgungs-Ansprüche: 3—5. Vollstreckung: 8. Wirkungen der Vers.: 1.

1. Die Wirkungen der Versetzung in die zweite Klasse des Soldatenstandes sind im § 39 mit denen des Preußischen, größtentheils auch des Bayerischen Militär-Strafgesetzbuches in Uebereinstimmung gebracht. Dagegen empfahl sich nicht die Aufnahme der Bestimmung des letzteren, daß der in der zweiten Klasse des Soldatenstandes Befindliche

a) außer Dienst das Seitengewehr nicht tragen darf,
b) von besonderen Vertrauensposten möglichst ausgeschlossen bleiben soll, weil eine Anordnung hierüber den militärischen Vorgesetzten überlassen bleiben mußte und nicht füglich durch Gesetz bestimmt werden kann.

Nicht aufgenommen ist ferner:

c) die Bestimmung des Bayerischen Militär-Strafgesetzbuches, daß der in der Strafklasse befindliche Soldat vorzugsweise „zu Fatiguetouren" verwendet werden soll, weil diese Bestimmung zu hart erschien und zu Mißbrauch verleiten kann.

Der § 39 weicht von dem Bayerischen Militär-Strafgesetzbuche auch insofern ab, als er mit der Versetzung in die zweite Klasse den dauernden Verlust der Orden und Ehrenzeichen verbindet, während das letztere diesen Verlust auf die Dauer der im Urtheile bestimmten Zeit beschränkt. Da das Tragen von Orden und Ehrenzeichen die persönliche Würdigkeit des hierzu Berechtigten voraussetzt, die Versetzung in die zweite Klasse aber diese Würdigkeit mindert, so erscheint die Bestimmung, nach welcher das Recht zum Tragen der aberkannten Orden und Ehrenzeichen nur im Gnadenwege wieder verliehen werden kann, als eine nothwendige Konsequenz. Auch entspricht dies den bisher in der Preußischen Armee geltenden Grundsätzen, welche durch die Allerhöchste Kabinets-Ordre vom 1. September 1869 auf's Neue ausgesprochen worden sind.

In Beziehung auf Orden und Ehrenzeichen galt in Preußen die Vorschrift (Militär-Strafgesetzb. Theil I §§ 35 und 36), daß deren Verlust nicht durch Erkenntniß, sondern nur durch Allerhöchste Ordre ausgesprochen werden soll. Diese Bestimmung ist in diesem Gesetze im Anschlusse an § 33 des Strafgesetzbuches für das Deutsche Reich dahin abgeändert worden, daß der Verlust von Orden und Ehrenzeichen aus der Versetzung in die zweite Klasse von Rechtswegen folgen soll.

Mit der Versetzung in die zweite Klasse des Soldatenstandes war in Preußen nach der Allerhöchsten Kabinets-Ordre vom 13 Oktober 1824 der Verlust der Nationalkokarde und des National-Militär-Abzeichens verbunden und diese Bestimmung auch in das Preußische Militär-Strafgesetzbuch aufgenommen worden. Diese Bestim-

urtheilte die Militärkokarde nicht tragen und Versorgungsansprüche, soweit dieselben durch Richterspruch aberkannt werden können, nicht geltend machen.

[Entw. §§ 46 und 47.]

Vgl. § 50 Abs. 4 des R.-M.-G. vom 2. Mai 1874 s. unten Anm. 6.
Ferner: Preuß Allerh. Kab.-Ordre vom 13. Oktober 1824 s. unten Anm. 2.

---

mung hat sich in Preußen als sehr zweckentsprechend bewährt und hat deshalb auch im § 39 Aufnahme gefunden. Zugleich ist aber die Zahl derjenigen militärischen Verbrechen und Vergehen, bei denen die Versetzung in die zweite Klasse des Soldatenstandes mit den bezeichneten Folgen für geboten erklärt wird, auf ein möglichst geringes Maß zurückgeführt und auf diejenigen Fälle beschränkt worden, in denen das Entehrende der begangenen strafbaren Handlung vom militärischen Gesichtspunkte aus stets klar erkennbar ist. (Motive.)

2. Die Preußische Allerhöchste Kabinets-Ordre vom 13. Oktober 1824 (Mil.-GS. Bl. 1 S. 225), welche bestimmt:

> daß das unbefugte Tragen der National-Kokarde, des National-Militär-Abzeichens oder des Landwehr-Kreuzes ebenso bestraft werden soll, wie das unbefugte Tragen von Orden und Ehrenzeichen,

ist durch das Militär-Strafgesetzbuch nicht aufgehoben, die fragliche Handlung muß daher nach § 360 Nr. 8 gerichtlich mit Haft bestraft werden (cfr. § 2 des EG. zum Militär-Strafgesetzbuch für das Deutsche Reich).

Dafür das Preußische General-Auditoriat (cfr. Allgem. Verfügung ꝛc. vom 6. November 1874, vergl. auch Oppenhoff Anm. 46 zu § 360).

3. Hinsichtlich der Versorgungs-Ansprüche der in der zweiten Klasse befindlichen Personen des Soldatenstandes bestimmt der § 80 des Reichs-Militär-Pensions-Gesetzes vom 27. Juni 1871:

> „Soldaten, welche sich in der zweiten Klasse des Soldatenstandes befinden, haben nur in dem Falle Anspruch auf Invalidenversorgung, wenn sie vor dem Feinde verwundet und in Folge dessen invalide sind.
>
> Den übrigen Soldaten der zweiten Klasse kann, wenn bei ihnen eine der Voraussetzungen vorhanden ist, welche den Anspruch auf die Pension der dritten bis ersten Klasse begründen, eine Unterstützung nach Maßgabe des Bedürfnisses bis zum Betrage der Pension der dritten Klasse gewährt werden". (Als Invalidenversorgung gelten Pension und Pensionszulagen, der Civilversorgungsschein, die Aufnahme in Invalideninstitute, die Verwendung im Garnisondienst. § 64 a. a. O.)

Hiernach können Soldaten zweiter Klasse Versorgungsansprüche mit Ausnahme der im § 80 l. c. speziell erwähnten nicht geltend machen.

Im Uebrigen vergl. Anm. 2 zu § 32.

4. Durch Rehabilitirung wird der früher durch die Wirkung der Ehrenstrafen aufgehobene Pensionsanspruch nicht wieder hergestellt. Vergl. Preuß. Kriegs-Minist.-Rescript vom 4. Dezember 1872, welches lautet:

> Auf die Frage: ob einem durch äußere Dienstbeschädigung invalide gewordenen Soldaten, welcher zur Zeit der Beschädigung sich in der zweiten Klasse des Soldatenstandes befand und demzufolge eine Invalidenpension bisher nicht bezog, nachdem derselbe bei der Superrevision nach inzwischen erfolgter Rehabilitirung für ein ferneres Jahr als invalide und erwerbsunfähig anerkannt wurde, eine Invalidenversorgung zugestanden werden darf, ist entschieden, daß, wenngleich nach dem neuen Strafgesetzbuch die Verurtheilung zur zweiten Klasse des Soldatenstandes resp. zum Verlust der bürgerlichen Ehrenrechte den Verlust bereits vorher erworbener Invaliden-Versorgung nicht mehr zur Folge hat, doch daran festzuhalten ist, daß durch die Rehabilitirung von Mannschaften der zweiten Klasse des Soldatenstandes der früher durch die Wirkung der Ehrenstrafen aufgehobene Pensionsanspruch nicht wieder hergestellt wird (cfr. Milit.-Pens.-Ges. von Neumann S. 93. 94).

5. Der § 80 des Militär-Pensions-Gesetzes vom 27. Juni 1871 kommt bei der Versorgung nur allein dann in Betracht, wenn der betreffende Soldat sich zur Zeit des Eintritts der — die Invalidität begründenden — Dienstbeschädigung resp. zur Zeit der ersten Anerkennung als invalide in der zweiten Klasse des Soldatenstandes befindet.

Hiernach ist einem Soldaten, der nach erfolgter Rehabilitirung Anspruch auf Versorgung erwirbt und einem Invaliden, der nach erfolgter erster Anerkennung als invalide der bürgerlichen Ehrenrechte verlustig geht, der Erwerb einer Versorgung, resp. der einer höheren Versorgung nicht verschlossen. (Preußisches Kriegs-Min.-Rescr. v. 20. Febr. 74. Neumann Militär-Pensions-Gesetz S. 94.)

6. Einjährig Freiwillige, welche während ihrer Dienstzeit mit Versetzung in die zweite Klasse des Soldatenstandes bestraft werden, verlieren die Eigenschaft als einjährig Freiwillige und den Anspruch auf Entlassung nach einjähriger Dienstzeit. Dies bestimmt § 50 Absatz 4 des Reichs-Mil.-Ges. vom 2. Mai 1874.

7. Die hinsichtlich der Rehabilitirung geltenden Bestimmungen sind in Anlage 1 zu §14 Theil II der Heer-Ordnung vom 28. September 1875 wie folgt zusammengefaßt:

I. Die Wirkungen der durch militärgerichtliches Erkenntniß gegen einen Soldaten des aktiven Dienst- oder des Beurlaubtenstandes ausgesprochenen Versetzung in die zweite Klasse des Soldatenstandes dauern fort, bis die Rehabilitirung durch Seine Majestät den Kaiser und König erfolgt.

II. In Betreff des Zeitpunktes, mit welchem die Rehabilitirung beantragt werden darf, ist Folgendes zu berücksichtigen.

A. Die erste Rehabilitirung darf

a) wenn die Strafe, neben welcher auf Versetzung in die zweite Klasse des Soldatenstandes rechtskräftig erkannt worden ist, in Geld oder höchstens zweijähriger Freiheitsstrafe besteht, erst nach einem Jahre nach verbüßter Strafe,

b) wenn bei Versetzung in die zweite Klasse des Soldatenstandes auf keine dieser Strafen erkannt worden, nach Ablauf eines Jahres seit der rechtskräftigen Verurtheilung,

c) bei einer längeren als zweijährigen Freiheitsstrafe erst nach Ablauf eines der Hälfte der verbüßten Strafzeit gleichkommenden Zeitabschnittes seit Verbüßung der Strafe nachgesucht werden.

d) Ist in den Fällen unter a und c mit der Freiheitsstrafe der Verlust der bürgerlichen Ehrenrechte auf 3 Jahre oder kürzere Zeit verbunden und diese Ehrenstrafe mit den bezüglichen Fristen nicht abgelaufen, so verlängern sich letztere bis zur Wiedererlangung der bürgerlichen Ehrenrechte. Ist kriegsrechtlich erkannt, so ist bei Berechnung der Frist zur Anbringung der Rehabilitirungs-Anträge diejenige Freiheitsstrafe maßgebend, auf welche die Bestätigungs-Ordre lautet.

B. Die zweite Rehabilitirung darf nie vor dem Ablauf zweier Jahre nach verbüßter Strafe nachgesucht werden, unter Beobachtung der sonstigen unter A gegebenen Bestimmungen.

C. Die dritte Rehabilitirung darf überhaupt nur ausnahmsweise unter ganz besonders dringenden Umständen und keinesfalls vor dem Ablauf dreier Jahre nach verbüßter Strafe beantragt werden.

III. Rehabilitirungs-Vorschläge für Mannschaften des Beurlaubtenstandes werden von den Landwehr-Bezirks-Kommandos eventuell mit den Gesuchslisten im Monat März, Juni, September und Dezember an die vorgesetzten Infanterie-Brigade-Kommandos eingereicht.

Den Vorschlägen ist beizufügen:

a) ein Attest der Orts- oder Polizei-Behörde, daß der zu Rehabilitirende die Achtung und das Vertrauen seiner Mitbürger sich vollständig wieder erworben hat;

b) ein Protokoll darüber, daß die Kameraden des betreffenden Landwehr-Kompagnie-Bezirks die Rehabilitirung befürworten.

Dieses Protokoll ist bei Gelegenheit der Kontrol-Versammlungen oder Uebungen aufzunehmen und von dem Kompagnieführer oder dessen Stellvertreter, dem Bezirksfeldwebel, 2 Unteroffizieren und 2 Reservisten oder Wehrleuten zu unterzeichnen;

c) ein Attest über die dienstliche Führung des Betreffenden, von dem Bezirks-Kommando ausgestellt.

IV. Mit der Rückversetzung in die erste Klasse des Soldatenstandes ist die verlorene Befugniß wieder hergestellt, die Militär-Kokarde anzulegen.

Das Recht zur Wiederanlegung der in Folge der Versetzung in die zweite Klasse des Soldatenstandes beziehungsweise in Folge gerichtlicher Verurtheilung verloren gegangenen diesseitigen und fremden Kriegsdenkmünzen und Dienstauszeichnungen wird durch Rehabilitirung nicht miterlangt. Es ist dazu vielmehr die ausdrückliche Allerhöchste Wiederverleihung erforderlich.

V. Anträge auf Wiederverleihung dieser Kriegsdenkmünzen und Dienstauszeichnungen dürfen nur dann gestellt werden, wenn die betreffenden Personen während eines Zeitraums, welcher doppelt so lang ist, als die erkannte Freiheitsstrafe, mindestens aber während eines Zeitraums von 10 Jahren seit Verbüßung der Freiheitsstrafe beziehungsweise nach Wiedererlangung der bürgerlichen Ehrenrechte vorwurfsfrei sich betragen und den Beweis geliefert haben, daß ihre moralische Besserung Festigkeit gewonnen habe.

Die bezüglichen Anträge sind nach den für Rehabilitirungsgesuche geltenden Bestimmungen abzufassen und zugleich mit diesen, jedoch getrennt davon, einzureichen. Die Ueberschrift des vorgeschriebenen Schemas ist in „Vorschläge den nten Bataillons (N. N.) nten Landwehrregiments Nr. ... zur Wiederverleihung aberkannter beziehungsweise in Folge gerichtlicher Verurtheilung verloren gegangener Dekorationen", die Bezeichnung der Rubrik 3 in „Namen der Wiederzubeleihenden" abzuändern.

In der Rubrik „Bemerkungen" sind die Dekorationen, deren Wiederverleihung erbeten wird, näher anzugeben.

VI. Anträge auf Wiederverleihung von Orden und diesen gleichstehenden Ehrenzeichen sind unstatthaft.

VII. Die Rehabilitirungsvorschläge für Garde-Mannschaften des Beurlaubtenstandes sind von den Landwehr-Bezirks-Kommandos behufs der weiteren Veranlassung denjenigen Truppentheilen des Garde-Korps zu übersenden, bei denen die betreffenden ihrer aktiven Dienstpflicht genügt haben.

8. Nach § 25 des Preußischen Strafvollstreckungs-Reglements wird die Versetzung in die zweite Klasse des Soldatenstandes in folgender Weise vollstreckt:

Die Orden und Ehrenzeichen sind dem Verurtheilten nebst den Besitzzeugnissen durch einen Offizier abzunehmen und weiter zu senden. Von der Kopfbedeckung des Verurtheilten ist die Militärkokarde zu trennen. Gefreite, welche in die zweite Klasse des Soldatenstandes versetzt werden, sind von ihrer Charge zu entfernen.

Soldaten, welche sich in der zweiten Klasse des Soldatenstandes befinden, dürfen als Ehren- und Fahnenposten nicht verwandt und müssen von allen Dienstverrichtungen ausgeschlossen werden, deren Uebertragung ein Zeichen ehrenden Vertrauens ist.

In Betreff der Pulver- und Munitionsarbeiten cfr. Erlaß vom 28. Januar 1873. Armee-Verordnungs-Blatt Nr. 4 pro 1873.

Sind die Verurtheilten im Besitz des Civilversorgungs- oder Anstellungsscheins, so ist ihnen dieser abzunehmen und demjenigen Generalkommando zuzustellen, welches den Schein ausgestellt hat.

Nach § 21 der Garnisond.-Instr. v. 9. Juni 1870 sollen Mannschaften, welche unter der Wirkung der Ehrenstrafen stehen, überhaupt nicht zu wichtigeren Posten, also auch nicht zu Posten vor den Kasernen verwendet werden.

§ 40.

Auf Degradation muß erkannt werden:

1) neben Gefängniß von längerer als einjähriger Dauer;

2) neben Versetzung in die zweite Klasse des Soldatenstandes;

3) neben Aberkennung der Fähigkeit zur Bekleidung öffentlicher Aemter.

---

§ 40.

Inhalt:

1. Die Degradation vom Unteroffizier zum Gemeinen hat in der Preußischen Armee von jeher bestanden und ist auch dem Bayerischen Militär-Strafgesetzbuche bekannt. Sie ist eine nothwendige Folge der Verurtheilung zu einer Strafe, welche die persönliche Würdigkeit mindert und das Verbleiben in dem Verhältnisse eines Vorgesetzten nicht gestattet.

Die im § 40 aufgeführten Fälle entsprechen fast durchweg den Grundsätzen der Preußischen Militär-Gesetzgebung. Nur ist im Vergleich zu der letzteren in sofern eine Milderung eingetreten, als die Degradation nicht mehr neben jeder Verurtheilung zu einer Gefängnißstrafe, sondern nur dann eintreten muß, wenn die Dauer derselben ein Jahr übersteigt und bei einer strafbaren Handlung der im § 37 Abs. 2 Nr. 2 bezeichneten Art die Degradation nicht mehr geboten, sondern nur zulässig ist.

Nach dem Preußischen Militär-Strafgesetzbuche Theil I § 65 soll bei militärischen Verbrechen die Strafe der Degradation

gegen Unteroffiziere ohne Portepee mit drei, gegen Unteroffiziere mit Portepee mit sechs Monaten Festungsstrafe

in Anrechnung gebracht werden.

Diese Bestimmung erschien nicht mehr zeitgemäß und ist umsomehr im Gesetze fortgeblieben, als die Strafe der Degradation nicht jeden Unteroffizier gleichmäßig trifft, vielmehr denjenigen, welcher den Soldatenstand zu seinem Beruf gewählt hat und sich eine Civilanstellung zu erwerben wünscht, in wesentlich anderer Weise berührt, als den Reserve- und Landwehr-Unteroffizier oder denjenigen, der ohnehin aus dem Militär-Verhältniß auszuscheiden im Begriff steht, für den daher unter Umständen die Degradation für sich allein fast gar keine Strafe sein würde. (Motive.)

2. Nach § 30 Nr. 4 ist die Degradation nur zulässig gegen Unteroffiziere. Gefreite oder Obergefreite können nur im Disziplinar-Wege von ihrer Charge entfernt werden. (cf. § 3. c. 3 der Disziplinar-Strafordnung.)

Gegen Militärbeamte kann niemals auf Degradation erkannt werden. (cf. §§ 43 und 153.)

3. In Abs. 1 Nr. 1 ist ausgesprochen, daß die Degradation nur dann geboten sei, wenn die erkannte Freiheitsstrafe in Gefängniß von längerer als einjähriger Dauer besteht.

Daraus folgt, daß Unteroffiziere eine einjährige Gefängnißstrafe erleiden können, ohne degradirt zu werden, während nach dem früheren Preußischen Militär-Strafgesetzbuche der Regel nach neben jeder Verurtheilung zu Festungsstrafe, Degradation geboten war.

Es folgt ferner daraus, daß es rücksichtlich der Dauer nicht auf die noch zu verbüßende, sondern nur auf die erkannte Gefängnißstrafe ankommt.

4. Abs. 1 Nr. 2 bestimmt, daß neben erkannter Versetzung in die zweite Klasse des Soldatenstandes auf Degradation erkannt werden müsse. Es zieht also hier erst die ausgesprochene Versetzung in die zweite Klasse des Soldatenstandes die Degradation nach sich. (cf. § 30 Nr. 3.)

Auf Degradation kann erkannt werden:
1) neben Gefängniß von einjähriger oder kürzerer Dauer;
2) wegen wiederholten Rückfalls;
3) wegen einer strafbaren Handlung der im § 37 Absatz 2 Nr. 2 bezeichneten Art.

[Entw. § 48.]

§ 41.

Die Degradation hat den Rücktritt in den Stand der Gemeinen und den Verlust der durch den Dienst als Unteroffizier erworbenen Ansprüche, soweit dieselben durch Richterspruch aberkannt werden können, von Rechtswegen zur Folge.

[Entw. § 49.]

---

5. Die in Abs. 1 Nr. 3 erwähnte Unfähigkeit zur Bekleidung öffentlicher Aemter ist im Mil.-StGB f. d. D. R. nicht angedroht. Die mit dieser Ehrenstrafe bedrohten Vergehen sind im RStGB. in den §§ 35. 128. 129. 331. 339—341. 352—355. 357. 358 enthalten.

6. Abs. 2 Nr. 1 läßt neben jeder Gefängnißstrafe die Degradation zu Hierdurch ist die Möglichkeit gegeben, einen Unteroffizier zu degradiren, wenn die Dienstverhältnisse sein Verbleiben im Vorgesetzten-Verhältniß unräthlich erscheinen lassen, auch wenn das ihm zur Last fallende Vergehen seine Ehre nicht schmälert.

7. Abs. 2 Nr. 2 läßt den wiederholten Rückfall als Grund zur Degradation zu. Diese Bestimmung bezieht sich jedoch nur auf militärische Verbrechen oder Vergehen. (cf. Anm. 5 und 1 zu § 13 und Koppmann S. 131.)

8. Abs. 2 Nr. 3 giebt die Möglichkeit, selbst bei im Allgemeinen entehrenden Vergehen in ganz besonderen Fällen von der Degradation abzusehen, da in den hier angezogenen Fällen die Degradation nur zulässig und nicht geboten ist.

9. Außer den Fällen des § 40 ist die Degradation geboten in den Fällen der §§ 75 und 122 Abs. 2 und zulässig in den Fällen der §§ 114. 117. 119. 122. (Vergl. auch Anm. 5 zu § 34.)

10. Nach Weiffenbach (S. 37) soll ein Unteroffizier, wenn er wegen einer strafbaren Handlung der im § 37 Abs. 2 Nr. 2 bezeichneten Art (Diebstahl, Unterschlagung, Raub, Erpressung, Hehlerei, Betrug, Urkundenfälschung) verurtheilt, aber nicht degradirt worden ist, dennoch die Unteroffizier-Charge auf Grund der Preuß. Verordnung vom 18. Mai 1852 Nr. 10 verlieren und auch in Betreff der Besoldung in den Stand der Gemeinen zurücktreten. Diese Ansicht ist jedoch unhaltbar, da die gedachte, lediglich Ausführungsbestimmungen des Gesetzes vom 15. April 1852, die Abänderung mehrerer Bestimmungen in den Militär-Strafgesetzen betreffend, enthaltende Allerhöchste Verordnung mit dem durch § 2 des Einf.-Ges. aufgehobenen Gesetze vom 15 April 1852 zweifellos ihre Geltung verloren hat.

Demzufolge ist auch die im § 28 Nr. 4 der Allerh. V.-O. über die Organisation der Landwehrbehörden enthaltene gleichlautende Bestimmung, deren Koppmann S. 31 gedenkt, ohne sich über ihre Zurechtbeständigkeit näher auszusprechen, nicht in die Deutsche Heer-Ordnung aufgenommen.

Uebrigens dürfte es sich empfehlen, in den Fällen des § 37 Abs. 2 Nr. 2 stets auf Degradation zu erkennen, weil eine solche, einen Mangel an ehrliebender Gesinnung dokumentirende Handlung, das Verbleiben des Verurtheilten in dem Verhältniß eines Vorgesetzten ohne wesentliche Gefährdung der Disziplin wohl kaum gestatten dürfte. (Allgem. Verf. des Preuß. Gen.-Aud. vom 6. November 1874. Nr. 10.)

§ 41.

1. Der mit der Degradation von Rechtswegen eintretende Rücktritt in den Stand der Gemeinen schließt ein späteres Avancement nicht aus.

2. Verloren gehen nur die durch den Dienst als Unteroffizier erworbenen

§ 42.

Wird gegen eine Person des Beurlaubtenstandes während der Beurlaubung auf Zuchthaus, auf Verlust der bürgerlichen Ehrenrechte oder auf Unfähigkeit zur Bekleidung öffentlicher Aemter erkannt, so treten diejenigen militärischen Ehrenstrafen, auf welche bei einer solchen Verurtheilung nach den Bestimmungen der §§ 30 bis 40 erkannt werden muß, von Rechtswegen ein.

Ansprüche, soweit dieselben durch Richterspruch aberkannt werden können. (cf. Anm 2 zu § 32).

3. Die Degradation ist nach § 26 des Preuß. Strafvollstreckungs-Reglements ohne besondere Förmlichkeit vorzunehmen. Ist der Verurtheilte im Besitz des Civilversorgungs- oder Anstellungsscheins, so ist ihm dieser abzunehmen und demjenigen Generalkommando zuzustellen, welches den Schein ausgestellt hat.

§ 42.

Inhalt:

Beurlaubtenst. (Pers. des) wer dazu gehört: 2.
Degradation. i. Disziplinarwege unzul.: 7.
Dienstentlassung (nicht Entfern. a. d. H.): 6.
Entfern. a. d. Offizierst.: 6.
Erkannt nur durch Civilgerichte: 3. 1. durch ausländische: 10. 3.
Gefängniß über 1 Jahr: 4.
Militärbeamte: 2.
Verfahren zulässig nicht geboten: 5. 6.
Kompetenz gegen Offiziere, gegen Unteroffiz.: 8.
Thatsächl. Feststellung: 9.

1. Da die zum Beurlaubtenstande gehörenden Personen des Soldatenstandes zum aktiven Dienste wieder einberufen werden können, so war aus Rücksicht für die militärische Disziplin in der Art, wie dies im § 42 geschehen ist, Vorsorge zu treffen, daß in allen Fällen, in welchen wegen gemeiner Verbrechen oder Vergehen im aktiven Dienste befindliche Personen des Soldatenstandes die Strafe der Entfernung aus dem Heere oder der Marine oder Dienstentlassung, Degradation oder Versetzung in die zweite Klasse des Soldatenstandes verwirkt haben würden, ein Gleiches auch dann eintritt, wenn zum Beurlaubtenstande gehörende Personen des Soldatenstandes wegen solcher Verbrechen oder Vergehen während des Beurlaubtenverhältnisses durch *Civilgerichte* verurtheilt werden. (Motive.)

2. Wer zu den *Personen des Beurlaubtenstandes* gehört, ist in Anm. 2 zu § 6 ausgeführt. Auf *Militärbeamte* findet jedoch § 42 keine Anwendung, weil der 1. Abschnitt sich nur auf Personen des Soldatenstandes bezieht.

3. § 42 hat den Motiven zufolge nur diejenigen Fälle im Auge, in welchen von *bürgerlichen Gerichten des In- und Auslandes* wegen gemeiner Verbrechen und Vergehen gegen Personen des Beurlaubtenstandes auf Zuchthaus, Verlust der bürgerlichen Ehrenrechte oder Unfähigkeit zur Bekleidung öffentlicher Aemter erkannt worden ist. Kommen Militärgerichte in die Lage, gegen Personen des Beurlaubtenstandes auf die oben gedachten Strafen zu erkennen, so haben sie die in den §§ 30—40 erwähnten Nebenstrafen besonders auszusprechen.

4. Bei *Gefängnißstrafen von längerer als einjähriger Dauer* tritt weder gegen Offiziere des Beurlaubtenstandes Dienstentlassung noch gegen Unteroffiziere des Beurlaubtenstandes Degradation von Rechtswegen ein, auch kann in diesem Falle kein besonderes Verfahren des Militärgerichts darüber angeordnet werden, ob auf Dienstentlassung oder Degradation zu erkennen sei, da § 42 über diesen Fall nicht disponirt.

5. *Abs. 2* beschränkt die nur *zulässige*, nicht gebotene Anordnung eines besonderen gerichtlichen Verfahrens zur Entscheidung über die Frage, ob auf Dienstentlassung oder Degradation zu erkennen sei oder nicht, auf die Fälle, wenn von einem Civilgericht gegen Offiziere oder Unteroffiziere des Beurlaubtenstandes eine Verurtheilung wegen Diebstahls, Unterschlagung, Raubes, Erpressung, Hehlerei, Betruges oder Urkundenfälschung (mit oder ohne gewinnsüchtige Absicht begangen) erkannt worden ist.

Erfolgt die Verurtheilung einer Person des Beurlaubtenstandes während der Beurlaubung wegen einer strafbaren Handlung der im § 37 Abs. 2 Nr. 2 bezeichneten Art, so kann ein besonderes Verfahren des Militärgerichts zur Entscheidung darüber angeordnet werden, ob auf Dienstentlassung oder auf Degradation zu erkennen ist.

[Entw. § 50.]

Grundsätzlich werden die militärischen Verhältnisse die allerdings nur fakultative Verhängung der militärischen Ehrenstrafen in den angegebenen Fällen dringend fordern.

6. Gegen Offiziere des Beurlaubtenstandes kann in den ad 5 angegebenen Fällen — vermuthlich in Folge eines Redaktionsversehens — nur auf **Dienstentlassung**, nicht aber auf Entfernung aus dem Heer erkannt werden. Daraus folgt, daß der solchergestalt im besonderen gerichtlichen Verfahren bestrafte Offizier stets den Offiziertitel sowie Orden und Ehrenzeichen behält.

Da nun die ehrengerichtlichen Bestimmungen (cf. insbesondere § 51 Nr. 6 der V. über die Ehrengerichte der Offiziere im preußischen Heere) es ermöglichen, einem Offizier, welcher sich der Verletzung der Standesehre unter erschwerenden Umständen schuldig gemacht hat, durch Entfernung aus dem Offizierstande auch den Offiziertitel zu nehmen, so wird voraussichtlich die praktische Bedeutung des § 42 Abs. 2, soweit er die Offiziere des Beurlaubtenstandes betrifft, eine äußerst geringe sein.

Es wird — da in den Fällen des § 37 Nr. 2 die Standesehre fast ohne Ausnahme in der schwersten Weise verletzt wird — grundsätzlich die Einleitung des ehrengerichtlichen Verfahrens der Einleitung des im § 42 Abs. 2 erwähnten gerichtlichen Verfahrens vorzuziehen sein, da bei Verurtheilung in dem letzteren zu Dienstentlassung ein z. B. wegen Diebstahls bestrafter Offizier des Beurlaubtenstandes stets berechtigt bleiben würde, den Offiziertitel zu führen.

Erfolgt in dem nach § 42 Abs. 2 zulässigen gerichtlichen Verfahren die Dienstentlassung *nicht*, so ist immer noch die Einleitung eines ehrengerichtlichen Verfahrens zulässig (cf. Weiffenbach S. 38).

7. Die Ansicht Weiffenbach's (S. 37), daß bei Unteroffizieren des Beurlaubtenstandes, welche in dem gegen sie auf Grund des § 42 Abs. 2 eingeleiteten Verfahren nicht zu Degradation verurtheilt worden seien, dennoch die Entfernung von der Charge auf Grund der Pr. Verordnung vom 18. Mai 1852 Nr. 10 eintrete, ist unrichtig, da diese Verordnung durch § 2 des Einführungs-Gesetzes zum Mil.-StGB. f. d. D. R. aufgehoben worden ist (cf. Anm. 10 zu § 40).

Dem § 50 des Entwurfs zufolge sollte gegen die, wegen einer strafbaren Handlung der im § 37 Abs. 2 bezeichneten Art, verurtheilten Unteroffiziere des Beurlaubtenstandes die Degradation von Rechtswegen eintreten. Die fragliche Bestimmung des Entwurfs ist jedoch im Reichstage nicht zur Annahme gelangt.

8. Welches Militär-Gericht zur Entscheidung in dem nach § 42 Abs. 2 zulässigen Verfahren *kompetent* sei, bestimmt das Mil.-StGB. f. d. D. R. nicht. Es wird Sache der Militär-Straf-Gerichts-Ordnung sein, darüber Bestimmung zu treffen. In Preußen und denjenigen Ländern, in welchen die Preußische Militär-Straf-Gerichts-Ordnung gilt, kann gegen Offiziere des Beurlaubtenstandes nur ein *Kriegsgericht* entscheiden. Gegen Unteroffiziere dürfte ein *Standgericht* in allen Fällen kompetent sein, selbst wenn die vom Civilgerichte erkannte Freiheitsstrafe die standgerichtliche Kompetenz überschreiten sollte, da die Standgerichte kompetent sind, die Strafe der Degradation auszusprechen.

9. Bei der nach § 42 Abs. 2 zu treffenden Entscheidung ist die thatsächliche Feststellung und Qualifizirung der That durch den Civilrichter unbedingt maßgebend (cf. auch Koppmann S. 134. 135).

§ 42 Abs. 2 unterscheidet sich demnach wesentlich von dem § 37 RStGB., nach welchem gegen einen Deutschen, wenn derselbe im Auslande wegen eines Verbrechens oder Vergehens bestraft worden ist, welches nach den Gesetzen des Deutschen Reichs den Verlust der bürgerlichen Ehrenrechte überhaupt oder einzelner bürgerlichen Ehren-

Zweiter Abschnitt.

Strafen gegen Militärbeamte.

§ 43.

Auf Amtsverlust kann gegen Militärbeamte erkannt werden:
1) neben Freiheitsstrafe von mehr als einjähriger Dauer;

---

rechte zur Folge hat oder zur Folge haben kann, ein neues Strafverfahren zulässig ist, um gegen den, in diesem Verfahren für schuldig Erklärten auf jene Folgen zu erkennen.

10. Ist die Verurtheilung wegen einer strafbaren Handlung der im § 37 Abs. 2 bezeichneten Art durch ein ausländisches Gericht erfolgt, so steht dem Civilrichter nach § 37 RStGB. frei, in einem besonderen Verfahren auf Ehrverlust zu erkennen.

Erkennt das Civilgericht auf diese Ehrenstrafe, so treten diejenigen militärischen Ehrenstrafen, auf welche bei einer solchen Verurtheilung nach den Bestimmungen der §§ 30 bis 40 erkannt werden muß, von Rechtswegen ein. Hat das Civilgericht von der ihm nach § 37 des RStGB. zustehenden Befugniß keinen Gebrauch gemacht, oder auf Ehrverlust nicht erkannt, so ist immer noch das im § 42 Abs. 2 angedeutete militärgerichtliche Verfahren zulässig.

Zweiter Abschnitt.

Der zweite Abschnitt enthält die allgemeinen Vorschriften über die gegen Militärbeamte zulässigen Strafarten, insoweit Abweichungen von den Vorschriften des gemeinen Strafrechts eintreten sollen (Motive). Die speziellen Vorschriften über militärische Verbrechen und Vergehen der Militärbeamten enthält der zweite Titel in den §§ 153 und 154, denen zufolge Militärbeamte nur im Felde militärische Verbrechen und Vergehen begehen können und zwar nur die im ersten bis dritten, sechsten und achten Abschnitt des ersten Titels aufgeführten, im Uebrigen aber nach den allgemeinen, für Beamte geltenden Vorschriften zu beurtheilen sind.

§ 43.

Inhalt:

1. Der vorliegende Paragraph bestimmt, wann außer in den durch das gemeine Strafrecht vorgesehenen Fällen die Strafe des Amtsverlustes gegen Militärbeamte zulässig ist. cf. übrigens auch § 153 u. Anm. 4.

Aus Rücksicht für die Würde des Amtes ist es vorgesehen worden, daß bei jeder Verurtheilung wegen Diebstahls, Unterschlagung, Raubes, Erpressung, Hehlerei, Betruges oder Urkundenfälschung auf Amtsverlust erkannt werden kann.

Die weitere Vorschrift, daß neben einer längeren als einjährigen Freiheitsstrafe stets auf Amtsverlust erkannt werden darf, rechtfertigt sich als der im § 34 gegebenen Vorschrift entsprechend. Denn ausweislich dieser letzteren kann gegen Offiziere stets auf Dienstentlassung erkannt werden, wenn Festungshaft von längerer als einjähriger Dauer verhängt wird. (cf. Motive.)

2. Amtsverlust ist die einzige gegen Militärbeamte zulässige militärische Ehrenstrafe. Auf Entfernung aus dem Heere, Dienstentlassung, Degradation und Versetzung in die zweite Klasse des Soldatenstandes kann gegen Militärbeamte niemals erkannt werden.

3. Der Amtsverlust tritt mit der Rechtskraft des Urtheils ein, verjährt daher nicht mit der erkannten Strafe und ist stets ein dauernder, schließt

2) wenn die Verurtheilung wegen einer strafbaren Handlung der im § 37 Absatz 2 Nr. 2 bezeichneten Art erfolgt. [Entw. § 53.]

§ 44.

Der Arrest findet gegen obere Militärbeamte als Stubenarrest, gegen untere Militärbeamte als gelinder Arrest statt. [Entw. § 54.]

---

aber die Wiedererlangung eines öffentlichen Amtes nicht aus (cf. § 36 RStGB. Oppenhoff Anm. 4 zu § 33, Anm. 3 zu § 71; Koppmann S. 138. 140. 141).

4. Derselbe ist
a) obligatorisch:
α) neben Aberkennung der bürgerlichen Ehrenrechte (§ 33 RStGB.),
β) im Felde in den Fällen der §§ 74. 106. 131. 132. 133. 134 Mil.-StGB., in welchen gegen Personen des Soldatenstandes die Versetzung in die zweite Klasse des Soldatenstandes geboten ist (§ 153 Mil.-StGB. f. d. D. R. und Anm. 3 zu § 37);
b) fakultativ:
α) in den Fällen der §§ 81. 83. 84. 87. 90. 94. 95 RStGB.,
β) in den Fällen des § 43 des Mil.-StGB. f. d. D. R.,
γ) in den Fällen der §§ 37 Abs. 2 Nr. 1 (u. 2.) 62. 75. 78. 128. 135 des Mil.-StGB. f. d. D. R., in welchen gegen Personen des Soldatenstandes die Versetzung in die zweite Klasse des Soldatenstandes zulässig ist (§ 153 Mil.-StGB. f. d. D. R. Anm. 3 zu § 37).

Außer den oben erwähnten Fällen ist der Amtsverlust
a) obligatorisch:
als eine von Rechtswegen eintretende Folge der Verurtheilung zu Zuchthausstrafe, welche nach § 31 RStGB. die dauernde Unfähigkeit zur Bekleidung öffentlicher Aemter bewirkt und die Möglichkeit der Wiedererlangung eines öffentlichen Amtes ausschließt;
b) fakultativ:
in den Fällen der §§ 35. 128. 129. 358 a. a. O. als eine von Rechtswegen eintretende Folge des zeitweisen (ein- bis fünfjährigen) Verlustes der Fähigkeit zur Bekleidung öffentlicher Aemter. Hier ist der Amtsverlust zwar auch ein dauernder, die Wiedererlangung eines öffentlichen Amtes nach Ablauf der festgesetzten Frist aber nicht ausgeschlossen.

5. Welche Personen als „Militärbeamte" zu erachten, ergiebt sich aus dem, dem Gesetze als Anlage beigefügten Verzeichnisse der zum Deutschen Heere und zur Kaiserlichen Marine gehörenden Militärpersonen (cf. Anm. 2 u. 3 zu §§ 4 u. 5).

Demzufolge gehören die Beamten ohne (einen bestimmten oder nicht bestimmten) Militärrang z. B. Garnisonverwaltungsbeamte, Proviantamts-Beamte, Kasernen-Inspektoren, Lazareth-Inspektoren 2c. nicht zu den Militärbeamten im Sinne des Mil.-StGB. Dieselben zählen vielmehr zu den Civilbeamten der Militärverwaltung und sind weder den Strafbestimmungen des Mil.-StGB. f. d. D. R. unterworfen, noch haben sie den Militärgerichtsstand.

6. Durch den Amtsverlust wird das militärische Dienstverhältniß gelöst. Der zu dieser Strafe Verurtheilte bleibt zu ferneren Dienstleistungen in der Armee wohl fähig, hat dazu aber weder ein Recht noch eine Verpflichtung, selbst wenn er sich noch im dienstpflichtigen Alter befinden sollte (cf. Anm. 1 zu § 35).

§ 44.

Inhalt:

§ 45.

Die Vorschriften der §§ 14 und 15 finden auch auf Militärbeamte Anwendung.

[Entw. § 55.]

Dritter Abschnitt.

Versuch.

---

1. § 44 entspricht hinsichtlich der gegen Militärbeamte zulässigen Arreststrafen den Bestimmungen des Preußischen Militär-Strafgesetzbuches und weicht insofern von dem Entwurfe ab, als er gegen untere Militärbeamte nur gelinden und nicht auch mittleren Arrest zuläßt.

2. „Obere" Militärbeamte sind nach dem dem Gesetz beigefügten Verzeichniß solche, welche im Offizierrange stehen, „untere" Militärbeamte solche, welche nicht im Offizierrange stehen.

3. Daß gegen obere Militärbeamte ohne bestimmten Militärrang geschärfter Stubenarrest nicht zulässig sein dürfte, ist in Anm. 2 zu § 23 ausgeführt.

4. Wegen der gegen Militärbeamte zulässigen Disziplinar-Strafmittel siehe §§ 32 ff. der Diszipl.-Straf-Ordnung und §§ 72 ff. des Ges. v. 31. März 1873 betreffend die Rechtsverhältnisse der Reichsbeamten. Gegen obere Militärbeamte, welche sowohl unter einem Militärbefehlshaber als auch unter einem Verwaltungs-Vorgesetzten stehen, kann hiernach Stubenarrest im Disziplinarwege nur dann verhängt werden, wenn sie unter den Kriegsgesetzen stehen (cf. § 32 der Disziplinarstraforduung und § 9 des Mil.-StGB. f. d. D. R.).

§ 45.

Nach § 45 in Verbindung mit den §§ 14 und 15 finden auf Militärbeamte folgende Vorschristrn Anwendung:

a) Die Todesstrafe ist durch Erschießen zu vollstrecken, wenn sie wegen eines militärischen Verbrechens, im Felde, auch dann, wenn sie wegen eines nichtmilitärischen Verbrechens erkannt worden ist (cf. § 14).

b) Hat ein Militärbeamter vor oder nach seinem Eintritt in den Dienst eine Freiheitsstrafe verwirkt, so wird diese von den Militärbehörden vollstreckt.
Ist nach den Vorschriften des Deutschen Strafgesetzbuches eine Beschäftigung des Verurtheilten zulässig oder geboten, so findet dieselbe zu militärischen Zwecken und unter militärischer Aufsicht statt. Ist Zuchthaus verwirkt, oder wird das militärische Dienstverhältniß aus einem andern Grunde aufgelöst, so geht die Vollstreckung der Strafe auf die bürgerlichen Behörden über. Vergl. die Anmerkungen zu den §§ 14 und 15, insbesondere Anm. 6 zu § 14 und Anm. 3 zu § 15.

Dritter Abschnitt.

Inhalt:

1. Nach dem Entwurfe lautete der dritte Abschnitt wie folgt:

„Dritter Abschnitt.

Versuch.

§ 56.

Der Versuch eines militärischen Verbrechens ist stets, der Versuch eines militärischen Vergehens nur dann strafbar, wenn das vollendete Vergehen mit einer längeren als sechsmonatlichen Freiheitsstrafe bedroht ist.

§ 57.

Wenn neben der Strafe des vollendeten Verbrechens oder Vergehens militärische Ehrenstrafen (§ 36) zulässig oder geboten sind, so gilt Gleiches bei der Versuchsstrafe."

Wenn man auch im Allgemeinen bestrebt war, in der Lehre vom strafbaren Versuche möglichst die in den allgemeinen Strafgesetzen enthaltenen einschlägigen Bestimmungen auf das Militärstrafrecht zu übertragen, so wollte man doch, behufs Vereinfachung der Gesetzes-Redaktion die Regel des § 43 RStGB. nicht für militärische Vergehen zur Durchführung gebracht wissen, weil man alsdann, wie die Motive besagen, benöthigt gewesen wäre, aus Rücksicht für die militärische Disziplin fast bei jedem Vergehen anzuordnen, daß der Versuch strafbar sei und schrieb daher vor, daß der Versuch eines militärischen Vergehens nur dann strafbar sein solle, wenn das vollendete Vergehen mit einer härteren als sechsmonatlichen Freiheitsstrafe bedroht sei.

Der Reichstag hat jedoch auf Vorschlag seiner Kommission den § 56 d. E. gestrichen und dadurch die Lehre vom Versuche, wie sie das Reichsstrafgesetzbuch aufstellt*) mit den in den §§ 46 und 17 Abs. 2 enthaltenen Abweichungen auch für militärische Verbrechen und Vergehen adoptirt.

„Die Kommission hat" — dem stenographischen Bericht über die Verhandlungen des Deutschen Reichstages S. 807 zufolge — „keinen Grund gefunden, von der allgemeinen Regel des Deutschen Strafgesetzbuches abzugehen und nur bei wenigen Gelegenheiten Anlaß gefunden, den Versuch (als strafbar) besonders namhaft zu machen, da ein Versuch bei den meisten militärischen Vergehen nicht wohl denkbar sei.

2. Dem zufolge ist in diesem Gesetz nur in den Fällen der §§ 70, 78, 81 und 117 der Versuch eines militärischen Vergehens für strafbar erklärt.

Wo das Gesetz nicht ausdrücklich den Ausdruck: „Versuch" oder „versucht" sondern z. B. „unternimmt" oder „sucht" gebraucht, bildet stets ein vollendetes Vergehen den Thatbestand. cfr. z. B. §§ 58 Nr. 8., 96. 102. 103. 106. 116. 117. Mil.-StGB. f. d. D. R. (cfr. Oppenhoff Anm. 27 zu § 43).

3. Wegen der oben ad 1 erwähnten Abweichung von der Versuchslehre des Reichs-Strafgesetzbuches in § 17 Abs. 2 des Mil.-StGB. f. d. D. R. betreffend die Verwandlung der für militärische Verbrechen verwirkten Zuchthausstrafe in Gefängniß, siehe Anm. 7 zu § 17.

4. Die Frage ob bei der nach § 44 RStG. gebotenen Ermäßigung einer wegen Versuches eines militärischen Vergehens verwirkten Gefängnißstrafe, welche

*) Die betreffenden §§ des RStfg. lauten:

§ 43. Wer den Entschluß, ein Verbrechen oder ein Vergehen zu verüben, durch Handlungen, welche einen Anfang der Ausführung dieses Verbrechens oder Vergehens enthalten, bethätigt hat, ist, wenn das beabsichtigte Verbrechen oder Vergehen nicht zur Vollendung gekommen ist, wegen Versuches zu bestrafen.

Der Versuch eines Vergehens wird jedoch nur in den Fällen bestraft, in welchen das Gesetz dies ausdrücklich bestimmt.

§ 44. Das versuchte Verbrechen oder Vergehen ist milder zu bestrafen, als das vollendete.

Ist das vollendete Verbrechen mit dem Tode oder mit lebenslänglichem Zuchthaus bedroht, so tritt Zuchthausstrafe nicht unter drei Jahren ein, neben welcher auf Zulässigkeit von Polizei-Aufsicht erkannt werden kann.

Ist das vollendete Verbrechen mit lebenslänglicher Festungshaft bedroht, so tritt Festungshaft nicht unter drei Jahren ein.

In den übrigen Fällen kann die Strafe bis auf ein Viertheil des Mindestbetrags der auf das vollendete Verbrechen oder Vergehen angedrohten Freiheits- und Geldstrafe ermäßigt werden. Ist hiernach Zuchthausstrafe unter einem Jahre verwirkt, so ist dieselbe nach Maßgabe des § 21 in Gefängniß zu verwandeln.

§ 46. Der Versuch als solcher bleibt straflos, wenn der Thäter

1) die Ausführung der beabsichtigten Handlung aufgegeben hat, ohne daß er an dieser Ausführung durch Umstände gehindert worden ist, welche von seinem Willen unabhängig waren, oder

2) zu einer Zeit, zu welcher die Handlung noch nicht entdeckt war, den Eintritt des zur Vollendung des Verbrechens oder Vergehens gehörigen Erfolges durch eigene Thätigkeit abgewendet hat.

§ 46.

Wenn neben der Strafe des vollendeten Verbrechens oder Vergehens militärische Ehrenstrafen (§ 30) zulässig oder geboten sind, so sind dieselben neben der Versuchsstrafe zulässig.

[Entw. § 57.]

---

im Minimum 6 Wochen und 1 Tag beträgt, die Strafe eventuell in Arrest bestehen könne, welche Koppmann S. 145. 146 anregt, kann hier nicht aufgeworfen werden, da in den Fällen der §§ 70, 78 und 81 der vierte Theil des Strafminimums immer mehr als 6 Wochen und 1 Tag beträgt und im Falle des § 117 Freiheitsstrafe — also Gefängniß, Festungshaft oder Arrest — angedroht ist.

Praktisch wird diese Frage jedoch bei der Beihülfe (cfr. Anm. 4 zu § 47.)

5. Daß ein versuchtes Verbrechen immer Verbrechen im Sinne des § 1 Mil.-StGB. f. d. D. R. bleibt, ist in Anm. 2 zu § 1 ausgeführt.

6. Ueberläßt das auf die vollendete That anwendbare Strafgesetz dem Richter die Wahl zwischen verschiedenen Strafarten, so hat der Richter zu untersuchen, welche dieser Strafarten er auf den vorliegenden Fall (wenn die That vollendet worden wäre) für anwendbar erachtet haben würde, und er hat dann nach Anleitung des § 44 in Betreff der so gefundenen Strafart die Ermäßigung vorzunehmen (cfr. Oppenhoff Anm. 6 zu § 44 RStGB.)

7. Das ad 6 Gesagte findet auch Anwendung, wenn zwar dieselbe Strafart angedroht ist, dem Richter aber die Wahl zwischen lebenslänglicher und zeitiger Freiheitsstrafe gelassen ist, wie z. B. in § 57 Mil.-StGB. (cfr. Oppenhoff Anm. 6 zu § 44 RStGB.) Dagegen: Schwarze S. 232, Koppmann S. 145, welche hier ausschließlich § 44 Abs. 4 angewendet wissen wollen.

Wenn Koppmann ausführt, daß Abs. 4 stets zur Anwendung kommen müsse, weil der Versuch milder zu bestrafen sei, als das vollendete Delikt, so übersieht er dabei, daß auch in den Absätzen 2 und 3 diesem in Absatz 1 ausgesprochenen Grundsatze Rechnung getragen ist.

8. Läßt das auf die vollendete That anwendbare Strafgesetz eine Strafermäßigung beim Vorhandensein mildernder Umstände oder minder schwerer Fälle eintreten, so ist es eventuell die so ermäßigte Strafe, welche im Falle eines Versuches nach Maßgabe des § 44 RStGB. herabzusetzen ist. Selbstverständlich darf die Nichtvollendung allein nicht als mildernder Umstand angesehen werden resp. nicht einen Grund abgeben, den Fall als einen minder schweren zu qualifiziren. (Oppenhoff Anm. 7 zu § 44 RStGB., Koppmann S. 145.)

§ 46.

1. § 46 bezieht sich nicht allein auf militärische, sondern auch auf bürgerliche Verbrechen und Vergehen.

2. Die militärischen Ehrenstrafen sind, wenn sie neben dem vollendeten Verbrechen oder Vergehen zulässig oder geboten sind, neben der Versuchsstrafe nur zulässig. § 46 ist dem zufolge milder als § 45 des RStGB., welcher ebenso wie der § 57 des Entwurfes zum Mil.-StGB. f. d. D. R. die Bestimmung enthält, daß in dem gedachten Falle Gleiches bei der Versuchsstrafe gelten solle.

3. Diejenigen Folgen, welche das Gesetz von selbst an eine Verurtheilung knüpft, z. B. die nach § 31 an die Verurtheilung zu Zuchthausstrafe geknüpfte Entfernung aus dem Heere, treten auch selbstverständlich dann ein, wenn die Verurtheilung wegen Versuchs erfolgt ist.

Wird daher wegen einer Versuchshandlung auf Zuchthausstrafe erkannt, so ist die Entfernung aus dem Heer nicht etwa nur zulässig, sondern sie ist geboten. Sie tritt zwar in Gemäßheit des § 31 Mil.-StGB. f. d. D. R. von Rechtswegen ein, ist aber besonders im Urtheil auszusprechen (cfr. Anm. 1 zu § 31, Oppenhoff Anm. 1 zu § 45 RStGB., Koppmann S. 147).

Vierter Abschnitt.
Theilnahme.

Inhalt

Vierter Abschnitt.

1. Bei der Lehre über strafbare Theilnahme empfahl es sich vom militärischen Standpunkte aus, die in logischer Gliederung aufgestellten Bestimmungen des Strafgesetzbuches für das Deutsche Reich*) im Allgemeinen beizubehalten. Nur in einer Hinsicht war eine Abweichung geboten. Die Abweichung enthält § 47 (Motive).

2. Zu den Theilnehmern gehören: Mitthäter (§ 47), Anstifter (§ 48), Gehülfen (§ 49). Brauer rechnet irrthümlich (S. 56) auch die Begünstiger zu den Theilnehmern. Wenn auch die Begünstigung unter gewissen Voraussetzungen „als Beihülfe" bestraft wird (§§ 257. 258. RStGB.), so wird sie doch als ein selbststän-

---

*) Die betreffenden Bestimmungen sind in den §§ 47—50 RStGB. enthalten. Dieselben lauten:

§ 47. Wenn Mehrere eine strafbare Handlung gemeinschaftlich ausführen, so wird Jeder als Thäter bestraft.

§ 48. Als Anstifter wird bestraft, wer einen Anderen zu der von demselben begangenen strafbaren Handlung durch Geschenke oder Versprechen, durch Drohung, durch Mißbrauch des Ansehens oder der Gewalt, durch absichtliche Herbeiführung oder Beförderung eines Irrthums oder durch andere Mittel vorsätzlich bestimmt hat.

Die Strafe des Anstifters ist nach demjenigen Gesetze festzusetzen, welches auf die Handlung Anwendung findet, zu welcher er wissentlich angestiftet hat.

§ 49. Als Gehülfe wird bestraft, wer dem Thäter zur Begehung des Verbrechens oder Vergehens durch Rath oder That wissentlich Hülfe geleistet hat.

Die Strafe des Gehülfen ist nach demjenigen Gesetze festzusetzen, welches auf die Handlung Anwendung findet, zu welcher er wissentlich Hülfe geleistet hat, jedoch nach den über die Bestrafung des Versuches aufgestellten Grundsätzen zu ermäßigen.

§ 49a. Wer einen Anderen zur Begehung eines Verbrechens oder zur Theilnahme an einem Verbrechen auffordert, oder wer eine solche Aufforderung annimmt, wird, soweit nicht das Gesetz eine andere Strafe androht, wenn das Verbrechen mit dem Tode oder mit lebenslänglicher Zuchthausstrafe bedroht ist, mit Gefängniß nicht unter drei Monaten, wenn das Verbrechen mit einer geringeren Strafe bedroht ist, mit Gefängniß bis zu zwei Jahren oder mit Festungshaft von gleicher Dauer bestraft.

Die gleiche Strafe trifft Denjenigen, welcher sich zur Begehung eines Verbrechens oder zur Theilnahme an einem Verbrechen erbietet, sowie Denjenigen, welcher ein solches Erbieten annimmt.

Es wird jedoch das lediglich mündlich ausgedrückte Auffordern oder Erbieten, sowie die Annahme eines solchen nur dann bestraft, wenn die Aufforderung oder das Erbieten an die Gewährung von Vortheilen irgend welcher Art geknüpft worden ist.

Neben der Gefängnißstrafe kann auf Verlust der bürgerlichen Ehrenrechte und auf Zulässigkeit von Polizeiaufsicht erkannt werden.

§ 50. Wenn das Gesetz die Strafbarkeit einer Handlung nach den persönlichen Eigenschaften oder Verhältnissen desjenigen, welcher dieselbe begangen hat, erhöht oder vermindert, so sind diese besonderen Thatumstände dem Thäter oder demjenigen Theilnehmer (Mitthäter, Anstifter, Gehülfe) zuzurechnen, bei welchem sie vorliegen.

diges Vergehen behandelt und hat mit der Theilnahme des III. Abschnittes nichts gemein. (cfr. Oppenhoff Anm. 1 zum III. Abschn. RStGB.)

Der Anstifter und der Mitthäter werden gleich dem Thäter bestraft. Beim Gehülfen wird die Strafe nach den Grundsätzen über die Bestrafung des Versuchs ermäßigt. Hat die Anstiftung nur zu einem Versuche der That geführt, so trifft auch den Anstifter nur die Versuchsstrafe. (Oppenhoff Anm. 26. 50 zu § 48.)

Liegt Aufforderung zu einem bürgerlichen oder militärischen Verbrechen (nicht Vergehen), Erbieten zur Begehung eines solchen oder Annahme einer solchen Aufforderung oder eines solchen Erbietens vor, so ist die Strafe nach § 49 a. zu bemessen. (cfr. § 2 Mil.-StGB. f. d. D. R. und Anm. 3 dazu.)

3. Wenn die in Gemäßheit des § 49 RStGB. nach den über die Bestrafung des Versuches aufgestellten Grundsätzen zu ermäßigende Strafe des Gehülfen bei einem militärischen Verbrechen in Zuchthaus besteht und nach der Ermäßigung weniger als ein Jahr beträgt, so tritt an deren Stelle abweichend von den Grundsätzen des Reichsstrafgesetzbuches nach § 17 Abs. 2 Mil.-StGB. f. d. D. R. Gefängniß von gleicher Dauer (cf. Anm. 7 zu § 17).

4. Die Frage, ob bei der ad 3 besprochenen Ermäßigung der Strafe des Gehülfen bei einem militärischen nur mit Gefängniß oder Festungshaft bedrohten Vergehen dieselbe in Arrest bestehen könne, wenn sie den Betrag von 6 Wochen und einem Tage nicht erreichen würde, wird mit Recht von Herbst bejaht. (Herbst S. 51 ff., siehe auch Koppmann S. 45)

Wenn auch eine besondere Bestimmung fehlt, so dürfte mit Rücksicht darauf, daß nach §§ 44. 49 RStGB. ausnahmslos eine Ermäßigung eintreten soll und im Anschluß an die das Prinzip der Unzulässigkeit einer Veränderung der angedrohten Strafart durchbrechende Bestimmung des § 17 Abs. 2 Mil.-StGB. f. d. D. R. analog angenommen werden müssen, daß da, wo Gefängniß oder Festungshaft auf eine kürzere als dreiundvierzigtägige Dauer zu ermäßigen ist, Arrest von gleicher Dauer tritt. Welche Arrestart zu verhängen ist, ist nach dem Militärrange des Thäters zu bemessen. Jedenfalls müssen sämmtliche Arrestarten als wahlweise angedroht gelten.

5. Nach § 50 RStGB. sollen die straferhöhenden oder strafmindernden durch persönliche Eigenschaften oder Verhältnisse bedingten Momente demjenigen Betheiligten nicht zugerechnet werden, bei welchem sie nicht vorliegen. Wenngleich die Ansicht Oppenhoff's in Anm. 2. 3 zu § 50 RStGB. 3. Ausgabe, daß bei diesem Paragraphen, welcher in Gemäßheit des § 2 Mil.-StGB. f. d. D. R. auch auf Mitthäter, Anstifter oder Gehülfen bei militärischen Delikten Anwendung findet, der Gesetzgeber mehr die dauernden persönlichen Eigenschaften und Verhältnisse im Auge gehabt habe, ihre Berechtigung haben mag, so kann diese übrigens durch den Wortlaut nicht gebotene Einschränkung doch auf militärische Delikte nicht Anwendung finden, da das Militärstrafgesetzbuch für das Deutsche Reich dem Reichsstrafgesetzbuch fremde straferhöhende, auch durch vorübergehende persönliche Verhältnisse bedingte Thatumstände berücksichtigt, welche demjenigen nicht zugerechnet werden können, bei welchem sie nicht zutreffen; cf. z. B. §§ 55 Nr. 2 u. 3. 95. 97. Mil.-StGB. ꝛc. Zu diesen straferhöhenden oder mildernden Momenten gehören insbesondere auch die Vorgesetztenqualität, die Verübung der That im Dienste, unter dem Gewehr, unter Mißbrauch der Waffe einerseits, der Reiz (§ 98) und andere durch persönliche Eigenschaften oder Verhältnisse bedingten Strafmilderungsgründe andererseits. Uebrigens ist oben erwähnte Ansicht Oppenhoff's in der neuesten Ausgabe Anm. 2 aufgegeben.

Die Vorschrift des § 50 RStGB. beschränkt sich übrigens auf solche Fälle, in welchen die Strafbarkeit einer Handlung nach den persönlichen Eigenschaften oder Verhältnissen ihres Urhebers „erhöht oder vermindert" wird, sie bleibt außer Anwendung, sobald es sich um solche Momente handelt, welche die Strafe überhaupt bedingen, bei deren Wegfall also ein Straffall überhaupt nicht vorliegen würde (cf. Oppenhoff Anm. 3 zu § 50).

Hierher gehört z. B. der Fall des § 141 Mil.-StGB. f. d. D. R., in welchem einer Person des Soldatenstandes, welche nicht in dem Verhältnisse eines Wachthabenden oder Postens steht, als Anstifter oder Gehülfen zu dem Wachtvergehen die strafbare That in vollem Umfange zuzurechnen ist. Ferner gehören hierher die Fälle, in welchen die Vorgesetztenqualität die Strafbarkeit einer Handlung bedingt. Er-

§ 47.

Wird durch die Ausführung eines Befehls in Dienstsachen ein Strafgesetz verletzt, so ist dafür der befehlende Vorgesetzte allein verantwortlich. Es trifft jedoch den gehorchenden Untergebenen die Strafe des Theilnehmers:

---

höht dieselbe nur die Strafbarkeit, so kommt stets § 50 RStGB. zur Anwendung (cf. Koppmann S. 149).

Auf strafausschließende Momente bezieht sich der Wortlaut des Paragraphen nicht; gleichwohl unterliegt es keinem Bedenken, daß jedem Betheiligten die in oder für seine Person vorhandenen Strafausschließungsgründe zu Statten kommen (cf. Oppenhoff Anm. 6 zu § 50, siehe auch Koppmann S. 149.)

§ 47.

Inhalt:

1. Bei der Lehre über strafbare Theilnahme empfahl es sich vom militärischen Standpunkte aus, die in logischer Gliederung aufgestellten Bestimmungen des Strafgesetzbuches für das Deutsche Reich im Allgemeinen beizubehalten. Nur in einer Hinsicht war eine Abweichung geboten.

Behufs Erreichung der einer Armee gesetzten Aufgabe ist es nämlich unabweisbar nothwendig, daß der Soldat den Dienstbefehlen seines Vorgesetzten unbedingt gehorche und ihm ein Urtheil über die Rechtmäßigkeit und Folgen der Dienstbefehle nicht gestattet werde.

Von selbst warf sich daher für den Gesetzgeber die Frage auf, ob der Soldat auch dann dem Befehle seines Vorgesetzten folgen müsse, wenn der Befehl auf Ausführung einer mit Strafe bedrohten Handlung geht.

Man ist demzufolge bestrebt gewesen, so viel als irgend möglich die militärischen Interessen der Aufrechthaltung des Gesetzes hintanzustellen.

Im § 47 ist darum vorgeschrieben, daß nicht die Befolgung eines jeden Dienstbefehls einen Grund zur Straflosigkeit eines Soldaten bilde; Straflosigkeit trete vielmehr nur dann ein, wenn der Befehl ein Befehl in Dienstsachen gewesen. (Motive.)

Wird durch die Ausführung eines bloßen Dienstbefehles ein Strafgesetz verletzt, so ist der gehorchende Untergebene stets als Theilnehmer strafbar.

Der nicht gehorchende Untergebene begeht hier, den Fall der ausdrücklichen Gehorsamsverweigerung ausgenommen, nur ein Disziplinarvergehen.

2. Nach militärischer herkömmlicher Sprachweise unterscheidet sich der Dienstbefehl von dem Befehl in Dienstsachen dadurch, daß unter ersterem ein jeder Befehl irgend eines militärischen Vorgesetzten verstanden wird, letzterer nur derjenige Befehl eines dienstlich Vorgesetzten ist, welcher eine Dienstangelegenheit betrifft.

Ob der Befehl ein allgemeiner oder ein nur für einen bestimmten Fall gegebener sei, unterscheidet der § 47 nicht, weil das Gesetz überhaupt annimmt, daß auch die Seitens eines Vorgesetzten gegebene, allgemeine Instruktion als ein Befehl zu erachten sei. So ist denn gemäß § 47 der Vorgesetzte auch dann als Thäter zu betrachten, wenn ein Untergebener eine von demselben ihm ertheilte, unrichtige Instruktion pünktlich ausführt. (Motive.)

3. Der Ausdruck: „Strafgesetz" deutet darauf hin, daß es sich hier sowohl um militärische Verbrechen und Vergehen, als auch um bürgerliche Verbrechen, Vergehen und Uebertretungen handelt.

4. Wer als Vorgesetzter zu betrachten sei, ist in Anmerkung 5 zu § 92 näher ausgeführt.

1) wenn er den ihm ertheilten Befehl überschritten hat, oder

---

5. Die alleinige Verantwortlichkeit des Vorgesetzten hat die Straflosigkeit des einem Befehle in Dienstsachen gehorchenden Untergebenen zur Folge.

Da dieser lediglich als Werkzeug des befehlenden Vorgesetzten erscheint, so ist letzterer nicht Anstifter sondern Thäter (cf. Brauer S. 52; Koppmann S. 152. Dagegen Dr. Rubo S. 76).

6. Die Strafe, welche in den Fällen ad Nr. 1 und 2 den gehorchenden Untergebenen trifft, ist nach der nicht ganz korrekten Fassung des § 47 die des „Theilnehmers".

a) In dem Falle ad 1, in welchem der Untergebene nicht wußte, daß durch die Ausführung des Befehls in Dienstsachen ein bürgerliches oder militärisches Verbrechen oder Vergehen bezweckt werde, ist er für die in Folge der richtigen Ausführung des Befehls eingetretene Gesetzesverletzung nicht verantwortlich, sondern durch den Befehl des Vorgesetzten, welcher als Thäter zu betrachten ist, gedeckt. Er kann also hier eigentlich nicht Theilnehmer sein, haftet vielmehr für die durch Ueberschreitung des Befehls eingetretene Gesetzesverletzung selbstständig als Thäter. Dem befehlenden Vorgesetzten dürfen die Folgen der Ueberschreitung nicht zugerechnet werden.

b) In dem Falle ad 2 ist er Mitthäter.

Ob der befehlende Vorgesetzte in dem Falle ad 2 als Thäter oder als Anstifter zu betrachten, ist streitig. Praktisch ist die Frage von keiner wesentlichen Bedeutung.

Koppmann nimmt an (S. 153), daß es nach den allgemeinen Rechtsgrundsätzen nicht angängig erscheine, den Vorgesetzten hier als Thäter aufzufassen, da er nur so lange Thäter sein könne, als der Untergebene durch seinen Befehl vollkommen gedeckt, d. h. straflos sei.

Dr. Rubo nimmt (S. 76) an, daß die Strafe des Vorgesetzten ohne Unterschied, ob den Untergebenen Strafe treffe oder nicht, immer die des Anstifters sei und daß der § 47 den Fall, in welchem der Untergebene nur als ein mechanisches Werkzeug des Vorgesetzten zu betrachten sei, nicht berühre, ein solcher Fall auch nicht der Lehre von der „Theilnahme" angehöre. Gleicher Ansicht scheint Weiffenbach zu sein (S. 42).

Die Motive zu § 58 des Entwurfes*) dagegen lauten:

> „Mag nun bei Ausführung eines Befehls in Dienstsachen, durch welche eine mit Strafe bedrohte Handlung begangen wird, der Untergebene straffrei oder strafbar sein, der Entwurf nimmt ausnahmslos an, daß, dem befehlenden Vorgesetzten gegenüber, der gehorchende Untergebene nur als dessen Handhabe erscheint. Aus diesem Grunde soll in allen diesen Fällen der Vorgesetzte nicht sowohl als der Anstifter, sondern vielmehr als der Thäter betrachtet werden."

Aus der Entstehungsgeschichte des § 47 erhellt nicht mit Sicherheit, daß der Reichstag den in den Motiven so deutlich ausgesprochenen Grundsatz, daß der Untergebene immer nur als Handhabe erscheine, habe aufgeben wollen.

Hiernach dürfte es durchaus nicht widersinnig sein, den befehlenden Vorgesetzten stets als Thäter anzusehen und dafür insbesondere auch die Fassung: „Es trifft jedoch den gehorchenden Untergebenen die Strafe des „Theilnehmers" sprechen. Gleicher Ansicht ist Keller S. 90.

Jedenfalls ist die Fassung des § 58 des Entwurfes viel klarer und verständlicher als die des § 47 des Gesetzes.

---

*) Der § 58 d. E. lautet:

> Wird von einer Person des Soldatenstandes durch Ausführung eines Befehls in Dienstsachen eine mit Strafe bedrohte Handlung begangen, so ist der Vorgesetzte, welcher den Befehl ertheilt hat, als Thäter zu betrachten. Der Untergebene bleibt straflos, insoweit er den Befehl nicht überschritten hat. Er ist jedoch als Mitthäter zu betrachten, wenn die Befolgung des Befehls eine Handlung gegen die militärische Treue in sich schließt.

2) wenn ihm bekannt gewesen, daß der Befehl des Vorgesetzten eine Handlung betraf, welche ein bürgerliches oder militärisches Verbrechen oder Vergehen bezweckte.
[Entw. § 58.]

Fünfter Abschnitt.

Gründe, welche die Strafe ausschließen, mildern oder erhöhen.

---

§ 115 beweist für die Entscheidung der vorstehend aufgeworfenen Frage nichts. Wenn derselbe bestimmt, daß derjenige Vorgesetzte, welcher durch Mißbrauch seiner Dienstgewalt oder seiner dienstlichen Stellung einen Untergebenen zu einer von demselben begangenen, mit Strafe bedrohten Handlung vorsätzlich bestimmt hat, als Thäter oder als Anstifter mit erhöhter Strafe belegt werden sollte, so hat er dabei nicht ausschließlich den Fall des § 47 sondern auch diejenigen Fälle im Auge, in welchen mittelst mißbräuchlicher Geltendmachung des dienstlichen Ansehens ohne Ertheilung eines Befehles der Untergebene zu einer strafbaren Handlung bestimmt worden ist.

Dies dürfte Koppmann in seinen Ausführungen zu § 47 (S. 154 und 153) übersehen resp. nicht gehörig gewürdigt haben.

7. Ob dem gehorchenden Untergebenen bekannt gewesen, daß der Befehl des Vorgesetzten eine Handlung betraf, welche ein bürgerliches oder militärisches Verbrechen oder Vergehen bezweckte, ist Thatfrage. Bei Entscheidung derselben wird auf die mehr oder weniger verständliche Fassung des Befehls, den Bildungsgrad und das Fassungsvermögen des Untergebenen besondere Rücksicht genommen werden müssen.

Wenn also der Untergebene bei seinem schlichten Verstande und der anerzogenen Neigung zum Gehorsam geglaubt hat, resp. hat annehmen dürfen, der ihm ertheilte Befehl sei ein Befehl in Dienstsachen, und der Vorgesetzte zur Ertheilung desselben berechtigt, oder der Befehl betreffe eine unter den obwaltenden Umständen straflose Handlung, so kann ihn die Strafe des Theilnehmers nicht treffen, der befehlende Vorgesetzte ist vielmehr allein für die erfolgte Verletzung des Strafgesetzes als Thäter verantwortlich. (Keller S. 90.)

8. Aus der Fassung des § 47 Nr. 2 geht deutlich hervor, daß der Vorgesetzte für Uebertretungen, welche durch Ausführung seiner Befehle in Dienstsachen durch den Untergebenen verübt werden, stets und selbst dann allein verantwortlich ist, wenn der Untergebene wußte, daß der Befehl eine Uebertretung bezweckte.

9. Der nicht gehorchende Untergebene ist nur dann straflos, wenn der Befehl des Vorgesetzten in Dienstsachen ein bürgerliches oder militärisches Verbrechen oder Vergehen bezweckte und ihm dies bekannt war. Hier hört, wie Keller S. 90 treffend bemerkt, die Pflicht des Gehorsams auf, weil sie mit höheren Pflichten in Kollision kommt (vgl. Motive 1).

Befehle in Dienstsachen, welche Uebertretungen bezwecken, hat der Untergebene immer auszuführen. Der Ungehorsam gegen dieselben ist stets strafbar und zwar nicht nur als Disziplinarvergehen, sondern als militärisches Vergehen des § 92.

Fünfter Abschnitt.

Gründe, welche die Strafe ausschließen, mildern oder erhöhen.

Die §§ 51 — 72 RStGB. finden in Gemäßheit des § 2 Mil.-StGB. f. d. D. R. auch auf militärische Verbrechen und Vergehen Anwendung, soweit sie nicht durch den fünften Abschnitt des Militär-Strafgesetzbuches für das Deutsche Reich modifizirt werden.

§ 48.

Die Strafbarkeit einer Handlung oder Unterlassung ist dadurch nicht ausgeschlossen, daß der Thäter nach seinem Gewissen oder den Vorschriften seiner Religion sein Verhalten für geboten erachtet hat.

[Entw. § 59.]

§ 49.

Die Verletzung einer Dienstpflicht aus Furcht vor persönlicher Gefahr ist ebenso zu bestrafen, wie die Verletzung der Dienstpflicht aus Vorsatz.

Ohne jede Modifikation gelten auch für militärische Verbrechen und Vergehen die §§ 53. 59. 60 R.-StGB.*)

Die §§ 51. 52. 54 und 66—72 RStGB. sind durch die §§ 49 resp. 52 d. G. modifizirt, die §§ 55—57. 61—65 RStGB. durch §§ 50. 51 d. G. für militärische Delikte ausgeschlossen. § 58 RStGB., welcher von den strafbaren Handlungen Taubstummer handelt, findet aus in der Natur der Sache liegenden Gründen auf Militärpersonen keine Anwendung. Das Nähere siehe bei §§ 49. 50. 51. 52.

§ 48.

Die Vorschrift des § 48, nach welcher die Strafbarkeit einer Handlung, durch welche eine militärische Dienstpflicht verletzt worden ist, nicht dadurch ausgeschlossen wird, daß der Thäter nach seinem Gewissen oder den Vorschriften seiner Religion die Verletzung der Dienstpflicht für geboten oder deren Erfüllung für verboten gehalten hat, ist zwar als eine in der Wissenschaft gegenwärtig unbestrittene nicht in das Strafgesetzbuch für das Deutsche Reich aufgenommen worden. Da aber die derzeitigen Militärgerichte nicht aus rechtsgelehrten Richtern zusammengesetzt sind, so ist nach Vorgang des Bayerischen Militärstrafgesetzbuches Art. 64, diese Bestimmung der Deutlichkeit wegen dennoch aufgenommen worden. (Motive.)

§ 49.

Inhalt:

---

*) Die §§ 53. 59. 60 R.-StGB. lauten:

53. Eine strafbare Handlung ist nicht vorhanden, wenn die Handlung durch Nothwehr geboten war.

Nothwehr ist diejenige Vertheidigung, welche erforderlich ist, um einen gegenwärtigen, rechtswidrigen Angriff von sich oder einem Andern abzuwenden.

Die Ueberschreitung der Nothwehr ist nicht strafbar, wenn der Thäter in Bestürzung, Furcht oder Schrecken über die Grenzen der Vertheidigung hinausgegangen ist.

59. Wenn Jemand bei Begehung einer strafbaren Handlung das Vorhandensein von Thatumständen nicht kannte, welche zum gesetzlichen Thatbestande gehören oder die Strafbarkeit erhöhen, so sind ihm diese Umstände nicht zuzurechnen.

Bei der Bestrafung fahrlässig begangener Handlungen gilt diese Bestimmung nur insoweit, als die Unkenntniß selbst nicht durch Fahrlässigkeit verschuldet ist.

60. Eine erlittene Untersuchungshaft kann bei Fällung des Urtheils auf die erkannte Strafe ganz oder theilweise angerechnet werden.

Bei strafbaren Handlungen gegen die Pflichten der militärischen Unterordnung, sowie bei allen in Ausübung des

---

1. Absatz 1 lautete nach dem Entwurfe:

„Mangel oder Beschränkung der freien Willensbestimmung durch Furcht vor persönlicher Gefahr in Folge von Drohung oder Gewalt ist bei Handlungen, durch welche eine militärische Dienstpflicht verletzt wird, weder ein Grund zur Aufhebung der Strafbarkeit, noch ein Grund zur Milderung der Strafe."

Der Reichstag stellte den Wortlaut des § 116 Thl. I. des Pr. Mil.-StGB. v. 3. April 1845 wieder her, indem er die Fassung des § 49 Abs. I annahm.

Zu § 116 Th. I Pr. Mil.-StGB. bemerkt Fleck S. 152:

„Die Nichtachtung jeder persönlichen Gefahr bei Ausübung des Dienstes ist eine Berufspflicht der Personen des Soldatenstandes, welche in Kollisionsfällen höher gestellt werden muß, als die Pflicht der Selbsterhaltung. Solche Kollisionsfälle sind nicht blos im Kriege, sondern auch im Frieden denkbar. Namentlich können sie im Frieden eintreten, wenn auf Ueberwältigung flüchtiger Verbrecher, oder einer im Tumult oder Aufruhr begriffenen Volksmasse es ankommt. Deshalb ist im § 116 als ein ganz allgemein gültiger Grundsatz ausgesprochen, daß die Verletzung der Dienstpflichten aus Furcht vor persönlicher Gefahr für ebenso strafbar zu erachten sei, als die Dienstpflicht-Verletzung aus Vorsatz."

Dies findet somit auch auf § 49 Abs. 1 Anwendung.

2. Abs. 1 enthält demzufolge eine wesentliche Modifikation der §§ 51. 52. und 54 RStGB *) indem er bestimmt, daß, sobald eine Dienstpflicht aus Furcht vor persönlicher Gefahr verletzt worden ist, weder Unzurechnungsfähigkeit (welche in Folge der Furcht eingetreten ist), noch Nöthigung oder Nothstand einen Strafausschließungsgrund bilden dürfen. (Brauer S. 25, Koppmann S. 158.)

Diese Bestimmung beschränkt sich jedoch auf den Fall der Feigheit. In allen übrigen Fällen finden die §§ 51. 52 und 54 a. a. O. auf Militärpersonen ungeschmälerte Anwendung. Insbesondere ist *sinnlose Trunkenheit* ein *Strafausschließungsgrund*. (cfr. die Anm. 3 zu § 49.)

Abs. 1 enthält also nur eine *allgemeine* Bestimmung über die Beseitigung der Furcht vor persönlicher Gefahr als Strafausschließungsgrundes bei Dienstpflicht-Verletzungen. *Spezielle* Bestimmungen über die Strafbarkeit der aus Furcht vor persönlicher Gefahr begangenen Verletzungen der Dienstpflicht enthalten die §§ 84—88.

---

*) Die §§ 51. 52. 54 RStGB. lauten:

§ 51. Eine strafbare Handlung ist nicht vorhanden, wenn der Thäter zur Zeit der Begehung der Handlung sich in einem Zustande von Bewußtlosigkeit oder krankhafter Störung der Geistesthätigkeit befand, durch welche seine freie Willensbestimmung ausgeschlossen war.

§ 52. Eine strafbare Handlung ist nicht vorhanden, wenn der Thäter durch unwiderstehliche Gewalt oder durch eine Drohung, welche mit einer gegenwärtigen, auf andere Weise nicht abwendbaren Gefahr für Leib oder Leben seiner selbst oder eines Angehörigen verbunden war, zu der Handlung genöthigt worden ist.

Als Angehörige im Sinne dieses Strafgesetzes sind anzusehen Verwandte und Verschwägerte auf- und absteigender Linie, Adoptiv- und Pflege-Eltern und -Kinder, Ehegatten, Geschwister und deren Ehegatten, und Verlobte.

[*Verw.* auf- und abst. Linie sind eheliche und außereheliche. *Verschwägerte* auf- und abst. Linie sind Schwiegereltern und -Kinder, und Stiefeltern und -Kinder.]

§ 54. Eine strafbare Handlung ist nicht vorhanden, wenn die Handlung außer dem Falle der Nothwehr in einem unverschuldeten, auf andere Weise nicht zu beseitigenden Nothstande zur Rettung aus einer gegenwärtigen Gefahr für Leib oder Leben des Thäters oder eines Angehörigen begangen worden ist.

Dienstes begangenen strafbaren Handlungen bildet die selbstverschuldete Trunkenheit des Thäters keinen Strafmilderungsgrund.

[Entw. § 60.]

Zum Absatz 2.

3. Absatz 2 ist mit dem Entwurfe gleichlautend, jedoch hat der Reichstag das Wort „selbstverschuldete" vor Trunkenheit eingeschoben.

Die Motive lauten:

„Diese Vorschrift besagt, daß bei allen strafbaren Handlungen, wo, sei es wie im Strafgesetzbuche für das Deutsche Reich, z. B. durch Zulassung mildernder Umstände, oder sei es wie im Entwurfe durch Berücksichtigung von minder schweren Fällen, eine Strafmilderung ausdrücklich vorgesehen ist, diese Milderung in den beregten Fällen niemals darum stattfinden darf, weil der Thäter sich im trunkenen Zustande befindet.

Diese Vorschrift erweist sich im Interesse der militärischen Disziplin als sehr nothwendig. Erfahrungsmäßig kommen zumal die meisten Handlungen gegen die Pflichten der militärischen Unterordnung von Personen vor, die sich in trunkenem Zustande befinden. Es hieße, der Trunkenheit und jenen Handlungen Vorschub leisten, würde nicht vorgeschrieben, daß die Trunkenheit keinen Strafmilderungsgrund bilde. Daß sie ein Strafausschließungsgrund sei, wenn sie bis zum gänzlichen Mangel des Bewußtseins gediehen ist und die in diesem Zustande begangenen Handlungen daher nur als unwillkührliche anzusehen sind, ergibt § 51 des Strafgesetzbuches für das Deutsche Reich, und will der Entwurf nicht aufheben. Ebenso will er den Richter nicht in der Abmessung der Strafe innerhalb des einschlägigen Strafrahmens beschränken. Er hat darum nur wegen Strafmilderungsgründe, nicht aber auch wegen Strafminderungsgründe Vorschriften gegeben."

Die Erfahrung lehrt, daß, wenn die Trunkenheit bis zum gänzlichen Mangel des Bewußtseins gediehen ist, der Thäter selten die Fähigkeit besitzt, sich gegen die Strafgesetze zu vergehen. Dennoch sind solche Fälle denkbar. Der Richter wird darum im Interesse der Disziplin stets mit der größten Sorgfalt zu prüfen haben, ob in der That sinnlose Trunkenheit vorliegt oder ob die Trunkenheit nur störend auf das Bewußtsein des Thäters eingewirkt hat, da die Trunkenheit — ob selbstverschuldet oder nicht ist hierbei gleichgültig — nach § 51 RStGB. nur dann einen Strafausschließungsgrund bildet, wenn sie bis zur Bewußtlosigkeit sich gesteigert hat.

Ferner wird der Richter im Interesse der Disziplin auch zu prüfen haben, ob die hochgradige Trunkenheit nicht etwa vom Thäter nur simulirt worden ist, um sich der Strafe zu entziehen.

Nur wenn diese Prüfung Seitens des Richters mit peinlicher Sorgfalt vorgenommen wird, dürften die Gefahren beseitigt werden, welche der Disziplin aus dem Umstande erwachsen können, daß nach den Bestimmungen dieses Gesetzes abweichend von den Grundsätzen des Preußischen Militär-Strafgesetz-Buches sinnlose Trunkenheit einen Strafausschließungsgrund bildet (vergl. Keller S. 92. 93.).

4. Unverschuldet ist die Trunkenheit nur dann, wenn der Trunkene durch zufällige, von seinem Willen unabhängige Umstände in den Zustand der Trunkenheit versetzt worden ist, (Keller S. 92) oder mit anderen Worten: wenn sie durch Umstände herbeigeführt wurde, deren Folgen derselbe nicht beurtheilen konnte, worunter auch jene inbegriffen sind, die er überhaupt nicht gekannt hat. (Oberniedermayer S. 193.)

Ein derartiger Umstand ist z. B. der Genuß eines an und für sich nicht berauschenden Getränkes, in welches ohne Wissen des Genießenden ein berauschendes Mittel gemischt war; ebenso der mäßige Genuß eines geistigen Getränkes, dessen starke Wirkungen ihm nicht bekannt waren, oder das unter besonderen Verhältnissen, z. B. großer Hitze, ungewöhnlich berauschend wirkte. (Oberniedermayer a. a. O.)

§ 50.

Bei Bestrafung militärischer Verbrechen oder Vergehen ist die Erkennung der angedrohten Strafe unabhängig von dem Alter des Thäters.

[Entw. § 61.]

Eine im delirium tremens begangene strafbare Handlung kann nicht als in der (selbstverschuldeten) Trunkenheit begangen angesehen werden, da dasselbe eine Form des Wahnsinns ist. (Oberniedermayer a. a. O.)

5. Die strafbaren Handlungen gegen die Pflichten der Unterordnung sind in den §§ 89—113 behandelt.

6. „In Ausübung des Dienstes" ist nicht gleichbedeutend mit „im Dienste". Zum Dienst versammelte Militärpersonen sind noch nicht in Ausübung des Dienstes begriffen; mithin kann die selbstverschuldete Trunkenheit immerhin einen Strafmilderungsgrund abgeben, wenn ein Mann auf Wache, welcher nicht Posten steht, auch keinen anderen Dienst ausübt, eine im Mil.-StGB. f. d. D. R. oder im RStGB. mit Strafe bedrohte Handlung begeht, wenn sie nur nicht gegen die Pflichten der militärischen Unterordnung verstößt (vgl. Fleck S. 175, Weiffenbach S. 17, Koppmann S. 161).

7. Ueber das spezielle Vergehen der Trunkenheit im Dienste und außer Dienst siehe die §§ 151. 92. Mil.-StGB. f. d. D. R. und Kriegsartikel 48.

§ 50.

1. Nach den §§ 56 und 57 des Strafgesetzbuches für das Deutsche Reich sollen Personen, welche bei Begehung einer strafbaren Handlung zwar das zwölfte, aber noch nicht das achtzehnte Lebensjahr vollendet haben, freigesprochen werden, wenn sie bei Begehung der Handlung die zur Erkenntniß ihrer Strafbarkeit erforderliche Einsicht nicht besaßen, und wenn sie dieselbe besaßen, mit einer milderen, als der angedrohten Strafe belegt werden.

Ausweislich § 10 des zum Reichsgesetze erhobenen Gesetzes, betreffend die Verpflichtung zum Kriegsdienste vom 9. November 1867 (GBl. für den Nordd. B. von 1867 S. 131; von 1870 S. 647; Reichsgesetzblatt 1871 S. 398) ist es aber gestattet, bereits nach vollendetem siebenzehnten Lebensjahre in den Militärdienst einzutreten.

Vom militärischen Standpunkte ist es durchaus nothwendig, daß gegen jede Militärperson, welche eine im Militärstrafgesetzbuche vorgesehene strafbare Handlung begeht, die im Gesetze angedrohte volle Strafe verhängt werden könne. Denn anderenfalls schwände die Sicherheit und der Schutz, welchen das Strafgesetzbuch dadurch gewähren will, das es bestimmte Strafen androht.

Unter Abweichung von den Eingangs erwähnten §§ 56 und 57 bestimmt darum der vorliegende §, daß bei Bestrafung militärischer Verbrechen oder Vergehen die Verhängung der angedrohten Strafe unabhängig von der Altersstufe des Thäters sei.

Man glaubte diese Abweichung um so mehr zulassen zu dürfen, als der Eintritt bereits nach vollendetem siebenzehnten Lebensjahre nur gestattet, nicht aber geboten, überdies auch an die Bedingung mitgeknüpft ist, daß der Betreffende die nöthige moralische Qualifikation habe. (Motive.)

Keller bemerkt S. 94 treffend, daß die vorliegende Bestimmung auch für die Bestrafung der in den §§ 57—59. 134. 160 vorgesehenen, nach § 1 als militärische Verbrechen oder Vergehen sich darstellenden strafbaren Handlungen von Ausländern von ganz besonderer Wichtigkeit ist.

2. Bei Bestrafung bürgerlicher Verbrechen, Vergehen und Uebertretungen gelten auch gegen Militärpersonen die §§ 56 und 57 des RStGB.*).

---

*) Die §§ 56. 57 RStGB. lauten:

§ 56. Ein Angeschuldigter, welcher zu einer Zeit, als er das zwölfte, aber nicht das achtzehnte Lebensjahr vollendet hatte, eine strafbare Handlung begangen hat, ist freizusprechen, wenn er bei Begehung derselben die zur Erkenntniß ihrer Strafbarkeit erforderliche Einsicht nicht besaß.

§ 51.

Die Verfolgung eines militärischen Verbrechens oder Vergehens ist unabhängig von dem Antrage des Verletzten oder einer anderen zum Antrage berechtigten Person.

[Entw. § 62.]

---

§ 56 wird schwerlich je zur Anwendung kommen, da wohl kaum junge Leute in das Heer eintreten dürften, welche die erforderliche Einsicht zur Erkenntniß der Strafbarkeit einer Handlung nicht besitzen.

Hinsichtlich des § 57 RStGB. macht Weiffenbach (S. 44) den bemerkenswerthen Vorschlag, bei Revision des Reichs-Strafgesetzbuches an Stelle der weit gegriffenen Grenze des vollendeten achtzehnten Lebensjahres die des vollendeten siebenzehnten zu setzen, an welcher zugleich die Waffenfähigkeit beginne.

In der Novelle vom 26. Februar 1876 hat der Vorschlag noch keine Berücksichtigung gefunden.

3. Unter den Begriff des „Thäters" fällt hier selbstverständlich auch der Theilnehmer.

§ 51.

Inhalt:

1. Die Vorschrift des § 51, daß die Verfolgung eines militärischen Verbrechens oder Vergehens unabhängig von dem Antrage des Verletzten oder einer anderen zum Antrage berechtigten Person sei, empfahl sich zur Aufrechthaltung der Disziplin.

Sie war namentlich auch zum Schutze der Untergebenen erforderlich, da diese sonst zuweilen in Folge von Einschüchterung dahin gebracht werden könnten, An-

---

In dem Urtheile ist zu bestimmen, ob der Angeschuldigte seiner Familie überwiesen oder in eine Erziehungs- oder Besserungsanstalt gebracht werden soll. In der Anstalt ist er so lange zu behalten, als die der Anstalt vorgesetzte Verwaltungsbehörde solches für erforderlich erachtet, jedoch nicht über das vollendete zwanzigste Lebensjahr.

§ 57. Wenn ein Angeschuldigter, welcher zu einer Zeit, als er das zwölfte, aber nicht das achtzehnte Lebensjahr vollendet hatte, eine strafbare Handlung begangen hat, bei Begehung derselben die zur Erkenntniß ihrer Strafbarkeit erforderliche Einsicht besaß, so kommen gegen ihn folgende Bestimmungen zur Anwendung:

1) ist die Handlung mit dem Tode oder mit lebenslänglichem Zuchthaus bedroht, so ist auf Gefängniß von drei bis zu funfzehn Jahren zu erkennen;
2) ist die Handlung mit lebenslänglicher Festungshaft bedroht, so ist auf Festungshaft von drei bis zu funfzehn Jahren zu erkennen;
3) ist die Handlung mit Zuchthaus oder mit einer anderen Strafart bedroht, so ist die Strafe zwischen dem gesetzlichen Mindestbetrage der angedrohten Strafart und der Hälfte des Höchstbetrages der angedrohten Strafe zu bestimmen.

   Ist die so bestimmte Strafe Zuchthaus, so tritt Gefängnißstrafe von gleicher Dauer an ihre Stelle;
4) ist die Handlung ein Vergehen oder eine Uebertretung, so kann in besonders leichten Fällen auf Verweis erkannt werden;
5) auf Verlust der bürgerlichen Ehrenrechte überhaupt oder einzelner bürgerlicher Ehrenrechte, sowie auf Zulässigkeit von Polizei-Aufsicht ist nicht zu erkennen.

Die Freiheitsstrafe ist in besonderen, zur Verbüßung von Strafen jugendlicher Personen bestimmten Anstalten oder Räumen zu vollziehen.

träge auf Verfolgung der von Vorgesetzten gegen sie begangenen strafbaren Handlungen nicht zu stellen.

Insoweit es für nöthig erachtet wurde, auch bei sog. Antragsverbrechen oder Antragsvergehen des gemeinen Strafrechtes die Verfolgung ohne Antrag des Verletzten eintreten zu lassen, ist dies ausdrücklich, beispielsweise in § 127, bestimmt. (Motive).

2. Die Vorschrift des § 51, welche den Motiven zufolge im Interesse der Disziplin und zum Schutze der Untergebenen sich empfahl resp. erforderlich war, verstand sich strenggenommen von selbst, da nach § 2 diejenigen Bestimmungen, welche nach den Vorschriften des Deutschen Strafgesetzbuches in Beziehung auf Verbrechen und Vergehen allgemein gelten, auf militärische Verbrechen und Vergehen entsprechende Anwendung finden, nach den allgemeinen Vorschriften des Deutschen Strafgesetzbuches aber nur diejenigen Delikte als Antragsdelikte anzusehen sind, bei welchen dies speziell hervorgehoben ist.

Dennoch empfahl es sich, diese nothwendige, sich strenggenommen von selbst verstehende Vorschrift als einen militärstrafrechtlichen Grundsatz klar und deutlich auszusprechen und es erschien nicht räthlich, denselben an betreffender Stelle lediglich durch Weglassung der Bestimmung, daß das Verbrechen oder Vergehen nur auf Antrag strafbar sei, zur Geltung zu bringen. Es mußte vielmehr im Gegensatze zu der im § 61 des RStGB. enthaltenen Andeutung, daß verschiedene bürgerliche Verbrechen, Vergehen und Uebertretungen nur auf Antrag strafbar seien, darauf hingewiesen werden, daß es im Militär-Strafgesetzbuche solche sogenannte Antragsdelikte überhaupt nicht giebt.

(Dagegen: Koppmann S. 46 vgl. übrigens Note 1 zu § 2)

3. Zu den militärischen Verbrechen und Vergehen gehören auch die sogenannten militärisch qualifizirten, also z. B. auch Beleidigung Vorgesetzter (§ 91), Beleidigung Untergebener (§ 121), Mißhandlung Untergebener (§ 121), Kameradendiebstahl (§ 138 Abs. 1) 2c. Hier tritt also auch Verfolgung ohne Antrag ein.

Sobald die militärische Qualifikation in Wegfall kommt resp. unerheblich wird, die strafbare Handlung also als bürgerliches Antrags-Delikt nach dem Reichsstrafgesetzbuche zu beurtheilen ist (z. B. auch in dem Falle des § 138 Abs. 2, § 247 R.-StGB.), ist der Antrag unbedingt erforderlich.

Daß in dem Falle des § 138 Abs. 2 — wenn ein schwerer oder ein nach zweimaliger Vorbestrafung 2c. erfolgter einfacher Diebstahl (§§ 243. 244 R.-StGB.) an Sachen von unbedeutendem Werthe gegen Angehörige, Vormünder oder Erzieher, welche Vorgesetzte oder Kameraden des Thäters sind, verübt worden ist — bei mangelndem Strafantrage dennoch eine Bestrafung auf Grund des § 138 Abs. 1 erfolgen muß, ist bei § 138 näher ausgeführt. (Vgl. auch Koppmann S. 165.)

4. Ist wegen eines militärisch qualifizirten Deliktes die Untersuchung eröffnet und es stellt sich in der Spruchsitzung heraus, daß dennoch ein bürgerliches Antrags-Delikt vorliegt (z. B. Beleidigung eines Kameraden statt Beleidigung eines Vorgesetzten), so darf das Militärgericht bei mangelndem Strafantrage nicht freisprechen, muß vielmehr die Strafverfolgung „zur Zeit für unstatthaft" erklären, damit nicht der statthaften Erneuerung der Strafverfolgung durch noch rechtzeitige Antragstellung präjudizirt werde. (Oppenhoff Anm. 36 zu § 61. Koppmann S. 165.)

5. Antragsdelikte des bürgerlichen Strafrechts, bei welchen in Gemäßheit des § 55 Nr. 1—3 Mil.-StGB. f. d. D. R. auf eine erhöhte Strafe zu erkennen ist, sind keine militärisch qualifizirten sondern rein bürgerliche Delikte. Hier ist also der Strafantrag stets erforderlich.

6. Entwendung von Nahrungs- oder Genußmitteln von unbedeutendem Werthe oder in geringer Menge zum alsbaldigen Verbrauche (§ 370 Nr. 5 RStGB.) ist, auch wenn sie gegen Vorgesetzte oder Kameraden oder im Dienste 2c. verübt worden ist, stets ein bürgerliches, nur auf Antrag strafbares Delikt.

§ 52.

Bei Berechnung der Verjährungsfrist einer Strafverfolgung oder Strafvollstreckung ist der Arrest der Haft gleich zu achten.

[Entw. § 63.]

---

§ 52.

Inhalt:

1. § 52 lautete nach dem Entwurfe:

„Bei Berechnung der Verjährungsfrist einer Strafverfolgung oder Strafvollstreckung rücksichtlich militärischer Verbrechen und Vergehen ist die Festungsstrafe der Festungshaft, der Arrest der Haft gleich zu achten."

Dieser Paragraph wollte die Fristen für die Verjährung der Strafverfolgung militärischer Verbrechen und Vergehen, ingleichen die Fristen für die Vollstreckung solcher Strafen regeln, welche gegen Militärpersonen erkannt worden sind.

Die in dem Strafgesetzbuche für das Deutsche Reich enthaltenen einschlägigen Grundsätze wollte er dabei aufrecht erhalten.*)

---

*) Die betreffenden §§ des Reichs-Strafgesetzbuches lauten:

§ 66. Durch Verjährung wird die Strafverfolgung und die Strafvollstreckung ausgeschlossen.

§ 67. Die Strafverfolgung von Verbrechen verjährt,
wenn sie mit dem Tode oder mit lebenslänglichem Zuchthaus bedroht sind, in zwanzig Jahren;
wenn sie im Höchstbetrage mit einer Freiheitsstrafe von einer längeren als zehnjährigen Dauer bedroht sind, in funfzehn Jahren;
wenn sie mit einer geringeren Freiheitsstrafe bedroht sind, in zehn Jahren.

Die Strafverfolgung von Vergehen, die im Höchstbetrage mit einer längeren als dreimonatlichen Gefängnißstrafe bedroht sind, verjährt in fünf Jahren, von anderen Vergehen in drei Jahren.

Die Strafverfolgung von Uebertretungen verjährt in drei Monaten.

Die Verjährung beginnt mit dem Tage, an welchem die Handlung begangen ist, ohne Rücksicht auf den Zeitpunkt des eingetretenen Erfolges.

§ 68. Jede Handlung des Richters, welche wegen der begangenen That gegen den Thäter gerichtet ist, unterbricht die Verjährung.

Die Unterbrechung findet nur rücksichtlich desjenigen Statt, auf welchen die Handlung sich bezieht.

Nach der Unterbrechung beginnt eine neue Verjährung.

§ 69. Ist der Beginn oder die Fortsetzung eines Strafverfahrens von einer Vorfrage abhängig, deren Entscheidung in einem anderen Verfahren erfolgen muß, so ruht die Verjährung bis zu dessen Beendigung.

§ 70. Die Vollstreckung rechtskräftig erkannter Strafen verjährt, wenn
1) auf Tod oder auf lebenslängliches Zuchthaus oder auf lebenslängliche Festungshaft erkannt ist, in dreißig Jahren;
2) auf Zuchthaus oder Festungshaft von mehr als zehn Jahren erkannt ist, in zwanzig Jahren;
3) auf Zuchthaus bis zu zehn Jahren oder auf Festungshaft von fünf bis zu zehn Jahren oder Gefängniß von mehr als fünf Jahren erkannt ist, in funfzehn Jahren;
4) auf Festungshaft oder Gefängniß von zwei bis zu fünf Jahren oder auf Geldstrafe von mehr als sechstausend Mark erkannt ist, in zehn Jahren;

Nach § 10 dieses Strafgesetzbuches finden auf Deutsche Militärpersonen die Strafgesetze des Reiches insoweit Anwendung, als nicht die Militärgesetze ein anderes bestimmen. Folgeweise bedurfte es darum der Aufnahme von nur solchen Abänderungsbestimmungen, welche durch die Systematik des Entwurfs selbst bedingt waren.

Ausweislich § 67 des Strafgesetzbuches für das Deutsche Reich bestimmen sich die Fristen für die Verjährung der Strafverfolgung von Verbrechen und Vergehen danach, ob die Handlung ein Verbrechen oder ein Vergehen ist, und überdies je nach dem Höchstbetrage und der Art der auf die einzelnen Handlungen angedrohten Strafen.

Nach § 70 jenes Strafgesetzbuches ist ferner die Frist für die Verjährung rechtskräftig erkannter Strafen von der Größe und der Art der erkannten Strafe abhängig.

Insoweit nun gemäß § 67 die Unterscheidung zwischen Verbrechen und Vergehen bedeutungsvoll ist, kam hier in gleicher Weise die Unterscheidung zwischen militärischen Verbrechen und militärischen Vergehen als bedeutungsvoll zur Geltung.

Von den Strafarten, welche für die Verjährung nach dem gemeinen Strafrechte in Betracht kommen, kannte auch der Entwurf die Todesstrafe und die Zuchthausstrafe. In Betreff dieser beiden Strafarten bedurfte es daher nicht der Aufnahme besonderer Bestimmungen.

Dergleichen bedurfte es mithin nur noch hinsichtlich der Festungsstrafe und des Arrestes. (Motive.)

Da der Reichstag die Festungsstrafe des Entwurfes verwarf, genügte es, nur hinsichtlich der einzigen, dem Strafensystem des Reichsstrafgesetzbuches fremden Freiheitsstrafe, des Arrestes, Bestimmung zu treffen. Dies ist im § 52 geschehen.

2. Die Worte „einer Strafverfolgung oder" sind bei der durch Abänderung des Strafensystems des Entwurfes nothwendig gewordenen Redaktion des § 63 d. E. (cf. Anm. 1) zweifellos aus Versehen stehen geblieben, da § 67 des R.-StGB. der Haft nicht Erwähnung thut, Abs. 3 a. a. O. aber hier nicht in Frage kommt, weil das Militär-Strafgesetzbuch f. d. D. R. Uebertretungen überhaupt nicht kennt.

Demzufolge verjährt die Strafverfolgung der lediglich mit Arrest bedrohten militärischen Vergehen (§§ 89 Abs. 1. 90. 92. 146. 152 Abs. 2) nach § 67 Abs. 2 RStGB. in drei Jahren, die Strafvollstreckung dagegen nach § 70 Nr. 6 a. a. O. in zwei Jahren (cf. Keller S. 96, Dr. Rubo S. 78, Weiffenbach S. 45, Brauer S. 89, Koppmann S. 170—172).

3. Das Reichsstrafgesetzbuch thut im § 67 der lebenslänglichen Gefängnißstrafe und der lebenslänglichen Festungshaft keine Erwähnung. Ebenso erwähnt es im § 70 zwar der lebenslänglichen Festungshaft, nicht aber der lebenslänglichen Gefängnißstrafe. Man wird nicht fehlgreifen, wenn man in denjenigen Fällen, in welchen es sich bei militärischen Verbrechen um die Strafverfolgung handelt, annimmt, daß dieselbe bei lebenslänglicher Gefängnißstrafe und bei lebenslänglicher Festungshaft ebenso wie bei lebenslänglicher Zuchthausstrafe in zwanzig Jahren, und da, wo es sich um die Strafvollstreckung handelt, daß dieselbe bei lebenslänglicher Gefängnißstrafe, ebenso wie bei lebenslänglichem Zuchthaus und bei lebenslänglicher Festungshaft in dreißig Jahren verjähre (vgl. Koppmann S. 170. 173).

5) auf Festungshaft oder Gefängniß bis zu zwei Jahren oder auf Geldstrafe von mehr als einhundertfunfzig bis zu sechstausend Mark erkannt ist, in fünf Jahren;

6) auf Haft oder auf Geldstrafe bis zu einhundertfunfzig Mark erkannt ist, in zwei Jahren.

Die Verjährung beginnt mit dem Tage, an welchem das Urtheil rechtskräftig geworden ist.

§ 71. Die Vollstreckung einer wegen derselben Handlung neben einer Freiheitsstrafe erkannten Geldstrafe verjährt nicht früher, als die Vollstreckung der Freiheitsstrafe.

§ 72. Jede auf Vollstreckung der Strafe gerichtete Handlung derjenigen Behörde, welcher die Vollstreckung obliegt, sowie die zum Zwecke der Vollstreckung erfolgende Festnahme des Verurtheilten unterbricht die Verjährung.

Nach der Unterbrechung der Vollstreckung der Strafe beginnt eine neue Verjährung.

§ 53.

Wo dieses Gesetz eine erhöhte Freiheitsstrafe androht, kann dieselbe das Doppelte der für das betreffende Verbrechen

---

4. Nach § 67 RStGB. beginnt die Verjährung der Strafverfolgung mit dem Tage, an welchem die Handlung begangen ist, ohne Rücksicht auf den Zeitpunkt des eingetretenen Erfolges.

Davon enthält der § 76 Mil.-StGB. f. d. D. R. eine Ausnahme, indem derselbe bestimmt, daß die Verjährung der Strafverfolgung wegen Fahnenflucht mit dem Tage beginne, an welchem der Fahnenflüchtige, wenn er die Handlung nicht begangen hätte, seine gesetzliche oder von ihm übernommene Verpflichtung zum Dienste erfüllt haben würde.

Eine fernere Ausnahme findet bei allen Omissivdelikten statt. Hier beginnt die Verjährung erst mit der endlichen Vornahme der Handlung oder mit dem Aufhören der Verpflichtung (cf. Oppenhoff Anm. 8 zu § 67). Dasselbe gilt von einer fortgesetzten oder fortdauernden strafbaren Thätigkeit, bei welcher erst mit der gänzlichen Beendigung derselben die Verjährung beginnen kann (cf. Anm. 5 a. a. O.). Dies greift also z. B. bei Kontrolentziehung und unerlaubter Entfernung Platz.

5. Reine Disziplinarvergehen (cf. Anm. 4 zu § 3 des Einführungs-Gesetzes zum Militär-Strafgesetzbuch f. d. D. R.) mit alleiniger Ausnahme der Zuwiderhandlungen der Personen des Beurlaubtenstandes gegen die zum Zwecke der Aufrechterhaltung der militärischen Kontrole ertheilten Dienstvorschriften ꝛc. ꝛc., dürfen drei Monate nach der Verübung nicht mehr mit Strafe belegt werden (§ 44 der Disziplinar-Strafordnung für das Heer).

Diejenigen militärischen Vergehen, deren Bestrafung im Disziplinarwege in leichteren Fällen durch § 3 des Einführungsgesetzes zum Militär-Strafgesetzbuche für das Deutsche Reich ausdrücklich gestattet ist, verjähren, da der gedachte Paragraph nur eine andere als die gerichtliche Form der Bestrafung für zulässig erklärt, eine materielle Aenderung dieser Gesetze aber nicht beabsichtigt, nach § 67 Abs. 2 RStGB. entweder in 3 oder in 5 Jahren (cf. Beschluß des Pr. General-Auditoriats vom 28. März 1873 Nr. 1).

6. Nach § 72 des Deutschen Strafgesetzbuches unterbricht jede auf Vollstreckung der Strafe gerichtete Handlung derjenigen Behörde, welcher die Vollstreckung obliegt, die Verjährung. Hiernach wird die Verjährung einer durch Kontumazial-Erkenntniß ausgesprochenen Geldstrafe schon dann unterbrochen, wenn die strafvollstreckende Behörde — im Bezirk des Rheinischen Rechts die betreffende Regierung — von der Behörde, welche die Einziehung der Geldbuße zu bewirken hat, darüber Bericht erfordert, ob dies geschehen oder aus welchem Grunde dies noch nicht angängig gewesen sei. Die strafvollstreckende Behörde hierzu zu veranlassen, empfiehlt sich für die Militärgerichte stets dann, wenn ein Verurtheilter Vermögen hinterlassen oder zu erwarten hat. (Beschl. des Pr. Gen.-Aud. v. 28. März 1873 Nr. 18.) Die Verjährung der Strafverfolgung ist durch gerichtliche Steckbriefserneuerungen zu unterbrechen.

7. Bei den vor dem Inkrafttreten des Militär-Strafgesetzbuches für das Deutsche Reich, also vor dem 1. October 1872 verübten militärischen Verbrechen oder Vergehen kommt nach dem Grundsatze des § 2 RStGB. sowohl hinsichtlich der Strafverfolgung als auch hinsichtlich der Strafvollstreckung das mildere Gesetz zur Anwendung. Wenngleich der Wortlaut des § 2 strenggenommen sich nicht auf die Verjährung der Strafvollstreckung bezieht, so ist der Grundsatz des gedachten Paragraphen dennoch seinem innern Grunde nach auch hier anzuwenden. (Beschl. des Preußischen Ober-Tribunals vom 21. Febr. 1872, Oppenhoff Anm. 19. 21 zu § 2, Keller S. 96, *contra*: Koppmann S. 174).

§ 53.

Inhalt:

oder Vergehen angedrohten Freiheitsstrafe erreichen; sie darf jedoch den gesetzlich zulässigen Höchstbetrag der zu verhängenden Strafart nicht übersteigen (§§ 16. 17. 24).

[Entw. § 64.]

---

1. Mit Rücksicht darauf, daß das Militär-Strafgesetzbuch mehrfach (nämlich in den §§ 55. 103 Abs. 2. 115. 125. 136) bestimmt, es solle erhöhte Strafe eintreten, empfahl es sich behufs Vereinfachung der Redaktion, bereits im Allgemeinen Theile zu erläutern, was unter erhöhter Strafe zu verstehen sei. (Motive.)

2. Freiheitsstrafe ist hier nicht im Sinne des § 16, sondern im weiteren Sinne aufzufassen. Dabei ist zu berücksichtigen, daß § 53 nur von den für Verbrechen und Vergehen angedrohten Freiheitsstrafen handelt, und bei Uebertretungen überhaupt eine Straferhöhung nicht für statthaft erachtet.

Daß § 53 hier den Ausdruck Freiheitsstrafe im weiteren Sinne aufgefaßt wissen will, folgt daraus, daß die §§ 55 u. 115 unter strafbaren resp. mit Strafe bedrohten Handlungen sowohl bürgerliche als militärische Verbrechen und Vergehen verstehen und die §§ 103 Abs. 2. 125 und 136, in welchen allein noch eine Straferhöhung angedroht ist, dieselbe nicht nur bei Gefängniß, Festungshaft und Arrest, sondern auch bei Zuchthausstrafe beabsichtigen.

Dem entsprechend ist denn auch der Ausdruck Freiheitsstrafe in den sämmtlichen, eine Straferhöhung vorschreibenden Paragraphen (55. 103 Abs. 2. 115. 125. 136) vermieden und überall der Ausdruck „Strafe" gebraucht.

Hiernach kann die am Schlusse des § 53 enthaltene Hinweisung auf die §§ 16. 17. 24 des Mil.-StGB. f. d. D. R. dafür, daß hier nur über Freiheitsstrafen im Sinne des §§ 16 a. a. O. habe disponirt werden sollen, nichts beweisen und kann nur als auf einem Redaktionsversehen beruhend ihre Erklärung finden.

Die Ansicht von Herbst (S. 100ff.), daß aus den Worten „dieses Gesetz" zu folgern sei, daß § 53 nur Freiheitsstrafen im Sinne des § 16 im Auge habe und daß die durch § 53 betroffenen Straffälle, falls bei ihnen die Erfordernisse des § 55 vorlägen, damit zu militärischen Strafthaten geworden seien, ist ganz unhaltbar. Wenn dieses Gesetz für Militärpersonen unter gewissen Umständen eine erhöhte Strafe androht, so folgt daraus noch nicht, daß es dieselbe nur für militärische Verbrechen oder Vergehen der Militärpersonen androht. Ferner werden die eine Straferhöhung bedingenden bürgerlichen Verbrechen oder Vergehen dadurch, daß eine Straferhöhung nothwendig wird, nicht militärische Verbrechen oder Vergehen, sondern behalten ihren gemein-strafrechtlichen Charakter. (Vergl. übrigens die Anmerkungen zu §§ 55. 103 Abs. 2. 115. 125. 136 Brauer S. 77 und Koppmann S. 175. 177.)

3. Die Straferhöhung kann das Doppelte der angedrohten (nicht der im speziellen Falle verwirkten) Strafe erreichen. Der entgegenstehenden Ansicht Brauer's (S. 77), daß die Straferhöhung nur das Doppelte der verwirkten Strafe erreichen könne, widerspricht der klare Wortlaut des Gesetzes. Unter der „angedrohten Strafe" ist selbstverständlich der angedrohte Höchstbetrag der Strafe zu verstehen (cf. Anm. 2 zu § 1). Hiernach ist in allen Fällen, in welchen das Gesetz eine erhöhte Strafe vorschreibt, ein Ueberschreiten des niedrigsten Strafmaßes — auch des für einen minder schweren Fall angedrohten Strafminimums — geboten, ein Ueberschreiten des höchsten Strafmaßes bis zum Doppelten des angedrohten Höchstbetrages dagegen nur zulässig. (Cf. Allgem. Verf. des Pr. Gen.-Aud. v. 6. Nov. 74 Anm. 2 zu § 1 und Koppmann S. 176.)

4. Die Straferhöhung darf den gesetzlich zulässigen Höchstbetrag der zu verhängenden Strafart nicht übersteigen, mithin bei Zuchthaus und Festungshaft nicht 15 Jahre, bei Gefängniß bezüglich militärischer Verbrechen gleichfalls nicht 15 Jahre, bei der wegen Vergehen des gemeinen Strafrechts zu verhängenden Gefängnißstrafe nicht 5 Jahre, bei Arrest, und zwar bei gelindem und mittleren nicht 6, bei strengem Arrest nicht 4 Wochen überschreiten. Mithin kann aus einem mit Gefängniß bedrohten Vergehen des gemeinen Strafrechts niemals durch Straferhöhung ein Verbrechen werden, wie es bei den mit Festungshaft bis zu 3 Jahren bedrohten gemeinen Vergehen der Fall ist. (Cf. oben Anm. 2 und Anm. 2 zu § 1.)

§ 54.

Wenn mehrere zeitige Freiheitsstrafen zusammentreffen, so ist auf eine Gesammtstrafe nach den Vorschriften des Deutschen Strafgesetzbuches zu erkennen. Dieselbe darf in

---

Die Ansicht Dr. Rubo's (S. 79) daß, wenn bei angedrohtem Arrest erhöhte Strafe eintreten und die Dauer der verwirkten Strafe mehr als sechs Wochen betragen würde, auf Festungshaft resp. Gefängniß erkannt werden müsse, beruht auf der irrigen Annahme, daß die Arreststrafen als Ausläufer der Festungshaft und Gefängnißstrafe keine besonderen Strafarten seien. (Siehe Anm. 2 zu § 19.)

5. Die erhöhte Strafe trifft denjenigen nicht, welcher bei Begehung einer strafbaren Handlung das Vorhandensein der straferhöhenden Thatumstände nicht kannte. (Cf. §§ 50 RStGB. 2 Mil.-StGB. f. d. D. R. und Anm. 5 zum IV. Abschnitt.

§ 54.

Inhalt:

1. Satz 1 lautete im Entwurfe:

„Wenn mehrere zeitige militärische Freiheitsstrafen zusammentreffen, so ist in allen Fällen auf eine Gesammtstrafe nach den Vorschriften des Strafgesetzbuches für das Deutsche Reich zu erkennen."

Den Motiven zufolge wurde hiermit nur insoweit eine Abweichung von den Grundsätzen des Reichsstrafgesetzbuches über die Konkurrenz von strafbaren Handlungen beabsichtigt, als man aus Rücksichten der militärischen Disziplin in allen denjenigen Fällen, in welchen nach dem Strafensystem des Entwurfes auf eine militärische Freiheitsstrafe zu erkennen sein, der Abzuurtheilende also im Militärverbande verbleiben würde, die Ausnahmen der §§ 75 und 77 des Reichsstrafgesetzbuches, welche vorschreiben, daß wenn Festungshaft nur mit Gefängnißstrafe zusammentreffe, auf jede dieser Strafarten gesondert, und wenn Haft mit einer anderen Freiheitsstrafe zusammentreffe, auf Haft gesondert zu erkennen sei, völlig beseitigen und ausnahmslos auf eine Gesammtstrafe erkannt wissen wollte.

Der Reichstag strich das Wort „militärische" vor Freiheitsstrafen und die Worte „in allen Fällen" ohne jegliche Diskussion auf den Antrag seiner Kommission, behielt aber im Uebrigen die Wortfassung des ersten Satzes bei.

Der erste dieser Abstriche war durch die Aenderung des Strafensystems des Entwurfs bedingt, der zweite empfahl sich zur Vermeidung von Mißverständnissen, da man sich durch Beibehaltung des Wortes „Freiheitsstrafen", wie unten näher ausgeführt werden soll, für Beibehaltung der Ausnahme des § 77 RStGB. entschieden hatte.

Nach dem in den §§ 2. 3 des Mil.-StGB. f. d. D. R. übereinstimmend mit § 10 des R.-StGB. ausgesprochenen Prinzipe, finden die strafrechtlichen Grundsätze ebenso wie die Strafbestimmungen des letzteren über Ideal- und Real-Konkurrenz (cf. §§ 73—79*) überall auf Militärpersonen Anwendung, soweit nicht das Militärstrafgesetzbuch Abweichendes bestimmt.

---

*) Die §§ 73—79 ff. lauten:

§ 73. Wenn eine und dieselbe Handlung mehrere Strafgesetze verletzt, so kommt nur dasjenige Gesetz, welches die schwerste Strafe und bei ungleichen Strafarten, dasjenige Gesetz, welches die schwerste Strafart androht, zur

keinem Falle den gesetzlich zulässigen Höchstbetrag der zu verhängenden Strafart übersteigen. Ist die Gesammtstrafe wegen Zusammentreffens militärischer Verbrechen und Vergehen mit

---

Hiernach kann § 54 entweder nur eine Ausnahme von den Grundsätzen der §§ 74 ff. RStGB. enthalten, oder es würde seine Aufgabe gewesen sein, die Lehre von der Realkonkurrenz erschöpfend zu behandeln.

Wäre letzteres wirklich die Absicht des Gesetzgebers gewesen, so würde diese Aufgabe höchst mangelhaft gelöst sein.

Wollte der Gesetzgeber in dem § 54 die Grundsätze des Reichsstrafgesetzbuches ausnahmslos reproduziren und damit auch die Ausnahme des § 75 beibehalten, so hätte er doch zweifellos den ersten Satz dahin fassen müssen:

„Wenn mehrere zeitige Freiheitsstrafen zusammentreffen, so ist nach den Vorschriften des Deutschen Strafgesetzbuches zu erkennen."

Anwendung. (Die Bestimmungen dieses § finden auf Militärpersonen durchweg Anwendung.)

§ 74. Gegen denjenigen, welcher durch mehrere selbstständige Handlungen mehrere Verbrechen oder Vergehen, oder dasselbe Verbrechen oder Vergehen mehrmals begangen und dadurch mehrere zeitige Freiheitsstrafen verwirkt hat, ist auf eine Gesammtstrafe zu erkennen, welche in einer Erhöhung der verwirkten schwersten Strafen besteht.

Bei dem Zusammentreffen ungleichartiger Freiheitsstrafen tritt diese Erhöhung bei der ihrer Art nach schwersten Strafe ein.

Das Maß der Gesammtstrafe darf den Betrag der verwirkten Einzelstrafen nicht erreichen und funfzehnjähriges Zuchthaus, zehnjähriges Gefängniß oder fünfzehnjährige Festungshaft nicht übersteigen.

§ 75. Trifft Festungshaft nur mit Gefängniß zusammen, so ist auf jede dieser Strafarten gesondert zu erkennen.

Ist Festungshaft oder Gefängniß mehrfach verwirkt, so ist hinsichtlich der mehreren Strafen gleicher Art so zu verfahren, als wenn dieselben allein verwirkt wären.

Die Gesammtdauer der Strafen darf in diesen Fällen funfzehn Jahre nicht übersteigen.

§ 76. Die Verurtheilung zu einer Gesammtstrafe schließt die Aberkennung der bürgerlichen Ehrenrechte nicht aus, wenn diese auch nur neben einer der verwirkten Einzelstrafen zulässig oder geboten ist.

Ingleichen kann neben der Gesammtstrafe auf Zulässigkeit von Polizei-Aufsicht erkannt werden, wenn dieses auch nur wegen einer der mehreren strafbaren Handlungen statthaft ist.

§ 77. Trifft Haft mit einer anderen Freiheitsstrafe zusammen, so ist auf die erstere gesondert zu erkennen.

Auf eine mehrfach verwirkte Haft ist ihrem Gesammtbetrage nach, jedoch nicht über die Dauer von drei Monaten zu erkennen.

§ 78. Auf Geldstrafen, welche wegen mehrerer strafbarer Handlungen allein oder neben einer Freiheitsstrafe verwirkt sind, ist ihrem vollen Betrage nach zu erkennen.

Bei Umwandlung mehrerer Geldstrafen ist der Höchstbetrag der an die Stelle derselben tretenden Freiheitsstrafe zwei Jahre Gefängniß und, wenn die mehreren Geldstrafen nur wegen Uebertretungen erkannt worden sind, drei Monate Haft.

§ 79. Die Vorschriften der §§ 74—78 finden auch Anwendung, wenn, bevor eine erkannte Strafe verbüßt, verjährt oder erlassen ist, die Verurtheilung wegen einer strafbaren Handlung erfolgt, welche vor der früheren Verurtheilung begangen war.

bürgerlichen Verbrechen und Vergehen zu erkennen, so ist der Höchstbetrag der Strafe wegen letzterer durch die Vorschriften des Deutschen Strafgesetzbuches bestimmt.

Bestehen die zusammentreffenden Freiheitsstrafen nur in Arreststrafen, so darf auch die Gesammtstrafe nur in Arrest bestehen. Sind die Arreststrafen ungleichartige, so gilt Ein

---

Dadurch, daß er die Worte des Entwurfes: „auf eine Gesammtstrafe" stehen ließ, geht zur Evidenz hervor, daß es ihm gar nicht um Reproduktion der Grundsätze des Reichsstrafgesetzbuches zu thun sein konnte, denn die gewählte Form würde dann geradezu eine korrupte und nichts weniger als erschöpfende sein.

Nach dem oben Gesagten hätte es aber mit Rücksicht auf § 2 Mil.=StGB. f. d. D. R. des ganzen Satzes nicht bedurft, wenn der Gesetzgeber damit nichts Anderes hätte sagen wollen, als was sich von selbst verstand.

Die Annahme Koppmann's (S. 180), daß Satz 1 nur einen passenden Uebergang zu den obigen Normen des § 54 habe herstellen sollen, trifft nicht zu, da dies einerseits gegen die Grundsätze der neueren Gesetzes-Redaktion verstoßen, andererseits die Dürftigkeit des ersten Satzes denselben überhaupt nicht befähigen würde, ein *passendes* Bindeglied abzugeben.

Hiernach kann lediglich die Annahme begründet erscheinen, daß § 54 eine Ausnahme von den Grundsätzen des Reichsstrafgesetzbuches bezwecke.

Daß die §§ 74—76 RStGB. nicht über die Haftstrafe disponiren ist zweifellos, da sie nur von Verbrechen und Vergehen und nicht von Uebertretungen handeln.

Die §§ 74—76 haben daher die Haftstrafe nicht im Sinne, und auch hinsichtlich der für einzelne *Vergehen* zulässigen Haftstrafe enthält der § 77 ausschließlich die Regelung. (s. Oppenhoff Anm. 1 zu § 77, Rüdorf Strafgesetzbuch für das Deutsche Reich. Berlin 1876. S. 34.)

Demzufolge versteht der § 74 RStGB. unter „Freiheitsstrafen" die Haft nicht mit.

Um so weniger kann der Ausdruck „Freiheitsstrafen" im § 54 dieses Gesetzes — wie Koppmann (S. 181) irrthümlich annimmt und Behufs Begründung seiner Ansicht auch annehmen muß, — sich auf die Haft des Reichsstrafgesetzbuches mitbeziehen.

Da das Militär-Strafgesetzbuch außer über Gefängniß, Festungshaft und Arrest nur noch über Zuchthausstrafe, nicht aber auch über die Haft im Gesetze disponirt, so folgt schon daraus, daß die letztere Strafe auch bei Konkurrenz mit militärischen Verbrechen und Vergehen ihren besonderen Charakter behält. Die Vorschrift des § 54 bezieht sich daher nicht auf die Haft, vielmehr ist besage § 77 RStGB. auf diese Strafe stets gesondert zu erkennen. (Beschl. des Pr. Gen.-Aud. v. 28. März 1873 Nr. 8.)

Hiernach kann also nur angenommen werden, daß sich der Ausdruck „Freiheitsstrafe" auf Zuchthaus, Gefängniß, Festungshaft und Arrest bezieht.

Hält man daran fest, daß § 54 Satz 1 nur eine Ausnahme von den Grundsätzen des Reichsstrafgesetzbuches enthalten kann, so wird man sich der Annahme nicht verschließen können, daß diese Ausnahme ihren Ausdruck in den Worten des ersten Satzes: „*auf eine Gesammtstrafe*" gefunden hat und der Zusatz „auf eine Gesammtstrafe" nur die Deutung zulassen kann, daß beim Zusammentreffen von Zuchthaus, Gefängniß, Festungshaft oder Arrest, abweichend von den Grundsätzen des Reichsstrafgesetzbuches *immer* auf eine Gesammtstrafe erkannt werden müsse, mithin die Ausnahme des § 75 des Reichsstrafgesetzbuches für Militärpersonen beseitigt sei.

Der Abstrich der Worte „*in allen Fällen*" war allerdings durchaus nicht nothwendig, empfahl sich jedoch, um darüber keinen Zweifel zu lassen, daß man unter dem Worte „Freiheitsstrafen" die Haftstrafe nicht mit inbegriffen wissen wollte.

Unter allen Umständen dürfte es wünschenswerth erscheinen, bei einer Revision des Militär-Strafgesetzbuches die angeregten Zweifel durch eine präzisere Wort-

Tag strengen Arrestes gleich zwei Tagen mittleren Arrestes, Ein Tag mittleren Arrestes gleich zwei Tagen gelinden Arrestes.

---

fassung zu beseitigen und dafür Sorge zu tragen, daß auch das den militärischen Verhältnissen widersprechende gesonderte Erkennen auf Haft in Wegfall gebracht werde.

Der oben entwickelten Ansicht ist auch das Preußische General-Auditoriat, wie aus dem Beschl. v. 28. März 1873 ad Nr. 8 hervorgeht, ferner Solms S. 26 und Herbst S. 58 ff. *contra*: Dr. Rubo S. 82 ff., Weiffenbach S. 47, Koppmann S. 178 ff., welche übereinstimmend annehmen, daß beim Zusammentreffen von Gefängniß und Festungshaft auf jede dieser Strafarten gesondert zu erkennen sei.

Keller nimmt (S. 99) an, daß unter „Freiheitsstrafen" im § 54 die Freiheitsstrafen im engsten Sinne (§ 16), also nur Gefängniß, Festungshaft und Arrest zu verstehen seien, und § 54 nur hinsichtlich des Zusammentreffens dieser Strafarten eine Ausnahme von den Grundsätzen des Deutschen Strafgesetzbuches beabsichtigt habe.

Dennoch kommt er zu demselben Resultate, daß niemals auf Gefängniß und Festungshaft gesondert erkannt werden dürfe, indem er ohne weitere Begründung annimmt, daß es keinen Unterschied mache, ob die Gefängnißstrafe oder Festungshaft (welche in dem Begriff Freiheitsstrafe des § 16 enthalten) wegen eines gemeinen oder wegen eines militärischen Verbrechens oder Vergehens verhängt werde.

Wenngleich der 2. Satz des § 54 für die Keller'sche Annahme, daß hier Freiheitsstrafe im engsten Sinne aufzufassen sei, zu sprechen scheint (cf Anm. 8), da der Höchstbetrag der für Vergehen des gemeinen Strafrechts zu verhängenden Gefängnißstrafe nach § 16 RStGB. fünf Jahre beträgt, Satz 2 aber nicht beabsichtigt haben kann, das nach § 74 Abs. 3 bei Realkonkurrenz auf zehn Jahre im Höchstbetrage festgesetzte Maß der Gefängnißstrafe des gemeinen Strafrechts auf fünf Jahre zu ermäßigen, so spricht doch gegen diese Annahme der Umstand, daß aus Satz 3 klar erhellt, daß § 54 sowohl über das Zusammentreffen von Freiheitsstrafen wegen Verbrechen und Vergehen des gemeinen Strafrechtes als auch wegen solcher des Militärstrafrechts disponirt. Ferner erscheint es sehr bedenklich, den Unterschied, welcher immerhin zwischen der Gefängnißstrafe und Festungshaft des Militär-Strafrechts und der des gemeinen Strafrechts besteht, für völlig beseitigt zu erachten. Ist die Keller'sche Auffassung des Wortes „Freiheitsstrafe" richtig, so wird man nicht umhin können, die Ausnahme des § 54 auf die für militärische Verbrechen oder Vergehen zu verhängende Gefängnißstrafe und Festungshaft zu beschränken und die Regel des § 75 RStGB. im Uebrigen, wenn Festungshaft nur mit Gefängniß zusammentrifft, zur Anwendung zu bringen, wobei jedoch zu beachten bleibt, daß das Wörtchen „nur" ein gesondertes Erkennen auf Gefängniß und Festungshaft nicht gestattet, sobald noch eine Ehrenstrafe des gemeinen oder des Militär-Strafrechts konkurrirt.

2. Eine Bestimmung wegen der idealen Konkurrenz enthält § 54 nicht. Es bewendet also ohne Weiteres bei der in § 73 RStGB. gegebenen Vorschrift, derzufolge bei idealer Konkurrenz nur dasjenige Gesetz, welches die schwerste Strafe, und bei ungleichen Strafarten dasjenige Gesetz, welches die schwerste Strafart androht, zur Anwendung kommt. (Motive.)

3. Realkonkurrenz ist anzunehmen, wenn mehrere selbstständige Handlungen entweder gleichzeitig oder ungleichzeitig (cfr. § 79 RStGB. und Anm. 7) zur Aburtheilung gelangen. Unter einer selbstständigen Handlung versteht das Gesetz eine zusammenhängende, von demselben strafbaren Wollen getragene Thätigkeit. Diese Thätigkeit kann aus Einzelhandlungen bestehen, von denen jede als selbstständige Verletzung desselben Strafgesetzes erscheint (sogen. fortgesetztes Verbrechen). Hier bildet die Mehrheit der Einzelhandlungen nur eine Gesetzesverletzung und kann nur bei der Strafzumessung berücksichtigt werden. (cfr. Rüdorf Strafgesetzbuch für das Deutsche Reich, Berlin 1876 S. XVII.)

Der mehrfach von den Strafrechtslehrern vertretenen Ansicht, daß die Lehre vom sogenannten fortgesetzten Verbrechen durch das Deutsche Strafgesetzbuch gänzlich beseitigt sei, kann nicht beigepflichtet werden, wenngleich zugegeben werden muß, daß

Die Verurtheilung zu einer Gesammtstrafe schließt die Verurtheilung zu einer Ehrenstrafe nicht aus, wenn diese auch nur neben einer der verwirkten Einzelstrafen zulässig oder geboten ist.

[Entw. § 65.]

---

sie durch dasselbe erheblich alterirt worden ist. So ist z. B. das Vorschützen von Gebrechen, welches gewöhnlich durch eine Menge von Einzelhandlungen, von denen jede als selbstständige Verletzung des § 83 Mil.-StGB. f. d. D. R. anzusehen ist, zur Erscheinung tritt, als ein einziges fortgesetztes Verbrechen anzusehen, weil hier nur eine zusammenhängende, von demselben strafbaren Wollen getragene Thätigkeit vorliegt. Wenn jedoch die Continuität der fraglichen Thätigkeit z. B. durch Zeit, Raum, veränderte Willensrichtung oder auf andere Weise getrennt worden ist, was wesentlich Thatfrage ist, stellen die Einzelhandlungen selbstständige Handlungen dar und machen die Anwendung der über Realkonkurrenz gegebenen Bestimmungen nothwendig.

4. Der Bestimmung des § 74 RStGB., betreffend die Festsetzung der Gesammtstrafe, kann nur dann vollständig genügt, und der Absicht des Gesetzgebers nur dann entsprochen werden, wenn der Richter zuerst die für die einzelnen Verbrechen und Vergehen verwirkten Strafen arbitrirt und sodann auf dieser Grundlage die Gesammtstrafe festsetzt. Denn gerade darauf ist die Absicht des Gesetzgebers gerichtet, daß der Richter eine jede selbstständige Strafthat des Angeschuldigten auch selbstständig ohne Rücksicht auf die anderweit konkurrirenden Handlungen beurtheilen und die Strafbarkeit derselben abwägen soll, weil nur auf diese Weise die den einzelnen Straffällen und der Gesammtheit der strafbaren Handlungen entsprechende Strafe gefunden werden kann.

Die Festsetzung der Einzelstrafen ist aber auch deshalb die nothwendige Voraussetzung der Gesammtstrafe, weil dadurch allein der Vorschrift genügt werden kann, wonach diese Strafe den Betrag der verwirkten Einzelstrafen nicht erreichen darf.

Da das Erkenntniß ein in sich abgeschlossenes Ganze bilden und aus demselben die richtige Anwendung der Gesetze hervorgehen soll, so liegt es auf der Hand, daß die Anführung der festgesetzten Theilstrafen in den Entscheidungsgründen nothwendig zur Begründung des Urtheils gehört; dies um so mehr, als ohne dieselbe die Gesetzlichkeit des Erkenntnisses in Beziehung auf das Strafmaß nicht würde geprüft werden können. (Cirkularschreiben des Preuß. Gen.-Aud. an die sämmtlichen Militärgerichte vom 8. Juni 1875, s. auch Oppenhoff Anm. 23 zu § 74.)

5. Der § 74 RStGB. sowohl, wie der vorliegende § 54 fordern das Erkennen auf eine Gesammtstrafe nur beim Zusammentreffen zeitiger Freiheitsstrafen. Auf lebenslängliche Freiheitsstrafe ist daher gesondert zu erkennen. (cfr. Keller S. 102, Koppmann S. 180.)

Auch neben der Todesstrafe hat der Richter die übrigen Strafen (Freiheits-, Geld- und Ehrenstrafen) mit zu verhängen, da ihn kein Gesetz ermächtigt, von den letzteren abzusehen; auch empfiehlt es sich, die anderen verwirkten Strafen mit allen Folgen für den möglichen Fall auszusprechen, wo die die Todesstrafe verhängende Entscheidung nicht zur Vollstreckung kommt. (Oppenhoff Anm. 20 zu § 74.)

6. Für die verschiedenen Fälle von Real-Konkurrenz gilt somit nach § 54 in Verbindung mit den §§ 74 ff. RStGB. Folgendes:

a) Trifft zeitige Zuchthausstrafe mit zeitiger Gefängnißstrafe, Festungshaft oder Arreststrafe zusammen, so ist Zuchthaus stets die Einsatzstrafe. Die in Gefängniß und Festungshaft bestehenden Einzelstrafen sind nach dem im § 21 RStGB. angegebenen Geltungsverhältniß zu reduziren. Den § 21 auch Behufs Reduktion des als Einzelstrafe arbitrirten Arrestes anzuwenden, ist zwar nirgends vorgeschrieben, dürfte aber bei dem Mangel eines Geltungsverhältnisses der Zuchthausstrafe zum Arrest in der Billigkeit begründet sein. Hierbei wird man den Stubenarrest und gelinden Arrest am Besten der Festungshaft, mittleren und strengen Arrest dagegen der Gefängnißstrafe gleichstellen (dafür auch Koppmann S. 181.

183 *contra:* Weissenbach S. 48, welcher im letzteren Falle nicht reduziren sondern addiren will).

Der Grundsatz des § 19 Abs. 2, demzufolge die Dauer einer Zuchthausstrafe nur nach vollen Monaten bemessen werden soll, trifft bei der Real-Konkurrenz nicht zu, da der Grundsatz des § 74 Abs. 3, daß das Maß der Gesammtstrafe den Betrag der verwirkten Einzelstrafen nicht erreichen darf, überwiegt (cf. Oppenhoff Anm. 3 zu § 19; Herbst S. 64ff.).

b) Trifft zeitiges Gefängniß mit zeitiger Festungshaft zusammen, so ist nach den Ausführungen in Anm. 1 stets auf erhöhte Gefängnißstrafe zu erkennen. Die Festungshaft ist nach dem im § 21 RStGB. angegebenen Geltungsverhältniß zu reduziren.

Ist beim Zusammentreffen von Festungshaft und Gefängnißstrafe zugleich auf eine bürgerliche oder militärische Ehrenstrafe zu erkennen, so wird darin, daß nach § 54 auf eine Gesammtgefängnißstrafe erkannt werden muß, eine Härte niemals gefunden werden können. Nach dem oben ad 1 Ausgeführten dürfte sogar die Konkurrenz einer Ehrenstrafe auch im gemeinen Strafrecht die Anwendung des § 75 RStGB. ausschließen.

Andernfalls hat, insbesondere wenn die eingesetzte Gefängnißstrafe von ganz geringer Dauer, die arbitrirte Festungshaft aber von erheblich längerer Dauer ist, der Richter es stets in der Hand, Härten, welche sich bei der Durchführung des Absorptionsprinzipes etwa in einzelnen Fällen darbieten sollten, dadurch zu beseitigen, daß er die Einsatzstrafe trotz der erheblichen Dauer der als Einzelstrafe arbitrirten Festungshaft nur um ein Geringes schärft.

c) Trifft Arrest mit Gefängniß oder Festungshaft zusammen, so stellt das Gesetz die Wahl der Einsatzstrafe in das freie Ermessen des Richters. „Hier wird man", wie Keller (S. 101) sehr treffend bemerkt, „bei dem Mangel eines Geltungsverhältnisses des Arrestes zu den übrigen Freiheitsstrafen, wohl am Wenigsten fehlgreifen, wenn man die Festungshaft dem Stuben- oder gelinden Arrest gleichstellt, Gefängniß, mittleren und strengen Arrest aber als gleichartige Strafen erachtet, weil man sonst zu widersinnigen Konsequenzen gelangen würde".

Dies nimmt auch das Preußische General-Auditoriat an.

Es kann hiernach bei dem Mangel eines Geltungsverhältnisses der Gefängnißstrafe zum qualifizirten Arrest, wenn Gefängniß mit mittlerem oder strengem Arrest konkurrirt, nur die ihrer Dauer nach härteste Strafe die Einsatzstrafe sein, und es muß demzufolge bei ihr die Straferhöhung vorgenommen werden.

Im militärischen Interesse, welches möglichst kurze aber strenge Strafen erheischt, empfiehlt es sich dabei, wenn Gefängniß unter sechs Wochen und qualifizirter Arrest zusammentreffen, bei der Arbitrirung der Theilstrafen in jedem Falle eingehend zu prüfen, ob nicht das militärische Vergehen das überwiegende und deshalb bei der wegen desselben verwirkten Arreststrafe die Straferhöhung zu veranlassen ist. Da die wegen gemeiner Vergehen angedrohte Gefängnißstrafe — um welche es sich selbstredend hier nur handeln kann — der Regel nach nicht in Betreff des Mindestbetrages der Strafe limitirt, vielmehr die Strafabmessung dem richterlichen Ermessen überlassen ist, so haben es die Militärgerichte in der Hand, durch geeignete Abmessung der Theilstrafen den militärischen Interessen Rechnung zu tragen und die durch die Strafrechtstheorie und die Art der Vollstreckung der Gefängnißstrafe unter sechs Wochen hervorgerufenen Inkonvenienzen auszugleichen. (Beschl. des Pr. Gen.-Aud. vom 28. März 1873 Nr. 8.)

d) Trifft Haft mit Zuchthaus, Gefängniß, Festungshaft oder Arrest zusammen, so ist stets auf Haft gesondert zu erkennen (cf. Anm. 1).

Um die hieraus für die Strafvollstreckung erwachsenden Inkonvenienzen zu beseitigen, empfiehlt es sich, wenn der Angeschuldigte verhaftet sein sollte, von der dem Richter nach § 60 RStGB. zustehenden Befugniß Gebrauch zu machen und im Tenor des Erkenntnisses auszusprechen, daß die erkannte Haftstrafe durch die erlittene Untersuchungshaft für verbüßt zu erachten sei. (Cirkularschreiben des Pr. General-Auditoriats vom 24. November 1871; cf. Anm. 4 zu § 19.)

7. § 79 RStGB. will nur den Nachtheil beseitigen, welcher für einen Angeschuldigten dadurch entsteht, daß aus irgend einem Grunde realiter konkurrirende strafbare Handlungen nicht gleichzeitig zur Aburtheilung gelangen und daß deshalb nicht auf eine Gesammtstrafe nach Vorschrift des § 74 a. a. O. erkannt werden konnte. Der Richter, welcher zufolge des gedachten Gesetzes über den ihm nachträglich unterbreiteten Fall zu urtheilen hat, muß deshalb auch die rechtskräftig erkannte Strafe in den Kreis seiner Beurtheilung ziehen, um die Gesammtstrafe festzusetzen. Daraus folgt, daß ein in seiner Kompetenz sowohl in Betreff der Strafart, als auch der Strafhöhe beschränktes Standgericht zur Arbitrirung der zusätzlichen Strafe — beziehungsweise Festsetzung der Gesammtstrafe — nur dann zuständig ist, wenn die prinzipale und die Zusatzstrafe zusammengenommen innerhalb der Kompetenz desselben liegen. (Cirkularschreiben des Pr. Gen.-Aud. vom 6. Nov. 1874 Nr. 12.)

Unter dem im letzten Satze des § 79 gebrauchten Ausdruck: „Verurtheilung" kann nur die rechtskräftige Verurtheilung verstanden werden.

Diese auch vom Königlichen Ober-Tribunal geschehene Auslegung entspricht dem Sinne und Geiste des Gesetzes; denn erst durch den Eintritt der Rechtskraft des Urtheils wird formelles Recht begründet und unabänderlich festgestellt, ob überhaupt eine strafbare Handlung vorliegt und welche Strafe verhängt worden ist. Bei den kriegs- und standrechtlichen, der rechtlichen Prüfung und Bestätigung unterliegenden Erkenntnissen wird diese Wirkung stets erst durch die Publikation des Urtheils herbeigeführt (cf. Preuß. Militär-Straf-Prozeß-Ordnung § 176).

Die in dem ersten Urtheil festgesetzte Strafe ist in einem Falle der gedachten Art bei der Festsetzung der Gesammtstrafe in dem zweiten Erkenntnisse als eine Einzelstrafe zu betrachten und deshalb nach den vorstehend angeführten Grundsätzen der Gesammtstrafe zu Grunde zu legen, das heißt: dieselbe muß durch diese Strafe absorbirt werden.

Es empfiehlt sich, in derartigen Fällen dies in dem entscheidenden Theile des Urtheils bestimmt zum Ausdruck zu bringen und deshalb nachstehende Form zu wählen:

> daß der Angeschuldigte wegen ...., mit Einschluß der von ihm aus dem kriegs- (stand-) rechtlichen Erkenntnisse vom ..ten .... zu verbüßenden Strafe mit einer Gesammtstrafe von ...... zu bestrafen.

(Cirkularschreiben des Preuß. General-Auditoriats vom 8. Juni 1875; cf. auch Herbst S. 71–79.)

8. Satz 2 ergänzt die Bestimmung des § 74 Absatz 3 RStGB., indem er den Höchstbetrag der Gesammtstrafe bei der wegen militärischer Delikte verhängten Zuchthausstrafe, Gefängnißstrafe und Festungshaft auf funfzehn Jahre und bei der Arreststrafe auf sechs resp. vier Wochen festsetzt, ist aber inkorrekt gefaßt, da er der in Anm. 1 widerlegten Vermuthung Vorschub leistet, als habe Satz 1 nur die Freiheitsstrafen des § 16 Mil.-StGB. f. d. D. R. im Auge. An der Bestimmung des § 74 Abs. 3, derzufolge das Maß der Gesammtstrafe bei Vergehen des gemeinen Strafrechts nicht fünf, sondern zehn Jahre Gefängniß betragen dürfe, sollte durch Satz 2 nichts geändert werden (cf. Anm. 1).

Ist beim Zusammentreffen von Arrest mit Gefängniß z. B. vier Wochen strenger Arrest die Einsatzstrafe, so darf nach § 54 Satz 2 in Verbindung mit § 74 Abs. 1 RStGB. weder auf Gefängniß erkannt noch der Betrag von vier Wochen strengen Arrestes überschritten werden.

9. Satz 3 ist dahin zu verstehen, daß beim Zusammentreffen militärischer Verbrechen und Vergehen mit bürgerlichen Verbrechen und Vergehen die bei Bemessung der Gesammtstrafe in Betracht zu ziehende Summe der für letztere arbitrirten Einzelstrafen, fünfzehnjähriges Zuchthaus, zehnjähriges Gefängniß, oder funfzehnjährige Festungshaft nicht übersteigen dürfe, mithin event. auf diesen Betrag zu reduziren sei.

Auch dieser vom Reichstage eingeschobene Satz ist inkorrekt gefaßt, da er mit Rücksicht darauf, daß der Höchstbetrag der Zuchthausstrafe und Festungshaft in

§ 55.

Auf erhöhte Strafe (§ 53) ist, sofern in diesem Gesetze nicht besondere Bestimmungen getroffen sind, zu erkennen:

---

beiden Strafrechten gleich bemessen ist, thatsächlich nur die für bürgerliche Vergehen zu arbitrirende Gefängnißstrafe tangirt.

Nach Satz 3 würde also z. B. beim Zusammentreffen von vier bürgerlichen Vergehen, für welche im Einzelnen 3 resp. 3, 3 und 2 Jahre Gefängniß bemessen sind, mit einem militärischen Vergehen, für welches 4 Jahre Gefängniß arbitrirt worden sind, auf vier Jahre und einen Tag bis zu 14 Jahren weniger einem Tage, nicht aber bis zu 15 Jahren weniger einem Tage Gefängniß erkannt werden können, da die Summe der für die bürgerlichen Vergehen arbitrirten Einzelstrafen (11 Jahre) auf 10 Jahre zu ermäßigen ist.

Der von Brauer (S. 83) aufgestellten ganz vereinzelt dastehenden Ansicht, daß nach § 54 Satz 3, wenn in einem Falle von Verbrechenskonkurrenz das gemeine Verbrechen das schwerere sei, nur bis auf zehn Jahre Gefängniß, wenn aber das militärische Verbrechen das schwerere sei, bis auf 15 Jahre Gefängniß erkannt werden könne, stehen die Worte „wegen letzterer" entschieden entgegen. Eine derartige Vorschrift würde außerdem zu dem widersinnigen Resultat führen, daß eine Militärperson, welche wegen fünf militärischer Vergehen je 3 Jahre, also zusammen 15 Jahre Gefängniß verwirkt hat, mithin mit einer Gesammtstrafe von 15 Jahren weniger einem Tage belegt werden könnte, nur noch ein bürgerliches Vergehen zu begehen brauchte, für welches seiner Schwere wegen eine höhere als dreijährige Gefängnißstrafe verwirkt sein würde, um eine Minderung der Strafe auf den Betrag von 10 Jahren herbeizuführen.

(Für die hier entwickelte Ansicht auch Dr. Rubo (S. 90); Herbst (S. 55); Koppmann (S. 183. 184.)

10. Absatz 2 ist unverändert nach dem Entwurfe angenommen worden.

Daß beim Zusammentreffen von nur Arreststrafen, die Gesammtstrafe auch nur in Arrest bestehen dürfe, ist den Motiven zufolge umsomehr bestimmt worden, weil die Vorschrift von § 79 Th. I des Preußischen Strafgesetzbuches, daß in einem solchen Falle die Gesammtstrafe auch in Festungsstrafe bestehen könne, sich als zu hart erwiesen hat.

Wenn diese Bestimmung auch nicht nothwendig war, sich vielmehr nach § 2 Mil.-StGB. f. d. D. R. in Verbindung mit §§ 74 Abs. 1 RStGB. und 54 Satz 2 Mil.-StGB. f. d. D. R. von selbst verstand, so empfahl es sich doch der größeren Deutlichkeit wegen und zur Verhütung von Mißverständnissen, den fraglichen, vom Preußischen Militär-Strafrecht abweichenden Grundsatz ausdrücklich auszusprechen.

Hiernach ist, selbst wenn mehrere arbitrirte Einzelstrafen z. B. je vier Wochen strengen Arrest betragen, nicht auf Gefängniß, sondern stets auf vier Wochen strengen Arrest zu erkennen (s. auch Brauer S. 84; Solms S. 26; Koppmann S. 184). Sind die zur Aburtheilung kommenden militärischen Vergehen nicht ausschließlich mit Arrest bedroht, (wie z. B. im Falle des § 151) so hat der Richter, wenn es ihm darum zu thun sein sollte, statt auf Arrest, auf Gefängniß zu erkennen, es in seiner Hand, dies Resultat dadurch herbeizuführen, daß er für eins der konkurrirenden Vergehen eine (mindestens 6 Wochen und einen Tag betragende) Gefängnißstrafe festsetzt und diese dadurch zur Einsatzstrafe macht.

11. Das in Absatz 2 angegebene Geltungsverhältniß der Arreststrafen zu einander entspricht vollständig den Bestimmungen des Preußischen Militär-Strafgesetzbuches.

12. Absatz 3 entspricht dem § 76 RStGB.

§ 55.

Inhalt:

1) gegen Vorgesetzte, welche gemeinschaftlich mit Untergebenen eine strafbare Handlung ausführen oder sich sonst an einer strafbaren Handlung Untergebener betheiligen;

---

1. § 55 stimmt im Wesentlichen mit dem § 66 des Entwurfes überein und enthält Strafzumessungsgründe im engeren Sinne. Derselbe ist — wie die Motive bemerken — dem § 74 (u. 77) Th. I des Preuß. Mil.-StGB. nachgebildet, welches demzufolge bei der Auslegung des § 55 nicht unwichtig ist und namentlich geeignet erscheint, die Streitfrage zu entscheiden, ob unter „strafbaren Handlungen" im Sinne des § 55 auch bürgerliche Verbrechen und Vergehen zu verstehen seien, oder nicht.

Für die Annahme, daß § 55 sich auch auf bürgerliche Verbrechen und Vergehen bezieht, spricht zunächst der Wortlaut.

Das Militär-Strafgesetzbuch braucht durchweg den Ausdruck „militärische Verbrechen und Vergehen" wo es gemeinstrafrechtliche Delikte ausschließen will (cf. z. B. §§ 8. 13. 38). Wo es den Ausdruck „strafbare Handlungen" auf militärische Verbrechen und Vergehen beschränkt, wie dies in den §§ 9. 99. 113. 126. 136 geschehen, hat es denselben — wie aus den betreffenden Vorschriften klar erhellt — nur der Kürze wegen, und weil hier eben Mißverständnisse nicht denkbar waren, statt des Ausdrucks „militärische Verbrechen und Vergehen" gebraucht.

In allen übrigen Fällen versteht das Militär-Strafgesetzbuch unter strafbaren Handlungen sowohl militärische wie auch bürgerliche Verbrechen und Vergehen. Ferner spricht, wie bereits hervorgehoben, für die obige Annahme der § 74 des Pr. Mil.-StGB.*) In Preußen ist es niemals zweifelhaft gewesen, daß es sich in den Fällen des § 55 Nr. 1 und 2 sowohl um bürgerliche als um militärische Verbrechen und Vergehen handle (cf. Fleck Kommentar Anmerkungen zu §§ 74 u. 78). Dafür, daß der Entwurf, dessen Motive speziell den § 74 des Preußischen Militär-Strafgesetzbuches als Quelle für die vorliegenden Paragraphen anführen, in einer so wichtigen Frage eine Abweichung von den Grundsätzen des Preußischen Militär-Strafgesetzbuches beabsichtigt habe, ist ein Anhalt nicht vorhanden.

Die Praxis hat daher — wenigstens in Preußen und denjenigen Staaten, in welchen das Preußische Militär-Strafgesetzbuch vom 3. April 1845 Geltung hatte — längst entschieden und die hier vertretene Ansicht gebilligt, für welche auch die Rücksichten der militärischen Disziplin dringend sprechen.

Die gegen dieselbe erhobenen Einwände sind bereits in Anm. 2 zu § 53 hervorgehoben und haben daselbst ihre Widerlegung gefunden. (Dafür das Preuß. General-Auditoriat, Cirkularschreiben vom 16. Juni 1874. Keller S. 104. 184; Weiffenbach S. 49; Brauer S. 180; Koppmann S. 186 ff.; *contra:* Herbst S. 99 ff.)

2. Der Ausdruck „strafbare Handlungen" bezieht sich zwar auch auf bürgerliche Verbrechen und Vergehen, nicht aber auf Uebertretungen.

Dies folgt daraus, daß § 53, welcher mit diesem Paragraphen in engster Verbindung steht, nur von den für Verbrechen und Vergehen angedrohten Freiheitsstrafen

---

*) § 74 Th. I Pr. Mil.-StGB. lautet:

Bei der Zumessung der im Gesetz angeordneten Strafen sollen die höheren Grade derselben jedesmal eintreten:

1) gegen Vorgesetzte, welche an Verbrechen Untergebener Theil nehmen;
2) wenn Verbrechen unter Mißbrauch der Waffen oder der dienstlichen Autorität, oder während der Ausübung des Dienstes begangen werden;
3) wenn militärische Verbrechen im Kriege oder unter dem Gewehr, oder vor versammeltem Kriegsvolk — d. h. vor einer im Dienst oder in dienstlicher Ordnung versammelten Mannschaft von mindestens drei Personen — begangen werden;
4) wenn bei militärischen Verbrechen sich Mehrere zusammenrotten, oder sich derselben in Gegenwart einer Volksmenge schuldig machen;
5) wenn der Vebrecher bei seiner Vernehmung vor Gericht frecher Lügen sich schuldig macht,

2) wenn strafbare Handlungen unter Mißbrauch der Waffen oder der dienstlichen Befugnisse oder während der Ausübung des Dienstes ausgeführt werden;

---

handelt, mithin die Uebertretungen von der „Straferhöhung" ausschließt (cf. Anm. 2 zu § 53).

(Dafür auch Koppmann S. 195; *contra*: Weiffenbach S. 49.)

3. Bei einer gebotenen Straferhöhung muß das Strafminimum, also auch das für einen minder schweren Fall angedrohte, immer überschritten werden. (Allgem. Verf. des Preuß. General-Auditoriats vom 6. November 1874 Nr. 4; s. auch Anm. 3 zu § 53.)

Dies trifft daher auch bei einer vorsätzlichen Körperverletzung, im Sinne des § 223a RStGB., zu, wenn ein straferhöhender Thatumstand hinzutritt, die Körperverletzung z. B. während der Ausübung des Dienstes oder unter Mißbrauch der Dienstwaffe verübt worden ist.

4. § 55 kommt nicht zur Anwendung, wenn die in demselben bezeichneten erschwerenden Thatumstände bereits anderweitig durch besondere Bestimmungen dieses Gesetzes berücksichtigt worden sind. Treffen mehrere, eine Straferhöhung bedingende Thatumstände zusammen, so tritt selbstverständlich nur eine Straferhöhung im Sinne des § 53 ein, es kann aber bei der Strafzumessung auf die Kumulation straferhöhender Momente Rücksicht genommen werden.

Ist aber in einer speziellen Strafbestimmung (dieses Gesetzes) eines der im § 55 hervorgehobenen straferhöhenden Momente Thatbestandsmerkmal, so muß beim Zutreffen eines anderen der gedachten straferhöhenden Momente die Straferhöhung eintreten, z. B. beim Mißbrauch der Dienstgewalt durch Mißhandlung während der Ausübung des Dienstes oder unter Mißbrauch der Waffe (§ 122).

5. Nr. 1 besagt, daß ein Vorgesetzter, welcher bei einem von einem Untergebenen verübten bürgerlichen oder militärischen Verbrechen oder Vergehen (oder einem strafbaren Versuche zu demselben) als Mitthäter oder Theilnehmer zu betrachten ist (cf. § 47 u. Anm. 6 dazu) mit erhöhter Strafe zu belegen ist und unterscheidet sich wesentlich von § 115 dadurch, daß er nicht wie letzterer sich auf ein Bestimmen zu der Strafthat des Untergebenen beschränkt und insbesondere nicht einen Mißbrauch der Dienstgewalt oder der dienstlichen Stellung zur Voraussetzung hat.

6. Ueber den Begriff „Vorgesetzter" cf. Anm. 5 zu § 92.

7. „Mißbrauch der Waffe" liegt vor, wenn irgend eine militärische Dienstwaffe (die eigene oder eine andere), entweder gegen Personen zu dem ihrer Natur nach bestimmten Zwecke (Stechen, Hauen, Schießen rc.) rechtswidrig gebraucht oder wenn sie gegen Personen oder Sachen zu einem Zwecke gebraucht wird, zu welchem sie ihrer Natur nach nicht bestimmt ist, wohin insbesondere auch das Schlagen mit der Scheide, Stoßen mit dem Gewehr, Zerstören von Sachen mit der Waffe, der Versuch des Schlagens mit der Waffe gegen eine Person rc. gehören.

(Beschl. des Preuß. General-Auditoriats vom 28. März 1873 ad 17 cf. auch Koppmann S. 198.)

Mißbrauch der Waffe ist demzufolge der weitere Begriff, während das rechtswidrige Gebrauchmachen von der Waffe (§ 149) nur einen Sonderbegriff des Waffenmißbrauchs darstellt (cf. Cirkularschreiben des Preußischen General-Auditoriats an die Königl. Militärgerichte v. 16. Juni 1874).

Liegt der Fall des § 223a RStGB. vor und die Körperverletzung ist mittels der Dienstwaffe ausgeführt, so ist nach dem oben und dem in Anm. 3 Gesagten das im § 223a festgesetzte Strafminimum von zwei Monaten Gefängniß stets zu überschreiten, bei Annahme mildernder Umstände (also im Falle des § 228 a. a. O.) über das niedrigste Strafmaß von einem Tage Gefängniß stets hinauszugehen, sobald aber ein rechtswidriger „Gebrauch" der Waffe vorliegt, zwar auch aus § 228 a. a. O., aber unter Berücksichtigung der im § 149 Mil.-StGB. f. d. D. R. enthaltenen Vorschrift über Strafzumessung (cf. die Anmerkungen zu § 149 a. a. O.) mindestens auf sechs Wochen und einen Tag Gefängniß zu erkennen. Das Strafmaximum wird hier durch § 55 Nr. 2 nicht berührt, da § 223a den gesetzlich zulässigen Höchst-

3) wenn Mehrere unter Zusammenrottung oder vor einer Menschenmenge strafbare Handlungen gemeinschaftlich ausführen.

[Entw. § 66.]

---

betrag der angedrohten Strafart (fünf Jahre Gefängniß) schon selbst androht (cf. § 53).

8. Da „Dienstgewalt" unter den Begriff der „dienstlichen Befugnisse" fällt, werden die im VII. Abschnitt (§§ 114—126) enthaltenen, den Mißbrauch der Dienstgewalt betreffenden Sonderbestimmungen durch § 55 Nr. 2, soweit derselbe von strafbaren Handlungen spricht, welche unter Mißbrauch der dienstlichen Befugnisse vorgenommen werden, nicht alterirt. Wohl aber kann § 55 Nr. 2, sobald es sich um die beiden anderen daselbst erwähnten Fälle handelt, auch bei den im VII. Abschnitt II. Th. mit Strafe bedrohten Handlungen Anwendung finden.

Ein Mißbrauch der Dienstgewalt liegt auch da vor, wo ein Vorgesetzter zu einer an sich in den Grenzen seiner Zuständigkeit liegenden Diensthandlung übergeht, ohne daß die dazu erforderlichen Voraussetzungen (z. B. ein höherer Befehl) vorhanden sind, oder eine Diensthandlung unterläßt, obgleich er weiß, daß er zur Vornahme derselben verpflichtet ist. (Oppenhoff 3. Ausgabe Anm. 3 u. 4 zu § 339 u. Koppmann S. 198.)

9. „Während der Ausübung des Dienstes" ist noch nicht gleichbedeutend mit „im Dienste" cf. Anm. 6 zu § 49. Begeht daher ein Soldat auf Wache, welcher jedoch nicht Posten steht, auch keinen andern Dienst ausübt, eine strafbare Handlung, so ist eine Straferhöhung im Sinne des § 53 nicht geboten. Dagegen ist überall da, wo das Militär-Strafgesetzbuch Sonderbestimmungen wegen „im Dienste" verübter strafbarer Handlungen trifft, die Anwendung des § 55 Nr. 2 ausgeschlossen (cf. z. B. §§ 89. 91. 97 Satz 2. 151 ꝛc.).

10. „Zusammenrottung" bezeichnet eine bewußte Verbindung Mehrerer zu einem unerlaubten gewaltthätigen Handeln. Daß die Personen vorher räumlich getrennt gewesen, ist nicht erforderlich; es genügt, wenn Personen, die vorher schon aus einem andern Grunde bei einander waren, sich (in äußerlich erkennbarer Weise) zu einem gemeinsamen Handeln verbinden. Ebensowenig wird erheischt, daß der Akt des Sich-Verbindens einen tumultuarischen Charakter habe. Es genügt als Dolus das entweder beim Entstehen der Verbindung oder auch erst später eingetretene Bewußtsein, daß die verbundene Mehrheit irgend welche unerlaubte gewaltthätige Handlungen begehe oder begehen werde. (Oppenhoff Anm. 1—5 zu § 115 und die daselbst angezogenen Entscheidungen des Preuß. Ober-Tribunals.)

11. „Mehrere" sind nach allgemeinem Sprachgebrauch schon zwei.

12. Zum Begriff der „Menschenmenge" genügen zwei Personen nicht, da hier das Ungemessene, nicht individuell Begrenzte das Entscheidende ist. (Oppenhoff Anm. 11 zu § 85.)

Dieselbe muß sich zusammen befinden. Successive vor einer Mehrheit getrennter Personen verübte strafbare Handlungen fallen daher nicht unter § 55 Nr. 3 (cf. Oppenhoff Anm. 12. a. a. O.).

Zweiter Theil.

Von den einzelnen Verbrechen und Vergehen und deren Bestrafung.

Erster Titel.

Militärische Verbrechen und Vergehen der Personen des Soldatenstandes.

Erster Abschnitt.

Hochverrath, Landesverrath, Kriegsverrath.

§ 56.

Auf eine Person des Soldatenstandes, welche sich eines Hochverraths oder eines Landesverraths schuldig macht, finden die Vorschriften des Deutschen Strafgesetzbuches (§§ 80—93) Anwendung.

[Entw. § 68.]

---

§ 56.

1. § 56 geht davon aus, daß der Hochverrath und Landesverrath nicht zu den militärischen Verbrechen zu zählen sei, weil er seinem Thatbestande nach auch von Civilpersonen begangen werden könne. Er bestimmt daher, daß eine Person des Soldatenstandes, die sich eines Hochverraths oder eines Landesverraths schuldig macht, nach den allgemeinen, in den §§ 80 bis 93 des Reichs-Strafgesetzbuches enthaltenen Bestimmungen bestraft werde. (Motive).

Das im Entwurfe enthaltene zweite Alinea:

> „ist durch das Verbrechen zugleich die militärische Treue verletzt, so tritt statt der Festungshaft Zuchthausstrafe, statt der lebenslänglichen Zuchthausstrafe oder der lebenslänglichen Festungshaft die militärische Todesstrafe ein,“

ist vom Reichstage gestrichen worden, da man sich über den Begriff der „militärischen Treue“ nicht recht einigen konnte, und damit entschieden, daß im Falle des § 56 niemals eine militärische Strafe, also insbesondere auch nicht die militärische Todesstrafe zur Anwendung gebracht werden könne, da die hier aufgeführten Verbrechen ausnahmslos als bürgerliche Verbrechen anzusehen sind.

Man ist dabei wohl von der Erwartung ausgegangen, daß der Richter bei der Strafzumessung darauf Gewicht legen wird, daß das Verbrechen des Hochverrathes oder Landesverrathes von einer Militärperson verübt, doppelt strafbar erscheint, da es gleichzeitig eine Verletzung besonders heiliger militärischer Pflichten enthält und deshalb in den meisten Fällen geneigt sein dürfte, bei der im Gesetz gelassenen Wahl

§ 57.

Wer im Felde einen Landesverrath begeht, wird wegen Kriegsverraths mit Zuchthaus nicht unter zehn Jahren oder mit lebenslänglichem Zuchthaus bestraft.

[Entw. § 69.]

§ 58.

Wegen Kriegsverraths (§ 57) wird mit dem Tode bestraft, wer mit dem Vorsatze, einer feindlichen Macht Vorschub zu leisten, oder den deutschen oder verbündeten Truppen Nachtheil zuzufügen,

---

zwischen Zuchthaus und Festungshaft, das Vorhandensein einer ehrlosen Gesinnung festzustellen (cf. § 20 RStGB) und demzufolge die Anwendung der Festungshaft auszuschließen (cf. Keller S. 106; Weiffenbach S. 50. 51; Koppmann S. 201).

2. § 56 findet bei dem im Felde verübten Landesverrath (Kriegsverrath) keine Anwendung, wohl aber bei dem im Felde verübten Hochverrath (cf. § 57 und Anm. 3 zu § 57).

§ 57.

1. Ein Kriegsverrath kann nicht nur von Personen des Soldatenstandes, sondern auch von Militärbeamten (§ 153) dem Gefolge des kriegführenden Heeres (§§ 155—157) und den im § 160 bezeichneten in- und ausländischen Civil- oder Militärpersonen unter den daselbst angegebenen Voraussetzungen begangen werden.

2. Nach den Vorschriften des Strafgesetzbuches für das Deutsche Reich gehört es fast ausnahmslos zum Thatbestande des Landesverraths, daß die Handlung während eines gegen das Deutsche Reich ausgebrochenen Krieges begangen wird. Die einzige Ausnahme bildet der in § 92 des Strafgesetzbuches vorgesehene sogenannte diplomatische Landesverrath.

Wegen der größeren Gefährlichkeit tritt aber eine erhöhte Strafwürdigkeit des Landesverraths von selbst ein, wenn er von Personen des Soldatenstandes begangen wird, die bereits mobil gemacht worden oder sonst den Kriegsgesetzen unterworfen sind (cf. §§ 9 und 10).

Indem § 57 einen also begangenen Landesverrath, dem Sprachgebrauche folgend, mit dem Ausdrucke Kriegsverrath bezeichnet, hat er als Strafe für dies militärische Verbrechen Zuchthaus nicht unter zehn Jahren oder lebenslängliches Zuchthaus angedroht, indem er wegen der Schwere des Verbrechens die Androhung von Festungshaft nicht für angemessen erachtete. (Motive).

3. Wegen des Begriffs „im Felde“ siehe §§ 9 und 10.

4. Kriegsverrath ist nach § 57 nur ein im Felde begangener Landesverrath. Ein im Felde begangener Hochverrath fällt daher nicht unter die vorliegende Strafbestimmung (cf. §§ 87—92 RStGB).

§ 58.

Inhalt:

1. Wegen Anwendbarkeit des § 58 auf Militärbeamte, das Gefolge des kriegführenden Heeres und die im § 160 bezeichneten Personen siehe Anm. 1 zu § 57.

2. Nach § 4 des Einf.-Ges. zum RStGB. und § 2 des Reichsgesetzes, betreffend die Verfassung des Deutschen Reichs vom 16. April 1871 (Bundes-Gesetzblatt des Deutschen Bundes S. 63) sind die in § 90 des Strafgesetzbuches für das

1) eine der im § 90 des Deutschen Strafgesetzbuches bezeichneten strafbaren Handlungen begeht,
2) Wege oder Telegraphenanstalten zerstört oder unbrauchbar macht,
3) das Geheimniß des Postens, das Feldgeschrei oder die Losung verräth,
4) vor dem Feinde Meldungen oder dienstliche Mittheilungen falsch macht, oder richtige zu machen unterläßt,
5) dem Feinde als Wegweiser zu einer militärischen Unternehmung gegen deutsche oder verbündete Truppen

---

Deutsche Reich bezeichneten Fälle des Landesverraths mit dem Tode zu bestrafen, wenn sie in einem Theile des Bundesgebietes, welchen der Bundesfeldherr in Kriegszustand (Art. 68 der Verfassung) erklärt hat, oder während eines gegen das Deutsche Reich ausgebrochenen Krieges auf dem Kriegsschauplatze begangen werden.

Vom militärischen Standpunkte aus erschien es aber geboten, den obenbenannten zwei Fällen alle diejenigen Fälle gleichzustellen, in denen Jemand überhaupt den Kriegsgesetzen unterworfen ist (cf. §§ 9 und 10 Mil.-StGB. f. d. D. R.).

In Anschluß an die Eingangs erwähnten Vorschriften und an die im § 57 gegebene Begriffsbestimmung, droht darum § 58 unter Ziffer 1 die Todesstrafe für den Fall gegen den Kriegsverrath, d. i. also den im Felde begangenen Landesverrath, an, daß der Thäter eine der in § 90 des Strafgesetzbuches für das Deutsche Reich bezeichneten strafbaren Handungen begeht.

Unter den Ziffern 2 bis einschließlich 12 hat § 58 ferner diejenigen Handlungen aufgeführt, die er im militärischen Interesse den im § 90 des Strafgesetzbuches für das Deutsche Reich benannten Handlungen gleichstellen zu müssen glaubt, und welche darum gleichfalls mit der im Gesetze angedrohten schwersten Strafe: der Todesstrafe zu ahnden sind. (Motive).

Ein nicht im Felde begangener Landesverrath im Sinne des § 90 RStGB. ist ein bürgerliches Verbrechen und wird nach § 90 a. a. O. bestraft.

3. Der „Vorsatz" einer feindlichen Macht Vorschub zu leisten ist erwiesen, wenn der Thäter die äußere Handlung wollte und sich bei Vornahme derselben bewußt war, daß dadurch der feindlichen Macht Vorschub geleistet werde ꝛc. Einer hierauf gerichteten Absicht bedarf es nicht; dieselbe ist daher auch nicht speziell festzustellen (cf. Oppenhoff Anm. 2 zu § 89).

4. Einen Kriegsverrath aus Fahrlässigkeit kennt das Gesetz nicht. Dagegen ist dem Gesetze genügt, wenn erwiesen ist, daß die Handlung mit dem hier in Rede stehenden Vorsatze verübt ist. Auf den eingetretenen Erfolg kommt es nicht an; derselbe ist lediglich bei der Strafzumessung zu berücksichtigen und wird häufig für die Frage, ob ein minder schwerer Fall (s. letztes Alinea) vorhanden sei, oder nicht, entscheidend sein.

5. Unter „feindlicher Macht" ist nicht blos die Militärmacht des feindlichen Staates zu verstehen; vielmehr umfaßt der Ausdruck jede im Kriege dem Reiche gegenüber thätige oder verwendbare Kraft, also auch feindliche (vom Staate nicht anerkannte) Freischaaren (cf. Oppenhoff. Anm. 3 zu § 89).

Auch Aufständische, wenn sie mächtig genug geworden sind und die Regeln der Kriegführung einhalten, erkennt das moderne Staats- und Völkerrecht als kriegführende Macht und somit als feindliche Macht an. (Cf. Oberniedermayr S. 316, welcher daselbst Bluntschli's modernes Kriegsrecht, Nördlingen 1866 S. 1 ff. citirt.)

6. „Vorschubleisten" ist die Begünstigung des Feindes durch demselben nützliche — gewöhnlich der eigenen Armee schädliche — Handlungen oder Unterlassungen. (Oberniedermayr a. a. O.)

dient, oder als Wegweiser kriegführende deutsche oder verbündete Truppen irre leitet,

6) vor dem Feinde, in einer Weise, welche geeignet ist, die Truppen zu beunruhigen oder irre zu leiten, mili-

---

Auch in der finanziellen Kräftigung des Feindes liegt daher ein Vorschubleisten (cf. Oppenhoff Anm. 4 zu § 89).

7. Die Strafbestimmung des § 58 findet in Gemäßheit der Vorschrift in Nr. 1 im Verbindung mit § 90 RStGB. auf denjenigen Anwendung, welcher

a) Festungen [1]), Pässe [2]), besetzte Plätze oder andere Vertheidigungsposten [3]), ingleichen Deutsche oder verbündete Truppen oder einzelne Offiziere oder Soldaten in feindliche Gewalt bringt;

b) Festungswerke, Schiffe oder andere Fahrzeuge der Kriegsmarine, Kassen, Zeughäuser, Magazine oder andere Vorräthe [4]) von Waffen, Schießbedarf oder anderen Kriegsbedürfnissen [5]) in feindliche Gewalt bringt, oder dieselben, sowie Brücken und Eisenbahnen zum Vortheile des Feindes zerstört oder unbrauchbar macht;

c) dem Feinde Mannschaften [6]) zuführt oder Soldaten des Deutschen oder verbündeten Heeres verleitet, zum Feinde überzugehen;

d) Operationspläne [7]) oder Pläne von Festungen oder festen Stellungen dem Feinde mittheilt;

e) dem Feinde als Spion [8]) dient, oder feindliche Spione aufnimmt [9]), verbirgt oder ihnen Beistand [10]) leistet; oder

f) einen Aufstand unter den Deutschen oder verbündeten Truppen erregt.

8. Unter dem Geheimniß des Postens sind die besonderen Instruktionen, welche in Bezug auf Zweck und Aufgabe des Postens gegeben werden, verstanden.

---

[1]) Unter Festung ist jeder permanent durch Hilfe der Kunst verstärkte Platz, wenn er auch nur sturmfrei, Waffen- oder Sammelplatz ist, im Gegensatze zu vorübergehenden Feldbefestigungen zu verstehen. (Oberniedermayr S. 318.)

[2]) Pässe sind enge, schwer zu passirende Terrainstellen (l. c. S. 319).

[3]) Vertheidigungsposten ist jeder Terrainpunkt, welcher zur Festsetzung in der Defensive mit Vortheil benutzt werden kann (l. c. S. 319).

[4]) Vorräthe sind erhebliche Quantitäten, welche zusammengebracht sind, um die Armee im Bedürfnißfalle zu versorgen. (Oppenhoff Anm. 5 zu § 90.)

[5]) Kriegsbedürfnisse sind Gegenstände aller Art, welcher ein kriegführendes Heer bedürfen kann: Lebensmittel, Fourage 2c. (l. c. Anm. 5 zu § 90).

[6]) Unter Mannschaften ist eine Mehrheit (bewaffneter oder zu bewaffnender) Personen zu verstehen, welche ein disziplinirtes Ganze bilden, oder zu einem solchen eingeübt werden sollen (l. c. Anm. 7 zu § 84).

[7]) Unter Operationsplänen versteht man sowohl die allgemeinen als speziellen Anordnungen für militärische Unternehmungen im Felde. (Oberniedermayr S. 319.)

[8]) Als „Spion" ist nach Art. 121 des bayerischen Mil.-StGB. zu betrachten, wer, um den Feind zu begünstigen, heimlicher Weise den Zustand der Truppen, des Lagers, der Befestigungen oder Magazine, die Stärke, Stellungen, Bewegungen oder Absichten der Armee oder sonstige Umstände, welche sich auf den Angriff oder die Vertheidigung beziehen, zu erspähen sucht.

Dagegen können feindliche Militärpersonen, welche auf Rekognoscirungen oder sonst in der Absicht, Erkundigungen einzuziehen, in die Linie der Armee eingedrungen sind, als Spione nicht behandelt werden, insofern sie nicht durch Verleugnung oder Verbergung ihrer militärischen Eigenschaft die Regeln des Kriegsgebrauchs verletzen.

[9]) Die „Aufnahme" sowie das „Verbergen" sind strafbar, selbst wenn es nicht geschah, um die Spionage zu befördern. (Oppenhoff Anm. 11 zu § 90.)

[10]) Der „Beistand" bezieht sich selbstverständlich auf die Erreichung der strafbaren Zwecke des Spions (l. c. Anm. 12 zu § 90).

tärische Signale oder andere Zeichen giebt, zur Flucht auffordert oder das Sammeln zerstreuter Mannschaften verhindert,

7) einen Dienstbefehl ganz oder theilweise unausgeführt läßt oder eigenmächtig abändert,

8) es unternimmt, mit Personen im feindlichen Heer, in der feindlichen Marine oder im feindlichen Lande über Dinge, welche die Kriegführung betreffen, mündlich oder schriftlich Verkehr zu pflegen, oder einen solchen Verkehr zu vermitteln,

---

Posten nennt man sowohl den einzelnen Mann, dem die Bewachung eines besonderen Punktes übergeben ist, als auch eine zu solchem Zwecke aufgestellte Mannschaft.

Losung und Feldgeschrei heißen die an die Feldwachen und Posten insgeheim ausgegebenen Erkennungszeichen, Zeichen und Gegenzeichen, gewöhnlich ein Städte- oder Personennamen, an deren Kenntniß geprüft werden kann, ob Jemand der Freundes- oder Feindespartei angehöre. Hieraus ergiebt sich, daß zur Sicherung vor Verrath und Ueberfall deren strenge Geheimhaltung nothwendig ist. (Oberniedermayr S. 319.)

9. Die Vorschriften unter Nr. 4 und 6 des § 58 schließen, unter Abweichung von dem Preußischen Militär-Strafgesetzbuche, insbesondere dadurch dem Artikel 89 des Bayerischen Militär-Strafgesetzbuchs sich an, daß zum Thatbestande ein Handeln „vor dem Feinde" erfordert wird, und als „vor dem Feinde befindlich" nach §§ 11. 165 eine Truppe resp. ein Schiff erst dann gelten soll, wenn in Gewärtigung eines Zusammentreffens mit dem Feinde der Sicherheitsdienst gegen denselben begonnen hat resp. ein oder mehrere Geschütze des Schiffes scharf geladen sind.

Durch Hinzufügung dieser, dem Preußischen Militär-Strafgesetzbuche unbekannten Einschränkung rechtfertigt es sich denn auch, wenn das Gesetz ausnahmslos eine härtere Strafbestimmung enthält, als der einschlägige § 88 Theil I des Preußischen Militär-Strafgesetzbuchs.

Hervorgehoben mag noch werden, daß durch Hinzufügung der vorerwähnten Einschränkung eine Gesetzeslücke nicht entstanden ist. Denn diejenigen der in Rede stehenden Fälle, in denen der Thatbestand des § 58 nur deshalb nicht erfüllt ist, weil das einschränkende Requisit nicht vorhanden, fallen ohne Weiteres unter den Begriff des einfachen Kriegsverraths im Sinne des § 89 des Strafgesetzbuches für das Deutsche Reich. (Motive.)

10. Dafür, daß die Freilassung eines Kriegsgefangenen genügt, spricht sowohl der Wortlaut als die ratio legis. Es leuchtet ein, daß für die Größe des Nachtheils, welcher den deutschen oder verbündeten Truppen durch solche Freilassungen entstehen kann, häufig mehr die persönlichen Eigenschaften der Kriegsgefangenen als ihre numerische Stärke entscheidend sind.

Die entgegenstehende Aufstellung Koppmanns (S. 210), daß § 58 Nr. 11 „offenbar" eine Mehrheit von Kriegsgefangenen im Auge habe, ist ganz unhaltbar und findet nur darin ihre Erklärung, daß der Art. 89 des Bayerischen Militär-Strafgesetzbuches, dem der § 58 zum Theil nachgebildet ist, die Freilassung von Kriegsgefangenen der Zuführung von Mannschaften gleichstellt.

Durch diese in § 58 nicht übergegangene Gleichstellung erhielt allerdings die auch von Oberniedermayr (S. 318) getheilte Annahme, daß es sich demzufolge in Art. 89 Nr. 4 um eine Mehrheit von Kriegsgefangenen handeln müsse, eine gewisse Berechtigung.

Uebrigens sei zur Widerlegung der angeführten Ansicht Koppmann's hier noch darauf hingewiesen, daß mit demselben Rechte, mit welchem er bei Nr. 11 eine Mehrheit von Kriegsgefangenen verlangt, bei Nr. 2 angenommen werden müßte, daß

9) feindliche Aufrufe oder Bekanntmachungen im Heer verbreitet,

10) die pflichtmäßige Fürsorge für die Verpflegung der Truppen unterläßt,

11) feindliche Kriegsgefangene freiläßt, oder

12) dem Feinde ein Signalbuch oder einen Auszug aus einem solchen mittheilt.

In minder schweren Fällen tritt Zuchthaus nicht unter zehn Jahren oder lebenslängliches Zuchthaus ein.

[Entw. § 70.]

---

die Zerstörung eines Weges oder einer Telegraphen-Anstalt zum Thatbestande des § 58 nicht genüge.

11. Unter „minder schweren Fällen" versteht das Militär-Strafgesetzbuch nach Vorgang des Reichs-Strafgesetzbuches nur objektiv leichtere, nicht auch subjektiv leichtere Fälle. (Motive).

Aus der Gegenüberstellung der minder schweren Fälle und der mildernden Umstände in den §§ 94 und 96 RStGB. ist es ganz klar ersichtlich, daß das Reichs-Strafgesetzbuch subjektiv leichtere Fälle lediglich zu den mildernden Umständen, nicht aber zu den minder schweren Fällen rechnet, und ist darüber auch in der Praxis der Civilgerichte wohl niemals ein Zweifel entstanden (cf. Oppenhoff, Anm. 8 zu § 94).

Wenn nun auch das Militär-Strafgesetzbuch für militärische Verbrechen und Vergehen nirgends die Zulassung mildernder Umstände vorgeschrieben hat, vielmehr in denjenigen Fällen, in welchen es eine gesetzliche Strafmilderung für zulässig erachtet, dieselbe nur von dem Vorhandensein eines „minder schweren Falles" abhängig macht, so ist daraus doch nicht zu folgern, daß für das Militärstrafrecht der Begriff „mildernde Umstände" in dem der „minder schweren Fälle" aufgegangen sei.

Eine solche Ansicht würde auch nur dann einen Schein von Berechtigung haben, wenn der Ausdruck „minder schwerer Fall" dem Reichsstrafgesetzbuche fremd wäre.

Da dies nicht der Fall ist und zum Ueberfluß die Motive noch ausdrücklich hervorheben, daß unter minder schweren Fällen nach Vorgang des Deutschen Strafgesetzbuches nur objektiv leichtere, nicht auch subjektiv leichtere Fälle zu verstehen seien, so ist die entgegenstehende Annahme vollständig unbegründet und dem klaren Willen des Gesetzgebers widersprechend.

Demzufolge ist auch darauf, daß — wie Dr. Rubo (S. 97) ausführt — über diese Frage in der Reichstags-Kommission ein Einverständniß nicht erzielt sei, abgesehen davon, daß sich die weder mündlich noch schriftlich zum Ausdruck gelangten Vorgänge in der Kommission jeglicher Prüfung und Würdigung entziehen, nicht das mindeste Gewicht zu legen.

Dafür auch Koppmann (S. 211. 212), welcher der angeblich entgegenstehenden Praxis wohl zu viel Gewicht beilegt, ferner Brauer (S. 105); *contra*: Weiffenbach (S. 53), Dr. Rubo (S. 97).

Demzufolge wird man wohl daran festhalten müssen, daß z. B. die gute Führung, bisherige Straflosigkeit und offenes Geständniß des Angeschuldigten niemals die Annahme eines minder schweren Falles begründen können

Uebrigens ist es Sache der thatsächlichen Feststellung, zu bestimmen, ob eine nach §§ 58. 97. 112. 139, 140, zu bestrafende Handlung sich als ein minder schwerer Fall darstellt oder nicht; diese Feststellung kann deshalb nur von dem Spruchgericht erfolgen, welches an sich kompetent ist, den Fall zu entscheiden; auch darf bei der Bestätigung des Erkenntnisses die Strafe nur dann bis auf den für den minder schweren Fall festgesetzten Mindestbetrag gemildert werden, wenn das Spruchgericht einen solchen für thatsächlich festgestellt angenommen hat.

§ 59.

Haben Mehrere einen Kriegsverrath verabredet, ohne daß es zur Ausführung oder zu einem strafbaren Versuche desselben gekommen ist, so tritt Zuchthaus nicht unter fünf Jahren ein.
[Entw. § 72.]

§ 60.

Wer von dem Vorhaben eines Kriegsverraths (§§ 57 bis 59) zu einer Zeit, in welcher die Verhütung des Verbrechens möglich ist, glaubhafte Kenntniß erhält und es unter-

---

Zur Beurtheilung der Gesetzlichkeit des Erkenntnisses ist es erforderlich, daß in den Entscheidungsgründen die Thatsachen angegeben werden, auf welche die Feststellung des Spruchgerichts basirt. (Beschl. des Preuß. Gen.-Auditoriats v. 28. März 1873 Nr. 14).

§ 59.

1. Die Bestimmung des § 59 beruht auf demselben Grunde, aus welchem das Reichs-Strafgesetzbuch die Verabredung zum Hochverrathe (§ 83), obschon diese eigentlich nur eine Vorbereitungshandlung ist, als ein selbstständiges Verbrechen behandelt. (Motive.)

Der Grund liegt in der Gefährlichkeit, welche in einer Konspiration mehrerer Personen zur Ausführung eines Verbrechens dieser Art immer zu finden ist und die sich unter den abnormen, den staatlichen und rechtlichen Zustand an und für sich schon gefährdenden Verhältnissen des Krieges in der Richtung auf kriegsverrätherische Handlungen zu einer solchen Intensivität steigert, daß die eiserne Strenge des Gesetzes zur Unterdrückung eines solchen kriegsverrätherischen Unternehmens nothwendig erscheint (Oberniedermayr S. 324. 325).

2. „Mehrere" sind nach allgemeinem Sprachgebrauch schon zwei (cf. Oppenhoff Anm. zu § 83).

3. Ein „Verareden" liegt nur dann vor, wenn die schließliche Einigung der Berathenden, der Entschluß, das Unternehmen auszuführen, erfolgt ist.

Dagegen brauchen die Mittel, die Art und die Zeit der Ausführung noch nicht genau bestimmt sein (Oppenhoff Anm. 4 zu § 83).

4. Eine Verabredung kann zwischen mehreren Mitthätern und ebenso zwischen Thäter und Gehülfen stattfinden. Dagegen kann die Anstiftung und Annahme einer solchen oder das Sich-Erbieten und die Annahme des Erbietens nicht eine Verabredung zur Ausführung enthalten. Hier kommen event. die §§ 48. 49. 49a RStGB.; 2 Mil.-StGB. f. d. D. R. in Anwendung (cf. Oppenhoff a. a. O.)

5. Ist es zur Ausführung oder zu einem strafbaren Versuche des Kriegsverraths gekommen, so tritt die Strafe des Kriegsverraths ein und es kann nicht auch noch wegen der vorhergegangenen Verabredung dazu eine Bestrafung erfolgen.

§ 60.

Inhalt:

1. Militärbeamte und das Gefolge des Heeres sind dem § 60 nur im Felde resp. im Falle eines ausgebrochenen Krieges unterworfen. Sonst findet § 60 nur auf Personen des Soldatenstandes Anwendung.

läßt, hiervon rechtzeitig Anzeige zu machen, ist, wenn das Verbrechen oder ein strafbarer Versuch desselben begangen worden, mit der Strafe des Mitthäters zu belegen.

[Entw. § 73.]

---

2. Die Bestimmung des § 60 entspricht, dem Thatbestande nach, im Wesentlichen dem § 139*) des Strafgesetzbuches für das Deutsche Reich.

Hinsichtlich der Strafandrohung ist dies dagegen nicht der Fall. Das Strafgesetzbuch für das Deutsche Reich bestraft nämlich die Unterlassung einer gebotenen Anzeige von bekannt gewordenem Hochverrath, Landesverrath u. s. w. ausnahmslos mit Gefängniß von einem Tage bis zu fünf Jahren. Das Militär-Strafgesetzbuch aber hält eine solche Strafe im militärischen Interesse für zu gering, da das Verbrechen des Kriegsverraths in seinen Folgen zu schwer ist, als daß nicht eine harte Strafe denjenigen treffen müßte, der zwar Kenntniß von dem Vorhaben dieses Verbrechens hat, es aber nicht zur Anzeige bringt, und der dadurch dessen demnächst auch geschehene Ausführung ermöglicht. Als Strafe für die Nichtanzeige hat deshalb der § 60 die Strafe des Mitthäters angedroht, wenn das Verbrechen oder ein strafbarer Versuch desselben begangen worden ist. (Motive.)

3. Die nächsten Angehörigen des Thäters sind von der Anzeigepflicht nicht entbunden. (Cf. Schwarze S. 402.)

4. Vorhaben eines Kriegsverraths liegt auch dann noch vor, wenn bei einem noch nicht vollendeten Verbrechen, die nicht aufgegebene Vollendung durch rechtzeitige Anzeige noch verhütet werden konnte.

Da sich die Anzeigepflicht nicht auf das begangene Verbrechen bezieht, sondern nur auf das Vorhaben desselben, so wird im Falle des § 59, — wenn ein Kriegsverrath unter Mehreren verabredet, demnächst aber ausdrücklich aufgegeben worden war, eine Verpflichtung zur Anzeige für denjenigen, welcher von der Verabredung und dem Aufgeben des Vorhabens zu gleicher Zeit glaubhafte Kenntniß erhielt, allerdings nicht mehr bestehen. Liegt dieser — meist schwer zu erweisende — Ausnahmefall der ausdrücklichen Aufgabe des Vorhabens aber nicht vor, so hat derjenige, welcher glaubhafte Kenntniß von dem nach der Verabredung noch wirksamen Vorhaben des Kriegsverraths erlangt hat, davon rechtzeitig Anzeige zu machen. (Cf. Schwarze S. 403. 404; Koppmann S. 214.)

Die Annahme von Schwarze und Koppmann, daß wenn der Anzeigepflichtige der „Meinung" gewesen, daß das Vorhaben überhaupt nicht zur Ausführung kommen werde, die Unterlassung der Anzeige straflos sei, dürfte ihre großen Bedenken haben. Der Schwerpunkt liegt hier doch wohl in der glaubhaften Kenntniß von dem Vorhaben und darin, daß dasselbe objektiv bestanden hat (cf. Anm. 4).

5. „Glaubhaft" ist dasjenige, was objektiv nach den Umständen bei Verständigen Glauben finden konnte; es kommt nicht darauf an, ob der Angeschuldigte es selbst geglaubt, sondern nur ob er es für glaubhaft gehalten hat resp. den Umständen nach hat halten müssen. Ein allgemeines unbestimmtes Gerücht oder Gerede reicht zu der glaubhaften Kenntniß ebensowenig aus, als andererseits ein sicheres Wissen erfordert wird. (Siehe Oppenhoff Anm. 3 zu § 139; Schwarze S. 404; Oberniedermayer S. 161.)

6. Auch fahrlässige Unterlassung drr Anzeige genügt. Das Motiv der Unterlassung ist gleichgültig. Namentlich wird nicht erfordert, daß der Säumige die That geschehen lassen wollte. Ebenso schützt ihn auch nicht der Glaube (sondern nur

---

*) § 139 RStGB. lautet:

Wer von dem Vorhaben eines Hochverraths, Landesverraths, Münzverbrechens, Mordes, Raubes, Menschenraubes oder eines gemeingefährlichen Verbrechens zu einer Zeit, in welcher die Verhütung des Verbrechens möglich ist, glaubhafte Kenntniß erhält und es unterläßt, hiervon der Behörde oder der durch das Verbrechen bedrohten Person zur rechten Zeit Anzeige zu machen, ist, wenn das Verbrechen oder ein strafbarer Versuch desselben begangen worden ist, mit Gefängniß zu bestrafen.

§ 61.

Straflosigkeit tritt für den an dem Vorhaben eines Kriegsverraths Betheiligten ein, wenn er von demselben zu einer Zeit, wo die Dienstbehörde nicht schon anderweit davon unterrichtet ist, in einer Weise Anzeige macht, daß die Verhütung des Verbrechens möglich ist.

[Entw. § 73 Abs. 2]

---

das Wissen), daß die Behörde schon auf anderem Wege Kenntniß von dem Vorhaben erhalten. (Oppenhoff Anm. 10 zu § 139; Schwarze S. 404.)

7. Rechtzeitig heißt hier zu einer Zeit, wo die Verhütung des Verbrechens noch möglich war. Ist die Verhütung des Verbrechens resp. die Vollendung desselben nicht mehr möglich, so cessirt die Anzeigepflicht (cf. Schwarze S. 403).

8. Wem die Anzeige zu erstatten sei, sagt das Gesetz nicht. Der Zweck der Anzeige, die Verhütung des Verbrechens, dürfte daher wohl für die Wahl der Person entscheiden und der Anzeigepflichtige in dieser Wahl nicht besonders beschränkt sein.

Namentlich ist hier ein strenges Innehalten des vorgeschriebenen Dienstweges nicht allein nicht geboten, sondern häufig auch unzweckmäßig oder unausführbar.

9. Der § 60 schreibt nur die Anzeige „von dem Vorhaben" vor, um die Ausführung desselben womöglich zu verhüten. Demgemäß braucht sich die Anzeige nicht nothwendig auf die Person des die That Vorhabenden zu erstrecken, insofern ohne Nennung der Person die Verhütung der Ausführung möglich gemacht wird. (Oppenhoff Anm. 8 zu § 139.)

10. Erst wenn das Verbrechen oder ein strafbarer Versuch desselben begangen ist, ist der Säumige mit der Strafe des Mitthäters zu belegen. Die Verübung der That resp. eines strafbaren Versuches ist aber nur Voraussetzung der Strafbarkeit nicht aber der Anzeigepflicht.

Diese tritt ein, sobald das Vorhaben feststeht, die Strafbarkeit erlischt aber, wenn das Vorhaben aufgegeben ist. Durch die Reue eines Betheiligten (§ 61) wird an sich die Strafbarkeit des Säumigen nicht ausgeschlossen.

Wird in Folge thätiger Reue die That verhindert, so ist auch der säumige Anzeigepflichtige straflos, weil die That nicht begangen ist. (Schwarze S. 404.)

11. Die unterlassene Anzeige ist ein selbstständiges Delikt. Es giebt daher auch eine Anstiftung zu und Theilnahme an derselben. (Schwarze S. 405.)

12. Die Anzeigepflicht trifft nur dritte Personen, nicht also diejenigen, welche selbst eine Theilnahme an der That vorhatten. Dagegen wird die einem Dritten zur Last fallende Nichtanzeige nicht dadurch straflos, daß er sich später nach vollbrachter That einer Begünstigung des Thäters schuldig macht. (Oppenhoff Anm. 9 zu § 139.)

§ 61.

Inhalt:

1. Die Rücksicht auf die Schwere der aus dem Kriegsverrath (§§ 57—59) sich ergebenden Folgen hat das Gesetz veranlaßt, die sogenannte thätige Reue als Strafausschließungsgrund zuzulassen. Es wurde für ein Gebot guter Gesetzgebungspolitik erachtet, einem so schweren militärischen Verbrechen möglichst vorzubeugen. (Motive.)

2. Unter „Betheiligten" versteht das Gesetz nach Vorgang des Deutschen Strafgesetzbuches sowohl Thäter wie auch Theilnehmer (Mitthäter, Anstifter und Gehülfen). (Motive.)

3. Unter Dienstbehörde ist jede Militärstelle zu verstehen, welche die Befugniß und Pflicht zum Einschreiten gegen die Schuldigen hat. (Oberniedermayer S. 328.)

4. Wem die Anzeige zu erstatten ist, bestimmt § 61 nicht. Es gilt hier das in Anm. 8 zu § 60 Gesagte.

Zweiter Abschnitt.
Gefährdung der Kriegsmacht im Felde.

§ 62.

Wer im Felde eine Dienstpflicht vorsätzlich verletzt und dadurch bewirkt, daß die Unternehmungen des Feindes befördert werden oder den kriegführenden deutschen oder verbündeten Truppen Gefahr oder Nachtheil bereitet wird, ist mit Zucht-

---

5. Daß das Verbrechen wirklich verhütet wurde, ist nicht erforderlich, es genügt die Möglichkeit der Verhütung; für etwaige Saumseligkeit der Behörde ist der Anzeiger nicht verantwortlich (cf. Brauer S. 106).

6. Ist zur Verhütung des Verbrechens die Benennung der Mitschuldigen unbedingt erforderlich, so ist diese zur Abwendung der Strafe auch nothwendig. (Koppmann S. 216; cf. auch Anm. 9 zu § 60.)

§ 62.

Inhalt:

1. Militärbeamte und das Gefolge des kriegführenden Heeres sind dieser Bestimmung gleichfalls unterworfen (cf. §§ 153. 155–157).

2. Dieser Paragraph ist dem Bayerischen Militär-Strafgesetzbuche (Art. 112) entlehnt, um diejenigen Fälle einer Verletzung der Dienstpflicht im Kriege mit Strafe zu bedrohen, welche den Charakter des Verraths zwar nicht an sich tragen, oder bei denen der oft sehr schwierige Beweis einer verrätherischen Absicht nicht geführt werden kann, welche aber Gefahr oder Nachtheil für die deutschen oder verbündeten Truppen mit sich führen oder die Unternehmungen des Feindes fördern. (Motive.)

3. Im Felde muß die Dienstpflicht verletzt sein (cf. §§ 9 u. 10). Ist die Verletzung nicht im Felde geschehen, so kommt § 62 nicht zur Anwendung, wenn auch eine Gefährdung der Kriegsmacht eingetreten sein sollte.

4. Der Vorsatz soll hier nicht auch auf die Gefährdung der Kriegsmacht, sondern lediglich auf die Verletzung irgend einer Dienstpflicht gerichtet sein. Ist der Vorsatz auf die Gefährdung der Kriegsmacht gerichtet, so liegt eventuell Kriegsverrath vor.

5. Eine Dienstpflichtverletzung kann selbstverständlich auch in der Unterlassung einer Handlung bestehen.

6. Die Gefährdung der Kriegsmacht muß eine Folge der Dienstpflichtverletzung sein. Liegt ein Kausalzusammenhang zwischen letzterer und der thatsächlich eingetretenen Gefährdung nicht vor, so findet § 62 keine Anwendung.

7. Es muß entweder ein Nachtheil oder eine Gefahr bereitet sein. Die Bereitung einer „Gefahr" genügt hier also schon.

8. Zuchthaus ist für zulässig erachtet worden, weil solche Handlungen unter Umständen die nachtheiligsten Folgen für die Armee haben können, auch zumeist einen Mangel an Patriotismus darthun.

Um etwaige Härten zu vermeiden, ist zugleich Gefängniß oder Festungshaft wahlweise angedroht. (Motive.)

Bei der Wahl der Strafart ist zu beachten, daß nach § 20 RStGB. da, wo das Gesetz die Wahl zwischen Zuchthaus und Festungshaft (resp. Gefängniß) gestattet, nur dann auf Zuchthaus erkannt werden darf, wenn festgestellt wird, daß die strafbar befundene Handlung aus einer ehrlosen Gesinnung entsprungen ist. Eine solche wird den angeführten Motiven gemäß also wohl hauptsächlich dann anzunehmen sein, wenn die Dienstpflichtverletzung einen Mangel an Patriotismus bekundet und besonders nachtheilige Folgen eingetreten sind.

haus bis zu zehn Jahren oder mit Gefängniß oder Festungshaft bis zu zehn Jahren zu bestrafen. In minder schweren Fällen, ingleichen wenn die Verletzung der Dienstpflicht nicht vorsätzlich geschehen ist, tritt Freiheitsstrafe bis zu drei Jahren ein.

Auch kann neben Gefängniß auf Versetzung in die zweite Klasse des Soldatenstandes erkannt werden.

[Entw. § 74.]

§ 63.

Mit dem Tode wird bestraft:

1) der Kommandant eines festen Platzes, welcher denselben dem Feinde übergiebt, ohne zuvor alle Mittel zur Vertheidigung des Platzes erschöpft zu haben;

---

9. Wegen des Begriffs „minder schwere Fälle" siehe Anm. 11 zu § 58.

10. Auch eine „fahrlässige" (nicht vorsätzliche) Dienstpflichtverletzung, welche die Kriegsmacht gefährdet ist als militärisches Vergehen mit Freiheitsstrafe bis zu drei Jahren bedroht.

11. „Freiheitsstrafe bis zu drei Jahren" ist bis zu 6 Wochen Arrest, darüber hinaus Gefängniß oder Festungshaft (§§ 16. 17. 24).

Bei Anwendung von Arrest ist § 22 zu beobachten.

12. Die nur fakultative nicht obligatorische Versetzung in die zweite Klasse des Soldatenstandes darf nach § 62 Abs. 2 nur neben Gefängniß ausgesprochen werden, neben Festungshaft und Arrest nicht.

§ 63.

Inhalt

1. Auch dieser Paragraph ist dem Bayerischen Militär-Strafgesetzbuche (Artikel 114) entnommen und dazu bestimmt, eine Lücke auszufüllen, welche das Preuß. Militär-Strafgesetzbuch enthält. Dieses letztere bestimmt nämlich im § 121 Theil I nur im Allgemeinen, daß wegen Pflichtverletzung eine erhöhte Strafe den Kommandanten einer Festung und die mit ihm für die Vertheidigung des Platzes verantwortlichen Offiziere treffen solle, wenn dieselben den ihnen ertheilten besonderen Instruktionen zuwider handeln und daß, wenn in diesen Instruktionen für bestimmte Fälle Strafen angedroht sind, die Strafbarkeit auch darnach zu beurtheilen sei. Diese Bestimmung hat das Mißliche, daß es in vielen Fällen kaum möglich sein dürfte, dem Kommandanten eines vom Feinde eingeschlossenen Platzes besondere Instruktionen zugehen zu lassen, und daß solchen Instruktionen Gesetzeskraft beigelegt wird, welche sie an sich nicht haben. Es erschien deshalb richtiger, die einschlägigen Bestimmungen des Bayerischen Militär-Strafgesetzbuchs in das Gesetz aufzunehmen und darin eine für alle Fälle gültige Norm aufzustellen, nach welcher von den Kommandanten belagerter Festungen oder von anderen Befehlshabern in Fällen ähnlicher Art zu verfahren ist. Zugleich ist im § 63 Nr. 1 der von militärischer Seite als allein richtig bezeichnete Grundsatz zum Ausdruck gelangt, daß der Kommandant einer belagerten Festung für deren Vertheidigung allein verantwortlich ist und seine Verantwortlichkeit nicht mit anderen Personen, namentlich nicht mit Mitgliedern eines von ihm berufenen „Kriegsraths", theilen kann.

Hinzugefügt sind noch die Fälle der ungerechtfertigten Uebergabe eines Schiffes oder Fahrzeugs der Marine, da diese der Uebergabe einer Festung in Bezug auf die Strafbarkeit und den dadurch entstandenen Nachtheil gleichsteht. (Motive.)

2) der Befehlshaber, welcher im Felde mit Vernachlässigung der ihm zu Gebote stehenden Vertheidigungsmittel den ihm anvertrauten Posten verläßt oder dem Feinde übergiebt;

3) der Befehlshaber, welcher auf freiem Felde kapitulirt, wenn dies das Strecken der Waffen für die ihm untergebenen Truppen zur Folge gehabt und er nicht zuvor Alles gethan hat, was die Pflicht von ihm erfordert;

4) der Befehlshaber eines Schiffes der Marine, welcher dasselbe oder dessen Bemannung dem Feinde übergiebt, ohne zuvor zur Vermeidung dieser Uebergabe Alles gethan zu haben, was die Pflicht von ihm erfordert.

In minder schweren Fällen der Nummern 2 und 3 tritt Festungshaft nicht unter fünf Jahren oder lebenslängliche Festungshaft ein.

[Entw. § 75.]

Dritter Abschnitt.

Unerlaubte Entfernung und Fahnenflucht.

---

2. Das Motiv zu den in den Nummern 1—4 mit dem Tode bedrohten Verbrechen kann verschiedener Natur sein (Verrath, Feigheit, Mangel an Pflichtgefühl 2c.). Dasselbe hat auf die Strafbarkeit keinen Einfluß (cf. Oberniedermayer S. 389).

3. Der Versuch der sub 1—4 aufgeführten Verbrechen ist strafbar (cf. §§ 43 Abs. 1. 44 RStGB.).

4. Ist die Uebergabe noch nicht erfolgt, so ist das Verbrechen noch nicht vollendet.

Die Annahme Koppmann's (S. 220), daß die Uebergabe mit dem Abschlusse des Uebergabevertrages perfekt sei, dürfte doch bedenklich sein.

5. Ob alle Mittel zur Vertheidigung des Platzes erschöpft sind (Nr. 1), ob Vertheidigungsmittel vernachlässigt worden sind (Nr. 2), ob Alles gethan worden ist, was die Pflicht erfordert (Nr. 3 u. 4), ist Thatfrage.

Hier wird der Richter sich wohl hauptsächlich auf Gutachten von Sachverständigen, höheren Offizieren des Generalstabs, des Ingenieurkorps 2c. stützen müssen. (Koppmann S. 223.)

6. „Freies Feld" ist jeder Punkt, welcher nicht unter die Nr. 1 und 2 bezeichneten fällt, insbesondere Gefechts- und Marsch-Terrain (cf. Oberniedermayer S. 394).

7. Was unter „minder schweren Fällen" zu verstehen sei, ist in Anm. 11 zu § 58 ausgeführt. In den Fällen ad 1 und 4 ist stets auf Todesstrafe zu erkennen.

8. Neben Festungshaft ist hier Dienstentlassung stets zulässig (cf. § 34 Abs. 2 Nr. 1).

Dritter Abschnitt.

Das Militär-Strafgesetzbuch für das Deutsche Reich hat abweichend von dem Preußischen und Bayerischen Militär-Strafgesetzbuche die unerlaubte Entfernung und die Fahnenflucht (Desertion) in demselben Abschnitte behandelt, weil beide derselben Kategorie angehören, vermittels derselben Handlungen in die Erscheinung treten und nur durch die Verschiedenartigkeit der den Handlungen zu Grunde liegenden Absicht von einander sich unterscheiden.

§ 64.

Wer von seiner Truppe oder von seiner Dienststellung sich eigenmächtig entfernt oder vorsätzlich fern bleibt, oder wer den ihm ertheilten Urlaub eigenmächtig überschreitet, wird wegen unerlaubter Entfernung mit Freiheitsstrafe bis zu sechs Monaten bestraft.

[Entw. § 78.]

Disziplinarbestrafung in leichteren Fällen zulässig EG. § 3.

---

§§ 64—67.

Inhalt:

1. Daß Personen des Beurlaubtenstandes den Strafbestimmungen der §§ 64 bis 67 unterstellt sind, wenn sie zum Dienste einberufen sind und sich im Dienste befinden, ist selbstverständlich. Aber auch außer Dienst sind einzelne Kategorien der Personen des Beurlaubtenstandes ebenso wie die Personen des aktiven Dienststandes den gedachten Bestimmungen unterworfen. Es sind dies die in § 56 Reichs-Mil.-Ges. v. 2. Mai 1874 sub 2—4 aufgeführten Mannschaften, nämlich

1) die vorläufig unter Aushändigung des Urlaubspasses in die Heimath beurlaubten Rekruten und die vorläufig in die Heimath beurlaubten Freiwilligen;
2) die bis zur Entscheidung über ihr ferneres Militärverhältniß zur Disposition der Ersatzbehörden entlassenen Mannschaften;
3) die vor erfüllter aktiver Dienstpflicht zur Disposition der Truppentheile beurlaubten Mannschaften (cf. §§ 60 Nr. 3 RMG. v. 2. Mai 1874, 72 Nr. 5. 6, 84 Nr. 4 Th. I der Deutschen Wehr-Ordn.).

Dieselben werden, wenn sie den ihnen ertheilten Urlaub eigenmächtig überschreiten oder vorsätzlich fernbleiben, die zur Disposition der Truppentheile beurlaubten Mannschaften auch, wenn sie ihren Aufenthaltsort ohne Erlaubniß verändern, auf Grund der §§ 64 resp. 66 wegen unerlaubter Entfernung bestraft (cf. §§ 60 Nr. 5 R.-M.-G. v. 2. Mai 1874, 79 Nr. 2, 81. 84 Nr. 5 Th. I, 7 Nr. 8 Th. II der Deutschen Wehr-Ordnung).

Militärbeamte unterliegen den Bestimmungen der §§ 64—67 nur im Felde (§ 153). Wegen des Gefolges des kriegführenden Heeres cf. §§ 155 ff.

Auch auf Kriegsgefangene finden die gedachten Paragraphen Anwendung (§ 158). Entweichen sie unter Bruch des Ehrenwortes so tritt nach § 159 die Todesstrafe ein.

2. Die unerlaubte Entfernung unterscheidet sich von der Fahnenflucht nur durch das Fehlen der Absicht, sich dauernd seiner Verpflichtung zum Dienste zu entziehen. (Eine Vorbestrafung wegen Fahnenflucht begründet daher auch den Rückfall.)

Die größere oder geringere Strafbarkeit knüpft das Gesetz an die Dauer der verschuldeten Abwesenheit.

In leichteren Fällen des § 64 ist Disziplinarbestrafung zulässig, im Falle des § 66 nicht.

Im Falle der Disziplinarbestrafung ist das in Anm. 3 zu § 3 des Einführungs-Gesetzes insbesondere rücksichtlich des Arrestes Gesagte zu beobachten.

3. „Eigenmächtig“ heißt ein Handeln oder Unterlassen, wenn es kraft eigener willkürlicher Willensbestimmung ohne Rücksicht auf ein etwaiges Gebot oder Verbot erfolgt.

Die eigenmächtige Entfernung resp. die eigenmächtige Urlaubsüberschreitung

§ 65.

Der unerlaubten Entfernung wird es gleich geachtet, wenn eine Person des Soldatenstandes im Felde es unterläßt,

1) der Truppe, von welcher sie abgekommen ist, oder der nächsten Truppe sich wieder anzuschließen, oder

2) nach beendigter Kriegsgefangenschaft sich unverzüglich bei einem Truppentheile zu melden.

Dasselbe gilt, wenn eine Person der Marine, welche außerhalb der heimischen Gewässer von einem Schiffe abgekommen ist, es unterläßt, sich bei demselben oder einem anderen Deutschen Kriegsschiffe oder dem nächsten Deutschen Konsulate unverzüglich zu melden.

[Entw. § 79.]

---

setzt somit ebenso wie das Fernbleiben im Sinne des § 64 stets einen Vorsatz voraus, welcher auf die unerlaubte Handlung gerichtet ist.

Eine fahrlässige Urlaubsüberschreitung resp. ein fahrlässiges Fernbleiben fällt nicht unter die Strafbestimmung des § 64 und ist ev. disziplinarisch auf Grund des § 1 der Disziplinar-Strafordnung zu bestrafen. Der Beweis für die Fahrlässigkeit wird allerdings meist schwer zu führen sein

Straflosigkeit tritt ein, wenn eine außerhalb der Selbstbestimmung liegende absolute Verhinderung durch Zwang oder Naturgewalt vorliegt.

4. Zur eigenmächtigen „Entfernung" von der Truppe oder der Dienststellung ist ein Verlassen des Garnisonortes, des Kantonements ꝛc. nicht erforderlich. Wesentlich ist bei der eigenmächtigen Entfernung sowohl wie beim vorsätzlichen Fernbleiben die bewußte Trennung vom Dienst der Truppe oder der Dienststellung. Die eigenmächtige Entfernung resp. das vorsätzliche Fernbleiben vom Garnisonorte ꝛc. in der dienstfreien Zeit fällt nicht unter § 64 (siehe Anm. 5).

5. Unter Urlaub ist die Erlaubniß zur zeitweisen Entfernung von der Truppe resp. von der Dienststellung (cf. Anm. 4) zu verstehen. Darum ist das eigenmächtige Ueberschreiten des bis zu einer bestimmten Nachtstunde ertheilten Urlaubs, nicht als unerlaubte Entfernung nach § 64, sondern als Ausbleiben über Zapfenstreich resp. aus dem Quartier entweder disziplinarisch oder unter Umständen nach der Bestimmung des § 92 gerichtlich zu bestrafen. (Beschluß des Pr. General-Auditoriats v. 28. März 1873 Nr. 9 u. 12.)

Die unter die Strafbestimmung des § 64 fallende eigenmächtige Urlaubsüberschreitung ist im Tenor als unerlaubte Entfernung zu bezeichnen.

6. § 65 behandelt diejenigen Fälle, in welchen die unfreiwillig von der Truppe Abgekommenen es unterlassen, sich der eigenen oder der nächsten Truppe wieder anzuschließen resp. bei einem Truppentheile zu melden, also von der Truppe fernbleiben. Daß dies Fernbleiben auch vorsätzlich geschehen müsse wie im § 64, ist hier nicht vorgeschrieben (cf. Anm. 8).

Das freiwillige Abkommen fällt unter den § 64.

Ist Jemand aus Feigheit bei dem Vormarsche zum Gefecht, während des Gefechts oder auf dem Rückzuge von seinem Truppentheile heimlich zurückgeblieben, so liegt der Fall des § 85 Nr. 1 vor.

7. Wegen des Begriffs „im Felde" siehe §§ 9 u. 10 und die Anmerkungen dazu.

8. Der Ausdruck „durch Verschulden" in § 66 stimmt mit dem Begriff der strafrechtlichen Zurechnungsfähigkeit überein.

Während eine außerhalb der Selbstbestimmung liegende absolute Verhinderung durch Zwang oder Naturgewalt die Anwendung der härteren Strafbestimmung ausschließt, bedingt nicht nur ein gewolltes sondern auch ein derartiges Fernbleiben

§ 66.

Dauert durch Verschulden des Abwesenden die Abwesenheit länger als sieben Tage, im Felde länger als drei Tage, so tritt Gefängniß oder Festungshaft bis zu zwei Jahren ein.

[Entw. § 80.]

§ 67.

Freiheitsstrafe von sechs Monaten bis zu fünf Jahren tritt ein, wenn die Abwesenheit im Felde länger als sieben Tage dauert.

[Entw. § 81.]

§ 68.

Gleiche Strafe (§ 67) trifft eine Person des Beurlaubtenstandes, welche nach bekannt gemachter Kriegsbereitschaft oder nach angeordneter Mobilmachung ihrer Einberufung zum

---

die höhere Strafbarkeit, welches bei Anwendung der erforderlichen Aufmerksamkeit und Ergreifung der geeigneten Maßnahmen zu vermeiden war. (Herbst S. 8 u. 9.)

9. Die Frist (§§ 66. 67) läuft a momento ad momentum. Sie beginnt für die Fälle des § 64 von dem Momente des vorsätzlichen Handelns resp. Unterlassens, für die Fälle des § 65 von dem Momente, in welchem nach Lage der Sache bei Anwendung der erforderlichen Aufmerksamkeit und Ergreifung der geeigneten Maßnahmen der Anschluß an die Truppe resp. die Meldung bei einem Truppentheile möglich war.

Die Frist endet in den Fällen des § 64 mit der Gestellung (cf. das Nähere bei § 75) oder der Ergreifung, nicht also erst mit der Zuführung zur Truppe; in den Fällen des § 65 mit dem Anschluß resp. der Meldung. Auch ein Anschluß resp. eine Meldung auf indirektem Wege dürfte im letzteren Falle genügen, wenn nur sonst ersichtlich ist, daß der unfreiwillig Abgekommene Alles gethan hat um den Anschluß zu erreichen resp. die Meldung zu effektuiren.

10. Der Versuch ist nicht strafbar (cf. § 44 Abs. 2 RStGB.)

11. Freiheitsstrafe ist bis zu sechs Wochen Arrest, darüber hinaus Gefängniß oder Festungshaft (§§ 16. 17. 24). Bei Anwendung von Arrest ist § 22 zu beobachten.

§. 68.

Inhalt:

1. Zu den Personen des Beurlaubtenstandes gehören nach § 56 RMG. v. 2. Mai 1874 und § 15 des Ges. v. 9. November 1867 betreffend die Verpflichtung zum Kriegsdienste:

A. 1) die Offiziere, Aerzte, Beamten und Mannschaften der Reserve und Landwehr;
2) die vorläufig in die Heimath beurlaubten Rekruten und Freiwilligen;
3) die bis zur Entscheidung über ihr ferneres Militärverhältniß zur Disposition der Ersatzbehörden entlassenen Mannschaften;
4) die vor erfüllter aktiver Dienstpflicht zur Disposition der Truppentheile beurlaubten Mannschaften;

B. die Reserven der Flotte und die Seewehr.

Da die sub A 2 bis 4 bezeichneten Mannschaften nach § 60 Nr. 3 des RMG. v. 2. Mai 1874 durchweg den Bestimmungen im 3. Abschnitte über

Dienste oder einer öffentlichen Aufforderung zur Stellung nicht binnen drei Tagen nach Ablauf der bestimmten Frist Folge leistet.

[Entw. § 82.]

---

unerlaubte Entfernung und Fahnenflucht, in gleicher Weise wie die Personen des aktiven Dienststandes unterworfen sind, so gehören streng genommen zu den Personen des Beurlaubtenstandes im Sinne des § 68 nur die in Nr. 1 des § 56 a. a. O. aufgeführten Personen (cf. Anm. 2 zu §§ 64—67). Da sich jedoch Fälle denken lassen, in welchen die sub 2 und 3 aufgeführten Mannschaften, da sie ihren Aufenthaltsort ohne vorherige Genehmigung wechseln können, die Zustellung von Gestellungsordres mithin häufig auf Schwierigkeiten stoßen würde, aus §§ 64 und 66 wegen mangelnden Vorsatzes nicht würden zur Bestrafung gezogen werden können, so wird die Strafbestimmung des § 68 gegen sämmtliche im § 56 RMG. v. 2. Mai 1874 aufgeführten Personen des Beurlaubtenstandes zur Anwendung gebracht werden müssen, wenn sie bei völliger Gleichstellung mit den Personen des aktiven Dienststandes minder strafbar erscheinen würden, als die übrigen Personen des Beurlaubtenstandes.

Ersatz-Reservisten erster Klasse müssen bei Mobilmachungen und bei beginnender Bildung von Ersatz-Truppentheilen der Einberufung sofort Folge leisten; für den Fall der Zuwiderhandlung finden die auf die Personen des Beurlaubtenstandes bezüglichen Vorschriften im dritten Abschnitte des Militär-Strafgesetzbuches f. d. D. R. auf sie Anwendung (RMG. v. 2. Mai 1874 § 69 Nr. 5).

2. Daß bei einer Einberufung zum Kriege die Personen des Beurlaubtenstandes sich unweigerlich und pünktlich gestellen, ist nicht nur eine Pflicht des Patriotismus, sondern auch für die Armee von außerordentlicher Wichtigkeit. Deshalb hat das Gesetz es für erforderlich erachtet, die Strafe des § 67 für dieselben anzudrohen, wenn sie bei einem drohenden oder ausgebrochenen Kriege ihrer Einberufung nicht Folge leisten.

Da vielfach den Personen des Beurlaubtenstandes die Einberufungs-Ordres zu einer Mobilmachung, wegen Abwesenheit derselben von ihrem Wohnorte, nicht eingehändigt werden können, so hat die Bestimmung aufgenommen werden müssen, daß in solchen Fällen eine öffentliche Aufforderung der Einberufung gleich zu erachten sei. Eine Unbilligkeit liegt hierin nicht, weil jede Person des Beurlaubtenstandes verpflichtet ist, jede Veränderung des Wohnorts der Landwehrbehörde anzugeben und die erforderlichen Maßregeln zu treffen, um zu jeder Zeit von einer an sie ergehenden Einberufungs-Ordre in Kenntniß gesetzt zu werden, und weil ferner jede Person des Beurlaubtenstandes weiß, daß sie bei einem drohenden oder ausgebrochenen Kriege ihrer Einberufung gewärtig sein muß.

Es ist dabei als selbstverständlich vorausgesetzt worden, daß eine Person des Beurlaubtenstandes der öffentlichen Aufforderung zur Stellung schon dann „Folge geleistet" hat, wenn sie in der Absicht, ihrem Truppentheile zugeführt zu werden, bei einer Deutschen Militär- oder Civilbehörde des Inlandes oder einer Deutschen Konsularbehörde des Auslandes sich meldet und, nachdem sie dadurch die Frist gewahrt, demnächst Alles thut, um so bald als möglich zu ihrem Truppentheil zu gelangen. Dies ist auch beim Ausbruche des Krieges von 1870 zu 1871 vielfach geschehen, weil den Betreffenden die erforderlichen Geldmittel mangelten, um die Reise zu dem Stabsquartier ihres Truppentheils zu bestreiten. (Motive und Keller S. 117.)

3. Aus dem Wortlaute des § 68 folgt, daß die stattgehabte Einberufung zum Kriegsdienste nach angeordneter Mobilmachung ꝛc., d. h. die Behändigung der Einberufungsordre oder die öffentliche Aufforderung zur Stellung zu einem bestimmten Tage die unbedingt nothwendige Voraussetzung zur Anwendung der Strafbestimmung des § 67 auf eine Person des Beurlaubtenstandes ist (Beschl. des Preußischen General-Auditoriats vom 28. März 1873 Nr. 10).

4. Die „öffentliche Aufforderung", welche die Stelle der persönlichen Einberufung vertritt, kann von den Landwehrbehörden mit verbindender Kraft für alle unter ihrer Kontrole stehenden Mannschaften kategorienweise ohne besondere Namhaftmachung des Einzelnen durch die öffentlichen Blätter erfolgen. Die Be-

§ 69.

Wer sich einer unerlaubten Entfernung (§§ 64, 65, 68) in der Absicht, sich seiner gesetzlichen oder von ihm übernom=

---

hörde, welche die Aufforderung erläßt, hat auch nach Maßgabe der obwaltenden Umstände die Frist der Meldung zu bemessen und zu bestimmen (cf. Fleck S. 132).

5. Der § 68 hat den Thatbestand des darin bezeichneten Vergehens auf die Fälle der Einberufung bei einem drohenden oder ausgebrochenen Kriege beschränkt, weil für diejenigen Personen des Beurlaubtenstandes, welche zu kleineren Dienstleistungen oder zu Uebungen einberufen sind und der Gestellungs-Ordre nicht Folge leisten, die Strafe des Ungehorsams ausreicht. (Motive cf. auch § 23 ff. der Disziplin.-StO. f. d. Heer.)

6. Ist eine unerlaubte Entfernung im Sinne des § 68 vor dem 1. October 1872 verübt, so kann mit Rücksicht auf §§ 2 Abs. 2 RStGB., 2 Mil.-StGB. f. d. D. R. nur wegen Kontrolentziehung Strafe verhängt werden. Solche Fälle werden jedoch selten sein, da sich gewöhnlich die Absicht dauernder Dienstentziehung wird nachweisen lassen.

7. Wegen der unerlaubten Auswanderung der Personen des Beurlaubtenstandes siehe Anm. 3 zu § 69.

8. Die Frist ist a momento ad momentum zu berechnen (cf. Anm. 9 zu §§ 64—67, *contra*: Koppmann S. 231).

§ 69.

Inhalt:

1. § 69 findet nicht nur auf Personen des aktiven Dienststandes, sondern auch auf Personen des Beurlaubtenstandes Anwendung, und zwar:

a) auf die im § 56 RMG. v. 2. Mai 1874 sub 2—4 aufgeführten Mannschaften nämlich:

α) die vorläufig unter Aushändigung des Urlaubspasses in die Heimath beurlaubten Rekruten und die vorläufig in die Heimath beurlaubten Freiwilligen,

β) die bis zur Entscheidung über ihr ferneres Militärverhältniß zur Disposition der Ersatzbehörden entlassenen Mannschaften,

γ) die vor erfüllter aktiver Dienstpflicht zur Disposition der Truppentheile beurlaubten Mannschaften;

in derselben Weise wie gegen Personen des aktiven Dienststandes (cf. RMG. § 60 Nr. 3);

b) auf die übrigen Personen des Beurlaubtenstandes jedoch lediglich unter der Voraussetzung des § 68 (cf. das Allegat im Text des § 69).

Ferner findet § 69 Anwendung auf die Ersatz-Reservisten erster Klasse, sobald die Voraussetzungen des § 68 zutreffen (cf. § 69 Nr. 5 RMG. v. 2. Mai 1874).

Militärbeamte können sich der Fahnenflucht nur im Felde schuldig machen (§ 153).

Daß § 69 auf Kriegsgefangene nicht Anwendung finden kann, ist bei § 158 näher erörtert.

2. Die Fahnenflucht unterscheidet sich von der unerlaubten Entfernung nur dadurch, daß bei ihr die Absicht, „sich der gesetzlichen oder der übernommenen Verpflichtung zum Dienste dauernd zu entziehen" zum Thatbestande der unerlaubten Entfernung hinzutritt. Wenn daher auch eine vorherige Bestrafung wegen Fahnenflucht für das Vergehen der unerlaubten Entfernung den Rückfall begründet, so liegt nicht auch umgekehrt Fahnenflucht im Rückfalle vor, wenn eine Vorbestrafung wegen unerlaubter Entfernung erfolgt ist.

Die in § 69 enthaltene Definition der Fahnenflucht ist korrekter als diejenige des Preußischen Militär-Strafgesetzbuches Th. I § 91, welches die Absicht, „sich den militärischen Dienstverhältnissen zu entziehen", als Kriterium der Fahnenflucht hin-

menen Verpflichtung zum Dienste dauernd zu entziehen, schuldig macht, ist wegen Fahnenflucht (Desertion) zu bestrafen.

[Entw. § 83.]

---

stellt, und auch korrekter als diejenige des Bayerischen Militär-Straf-Gesetzbuches, welches in Artikel 95 die Absicht, „sich der Erfüllung der militärischen Dienstpflicht zu entziehen", zum Thatbestande der Fahnenflucht erfordert. Denn letzteres läßt die beschränkende Deutung zu, daß nur dann das Verbrechen der Fahnenflucht vorliegen solle, wenn die Absicht obwaltet, sich der Erfüllung der gesetzlichen Dienstpflicht im stehenden Heere, nicht auch der Dienstpflicht in der Reserve oder Landwehr oder einer freiwillig übernommenen Dienstpflicht zu entziehen. (Motive und Keller S. 119.)

Die unerlaubte Entfernung durch Beweis festzustellen, ist nicht mit Schwierigkeiten verknüpft; dagegen läßt sich die dabei gehabte Absicht, sich dauernd seiner Verpflichtung zum Dienste zu entziehen, wenn ein Geständniß nicht vorliegt, als ein wesentlich innerer Vorgang nur indirekt durch Feststellung äußerer Thatsachen, welche auf diese Absicht schließen lassen, darthun. Diese Erwägung hatte in verschiedenen Militär-Straf-Gesetzbüchern, so insbesondere im Preußischen zu Abweichungen von allgemeinen Rechtsgrundsätzen durch Aufstellung von Präsumtionen für das Verbrechen der Desertion geführt, deren Widerlegung demjenigen zufiel, bei welchem die im Gesetz präzisirten Thatsachen zutrafen.

Das Militär-Straf-Gesetzbuch für das Deutsche Reich hat die Theorie des Preußischen verlassen und dem Richter die freie Beurtheilung darüber überlassen zu müssen geglaubt, ob aus den die Entweichung resp. die Ergreifung begleitenden Umständen die Absicht, der Verpflichtung zum Dienste sich dauernd zu entziehen, zu entnehmen sei oder nicht.

Uebrigens erschien das Aufgeben der Theorie des Preußischen Militär-Straf-Gesetzbuches um so weniger bedenklich, als in den §§ 66 und 67 die Strafen für die unerlaubte Entfernung bei längerer Abwesenheit so normirt sind, daß sie im Höchstbetrage mit den Strafen der Fahnenflucht zusammentreffen. (cf. Motive.)

3. Die unerlaubte Auswanderung, welche die Absicht der dauernden Dienstentziehung involvirt, wird bei den Personen des aktiven Dienststandes und bei denjenigen Personen des Beurlaubtenstandes, welche ihnen ausdrücklich gleichgestellt sind, nämlich den im § 56 RMG. v. 2. Mai 1874 sub 2—4 aufgeführten Mannschaften (cf. Anm. 1a.) als Fahnenflucht im Sinne des § 69 aufgefaßt und an den Schuldigen von den Militärgerichten gestraft.

Die unerlaubte Auswanderung der übrigen Personen des Beurlaubtenstandes — den Fall der Einberufung zum Dienst nach bekannt gemachter Kriegsbereitschaft oder angeordneter Mobilmachung ausgenommen — kann, falls dieselben

a) zu den Mannschaften der Reserve, Land- oder Seewehr gehören, nur nach § 360 Nr. 3 RStGB. als unerlaubte Auswanderung,

b) falls sie Offiziere oder Aerzte des Beurlaubtenstandes sind, nur als Verletzung der Wehrpflicht nach § 140 Nr. 2 RStGB.

von den Civilgerichten mit Geldstrafe bis zu einhundertfunfzig Mark oder mit Haft resp. mit Geldstrafe bis zu dreitausend Mark oder mit Haft oder mit Gefängniß bis zu sechs Monaten bestraft werden, selbst wenn sie in der offenbaren Absicht erfolgt ist, sich dauernd der Verpflichtung zum Dienste zu entziehen. (Cf. Art. 59 der Reichs-Verfassung §§ 15 Abs. 3 des Ges. v. 9. Nov. 1867, 360 Nr. 3, 140 Nr. 2 RStGB. und 60 Nr. 2 RMG. v. 2. Mai 1874.)

Von besonderem Interesse ist hier der Erlaß des Preuß. Justiz-Ministers an sämmtliche Ober-Staats-Anwälte vom 1. Februar 1875, welcher lautet:

„Zufolge des Preußischen Militär-Strafgesetzbuches vom 3. April 1845 Th. II § 6 sind die zum Beurlaubtenstande gehörenden Personen des Soldatenstandes während der Beurlaubung in Strafsachen den Civilgerichten unterworfen. Im § 6 sind unter Nr. 1 bis 5 einzelne Ausnahmefälle aufgeführt, welche vor die Militärgerichte gehören; zu diesen Fällen ist zwar die Desertion zu zählen, die unerlaubte Auswanderung aber nicht. Nach der gegenwärtigen Gesetzgebung stellt vielmehr die unerlaubte Auswanderung eines dem Beurlaubtenstande angehörigen Offiziers und Arztes (welchen der mit dem gesetzlichen Vorbehalt ausgeschiedene Offizier gleichsteht), selbst wenn sie in der Absicht geschieht, sich dadurch dauernd der Dienstpflicht zu entziehen, nicht den Thatbestand der Fahnenflucht — (den Fall der Einberufung zum Dienst nach bekannt gemachter Kriegsbereitschaft oder angeordneter Mobilmachung ausgenommen, §§ 68. 69 des Reichs-Militär-Strafgesetzbuches vom 20. Juli 1872) — und überhaupt nicht den Thatbestand eines militärischen Verbrechens oder Vergehens, sondern nach § 60 ad 2 des Reichs-Militärgesetzes vom 2. Mai 1874 lediglich den Thatbestand eines gemeinen Vergehens dar, welches mit Geldstrafe bis zu 3000 Mark oder mit Haft oder mit Gefängniß bis zu sechs Monaten bedroht ist.

Hieraus folgt, daß für das Verfahren gegen Offiziere und Aerzte des Beurlaubtenstandes, welche sich der Auswanderung ohne Erlaubniß schuldig gemacht haben, die Militärgerichte nicht zuständig sind, gegen diese Personen vielmehr nur von den Civilgerichten strafrechtlich eingeschritten werden kann.

Für diese Auffassung spricht auch die Entstehungsgeschichte des angezogenen § 60 Nr. 2 des Reichs-Militärgesetzes, namentlich die im Reichstag von dem Berichterstatter der Kommission geltend gemachte Anschauung (S. 903 der stenographischen Berichte),

„daß es sich hier zwar um ein im militärischen Interesse zu bestrafendes Vergehen, aber keineswegs um ein militärisches Vergehen im Sinne des Militär-Strafgesetzbuches handle und daß es darum weder angemessen sein könne, das Militär-Strafgesetzbuch anzuwenden, noch die Vorschriften des Militär-Strafverfahrens,“

sowie ferner der Umstand, daß die Beschlüsse der Kommission vom Reichstage angenommen worden sind, dagegen ein vom Regierungs-Kommissar befürwortetes Amendement:

„in Betreff des Strafverfahrens kommen die nach § 2 des Einführungsgesetzes zum Militär-Strafgesetzbuche für die Bestrafung Fahnenflüchtiger geltenden Vorschriften zur Anwendung,“

abgelehnt worden ist.

Was nun das Verfahren vor den Civilgerichten anlangt, so können die besonderen Vorschriften des Gesetzes vom 10. März 1856 ad II. (Ges.-S. S. 133) allerdings keine Anwendung finden, da sich diese nur auf das Verfahren gegen ausgewanderte Landwehrmänner beziehen. Es muß vielmehr sowohl in den Fällen, wo der ausgewanderte Offizier rc. in dem Bereich der inländischen Strafgewalt, als auch dann, wenn er im Auslande verblieben ist, auf die allgemeinen prozessualischen Vorschriften zurückgegriffen werden. Insbesondere wird daher eine Urtheilsfällung in contumaciam nur auf Grund einer nach allgemeinen Regeln vorzunehmenden Beweisaufnahme erfolgen dürfen, und die öffentliche Ladung abwesender Angeschuldigter wird nach Maßgabe der in den Art. 35 und 46—49 des Gesetzes vom 3. Mai 1852 (G.-S. S. 209) enthaltenen Vorschriften zu bewirken sein.

Wo also die Besorgniß obwalten sollte, daß das von der Verwaltungsbehörde zur Begründung der Anklage eingereichte Attest dem Richter keine ausreichende Grundlage für die Feststellung des strafbaren Thatbestandes gewähren dürfte, wird zur Ergänzung des Beweises auf die Ladung des Ortsvorstehers, Bezirksfeldwebels oder anderer Zeugen Bedacht zu nehmen sein.

Die Rücksicht auf die Kosten, welche hieraus und aus der öffentlichen Ladung erwachsen, darf der Rücksicht auf die militärischen Dienst-Interessen, welche dringend erfordern, daß das fragliche Delikt in keinem Falle ungeahndet bleibe, um so eher nachgestellt werden, als voraussichtlich in nicht zu langer Frist das fragliche Verfahren durch die neue Strafprozeßordnung anderweit wird geregelt werden.“

Aus dem ad 2 und dem oben Gesagten folgt, daß die zur Reserve, zur Landwehr oder zur Seewehr gehörenden Mannschaften (letztere sofern sie ihrer aktiven Dienstpflicht in der Flotte genügt haben), sowie die Offiziere und im Offizierrange stehenden Aerzte des Beurlaubtenstandes sich nur dann einer Fahnenflucht schuldig machen und deshalb auch nur dann im Wege des Kontumazial-Verfahrens wegen Desertion verfolgt werden können, wenn sie nach bekannt gemachter Kriegsbereitschaft oder nach angeordneter Mobilmachung zum Dienst einberufen worden sind, oder wenn danach eine öffentliche Aufforderung zur Stellung erfolgt ist, daß sie aber — falls sie vor bekannt gemachter Kriegsbereitschaft oder vor Anordnung einer Mobilmachung bereits ausgewandert sind, ebensowenig wegen Fahnenflucht verfolgt werden können, als wenn sie ausgewandert sind, nachdem sie blos zu einer Uebung einberufen waren.

Selbstverständlich genügt aber für die Annahme einer Auswanderung die bloße Abwesenheit nicht, vielmehr ist es erforderlich, daß die Absicht, das Gebiet des Deutschen Reichs dauernd zu verlassen und in einem andern Lande sich ein Domizil zu gründen, entweder vollständig nachgewiesen oder doch durch konkludente Handlungen wahrscheinlich gemacht ist.

Nach denselben Grundsätzen wird auch in denjenigen Untersuchungssachen zu verfahren sein, welche gegen solche Personen des Beurlaubtenstandes schweben, die im Jahre 1870 sich zur Mobilmachung auf geschehene Einberufung zum Dienste oder auf eine allgemeine öffentliche Aufforderung nicht gestellt haben. Auch hier wird in Rücksicht auf die in diesem Punkte übereinstimmenden Grundsätze der damaligen und der jetzigen Gesetzgebung die Entscheidung lediglich von der Frage abhängen, ob eine schon vor der Einberufung zur Mobilmachung 1870 geschehene Auswanderung konstatirt ist oder nicht (cf. Beschl. des Pr. Gen.-Auditoriats v. 22. Nov. 1872).

4. Unter gesetzlicher oder übernommener „Verpflichtung zum Dienst" ist hier allerdings die militärische Dienstpflicht in ihrer Totalität (Militärpflicht) zu verstehen. Da aber der Soldat sich die Art der Ableistung seiner Militärpflicht entweder nicht selbst wählen oder die gewählte Art der Ableistung nicht eigenmächtig ändern darf, überhaupt die Bestimmung seiner Vorgesetzten über die spezielle Art der Ableistung seiner Militärpflicht sich gefallen lassen muß, so macht er sich auch dann der Fahnenflucht schuldig, wenn er sich von seiner Truppe oder seiner Dienststellung eigenmächtig entfernt, um mit der ihm nicht passend erscheinenden Art der Ableistung dauernd zu brechen, und es nützt ihm der Einwand nicht, daß er zu einer anderen Art der Ableistung gern erbötig sei.

Darum ist auch derjenige, welcher von einem mobilen Truppentheile entweicht, um der Theilnahme am Kriege sich dauernd zu entziehen, und demnächst bei der Ersatztruppe sich meldet, um hier seiner ferneren Dienstpflicht zu genügen, wegen Fahnenflucht zu bestrafen.

Die entgegengesetzte Ansicht würde zu einer Schädigung der Disziplin führen, wie sie schlimmer kaum gedacht werden kann.

Es kann sonach füglich keinem Bedenken unterliegen, daß unter „seiner Verpflichtung zum Dienste" hier auch die speziell dem Militärpflichtigen auferlegte Art der Ableistung seiner Militärpflicht zu verstehen ist. Dafür auch Keller (S. 119) *contra*: Brauer (S. 112) und Koppmann (S. 233).

5. Der gesetzlichen Verpflichtung zum Dienste ist die übernommene, d. i. die auf Vertrag oder stillschweigender Einwilligung beruhende, gegenübergestellt [cf. Keller (S. 119), Weiffenbach (S. 59)].

6. Die Fahnenflucht ist vollendet in dem Augenblicke, in welchem die unerlaubte Entfernung (das unerlaubte Fernbleiben) mit der Absicht zusammentrifft, sich dauernd der Verpflichtung zum Dienste zu entziehen. Darum kann eine spätere freiwillige Gestellung an dem Thatbestande der Fahnenflucht nichts ändern und ist nur bei der Zumessung der Strafe von Bedeutung (§ 75).

Tritt die Absicht dauernder Dienstentziehung einer bereits vollendeten unerlaubten Entfernung durch einfache Aenderung der Willensrichtung hinzu, so kann von einem Versuche der Fahnenflucht nicht gut mehr die Rede sein, denn das Vergehen ist vollendet durch den einfachen innern Vorgang.

Ein strafbarer Versuch wird daher meist nur dann vorliegen, wenn die Absicht der dauernden Dienstentziehung der unerlaubten Entfernung vorausgeht, mithin die Ausführung des Desertionsvorhabens erst mit der Ausführung der unerlaubten Entfernung erfolgen kann.

Welche Handlungen nach dieser Richtung hin als Versuchshandlungen aufzu-

§ 70.

Die Fahnenflucht wird mit Gefängniß von sechs Monaten bis zu zwei Jahren, im ersten Rückfalle mit Gefängniß von Einem Jahre bis zu fünf Jahren, im wiederholten Rückfalle mit Zuchthaus von fünf bis zu zehn Jahren bestraft.

Der Versuch ist strafbar.

[Entw. § 84] cf. §§ 74. 75.

§ 71.

Die Fahnenflucht im Felde wird mit Gefängniß von fünf bis zu zehn Jahren bestraft; im Rückfalle tritt, wenn die

---

fassen sind, ist lediglich Thatfrage. Daß ein Ueberschreiten der Grenzen des Garnisonortes, des Kantonements rc. zur Vollendung der unerlaubten Entfernung nicht nothwendig ist, ist in Anm. 4 zu §§ 64—67 erörtert.

§ 70.

Inhalt:

Beurlaubte: 1. Ersatzreserve: 1. Gestellung: 2. Kriegsgefangene: 1. Militärbeamte: 1. Rückfall 3. Versuch: 4. Versetzung i. d. II. Kl. 2.

1. Wegen Anwendbarkeit des § 70 auf andere als auf Personen des Soldatenstandes siehe Anm. 1 zu § 69 und Anm. 1 zu § 71.

2. Neben der Gefängnißstrafe ist Versetzung in die zweite Klasse des Soldatenstandes geboten (§ 74). Wenn kein Rückfall vorliegt, kann bei Gestellung innerhalb sechs Wochen von der Versetzung in die zweite Klasse abgesehen werden (§ 75).

3. Wegen Entscheidung der Rechtsfrage, ob erster resp. wiederholter Rückfall vorliegt, siehe die Anmerkungen zu § 13.

Danach ist eine Vorbestrafung wegen desselben Vergehens (Fahnenflucht) nothwendig (Anm. 6 zu § 13); eine Vorbestrafung wegen unerlaubter Entfernung reicht nicht aus (cf. Anm. 2 zu §§ 64—67 und 2 zu § 69). Auch der Fall des § 78 begründet keinen Rückfall.

Es genügt, wenn ein Deutsches Gericht eine Vorstrafe wegen Fahnenflucht oder Desertion verhängt hat. Auf eine Erörterung der Frage, ob auch nach der jetzigen Gesetzgebung die That in gleicher Weise zu qualifiziren sei, hat sich der Richter nicht einzulassen (cf. das Nähere in Anm. 6 zu § 13; *contra:* Koppmann S. 236 und 71).

Daß Anstiftung, Theilnahme und Versuch bei Beurtheilung der Rückfälligkeit der That gleichstehen, ist in Anm. 3 zu § 13 ausgeführt.

4. Wegen des strafbaren Versuches siehe Anm. 3. 4. 5 zum III. Abschnitt I. Theils und Anm. 3 zu § 46; insbesondere aber Anm. 6 zu § 69 und Anm. 5 zu § 74. Die Strafe wegen Versuches ist nach den in § 44 RStGB. aufgestellten Grundsätzen, event. aber, sobald der Fall des § 75 vorliegt, nach § 17 Abs. 2 Mil.-StGB. f. d. D. R. zu ermäßigen (cf. Anm. 8 zu § 75).

§ 71.

Inhalt:

Beurlaubte 1. Ersatzreservisten: 1. Fahnenflucht (frühere) 5. Felde (im) 3. Kriegsgefangene: 1. Militärbeamte 1. Rückfall: 4—6. Versetzung in die II. Kl.: 7.

1. Wegen Anwendbarkeit des § 71 auf andere als auf Personen des Soldatenstandes siehe Anm. 1 zu § 69.

Die zur Reserve, zur Landwehr oder zur Seewehr gehörenden Mannschaften, die Ersatz-Reservisten erster Klasse, die Offiziere, Aerzte und Beamten des Beur-

frühere Fahnenflucht nicht im Felde begangen ist, Zuchthaus nicht unter fünf Jahren und, wenn die frühere Fahnenflucht im Felde begangen ist, Todesstrafe ein.

[Entw. § 85] cf. § 74.

§ 72.

Haben Mehrere eine Fahnenflucht verabredet und gemeinschaftlich ausgeführt, so wird die an sich verwirkte Zuchthausstrafe oder Gefängnißstrafe um die Dauer von Einem Jahre bis zu fünf Jahren erhöht.

---

laubtenstandes können dem in Anm. 2 und 3 zu § 69 Gesagten zufolge nur dann sich einer Fahnenflucht schuldig machen, wenn die Voraussetzungen des § 68 zutreffen. Da nun nach § 10 Nr. 2 die Kriegsgesetze für Personen des Beurlaubtenstandes mit dem Tage in Kraft treten, zu welchem sie einberufen sind, so folgt daraus, daß dieselben, wenn sie sich einer Fahnenflucht schuldig machen, stets wegen Fahnenflucht im Felde nach § 71 zu bestrafen sind (cf. Anm. 6b zu §§ 9 u. 10). Ebenso können Militärbeamte nur wegen Fahnenflucht „im Felde" bestraft werden (§ 153).

2. Daß die Fahnenflucht im Felde unter allen Umständen als Verbrechen behandelt wird, gründet sich darauf, daß hier, wo es gilt, mit äußerster Selbstverleugnung die Treue zu bewahren und den militärischen Pflichten im höchsten Maße nachzukommen, nicht allein die Verletzung dieser Pflicht in höherem Maße strafbar ist, sondern auch die Versuchung dazu am Nächsten liegt, das böse Beispiel am Ansteckendsten wirkt und die Armee zum Schutze hiergegen der strengsten Repression bedarf. (Oberniedermayer S. 342.)

3. Wegen des Begriffs „im Felde" siehe die §§ 9 und 10 und die Anmerkungen dazu.

Eine in Friedenszeiten konsumirte Fahnenflucht wird niemals Fahnenflucht „im Felde", wenn auch der Fahnenflüchtige erst nach beendigtem Kriege sollte zur Bestrafung gezogen werden können.

4. Wegen des Rückfalles siehe Anm. 3 zu § 70.

5. Bei den Worten: „im Rückfall" ist hier nicht nur an den ersten, sondern auch an den wiederholten Rückfall, bei den Worten: „die frühere Fahnenflucht" an alle vorhergegangenen Fälle von Fahnenflucht zu denken. (Koppmann S. 238.)

6. Ob die frühere Verurtheilung wegen Fahnenflucht im Felde mit Recht erfolgt und ob dieselbe auch nach der jetzigen Gesetzgebung als Fahnenflucht im Felde zu qualifiziren ist oder nicht, hat der Richter nicht zu prüfen (cf. Anm. 6 zu § 13; *contra:* Koppmann S. 238).

7. Die Versetzung in die zweite Klasse des Soldatenstandes ist neben Gefängnißstrafe geboten (§ 74). Der § 75 findet bei Fahnenflucht im Felde niemals Anwendung.

§ 72.

Inhalt:

1. § 72 behandelt die sogenannte Fahnenflucht im Komplott, welche ihrer großen Gefährlichkeit wegen härter bestraft werden muß, als die einfache Fahnenflucht. Es ist dabei erforderlich, daß mehrere Personen die Absicht haben, selbst fahnenflüchtig zu werden. Der Fall, daß mehrere Personen verabreden, nur eine von ihnen solle fahnenflüchtig werden und die übrigen sollten gemeinschaftlich an der Ausführung der verabredeten Fahnenflucht thätig sein, gehört nicht unter den

Ist die Handlung im Felde begangen, so tritt statt des Gefängnisses Zuchthaus von gleicher Dauer, gegen den Rädelsführer und gegen den Anstifter Todesstrafe ein.

[Entw. § 86] cf. §§ 74. 75.

§ 73.

Die Fahnenflucht vom Posten vor dem Feinde oder aus einer belagerten Festung wird mit dem Tode bestraft.

Begriff der Fahnenflucht im Komplott, sondern fällt unter die Strafbestimmung des § 78 (cf. Dr. Rubo S. 103).

2. „Mehrere" sind schon zwei Personen (cf. Oppenhoff Anm. 1 zu § 83).

3. Ein „Verabreden" liegt nur dann vor, wenn die schließliche Einigung der Berathenden, der Entschluß, das Unternehmen auszuführen, erfolgt ist. Dagegen brauchen die Mittel, die Art und die Zeit der Ausführung noch nicht genau bestimmt zu sein. (Oppenhoff Anm. 4 zu § 83.)

4. „Gemeinschaftlich" ausgeführt ist die Fahnenflucht, wenn der Verabredung und dem Zwecke derselben gemäß von den einzelnen Personen gehandelt ist. Die Thätigkeit der Komplottanten muß sich im Ganzen als eine gemeinschaftliche darstellen. Daß alle zu gleicher Zeit oder von demselben Orte entweichen, wird daher nicht erfordert (cf. Weiffenbach S. 59; Dr. Rubo S. 103; Koppmann S. 239).

5. Die „verwirkte" Strafe ist die für die Fahnenflucht an sich ohne das straferhöhende Moment des § 72, aber mit allen übrigen sie begleitenden strafmindernden oder erschwerenden Momenten nach §§ 70. 71. 75 resp. 55 Nr. 1 zu bemessende Einzelstrafe.

Diese muß nach § 72 Abs. 1 um die Dauer von einem Jahre bis zu fünf Jahren erhöht werden.

Zum Absatz 2.

6. Absatz 2 bestimmt, daß, wenn die Fahnenflucht im Komplott im Felde begangen ist, statt der demzufolge für die Fahnenflucht im Felde an sich nach § 71 Satz 1 verwirkten Gefängnißstrafe von fünf bis zu zehn Jahren Zuchthaus von gleicher Dauer treten und die so verwirkte Zuchthausstrafe nach dem im Absatz 1 angegebenen Grundsatze erhöht werden soll.

Liegt Fahnenflucht im Felde im Rückfall vor, so kommt nur Abs. 1 zur Anwendung und Abs. 2 ist bedeutungslos, soweit es sich nicht um den Rädelsführer oder den Anstifter handelt, gegen welche bei Fahnenflucht im Felde, wenn sie im Komplott verübt ist, stets die Todesstrafe eintritt (cf. Koppmann S. 241).

7. „Rädelsführer" ist derjenige, welcher bei der Ausführung des Desertionsvorhabens die Leitung übernommen beziehungsweise bei den Berathungen das Wort geführt und den Plan entworfen hat.

8. „Anstifter" ist derjenige, welcher die erste Anregung zur Verabredung der Fahnenflucht im Komplott gegeben und auf den Entschluß der Anderen bestimmend eingewirkt hat. Daß er selbst an der Ausführung theilnimmt ist nach dem in Anm. 1 Gesagten erforderlich, weil sonst nur der Thatbestand des § 78 vorliegen würde.

Für den Anstifter einer im Frieden verübten Fahnenflucht im Komplott ist eine härtere Strafe nicht angedroht. Die Anstiftung kann hier bei der Strafzumessung gewürdigt werden. § 78 kommt dabei nicht zur Anwendung. cf. Anm. 2 zu § 78.

§ 73.

1. § 73 Abs. 1 findet nur auf Personen des Soldatenstandes Anwendung.

Wegen Anwendbarkeit des § 73 Abs. 2 auf andere als auf Personen des Soldatenstandes siehe Anm. 1 zu § 71.

2. Dieser Paragraph ist dem Preußischen Militär-Strafgesetzbuche entlehnt und enthält die schwersten Fälle der Fahnenflucht eines Einzelnen im Felde.

Dieselbe Strafe trifft den Fahnenflüchtigen, welcher zum Feinde übergeht.

[Entw. § 87.]

§ 74.

Neben dem wegen Fahnenflucht verwirkten Gefängniß ist auf Versetzung in die zweite Klasse des Soldatenstandes zu erkennen.

[Entw. § 88.]

§ 75.

Stellt sich ein Fahnenflüchtiger innerhalb sechs Wochen

Die Todesstrafe ist darin für diese Fälle angedroht in Uebereinstimmung mit dem Artikel 99 des Bayerischen Militär-Strafgesetzbuches. (Motive.)

3. Als „vor dem Feind" befindlich ist ein Posten zu betrachten, wenn bei der Truppe in Gewärtigung eines Zusammentreffens mit dem Feinde der Sicherheitsdienst gegen denselben begonnen hat resp. auf dem Schiffe in Gewärtigung dieses Zusammentreffens ein oder mehrere Geschütze des Schiffes scharf geladen sind. (§§ 11 und 165.)

4. „Vom Posten" kann nicht nur ein einzelner Posten sondern jeder entweichen, welcher im Sicherheitsdienste verwendet wird.

5. Absatz 2 hat ebenso wie Absatz 1 nur eine „Fahnenflucht im Felde im Auge (cf. Anm. 2 und §§ 9 und 10).

§ 74.

Inhalt

1. Da die Fahnenflucht die militärische Treue verletzt und einen Mangel an ehrliebender Gesinnung verräth, so ist in Uebereinstimmung mit dem Preußischen und dem Bayerischen Militär-Strafgesetzbuche die Strafe der Versetzung in die zweite Klasse des Soldatenstandes bei jeder Fahnenflucht angedroht, wovon nur dann unter Umständen eine Ausnahme gemacht werden kann, wenn der Fahnenflüchtige binnen 6 Wochen zu seiner Pflicht zurückkehrt und aus freiem Antriebe sich entschließt, das verübte Unrecht wieder gut zu machen (§ 75). (Motive.)

2. Wird die verwirkte Gefängnißstrafe durch die erlittene Untersuchungshaft für verbüßt erachtet, so ist selbstverständlich nach § 74 dennoch auf Versetzung in die zweite Klasse des Soldatenstandes zu erkennen.

3. § 74 kommt selbstverständlich dann nicht zur Anwendung, wenn neben der Gefängnißstrafe auf Entfernung aus dem Heere erkannt, das militärische Dienstverhältniß mithin gelöst wird (cf. §§ 32 und 39).

4. Hat ein Offizier wegen Fahnenflucht eine Gefängnißstrafe nach § 70 oder § 71 verwirkt, so ist auf Entfernung aus dem Heer und nicht auf Versetzung in die zweite Klasse des Soldatenstandes zu erkennen (cf. § 31 Abs. 2 Nr. 2 und Anm. 3). Gegen Unteroffiziere muß unter derselben Voraussetzung auf Versetzung in die zweite Klasse und auf Degradation erkannt werden (cf. § 40 Abs. 1 Nr. 2.) Gegen Militärbeamte ist bei Fahnenflucht (im Felde) statt auf Versetzung in die zweite Klasse des Soldatenstandes auf Amtsverlust zu erkennen (cf. § 153).

5. Bei der Versuchsstrafe ist die Versetzung in die zweite Klasse des Soldatenstandes nicht geboten sondern nur zulässig (§ 46).

§ 75.

Inhalt:

nach erfolgter Fahnenflucht, so kann, wenn dieselbe nicht im Felde begangen ist, die an sich verwirkte Zuchthausstrafe oder Gefängnißstrafe bis auf die Hälfte ermäßigt, auch kann, wenn kein Rückfall vorliegt, von der Versetzung in die zweite Klasse des Soldatenstandes abgesehen werden. Gegen Unteroffiziere muß jedoch auf Degradation erkannt werden.

[Entw. § 89.]

---

1. § 75 kommt bei Fahnenflucht im Felde niemals zur Anwendung.

2. Bei keinem Verbrechen ist die Forderung, im Falle thätiger Reue gar keine oder eine milde Strafe eintreten zu lassen, so sehr in der Humanität begründet, als bei dem Verbrechen der Fahnenflucht.

In vielen Fällen wird nämlich der Entschluß zur Fahnenflucht rasch und im Affekt gefaßt und ausgeführt, sehr oft folgt aber auch die Reue eben so bald nach und es würde deshalb hart sein, dem reuig Zurückkehrenden die Milde des Gesetzes zu entziehen. Sehr oft geschieht auch die Entweichung anfänglich ohne bestimmten bösen Vorsatz und ohne die bestimmte Absicht, niemals wieder zurückzukehren. Hier erscheint es vorzugsweise billig, dem Entwichenen eine Frist zur Rückkehr zu gewähren, um zu verhindern, daß die Furcht vor einer harten Strafe denselben zur Fortsetzung der von ihm begangenen strafbaren Handlung verleitet und so die noch nicht feststehende Absicht der Fahnenflucht zu einer festen reifen lasse.

Deshalb hat das Gesetz für den Fall der freiwilligen Rückkehr eine mildere Strafe für zulässig erklärt und es für angemessen erachtet, die Frist hierfür auf sechs Wochen festzustellen. (Motive.)

3. Ein Fahnenflüchtiger „stellt sich" nur dann, wenn er sich persönlich meldet. Eine schriftliche Meldung genügt nicht. cf. Fleck S. 131, Weiffenbach S. 60, Koppmann S. 244.

4. Dem „sich stellen" steht das „aufgegriffen, verhaftet werden" entgegen. Darum gestellt sich ein Fahnenflüchtiger auch, wenn er von seinen Angehörigen, seinem Vormunde oder von anderen Personen, welche ihn nicht verhaftet haben, mit seiner Zustimmung gestellt wird (cf. Fleck S. 131, Keller S. 123, Koppmann S. 244).

5. Die Gestellung braucht nicht bei dem eigenen Truppentheile zu erfolgen, es genügt vielmehr, daß der Fahnenflüchtige sich bei irgend einer zuständigen in- oder ausländischen Militär- oder Civil-Behörde meldet, welche seinen Rücktransport veranlaßt resp. in die Wege leitet. (cf. Keller S. 123, Koppmann S. 244).

6. Die sechswöchentliche Frist läuft a momento ad momentum, das heißt vom Moment der beendeten Fahnenflucht an bis zum Moment der Gestellung; *contra*: Koppmann S. 245. Allerdings wird häufig der Moment der beendigten Fahnenflucht nicht genau zu fixiren und aus diesem Grunde vom Ablaufe des Tages, an welchem die Fahnenflucht begangen worden, die Frist zu rechnen sein. Ist der Moment jedoch genau zu bestimmen, so ist auch von diesem Momente ab die Frist zu berechnen (cf. Anm. 8 zu § 68 und Anm. 9 zu §§ 64 – 67).

7. Die „an sich verwirkte" Zuchthausstrafe oder Gefängnißstrafe ist die für die Fahnenflucht an sich ohne das strafmildernde Moment des § 75 und ohne das straferhöhende des § 72 nach § 70 wegen erster oder zweiter Fahnenflucht im Frieden zu verhängende Gefängniß- resp. die wegen Fahnenflucht im Frieden im wiederholten Rückfalle festzusetzende Zuchthausstrafe.

Liegt Gestellung bei einer im Frieden verübten Fahnenflucht im Komplott vor, so ist zunächst die Strafe nach Maßgabe der Bestimmungen der §§ 70 und 75 festzusetzen und demnächst erst die in § 72 vorgeschriebene Erhöhung derselben vorzunehmen (cf. Anm. 5 zu § 72 und Koppmann S. 245).

8. Ist wegen versuchter Fahnenflucht (im Frieden) im wiederholten Rückfalle auf Strafe zu erkennen und es beträgt die mit Rücksicht auf die mangelnde Vollendung in Gemäßheit des § 44 RStGB. gemilderte Strafe weniger als zwei Jahre Zuchthaus, so ist die Vorschrift des § 17 Abs. 2 Mil.-StGB. f. d. D. R. nicht zu übersehen und falls die nach § 75 zulässige Ermäßigung den Betrag von einem

§ 76.

Die Verjährung der Strafverfolgung wegen Fahnenflucht beginnt mit dem Tage, an welchem der Fahnenflüchtige, wenn er die Handlung nicht begangen hätte, seine gesetzliche oder von ihm übernommene Verpflichtung zum Dienste erfüllt haben würde.

[Entw. § 90.]

§ 77.

Wer von dem Vorhaben einer Fahnenflucht zu einer Zeit, in welcher deren Verhütung möglich ist, glaubhafte Kenntniß erhält und es unterläßt, hiervon seinem Vorgesetzten rechtzeitig

---

Jahre Zuchthaus unterschreiten sollte, auf Gefängniß von gleicher Dauer zu erkennen.

9. Bei erster Fahnenflucht im Frieden (auch wenn sie im Komplott verübt ist) kann gegen Gemeine und Unteroffiziere von der Versetzung in die zweite Klasse des Soldatenstandes abgesehen werden. Gegen Unteroffiziere ist trotzdem stets auf Degradation, demzufolge gegen Offiziere auf Dienstentlassung zu erkennen (cf. § 34 Abs. 1 Nr. 2.) Nach § 31 (letztes Alinea) ist gegen Offiziere im Falle des § 75 auch Entfernung aus dem Heere zulässig.

§ 76.

1. § 76 lautete im Entwurf:

„die Strafverfolgung wegen Fahnenflucht verjährt nicht, so lange sich der Thäter durch seine Abwesenheit der Verfolgung entzieht."

Die zwischen dieser Fassung und derjenigen, welche § 76 durch den Reichstag erhalten hat, bestehende Differenz ist — wie Keller S. 124 richtig bemerkt — von keiner praktischen Bedeutung, da die Militärgerichte zufolge § 68 RStGB. es in der Hand haben, die Verjährung durch Vorladung des Abwesenden vor Ablauf der Verjährungsfrist zu unterbrechen.

2. Für die Frage, wann der Fahnenflüchtige seine gesetzliche Verpflichtung zum Dienste erfüllt haben würde, sind die §§ 6. 7. 18 des Reichsges. betr. die Verpflichtung zum Kriegsdienste vom 9. November 1867 entscheidend, welche dem Dienstpflichtigen im Ganzen in der Regel eine 12jährige Dienstpflicht auferlegen.

Bei der übernommenen Verpflichtung entscheidet bei den nicht mehr im dienstpflichtigen Alter befindlichen Personen lediglich der Vertrag (die Kapitulation), andernfalls beginnt die Verjährung auch bei ihnen erst mit dem Ablauf der gesetzlichen Dienstpflicht in der Landwehr (cf. Keller S. 124, Brauer S. 90, Koppmann S. 248; *contra*: Weiffenbach, welcher unter Bezugnahme auf § 3 des Ges. v. 9. Nov. 1867 unter der Verpflichtung zum Dienste auch die Verpflichtung zum Dienste im Landsturm (bis zum 42. Lebensjahre) mit inbegriffen wissen will.)

3. Im Uebrigen siehe wegen der Verjährung selbst die Anmerkungen zu § 52.

§ 77.

Inhalt:

1. Militärbeamte sind der Vorschrift des § 77 nur dann unterworfen, wenn sie selbst im Felde stehen (§ 153.) Wegen des Gefolges des kriegführenden Heeres cf. § 155.

2. Die Verhütung von Entweichungen ist für die Armee von höchster Wichtigkeit und deshalb einem jeden Soldaten die Pflicht auferlegt, von einem glaubhaft

Anzeige zu machen, ist, wenn die Fahnenflucht begangen worden, mit Freiheitsstrafe bis zu sechs Monaten und, wenn die Fahnenflucht im Felde begangen worden, mit Freiheitsstrafe von Einem Jahre bis zu drei Jahren zu bestrafen.

[Entw. § 91.]

§ 78.

Wer einen Anderen zur Fahnenflucht vorsätzlich verleitet oder die Fahnenflucht desselben vorsätzlich befördert, wird, wenn die Fahnenflucht erfolgt ist, mit Gefängniß von sechs Mo-

---

zu seiner Kenntniß gekommenen Vorhaben einer Fahnenflucht sofort seinem Vorgesetzten Anzeige zu machen; eine Pflicht, deren Versäumniß Strafe nach sich ziehen muß. (Motive). Cf. übrigens § 60 und § 104.

3. Was „glaubhafte Kenntniß" sei, ist in Anm. 5 zu § 60 definirt.

4. Der „Vorgesetzte" des Anzeigepflichtigen ist jeder Vorgesetzte desselben. Ein strenges Innehalten des vorgeschriebenen Dienstweges dürfte hier nicht erforderlich sein.

5. Was unter „rechtzeitig" zu verstehen, ist in Anm. 7 zu § 60 ausgeführt. Wegen des Begriffs „Vorgesetzter" cf. Anm. 5 zu § 92.

6. Ein „fahrlässiges" Unterlassen ist gleichfalls strafbar (cf. Anm. 6 zu § 60).

7. „Begangen" muß die Fahnenflucht sein; ein strafbarer Versuch reicht nicht aus, um den Säumigen zur Strafe ziehen zu können (cf. Anm. 10 zu § 60, welcher insofern von § 77 abweicht, als dort auch ein strafbarer Versuch ausreicht).

8. „Freiheitsstrafe" bis zu sechs Monaten ist Arrest bis zu 6 resp. 4 Wochen oder Gefängniß oder Festungshaft von 6 Wochen und einem Tage bis zu sechs Monaten (§§ 16. 17. 24). Strenger Arrest ist hier nur gegen denjenigen zulässig, welcher wegen militärischer Verbrechen oder Vergehen bereits mit einer Freiheitsstrafe gerichtlich oder disziplinarisch bestraft worden ist. (§ 22 Abs. 3.)

9. Der Anzeigepflichtige, welchen die Freiheitsstrafe (d. h. Gefängniß oder Festungshaft) von Einem Jahre bis zu drei Jahren trifft, weil die Fahnenflucht im Felde begangen worden, braucht nicht selbst im Felde zu stehen. Wegen des Begriffs „im Felde" siehe §§ 9 und 10.

§ 78.

Inhalt:

Anstiftung z. Fahnenflucht im Komplott: 3.
Beförderung: 5.
Beurlaubte: 1.
Fahnenflucht in Realkonkurrenz: 3.
Militärbeamte: 1.
Nichtanzeige der Fahnenflucht keine Beförderung. 6.
Strafmaß: 2.
Verleitung: 4.
Versuch: 7.
Vorgesetzter als Thäter: 8.

1. Personen des Beurlaubtenstandes unterliegen den Strafbestimmungen des § 78 nicht, wenn sie nicht zum Dienste eingezogen sind, vielmehr findet § 141 RStGB. auf sie Anwendung.

Die im § 56 Nr. 2—4 RMG. v. 2. Mai 1874 (cf. § 60 Nr. 3 ib.) aufgeführten Mannschaften, welche gleich den Personen des aktiven Dienststandes den sämmtlichen Bestimmungen des III. Abschnittes über unerlaubte Entfernung und Fahnenflucht unterworfen sind, sind jedoch hiervon ausgenommen. (*contra*: Koppmann S. 250.) Die ratio legis scheint zwar für die Koppmann'sche Annahme zu sprechen. Da aber § 60 Nr. 3 a. a. O. ausdrücklich die Ueberschrift des III. Abschnittes gebraucht, so ist der Wortlaut klar und eine anderweitige Interpretation füglich nicht gestattet.

Militärbeamte sind der Bestimmung des § 78 nur im Felde unterworfen (§ 153).

2. Dieser Paragraph entspricht dem § 141 des Strafgesetzbuches für das Deutsche Reich; nur sind darin die Strafen für denjenigen, welcher einen Anderen zur Fahnenflucht verleitet, ebenso normirt worden, als wenn dieser selbst zum ersten

naten bis zu zwei Jahren, im Felde mit Gefängniß von fünf bis zu zehn Jahren bestraft; zugleich kann auf Versetzung in die zweite Klasse des Soldatenstandes erkannt werden.

Der Versuch ist strafbar.

[Entw. § 92.]

§ 79.

Ein Gefangener, welcher sich selbst befreit, wird, wenn nicht die härtere Strafe der Fahnenflucht verwirkt ist, mit Freiheitsstrafe bis zu sechs Monaten bestraft.

[Entw. § 93.]

Male fahnenflüchtig geworden, weil diese strafbare Handlung, von einer Person des Soldatenstandes begangen, ein Verbrechen gegen die militärische Treue enthält und weit strafbarer erscheint, als wenn dieselbe von einer anderen Person verübt wird. (Motive.)

3. Begeht derjenige, welcher den andern verleitet, selbst eine Fahnenflucht, so liegt Realkonkurrenz vor.

Ist er dagegen Anstifter einer Fahnenflucht im Komplott, so kommt § 78 überhaupt nicht zur Anwendung (cf. Anm. 8 zu § 72. Koppmann S. 250).

4. „Verleitung" ist gleichbedeutend mit Anstiftung im Sinne des § 48 RStGB.

5. Die „Beförderung" der Fahnenflucht ist gleichbedeutend mit der Beihülfe zu derselben (§ 49 RStGB.).

Die Fahnenflucht ist vollendet in dem Momente, in welchem die unerlaubte Entfernung mit der Absicht, sich dauernd seiner Verpflichtung zum Dienst zu entziehen, zusammentrifft. Nach diesem Zeitpunkte kann nicht von einer Beförderung sondern nur von einer nach § 2 Mil.-StGB. f. d. D. R. strafbaren Begünstigung im Sinne des § 257 RStGB. die Rede sein.

Da nun die unerlaubte Entfernung nicht unbedingt das Verlassen der Garnisonstadt zur Voraussetzung hat (cf. Anm. 4 zu §§ 64—67), so ist es lediglich Thatfrage, ob die Beihülfe, welche einem Fahnenflüchtigen zum Verlassen des Garnisonortes gewährt wird, unter den Begriff der Beförderung oder der Begünstigung fällt.

Da es häufig schwer sein wird, den Moment des Beginns der Fahnenflucht festzustellen, wird in den meisten Fällen Beförderung der Fahnenflucht angenommen werden müssen, wenn dem Fahnenflüchtigen Behufs Verlassen des Garnisonortes Kleider verschafft sind oder ihm eine Fahrgelegenheit besorgt worden ist (cf. Oppenhoff Anm. 9 zu § 141; Herbst S. 218 ff,, Koppmann S. 250).

6. Die Nichtanzeige der Fahnenflucht fällt nicht unter den Begriff der Beförderung, da diese ein positives Handeln voraussetzt, sondern ist lediglich nach § 77 strafbar. (Oppenhoff Anm. 12 zu § 141.)

7. Versuchte Verleitung liegt sowohl vor, wenn dieselbe zu einem Versuche der Fahnenflucht geführt hat, als auch, wenn sie gänzlich erfolglos geblieben ist. (Herbst S. 123, Koppmann S. 251 *contra*: Weiffenbach S. 60.)

Dasselbe gilt von der versuchten Beförderung.

8. Ist der Verleitende Vorgesetzter, so liegt Ideal-Konkurrenz mit §§ 115 resp. 116 vor.

§ 79.

Inhalt

1. Wegen der Anwendbarkeit des § 79 auf Militärbeamte und das Gefolge des Heeres siehe §§ 153. 155—157. Wegen der Kriegsgefangenen cf. §§ 158. 159. Auf Personen des Beurlaubtenstandes findet § 79 nur unter der Voraussetzung des § 6 Anwendung.

§ 80.

Ein Offizier, welcher während der Verbüßung des Stubenarrestes eigenmächtig seine Wohnung verläßt, wird mit Freiheitsstrafe bis zu sechs Monaten bestraft; zugleich ist auf Dienstentlassung zu erkennen.

---

2. Daß die Selbstbefreiung eines Gefangenen, welche das bürgerliche Strafgesetz straflos läßt, vom militärischen Standpunkte aus strafbar erscheint, ist einleuchtend, weil diese Handlung, von einer Militärperson verübt, zugleich das Vergehen der unerlaubten Entfernung in sich schließt. (Motive.)

3. Gefangener ist jeder, welcher von einer im Allgemeinen zu Verhaftungen berechtigten Militärbehörde oder Militärperson seiner Freiheit beraubt ist, gleichgültig ob er nur vorläufig verhaftet ist (§ 7 d. D. StO. f. d. H.), sich in Untersuchungs- oder Strafhaft befindet. Insbesondere gehört hierher auch jeder auf dem Transport in die Haft befindliche Gefangene, sowie jeder Offizier, welcher geschärften Stubenarrest verbüßt. (Koppmann 251 u. 252.) Ob im speziellen Fall die Verhaftung gerechtfertigt war oder nicht ist gleichgültig.

4. Wenn die Selbstbefreiung in der Absicht erfolgte, sich dauernd seiner gesetzlichen oder übernommenen Verpflichtung zum Dienste zu entziehen, so liegt Fahnenflucht vor und die Anwendbarkeit des § 79 ist in allen*) Fällen gänzlich ausgeschlossen.

Dagegen können die §§ 122 RStGB. 66. 67. 94. 95 oder 96 Mil.-StGB. f. d. D. R. sehr wohl ideell konkurriren.

5. Wegen der Befreiung Gefangener durch Dritte enthalten die §§ 120. 121. 347 RStGB. und 144 Mil.-StGB. f. d. D. R. die bezüglichen Strafbestimmungen.

6. Freiheitsstrafe bis zu 6 Monaten ist Arrest bis zu sechs resp. vier Wochen oder Gefängniß oder Festungshaft von sechs Wochen und einem Tage bis zu 6 Monaten (§§ 16. 17. 24).

Strenger Arrest ist hier nur gegen denjenigen zulässig, welcher wegen militärischer Verbrechen oder Vergehen bereits gerichtlich oder disziplinarisch mit einer Freiheitsstrafe bestraft worden ist (§ 22 Abs. 3).

§ 80.

Inhalt:

1. Obere Militärbeamte unterliegen der Strafbestimmung des § 80 nur im Felde (§§ 153. 44).

Auf Amtsverlust kann gegen sie statt der gegen Offiziere gebotenen resp. zulässigen Dienstentlassung nicht erkannt werden, da es im Gesetz an einer derartigen Bestimmung fehlt (cf. Koppmann S. 254. 255; *contra:* Weiffenbach S. 39).

2. Da Offiziere den einfachen Stubenarrest, — um welchen es sich hier allein handelt, — auf Treue und Glauben, nur durch ihre Ehre gebunden, in ihren Wohnungen verbüßen, so kann derjenige, welcher dieses Vertrauen bricht, in seiner Stelle nicht verbleiben. (Motive.)

Ein Offizier, welcher während der Verbüßung des geschärften Stubenarrestes eigenmächtig die ihm angewiesene Wohnung verläßt, ist eventuell wegen Selbstbefreiung nach § 79 zu bestrafen (cf. Anm. 3 zu § 79).

---

*) Nach § 105 Th. I Preuß. Mil.-StGB. war gegen Militärsträflinge die erste Entweichung aus der Strafabtheilung, wenn nicht Komplott vorlag, in Friedenszeiten nicht als Fahnenflucht, sondern als Entweichung mit sechs Wochen strengem Arrest und Versetzung in die zweite Klasse 2c. zu bestrafen.

Ein Offizier, welcher während der Verbüßung des Stubenarrestes dem Verbot des § 23 zuwider Besuche annimmt, wird mit Freiheitsstrafe bis zu sechs Monaten bestraft; in schweren Fällen ist zugleich auf Dienstentlassung zu erkennen.

[Entw. § 93 Abs. 2.]

Vierter Abschnitt.

Selbstbeschädigung und Vorschützung von Gebrechen.

§ 81.

Wer sich vorsätzlich durch Selbstverstümmelung oder auf andere Weise zur Erfüllung seiner gesetzlichen oder von ihm übernommenen Verpflichtung zum Dienste untauglich macht oder durch einen Anderen untauglich machen läßt, wird mit Gefängniß von Einem Jahre bis zu fünf Jahren bestraft; zugleich ist auf Versetzung in die zweite Klasse des Soldatenstandes zu erkennen.

---

3. Stubenarrest ist bei der Marine gleichbedeutend mit Kammerarrest (§ 162).

4. Das „eigenmächtige" Verlassen setzt einen Vorsatz voraus. Daher fällt ein Verlassen der Wohnung aus Fahrlässigkeit — ein immerhin denkbarer Fall — nicht unter die Strafbestimmung des § 80.

Wann es dem Offizier gestattet ist, die Wohnung zu verlassen, ist in Anm. 5 zu § 23 näher ausgeführt.

In wieweit Nothwehr, Nöthigung oder Nothstand (§§ 52—54 RStGB.) Straflosigkeit begründen, ist Sache der thatsächlichen Beurtheilung.

5. Was unter „Wohnung" zu verstehen, ist in Anm. 3 u. 4 zu § 23 erörtert.

6. „Freiheitsstrafe bis zu sechs Monaten ist bis zu sechs Wochen inklus. einfacher oder in den zulässigen Fällen auch geschärfter Stubenarrest, von sechs Wochen und einem Tage an Gefängniß oder Festungshaft (§§ 16. 17. 23).

7. Welche „Besuche" § 23 nicht verbietet, ist in Anm. 6 daselbst erörtert.

8. Ist der Besuch trotz aller Gegenvorstellungen aufgedrängt, so ist er nicht „angenommen".

9. Nur wenn ein schwerer Fall festgestellt ist, ist im Falle des Abs. 2 auf Dienstentlassung zu erkennen.

Ein schwerer Fall ist nur ein objektiv schwerer (cf. Anm. 11 zu § 58).

Vierter Abschnitt.

Wegen der Ueberschrift siehe Anm. 4 zu § 83.

§ 81.

Inhalt.

1. Militärbeamte und nicht im Dienst befindliche Personen des Beurlaubtenstandes können sich einer Selbstbeschädigung oder Vorschützung von Gebrechen nicht schuldig machen (cf. §§ 153. 6). Von letzteren sind jedoch ausgenommen:
   a) die vorläufig in die Heimath beurlaubten Rekruten und Freiwilligen;
   b) die bis zur Entscheidung über ihr ferneres Militärverhältniß zur Disposition der Ersatzbehörden entlassenen Mannschaften;

Wird durch die Handlung die Unfähigkeit zu Arbeiten für militärische Zwecke verursacht, so ist die an sich verwirkte Gefängnißstrafe um die Dauer von drei Monaten bis zu Einem Jahre zu erhöhen; zugleich ist auf Entfernung aus dem Heer oder der Marine zu erkennen.

Der Versuch ist strafbar.

[Entw. § 94.]

---

c) die vor erfüllter aktiver Dienstpflicht zur Disposition der Truppentheile beurlaubten Mannschaften;

welche nach § 60 Nr. 3 d. RMG. v. 2. Mai 1874 den Bestimmungen im IV. Abschnitte in gleicher Weise wie die Personen des aktiven Dienststandes unterworfen sind.

Die übrigen Personen des Beurlaubtenstandes und die Militärbeamten sind daher event. nur auf Grund des § 142 RStGB. zu bestrafen.

2. Dieser Paragraph entspricht dem § 142 des Strafgesetzbuches für das Deutsche Reich; nur ist Versetzung in die zweite Klasse des Soldatenstandes obligatorisch angedroht, weil das Vergehen der Selbstbeschädigung eine schwere Verletzung der militärischen Treue in sich schließt und bei einem Soldaten einen Mangel an ehrliebender Gesinnung voraussetzt. (Motive.)

Die Selbstbeschädigung ist der Fahnenflucht nächst verwandt, hat mit ihr die Absicht gemein, sich dadurch der Erfüllung der gesetzlichen oder übernommenen Verpflichtung zum Dienste dauernd zu entziehen und unterscheidet sich davon nur in der Art des zur Erreichung dieser Absicht gewählten Mittels. (Oberniedermayer S. 365 u. Anm. 4 zu § 69.)

Eine Straferhöhung für den Fall, daß die That im Felde verübt ist, schreibt § 81 nicht vor (cf. Anm 8 zu § 85).

3. Die Selbstverstümmelung oder anderweitige Selbstbeschädigung ist in jeder Alterirung der körperlichen Integrität, auf welcher die Diensttauglichkeit beruht, sie mag äußerlicher oder innerlicher Art sein, zu finden (Oberniedermayer S. 366).

4. Die Selbstbeschädigung muß vorsätzlich geschehen. Hier bezieht sich der Vorsatz nicht nur auf die Handlung, sondern auch auf den Zweck. Darum schließt beabsichtigter Selbstmord auch die Anwendung des § 81 aus. (Koppmann S. 256; Schwarze S. 407; cf. auch oben Anm. 2.)

5. Die „Untauglichkeit", unter welcher nicht die absolute, sondern diejenige Untauglichkeit zu verstehen ist, welche eine Fortsetzung der Ableistung der Militärpflicht in der für den Soldaten im gegebenen Falle auf Grund gesetzlicher oder übernommener Verpflichtung angeordneten Art zu verstehen ist (cf. Anm. 4 zu § 69), braucht nicht nothwendig eine dauernde zu sein; es genügt jede vorsätzlich herbeigeführte, auch nicht dauernde, wirkliche Untauglichkeit.

Ist das beabsichtigte Untauglichmachen nicht gelungen, so liegt Versuch vor (cf. Oppenhoff Anm. 5 zu § 142; Schwarze 406. 407).

6. Ob der „Andere", durch welchen das Untauglichmachen herbeigeführt wurde, mit oder ohne Dolus handelte, ist gleichgültig, da es hier nur auf den Dolus desjenigen ankommt, welcher sich untauglich machen läßt (cf. Oppenhoff Anm. 6 zu § 142; *contra:* Koppmann S. 257 u. Schwarze S. 407).

7. War derjenige, welcher sich selbst beschädigt, bereits untauglich, ein Fall, welcher selten vorkommen wird, so liegt ein (strafloser) Versuch am untauglichen Objekt vor (Schwarze S. 407; Oppenhoff Anm. 2 zu § 142 Koppmann S. 257).

8. Absatz 2 schreibt eine Erhöhung der verwirkten Gefängnißstrafe vor. Wegen dieser Erhöhung siehe Anm. 5 zu § 72.

9. Wird durch die Handlung zwar Untauglichkeit zum Dienst, nicht aber Untauglichkeit zu Arbeiten für militärische Zwecke verursacht, so ist nicht auf Entfernung aus dem Heer oder der Marine zu erkennen, vielmehr ist der Verstümmelte nach abgebüßter Strafe zur weiteren Ableistung seiner Militärpflicht in eine der bestehenden Arbeiter-Abtheilungen einzustellen. (cf. Pr. A. KO. vom 6. Dez 1827 Mil.-Ges.-S. Bd. I S. 274.)

§ 82.

Dieselben Freiheitsstrafen (§ 81) treffen denjenigen, welcher einen Anderen auf dessen Verlangen zur Erfüllung seiner gesetzlichen oder von ihm übernommenen Verpflichtung zum Dienste untauglich macht; zugleich kann auf Versetzung in die zweite Klasse des Soldatenstandes erkannt werden.

[Entw. § 95.]

§ 83.

Wer in der Absicht, sich der Erfüllung seiner gesetzlichen

---

10. Der Ausdruck „verursacht" deutet darauf hin, daß zwischen der Selbstbeschädigung und der in Abs. 2 erwähnten Unfähigkeit ein Kausalzusammenhang bestehen müsse. (Dr. Rubo S. 106.)

11. Wegen Milderung der Strafe beim Versuche cf. Anmerkungen zum III. Abschnitt und zu § 46.

§ 82.

Inhalt:

1. Die im § 56 RMG. v. 2. Mai 1874 sub 2—4 aufgeführten Mannschaften des Beurlaubtenstandes (cf Anm. 2 zu § 81) sind nach § 60 Nr 3 a. a. O. auch außer Dienst den sämmtlichen Bestimmungen im vierten Abschnitt über Selbstbeschädigung und Vorschützung von Gebrechen in gleicher Weise wie die Personen des aktiven Dienststandes, also auch der Bestimmung des § 82 unterworfen. Dafür auch Oppenhoff Anm. 12, *contra:* Koppmann S 258. Die ratio legis scheint zwar für die Koppmann'sche Annahme zu sprechen. Da aber der § 60 Nr. 3 ausdrücklich die Ueberschrift des IV. Abschnitts gebraucht, so ist der Wortlaut klar und eine anderweite Interpretation nicht gut zulässig.

Die übrigen nicht im Dienste befindlichen Personen des Beurlaubtenstandes und die Militärbeamten sind nur wie Civilpersonen den Strafbestimmungen des § 142 RStGB. unterworfen (cf. §§ 6 und 153).

2. § 82 entspricht dem im § 142 Abs. 2 RStGB. ausgesprochenen Grundsatze. Das hierin mit der Strafe des § 81 bedrohte Vergehen ist ein selbstständiges Vergehen, nicht Theilnahme am Vergehen desjenigen, welcher das Untauglichmachen verlangt. Demnach ist die Strafbarkeit einer anderweitigen Theilnahme an dem Vergehen des § 81 nicht ausgeschlossen. (Oppenhoff Anm. 8 und 11 zu § 142.)

3. Die Worte „auf dessen Verlangen" sind nicht wörtlich zu nehmen; es genügt, wenn die Handlung im Einverständnisse mit dem davon Betroffenen geschah. (Oppenhoff Anm. 9 zu § 142.)

4. Als Dolus wird hier die Vorsätzlichkeit der Handlung mit der Kenntniß des Zweckes erfordert (cf. Oppenhoff Anm. 10 zu § 142).

5. Wegen des Zweckes siehe Anm. 2 u. 3 zu § 81.

6. Die Untauglichkeit braucht keine absolute zu sein, eine Untauglichkeit zu der Art der Ableistung der Militärpflicht, welche dem Verstümmelten in concreto auferlegt war, genügt, sobald der Dolus des Handelnden zum Mindesten auf diese relative Untauglichkeit gerichtet war.

7. Der Versuch ist nicht strafbar (§ 43 Abs. 2 RStGB.).

§ 83.

Inhalt

oder von ihm übernommenen Verpflichtung zum Dienste ganz oder theilweise zu entziehen, ein auf Täuschung berechnetes Mittel anwendet, wird mit Freiheitsstrafe bis zu fünf Jahren bestraft; zugleich kann auf Versetzung in die zweite Klasse des Soldatenstandes erkannt werden.

Dieselbe Strafvorschrift findet auf den Theilnehmer Anwendung.

[Entw. § 96.]

---

1. Wegen Anwendbarkeit des § 83 Mil.-StGB. f. d. D. R. resp. des § 143 RStGB. auf Personen des Beurlaubtenstandes und Militärbeamte gilt das in Anm. 1 zu § 81 Gesagte.

2. § 83 entspricht dem § 143 des RStGB., nur ist statt des dort zulässigen Verlustes der bürgerlichen Ehrenrechte die Versetzung in die zweite Klasse des Soldatenstandes (gleichfalls fakultativ) zugelassen, auch die Verhängung von Festungshaft gestattet, während § 143 RStGB. ausschließlich Gefängnißstrafe androht.

Wie bei § 143 RStGB. ist auch bei § 83 die Strafbarkeit nicht durch die Dienstunbrauchbarkeit, sondern durch die Simulation einer solchen resp. des Vorhandenseins anderer Befreiungsgründe bedingt. Demzufolge wird auch hier nicht wie im § 81 (cf. Anm. 7 zu § 81) die Strafbarkeit durch den Nachweis ausgeschlossen, daß der Simulant aus einem andern Grunde dienstuntauglich gewesen sei (cf. Oppenhoff Anm. 2 zu § 143).

Da abweichend von dem Grundsatze des § 81 die Simulation auch dann schon strafbar ist, wenn nur eine theilweise Dienstentziehung beabsichtigt wurde, so sind auch die Strafgrenzen nach unten erheblich erweitert.

Wo eine gänzliche Dienstentziehung beabsichtigt worden ist, dürfte es sich daher wohl empfehlen, möglichst die für Fahnenflucht vorgeschriebenen Strafgrenzen innezuhalten und namentlich auch die Versetzung in die zweite Klasse des Soldatenstandes auszusprechen.

3. „Ganz oder theilweise“ ist zwar nicht gleichbedeutend mit „dauernd oder zeitweise“; dennoch dürfte hier kaum ein Unterschied beabsichtigt sein, da der Begriff der „gesetzlichen oder übernommenen Verpflichtung zum Dienste“ hier derselbe ist, wie im § 69 (cf. Anm. 4 dazu). Die fraglichen Worte sind daher wohl nicht ganz korrekt und wohl absichtlos dem § 143 RStGB. entnommen, welcher nicht von der gesetzlichen oder übernommenen Verpflichtung zum Dienste, sondern von der Wehrpflicht handelt.

4. Unter den auf Täuschung berechneten Mitteln sind alle Mittel zu verstehen, welche geeignet sind, die gänzliche oder theilweise Befreiung des Simulanten vom Dienste (nicht von einzelnen Dienstverrichtungen) herbeizuführen.

Insbesondere gehört hierher auch, wie die Ueberschrift zum IV. Abschnitt welche allerdings viel zu eng gefaßt ist, andeutet, das Vorschützen von Gebrechen.

Das Gesetz hat die Fälle der strafbaren Simulation nicht spezialisiren wollen und darum den möglichst weitesten Begriff gewählt, indem es statt der Worte des Entwurfes:

> „Wer in der Absicht ꝛc. ꝛc. ein Gebrechen vorschützt oder ein anderes, auf Täuschung berechnetes Mittel anwendet“

die obige Fassung wählte.

Demzufolge wird auch der Tenor nicht immer „wegen Vorschützung von Gebrechen“ lauten können und häufig durch „wegen Simulation“ zu ersetzen sein.

5. Das bloße lügenhafte Vorbringen von Befreiungsgründen reicht übrigens noch nicht aus, es muß als Täuschungsmittel angewendet werden, d. h. in einer Weise in die Erscheinung treten, daß es an sich geeignet erscheint, das unbefangene und unparteiische Urtheil zu täuschen (cf. Weiffenbach S. 65; Koppmann S. 260).

6. Vollendet ist das Vergehen mit der Anwendung des Mittels; es bedarf daher einer wirklich erfolgten Täuschung nicht.

Fünfter Abschnitt.

Feigheit.

§ 84.

Wer während des Gefechts aus Feigheit die Flucht ergreift und die Kameraden durch Worte oder Zeichen zur Flucht verleitet, wird mit dem Tode bestraft.

[Entw. § 97].

Daß die Simulation häufig als fortgesetztes Vergehen erscheint, ist in Anm. 3 zu § 54 ausgeführt.

7. Geht die Absicht des Simulanten nur auf eine Entziehung von einzelnen Dienstverrichtungen, so kommen event. die §§ 90 resp. 139 zur Anwendung, oder es tritt Disziplinarbestrafung ein.

Liegt Vorschützung einer Verwundung oder eines Leidens vor, in der Absicht sich dem Gefecht oder vor dem Feinde einer sonstigen mit persönlicher Gefahr verbundenen Dienstleistung zu entziehen, so kommt § 85 Nr. 2 zur Anwendung (cf. Weiffenbach S. 65.)

8. Freiheitsstrafe bis zu fünf Jahren ist Arrest von 1 Tage bis zu 6 resp. 4 Wochen oder Gefängniß oder Festungshaft von 6 Wochen und 1 Tage bis zu fünf Jahren (§§ 16. 17. 24). Strenger Arrest ist hier nur gegen denjenigen zulässig, welcher wegen militärischer Verbrechen oder Vergehen bereits mit einer Freiheitsstrafe bestraft worden ist. (§ 22 Abs. 3.)

9. Hat die Simulation die (nicht beabsichtigte) Untauglichkeit zum Dienste zur Folge, so ist der Simulant nach Verbüßung der Strafe zur Ableistnng seiner Dienstverpflichtung im stehenden Heere in eine Arbeiter-Abtheilung einzustellen. cf. Pr. AKO. v. 6. Dez. 1827 u. v. 21. März 1829 Mil.-Ges.-S. Bd. I S. 274. 283 u. 50.

10. Absatz 2 enthält eine Abweichung von dem Grundsatze des § 49 RStGB., da hier auch den Gehülfen nicht die nach § 44 a. a. O. ermäßigte Strafe, sondern die volle Strafe des Thäters trifft.

Theilnehmer ist der Mitthäter, Anstifter und Gehülfe (§§ 47 ff. RStGB.).

11. Der Versuch, welcher hier in der versuchten Anwendung von Täuschungsmitteln besteht, ist nicht strafbar (§ 43 Abs. 2 RStGB.; cf. auch Anm. 6).

Fünfter Abschnitt.

1. Die §§ 84—86 finden nur auf Personen des Soldatenstandes Anwendung.
2. Wegen der Ueberschrift cf. Anm. 3 zu § 84.

§ 84.

Inhalt:

Feigheit: 3.	Motive: 1.	Verleitung 5.
Fluchtergreifen: 4.	Niederstoßen des Feiglings 7.	Während d. Gefechts: 2.
Kameraden: 6.		

1. Die Nichtachtung jeder persönlichen Gefahr ist, wie bereits zu § 49 erwähnt, eine der wesentlichsten Berufspflichten des Soldaten, welche in Kollisionsfällen höher gestellt werden muß, als die Pflicht der Selbsterhaltung. Deshalb wird die aus Feigheit geschehene Verletzung der Dienstpflichten jedem Soldaten als ein um so größeres Verbrechen angerechnet werden müssen, je größer die Gefahr ist, welche durch dieselbe verursacht worden.

Der § 84 umfaßt diejenigen Fälle der Feigheit, welche im Kriege unbedingt die Todesstrafe nach sich ziehen müssen. Diese Fälle sind als solche nicht nur im Preußischen (§ 117) und Bayerischen Militär-Strafgesetzbuche (Art. 108) bezeichnet; vielmehr ist allenthalben nach dem Kriegsrechte die Todesstrafe für dieselbe angedroht. (Motive.)

§ 85.

Mit Zuchthaus bis zu fünf Jahren wird bestraft, wer aus Feigheit

1) bei dem Vormarsche zum Gefecht, während des Gefechts oder auf dem Rückzuge von seinem Truppentheile heimlich zurückbleibt, von demselben sich weg-

---

Es ist jedoch abweichend von den gedachten Gesetzbüchern im § 84 nicht Erforderniß, daß der Thäter zuerst die Flucht ergreift, da der Reichstag das auch in den Entwurf mit aufgenommene Wort „zuerst" abgestrichen hat.

2. „Während des Gefechts" ist nicht gleichbedeutend mit „im Gefecht stehend". Es genügt, daß der Thäter sich so nahe bei dem Gefechte befand, daß die That an sich geeignet war, auf das Gefecht selbst eine nachtheilige Wirkung zu äußern. Daß eine solche Wirkung in der That eingetreten ist, wird nicht erfordert. (Dafür auch Brauer S. 122, *contra* Koppmann S. 262.)

3. „Feigheit" ist hier gleichbedeutend mit „Besorgniß vor persönlicher Gefahr". Das Vergehen der Feigheit selbst (cf. Ueberschrift zum V. Abschnitt) besteht in der aus Furcht vor persönlicher Gefahr erfolgten Verletzung einer Dienstpflicht der in den §§ 84—87 bezeichneten Art.

4. Als „Ergreifung der Flucht" kann nicht jede weichende Bewegung angesehen werden, z. B. wenn Einzelne oder eine ganze Truppe beim Einschlagen einer Granate oder bei dem Springen einer Mine eine Strecke weit zurückweichen, sofort sich aber wieder ordnen.

Es muß hier vernünftiger Weise unterschieden werden zwischen dem vorübergehenden Eindrucke eines plötzlichen Schreckens und der Tendenz, sich der Gefahr durch völliges Ausreißen zu entziehen, wofür die thatsächlichen Umstände die erforderlichen Anhaltspunkte bieten werden. (Oberniedermayer S. 376.)

5. Außer der Flucht ist noch die Verleitung der Kameraden zur Flucht zur Anwendung des § 84 nothwendig. Fehlt es an dem letzten Requisit, so liegt nur der Fall des § 85 Nr. 1 vor. Hat der Thäter die Flucht ergriffen, die Verleitung ist aber ohne Erfolg geblieben, so liegt strafbarer Versuch des Verbrechens der Feigheit (§ 84) vor.

6. „Die Kameraden" — unter welchen Personen des Soldatenstandes ohne Unterschied des Ranges zu verstehen sind — sind weder sämmtliche noch mehrere. Die Zahl ist völlig gleichgültig, es genügt, wenn in Folge der an die anwesenden Kameraden gerichteten Aufforderung auch nur ein Kamerad mit dem Verleiter die Flucht ergreift (cf. Anm. 10 zu § 58).

Die entgegenstehende Ansicht Koppmann's (S. 263), daß mindestens zwei Kameraden gemeint seien, läßt sich gar nicht begründen. Entweder genügt es, daß das böse Beispiel des zur Fahnenflucht Verleitenden auf einen Kameraden gewirkt hat, oder es ist erforderlich, daß sämmtliche Kameraden, an welche die Aufforderung ergangen, derselben Folge geleistet haben. Eine andere Deutung läßt der Wortlaut gar nicht zu.

7. Die Bestimmung des § 117 Th. I Preuß. Mil.-StGB. und der Art. 68 Nr. 3 Bayerischen Mil.-StGB., daß derjenige, welcher aus Feigheit (zuerst) die Flucht ergreift und die Kameraden durch Worte oder Zeichen zur Flucht verleitet, auf der Stelle niedergestoßen werden könne, ist in die Bestimmung des § 84 nicht mit aufgenommen worden, jedoch in allerdings begrenzter Weise in dem § 124 enthalten. (Koppmann S. 264.)

§§ 85. 86.

Inhalt

schleicht oder sich versteckt hält, die Flucht ergreift, seine Waffen oder Munition wegwirft oder im Stiche läßt, oder sein Pferd oder seine Waffen unbrauchbar macht, oder

2) durch Vorschützung einer Verwundung oder eines Leidens, oder durch absichtlich veranlaßte Trunkenheit sich dem Gefechte oder vor dem Feinde einer sonstigen, mit Gefahr für seine Person verbundenen Dienstleistung zu entziehen sucht.

---

1. Im § 85 sind die weniger schweren Fälle der Feigheit im Kriege aufgeführt und zwar im Anschlusse an § 118 des Preußischen und Art. 109 des Bayerischen Militär-Strafgesetzbuchs. (Motive.)

2. Im „Vormarsche zum Gefecht" befindet sich ein taktischer Körper, sobald nach eingetretener Gefechtsbereitschaft von demselben eine Bewegung gegen den Feind (wenn auch die Annäherung nur eine vermeintliche war) zum Zwecke des Gefechts gemacht worden ist. (Oberniedermayer S. 375.)

Im Zweifel wird diese Thatfrage auf Grund von Gutachten technischer Sachverständiger entschieden werden müssen.

3. Was „während des Gefechts" heißt, ist in Anm. 2 zu § 84 erörtert.

4. „Rückzug" heißt jede Bewegung, durch welche ein Heer oder eine Truppe sich vom Feinde entfernt oder der Absicht nach entfernen soll. (Oberniedermayer a. a. O.)

Auch hier werden in zweifelhaften Fällen technische Gutachten der Entscheidung zu Grunde zu legen sein.

5. Das „heimliche Zurückbleiben", das „Sich-Wegschleichen", das „Sich-Versteckthalten" setzt ein eigenmächtiges Handeln voraus. Liegt ein unfreiwilliges Abkommen vor, so wird das Unterlassen des Wiederanschlusses, selbst wenn Feigheit das Motiv dazu sein sollte, kaum als ein heimliches Zurückbleiben im Sinne des § 85 aufgefaßt werden können, vielmehr unter die Strafbestimmung des § 65 fallen, falls nicht § 69 zutreffen sollte; *contra:* Koppmann S. 265.

Selbstverständlich wird der Richter, wenn er in der Lage ist festzustellen, daß jemand aus Feigheit den Wiederanschluß an die Truppe unterlassen hat, auch leicht geneigt sein, anzunehmen, daß das Abkommen kein unfreiwilliges gewesen und deshalb in solchen Fällen den § 85 zur Anwendung bringen.

6. Was unter „Flucht ergreifen" zu verstehen ist, ist in Anm. 4 zu § 84 erörtert.

7. Die im § 85 aufgeführten Fälle sind nicht exemplifikatorisch, sondern erschöpfend aufgezählt, lassen daher keine Ausdehnung zu. Das im Stiche Lassen von Pontons 2c., von Bagage, Kassen und Vorräthen fällt daher unter die Strafbestimmung des § 87 falls nicht § 58 zutrifft. (Oberniedermayer S. 378.)

Zu Nr. 2.

8. „Vorschützung" ist gleichbedeutend mit „Vorspiegelung" und setzt immer Unwahrheit oder Verstellung voraus. Sie unterscheidet sich von der Simulation des § 83 nur dadurch, daß das Motiv Furcht vor Gefahr und die Absicht nur auf vorübergehende Befreiung von Erfüllung der Dienstpflicht, nämlich von einzelnen mit persönlicher Gefahr verbundenen Dienstleistungen gerichtet ist. (Oberniedermayer S. 378.)

Liegt eine vorsätzliche Selbstbeschädigung aus Feigheit zu dem im § 85 Nr. 2 angegebenen Zwecke vor, ohne daß eine Verwundung vorgeschützt wird, so kann mit Rücksicht auf das in Anm. 7 Gesagte § 85 nicht zur Anwendung kommen, sondern es greift § 87 Platz (*contra* Oberniedermayer S. 379). § 81 Abs. 1 kann nur dann zur Anwendung kommen, wenn der Thäter beabsichtigte, sich zur Erfüllung seiner gesetzlichen oder von ihm übernommenen Verpflichtung zum Dienste untauglich zu

In minder schweren Fällen tritt Gefängniß von Einem Jahre bis zu fünf Jahren und Versetzung in die zweite Klasse des Soldatenstandes ein.

[Entw. § 98.]

§ 86.

Ist in den Fällen des § 85 durch die Feigheit ein erheblicher Nachtheil verursacht worden, so tritt Zuchthaus nicht unter fünf Jahren, und wenn der Tod eines Menschen verursacht worden, Zuchthaus nicht unter zehn Jahren oder lebenslängliches Zuchthaus ein.

[Entw. § 99.]

§ 87.

Wer in anderen, als den in den §§ 84 und 85 benannten Fällen aus Besorgniß vor persönlicher Gefahr eine

---

machen. Hier wird der Richter bis an die höchsten Strafgrenzen hinaufgehen müssen, da § 81 für die Selbstbeschädigung im Felde keine Straferhöhungen vorschreibt (cf. Anm. 2 zu § 81).

Es dürfte sich empfehlen bei Revision des Gesetzes darauf Bedacht zu nehmen, daß hier vor dem Worte „Vorschützung" die Worte: „Selbstbeschädigung oder" eingeschaltet werden.

9. Die Absicht muß bei Veranlassung der „Trunkenheit" auf den in § 85 Nr. 2 angedeuteten Zweck, also auf die Entziehung vom Gefechte oder von einer sonstigen mit persönlicher Gefahr verbundenen Dienstleistung vor dem Feinde gerichtet sein.

10. Die Fälle des § 85 Nr. 2 sind auf den daselbst angegebenen Zweck (cf. Anm. 9) beschränkt. Handelt es sich nur um Entziehung von einer gefährlichen Dienstleistung im Felde, so kommt § 87 zur Anwendung. Dasselbe ist der Fall, wenn eine Gefahr mit der Dienstleistung in der That nicht verbunden, sondern nur befürchtet war.

11. Wegen des Begriffs „vor dem Feinde" siehe §§ 11 und 165.

12. Zur Vollendung des Verbrechens genügt hier die Versuchshandlung (cf. Anm. 2 zum III. Abschnitt I. Theils).

Zum Absatz 2.

13. Was unter „minder schweren Fällen" zu verstehen sei, ist in Anm. 11 zu § 58 erörtert.

14. Gegen Offiziere muß auch bei Annahme eines minder schweren Falles auf Entfernung aus dem Heere ausdrücklich erkannt werden, da neben der Gefängnißstrafe Versetzung in die zweite Klasse des Soldatenstandes geboten ist (§ 31).

15. In allen Fällen des § 85 muß, wenn durch die Feigheit ein erheblicher Nachtheil entstanden ist, die volle Verantwortlichkeit für die Folgen und eine härtere Strafe eintreten, zumal wenn durch dieselbe der Tod eines Menschen verursacht worden ist. (Motive.)

16. Bei Entscheidung der Thatfrage, ob durch die Feigheit ein erheblicher Nachtheil verursacht worden sei, werden in zweifelhaften Fällen technische Gutachten (z. B. von Offizieren des Generalstabes) zu Grunde zu legen sein.

§ 87.

1. Dieser Paragraph hat alle anderen, als die in den §§ 84. 85 bezeichneten Fälle der Feigheit, sowohl im Kriege als im Frieden, im Auge und geht im Strafmaß auf einen Mindestbetrag von einem Tage gelinden Arrest herab, droht auch

militärische Dienstpflicht verletzt, wird mit Freiheitsstrafe bis zu drei Jahren bestraft; zugleich kann auf Versetzung in die zweite Klasse des Soldatenstandes erkannt werden.

[Entw. § 100.]

§ 88.

Hat der Thäter in den Fällen der §§ 85 und 86 nach der That hervorragende Beweise von Muth abgelegt, so kann die Strafe unter den Mindestbetrag der angedrohten Freiheitsstrafe ermäßigt und in den Fällen der §§ 85 und 87 von der Bestrafung gänzlich abgesehen werden.

[Entw. § 101]

---

die militärischen Ehrenstrafen nur fakultativ an, weil in der That, besonders im Frieden, Fälle vorkommen können, die eine mildere Beurtheilung gestatten. (Motive).

Solche Fälle sind z. B. denkbar bei Verhaftungen von Leuten, welche sich in gefährlicher Weise widersetzen. Insbesondere kommt § 87 überall da zur Anwendung, wo die Voraussetzungen der §§ 84 und 85 nicht vollständig zutreffen, also namentlich in den in den Anmerkungen 7. 8 und 10 zu § 85 angedeuteten Fällen.

2. „Besorgniß vor persönlicher Gefahr" ist gleichbedeutend mit Feigheit (cf. Anm. 3 zu § 84 und 2 zu § 49.)

3. „Freiheitsstrafe" ist hier Arrest von einem Tage bis zu sechs resp. vier Wochen oder Gefängniß oder Festungshaft von sechs Wochen und einem Tage an (§§ 16. 17. 24).

Strenger Arrest kann nur gegen denjenigen erkannt werden, welcher wegen militärischer Verbrechen oder Vergehen bereits mit einer Freiheitsstrafe gerichtlich oder disziplinarisch bestraft worden ist (§ 22 Abs. 3.)

4. Der Versuch ist hier nicht strafbar (§ 43 Abs. 2 RStGB.)

§ 88.

1. Dieser Paragraph entspricht dem § 120 des Preußischen und Artikel 111 des Bayerischen Militär-Strafgesetzbuches und hat den Zweck, etwaige Härten zu vermeiden und dem Soldaten, welcher vielleicht einmal in Folge einer ungünstigen Verkettung von Umständen in eine momentane Muthlosigkeit verfallen ist, die Gelegenheit zu bieten oder auf seine Bitte zu gewähren, durch hervorragende Beweise von Tapferkeit den Schimpf der Feigheit von sich abzubürden und sich Anspruch auf Erlaß der verwirkten Strafe zu erwerben. (Motive.)

2. Die „Beweise von Muth" müssen selbstverständlich vor rechtskräftiger Verurtheilung abgelegt sein, da sonst nur der Gnadenweg zulässig ist. (Dafür auch: Brauer S. 123 und Koppmann S. 268.)

3. Die „Ermäßigung" der Strafe kann immer nur bei der Art der angedrohten Freiheitsstrafe erfolgen. Ist hiernach Zuchthausstrafe unter den Betrag von einem Jahre zu ermäßigen, so tritt nach § 17 an deren Stelle Gefängniß von gleicher Dauer. Dafür auch Weiffenbach S. 67 *contra:* Koppmann (S. 269), welcher annimmt, daß das Gericht bei der Ermäßigung an die angedrohte Strafart nicht gebunden sei.

4. Die im § 88 ertheilte Befugniß der Strafmilderung resp. des Straferlasses steht nur dem Richter zu. Es muß daher, auch wenn, bevor es zu einer Verurtheilung gekommen, die hervorragenden Beweise von Muth abgelegt sind, stets erkannt werden. Thatfrage ist ausschließlich die Frage, ob solche Beweise von Muth abgelegt sind. (Oberniedermayer S. 381, Koppmann S. 268. 269.)

Sechster Abschnitt.

Strafbare Handlungen gegen die Pflichten der militärischen Unterordnung.

§ 89.

Wer im Dienste oder in Beziehung auf eine Diensthandlung die dem Vorgesetzten schuldige Achtung verletzt, insbesondere laut Beschwerde oder gegen einen Verweis Widerrede führt, wird mit Arrest bestraft.

---

§ 89.

Inhalt:

1. Personen des Beurlaubtenstandes sind den Bestimmungen des § 89 nur unter den Voraussetzungen des § 113, Militärbeamte nur im Felde unterworfen (§ 153). Auf das Gefolge des kriegführenden Heeres und die Kriegsgefangenen findet § 89 gleichfalls Anwendung cf. §§ 155. 157. 158.

2. „Achtungsverletzung" ist jede Respektwidrigkeit, welche nicht den Charakter der Beleidigung angenommen hat, mag sie durch Handeln oder Unterlassen, durch Worte, Geberden, Schriften, Abbildungen oder Preßerzeugnisse verübt sein. (Wegen des Unterschiedes zwischen Achtungsverletzung und Beleidigung s. Anm. 2 zu § 91.)

Der Soldat ist sowohl in, als außer Dienst jedem Vorgesetzten oder Höheren im Range Achtung und Ehrerbietung schuldig. Die Verletzung dieser Pflicht ist jedoch nur dann ein militärisches nach § 89 strafbares Vergehen, wenn sie gegen Vorgesetzte geschieht, und auch hier nur, wenn die Achtungsverletzung im Dienste oder in Beziehung auf eine Diensthandlung verübt wird.

Die Achtungsverletzung gegen Höhere im Range*), in und außer Dienst, und die Achtungsverletzung gegen Vorgesetzte außer Dienst sind nur Disziplinarvergehen.

Nur wenn die außerdienstliche, gegen Vorgesetzte verübte Achtungsverletzung eine Diensthandlung des Vorgesetzten, — nicht (wie der Entwurf beabsichtigte) den Dienst im Allgemeinen — betraf, liegt der Fall des § 89 vor.

Das unterlassene Salutiren der Vorgesetzten**) außer Dienst ist nach den obigen Ausführungen nur ein Disziplinarvergehen.

3. Das Wort: „im Dienst" bezieht sich selbstverständlich nur auf den Untergebenen; ob der Vorgesetzte im Dienst war oder nicht, ist gleichgültig.

Daß die Achtungsverletzung „im Dienste" die Anwesenheit des Vorgesetzten, gegen welchen die Achtung verletzt wird, erfordere, wie Koppmann (S. 261) annimmt, kann nicht zugegeben werden. Es steht dieser Annahme die Wortfassung des § 89 geradezu entgegen.

Erforderlich ist danach nur, daß der Untergebene sich im Dienste befindet, und daß die Achtung verletzt wird, welche derselbe dem Vorgesetzten schuldig ist. Wenn die Gegenwart des Vorgesetzten ein nothwendiges Requisit der Achtungsverletzung im Dienst bilden sollte, müßte § 89 lauten:

---

*) Die Beleidigung im Dienstrange Höherer ist nach § 91 strafbar.

**) Obere Militärbeamte sind den Preuß. AKO. v. 27. Mai 1829, 11. Febr. 1858 und 19. April 1862 gemäß von Unteroffizieren und Gemeinen zu salutiren. Die Unterlassung dieser Pflicht ist gleichfalls nur ein Disziplinarvergehen.

Wird die Achtungsverletzung unter dem Gewehr oder vor versammelter Mannschaft begangen, oder stellt sich dieselbe als eine Drohung dar, so ist auf strengen Arrest nicht unter vierzehn Tagen, oder auf Gefängniß oder Festungshaft bis zu drei Jahren zu erkennen.

[Entw. § 102] cf. § 98.

Disziplinarbestrafung in leichteren Fällen des Abs. 1 zulässig. EG. § 3.

„Wer im Dienste dem Vorgesetzten gegenüber oder außer Dienst in Bezug auf eine Diensthandlung die dem Vorgesetzten schuldige Achtung verletzt rc."

Darum ist es auch nicht erforderlich, daß der Vorgesetzte die achtungsverletzenden Aeußerungen gehört, resp. verstanden hat (*contra*: Koppmann a. a. O).

4. Wegen des Begriffs „Vorgesetzter" siehe Anm. 5 zu §§ 92. 93.

5. Das „laute Beschwerdeführen" und das (laute oder leise) „Widerredeführen" gegen einen Verweis sind nur Beispiele von Achtungsverletzung.

Enthält das „laute" Beschwerdeführen gleichzeitig den Thatbestand des § 152 Mil.-StGB. f. d. D. R., so liegt ein Fall von Realkonkurrenz vor.

Artet die Widerrede in ein Zurredestellen aus, so liegt der Fall des § 94 a. a. O. vor. cf. Anm. 4 zu §§ 94. 95.

Das Murren ist noch keine Widerrede, enthält aber auch eine Achtungsverletzung (Oberniedermayer S. 438).

6a. „Arrest" ist gelinder, mittlerer oder strenger, resp. Stubenarrest. Auf strengen Arrest kann hier nur erkannt werden, wenn der Thäter wegen militärischer Verbrechen oder Vergehen bereits mit einer Freiheitsstrafe bestraft worden ist (§ 22 Abs. 3). Wegen Strafminderung bei Reizung siehe § 98.

6b. Wird in leichteren Fällen des Absatz 1 auf Grund des § 3 des EG. zum Mil.-StGB. f. d. D R disziplinarisch Strafe verhängt, so darf nicht etwa Quartier- oder Kasernen-Arrest gewählt werden (vgl. Anm. 3 zu § 3 des Einf.-Ges. zum Mil.-StGB. f. d. D R.).

Quartier- oder Kasernenarrest kann nur dann vom Disziplinarstrafherrn verhängt werden, wenn die Respektwidrigkeit nicht eine Achtungsverletzung im Sinne des § 89 darstellt (cf. oben Anm. 2).

Zum Abs. 2.

7. „Unter dem Gewehr" ist im Wesentlichen gleichbedeutend mit dem „unter den Waffen" des Bayerischen Mil.-StGB. Art. 126. Unter dem Gewehr ist jede Person des Soldatenstandes, welche in dienstmäßiger Bewaffnung, und sei es auch nur mit dem Seitengewehr, unter das Kommando eines Vorgesetzten getreten, das ist dem allgemeinen militärischen Sprachgebrauche gemäß „angetreten", ist (cf. Oberniedermayer S 439 Koppmann 298 ff.).

Hiernach kann auch eine einzelne Person des Soldatenstandes sich sehr wohl unter dem Gewehr befinden.

8. Wegen des Begriffs „vor versammelter Mannschaft" siehe § 12 und die Anmerkungen dazu.

9. „Drohung" ist die Inaussichtstellung eines zuzufügenden Uebels, welches nicht mit einer unmittelbaren Gefahr für Leib, Leben oder Gesundheit verbunden zu sein braucht (Koppmann S. 272).

10. Statt des „strengen Arrestes nicht unter vierzehn Tagen" ist gegen Unteroffiziere ohne Portepee auf mittleren, gegen Unteroffiziere mit Portepee auf gelinden, gegen Offiziere auf Stubenarrest von gleicher Dauer zu erkennen (§ 22 Abs. 2). Gegen Gemeine ist stets auf strengen Arrest zu erkennen, auch wenn sie vorher noch nicht wegen eines militärischen Vergehens oder Verbrechens bestraft worden sind (§ 22 Abs. 3).

Auf Gefängniß oder Festungshaft unter sechs Wochen und einem Tage darf nicht erkannt werden (§ 17). Wegen Strafminderung bei Reizung § 98.

§ 90.

Wer auf Befragen in dienstlichen Angelegenheiten dem Vorgesetzten wissentlich die Unwahrheit sagt, wird mit Arrest bestraft.

[Entw. § 102] cf. § 98.

Disziplinarbestrafung in leichteren Fällen zulässig. EG. § 3.

§ 91.

Wer einen Vorgesetzten oder im Dienstrange Höheren beleidigt, wird mit Freiheitsstrafe bis zu zwei Jahren und, wenn die Beleidigung im Dienste oder in Beziehung auf eine Diensthandlung begangen, mit Freiheitsstrafe bis zu drei Jahren bestraft.

---

§ 90.

1. Wegen Anwendbarkeit des § 90 auf Personen des Beurlaubtenstandes, Militärbeamte, das Gefolge des kriegführenden Heeres und die Kriegsgefangenen cf. Anm. 1 zu § 89.

2. Das Belügen des Vorgesetzten, welches im Entwurfe als ein Fall des im vorhergehenden Paragraphen behandelten Vergehens der Achtungsverletzung hingestellt, vom Reichstag aber zum Gegenstand einer speziellen Strafbestimmung gemacht worden ist und sowohl während der Ausübung des Dienstes als außer Dienst verübt werden kann, hat nach § 90 zwei Erfordernisse, ohne welche derselbe nicht zur Anwendung gelangen kann. Das erste dieser Erfordernisse ist, daß das Belügen auf ein Befragen, also nicht aus freien Stücken erfolgt ist, das zweite, daß die Frage eine dienstliche Angelegenheit betraf.

Fehlt es an einem oder beiden dieser Requisite, so liegt, falls nicht die §§ 139. 58 Nr. 4 Mil.-StGB. f. d. D. R. oder § 164 RStGB. zutreffen, nur ein Disziplinarvergehen vor. Wegen Strafminderung bei Reizung siehe § 98.

Wegen des Unterschiedes zwischen dem Belügen und dem Erstatten einer unrichtigen dienstlichen Meldung siehe Anm. 4 zu § 139.

3. „Arrest" ist gelinder, mittlerer oder strenger, resp. Stubenarrest. Bei Anwendung von strengem Arrest ist § 22 Abs. 3 zu beobachten. Wird in leichteren Fällen auf Grund des § 3 des EG. zum Mil.-StGB. f. d. D. R. das Belügen disziplinarisch geahndet, so darf nicht etwa Kasernen- oder Quartier-Arrest verhängt werden (vgl. Anm. 3 zu § 3 des EG.).

Kasernen- oder Quartier-Arrest kann nur dann vom Disziplinarstrafherrn verfügt werden, wenn das Belügen nicht alle Requisite des § 90 enthält, sondern nur ein reines Disziplinarvergehen darstellt.

§ 91.

Inhalt:

1. Wegen Anwendbarkeit des § 91 auf Personen des Beurlaubtenstandes, Militärbeamte, das Gefolge des kriegführenden Heeres und die Kriegsgefangenen siehe Anm. 1 zu § 89.

Ist die Beleidigung durch Verbreitung von Schriften, Darstellungen oder Abbildungen begangen, so ist auf Gefängniß oder Festungshaft bis zu fünf Jahren zu erkennen.

2a. „Beleidigung" ist jede vorsätzliche — also freiwillige — rechtswidrige (durch eine Handlung oder Unterlassung, durch Rede, Zeichen, Schrift, Abbildung, Darstellung, Preßerzeugnisse und dergl. bewirkte) Kundgebung, durch welche die allgemein menschliche oder bürgerliche Ehre (insbesondere auch die Standesehre) gekränkt wird (Oppenhoff 3. Ausgabe Anm. 1 und 16 zum XIV. Abschnitt des RStGB.)

„Thätliche Beleidigung Vorgesetzter" (cf. § 185 RStGB.) kennt das Militär-Straf-Gesetzbuch für das Deutsche Reich nicht, sondern behandelt die Thätlichkeiten gegen dieselben als militärische Verbrechen im § 97.

Thätliche Beleidigungen von im Dienstrange Höheren sind dagegen nach § 91 Mil.-StGB. f. d. D. R. zu bestrafen, da § 97 nur von den gegen Vorgesetzte verübten Thätlichkeiten handelt.

Die Beleidigung ist dem Obigen zufolge eine gesteigerte Achtungsverletzung und unterscheidet sich von derselben nur dadurch, daß sie stets eine Kränkung der Ehre voraussetzt und daß sie auch gegen Höhere im Range verübt als militärisches Vergehen sich darstellt.

Ferner enthält § 91 insofern eine Abweichung von § 89, als die Beleidigung niemals als reines Disziplinarvergehen erscheint, auch wenn sie außer Dienst ohne Beziehung auf eine Diensthandlung verübt wird.

2b In Absatz 1 und 2 behandelt § 91 die Beleidigung der §§ 185 und 186 RStGB., in Absatz 3 die verleumderische Beleidigung des § 187 RStGB. Ob die Beleidigung eine öffentliche ist oder nicht, ist für § 91 gleichgültig. Mit dem durch die §§ 185. 186. 187*) RStGB mit Strafe bedrohten bürgerlichen Vergehen der Beleidigung hat das im § 91 behandelte militärisch qualifizirte, auch ohne Antrag zu verfolgende Vergehen der Beleidigung (Vorgesetzter oder im Dienstrange Höherer) nur die Definition gemein. Wenn dennoch hier auch die Bestimmungen der §§ 190. 192. 193 RStGB.**) Anwendung finden, so folgt dies lediglich daraus, daß diese Paragraphen zur Begriffsbestimmung der Beleidigung gehören, nicht aber, — wie Koppmann (S. 44) irrthümlicher Weise annimmt, — aus § 2 des Mil.-StGB. f. d. D. R. (cf. Anm. 1 zu § 2).

---

*) § 185 handelt von der einfachen Beleidigung. Dahin gehören insbesondere alle ehrenrührigen Urtheile.

§ 186 behandelt die qualifizirte einfache Beleidigung und lautet: „Wer in Beziehung auf einen Anderen eine Thatsache behauptet oder verbreitet, welche denselben verächtlich zu machen oder in der öffentlichen Meinung herabzuwürdigen geeignet ist, wird, wenn nicht diese Thatsache erweislich wahr ist, wegen Beleidigung .... bestraft."

§ 187 handelt von der verleumderischen Beleidigung. Derselbe lautet: „Wer wider besseres Wissen in Beziehung auf einen Anderen eine unwahre Thatsache behauptet oder verbreitet, welche denselben verächtlich zu machen oder in der öffentlichen Meinung herabzuwürdigen oder dessen Kredit zu gefährden geeignet ist, wird wegen verleumderischer Beleidigung .... bestraft.

**) Die §§ 190. 192. 193 RStGB. lauten:

§ 190. Ist die behauptete oder verbreitete Thatsache eine strafbare Handlung, so ist der Beweis der Wahrheit als erbracht anzusehen, wenn der Beleidigte wegen dieser Handlung rechtskräftig verurtheilt worden ist. Der Beweis der Wahrheit ist dagegen ausgeschlossen, wenn der Beleidigte wegen dieser Handlung vor der Behauptung oder Verbreitung rechtskräftig freigesprochen worden ist.

§ 192. Der Beweis der Wahrheit der behaupteten oder verbreiteten Thatsache schließt die Bestrafung nach Vorschrift des § 185 (d. h. hier also des § 91 Mil.-StGB. f. d. D. R. Abs. 1 oder 2) nicht aus, wenn das Vor-

10*

Ist die Beleidigung eine verleumderische, so tritt Gefängniß bis zu fünf Jahren ein.

[Entw. § 104] cf. § 98.

Disziplinarbestrafung in leichteren Fällen des 1. Absatzes zulässig. EG. § 3.

Wäre die Koppmann'sche Ansicht richtig, so müßten auch die §§ 188. 198. 199. 200 RStGB. hier Platz greifen, deren nicht bestrittene Unanwendbarkeit auf die Fälle des § 91 Koppmann aus inneren Gründen darzuthun versucht.

Die prozessualische Vorschrift des § 191 RStGB. beschränkt sich auf Beleidigungen des gemeinen Strafrechts. Im Uebrigen siehe Oppenhoff Anmerkungen zu §§ 185 ff. RStGB.

2c. Beleidigungen unter Kameraden sind Antragsdelikte des gemeinen Strafrechts und — falls ein Strafantrag nicht vorliegt — lediglich Disziplinarvergehen.

3. Als Dolus genügt zum Thatbestande der einfachen Beleidigung (§ 185 RStGB.) das Wollen der Kundgebung (im Allgemeinen) verbunden mit dem Bewußtsein der Rechtswidrigkeit und des jener beiwohnenden ehrenkränkenden Charakters. Der Absicht zu beleidigen bedarf es nicht. Für die Beleidigung des § 186 RStGB. ist noch das Bewußtsein erforderlich, daß die Thatsache (zur Zeit) unbewiesen und geeignet sei, bei Dritten die im § 186 a. a. O. hervorgehobene Wirkung hervorzubringen.

Bei der verleumderischen Beleidigung ist noch das „wider besseres Wissen" erforderlich.

(Oppenhoff Anm. zu §§ 185 bis 187, insbesondere Anm. 27 zu § 185, 20 zu § 186, 1 zu § 187 RStGB.)

Zum 1. Absatz.

4. Was unter „im Dienstrange Höheren" zu verstehen sei, ist in Anm. 5 zu §§ 92. 93 ausgeführt.

5. „Freiheitsstrafe" ist Arrest von 1 bis zu 6 resp. 4 Wochen oder Gefängniß oder Festungshaft von 6 Wochen und 1 Tage an (§§ 16. 17. 24).

Strenger Arrest darf nur gegen denjenigen verhängt werden, welcher wegen militärischer Verbrechen oder Vergehen bereits mit einer Freiheitsstrafe bestraft worden ist (§ 22 Abs. 3).

Beim Vorhandensein der im § 89 Abs. 2 angeführten erschwerenden Momente, d. h. also, wenn die Beleidigung unter dem Gewehr, vor versammelter Mannschaft oder durch Drohung verübt ist, beträgt das Strafminimum 14 Tage strengen Arrest.

Das Gesetz hat die Strafgrenzen für das Vergehen der Beleidigung sehr weit bemessen und in den Fällen des 1. Absatzes, in welchen nach § 3 des Einführungsgesetzes auch Disziplinarbestrafung zulässig ist, ein Hinabgehen bis auf einen Tag gelinden Arrest gestattet. Dabei ist jedenfalls übersehen worden, daß § 89 im 2. Absatze für einzelne Fälle von Achtungsverletzung ein Strafminimum von 14 Tagen strengem Arrest vorschreibt und die Disziplinarbestrafung in diesen Fällen ausschließt.

Da nun die Beleidigung eine gesteigerte Achtungsverletzung ist, so muß selbstverständlich auch die unter den erschwerenden Umständen des § 89 Absatz 2 verübte

---

handensein einer Beleidigung aus der Form der Behauptung oder Verbreitung oder aus den Umständen, unter welchen sie geschah, hervorgeht.

§ 193. Tadelnde Urtheile über wissenschaftliche, künstlerische oder gewerbliche Leistungen, ingleichen Aeußerungen, welche zur Ausführung oder Vertheidigung von Rechten oder zur Wahrnehmung berechtigter Interessen gemacht werden, sowie Vorhaltungen und Rügen der Vorgesetzten gegen ihre Untergebenen, dienstliche Anzeigen oder Urtheile von Seiten eines Beamten und ähnliche Fälle sind nur insofern strafbar, als das Vorhandensein einer Beleidigung aus der Form der Aeußerung oder aus den Umständen, unter welchen sie geschah, hervorgeht.

§ 92.

Ungehorsam gegen einen Befehl in Dienstsachen durch Nichtbefolgung oder durch eigenmächtige Abänderung oder Ueberschreitung desselben wird mit Arrest bestraft.

[Entw. § 105] cf. §§ 93. 98.

Disziplinarbestrafung in leichteren Fällen zulässig EG. § 3.

Beleidigung zum Mindesten mit dem daselbst angedrohten Strafmaß belegt werden. Auch kann in solchen Fällen eine Disziplinarbestrafung nicht erfolgen. Wegen Strafminderung bei Reizung siehe § 98.

6. Wird in leichteren Fällen des § 91 Abs. 1 Disziplinarstrafe verhängt, so kann dieselbe nur in Arrest, und zwar in gelindem, mittlerem oder strengem resp. in Stubenarrest, niemals aber in Kasernen- oder Quartierarrest bestehen (cf. Anm. 3 zu § 3 d. EG).

7. „Im Dienste" ist eine Beleidigung verübt, wenn der Untergebene, während er selbst im Dienste sich befand, den Vorgesetzten beleidigt hat. Ob sich Letzterer gleichfalls im Dienste befunden hat oder nicht, ist gleichgültig.

8. „In Beziehung auf eine Diensthandlung" ist nicht gleichbedeutend mit „in Beziehung auf den Dienst". Wer Vorgesetzte außer Dienst in Beziehung auf den Dienst im Allgemeinen beleidigt, ist daher nicht mit Freiheitsstrafe bis zu drei Jahren, sondern mit Freiheitsstrafe bis zu zwei Jahren zu bestrafen.

Zum 2. Absatz.

9. Ein „Verbreiten" von Schriften, Darstellungen oder Abbildungen liegt vor, wenn solche zum Zwecke der Kenntnißnahme freiwillig mitgetheilt werden in einer Weise, welche es erkennen läßt, daß man etwas weiter bringe, was man vorher durch Andere erfahren hatte. Dabei ist es gleichgültig, ob der Verbreitende sich die durch Schrift, Darstellung oder Abbildung gemachte Behauptung hat aneignen, ob er sie zu der seinigen hat machen wollen.

(Oppenhoff Anm. 3. 20 und 25 zu § 186 RStGB.)

10. „Gefängniß oder Festungshaft" beträgt mindestens 6 Wochen und 1 Tag (§ 17). Wegen Strafminderung bei Reizung s. § 98.

Zum 3. Absatz.

11. Einer verleumderischen Beleidigung macht sich schuldig, wer wider besseres Wissen in Beziehung auf einen Vorgesetzten oder im Dienstrange Höheren eine unwahre Thatsache behauptet oder verbreitet, welche denselben verächtlich zu machen oder in der öffentlichen Meinung herabzuwürdigen oder dessen Kredit zu gefährden geeignet ist (§ 187 RStGB.).

Die verleumderische Beleidigung unterscheidet sich von der im § 186 RStGB. behandelten zunächst durch den Dolus (das „bessere Wissen") des Thäters, ferner durch den Umstand, daß die behauptete oder verbreitete Thatsache erwiesener Maßen unwahr (und nicht nur nicht erweislich wahr) sein muß und endlich dadurch, daß es auch genügt, wenn jene Thatsache geeignet ist, den Kredit zu gefährden. (Oppenhoff Anm. 1—4 zu § 187 RStGB.) Im Uebrigen siehe oben Anm. 2 und 3.

12. „Gefängniß" beträgt im niedrigsten Strafmaße 6 Wochen und 1 Tag. Festungshaft ist hier nicht zulässig. Wegen Strafminderung bei Reizung s. § 98.

§§ 92. 93.

Inhalt

§ 93.

Wird durch den Ungehorsam ein erheblicher Nachtheil verursacht, so tritt strenger Arrest nicht unter vierzehn Tagen oder Gefängniß oder Festungshaft bis zu zehn Jahren, im Felde Freiheitsstrafe nicht unter Einem Jahre oder lebenslängliche Freiheitsstrafe ein.

---

1. Auf Personen des Beurlaubtenstandes finden die §§ 92 93 nur unter der Voraussetzung des § 113, auf Militärbeamte nur im Felde Anwendung (cf. § 153). Das Gefolge des kriegführenden Heeres und die Kriegsgefangenen sind den Bestimmungen der §§ 92. 93 bedingungslos unterworfen (cf. §§ 155. 157. 158)

2a. Jeder Soldat ist seinem Vorgesetzten sowohl in, als außer Dienste nicht nur Achtung, sondern auch Gehorsam schuldig. Er muß jedem Vorgesetzten unbedingt gehorchen, dies auch außer Dienst, sobald der Vorgesetzte sich zu ihm in ein dienstliches Verhältniß setzt und ihm einen Befehl in Dienstsachen oder sonst einen Dienstbefehl ertheilt. Der Vorgesetzte ist für den Inhalt eines solchen Befehls verantwortlich und wird bestraft, wenn er seine Befehlsbefugniß mißbraucht (vgl. §§ 114. 115). (Motive.)

Der Untergebene soll ohne Murren gehorchen und sich ein Urtheil über die Rechtmäßigkeit und die Folgen des Befehls nicht anmaßen. Er darf sich lediglich nach erfolgter Ausführung des Befehls im vorgeschriebenen Beschwerdewege beschweren, sobald er glaubt, daß der Befehl ein unrechtmäßiger gewesen und ihm Unrecht geschehen sei.

Gestattet die Ausführung eines Dienstbefehls resp. Befehls in Dienstsachen keinen Aufschub, so muß der Befehl ohne Widerrede sofort befolgt werden, da der Vorgesetzte für die richtige Handhabung des Befehls meist allein verantwortlich ist. (cf. § 47)

Ist dagegen ein solcher Befehl nicht sofort auszuführen, so kann der Untergebene — niemals unter dem Gewehr — bescheidene Gegenvorstellungen machen, wenn er dazu im Interesse des Dienstes sich verpflichtet fühlt. Er muß jedoch den Befehl ausführen, wenn seine Gegenvorstellungen unberücksichtigt bleiben und kann von dem Vorgesetzten nähere Erklärungen darüber nicht verlangen, weil die Mittheilung der Gründe und Ursachen des Befehls lediglich von dem Ermessen desselben abhängen. Sollte die pünktliche Befolgung eines Befehls unmöglich sein, so ist der Untergebene verpflichtet, ihn so auszuführen, daß der besondere Zweck desselben so viel als möglich erreicht wird. (Fleck S. 154.)

b. Läßt sich der Dienstbefehl (Befehl in Dienstsachen) des anwesenden Vorgesetzten mit dem früheren Befehl eines abwesenden Vorgesetzten nicht vereinbaren, so ist der anwesende Vorgesetzte davon in Kenntniß zu setzen und dessen Befehl, wenn er dabei verbleibt, zu befolgen. Die Verantwortlichkeit für die Nichtbefolgung des früheren Befehls übernimmt alsdann der anwesende Vorgesetzte, welcher davon demjenigen, von welchem der frühere Befehl ertheilt worden ist, Meldung zu machen hat, insofern dies ein höherer Vorgesetzter ist. In allen übrigen Fällen hebt der spätere Befehl eines höheren Vorgesetzten den früheren Befehl eines niederen Vorgesetzten auf, jedoch ist in einem solchen Falle derjenige, der den früheren Befehl ertheilt hat, von dem Untergebenen sogleich hiervon zu benachrichtigen. Auch muß der Untergebene dem höheren Vorgesetzten beim Empfang seines Befehls von dem ihm früher ertheilten Befehle des niederen Vorgesetzten Meldung machen. (Fleck S. 155.)

c. Uebrigens ist nur der Ungehorsam gegen einen Befehl „in Dienstsachen" ein militärisches Vergehen. Ungehorsam gegen einen bloßen „Dienstbefehl" ist nur ein Disziplinarvergehen (cf. die Anm. zu § 47).

3. § 92 setzt einen Befehl „in Dienstsachen", nicht einen Dienstbefehl voraus, wie der Entwurf es beabsichtigt hatte. Da der Reichstag die in Rede stehende Aenderung hauptsächlich wohl deshalb vorgenommen hat, um den § 92 mit § 47 in Einklang zu bringen, so kommen hier namentlich die Motive zu § 47 in Betracht.

Wird durch den Ungehorsam die Gefahr eines erheblichen Nachtheils herbeigeführt, so tritt Freiheitsstrafe bis zu zwei Jahren, im Felde Freiheitsstrafe von drei Monaten bis zu drei Jahren ein.

[Entw. § 106] cf. § 98.

Diesen zufolge unterscheidet sich der Befehl in Dienstsachen vom Dienstbefehl dadurch, daß unter ersterem nur derjenige Befehl eines dienstlich Vorgesetzten zu verstehen ist, welcher eine Dienstangelegenheit betrifft, während letzterer ein **jeder Befehl** irgend eines militärischen Vorgesetzten ist.

Der Ungehorsam gegen einen „Dienstbefehl" fällt also nicht unter § 92, sondern ist ein reines Disziplinarvergehen, welches **niemals gerichtlich** geahndet werden kann.

Was unter „Dienstangelegenheit" zu verstehen sei, ist nirgends definirt. Jedenfalls braucht es nicht eine Angelegenheit zu sein, welche den Dienst direkt berührt, oder gar eine dienstliche Verrichtung betrifft. Es genügt, daß die Angelegenheit auch nur in ganz entfernter Beziehung zum militärischen Dienste steht. Wenn es sich daher um einen Befehl handelt, welcher das außerdienstliche Verhalten des Untergebenen mit Rücksicht auf seine allgemeinen Dienstpflichten betrifft, so liegt immer ein Befehl in Dienstsachen vor (cf. Anm. 4 Abs. 13 u. 14).

Nur wenn der Befehl mit dem Dienste in gar keiner Beziehung steht, oder nicht von einem dienstlich Vorgesetzten ertheilt ist, kann von einem bloßen Dienstbefehle die Rede sein; *contra:* Koppmann (S. 279), welcher einen Befehl in Privatangelegenheiten niemals als einen Dienstbefehl gelten lassen will.

Die Ungereimtheiten, welche nach der Koppmannschen Ansicht aus der oben entwickelten Auffassung entstehen sollen, sind nicht so belangreich, wenn man bedenkt, daß der Ungehorsam gegen einen Dienstbefehl lediglich eine Disziplinarstrafe nach sich ziehen, auch durch bloßes Beharren darin auf mehrmaligen Befehl nicht zu einer nach § 94 strafbaren Gehorsamsverweigerung werden kann, der Vorgesetzte, welcher seine Dienstbefugnisse überschritten hat, meist gerichtlich bestraft wird und unvermeidliche Härten im Gnadenwege ausgeglichen werden können.

Viel belangreicher aber sind die Gefahren, welche der Disziplin aus der gegentheiligen Ansicht erwachsen müssen.

Wenn der Untergebene nicht an unbedingten Gehorsam gewöhnt wird, sondern sich für berechtigt halten darf, bei einem ihm ertheilten Befehle erst zu prüfen, ob derselbe eine Dienst- oder eine Privatangelegenheit betrifft, was übrigens bei Unkenntniß der Motive des Befehls häufig ganz illusorisch sein wird, so müssen die Bande der Disziplin in einer höchst gefährlichen Weise gelockert werden.

Darum muß streng an dem klaren Wortlaut der Motive festgehalten und angenommen werden, daß **jeder Befehl** eines Vorgesetzten ein Dienstbefehl ist, also befolgt werden muß, wenn er auch nicht ein Befehl in Dienstsachen ist. Dafür auch Keller (S. 132) u. Wissenbach (S. 71). Dies war auch unter der Herrschaft des Pr. Mil.-StGB., welches nur den „Dienstbefehl" kannte, stehende Praxis. (Fleck S. 156.)

4. Unter „Befehlen in Dienstsachen" sind nicht nur die von dem Vorgesetzten schriftlich oder mündlich dem einzelnen Untergebenen speziell ertheilten Befehle in dienstlichen Angelegenheiten sondern auch allgemeine dienstliche Anordnungen und Instruktionen zu verstehen. (Motive.)

Nach der unter der Geltung des Preußischen Militär-Straf-Gesetzbuches herrschenden Praxis mußte der „Dienstbefehl" ein spezieller sein. (Fleck S. 164).

Die Uebertretungen allgemeiner Anordnungen, die Verletzung derjenigen Dienstpflichten, für welche im Preußischen Militär-Straf-Gesetzbuche keine besondere Strafe verordnet war, wurden entweder als Disziplinarvergehen oder — wenn die Disziplinarstrafgewalt nicht ausreichend erschien, — als Pflichtverletzungen (aus Fahrlässigkeit oder Vorsatz) nach § 189 gerichtlich bestraft.

Das Militär-Straf-Gesetzbuch für das Deutsche Reich hat — im Anschlusse an das Bayerische Militär-Straf-Gesetzbuch — den Grundsatz des Preußischen Militär-Straf-Gesetzbuches verlassen und — abgesehen davon, daß es statt des „Dienstbefehls" einen „Befehl in Dienstsachen" statuirte, — angenommen, daß der Befehl (in Dienstsachen) auch auf allgemeinen Anordnungen oder Instruktionen beruhen könne.

Die Annahme Koppmann's (S. 282), daß unter diesen allgemeinen Anordnungen und Instruktionen nur allgemeine Anordnungen 2c. für spezielle Dienstverrichtungen (wie z. B. die Wacht-Instruktion) zu verstehen seien, nicht aber allgemeine dienstliche Anordnungen, wie sie sich hundertfältig in den Dienstvorschriften zusammengestellt oder zerstreut in einzelnen Rescripten, Ordres 2c. vorfinden, ist ganz willkürlich und steht mit den hier maßgebenden Motiven geradezu im Widerspruch.

Nach dem oben Gesagten ist es wohl nicht zweifelhaft, daß das Militär-Straf-Gesetzbuch für das Deutsche Reich gewissermaßen die §§ 125 und 189 des Preuß. Mil.-StGB.'s verschmolzen und dadurch einen schwer löslichen Widerspruch in das Militärstrafrecht eingeführt hat.

Denn einerseits erscheint nach dieser Verschmelzung jedes Zuwiderhandeln gegen allgemeine Dienstvorschriften, mithin fast jedes Disziplinarvergehen als ein Ungehorsam im Sinne des § 92; andererseits erscheint auch jedes militärische Verbrechen oder Vergehen, weil ein solches stets den allgemeinen Dienstvorschriften zuwider ist — man nehme z. B. den Fall des § 121 (vorschriftswidrige Behandlung eines Untergebenen) — gleichfalls als Ungehorsam im Sinne des § 92.

Daß man dennoch einerseits nicht jedes Disziplinarvergehen als Ungehorsam gestraft und andererseits auch nicht bei einem militärischen Verbrechen oder Vergehen Idealkonkurrenz mit dem Vergehen des Ungehorsams angenommen wissen wollte, liegt auf der Hand.

Es ergiebt sich hieraus, daß der durch die gedachte Verschmelzung vermuthlich unwissentlich herbeigeführte Widerspruch sich nur auf etwas gewaltsame Weise wird lösen lassen. Dennoch ist die Lösung nicht schwierig und besteht einfach darin, daß man annimmt, daß § 92 zunächst alle Zuwiderhandlungen gegen spezielle Befehle in Dienstsachen unter sich begreift, daß aber die Zuwiderhandlungen gegen allgemeine Anordnungen oder Instruktionen nur als ausnahmsweise, d. h. soweit die Disziplinarstrafgewalt nicht ausreichend resp. zweckentsprechend erscheint, oder das Militär-Straf-Gesetzbuch keine Sonderbestimmung enthält, unter die Strafbestimmung des § 92 gestellt, aufzufassen sind.

Diese Lösung trägt der Entwickelungsgeschichte des § 92 entschieden Rechnung und steht weder mit dem Preußischen noch dem Bayerischen Militär-Straf-Gesetzbuche im Mißklange, da nach dem Preußischen Militär-Straf-Gesetzbuche jedes Disziplinarvergehen nach § 189 als militärisches Vergehen bestraft werden konnte, wenn man für die betreffende Pflichtverletzung die Disziplinarstrafgewalt nicht für ausreichend erachtete, und Art. 128 des Bayerischen Mil.-StGB.'s jeden Ungehorsam zunächst als ein Disziplinarvergehen ansieht und erst den dritten Ungehorsam als militärisches Vergehen bestraft, mithin also gleichfalls ein Disziplinarvergehen, dessen Ahndung im Disziplinarwege nicht mehr räthlich erscheint, zur gerichtlichen Bestrafung gelangen läßt.

Nur insofern enthält § 92 eine prinzipielle Abweichung vom Bayerischen Mil.-StGB., als er nicht wie Art. 128 eine besondere gesetzliche Regelung dafür enthält, wann die gerichtliche Ahndung des Ungehorsams gegen allgemeine Dienstvorschriften stattzufinden habe, dies vielmehr in das Ermessen des Richters stellt.

Den obigen Ausführungen entspricht denn auch der Beschluß des Preußischen General-Auditoriats vom 28. März 1873 Nr. 12 welcher wörtlich wie folgt lautet:

> „Die nach § 1 Al. 1 der Disziplinarstrafordnung für das Heer in der Regel disziplinarisch zu ahndenden Handlungen gegen ausdrückliche Dienstvorschriften, für welche die Militärgesetze keine speziellere Strafbestimmungen enthalten, können auf Grund der allgemeinen Bestimmung des § 92 des Mil.-StGB.'s f. d. D. Reich gerichtlich bestraft werden,
>
> 1) wenn sie mit gerichtlich zu bestrafenden Handlungen konnex sind,
> 2) wenn sie zuerst bei Gelegenheit einer gerichtlichen Untersuchung zur Sprache kommen,
> 3) wenn wegen wiederholter Vorbestrafungen des Angeschuldigten die Disziplinarbestrafung nicht ausreichend erscheint."

„Wenn eine solche Handlung nach § 92 bestraft wird, so wird des besseren Verständnisses halber in dem entscheidenden Theile des Urtheils die zu bestrafende Handlung nicht als Ungehorsam, sondern als Ausbleiben über Zapfenstreich, Schuldenmachen ohne Konsens, Trunkenheit außer Dienst, Verletzung der Dienstpflichten 2c. zu bezeichnen sein. Dies ist um so mehr erforderlich, weil die Bezeichnung der Handlung als Ungehorsam zu der Annahme führen könnte, daß auch bei objektiv verschiedenen Handlungen der Rückfall begründet sei."

Hiernach werden also die Bestimmungen des Kriegs-Artikel 48 vornehmlich als solche Befehle in Dienstsachen bezeichnet, deren Nichtbefolgung unter die Strafbestimmung des § 92 fällt (cf. auch Keller S. 136, Weiffenbach S. 71).

Wenn dieser Kriegsartikel auch meist nur Bestimmungen über das außerdienstliche Verhalten des Soldaten giebt, so betreffen diese doch wichtige Pflichten desselben, welche als Dienstpflichten für ihn zu betrachten sind und daher auch eine dienstliche Angelegenheit betreffen.

Koppmann, welcher (S. 281. 282) zu dem Resultate gelangt, daß die im Kriegs-Artikel 48 aufgeführten Handlungen, weil sie einerseits nicht Dienstangelegenheiten beträfen, andererseits nicht auf Instruktionen für spezielle Dienstverrichtungen beruhten, niemals gerichtlich bestraft sondern ausschließlich im Disziplinarwege geahndet werden könnten, mithin die Möglichkeit, einen Soldaten, welcher sich regelmäßig außer Dienst betrinkt, regelmäßig über Zapfenstreich ausbleibt 2c., also unverbesserlich ist, in die zweite Klasse des Soldatenstandes zu versetzen und demnächst einer Arbeiter-Abtheilung zu überweisen für ausgeschlossen erachtet, rüttelt damit an einer in Preußen alt hergebrachten, in den militärischen Verhältnissen tief begründeten Praxis, welche wenigstens in Preußen und in dem früheren Geltungsbereiche des Preußischen Militär-Straf-Gesetzbuches schwerlich durch die von ihm aufgestellten Erwägungen irgend welche Aenderung erfahren dürfte.

Es ist ein anerkannter Erfahrungssatz, daß bei einzelnen Personen des Soldatenstandes die Verhängung von bloßen Disziplinarstrafen nicht hinreicht, um sie zu dienst- und berufstreuen Soldaten zu erziehen.

Da der Reichstag den sogenannten Unverbesserlichkeits-Paragraphen des Entwurfs (§ 161) gestrichen hat, bietet der § 92 den einzigen Ausweg, in solchen Fällen die Erziehung dennoch zu ermöglichen resp. den schädlichen Einfluß des bösen Beispieles von der Truppe fernzuhalten oder zu mildern.

Es wird bei Revision des Gesetzes darauf Bedacht genommen werden müssen, diesen durchaus nothwendigen Grundsatz noch klarer zum Ausdruck zu bringen.

5. Nur der „Vorgesetzte" resp. der im Vorgesetztenverhältniß Befindliche kann Befehle ertheilen, denen Gehorsam geleistet werden muß.

Das Gesetz hat es geflissentlich vermieden, eine Definition des Begriffs „Vorgesetzter" zu geben, weil der Begriff schon aus dem Ausdrucke sich ergiebt. Denn hiernach kann Vorgesetzter eines Anderen nur derjenige sein, welcher demselben „vorgesetzt", ihm Befehle zu ertheilen berechtigt ist.

Wer aber Vorgesetzter eines Anderen und unter welchen Voraussetzungen er demselben Befehle zu ertheilen berechtigt ist, kann nicht in einem Strafgesetze bestimmt, sondern in jedem einzelnen Falle nur nach den thatsächlichen Verhältnissen, nach Maßgabe der Dienstordnung, beurtheilt werden. Als Regel gilt, daß jeder im Range Höhere dem im Range Niederen, bei gleichem Range aber derjenige Dienstältere dem Jüngeren Dienstbefehle ertheilen kann, welcher entweder durch eine allgemeine Bestimmung oder durch spezielle Anordnung eines gemeinschaftlichen höheren Vorgesetzten demselben übergeordnet ist. Außerhalb dieser Fälle kann es aber, namentlich im Kriege, sich ereignen, daß sogar ein Dienstjüngerer in Beziehung auf bestimmte Zwecke einem Dienstälteren übergeordnet wird. Hiernach ist es also lediglich eine eventuell unter Zugrundelegung von Gutachten Sachverständiger zu entscheidende Thatfrage, ob in einem einzelnen Falle ein Subordinationsverhältniß bestanden hat oder nicht. (Motive.)

Zwischen den Personen höheren und denen niederen Ranges, besteht — sobald sich der Höhere im Range zu dem Niederen im Range nicht ausdrücklich in ein Vorgesetztenverhältniß gesetzt hat, — nur ein Respektsverhältniß.

Nach den z. Z. bestehenden Dienstvorschriften gilt hinsichtlich der Vorgesetztenqualität Nachstehendes:

a) Jeder Offizier ist Vorgesetzter der Unteroffiziere und Gemeinen (Kriegs-Artikel 16). Das Vorgesetztenverhältniß ruht jedoch, sobald der Offizier eine Freiheitsstrafe verbüßt, oder sich in Untersuchungshaft befindet gegenüber seinen Aufsehern. Ebenso ruht das Vorgesetztenverhältniß des Offiziers gegenüber den Wachen, wenn er nicht kommandirter Wachtvorgesetzter ist, und den Landgendarmen gegenüber, wenn er nicht dem Gendarmerie-Korps angehört oder bei demselben im Dienste ist. (cf. Pr. AKO. v. 19. Juli 1873 u. Anm. 4 zu §§ 1 u. 2 d. EG.)

b) Offiziere einer höheren Hauptklasse stehen zu allen Offizieren der darauf folgenden Hauptklassen des eigenen oder eines fremden Truppentheiles des Landheeres oder der Marine, in einem Vorgesetzten-Verhältniß; es ist also jeder General Vorgesetzter der Stabsoffiziere u. s. w., jeder Stabsoffizier Vorgesetzter der Hauptleute u. s w. und jeder Hauptmann Vorgesetzter der Lieutenants.

Dagegen besteht unter den Generalen, den Stabsoffizieren, den Hauptleuten und Rittmeistern, den Premier- und Sekonde-Lieutenants nur dann ein Vorgesetztenverhältniß, wenn der Eine unter das Kommando des Andern gestellt ist.

Sonst besteht unter ihnen nur ein Respekts-Verhältniß, das Verhältniß von im Dienstrange Höheren zu im Dienstrange Niederen. (Preuß. Allerh. Kab.-Ordre vom 30. Oktober 1865.)

c) Der Feldwebel steht zu den Unteroffizieren seiner Kompagnie — nicht auch zu anderen Unteroffizieren — in und außer Dienst in einem Vorgesetztenverhältniß. (Beschl. d. Pr. Gen.-Aud. v. 4. März 1858, 5. Mai 1861 und 8. Dezember 1863, Schreiben des Preuß. Kriegsministeriums v 12. April 1858, Keller S 133.)

d) Der Portepee-Fähnrich ist nicht Vorgesetzter der Unteroffiziere ohne Portepee, der Sergeant nicht Vorgesetzter der Unteroffiziere, sobald dieselben nicht speziell unter sein Kommando gestellt sind. Keller S. 133.

e) Jeder Unteroffizier ist Vorgesetzter jedes Gemeinen also auch jedes Gefreiten. (Kriegs-Artikel 16.)

f) Gefreite, welche auf Grund eines der Kompagnie gehörig bekannt gemachten Befehls Unteroffizier-Dienste thun, sind Vorgesetzte der Gemeinen, jedoch nur für die Dauer und den Bereich der ihnen zugewiesenen Unteroffizier-Funktionen (in und außer Dienst). Sind sie speziell nur mit den Funktionen eines Korporalschafts- (Beritts-, Geschütz-) Führers beauftragt, so sind sie zwar innerhalb der ihnen übertragenen Korporalschaft ꝛc. als Vorgesetzte der derselben angehörenden Mannschaften zu betrachten, es kann ihnen jedoch gegenüber den übrigen Gefreiten und Gemeinen der Kompagnie (Eskadron, Batterie) auf Grund obiger Funktion die Vorgesetzten-Qualität nicht beigelegt werden. (Cirk.-Schr. des Preuß. Kriegs-Min. v. 18. März 1874.) Im Uebrigen ist ein Gefreiter nur in gemeinschaftlichen Dienstverhältnissen Vorgesetzter des Gemeinen, nicht aber, wenn beide in Reih und Glied den Befehlen eines gemeinschaftlichen höheren Befehlshabers unterstellt sind. Fleck S. 160, Keller S. 133.

g) Gemeine (oder Matrosen), welche auf Grund eines der Stubenmannschaft (Deckmannschaft) gehörig bekannt gemachten Befehls des Kompagnie- (Eskadrons-, Batterie-) Chefs resp. des Kommandeurs des betreffenden Marine-Theils oder Kommandanten des Schiffes als Stuben- resp. Deckälteste fungiren, haben gegenüber den Stuben- resp. Decksgenossen gleichen Ranges in Bezug auf die Stuben- resp. Decksordnung die Befugnisse eines Vorgesetzten.

Im Festungsgefängniß ist der Stubenälteste niemals Vorgesetzter der übrigen Stuben-Genossen. (Allerh. Erlaß v. 11. Juni und 11. Septbr. 1874 und § 91 des Mil.-Strafvollstreckungs-Reglements.)

h) Jeder Offizier und jeder Unteroffizier ist berechtigt, die nach dem Dienstgrade oder dem Patent oder dem Dienstalter unter ihm stehenden Personen des Soldatenstandes nöthigenfalls vorläufig zu verhaften oder ihre vorläufige Verhaftung zu bewirken. Eine solche Verhaftung muß jedoch von ihm sofort einem mit Disziplinarstrafgewalt versehenen Vorgesetzten des Verhafteten gemeldet werden.

i) Die den Landgendarmen im Range nachstehenden Militärpersonen sind der Befehls-Befugniß sämmtlicher Landgendarmen unterworfen, welche der militärisch organisirten Landgendarmerie eines Bundesstaates im bisherigen Geltungsbereiche des Preußischen Militär-Straf-Gesetzbuches angehören. (Pr Allerh. Kab.-Ordre v. 19. Juli 1873. cf. Anm. 5a.)

Wenngleich den Gendarmen die Rechte der Wachen nicht eingeräumt sind, so sind dieselben doch in denjenigen Bundesstaaten, in welchen sie zu den Militärpersonen gehören und im Range der Unteroffiziere stehen, als solche in und außer Dienst Vorgesetzte der Gefreiten und Gemeinen. (Allg. Verf. d. Preuß. Gen.-Aud. v. 6. Novbr. 1874.)

k) Die Sanitäts-Offiziere sind Vorgesetzte der Unteroffiziere u. Soldaten, sowie in den Lazarethen Vorgesetzte des pharmazeutischen, des Wärter- und Beamten-Personals.

Sobald ein Unterarzt in unmittelbare dienstliche Beziehung zu den vorgenannten Militärpersonen 2c. gesetzt wird, tritt auch er zu denselben in ein Vorgesetzten-Verhältniß.

Den oberen Beamten der Lazarethe steht nur der Chef-Arzt oder dessen Vertreter als Vorgesetzter gegenüber.

(§ 15 der Verordn. über die Organisation des Sanitäts-Korps vom 6. Februar 1873 und Ausführungsbestimmungen dazu.)

l) Die Militärbeamten stehen zu den Personen des Soldatenstandes in keinem Vorgesetzten-Verhältnisse. Dagegen sind die Militärbeamten mit bestimmtem Militärrange den Personen des Soldatenstandes niederen Ranges gegenüber als „Höhere im Range" im Sinne des Gesetzes anzusehen.

Beleidigungen gegen Letztere sind nach § 91 zu strafen. (Keller S. 135.)

6. Der Ungehorsam gegen einen Befehl in Dienstsachen kann nach § 92 verübt werden durch Nichtbefolgung, durch eigenmächtige Abänderung oder eigenmächtige Ueberschreitung desselben.

Der Ungehorsam kann nämlich positiver oder negativer Art sein. Denn entweder besteht er in einem Unterlassen des Gebotenen oder in einem Thun des Verbotenen, dem eigenmächtigen Abändern oder Ueberschreiten (Fleck S. 162).

Das Thun des Verbotenen muß immer ein eigenmächtiges, also vorsätzliches sein, während das Unterlassen auch ein fahrlässiges sein, (auf Vergeßlichkeit, Trägheit 2c.) beruhen kann.

Dies ist allerdings eine Abweichung von der Rechtsregel, aber durch die militärischen Verhältnisse und Interessen geradezu bedingt und nur von Brauer (S. 129) bestritten.

Dafür auch Keller S. 136, Solms S. 43, Herbst S. 18, Koppmann S. 278.

7. Arrest ist gelinder, mittlerer oder strenger resp. Stubenarrest. Strenger Arrest kann nur gegen denjenigen verhängt werden, welcher wegen eines militärischen Verbrechens oder Vergehens bereits mit einer Freiheitsstrafe bestraft worden ist. (§ 22 Abs. 3.)

Erfolgt in leichteren Fällen des § 92 eine Disziplinarbestrafung auf Grund des § 3 des Einführungs-Gesetzes, so darf die Disziplinarstrafe nicht in Kasernen- oder Quartier-Arrest bestehen (cf. Anm. 3 zu § 3 des Einf.-Ges.).

Erfolgt jedoch die Disziplinarbestrafung auf Grund des § 1 Al. 1 der Diszipl. StO. f. d. H., was nach dem in Anm. 4 Gesagten überall da stattfinden kann, wo es sich um einen Ungehorsam gegen eine allgemeine dienstliche Anordnung oder

§ 94.

Wer den Gehorsam ausdrücklich verweigert oder seinen Ungehorsam sonst durch Worte, Geberden oder andere Handlungen zu erkennen giebt, ingleichen wer den Vorgesetzten über einen von ihm erhaltenen Dienstbefehl oder Verweis zur Rede

---

Instruktion, nicht aber gegen einen speziellen Befehl in Dienstsachen handelt*), so braucht die Disziplinarstrafe überhaupt nicht nothwendig in Arrest zu bestehen.

Hiernach können z. B. die im Kriegsartikel 48 angeführten Fälle von Ungehorsam mit allen nach der Disziplinar-Strafordnung zulässigen Strafmitteln ohne jegliche Beschränkung also auch mit den kleineren Disziplinar-Strafen bestraft werden, sobald man sie als reine Disziplinarvergehen auffaßt.

Daß Ungehorsam gegen Dienstbefehle, welche nicht Befehle in Dienstsachen sind, reine Disziplinarvergehen sind, welche auch nicht einmal auf Grund des § 92 gerichtlich geahndet werden können, ist bereits in Anm. 2c und 3 näher ausgeführt.

Wegen der Disziplinarbestrafung der Personen des Beurlaubtenstandes für die Zeit, während welcher sie sich nicht im Dienst befinden cf. §§ 23ff der Disziplinar-Straf-Ordnung für das Heer u. Anm. 4 zu § 3 d. EG.

8. Jeder Untergebene ist für die Folgen seines Ungehorsams verantwortlich und deshalb mit strengerer Strafe zu belegen, wenn durch denselben ein erheblicher Nachtheil für den Dienst entstanden ist oder entstehen konnte.

Ob der durch Ungehorsam verursachte Nachtheil ein erheblicher gewesen oder ob durch den Ungehorsam die Gefahr eines erheblichen Nachtheils herbeigeführt worden ist, ist Thatfrage.

9. Strenger Arrest kann im Falle des § 93 Abs. 1 auch verhängt werden, wenn eine Vorbestrafung wegen eines militärischen Verbrechens oder Vergehens nicht erfolgt war (§ 22 Abs. 3).

Statt des strengen Arrestes ist gegen Offiziere Stubenarrest, gegen Portepee-Unteroffiziere gelinder, gegen Unteroffiziere mittlerer Arrest zu verhängen (§ 22 Abs. 2).

Gefängniß oder Festungshaft beginnt mit 6 Wochen und 1 Tage (§ 17).

Freiheitsstrafe bis zu zwei Jahren ist Arrest von einem Tage bis zu 6 resp. 4 Wochen, oder Gefängniß oder Festungshaft von 6 Wochen und 1 Tage an (§§ 16. 17. 24).

Strenger Arrest kann im Falle des § 93 Abs. 2 nur gegen denjenigen verhängt werden, welcher wegen eines militärischen Vergehens gerichtlich oder disziplinarisch bereits mit einer Freiheitsstrafe bestraft worden ist.

10. Wegen des Begriffs „im Felde" cf. §§ 9 und 10.

11. Wegen Strafminderung bei Reizung siehe § 98.

§§ 94 und 95.

Inhalt

---

*) Ungehorsam gegen einen speziellen Befehl in Dienstsachen kann niemals ein reines Disziplinarvergehen sein, sondern event. nur auf Grund des § 3 d. EG. disziplinarisch bestraft werden.

stellt, oder auf wiederholt erhaltenen Befehl in Dienstsachen im Ungehorsam beharrt, wird mit strengem Arrest nicht unter vierzehn Tagen oder mit Gefängniß oder Festungshaft bis zu drei Jahren bestraft.

[Entw. § 107.] cf. § 98.

---

1. Auf Personen des Beurlaubtenstandes finden §§ 94 und 95 nur unter der Voraussetzung des § 113 auf Militärbeamte nur im Felde Anwendung (cf. § 153). Das Gefolge des kriegführenden Heeres und die Kriegsgefangenen sind den Bestimmungen der §§ 94 und 95 bedingungslos unterworfen (cf. §§ 155. 157. 158).

2. Während in den §§ 92 und 93 nur die Fälle des einfachen Ungehorsams ins Auge gefaßt sind, beziehen sich die §§ 94 und 95 auf die Fälle, wo der Ungehorsam in Widerspenstigkeit übergegangen ist, die That also einen gefährlichen Charakter angenommen hat. (Motive.)

Die ausdrückliche Gehorsamverweigerung, das Zurredestellen des Vorgesetzten über einen von demselben erhaltenen Dienstbefehl oder Verweis und das Beharren im Ungehorsam auf einen wiederholt erhaltenen Befehl in Dienstsachen stellen sich als ein die Autorität des Vorgesetzten negirendes Verhalten dar, welches bei der ausdrücklichen Gehorsamsverweigerung und dem Zurredestellen sich durch eine positive Kundgebung äußert und bei dem Beharren im Ungehorsam durch eine beharrliche Passivität gegenüber dem wiederholt ertheilten Befehl in Dienstsachen sich kund giebt. Die ausdrückliche Gehorsamsverweigerung sowohl als auch die stillschweigende, — gewöhnlich Gehorsamsverweigerung schlechtweg genannt — setzen einen ertheilten Befehl voraus. Derselbe braucht bei der ausdrücklichen Gehorsamsverweigerung nicht ein Befehl in Dienstsachen zu sein, wie bei der Gehorsamsverweigerung durch passives Verhalten (und dem Ungehorsam der §§ 92 und 93) sondern kann auch ebenso wie bei der Widersetzung (§ 96) ein Dienstbefehl sein (cf. Anm. 5).

Die ausdrückliche Gehorsamsverweigerung im engeren Sinne setzt ferner die ausdrückliche Kundgebung der Absicht voraus, einen erhaltenen Befehl (Befehl in Dienstsachen oder Dienstbefehl) nicht zu befolgen. Dies kann mündlich oder schriftlich, durch Geberden oder andere Handlungen geschehen, aus welchen — wie z. B. durch Entlaufen nach erfolgter Arretirung oder nach erfolgtem Haltruf — die Negirung unzweifelhaft hervorgeht.

Gewaltsames Losreißen gehört nicht hierher sondern fällt unter den Begriff der Widersetzung (§ 96).

3. Die ausdrückliche Gehorsamsverweigerung im engeren Sinne kann in*) und außer Dienst, sowohl gegen den befehlenden Vorgesetzten als gegen dessen Stellvertreter resp. den Uebermittler des Befehls im Beisein oder in Abwesenheit des ersteren begangen werden. (Fleck S. 165, Koppmann S. 288 *contra*: Solms S. 43.)

4. Das „Zurredestellen" ist nicht mit dem bloßen „Widerredeführen" oder „sich verantworten" zu verwechseln, welche lediglich eine Achtungsverletzung enthalten (cf. Anm. 5 zu § 89). Was unter „Vorgesetzten" zu verstehen sei, ist in Anm. 5 zu §§ 92. 93 erörtert.

5. Das „Beharren" im Ungehorsam auf wiederholt erhaltenen Befehl (Gehorsamsverweigerung), erstreckt sich nicht wie die ausdrückliche Gehorsamsverweigerung auf alle Arten von Dienstbefehlen sondern lediglich auf Befehle in Dienstsachen (cf. oben Anm. 2 und Anm. 4 und 3 zu §§ 92. 93).

Zum Thatbestande dieses Vergehens gehört nothwendig, daß erst ein einfacher Ungehorsam durch passives Verhalten gegen einen Befehl in Dienstsachen verübt worden ist, darauf der Befehl wiederholt und das passive Verhalten fortgesetzt worden ist.

Daß der wiederholt ertheilte Befehl in Dienstsachen von demselben Vorgesetzten herrührt, welcher den ersten Befehl ertheilt hatte, ist nicht unbedingt erforderlich (cf. Koppmann S. 289).

6. Ist der Befehl, gegen welchen der Gehorsam verweigert, resp. ausdrücklich verweigert wurde, dennoch später befolgt worden, so ist dies, da das Vergehen oder

---

*) cf. Anm. 7 zu §§ 94. 95 letztes Alinea.

§ 95.

Wird eine der in dem § 94 bezeichneten Handlungen vor versammelter Mannschaft oder gegen den Befehl, unter das Gewehr zu treten, oder unter dem Gewehr begangen, so tritt Gefängniß oder Festungshaft bis zu fünf Jahren, im Felde Gefängniß oder Festungshaft nicht unter Einem Jahre ein.

Ist eine solche Handlung vor dem Feinde begangen, so tritt Freiheitsstrafe nicht unter zehn Jahren ein. Besteht die Handlung darin, daß der Gehorsam gegen einen vor dem Feinde ertheilten Befehl durch Wort oder That ausdrücklich verweigert wird, so tritt Todesstrafe, in minder schweren Fällen Freiheitsstrafe nicht unter zehn Jahren oder lebenslängliche Freiheitsstrafe ein.

[Entw. § 108.] cf. § 98.

Verbrechen mit der Verweigerung des Gehorsams konsumirt ist, lediglich Strafzumessungsgrund (cf. Oberniedermayer S. 445).

7. § 94 setzt ein Strafminimum von vierzehn Tagen strengem Arrest fest, welcher auch gegen denjenigen zu erkennen ist, welcher wegen eines militärischen Verbrechens oder Vergehens noch nicht mit einer Freiheitsstrafe bestraft worden ist, und an dessen Stelle gegen Unteroffiziere mittlerer, gegen Portepee-Unteroffiziere gelinder, gegen Offiziere Stubenarrest von gleicher Dauer tritt. (§ 22 Abs. 2 u. 3.)

Auf Gefängniß und Festungshaft unter sechs Wochen und einen Tag darf nicht erkannt werden. (§ 17.)

Da durch Verweigerung des Gehorsams gegen einen Befehl in Dienstsachen jedesmal auch ein Ungehorsam im Sinne des § 92 verübt wird, so können in Gemäßheit des § 73 RStGB. unter Umständen hier auch die Strafbestimmungen des § 93 Mil.-StGB. f. d. D. R. zur Anwendung kommen. War der Befehl nur ein Dienstbefehl, so kann § 93 niemals Anwendung finden.

Daß § 55 Abs. 2 hier Platz greift, ist bereits in Anm. 4 zu § 55 angedeutet. Im Falle des § 95 ist § 55 ausgeschlossen.

8. Wegen des Begriffs: „Vor versammelter Mannschaft" siehe § 12, wegen des Begriffs: „unter dem Gewehr": Anm. 7 zu § 89.

9. Die Verweigerung des Gehorsams gegen den Befehl „unter das Gewehr zu treten" ist in ihrer Strafbarkeit der Verweigerung des Gehorsams vor versammelter Mannschaft und unter dem Gewehre gleichgestellt, weil die Nichtbefolgung eines solchen Befehls große Gefahren herbeizuführen im Stande ist, welche namentlich dann entstehen können, wenn es sich um Dämpfung eines Aufruhrs, Unterdrückung einer Meuterei 2c. handelt. (Oberniedermayr S. 446, Koppmann S. 290.)

10. § 95 Abs 1 lautete in dem im 18. Stück des Reichsgesetzblattes für 1872 sub Nr. 838 abgedruckten Militär-Strafgesetzbuche für das Deutsche Reich vom 20. Juni 1872 folgendermaßen:

> „Wird eine der in dem § 94 bezeichneten Handlungen vor versammelter Mannschaft oder gegen den Befehl unter das Gewehr zu treten, oder unter dem Gewehr begangen, so tritt Gefängniß oder Festungshaft nicht unter Einem Jahre ein."

Nach der im Reichs-Gesetzblatt für 1873 S. 138 ergangenen Berichtigung sind in Folge eines Druckerei-Versehens zwischen den Worten „Festungshaft" und „nicht" die Worte:

> „bis zu fünf Jahren, im Felde Gefängniß oder Festungshaft"

ausgelassen worden.

Diese Berichtigung ist im Text des § 95 Abs. 1 oben berücksichtigt worden.

§ 96.

Wer es unternimmt, einen Vorgesetzten mittels Gewalt oder Drohung an der Ausführung eines Dienstbefehls zu hindern oder zur Vornahme oder Unterlassung einer Diensthandlung zu nöthigen, wird wegen Widersetzung mit Freiheitsstrafe von sechs Monaten bis zu zehn Jahren, im Felde mit Gefängniß nicht unter zwei Jahren bestraft.

Danach tritt im Frieden Gefängniß oder Festungshaft von sechs Wochen und einem Tage bis zu fünf Jahren, im Felde (cf. §§ 9 u. 10) Gefängniß oder Festungshaft von Einem Jahre bis zu fünfzehn Jahren ein (§§ 16. 17).

11. Wegen des Begriffs: „vor dem Feinde" siehe die §§ 11 und 165. „Eine solche Handlung" heißt hier selbstverständlich „eine der im § 94 bezeichneten Handlungen".

12. § 95 Absatz 2 Satz 2 verlangt nur einen Befehl, nicht aber speziell einen Befehl in Dienstsachen; *contra*: Koppmann S. 291.

13. Wenngleich das Beharren im Ungehorsam eigentlich keine „ausdrückliche" Gehorsamsverweigerung ist (cf. Anm. 2. 5), so dürfte doch der Annahme Dr. Rubo's (S. 114) und Keller's (S. 139), welcher auch Weiffenbach (S. 72) und Koppmann (S. 492) beipflichten, daß der Gesetzgeber unter ausdrücklicher Gehorsamsverweigerung durch „That" auch das Beharren im Ungehorsam auf wiederholten Befehl in Dienstsachen habe verstanden wissen wollen, weil Unterlassungen auch als eine That anzusehen seien, beigetreten werden müssen. Die Gründe, welche Dr. Rubo und Keller für diese Annahme anführen, daß nämlich darüber in der Kommission kein Zweifel bestanden habe, dürften jedoch nicht recht stichhaltig sein. Viel gewichtiger erscheint der Umstand, daß hier der Ausdruck „Befehl" gewählt ist, welcher sowohl den Erfordernissen der ausdrücklichen Gehorsamsverweigerung als auch denen der Gehorsamsverweigerung durch Beharren im Ungehorsam, Rechnung trägt.

Zweifellos ist die in Rede stehende Frage übrigens nicht.

14. Wegen des Begriffs: „in minder schweren Fällen" siehe Anm. 11 zu § 58.

15. Wegen Strafminderung bei Reizung siehe § 98.

§ 96.

Inhalt:

1. Auf Personen des Beurlaubtenstandes findet § 96 nur unter der Voraussetzung des § 113, auf Militärbeamte nur im Felde Anwendung (§ 153); das Gefolge des kriegführenden Heeres und die Kriegsgefangenen sind der Bestimmung des § 96 bedingungslos unterworfen.

2. Artet das die Autorität des Vorgesetzten negirende Verhalten des Untergebenen in förmliche Widersetzung aus, so hat die That einen so gefährlichen Charakter, daß dieselbe als ein militärisches Verbrechen bestraft werden muß.

3. Der Ausdruck „unternimmt" besagt, daß § 96 auch den Versuch mit der Strafe des vollendeten Verbrechens bedroht. Unternommen ist sonach die That, wenn mit ihrer Ausführung begonnen ist. Die Lehre vom Versuch kann hier mithin niemals zur Anwendung kommen (cf. Anm. 2 zum 3. Abschn. I. Theils und Oppenhoff Anm. 1 u. 2 zu § 82 RStGB.).

Dieselbe Strafe tritt ein, wenn die Handlung gegen die zur Unterstützung des Vorgesetzten befehligten oder zugezogenen Mannschaften begangen wird.

[Entw. § 109] cf. § 98.

---

4. Wegen des Begriffs „Vorgesetzter" siehe Anm. 5 zu §§ 92. 93. Eine militärische Wache hat nur dann die Vorgesetztenqualität, wenn sie in Ausübung des Dienstes begriffen und als solche äußerlich erkennbar ist (cf. § 111).

Dies ist bei anderen Vorgesetzten nicht erforderlich. Es genügt, daß der Untergebene den Vorgesetzten als solchen erkannt hat, selbst wenn er sich nicht in Uniform befand.

5. Die „Gewalt oder Drohung" muß das Mittel sein, durch welches die Behinderung oder Nöthigung des Vorgesetzten bewerkstelligt wird beziehungsweise bewerkstelligt werden soll. Hat die Gewalt oder Drohung diesen Zweck nicht, so liegt nicht Widersetzung vor.

6. Die „Gewalt" besteht in der Aufwendung einer besonderen körperlichen Kraft, welche dem Dienstbefehle des Vorgesetzten hindernd entgegentritt, und den letzteren nöthigt, auch seinerseits zur Beseitigung des Hindernisses eine erhöhte Kraftanstrengung anzuwenden, oder aber von der Diensthandlung abzustehen. (Oppenhoff Anm. 29 zu § 113 RStGB.).

Diese Gewalt darf jedoch niemals in eine direkte Einwirkung auf den Körper des Vorgesetzten resp. in einen Versuch dazu ausarten, weil sonst der Thatbestand des § 97 vorliegen würde.

Darum ist wohl event. in dem Festhalten an Gegenständen, dem Gegenstemmen, dem Losreißen von dem den Thäter festhaltenden Vorgesetzten, dem Einsperren desselben, dem Antreiben des Pferdes, dem der Vorgesetzte in die Zügel gegriffen, dem (auch nur versuchten) Entreißen einer Sache des Thäters, welche der Vorgesetzte festhält 2c., „Gewalt" im Sinne des § 96 zu finden, nicht aber in dem absichtlichen Zurückdrängen oder Beiseitestoßen, auch nicht in dem versuchten Entreißen der Waffe des Vorgesetzten, weil diese Handlungen ein thätliches Vergreifen resp. das Unternehmen eines thätlichen Angriffs enthalten (cf. Oppenhoff Anm. 30 ff. zu § 113 RStGB.); Keller S. 139. 140.

Ein passiver Widerstand kann nicht gut als Widersetzung angesehen werden, da derselbe ein gewaltsames Handeln ausschließt. Wenn zu dem Widerstande die Anwendung körperlicher Kraft erforderlich war, liegt eben ein passiver Widerstand nicht vor; *contra:* Koppmann S. 293 ff. Darum ist ein bloßes beharrliches Liegenbleiben auf den Befehl aufzustehen keine Widersetzung, sondern nur eine Gehorsamsverweigerung. Auch wenn der Untergebene, den der Vorgesetzte aufheben will, lediglich seine Körperschwere wirken läßt, ist noch nicht Widersetzung anzunehmen. Erst mit dem Festhalten, Gegenstemmen, Einklemmen und anderen Handlungen, welche eine Anwendung von Körperkraft erfordern, wird hier der Thatbestand der Widersetzung erfüllt.

7. „Drohung" ist die Ankündigung der zu bewirkenden oder zu veranlassenden Zufügung eines Uebels.

Gleichgültig ist es, ob das Uebel den Bedrohten selbst, oder einen Andern treffen soll. (Oppenhoff Anm. 30 zu § 48.)

Daß die Drohung an sich resp. nach den obwaltenden Umständen geeignet war, den Vorgesetzten zu bestimmen, dem Zwange nachzugeben, wie Koppmann (S. 294) annimmt, ist nicht nothwendig, der Thatbestand des § 96 wird durch jede Drohung erfüllt, welche den daselbst angegebenen Zweck hat.

8. Ob der Dienstbefehl ein rechtmäßiger, innerhalb der Dienstbefugnisse des Vorgesetzten liegender, war oder nicht, ist gleichgültig. Ein Befehl in Dienstsachen wird nicht erfordert (cf. Anm. 3 u. 4 zu §§ 92. 93).

9. Was unter „Diensthandlung" zu verstehen sei, sagt das Gesetz nicht. Auch die Motive geben darüber keinen Aufschluß. Nach dem allgemeinen Sprachgebrauch ist darunter eine in dienstlicher Eigenschaft ausgeübte (oder auszuübende) Thätigkeit zu verstehen.

10. „Freiheitsstrafe" von sechs Monaten bis zu zehn Jahren ist Gefängniß

§ 97.

Wer sich an einem Vorgesetzten thätlich vergreift oder einen thätlichen Angriff gegen denselben unternimmt, wird mit Freiheitsstrafe nicht unter drei Jahren, in minder schweren Fällen mit Freiheitsstrafe nicht unter Einem Jahre bestraft. Wird die Handlung unter dem Gewehr oder sonst im Dienste, oder vor versammelter Mannschaft, oder mit einer Waffe oder einem anderen gefährlichen Werkzeuge ausgeführt, so tritt Freiheitsstrafe nicht unter fünf Jahren, in minder schweren Fällen Freiheitsstrafe nicht unter zwei Jahren ein.

---

oder Festungshaft von der angegebenen Dauer (§ 17). Auf eine niedrigere Strafe kann nur im Falle des § 98 Mil.-StGB. f. d. D. R. erkannt werden.

11. Wegen des Begriffes „im Felde" siehe §§ 9 und 10. Hier kann der Fall des § 93 Abs. 2 konkurriren. Ist die Handlung vor dem Feinde verübt, so ist zu prüfen, ob nicht § 95 Abs. 2 ideell konkurrirt.

12. Ist die Handlung während der Ausübung des Dienstes oder unter Mißbrauch der Waffe verübt (Fälle letzterer Art, welche nicht in Thätlichkeiten ausgeartet sind, sind immerhin denkbar), so ist die Strafe in Gemäßheit der §§ 55 Nr. 2. 53 Mil.-StGB. f. d. D. R. zu erhöhen.

13. Absatz 2 greift nur dann Platz, wenn die Mannschaften zur Unterstützung des Vorgesetzten befehligt oder zugezogen waren, nicht wenn die die Vorgesetztenqualität nicht besitzenden Mannschaften mit der ganzen Ausführung der Handlung beauftragt waren. Gleichwohl ist die fortgesetzte unmittelbare Anwesenheit des Vorgesetzten nicht unerläßlich; es ist Gegenstand der thatsächlichen Beurtheilung des Einzelfalles, ob trotz der zeitweiligen Entfernung desselben die betreffenden Mannschaften als zur Unterstützung befehligt resp. zugezogen zu erachten sind. (Oppenhoff Anm. 45 zu § 113 RStGB.)

Ob der anwesende Vorgesetzte die Befehligung oder Zuziehung der Hülfs-Mannschaften angeordnet hat oder ein höherer Vorgesetzter, ist gleichgültig; nur muß der Thäter wissen, daß die Mannschaften zur Unterstützung des Vorgesetzten befehligt oder zugezogen sind, da ihm sonst § 59 des RStGB. zur Seite steht.

Ein thätlicher Angriff gegen solche, die Vorgesetztenqualität nicht besitzende Hülfsmannschaften kann niemals nach § 97 Mil.-StGB. f. d. D. R. gestraft werden.

§ 97.

Inhalt:

1. Auf Personen des Beurlaubtenstandes findet § 97 nur unter den Voraussetzungen des § 113, auf Militärbeamte nur im Felde Anwendung (§ 153). Das Gefolge des kriegführenden Heeres und die Kriegsgefangenen sind der Bestimmung des § 97 bedingungslos unterworfen (§§ 155. 157. 158).

2. Die Thätlichkeit gegen einen Vorgesetzten ist als ein schweres Verbrechen gegen die Pflichten der Unterordnung anzusehen und wird allenthalben in den Militärgesetzen mit besonders schweren Strafen bedroht, das Verbrechen mag außer oder im Dienst verübt sein.

Das Preußische Militär-Strafgesetzbuch hat für dieses Verbrechen § 128 Theil I zehnjährige bis lebenswierige Festungsstrafe, bei besonders erschwerenden Umständen

Statt auf Gefängniß oder Festungshaft ist auf Zuchthaus von gleicher Dauer zu erkennen, wenn die Thätlichkeit eine schwere Körperverletzung oder den Tod des Vorgesetzten verursacht hat.

---

und im Felde die Todesstrafe angedroht. Diese Strafbestimmungen erschienen jedoch in vielen Fällen zu hart; auch hat bei einer überwiegend großen Zahl derselben eine Ausgleichung dieser Härte im Gnadenwege beantragt werden müssen. (Motive.) Der Entwurf hatte deshalb den Mindestbetrag der zu verhängenden Festungsstrafe auf fünf, beziehungsweise auf zehn Jahre herabgesetzt, und die Todesstrafe nur für die Fälle der schweren Körperverletzung oder der Tödtung eines Vorgesetzten, sowie für das thätliche Vergreifen an dem Vorgesetzten im Felde beibehalten, aber auch für den letzteren Fall, wenn das Verbrechen außer Dienst verübt ist, eine mildere Strafe für zulässig erachten zu müssen geglaubt.

Der Reichstag hielt auch diese Strafen noch für zu hart und setzte dieselben erheblich herab, um — wie Keller S. 141 ausführt — auch die denkbar mildesten Fälle zu treffen, sowie in der Erwägung, daß der § 97 auch auf die Versuchshandlungen sich bezieht.

3. Wegen des Begriffes „Vorgesetzter" siehe Anm. 5 zu §§ 92. 93. Thätlichkeiten gegen „im Dienstrange Höhere" sind entweder als thätliche Beleidigungen nach § 91 Mil.-StGB. f. d. D. R. oder nach dem Reichsstrafgesetzbuche als Körperverletzungen zu bestrafen (cf. auch Anm. 2a zu § 91).

4. Unter den Begriff des „thätlichen Vergreifens" fällt jede unberechtigte direkte Einwirkung auf den Körper des Vorgesetzten, gleichgültig, ob dieselbe eine Verletzung herbeigeführt oder einen Schmerz verursacht hat.

Darum fällt darunter nicht bloß jedes unmittelbare Handanlegen durch Stoßen, Schlagen, Schütteln, Drosseln, Zubodenwerfen, Packen an der Kleidung oder am Koppel, Herumzerren und dergl., sondern auch die durch ein Medium verübte Gewalt, z. B. Bewerfen, Beschütten und dergl. [Oberniedermayer (S. 460).] Die unberechtigte Abwehr von Gewalthandlungen eines dienstlich einschreitenden Vorgesetzten fällt hiernach unter den Begriff des „thätlichen Vergreifens", ebenso wie die Gegenwehr (cf. Keller S. 142, Weiffenbach S. 73). Ueber den Unterschied von der Widersetzung durch Gewalt siehe Anm. 6 zu § 96.

5. Dem „thätlichen Vergreifen" ist das Unternehmen eines „thätlichen Angriffes" gleichgestellt. Hier bilden schon Versuchshandlungen den Thatbestand des vollendeten Verbrechens (cf. das Nähere in Anm. 3 zu § 96). Thätliche Bedrohungen können hiernach nur dann unter § 97 fallen, wenn sie sich als der Beginn wirklicher Gewalthandlungen darstellen.

Das bloße Greifen nach dem Säbel, ohne daß derselbe gezogen und zum Hiebführen erhoben wurde, kann somit nicht als Unternehmen eines thätlichen Angriffs angesehen werden und fällt event. unter §§ 96 oder 89 Abs. 2. (Koppmann S. 298.)

6a. Zum Dolus gehört hier außer der nach § 59 RStGB. erforderlichen Kenntniß von der Vorgesetztenqualität des Angegriffenen lediglich die Vorsätzlichkeit der Handlung im Allgemeinen. Das Motiv dazu ist gleichgültig. (Koppmann S. 397.)

Hier kann sehr wohl Mord, Todtschlag, versuchter Mord oder versuchter Todtschlag ideell konkurriren (cf. Anm. 12).

6. „Freiheitsstrafe" ist hier Gefängniß oder Festungshaft bis zu 15 Jahren (§§ 16. 17).

7. Wegen des Begriffes „unter dem Gewehr" siehe Anm. 7 zu § 89.

Selbstverständlich braucht nur der Untergebene sich unter dem Gewehr oder sonst im Dienste zu befinden.

8. Was unter „versammelter Mannschaft" zu verstehen sei, ist in dem § 12 und den Anmerkungen dazu ausgeführt.

9. „Waffe" braucht hier nicht die Dienstwaffe zu sein. Da dieselbe aber mit unter den Begriff „Waffe" fällt, mithin in diesem Paragraphen über den Mißbrauch der Waffe eine besondere Bestimmung getroffen ist, so kann hier § 55 Nr. 2 nicht zur Anwendung kommen. (Dafür auch Koppmann S. 302.)

10. Als ein „Gefährliches Werkzeug" ist Alles anzusehen, was nach der

Ist die Thätlichkeit im Felde begangen, so tritt Todesstrafe, in minder schweren Fällen oder wenn die Thätlichkeit außer dem Dienste begangen ist, Freiheitsstrafe nicht unter zehn Jahren oder lebenslängliche Freiheitsstrafe ein.

Neben Gefängniß und neben Festungshaft ist auf Dienstentlassung zu erkennen.

[Entw. § 110] cf. § 98.

§ 98.

Ist ein Untergebener dadurch, daß der Vorgesetzte ihn vorschriftswidrig behandelt oder die Grenzen seiner Dienstgewalt überschritten hat, gereizt und auf der Stelle zu einer

---

Art seiner Benutzung geeignet ist, erhebliche Körperverletzungen hervorzubringen; auf seine sonstige Bestimmung kommt nichts an, z. B. ein Knüppel, Stuhlbein, Bierseidel. (Oppenhoff Anm. 3 zu § 223a.)

11. Was unter „minder schweren Fällen" zu verstehen sei, ist in Anm. 11 zu § 58 ausgeführt.

12. „Schwere Körperverletzung" liegt vor, wenn die Thätlichkeit zur Folge hat, daß der Angegriffene ein wichtiges Glied des Körpers, das Sehvermögen auf einem oder beiden Augen, das Gehör (auf beiden Ohren), die Sprache oder die Zeugungsfähigkeit verliert oder in erheblicher Weise dauernd entstellt wird, oder in Siechthum, Lähmung oder Geisteskrankheit verfällt (§ 224 RStGB.).

War die schwere Körperverletzung beabsichtigt, so ist dies bei der Strafzumessung zu berücksichtigen. War der Tod des Angegriffenen beabsichtigt, so tritt die Strafe des Mordes ein, falls die Tödtung mit Ueberlegung ausgeführt worden war (§ 211 a. a. O.). Fehlt es an dem Requisit der Ueberlegung, so kommen die Grundsätze über Idealkonkurrenz (§ 73 a. a. O.) zur Geltung.

13. Ist die Thätlichkeit „im Felde" (cf. §§ 9 und 10) verübt, so tritt, auch wenn dieselbe eine Körperverletzung nicht zur Folge gehabt hat, Todesstrafe ein. In minder schweren Fällen (cf. Anm. 11 zu § 58), oder wenn die Thätlichkeit außer dem Dienste begangen ist, tritt Gefängniß oder Festungshaft nicht unter zehn Jahren oder auf Lebenszeit ein, falls nicht durch die Thätlichkeit eine schwere Körperverletzung oder der Tod des Vorgesetzten verursacht worden ist, in welchem Falle zweifellos Absatz 2 Anwendung findet. (Dafür auch Koppmann S. 304.) Wegen der Folgen der Zuchthausstrafe cf. § 31.

14. Wenn ein Offizier sich soweit vergessen sollte, sich an einem Vorgesetzten thätlich zu vergreifen, so ist dies wegen des dadurch gegebenen bösen Beispiels besonders strafbar und in einem solchen Falle das Verbleiben desselben in seiner Stellung nicht mehr möglich.

Dies hat auch das Preußische Militär-Strafgesetzbuch anerkannt; nur ist im Vergleich zu dem letzteren im Deutschen Militär-Strafgesetzbuch insofern eine Milderung eingetreten, als dasselbe für Fälle der vorliegenden Art nur Dienstentlassung, nicht auch Entfernung aus dem Heere androht (welche übrigens nach § 31 Abs. 3 neben Gefängniß von längerer als fünfjähriger Dauer zulässig und neben Zuchthaus geboten ist), und im Falle des § 98 selbst von der Strafe der Dienstentlassung abzusehen gestattet. (Motive.)

15. Wegen Strafminderung bei Reizung cf. § 98.

§ 98.

Inhalt:

der in den §§ 89 bis 97 bezeichneten strafbaren Handlungen hingerissen worden, so ist, wenn die Handlung mit dem Tode oder mit lebenslänglicher Freiheitsstrafe bedroht ist, auf Freiheitsstrafe nicht unter drei Jahren zu erkennen; ist zeitige Freiheitsstrafe angedroht, so kann die Strafe bis zur Hälfte des Mindestbetrages der angedrohten Freiheitsstrafe, und wenn diese Hälfte mehr als Ein Jahr beträgt, bis auf die Dauer Eines Jahres ermäßigt, gegen Offiziere auch von der Dienstentlassung abgesehen werden.

---

1. Dieser Paragraph entspricht im Allgemeinen den Grundsätzen des § 129 Theil I des Preußischen Mil.-StGB. und des Art. 138 des Bayerischen Mil.-StGB., welche es für billig hielten, solche Fälle von Unbotmäßigkeit, welche durch Ueberschreitung der Dienstgewalt oder durch herabwürdigende Behandlung Seitens des Vorgesetzten herbeigeführt worden sind, und bei richtigem und vorschriftsmäßigen Auftreten desselben voraussichtlich vermieden worden wären, milder zu beurtheilen.

Während jedoch das Preußische Militär-Strafgesetzbuch die Strafmilderung in solchen Fällen durchweg nur zuließ, macht sie das Militär-Strafgesetzbuch für das Deutsche Reich nach Vorgang des Bayerischen, in einzelnen Fällen wenigstens, obligatorisch (cf. Anm. 5 u. 9).

2. „Vorschriftswidrig" ist jede Behandlung, welche den gegebenen Dienstvorschriften zuwider ist. Zu letzteren gehören zwar auch die Vorschriften über die Behandlung trunkener Soldaten (cf. Preußische AKO. vom 21. Februar 1821 und 26. Mai 1868 und Cirkularschreiben des Preuß. Kriegs-Min. vom 22. März 1821), dennoch ist als „vorschriftswidrige Behandlung" im Sinne des § 98 nur eine solche Behandlung anzusehen, welche jedem, also auch einem nicht trunkenen Untergebenen gegenüber, als eine vorschriftswidrige sich darstellt (cf. auch § 49 Abs. 2).

3. Wegen des „Ueberschreitens der Grenzen der Dienstgewalt" siehe §§ 114ff.

4. Der Untergebene muß durch die vorschriftswidrige Behandlung resp. die Ueberschreitung der Grenzen der Dienstgewalt nicht nur gereizt, sondern er muß dadurch auf der Stelle zu einer der in den §§ 89—97 bezeichneten strafbaren Handlungen hingerissen worden sein. Es muß mithin zwischen beiden Handlungen eine enge Kontinuität bestehen. Wie lang der dazwischen fallende Zeitabschnitt sein könne, ist Gegenstand der thatsächlichen Beurtheilung; auf den Ort bezieht sich der Ausdruck „Stelle" nicht. (Oppenhoff Anm. 8 zu § 213.)

Ist die durch den ersten Anreiz erzeugte Aufregung bereits einer ruhigeren Ueberlegung gewichen, so kann § 98 nicht zur Anwendung gelangen, da in einem solchen Falle die Kontinuität zwischen dem Anreiz und der That aufgehoben erscheint.

Mit Recht bemerkt Fleck S. 169, daß eine zu ausgedehnte Anwendung der hier dem erkennenden Richter ertheilten Befugnisse die Lähmung der Autorität der Vorgesetzten und dadurch die Lockerung der Bande der Disziplin zur Folge haben müsse.

Die Bestimmung des Art. 139 des Bayerischen Mil.-StGB. derzufolge „auch dann, wenn der Vorgesetzte die außer Dienst und ohne Bezug auf ein Dienstverhältniß an ihm begangene Subordinationsverletzung durch Verübung einer rechtswidrigen That in Bezug auf das Privat- oder Familienleben des Untergebenen hervorgerufen, oder wenn er dem Letzteren in den Fällen von Achtungsverletzung oder Bedrohung durch unpassende Vertraulichkeit Veranlassung gegeben hat, die schuldige Achtung zu vergessen, eine Strafermäßigung eintreten solle", hat das Militär-Strafgesetzbuch für das Deutsche Reich nicht mit aufgenommen, da es — wie oben ausgeführt — die enge Kontinuität zwischen dem Anreiz und der That als nothwendiges Requisit der Strafmilderungstheorie des § 98 aufstellte.

Liegen solche Fälle — wie sie Art. 139 a. a. O. erwähnt — vor, so bleibt es

Stellt sich die Handlungsweise des Vorgesetzten als eine Mißhandlung oder sonst als herabwürdigende Behandlung des Untergebenen dar, so kann die Strafe, wo die Hälfte des Mindestbetrages der angedrohten Strafe mehr als sechs Monate beträgt, auf die Dauer von sechs Monaten ermäßigt werden; die Strafe darf nicht den dritten Theil des Höchstbetrages der angedrohten Strafe übersteigen.

[Entw. § 112.]

§ 99.

Wer eine Person des Soldatenstandes zur Verweigerung des Gehorsams, zur Widersetzung oder zu einer Thätlichkeit gegen den Vorgesetzten auffordert oder anreizt, ist gleich dem

---

dem Strafrichter überlassen, auf diese immerhin eine mildere Beurtheilung zulassenden Momente bei der Strafzumessung innerhalb der vorgeschriebenen ordentlichen Strafgrenzen Rücksicht zu nehmen.

5. Ist die Handlung mit dem Tode oder mit lebenslänglicher Freiheitsstrafe bedroht, so ist die Strafermäßigung obligatorisch, denn es tritt statt dessen Gefängniß oder Festungshaft nicht unter drei Jahren ein (cf Anm. 1 letzter Satz).

Ist lebenslängliche und zeitige Freiheitsstrafe alternativ angedroht, so wird der Richter zunächst zu prüfen haben, ob bei nicht vorhandenem Reize auf lebenslängliche Freiheitsstrafe würde erkannt worden sein und im Bejahungsfalle auf zeitige Freiheitsstrafe nicht unter drei Jahren erkennen müssen; *contra*: Koppmann (S. 306), welcher annimmt, daß es keinen Unterschied mache, ob die lebenslängliche Freiheitsstrafe ausschließlich oder alternativ neben zeitiger Freiheitsstrafe angedroht sei (cf. Anm. 7 zum dritten Abschnitt ersten Theils).

6. „Zeitige Freiheitsstrafe" ist Arrest, Gefängniß oder Festungshaft (§ 16).

Liegt der Fall des § 97 Abs. 2 vor, so ist gleichwohl statt Gefängniß oder Festungshaft auf Zuchthaus von gleicher Dauer zu erkennen. Nur wenn die so gefundene Zuchthausstrafe weniger als ein Jahr betragen würde, tritt nach § 17 Abs. 2 Gefängniß von gleicher Dauer ein.

7. Ob von der Dienstentlassung bei zeitiger Freiheitsstrafe auch abgesehen werden kann, wenn dieselbe mehr als ein Jahr beträgt (cf. §§ 34 Abs. 1 und 97 Abs. 4), ist zweifelhaft, doch dürfte dafür die Fassung des § 98 sprechen. (Dafür auch Koppmann S. 308. 309.)

Zu Absatz 2.

8. Die Worte: „Mißhandlung oder sonst herabwürdigende Behandlung" deuten darauf hin, daß die Mißhandlung (§ 122) als eine Spezies der herabwürdigenden Behandlung angesehen wird.

Eine vorschriftswidrige Behandlung ist nicht immer eine herabwürdigende. Zu der letzteren ist insbesondere die Beleidigung (§ 121) zu zählen.

9. Im Falle des § 98 Absatz 2 ist die Beschränkung des Strafmaximums auf ein Drittheil des Höchstbetrages obligatorisch (cf. Anm. 1 letzter Satz).

10. Das hinsichtlich der Dienstentlassung in Anm. 7 Gesagte gilt selbstverständlich auch für Abs. 2.

§§ 99. 100.

Inhalt.

Anstifter zu bestrafen, wenn die Aufforderung oder Anreizung die strafbare Handlung oder einen strafbaren Versuch derselben zur Folge gehabt hat.

Ist die Aufforderung oder Anreizung ohne Erfolg geblieben, so ist auf Freiheitsstrafe bis zu zwei Jahren, im Felde auf mittleren oder strengen Arrest oder auf Gefängniß oder Festungshaft bis zu fünf Jahren zu erkennen. Die Strafe darf jedoch, der Art oder dem Maße nach, keine schwerere sein, als die auf die Handlung selbst angedrohte.

[Entw. § 113.]

---

1. Die §§ 99 und 100 finden gegen Personen des Beurlaubtenstandes nur unter der Voraussetzung des § 113, gegen Militärbeamte nur im Felde Anwendung (§ 153). Wegen der Kriegsgefangenen und des Gefolges des kriegführenden Heeres cf. §§ 158 und 155 ff.

2. § 99 entspricht dem § 112 des RStGB., enthält jedoch härtere Strafbestimmungen als dieser, weil die Aufforderung resp. Anreizung eines Soldaten zum Ungehorsam, wenn sie von einer Militärperson ausgeht, weit strafbarer erscheint, als eine solche Aufforderung oder Reizung Seitens einer Civilperson. (Motive.)

§ 99 unterscheidet sich von § 100 dadurch, daß ersterer die Aufforderung resp. Anreizung einer einzelnen Person des Soldatenstandes zur Gehorsamsverweigerung &c. mit Strafe bedroht, während § 100 verlangt, daß die Aufforderung resp. Anreizung an mehrere Personen des Soldatenstandes zur gemeinschaftlichen Verweigerung des Gehorsams &c. gerichtet worden sei (cf. Anm. 11).

3. Ist die That nicht gegen eine Person des Soldatenstandes gerichtet, sondern gegen Personen des Beurlaubtenstandes oder Militärbeamte, so greift § 99 nicht Platz. Ist sie gegen Personen des Beurlaubtenstandes verübt, so kommt eventuell § 112*) RStGB. zur Anwendung.

4. Unter „Verweigerung des Gehorsams" ist hier nicht nur die ausdrückliche und nicht nur die Gehorsamsverweigerung durch fortgesetztes passives negirendes Verhalten gegenüber dem gegebenen Befehl in Dienstsachen zu verstehen, sondern auch jeder Ungehorsam gegen einen Befehl in Dienstsachen. (Dafür auch Brauer S. 136, Weiffenbach S. 75, Koppmann S. 312; cf. auch Fleck Anmerkungen zu § 135). Es folgt dies daraus, daß in der Aufforderung zum Ungehorsam stets auch die Aufforderung zu einem fortgesetzten negirenden Verhalten dem ertheilten Befehl in Dienstsachen gegenüber liegt, da der Auffordernde nicht in der Lage ist zu berechnen, ob der Befehl in Dienstsachen wiederholt werden wird oder nicht. Endlich lassen die Motive zu § 100 darüber keinen Zweifel cf. Anm. 11 Abs. 2.

Aufforderung &c. zur Achtungsverletzung (§ 89), zum Belügen (§ 90) oder zur Beleidigung Vorgesetzter (§ 91) fällt nicht unter § 100.

5. „Auffordern" bezeichnet eine an (einen oder mehrere) Andere gerichtete Kundgebung, welche sich als der Ausdruck der Absicht kennzeichnet, in jenem den Willen zu einem Handeln hervorzurufen. Daß dieses mit ausdrücklichen Worten geschehen müsse ist nicht unerläßlich; es genügt, wenn die Kundgebung in unzweideutiger Weise (wenn auch nur indirekt) ihren Zweck erkennen läßt. (Oppenhoff Anm. 20 u. 21 zu § 85 und 1 zu § 112.)

6. „Anreizen" bezeichnet ein mehr indirektes Mittel zur Einwirkung auf den Willen eines Andern, ein Mittel, durch welches bei diesem eine Geneigtheit zu einem

---

*) § 112 RStGB. lautet:

Wer eine Person des Soldatenstandes, es sei des Deutschen Heeres oder der Kaiserlichen Marine, auffordert oder anreizt, dem Befehle des Oberen nicht Gehorsam zu leisten, wer insbesondere eine Person, welche zum Beurlaubtenstande gehört, auffordert oder anreizt, der Einberufung zum Dienste nicht zu folgen, wird mit Gefängniß bis zu zwei Jahren bestraft.

§ 100.

Wer mehrere Personen des Soldatenstandes auffordert oder anreizt, gemeinschaftlich entweder dem Vorgesetzten den Gehorsam zu verweigern, oder sich ihm zu widersetzen oder eine Thätlichkeit gegen denselben zu begehen, wird ohne Rücksicht darauf, ob ein Erfolg eingetreten ist, wegen Aufwiegelung mit Gefängniß nicht unter fünf Jahren bestraft.

Ist durch die Handlung ein erheblicher Nachtheil für den Dienst verursacht worden, so tritt Gefängniß nicht unter zehn Jahren ein, im Felde kann auf lebenslängliches Gefängniß erkannt werden.

[Entw. § 114.]

---

bestimmten Thun oder Unterlassen hervorgerufen werden soll; worin das Mittel besteht, ist gleichgültig, sobald nur die Absicht erkennbar ist. (Oppenhoff Anm. 2 zu § 112.)

7. Die Strafe des „Anstifters" ist nach § 49 Abs. 2 RStGB. nach demjenigen Gesetze festzusetzen, welches auf die Handlung Anwendung findet, zu welcher er wissentlich angestiftet hat.

Den Anstifter trifft nach § 99 Abs. 1 die volle Strafe des vollendeten Verbrechens oder Vergehens, wenn auch die That des Angestifteten im Stadium des Versuches geblieben ist. Dies ist eine Abweichung von den Grundsätzen des Reichs-Strafgesetzbuches (cf. Oppenhoff Anm. 50 zu § 48, welcher daselbst ausführt, daß es selbstverständlich sei, daß der Anstifter in diesem Falle nur mit der Versuchsstrafe belegt werden könne.)

8. Betrifft die erfolglose Aufforderung ein Verbrechen, so ist § 49a RStGB.*) — namentlich hinsichtlich des Strafminimums — zu berücksichtigen, insofern nämlich die Voraussetzungen des gedachten Paragraphen zutreffen und derselbe härtere Strafbestimmungen enthält (cf. § 2 Mil.-StGB. f. d. D. R. und Anm. 3 dazu.)

9. Freiheitsstrafe ist von einem Tage bis inclus. sechs Wochen (resp. 4 Wochen) Arrest, von sechs Wochen und einem Tage ab Gefängniß oder Festungshaft (§§ 16 17. 24.) Bei Anwendung von Arrest ist § 22 zu beobachten.

10. Wegen des Begriffs „im Felde" siehe §§ 9 u. 10.

11. Während in den §§ 89 ff. nur von solchen Handlungen gegen die Pflichten der Unterordnung die Rede ist, welche von Einzelnen verübt werden, betreffen die §§ 100 und folgende diejenigen Verletzungen dieser Pflichten, welche im Komplott von

---

*) § 49a RStGB. lautet:

Wer einen Andern zur Begehung eines Verbrechens oder zur Theilnahme an einem Verbrechen auffordert, oder wer eine solche Aufforderung annimmt, wird, soweit nicht das Gesetz eine andere Strafe androht, wenn das Verbrechen mit dem Tode oder mit lebenslänglicher Zuchthausstrafe bedroht ist, mit Gefängniß nicht unter drei Monaten, wenn das Verbrechen mit einer geringeren Strafe bedroht ist, mit Gefängniß bis zu zwei Jahren oder mit Festungshaft von gleicher Dauer bestraft.

Die gleiche Strafe trifft Denjenigen, welcher sich zur Begehung eines Verbrechens oder zur Theilnahme an einem Verbrechen erbietet, sowie Denjenigen, welcher ein solches Erbieten annimmt.

Es wird jedoch das lediglich mündlich ausgedrückte Auffordern oder Erbieten, sowie die Annahme eines solchen nur dann bestraft, wenn die Aufforderung oder das Erbieten an die Gewährung von Vortheilen irgend welcher Art geknüpft ist.

Neben der Gefängnißstrafe kann auf Verlust der bürgerlichen Ehrenrechte und auf Zulässigkeit von Polizeiaufsicht erkannt werden.

§ 101.

Wer unbefugt eine Versammlung von Personen des Soldatenstandes behufs Berathung über militärische Angelegenheiten oder Einrichtungen veranstaltet, oder zu einer gemeinsamen Vorstellung oder Beschwerde über solche Angelegenheiten

---

mehreren Personen gemeinschaftlich und nach geschehener Verabredung verübt werden oder zur Vorbereitung eines Komplotts dienen können. Diese Verbrechen sind wegen der mit ihnen verbundenen großen Gefahr für die Disziplin als die schwersten Verbrechen gegen die Subordination anzusehen und deshalb in allen Armeen mit schweren Strafen belegt. Aus demselben Grunde sind auch diejenigen Handlungen, welche auf Bildung eines Komplotts zur gemeinschaftlichen Widersetzung hinzielen, nicht als bloße Versuchshandlungen, sondern als selbstständige Verbrechen zu erachten.

Im § 100 ist die Aufwiegelung, im Gegensatze zu der im § 99 abgehandelten Aufforderung eines Einzelnen zum Ungehorsam, definirt als:

a) Aufforderung von mehreren Personen des Soldatenstandes (mehrere sind schon zwei) und

b) zur gemeinschaftlichen Widersetzung gegen einen Vorgesetzten.

Durch diese Definition wird der Begriff der Aufwiegelung klarer festgestellt als dies im Preußischen Militär-Strafgesetzbuche § 135 geschehen ist.

Das Gesetz legt kein Gewicht darauf, ob die Aufforderung vor versammelter Mannschaft oder nicht, ob sie an mehrere Personen zugleich und gemeinschaftlich oder an jede einzelne erfolgt ist, vielmehr soll von der im § 100 angedrohten Strafe auch derjenige getroffen werden, der seine Kameraden einzeln beeinflußt und zu Theilnahme an einem Komplott zur Insubordination zu verleiten sucht. Wesentlich ist dagegen die auf eine gemeinschaftliche Subordinationsverweigerung gerichtete Absicht, ein Kriterium, welches das Preuß. Militär-Strafgesetzbuch nicht mit Bestimmtheit erkennen läßt. (Motive.)

Ferner ist es für den Thatbestand des § 100 gleichgültig, ob ein Erfolg eingetreten ist oder nicht. Bei der Strafzumessung wird dies jedoch zu berücksichtigen sein.

12. Ist in den Fällen der §§ 99 oder 100 die That während der Ausübung des Dienstes verübt, so greifen die §§ 55 Nr. 2 und 53 Platz.

13. Die Strafsätze des § 100 sind mehrfach höher als die der vollführten That, auf welche die Aufwiegelung gerichtet war. Mit Rücksicht darauf, daß der Aufwiegler niemals im Stande ist, die Tragweite seines verbrecherischen Thuns zu übersehen und es oft nur eines zündenden Wortes bedarf, um den hellen Aufruhr hervorzurufen, andererseits, daß derselbe Dritte für Erreichung seiner sträflichen Zwecke zu verführen strebt, liegt es im Interesse des Schutzes der Armee, hiergegen die schärfsten Repressivmaßregeln zu ergreifen und rechtfertigen sich demnach die ohne Rücksichtnahme auf einen voraussichtlichen Erfolg der That getroffenen schweren Strafbestimmungen. (Oberniedermayer S. 492.)

Ist ein erheblicher Nachtheil für den Dienst durch die Aufwiegelung verursacht, so tritt noch härtere Strafe ein. Die bloße Gefahr eines solchen Nachtheils reicht hier nicht aus.

§ 101.

Inhalt:

1. § 101 findet auch auf Personen des Beurlaubtenstandes ohne Einschränkung Anwendung (§ 113); gegen Militärbeamte nur im Felde (§ 153.)

Wegen des Gefolges des kriegführenden Heeres und der Kriegsgefangenen cf. §§ 155 ff. 158.

2. Dieser Paragraph entspricht dem Art. 140 des Bayerischen Militär-Strafgesetzbuchs und dem Artikel 38 der Verfassungs-Urkunde für den Preußischen Staat, welcher die ohne Befehl erfolgende Anberaumung von Versammlungen der bewaff-

oder Einrichtungen Unterschriften sammelt, wird mit Freiheitsstrafe bis zu drei Jahren bestraft; zugleich kann auf Dienstentlassung erkannt werden.

Die an einer solchen Versammlung, Vorstellung oder Beschwerde Betheiligten werden mit Freiheitsstrafe bis zu sechs Monaten bestraft.

[Entw. § 115.]

§ 102.

Wer es unternimmt, Mißvergnügen in Beziehung auf den Dienst unter seinen Kameraden zu erregen, wird, wenn dies durch mündliche Aeußerungen geschieht, mit Freiheitsstrafe bis zu drei Jahren bestraft.

---

neten Macht zu gemeinschaftlichen Berathungen über Dienstangelegenheiten — aber auch nur über diese — verbietet. Mit Rücksicht auf die große Gefahr, welche der Disziplin aus der Uebertretung dieses Verbotes erwächst, ist, abweichend von dem Bayerischen Militär-Strafgesetzbuch, die Strafe für die Veranstalter solcher Versammlungen auf Freiheiheitsstrafe bis zu drei Jahren normirt und zugleich bestimmt worden, daß gegen Offiziere wegen Veranstaltung solcher Versammlungen auf Dienstentlassung selbst dann erkannt werden kann, wenn auch eine geringere Strafe, als einjährige Festungshaft verhängt wird.

Daß gleich dem Veranstalter der im § 101 erwähnten Versammlungen auch derjenige zu bestrafen ist, welcher Unterschriften für gemeinsame schriftliche Vorstellungen oder Beschwerden in Dienstangelegenheiten sammelt, entspricht ebenfalls dem Artikel 140 Absatz II des Bayerischen Militär-Strafgesetzbuchs. (Motive.)

3. „Unbefugt" heißt ohne Genehmigung der zuständigen Vorgesetzten.

4. Zum Begriffe einer „Versammlung" genügen drei Personen (Oberniedermayer S. 481, Koppmann S. 317).

5. Die Veranstaltung einer Versammlung von Personen des Beurlaubtenstandes fällt nicht unter die Strafbestimmung des § 101.

6. Auf Dienstentlassung muß erkannt werden neben Gefängnißstrafe von längerer als einjähriger Dauer (§§ 34 Abs. 1 Nr. 2 und 40 Abs. 1 Nr. 1).

7. Freiheitsstrafe ist von einem Tage bis zu sechs Wochen resp. 4 Wochen (incl.) Arrest, von sechs Wochen und einem Tage an Gefängniß oder Festungshaft (cf. §§ 16. 17 und 24). Bei Anwendung von Arrest ist § 22 zu beobachten.

§ 102.

Inhalt:

1. § 102 findet auf die außer Dienst befindlichen Personen des Beurlaubtenstandes nur unter der Voraussetzung des § 113, auf Militärbeamte nur im Felde Anwendung (§ 133). Wegen der Kriegsgefangenen und des Gefolges des kriegführenden Heeres siehe §§ 155ff. 158.

2. Dieser Paragraph entspricht dem § 141 des Bayerischen und § 136 Theil I des Preußischen Militär-Strafgesetzbuches. Dem letzteren sind die im Gesetze enthaltenen Strafbestimmungen entnommen; nur ist die Strafe für die Verübung des vorliegenden Verbrechens im Felde, welche nach Preußischem Recht in strengem Arrest im Allgemeinen oder Festungsstrafe bis zu sechs Jahren besteht, auf strengen oder mittleren Arrest nicht unter vierzehn Tagen oder Gefängniß oder Festungshaft bis zu fünf Jahren festgesetzt worden.

Ist die Handlung durch Verbreitung von Schriften, Darstellungen oder Abbildungen oder ist sie im Felde begangen, so ist auf mittleren oder strengen Arrest nicht unter vierzehn Tagen oder auf Gefängniß oder Festungshaft bis zu fünf Jahren zu erkennen.

[Entw. § 116.]

§ 103.

Verabreden Mehrere eine gemeinschaftliche Verweigerung des Gehorsams oder eine gemeinschaftliche Widersetzung oder Thätlichkeit gegen den Vorgesetzten, so werden dieselben wegen

---

Aeußerungen von Personen des Soldatenstandes in Rede oder Schrift, welche zum Zweck haben, unter den Kameraden in Beziehung auf den Dienst Mißvergnügen zu erregen, können sehr leicht zu Verbrechen gegen die Treue oder die Subordination Anlaß geben und dadurch der Armee im hohen Grade nachtheilig werden. Das militärdienstliche Interesse fordert daher die vorliegende Strafbestimmung (Fleck Anm. zu § 136 cf. auch Anm. 11 zu § 99. 100).

3. Wegen des Ausdruckes „unternimmt" siehe Anmerkung 3 zu § 96 und 2 zum 3. Abschn. I. Theils.

4. Der Dolus besteht in der Absicht unter seinen Kameraden Mißvergnügen in Beziehung auf den Dienst durch mündliche Aeußerungen oder durch Verbreitung von Schriften, Darstellungen oder Abbildungen zu erregen.

5. Unter „seinen Kameraden" sind mehrere Personen des Soldatenstandes, als mindestens zwei zu verstehen, gleichgültig welchen Rang sie bekleiden, auch wenn sie anderen Truppentheilen angehören als der Thäter.

6. Die Erregung von Mißvergnügen braucht nicht gleichzeitig gegen Mehrere versucht zu werden, es genügt auch ein successives Vorgehen zu dem Zwecke, auf die Mehrheit zu wirken. (Oberniedermayer S. 488.)

7. Freiheitsstrafe ist von einem Tage bis zu sechs resp. vier Wochen incl. Arrest, von 6 Wochen und einem Tage ab Gefängniß oder Festungshaft (§§ 16. 17. 24). Bei Anwendung von Arrest ist § 22 zu beobachten.

8. „Verbreitung von Schriften ꝛc." bezeichnet hier die Handlung, durch welche eine Schrift einer Mehrheit von Kameraden in der Weise und zu dem Zwecke zugänglich gemacht wird, daß sie von ihrem Inhalte Kenntniß nehmen können, mag dies durch unmittelbare Uebergabe (Vertheilung) oder anderweitig so geschehen, daß ihnen die Möglichkeit gewährt ist, sich unmittelbar in den (wenn auch nur vorübergehenden) Besitz derselben zu setzen. Daß die Verbreitung eine Mehrheit von Exemplaren zum Gegenstande haben müsse, kann nicht gefordert werden; genügt doch auch der öffentliche Anschlag, die öffentliche Ausstellung eines Exemplars, wenn es nur räumlich in die Lage gebracht wird, daß eine nicht individuell begrenzte Mehrheit von Kameraden von ihrem Inhalte Kenntniß nehmen kann. (Oppenhoff Anm. 14. 15 zu § 85.)

9. Wegen des Begriffes „im Felde" cf. §§ 9 und 10.

10. Strenger Arrest kann im Falle des Abs. 2 auch dann verhängt werden, wenn der Thäter noch nicht wegen eines militärischen Verbrechens oder Vergehens mit einer Freiheitsstrafe belegt worden war (cf. Anm. 4 zu § 22).

§§ 103—105.

Inhalt:

Meuterei bestraft. Die Strafe ist nach demjenigen Gesetze festzusetzen, welches auf die Handlung Anwendung findet, deren Begehung verabredet worden ist, und zugleich um die Dauer von drei Monaten bis zu zwei Jahren zu erhöhen.

Ist in Folge der Verabredung die strafbare Handlung begangen worden, so ist die Strafe, mit welcher die Handlung bedroht ist, nach § 53 zu erhöhen, wenn die hiernach zulässige Strafe höher ist, als die nach den Bestimmungen des ersten Absatzes verwirkte Strafe.

[Entw. § 117.]

---

1. Die §§ 103—105 finden auf Personen des Beurlaubtenstandes nur unter der Voraussetzung des § 113, gegen Militärbeamte nur im Felde Anwendung (§ 153). Wegen der Kriegsgefangenen nnd des Gefolges des kriegführenden Heeres cf. §§ 158. 155 ff.

2. Die Meuterei im militärischen Sinne ist die Verabredung von mehreren Personen des Soldatenstandes zur gemeinsamen Verübung eines Verbrechens gegen die Pflichten der militärischen Unterordnung.

Wegen der großen Gefahr, welche der Disziplin aus solcher Verabredung erwächst, ist in Uebereinstimmung mit § 137 Theil I des Preußischen Militär-Straf-Gesetzbuches bestimmt worden, daß die Meuterei,

a) wenn das verabredete Verbrechen nicht zur Ausführung gekommen ist, gegen die Theilnehmer ebenso, als wenn dasselbe ausgeführt worden wäre, gestraft, diese Strafe aber noch um die Dauer von 3 Monaten bis zu 2 Jahren erhöht,

b) wenn das verabredete Verbrechen zur Ausführung gekommen ist, mit der für dasselbe angedrohten Strafe in erhöhtem Maße, also im Höchstbetrage mit dem Doppelten dieser Strafe belegt

werden soll.

Aus dem oben angeführten Grunde ist auch im § 104 die Nichtanzeige einer Meuterei in Uebereinstimmung mit § 139 Theil I des Preußischen Militär-Straf-Gesetzbuches mit Strafe bedroht, dagegen ist im § 105 demjenigen Theilnehmer an einer Meuterei, welcher von derselben rechtzeitig Anzeige macht, Straflosigkeit zugesichert. (Motive.)

Sind die Thäter, oder ist einer von ihnen von dem Komplott zurückgetreten, ohne der Vorschrift des § 105 zu genügen, so ist dennoch die Strafe des § 103 Abs. 1 verwirkt.

3. Wegen des Begriffs „Verabreden" cf. Anm. 3 zu § 59 und Oppenhoff Anm. 4 zu § 83. Liegt gemeinschaftliches Handeln ohne vorherige Verabredung vor, so kommt § 103 nicht zur Anwendung, da die Anwendbarkeit dieses Paragraphen von dem Vorhandensein eines Komplotts bedingt wird. (Fleck S. 182.)

4. „Mehrere" sind schon „zwei".

5. Ein Haupterforderniß zum Thatbestande der Meuterei ist, daß die Verabredung darauf gerichtet war, das betreffende Subordinationsvergehen „gemeinschaftlich" mit vereinten Kräften durchzuführen.

In dem Bewußtsein der dadurch gewonnenen Stärke liegt eben vorzugsweise die Gefährlichkeit. (Oberniedermayer S. 494.)

6. Nicht jede Vereinigung Mehrerer zur gemeinschaftlichen Verübung irgend eines Subordinationsvergehens begründet nach § 103 Meuterei, sondern nur diejenige, welche auf Gehorsamsverweigerung (§§ 92—95 cf. auch Anm. 4 zu § 100), Widersetzung (§ 96) oder Thätlichkeit (§ 97) gegen den Vorgesetzten gerichtet ist. Verabreden Mehrere eine gemeinschaftliche Achtungsverletzung, ein gemeinschaftliches Belügen, eine gemeinschaftliche Beleidigung, so kommt § 103 nicht zur Anwendung.

7. Bevor die Erhöhung der verwirkten Strafe um 3 Monate bis zu zwei Jahren stattfindet, muß unter Berücksichtigung aller die beabsichtigte That begleitenden

§ 104.

Wer von einer Meuterei zu einer Zeit, in welcher die Verhütung der verabredeten strafbaren Handlung möglich ist, glaubhafte Kenntniß erhält und es unterläßt, hiervon rechtzeitig Anzeige zu machen, wird, wenn die verabredete strafbare Handlung begangen worden ist, mit Freiheitsstrafe bis zu drei Jahren bestraft.

[Entw. § 118.]

§ 105.

Straflosigkeit tritt für den an der Meuterei Betheiligten ein, welcher von der Meuterei zu einer Zeit, wo die Dienstbehörde nicht schon anderweit davon unterrichtet ist, in einer Weise Anzeige macht, daß die Verhütung der verabredeten Handlung möglich ist.

[Entw. § 118.]

Umstände (insbesondere auch der in den §§ 9. 10. 12. 55 angegebenen) die Strafe so festgesetzt werden, wie sie arbitrirt worden wäre, wenn die Gehorsamsverweigerung, die Widersetzung oder die Thätlichkeit in der verabredeten Weise aber ohne die Thatbestandsmerkmale der Meuterei verübt worden wäre. Besteht die so arbitrirte Strafe in Arrest, so kann die Zusatzstrafe von drei Monaten bis zu zwei Jahren nur in Gefängniß oder Festungshaft bestehen. Im Uebrigen ist die Erhöhung bei der verwirkten Strafart vorzunehmen.

8. Abs. 2 des § 103 lautete nach dem Entwurf:

„Hat die Verabredung die Begehung der strafbaren Handlung oder einen strafbaren Versuch derselben zur Folge gehabt, so ist auf erhöhte Strafe zu erkennen."

Derselbe erhielt nach den Beschlüssen der Kommission folgende Fassung:

„Ist in Folge der Verabredung die strafbare Handlung begangen worden, so ist die Strafe, mit welcher die Handlung bedroht ist, nach § 55 (53) zu erhöhen, wenn das hiernach zulässige Strafmaß das höchste Maß der Zusatzstrafe übersteigt."

Diese nicht ganz korrekte Fassung, welche in zweiter Lesung dem obigen Texte des Gesetzes entsprechend verändert wurde, läßt — wie Koppmann S. 327 sehr richtig bemerkt — die Absicht des Gesetzgebers durchblicken, derzufolge die „nach den Bestimmungen des ersten Abschnittes verwirkte Strafe" hier gleichbedeutend ist mit der „nach den Bestimmungen des ersten Abschnittes zulässigen Strafe".

Zu § 104.

9. Rücksichtlich des „§ 104" siehe die Anmerkungen zu dem fast gleichlautenden § 60 und zu § 77.

Zu beachten bleibt, daß § 104 verlangt, daß die verabredete strafbare Handlung „begangen" worden sei und daß hier nicht wie im § 60 ein strafbarer Versuch genügt.

10. § 104 droht „Freiheitsstrafe" bis zu drei Jahren an. Das ist also Arrest von einem Tage bis zu 6 resp. 4 Wochen oder Gefängniß oder Festungshaft von 43 Tagen ab (§§ 16. 17. 24).

Strenger Arrest ist nur gegen denjenigen zulässig, welcher wegen militärischer Verbrechen oder Vergehen bereits mit einer Freiheitsstrafe bestraft worden ist (§ 22 Abs. 3).

Zu § 105.

11. Wegen der „thätigen Reue" (§ 105) siehe die Anmerkungen zu dem fast gleichlautenden § 61.

§ 106.

Wenn Mehrere sich zusammenrotten und mit vereinten Kräften es unternehmen, dem Vorgesetzten den Gehorsam zu verweigern, sich ihm zu widersetzen oder eine Thätlichkeit gegen denselben zu begehen, so wird jeder, welcher an der Zusam-

---

§§ 106—110.

Inhalt

1. Die §§ 106—110 finden auf Personen des Beurlaubtenstandes nur unter den Voraussetzungen des § 113, auf Militärbeamte nur im Felde Anwendung (§ 153). Wegen der Kriegsgefangenen und des Gefolges des kriegführenden Heeres siehe §§ 153 und 155 ff. Statt der Versetzung in die zweite Klasse des Soldatenstandes ist gegen Militärbeamte nach § 153 auf Amtsverlust zu erkennen.

2. Der militärische Aufruhr ist dasjenige Komplott, welches die gewaltsame Widersetzung gegen einen Vorgesetzten bezweckt. Zum Thatbestande dieses Verbrechens gehört:

a) eine Anzahl von mehreren — also mindestens zwei — Untergebenen desjenigen, gegen den dasselbe gerichtet ist, (also nicht eine Menschenmenge),
b) eine Zusammenrottung derselben, d. h. eine Vereinigung derselben zur gemeinsamen Handlung,
c) das Unternehmen derselben, mit vereinten Kräften dem Vorgesetzten den Gehorsam zu verweigern, sich demselben zu widersetzen oder sich thätlich an ihm zu vergreifen.

Das Preußische Militär-Strafgesetzbuch Th. I § 140 erforderte außerdem noch die Oeffentlichkeit der Zusammenrottung. Dieses Kriterium ist in Uebereinstimmung mit dem Bayerischen Militär-Strafgesetzbuche fortgelassen, weil eine solche Zusammenrottung auch in einem geschlossenen Raume, mit gleicher Gefahr stattfinden kann, wie an einem öffentlichen Orte. (Motive.)

3. „Zusammenrotten" bezeichnet eine bewußte, äußerlich erkennbar gewordene Verbindung Mehrerer zu einem sofortigen unerlaubten gewaltthätigen Handeln. Daß die Personen vorher räumlich getrennt gewesen, ist nicht erforderlich; es genügt, wenn Personen, welche vorher schon bei einander waren, sich (in einer äußerlich erkennbaren Weise) ausdrücklich oder stillschweigend zu einem gemeinsamen ꝛc. Handeln verbinden.

Ebensowenig wird erheischt, daß der Akt des Sich-Verbindens einen tumultuarischen Charakter habe. (Oppenhoff, Anm. 1 zu § 115. Oberniedermayer S. 505.)

4. Als Dolus genügt das von Anfang an vorhandene oder auch erst später eingetretene Bewußtsein, daß man sich in einer zusammengerotteten Mehrheit befinde, welche unerlaubte Handlungen begeht oder zu begehen im Begriffe steht, verbunden mit dem Willen, in dieser Mehrheit und als ein Theil derselben zu verbleiben.

Eine vorhergegangene Verabredung ist nicht erforderlich. (Oppenhoff, Anm. 3 und 4 zu § 115.)

Ist eine Verabredung vorhergegangen, so liegt auch Meuterei (§ 103) vor.

5. Ein „Unternehmen" liegt erst vor, wenn zum Mindesten Versuchshandlungen begangen sind, welche hier mit der Strafe des vollendeten Verbrechens bedroht sind.

menrottung Theil nimmt, wegen militärischen Aufruhrs mit Gefängniß nicht unter fünf Jahren, im Felde mit Gefängniß nicht unter zehn Jahren bestraft; zugleich ist auf Versetzung in die zweite Klasse des Soldatenstandes zu erkennen.

[Entw. § 119.]

§ 107.

Die Rädelsführer und Anstifter eines militärischen Aufruhrs, sowie diejenigen Aufrührer, welche eine Gewaltthätigkeit gegen den Vorgesetzten begehen, werden mit Zuchthaus nicht unter fünf Jahren oder mit lebenslänglichem Zuchthaus, und wenn der Aufruhr im Felde begangen wird, mit dem Tode bestraft.

[Entw. § 120.]

Die Lehre vom Versuch kann demzufolge hier nicht Platz greifen. Ueber die Rückkehr zur Ordnung enthält § 109 spezielle Bestimmungen (cf. Anm. 2 zum 3. Abschn. I. Theils).

Beim Aufruhr des gemeinen Strafrechts (§ 115 RStGB.) ist es Erforderniß, daß die in den §§ 113 und 114 RStGB. bezeichneten Handlungen wirklich begangen sind, (cf. Oppenhoff, Anm. 7 und 16 zu § 115).

Ist es nur zur Zusammenrottung und nicht einmal zum Versuche der in den §§ 92—97 mit Strafe bedrohten Handlungen gekommen, so liegt event. — wenn eine Verabredung vorhergegangen — der Thatbestand der Meuterei (§ 103 Abs. 1) vor.

6. Wegen der Begriffe: „Gehorsamsverweigerung, Widersetzung" und „Thätlichkeit" gegen einen Vorgesetzten, siehe Anm. 4 zu §§ 99. 100.

7. Wegen des Begriffs „Vorgesetzter" cf. Anm. 5 zu §§ 92. 93.

8. Der § 105 setzt ausdrücklich voraus, daß das Unternehmen „mit vereinten Kräften" geschehe. Das ist nun nicht so zu verstehen, als müsse der Einzelne, um strafbar zu sein, außer seiner Betheiligung bei der Zusammenrottung noch anderweitig handelnd mitwirken, vielmehr genügt es, wenn dem Willen der zusammengerotteten Mehrheit durch die Thätigkeit Einzelner aus ihrer Mitte Ausdruck gegeben wird; dann stellt die zusammengerottete Mehrheit die vereinte Kraft dar, als deren Produkt jede aus ihrer Mitte hervorgegangene, mit dem Zwecke der Zusammenrottung übereinstimmende Thätigkeit insofern anzusehen ist, als der Einzelne unter dem Schutz der Mehrheit handelt und durch ihre Anwesenheit unterstützt wird; alle sind dann Aufrührer (Oppenhoff Anm. 8 zu § 115).

9. „Theil nimmt" (§ 106) ist hier nicht im technischen Sinne des Th. I Abschn. 3 RStGB. aufzufassen, bezeichnet vielmehr jede Art der Betheiligung; die Anwesenheit unter den Zusammengerotteten zur Zeit der Begehung der im § 106 vorausgesetzten Handlung genügt (Oppenhoff Anm. 10 a. a. O.; cf. auch Anm. 4 zu §§ 106 ff.).

10. „Rädelsführer" (§ 107) ist derjenige, welcher vorsätzlich die Zusammenrottung zu Wege gebracht hat, damit bei derselben eine Gehorsamsverweigerung, Widersetzung oder Thätlichkeit mit vereinten Kräften begangen werde, sowie derjenige, welcher die zusammengerottete Mehrheit zur gemeinschaftlichen Begehung jener Handlungen anleitet oder anführt.

11. „Anstifter" im Sinne der §§ 107 und 110 ist derjenige, welcher den ersten Impuls gegeben hat, daß eine Mehrheit von Militärpersonen, unter welcher er sich selbst befand, zu einem der im § 106 bezeichneten Zwecke sich zusammenrottete oder daß eine aus anderer Veranlassung versammelte Mehrheit die daselbst bezeichneten Handlungen mit vereinten Kräften unternimmt (cf. Oberniedermayer S. 509).

12. „Gewaltthätigkeit" im Sinne des § 107 ist gleichbedeutend mit der „Thätlichkeit" des § 97. Eine thätliche Bedrohung reicht hier nicht aus.

§ 108.

Wird der militärische Aufruhr vor dem Feinde begangen, so tritt gegen sämmtliche Betheiligte die Todesstrafe ein.

[Entw. § 121.)

§ 109.

Die an einem militärischen Aufruhr Betheiligten, welche zur Ordnung zurückkehren, bevor es zu einer Gewaltthätigkeit gegen den Vorgesetzten gekommen, werden mit Gefängniß oder Festungshaft bis zu zwei Jahren bestraft, wenn sie nicht Anstifter oder Rädelsführer sind.

Ist in einem solchen Falle die Rückkehr zur Ordnung von allen an dem Aufruhr Betheiligten erfolgt, so ist gegen Anstifter und Rädelsführer auf Gefängniß oder Festungshaft von zwei bis zu fünf Jahren zu erkennen.

[Entw. § 122]

§ 110.

Dem Anstifter eines militärischen Aufruhrs gleich zu bestrafen ist derjenige an dem Aufruhr Betheiligte, welcher

1) persönlich von dem Vorgesetzten zum Gehorsam aufgefordert, diesen durch Wort oder That ausdrücklich verweigert,

---

13. Wegen der Begriffe „im Felde" und „vor dem Feinde" siehe §§ 9 10 resp. 11 und 165.

14 Wegen des Begriffs „Betheiligte" in §§ 108. 109 und 110 siehe Anm. 9.

15. Die in den §§ 106—107 angedrohten Strafen sind milder als die im Preußischen Militärstrafgesetzbuche angedrohten. Daß vor dem Feinde alle Betheiligte mit dem Tode zu bestrafen sind, entspricht dem § 141 Th. I des Preuß. Mil.-StGB. und dem Art. 146 des Bayerischen Mil.-StGB.

Die milderen Strafbestimmungen des § 109 entsprechen den im § 143 Th. I des Preuß. Mil.-StGB. und Artikel 147 des Bayerischen Mil.-StGB. enthaltenen Grundsätzen.

16. Die „Rückkehr zur Ordnung" muß auf eigener Selbstbestimmung beruhen, wenn sie auch erst auf Befehl oder Drohung des Vorgesetzten erfolgte. Ist dieselbe lediglich eine Folge von Gewaltmaßregeln des Vorgesetzten, durch welche der Aufruhr gedämpft wurde, so kann von einer Rückkehr zur Ordnung nicht mehr die Rede sein (cf. Koppmann S. 337).

17. „Gefängniß oder Festungshaft bis zu zwei Jahren" beginnt mit 6 Wochen und 1 Tage (§ 17).

Zu § 110.

18a. In den meisten Militärstrafgesetzen werden den Anstiftern des Aufruhrs noch diejenigen an Strafbarkeit gleichgestellt, welche persönlich von dem Vorgesetzten zur Ordnung aufgefordert sind, und nicht Folge geleistet haben. Es erweist sich nämlich sehr zweckmäßig beim Aufruhr, wenn, bevor zu strengeren Maßregeln geschritten wird, der Vorgesetzte, um die Auflösung der Rotte zu bewirken, diejenigen Personen, welche er für die unverdorbensten hält, persönlich zum Austritte auffordert, weil solcher nicht ohne moralischen Eindruck auf die übrigen Zusammengerotteten bleibt und dieselben entmuthigt, während umgekehrt das Verharren der Aufgerufenen die Anderen ermuthigt (Oberniedermayer S. 510).

2) durch Mißbrauch militärischer Signale oder durch Aufruhrzeichen den Aufruhr befördert, oder

3) unter den Aufrührern den höchsten Dienstrang einnimmt.

[Entw. § 123.]

§ 111.

Wer gegen eine militärische Wache die ihr schuldige Achtung verletzt oder sich einer Beleidigung, eines Ungehorsams, einer Widersetzung oder einer Thätlichkeit schuldig macht, wird ebenso bestraft, als wenn er die Handlung gegen einen Vorgesetzten begangen hätte.

„Persönlich“ ist demnach die Aufforderung, wenn sie entweder namentlich geschieht oder doch an die spezielle Person des Aufrührers gerichtet ist.

b. Ebenso sind in den meisten Militärstrafgesetzen auch diejenigen dem Anstifter gleichgestellt, welche durch Mißbrauch militärischer Signale oder durch Aufruhrzeichen den Aufruhr befördern, weil die militärische Gewöhnung, auf die Signale zu hören, eine sehr wirksame und sehr gefährliche Aneiferung für die Aufrührer zu weiterem Vorgehen in ihrem verbrecherischen Unternehmen ist.

Sind solche Signale 2c. in der Absicht, den Aufruhr hervorzurufen, gegeben worden, so sind die Signalgeber, welche auch andere Militärpersonen als Tamboure, Trompeter 2c. sein können, ohnehin Anstifter (Oberniedermayer S. 509).

c. Endlich trifft nach § 110 Nr. 3 die Strafe des Anstifters stets denjenigen, welcher unter den Aufrührern den höchsten Dienstrang einnimmt.

§ 55 Nr. 1 kann nur gegen denjenigen Vorgesetzten zur Anwendung kommen, welcher unter den Aufrührern nicht den höchsten Dienstrang einnimmt

19. Wie der „Anstifter“ eines militärischen Aufruhrs zu bestrafen ist, ist in § 107 angegeben. Siehe übrigens Anmerkung 14 wegen des Ausdrucks „Betheiligte.“

20. Wegen des Ausdruckes: „durch Wort oder That“ siehe Anm. 13 zu §§ 94 und 95.

§ 111.

Inhalt

1. Dieser Paragraph entspricht dem § 134 Th. I des Preußischen und dem Artikel 137 des Bayerischen Militär-Strafgesetzbuches und erscheint unerläßlich, um die Wachen und Feld-Gendarmen in ihrer dienstlichen Autorität zu schützen. (Motive.)

Diese Bestimmung, welche den Wachen und den ihnen gleichgestellten Personen Vorgesetztenqualität verleiht, beruht auf der von je her in der Preußischen Armee bestandenen und namentlich in einer Kabinets-Ordre vom 31. März 1792 ausgesprochenen Dienstvorschrift, wonach

> jede Schildwache, Patrouille und detachirte Mannschaft als von Seiner Majestät Selbst zum Dienste befehligt und im Auftrage des Königs denselben verrichtend angesehen werden und deshalb Jedermann ohne Unterschied des Ranges und Standes schuldig sein soll, ihnen Achtung und Gehorsam zu beweisen. (Fleck Anm. 1 zu § 134.)

2. Wer als „militärische Wache“ anzusehen sei, ist in Abs. 2 genau definirt. Demnach gehören zu denselben Schild-, Ehren-, Schutz-, Stall-, Kasernen-, Feld- und Lager-Wachen, Eskorten, Patrouillen, auch Wirthshauspatrouilleure, Ronden 2c., kurz Wachen jeder Art, welchen Namen sie auch führen, ob sie im Festungs- oder Garnison-Dienste sich befinden, oder ob sie von einem Truppen-Befehlshaber zum Wacht- oder Sicherheitsdienste kommandirt sein mögen — (Fleck Anm. 2

Als militärische Wache, im Sinne dieses Gesetzes, sind anzusehen alle zum Wacht- oder militärischen Sicherheitsdienste befehligten Personen des Soldatenstandes, mit Einschluß der Feldgendarmen und des Personals der Stabswache der Marine, welche in Ausübung dieses Dienstes begriffen und als solche äußerlich erkennbar sind.

[Entw. § 124.]

---

zu § 134) ferner Feldgendarmen und das Personal der Stabswache der Marine. § 111 kommt jedoch nur dann zur Anwendung, wenn diese Personen

a) in Ausübung des Wacht- oder militärischen Sicherheitsdienstes sich befinden, und

b) als solche äußerlich erkennbar sind.

3. „In Ausübung des Dienstes begriffen" ist nicht gleichbedeutend mit „im Dienste". Der Wachtmann ꝛc. muß den Dienst wirklich verrichten, es genügt nicht, daß er zum Dienst kommandirt und bereit ist. Wenn ein Soldat in einer Wachtstube mit einem zu den Wachtmannschaften gehörenden Soldaten seines Ranges, der zu dieser Zeit in Ausübung des Dienstes nicht begriffen ist, in Streit kommt und ihn schlägt oder stößt, so liegt ein Subordinationsvergehen nicht vor. (Fleck Anm. 2 zu § 134.)

Dagegen ist eine Schildwache auf Posten auch dann in Ausübung des Dienstes begriffen, wenn sie schläft oder sonst ihre Pflicht verletzt.

4. „Aeußerlich erkennbar" müssen die Wachen, die Feldgendarmen und Personen der Stabswache der Marine als solche sein, d. h. sie müssen sich in dienstmäßiger Bekleidung und Bewaffnung befinden.

Es genügt also nicht, daß die Qualität als Wachtmann ꝛc. dem Thäter anderweitig bekannt ist. Hat die Patrouille „abgehängt", ist sie also äußerlich nicht mehr als solche erkennbar, so kommt § 111 nicht zur Anwendung. Dagegen wird der Thäter dadurch nicht straffrei, daß die Patrouille ꝛc., welche er an der äußeren Bekleidung ꝛc. als solche erkannt hat, später durch Zufall oder gar durch seine eigene Thätigkeit ein zur dienstmäßigen Bekleidung oder Bewaffnung gehöriges Stück eingebüßt hat. Der Thäter muß die Wache ꝛc. auch als solche erkannt haben, da ihm sonst § 59 RStGB. zur Seite steht.

Was als „dienstmäßige Bekleidung und Bewaffnung" zu erachten sei, ist nach den allgemeinen Dienstvorschriften zu beurtheilen resp. nach den in deren Ermangelung von dem Vorgesetzten ertheilten besonderen Instruktionen.

Die Wachtleute müssen somit zum Mindesten den vollständigen Ordonnanz-Anzug haben und die Patrontasche (Kartouche) tragen.

5. Landgendarmen sind abweichend von den Bestimmungen des § 134 Th. I Preuß. Mil.-StGB. den Feldgendarmen nicht gleichgestellt, haben mithin nur dann Vorgesetztenqualität, wenn sie vermöge ihres militärischen Ranges Vorgesetzte sind (cf. Anm. 6 zu § 2 des EG. und Anm. 5 i. zu §§ 92. 93).

Die gegen Landgendarmen begangenen strafbaren Handlungen sind demnach nicht nach § 111 zu beurtheilen.

6. Gegen Wach-Vorgesetzte der militärischen Wachen — aber auch nur gegen diese — kommt § 111 selbstverständlich nicht zur Anwendung. Es bestimmt in dieser Hinsicht der § 3 der Instruktion vom 9. Juni 1870 betreffend den Garnisondienst:

§ 3. Vorgesetzte der Wachen. Die Wachen stehen unter den speziellen Befehlen des kommandirenden Generals des Armee-Korps, des Gouverneurs ꝛc., des Offiziers du jour, der Ronde-Offiziere und der Wachtbefehlshaber.

Der Platzmajor zählt nicht mit zu den Vorgesetzten der Wachen. Derselbe ist als Organ des Gouverneurs oder Kommandanten nur berechtigt, im Auftrage seines Vorgesetzten Befehle an Wachen und Posten zu ertheilen.

Die Funktionen des Garnison-Aeltesten als solchen sind lediglich militärpolizeilicher Art. Sie werden nur von dem dem Patent nach ältesten aktiven Offizier der Garnison ausgeübt, ohne Rücksicht auf die sonstige Funktion desselben.

Regiments-Kommandeure übernehmen die Funktionen des Garnison-Aeltesten auch in dem Falle, wenn sich ein Bataillons- oder Abtheilungs-Kommandeur älteren Patents in der Garnison befindet.

Bezirks-Kommandeure und Kommandeure der Garde-Landwehr-Bataillone zählen mit zu den aktiven Offizieren.

Etwaige Charakter-Erhöhungen verleihen nicht das Recht, die Funktion des Garnison-Aeltesten auszuüben.

Gendarmerie-Offiziere haben, auch wenn sie den am Ort befindlichen aktiven Offizieren des stehenden Heeres oder der Landwehr in der Anciennetät voranstehen, nicht als Garnison-Aelteste zu fungiren.

Dem Offizier du jour und dem Ronde-Offizier liegt im Speziellen die Kontrole über den ordnungsmäßigen Betrieb des Wachtdienstes in der Garnison ob. In dem Verhältniß eines Vorgesetzten befindet sich der Offizier der Ronde indeß nur bei Nacht (d. i. vom Zapfenstreich bis zur Reveille, cf. § 23 der Instr.) und allein solchen Wachen gegenüber, deren Befehlshaber der Charge resp. dem Patent nach jünger sind, als er.

Es hat jedoch der Ronde-Offizier auch in dem Falle, wenn der Wachthabende ein älteres Patent besitzt, die ihm obliegende Revision der Wachen und deren Posten nach den vorgeschriebenen Formen auszuführen.

Der Dienst des Offiziers du jour umfaßt den ganzen 24stündigen Zeitraum, während dessen sich die jeweiligen Wachen in Funktion befinden.

Außerdem haben alle mit Disziplinar-Strafgewalt beliehenen Offiziere des wachthabenden Truppentheils dahin mitzuwirken, daß der Wachtdienst in den vorgeschriebenen Dienstformen von den Wachen und Posten mit Aufmerksamkeit und pünktlicher Ordnung ausgeführt werde.

Verstöße gegen die Wachtdienst-Instruktion und Nachlässigkeiten im Anzuge und in der militärischen Haltung müssen daher, sobald sie von den bezeichneten Offizieren des wachthabenden Truppentheils wahrgenommen werden, ohne Bloßstellung der äußeren Würde des Dienstes, durch ein belehrendes Aufmerksammachen sofort abgestellt oder doch, falls dies nicht thunlich ist, gerügt und von ihnen nach Maßgabe der Umstände — jedoch erst nach beendetem Wachtdienste — innerhalb ihrer Disziplinar-Befugnisse bestraft werden.

Sind aber solche Verstöße und Vernachlässigungen bereits zur Kenntniß des Gouverneurs ꝛc. gelangt oder eignen sie sich zu stand- oder kriegsgerichtlichen Bestrafungen, so fällt die Beschlußnahme über das Weitere dem Gouverneur ꝛc. schließlich anheim." (cf. übrigens Anm. 7 zu § 141.)

7. Ueber das Verhältniß der Ronde-Offiziere den Schildwachen gegenüber bestimmt die Preußische Allerhöchste Kab.-Ordre vom 10. Juli 1862 Folgendes:

„Zur Beseitigung einer hervorgetretenen Unklarheit über das Dienstverhältniß der Ronde-Offiziere dem Posten vor dem Gewehr und übrigen Schildwachen gegenüber, bestimme Ich auf Vortrag, daß der Offizier der Ronde, wenn es sich um das Revidiren einer Wache handelt, dieser und dem Posten vor dem Gewehr gegenüber erst dann in ein Vorgesetzten-Verhältniß treten soll, wenn er sich als Ronde-Offizier, der Wacht-Instruktion gemäß, legitimirt hat. Bei dem Revidiren der einzeln stehenden Schildwachen liegt die Legitimation in der auf den Ruf: „Wer da!" ertheilten Antwort: „Ronde" und der Anwesenheit der Begleitungsmannschaften. Falls eine Schildwacht den Anruf verabsäumt, oder in Folge besonderer Instruktionen unterläßt, ist die Ronde dennoch durch die betreffende Erklärung des Offiziers ohne Weiteres legitimirt und zur Ausübung jeder angemessenen Autoritäts-Aeußerung befugt."

8. Ueber die dienstliche Stellung der Unteroffiziere du jour bestimmt die Preußische Allerh. Kab.-Ordre vom 20. Dezember 1862 Folgendes:

„Auf den Mir gehaltenen Vortrag bestimme Ich über die dienstliche Stellung der Unteroffiziere du jour hiermit Nachstehendes:

§ 112.

Wer einen Vorgesetzten oder einen im Dienstrange Höheren aus dienstlicher Veranlassung zum Zweikampfe herausfordert, wird mit Freiheitsstrafe nicht unter Einem Jahre, und, wenn der Zweikampf vollzogen wird, mit Freiheitsstrafe nicht unter drei Jahren bestraft; zugleich ist auf Dienstentlassung zu erkennen.

---

1) Unteroffiziere du jour (respektive Gefreite, die als solche fungiren) sind bei Revision der Kompagnie- 2c. Reviere nicht als Wachtmannschaften anzusehn; sie haben daher überall da, wo zu Verhinderung von Instruktionswidrigkeiten und Excessen ihre eigene Dienst-Autorität nicht ausreicht, die entsprechende höhere in Anspruch zu nehmen.

2) Falls die Unteroffiziere du jour außerhalb der respektiven Reviere als Patrouilleurs verwandt werden und auf ausdrückliche Anordnung des Kommandanten oder Garnison-Aeltesten event. die Funktionen von Wachthabenden wahrzunehmen haben, müssen dieselben bei dieser Art der Verwendung im Garnisondienst äußerlich dadurch kenntlich gemacht sein, daß sie zum Ordonnanz-Anzuge (mit Helm oder Czapka 2c.) auch die Kartouche respektive die Patrontasche anlegen.

Dasselbe gilt von allen Unteroffizieren und Gefreiten, welche ohne Kompagnie- respektive Eskadron- du jour zu haben, als Patrouilleurs zur Revision der Stall-Wachen, Wirthshäuser 2c. von Garnison wegen kommandirt werden."

§ 112.

Inhalt:

1. § 112 findet auf Personen des Beurlaubtenstandes nur unter der Voraussetzung des § 113, gegen Militärbeamte nur im Felde Anwendung (§ 153). Wegen der Kriegsgefangenen und des Gefolges des kriegführenden Heeres siehe §§ 158 und 155ff.

2. Der Zweikampf und die Herausforderung zum Zweikampfe wird, wenn nicht eine dienstliche Handlung die Veranlassung hierzu gegeben hat, gegen Personen des Soldatenstandes nach den allgemeinen Landesgesetzen bestraft (cf. §§ 201 ff. RStGB.).

Sofern es sich jedoch um die Herausforderung eines Vorgesetzten aus dienstlicher Veranlassung handelt, nimmt die Handlung den Charakter einer Subordinationsverletzung an und muß mit einer hohen Strafe belegt werden, weil Duelle aus dienstlicher Veranlassung in einem wohldisziplinirten Heere nicht geduldet werden dürfen, dies vielmehr zur Auflösung aller Bande der Disziplin führen würde. Deshalb muß auch der Vorgesetzte, welcher eine solche Herausforderung annimmt, ebenso bestraft werden, wie der Untergebene, welcher die Forderung gestellt hat. (Motive.)

Die in Preußen gegen Offiziere bisher in Geltung gewesene Verordnung II v. 20. Juli 1843 ist durch die Verordnung v. 2. Mai 1874, betreffend die Ehrengerichte der Offiziere im Preußischen Heere aufgehoben.

3. Wer als „Vorgesetzter" resp. „im Dienstrange Höherer" zu betrachten sei, ist in Anm. 5 zu §§ 92. 93 ausgeführt.

4. Eine „dienstliche Veranlassung" zum Zweikampfe liegt vor, wenn der Herausfordernde zu der Forderung durch irgend welche dienstliche Verfügung oder sonstige Diensthandlung sich hat bestimmen lassen.

Hatte der die Herausforderung annehmende Vorgesetzte hiervon keine Kenntniß,

Gleiche Strafen treffen den Vorgesetzten, welcher die Herausforderung annimmt oder den Zweikampf vollzieht.
[Entw. §§ 126. 127.]

§ 113.

Eine Person des Beurlaubtenstandes wird, auch während sie sich nicht im Dienste befindet, nach den Vorschriften dieses Abschnitts bestraft, wenn sie dem § 101 zuwiderhandelt, oder eine andere der in diesem Abschnitte vorgesehenen strafbaren Handlungen im dienstlichen Verkehr mit dem Vorgesetzten oder in der Militäruniform begeht, oder wenn sie sich des Ungehorsams oder der Widersetzung gegen einen rechtmäßigen Befehl in dienstlichen Angelegenheiten schuldig macht.
[Entw. § 128.]

---

so kann er in Gemäßheit des § 59 RStGB. nicht nach § 112 Mil.-StGB. f. d. D. R. bestraft werden, es kommt vielmehr das Reichsstrafgesetzbuch gegen ihn zur Anwendung.

5. „Zweikampf" im Sinne des § 112 ist ein zwischen zwei Personen vereinbarter ernstlicher Kampf nach verabredeten oder hergebrachten Kampfregeln. Ob die Waffen gleich, ob sie tödtlich sind, ist bei diesem Subordinationsvergehen gleichgültig (cf. auch Koppmann S. 343).

6. Die Strafe für die Herausforderung zum Zweikampfe ist in Uebereinstimmung mit § 132 Theil I des Preußischen Militär-Strafgesetzbuchs festgesetzt.

Freiheitsstrafe nicht unter Einem Jahre und Freiheitsstrafe nicht unter drei Jahren ist Gefängniß oder Festungshaft von Einem Jahre resp. drei Jahren bis zu fünfzehn Jahren (§§ 16. 17).

Gegen Offiziere ist zugleich, (auch wenn es nicht zum Zweikampfe gekommen ist), die Strafe der Dienstentlassung angedroht, weil der Offizier, obgleich grade an ihn die Versuchung, den § 112 zu verletzen, eher als an Andere herantritt, dennoch dieser Versuchung unter allen Umständen widerstehen, und in Beobachtung der Pflichten der militärischen Unterordnung mit gutem Beispiele vorangehen soll, also derjenige Offizier nicht in seiner Stellung verbleiben kann, welcher durch eine Herausforderung zum Zweikampf aus dienstlicher Veranlassung oder Annahme einer solchen die Fundamentalsätze der Disziplin verleugnet.

Daß die Vollziehung eines solchen Zweikampfs bei Weitem strafbarer ist, als die bloße Herausforderung, leuchtet ein. Das Preußische Militär-Straf-Gesetzbuch § 133 Theil I schrieb hierfür mindestens fünf Jahre Festungsstrafe oder Festungsarrest vor. Dies erschien jedoch zu hart und es ist deshalb der Mindestbetrag der Strafe auf die Dauer von drei Jahren ermäßigt worden. (Motive.)

7. Auf die Theilnehmer an dem militärischen Vergehen des Zweikampfes aus dienstlicher Veranlassung (Kartellträger, Sekundanten, Aerzte, Zeugen) findet § 112 ebenfalls Anwendung. Die §§ 203 und 209 R.-StGB. können somit gegen sie nicht Platz greifen, falls ihnen nicht der § 59 R.-StGB. zur Seite steht. Dafür auch Koppmann S. 345, cf. Oberniedermayer S. 442.

§ 113.

Inhalt:

1. Wegen der Motive zur der Vorschrift des § 113 siehe Anm. 1 zu § 6.

2. Wer zu den Personen des Beurlaubtenstandes zu zählen sei ist in Anm. 2 zu § 6 ausgeführt.

Siebenter Abschnitt.

Mißbrauch der Dienstgewalt.

§ 114.

Wer seine Dienstgewalt über einen Untergebenen zu Befehlen oder Forderungen, die in keiner Beziehung zum Dienste

---

3. Wegen des Militärgerichtsstandes der Personen des Beurlaubtenstandes siehe Anm. 3 zu § 6

4. Der „dienstliche Verkehr" mit dem Vorgesetzten kann ein mündlicher oder schriftlicher sein; jedenfalls muß der Verkehr Dienstangelegenheiten betreffen. Bei Kontrol-Versammlungen befinden sich die Personen des Beurlaubtenstandes „im Dienst" (cf. Anm. 5 zu § 6) und stehen den Personen des Soldatenstandes völlig gleich.

5. Zur „Militäruniform" ist jedenfalls der militärische Waffenrock und das militärische Beinkleid nothwendig. Die Dienstmütze ist kein nothwendiges Erforderniß (contra Koppmann S. 347).

6. Der Befehl muß ein „rechtmäßiger" sein und in dienstlichen Angelegenheiten ergangen, mithin ein rechtmäßiger Befehl in Dienstsachen sein. Ein Dienstbefehl reicht nicht aus. Der Vorgesetzte muß also berechtigt gewesen sein, einen solchen Befehl in Dienstsachen zu ertheilen.

7. Wegen der Disziplinarbestrafung der Personen des Beurlaubtenstandes siehe Anm. 6 zu § 6.

VII. Abschnitt.

Inhalt

1. Während in den §§ 89 ff. die Subordinationsverletzungen der Untergebenen gegen den Vorgesetzten abgehandelt und diejenigen Strafbestimmungen festgesetzt sind, welche für erforderlich zu erachten, um den Vorgesetzten und dessen Auktorität zu schützen, enthalten die §§ 114 ff. Strafbestimmungen für solche Handlungen der Vorgesetzten, durch welche den Untergebenen zu nahe getreten oder das Dienstansehen geschädigt wird. (Motive.)

Soll das Heer die ihm gestellten großen Aufgaben erfüllen und seiner Bestimmung vollständig genügen, so muß der Vorgesetzte die Machtvollkommenheit besitzen, zu jeder Zeit seinen Befehlen pünktlichen Gehorsam zu verschaffen, und den Untergebenen nöthigen Falls selbst durch die strengsten Maßregeln anzuhalten, dasjenige zu thun, was der Dienst von ihm erfordert. Deshalb ist dem Vorgesetzten eine sehr ausgedehnte Gewalt über den Untergebenen eingeräumt. Andererseits aber verlangt das dienstliche Interesse die strenge Ahndung eines jeden Mißbrauchs dieser Dienstgewalt, weil die Ueberschreitung derselben nur nachtheilig auf die Disziplin einwirken und sehr leicht dem Untergebenen erheblichen Schaden bereiten kann. (Fleck S. 235.)

2. Wer als Vorgesetzter zu betrachten sei, ist in Anm. 5 zu §§ 92. 93 und in Anm. 1 zu § 111 und im § 125 ausgeführt.

3. Daß in den Fällen der §§ 114 ff. eventuell auch § 55 zur Anwendung zu bringen ist, ist in Anm. 8 zu § 55 ausgeführt.

§ 114.

Inhalt:

stehen, oder zu Privatzwecken mißbraucht, ingleichen wer von dem Untergebenen Geschenke fordert, von ihm, ohne Vorwissen des gemeinschaftlichen Vorgesetzten, Geld borgt oder Geschenke annimmt, oder den Untergebenen sonst durch seine dienstliche Stellung veranlaßt, gegen ihn Verbindlichkeiten einzugehen, die demselben nachtheilig sind oder auf das gegenseitige Dienstverhältniß von nachtheiligem Einflusse sein können, wird mit Gefängniß oder Festungshaft bis zu zwei Jahren, in minder schweren Fällen mit Arrest bestraft.

In schwereren Fällen, insbesondere im Rückfalle, kann zugleich auf Dienstentlassung oder Degradation erkannt werden.

[Entw. § 129.]

Disziplinarbestrafung zulässig beim Borgen und Annehmen von Geschenken (§ 3. EG.).

---

1. § 114 findet nur auf Personen des Soldatenstandes Anwendung, welche Vorgesetzte sind, oder (wie militärische Wachen) Vorgesetztenqualität haben. Militärbeamte sind der Vorschrift des § 114 auch im Felde nicht unterstellt, Personen des Beurlaubtenstandes in der Zeit während welcher sie sich nicht im Dienst befinden, nur unter der Voraussetzung des § 126. Auf Kriegsgefangene findet § 114 nur dann Anwendung, wenn ein Kriegsgefangener ausdrücklich von der zuständigen Kommandobehörde einem anderen Kriegsgefangenen vorgesetzt ist. Kriegsgefangene können niemals Vorgesetzte deutscher Soldaten sein. Wer als Vorgesetzter zu betrachten sei, ist in Anm. 5 zu §§ 92. 93 ausgeführt.

2. Die in § 114 bezeichneten Handlungen sind in Uebereinstimmung mit § 178 Theil I des Preußischen Militär-Straf-Gesetzbuches und Art. 159 des Bayerischen Militär-Straf-Gesetzbuches, mit Strafe bedroht, weil der Vorgesetzte, indem seine Auktorität durch das Gesetz geschützt wird, andererseits die Verpflichtung hat, seine Dienstgewalt nur für dienstliche Zwecke anzuwenden, nicht aber für Privatzwecke zu mißbrauchen, und weil, wenn er dies dennoch unternimmt, dadurch sein Dienstansehen und das Interesse des Dienstes gefährdet wird. (Motive.)

Die Annahme Oberniedermayers (S. 563) und Koppmanns (S. 349), daß den unter Mißbrauch der Dienstgewalt ertheilten Befehlen der Vorgesetzten nicht Folge geleistet zu werden brauche, ist — wie bereits in Anm. 3 zu §§ 92. 93 ausführlich dargethan ist — nicht allein unrichtig, sondern auch den im Geltungsbereiche des früheren Preußischen Militär-Strafgesetzbuches herrschenden Grundsätzen völlig widersprechend und geeignet, die Disziplin in der gefährlichsten Weise zu lockern.

3. Das Verbot, den Untergebenen zu Privatdiensten zu verwenden, erstreckt sich nicht auf diejenigen Fälle, in denen dem Vorgesetzten (wie z. B. dem Offizier, zu welchem ein Soldat zur Bedienung kommandirt ist), die Befugniß zusteht, von dem Untergebenen Dienstleistungen zu verlangen, welche lediglich sein Privatinteresse betreffen. Vielmehr bezieht sich dasselbe hauptsächlich nur auf die Fälle, in welchen der Vorgesetzte, ohne dazu berechtigt zu sein, von dem Untergebenen gewöhnliche Dienstleistungen eines Dienstboten, Tagelöhners, Handwerkers ꝛc., gegen eine verhältnißmäßig geringe oder ohne irgend eine Entschädigung zu Privatzwecken verlangt. (Fleck, S. 236.)

4. Wenn der Vorgesetzte von dem Untergebenen für Dienstpflichtverletzungen Geschenke fordert oder annimmt, so liegt der Thatbestand des § 140 (Bestechung) vor.

5. „Vorwissen“ ist gleichbedeutend mit Genehmigung.

6. Die nachträgliche Genehmigung des Vorgesetzten zur Forderung oder Annahme des Geschenkes bewirkt nicht die Befreiung von der Strafe. (Fleck S. 236.)

7. Das „Veranlassen des Untergebenen zur Eingehung von Verbindlichkeiten gegen den Vorgesetzten durch die dienstliche Stellung desselben“ erfordert keinen Zwang, keinen Befehl, keine Forderung, sondern lediglich das Geltendmachen des aus

§ 115.

Wer durch Mißbrauch seiner Dienstgewalt oder seiner dienstlichen Stellung einen Untergebenen zu einer von demselben begangenen, mit Strafe bedrohten Handlung vorsätzlich bestimmt hat, wird als Thäter oder als Anstifter mit erhöhter Strafe belegt.

[Entw. § 130.]

---

der dienstlichen Stellung resultirenden Ansehens. Zum Dolus genügt das Bewußtsein, daß man dieses Ansehen dem Untergebenen gegenüber zu dem in Rede stehenden Zwecke geltend mache.

Die Verbindlichkeit muß wirklich eingegangen sein. Ein Versuch genügt nicht (cf. Oberniedermayer S. 565 und Koppmann S. 350)

8. Unter den dem Untergebenen nachtheiligen „Verbindlichkeiten" sind hier vorzugsweise unvortheilhafte Tausch- oder Kaufgeschäfte verstanden. (Fleck S. 236.)

9. Gefängniß oder Festungshaft beträgt hier mindestens 43 Tage (§ 17).

Bei Anwendung von Arrest in minder schweren Fällen ist § 22 zu beobachten (cf. das Nähere in Anm. 6a. zu § 89).

10. Was unter „minder schweren Fällen" zu verstehen sei, ist in Anm. 11 zu § 58 ausgeführt.

11. Für die schwereren Fälle hat § 114 Degradation oder Dienstentlassung fakultativ angedroht, weil die Handlung einen so schweren Charakter an sich tragen kann, daß sie das Verbleiben in der Stellung eines Vorgesetzten nicht gestattet. (Motive.)

12. Wegen des Rückfalles siehe § 12 und die Anmerkungen dazu.

13. Disziplinarbestrafung ist nur dann zulässig, wenn der Mißbrauch der Dienstgewalt in Borgen von Geld oder in der Annahme von Geschenken ohne Vorwissen des gemeinschaftlichen Vorgesetzten besteht (cf. § 3 d. Einf.-Ges.).

Im Uebrigen siehe wegen der Disziplinarbestrafung Anm. 6b. Abs. 1 zu § 89.

§§ 115. 116.

Inhalt:

1. Wegen Anwendbarkeit der §§ 115 und 116 auf andere als Personen des Soldatenstandes siehe Anm. 1 zu § 114.

2. Die Bestimmung des § 115 entspricht dem § 179 Th. I des Preußischen Militär-Strafgesetzbuches und ist eine Konsequenz des im § 47 ausgesprochenen Grundsatzes.

§ 115 setzt voraus, daß die strafbare Handlung wirklich begangen ist.

§ 116 bedroht die Versuchshandlungen als selbstständige Vergehen mit Strafe.

Beide Paragraphen haben nicht nur militärische Verbrechen und Vergehen, sondern auch strafbare Handlungen des gemeinen Strafrechts im Auge, § 115 erstreckt sich jedoch nicht auf Uebertretungen. Die in § 115 angedrohte Erhöhung der Strafe kann — wie in Anm. 2 zu § 53 ausgeführt ist — ein bürgerliches Verbrechen oder Vergehen nicht zu einem militärischen machen. Allerdings scheint die Ueberschrift des 1. Titels II. Theils „militärische Verbrechen und Vergehen der Personen des Soldatenstandes" dagegen zu sprechen. Es läßt sich jedoch der materielle Inhalt des § 115 mit dieser Ueberschrift nicht in Einklang bringen.

Liegt ein bürgerliches Vergehen vor, so kann der Untergebene immer nur mit einer Freiheitsstrafe des gemeinen Strafrechts bestraft werden, da die Erhöhung bei derjenigen Strafart stattzufinden hat, welche auf das betreffende Vergehen zur An-

§ 116.

Wer es unternimmt, durch Mißbrauch seiner Dienstgewalt oder seiner dienstlichen Stellung einen Untergebenen zur Begehung einer mit Strafe bedrohten Handlung zu bestimmen, wird mit Freiheitsstrafe bis zu Einem Jahre bestraft.

[Entw. § 130.]

---

wendung kommt. Somit ist auch — wie selbst Koppmann, welcher S. 352 die entgegengesetzte Ansicht vertritt — zugiebt, die Verhängung von einer die Höhe von 6 Wochen und einem Tage nicht erreichenden Gefängnißstrafe zulässig. Es ist aber einleuchtend, daß eine Handlung, welche auf Grund des bürgerlichen Strafgesetzbuches mit Strafe belegt werden muß (ebenso wie im Falle des § 53), trotz einer konkurrirenden, die Strafbarkeit erhöhenden militärischen Pflichtverletzung, nicht ein militärisches Delikt sein kann.

Der § 116 schreibt nicht wie § 115 eine Straferhöhung vor, sondern enthält eine selbstständige Strafandrohung und behandelt deshalb ein ausschließlich militärisches Delikt.

3. Unter „mit Strafe bedrohten Handlungen" sind, wie oben ad 2 angedeutet, nicht nur militärische sondern auch bürgerliche Delikte, im Falle des § 115 aber nicht Uebertretungen zu verstehen. Letzteres folgt daraus, daß Straferhöhung im Sinne des § 53 nur bei Verbrechen und Vergehen eintreten kann, eine Einschränkung, welche bei § 116 fortfällt.

Das Nähere ist in Anm. 2 zu § 53 ausgeführt.

Hat der Vorgesetzte den Untergebenen durch einen Befehl in Dienstsachen zu einer Uebertretung bestimmt, so ist er dafür nach § 47 allein verantwortlich, d. h. er wird als Thäter (ohne gebotene Straferhöhung) bestraft, während der Untergebene unter allen Umständen straffrei ist, da § 47 Nr. 2 sich nur auf Verbrechen und Vergehen erstreckt.

Hat der Vorgesetzte den Untergebenen durch einen bloßen Dienstbefehl oder durch Geltendmachung seines dienstlichen Ansehens zu einer Uebertretung vorsätzlich bestimmt, so können lediglich die allgemeinen Grundsätze des Reichsstrafgesetzbuches über Anstiftung (§ 48) zur Anwendung kommen.

4. Da § 115 nicht nur den Fall des § 47, sondern auch diejenigen Fälle im Auge hat, in welchen mittelst mißbräuchlicher Geltendmachung des dienstlichen Ansehens ohne Ertheilung eines Befehls der Untergebene durch den Vorgesetzten zu einer strafbaren Handlung bestimmt worden ist, war es nothwendig, hier die Worte „oder als Anstifter" mit in den Text aufzunehmen. Daß bei Mißbrauch der Dienstgewalt durch Ertheilung von Befehlen in Dienstsachen der Vorgesetzte immer als „Thäter" anzusehen ist, ist in Anm. 6 zu § 47 näher ausgeführt.

5. Die „Erhöhung der Strafe" ist obligatorisch (cf. übrigens § 53 und die Anmerkungen dazu).

6. Zum „Dolus" gehört die Vorsätzlichkeit. Der Vorgesetzte muß gewollter Weise den Willen des Untergebenen zur Verübung der (konkreten) That hervorgerufen haben; diese letztere muß also dem Vorgesetzten bewußt gewesen sein. (Oppenhoff Anm. 20 zu § 48.)

Zu § 116.

7. Daß § 116 Versuchshandlungen als selbstständige Vergehen hinstellt, ist bereits in Anm. 2 angedeutet worden. (Wegen des Ausdruckes: „unternimmt" vgl. Anm. 2 zum 3. Abschnitt I. Theils.)

§ 116 behandelt demnach im Gegensatze zu § 115 die erfolglose Anstiftung des Untergebenen zu einem militärischen oder gemeinstrafrechtlichen Delikt und bedroht dieselbe, als ein rein militärisches Vergehen mit einer militärischen Freiheitsstrafe (cf. oben Anm. 2).

§ 117.

Ein Vorgesetzter, welcher einen oder mehrere Untergebene mit Androhung nachtheiliger Folgen oder durch andere widerrechtliche Mittel von dem Führen oder Verfolgen von Beschwerden abzuhalten sucht, oder eine an ihn vorschriftsmäßig gelangte Beschwerde, zu deren Weiterbeförderung oder Untersuchung er verpflichtet ist, unterdrückt oder zu unterdrücken versucht, wird mit Freiheitsstrafe bis zu fünf Jahren bestraft; zugleich kann auf Dienstentlassung oder Degradation erkannt werden.

[Im Entwurfe nicht enthalten.]

Sollte der Untergebene zu einem Verbrechen bestimmt werden, so kommt event. in Gemäßheit des § 73 RStGB. § 49a*) a. a. O. zur Anwendung.

8. Daß § 116 sich auch auf Uebertretungen erstreckt, ist bereits in Anm. 3 ausgeführt.

9. „Freiheitsstrafe bis zu Einem Jahre" ist von einem Tage bis zu sechs Wochen resp. 4 Wochen incl. Arrest, von sechs Wochen und einem Tage ab Gefängniß oder Festungshaft (§§ 16. 17. 24). Strenger Arrest ist hier nur gegen denjenigen zulässig, welcher wegen militärischer Verbrechen oder Vergehen bereits mit einer Freiheitsstrafe bestraft worden ist (§ 22 Abs. 3).

§ 117.

Inhalt:

Arrest (strenger): 8.
Beurlaubte: 1.
Freiheitsstrafe: 8.
Kriegsgefangene: 1.
Militärbeamte: 1.
„Sucht": 4.
Unterdrücken: 6.
„Versucht": 7.
Vorschriftsmäßig: 5.
Widerrechtlich: 3.

1. Wegen Anwendbarkeit des § 117 auf Andere als auf Personen des Soldatenstandes siehe Anm. 1 zu § 114.

2. § 117 war im Regierungs-Entwurfe nicht enthalten, ist vielmehr auf Antrag des Abgeordneten Lasker vom Reichstage eingeschoben worden und soll das Beschwerderecht des Untergebenen sicherstellen.

3 Das Abhalten von dem Führen oder Verfolgen von Beschwerden muß „widerrechtlich" geschehen. Gütlicher Zuspruch, die Beschwerde fallen zu lassen, oder Zurückweisung einer unbegründeten oder unstatthaften Beschwerde Seitens des

---

*) § 49a RStGB. lautet:

Wer einen Anderen zur Begehung eines Verbrechens oder zur Theilnahme an einem Verbrechen auffordert, oder wer eine solche Aufforderung annimmt, wird, soweit nicht das Gesetz eine andere Strafe androht, wenn das Verbrechen mit dem Tode oder mit lebenslänglicher Zuchthausstrafe bedroht ist, mit Gefängniß nicht unter drei Monaten, wenn das Verbrechen mit einer geringeren Strafe bedroht ist, mit Gefängniß bis zu zwei Jahren oder mit Festungshaft von gleicher Dauer bestraft.

Die gleiche Strafe trifft Denjenigen, welcher sich zur Begehung eines Verbrechens oder zur Theilnahme an einem Verbrechen erbietet, sowie Denjenigen, welcher ein solches Erbieten annimmt.

Es wird jedoch das lediglich mündlich ausgedrückte Auffordern oder Erbieten, sowie die Annahme eines solchen nur dann bestraft, wenn die Aufforderung oder das Erbieten an die Gewährung von Vortheilen irgend welcher Art geknüpft worden ist.

Neben der Gefängnißstrafe kann auf Verlust der bürgerlichen Ehrenrechte und auf Zulässigkeit von Polizeiaufsicht erkannt werden.

§ 118.

Wer vorsätzlich seine Strafbefugnisse überschreitet, insbesondere wer wissentlich unverdiente oder unerlaubte Strafen verhängt, wird mit Gefängniß bis zu fünf Jahren bestraft; zugleich kann auf Dienstentlassung erkannt werden.

[Entw. § 131.]

---

zur Entscheidung derselben zuständigen Vorgesetzten ist nicht strafbar (Brauer S. 148, Koppmann S. 357.)

4. Der Ausdruck „abzuhalten sucht" deutet an, daß hier Versuchshandlungen als selbstständiges Vergehen zu betrachten sind und der eingetretene Erfolg lediglich für die Strafzumessung von Bedeutung ist (cf. Anm. 2 zum 3. Abschn. I. Theil).

5. „Vorschriftsmäßig" muß die Beschwerde an den Vorgesetzten sein, wenn von einer strafbaren Unterdrückung die Rede sein soll. Ferner muß der Vorgesetzte außerdem auch noch zur Weiterbeförderung oder Untersuchung derselben verpflichtet sein (cf. Pr Verordnung v. 6. März 1873).

6. „Unterdrücken" bezeichnet jede vorsätzliche Thätigkeit, durch welche die Beschwerde der weiteren dienstlichen Behandlung entzogen wird (Koppmann S. 358).

7. Im Gegensatze zu dem „sucht" nach „abzuhalten", welches gleichbedeutend mit „unternimmt" ist, bezeichnet das Wort „versucht" nach „unterdrücken" den Thatbestand eines strafbaren, jedoch mit der Strafe des vollendeten Verbrechens bedrohten Versuches. Erforderlich ist darum, daß der Vorgesetzte den Entschluß, die in Rede stehende Unterdrückung zu verüben, bereits durch Handlungen bethätigt hat, welche den Anfang der Ausführung dieser Unterdrückung enthalten. Auch greift die Vorschrift des § 46, betreffend die Straflosigkeit des Versuchs hier Platz (Dr. Rubo S. 127, Koppmann S. 358).

8. „Freiheitsstrafe" ist von einem Tage bis zu 6 Wochen resp. 4 Wochen incl. Arrest, von sechs Wochen und einem Tage ab Gefängniß oder Festungshaft (§§ 16. 17).

Strenger Arrest ist nur gegen Denjenigen zulässig, welcher wegen eines militärischen Verbrechens oder Vergehens bereits mit einer Freiheitsstrafe bestraft worden ist (§§ 22 Abs. 3).

§§ 118 und 119.

Inhalt:

1. Wegen Anwendbarkeit der §§ 118 und 119 auf Andere als auf Personen des Soldatenstandes siehe Anm. 1 zu § 114.

Insbesondere ist noch zu bemerken, daß die gedachten Paragraphen nicht auf Pflichtwidrigkeiten von Militärgerichtspersonen z. B. untersuchungsführenden Offizieren oder von den zu den Untersuchungsgerichten kommandirten Offizieren sich beziehen, gegen dieselben vielmehr die Strafbestimmungen des § 145 zur Anwendung kommen.

2. Die Bestimmungen der §§ 118 und 119 entsprechen dem § 180 Th. I des Preußischen und dem Artikel 157 des Bayerischen Militär-Strafgesetzbuches.

3. Die „Strafbefugnisse", welche dem Vorgesetzten über den Untergebenen zustehen, sind in den Militärgesetzen, insbesondere in der Disziplinarstrafordnung und dem § 3 des Einführungsgesetzes zum Militär-Strafgesetzbuche für das Deutsche Reich genau bezeichnet. § 118 setzt nun voraus, daß dem Strafenden an und für sich die Strafgewalt über den Bestraften zusteht, er dieselbe aber durch Ueberschreitung mißbraucht, indem er Strafen festsetzt, zu deren Verhängung er der Art oder der Dauer nach nicht berechtigt war; und insbesondere, indem er wissentlich unverdiente oder unerlaubte Strafen verhängt. Steht ihm eine Strafgewalt über den Bestraften überhaupt nicht zu, so liegt der Thatbestand des § 120 vor.

§ 119.

Wer vorsätzlich einen gesetzwidrigen Einfluß auf die Rechtspflege ausübt, wird mit Gefängniß bis zu fünf Jahren bestraft; zugleich kann auf Dienstentlassung oder Degradation erkannt werden.

In minder schweren Fällen ist auf Festungshaft bis zu fünf Jahren zu erkennen.

[Entw. § 131.]

§ 120.

Wer unbefugt eine Handlung vornimmt, die nur kraft

---

4. Nur „vorsätzliche" Ueberschreitung der Strafbefugnisse und insbesondere „wissentliche" Verhängung unverdienter oder unerlaubter Strafen ist ein nach § 118 strafbares militärisches Vergehen. Fahrlässige Ueberschreitung rc. ist nur ein Disziplinarvergehen. Der strafende Vorgesetzte mußte sich bewußt sein, daß die Strafe nicht verdient oder nicht zulässig war.

5. „Unverdient" ist die Strafe, wenn der Untergebene sich der mit Strafe belegten That nicht schuldig gemacht hat.

6. „Unerlaubt" ist die Strafe, wenn die gewählte Strafart nicht zulässig oder in den Bestimmungen nicht vorgesehen ist.

7. Die „Verhängung" der Strafe genügt; daß sie bereits vollstreckt war, ist nicht erforderlich.

8. In gleicher Weise, wie die Ueberschreitung der Strafbefugnisse, soll die „Ausübung eines gesetzwidrigen Einflusses auf die Rechtspflege" bestraft werden.

Eines gesetzwidrigen Einflusses auf dieselbe macht sich schuldig, wer in die Handhabung dieser Rechtspflege eingreift, ohne dazu durch das Gesetz berechtigt zu sein. Dies würde z. B. geschehen, wenn ein Brigade-Kommandeur einem Regiments-Kommandeur befehlen wollte, die gerichtliche Verfolgung einer von letzterem zur standrechtlichen Untersuchung verwiesenen strafbaren Handlung zu unterlassen. Auch bezieht sich § 119 auf diejenigen Vorgesetzten, welche nach den bestehenden Militär-Gerichts-Verfassungen einen Einfluß auf die militärische Rechtspflege auszuüben haben und die danach ihnen zustehenden Befugnisse überschreiten (Fleck Anm. zu § 180). Die Ausübung eines Einflusses auf die Staatsanwaltschaft Seitens der militärischen Vorstände ist selbstverständlich hiervon ausgeschlossen, da dieselbe an und für sich nicht gesetzwidrig ist (Koppmann S. 361).

9. Unter „Rechtspflege" verstand die frühere Praxis in Preußen unter der Geltung des Mil.-StGB. v. 3. April 1845 die Rechtspflege der Militärgerichte, mit Einschluß der Ehrengerichte (Fleck Anm. zu § 180).

Diese Auffassung trifft jetzt nicht mehr zu, da die Bestimmungen über die Ehrengerichte nicht auf Gesetz beruhen, ein gesetzwidriger Einfluß mithin nicht auf dieselben ausgeübt werden kann. (Dafür auch Brauer S. 149, Koppmann S. 361.)

10. Was unter „minder schweren Fällen" zu verstehen sei, ist in Anm. 11 zu § 58 ausgeführt.

11. Gefängniß und Festungshaft bis zu fünf Jahren beginnt mit 6 Wochen und 1 Tage (§§ 16. 17). Arrest ist nicht zulässig.

12. Im Falle des § 119 Abs. 2 ist Dienstentlassung oder Degradation **unzulässig** und ausschließlich auf Festungshaft zu erkennen.

§ 120.

Inhalt:

einer Befehlsbefugniß oder Strafgewalt vorgenommen werden darf, wird mit Freiheitsstrafe bis zu Einem Jahre bestraft.

[Entw. § 131.]

§ 121.

Wer einen Untergebenen beleidigt oder einer vorschriftswidrigen Behandlung desselben sich schuldig macht, wird mit Freiheitsstrafe bis zu zwei Jahren bestraft.

Ist die Beleidigung eine verleumderische, so tritt Gefängniß bis zu fünf Jahren ein.

[Entw. § 132.]

Disziplinarbestrafung in leichteren Fällen d. Abs. 1 zulässig. (§ 3 d. EG.)

---

1. Wegen Anwendbarkeit des § 120 auf Andere als auf Personen des Soldatenstandes siehe Anm. 1 zu § 114.

2. § 120 füllt eine fühlbare Lücke aus, welche das Preußische und das Bayerische Militär-Strafgesetzbuch enthielten, indem er die Anmaßung einer Befehls- oder Strafbefugniß mit Strafe bedroht. Einer solchen Anmaßung machen sich namentlich diejenigen Vorgesetzten schuldig, welche ohne Wach-Vorgesetzte zu sein (cf. Anm. 6 zu § 111) den militärischen Wachen Befehle ertheilen; ferner Vorgesetzte, welche strafen ohne überhaupt Disziplinarstrafgewalt zu haben oder welche zur Bestrafung des betreffenden Untergebenen nicht zuständig sind.

3. Der „Dolus“ besteht hier in dem Bewußtsein der mangelnden Befehls- oder Strafbefugniß. Wer aus Fahrlässigkeit gegen die Vorschrift des § 120 fehlt, begeht nur ein Disziplinarvergehen.

4. Freiheitsstrafe bis zu Einem Jahre ist von einem Tage bis zu 6 Wochen resp. 4 Wochen incl. Arrest, von 6 Wochen und einem Tage ab Gefängniß oder Festungshaft.

Strenger Arrest kann nur gegen denjenigen verhängt werden, welcher wegen eines militärischen Verbrechens oder Vergehens bereits mit einer Freiheitsstrafe bestraft worden ist (§ 22 Abs. 3).

§ 121.

Inhalt.

1. Wegen Anwendbarkeit des § 121 auf Andere als auf Personen des Soldatenstandes siehe Anm. 1 zu § 114.

2. Da der Vorgesetzte auch außer Dienst von dem Untergebenen Achtung und Ehrerbietung zu fordern berechtigt ist, und die Beleidigung eines Vorgesetzten durch den Untergebenen zu den Handlungen gegen die Subordination gerechnet werden muß, so kann auch umgekehrt die Beleidigung des Untergebenen durch den Vorgesetzten, selbst wenn sie außer Dienst verübt wird, niemals den Charakter einer bloßen Privatinjurie annehmen, sondern stets nur als Mißbrauch der Dienstgewalt aufgefaßt werden, welche unabhängig von dem Antrage des Verletzten zu verfolgen ist. (Motive u. § 51.)

Ist die Handlung während der Ausübung des Dienstes verübt, so kommt § 55 Nr. 2 zur Anwendung.

3. Wegen des Begriffs: „Beleidigung“ siehe Anm. 2 zu § 91. Thätliche Beleidigungen fallen unter die Strafvorschrift des § 122 (cf. Anm. 2 zu § 122).

Wegen der verleumderischen Beleidigung siehe Anm. 11 zu § 91.

§ 122.

Wer vorsätzlich einen Untergebenen stößt oder schlägt, oder auf andere Weise körperlich mißhandelt oder an der Gesundheit beschädigt, wird mit Gefängniß oder Festungshaft bis zu drei Jahren bestraft; in minder schweren Fällen kann die Strafe bis auf Eine Woche Arrest ermäßigt werden.

Auch kann, im wiederholten Rückfalle muß neben Gefängniß oder Festungshaft, auf Dienstentlassung oder Degradation erkannt werden.

[Entw. § 133.]

---

4. „Vorschriftswidrig" ist jede Behandlung, welche den bestehenden Dienstvorschriften zuwider ist.

Dieselbe kann demnach in absichtlicher, an sich nicht nothwendiger Erschwerung des Dienstes, in geflissentlicher Kränkung bei Zurechtweisungen, in Thätlichkeiten, welche nicht unter § 122 fallen (z. B. dem vorschriftswidrigen Zurechtrücken beim Korrigiren der Stellung ohne Schlag oder Stoß) 2c. bestehen.

5. „Freiheitsstrafe" ist bis zu 6 Wochen resp 4 Wochen incl. Arrest, von sechs Wochen und einem Tage ab Gefängniß oder Festungshaft (§ 16. 17. 24).

Strenger Arrest ist hier nur gegen denjenigen zulässig, welcher wegen eines militärischen Verbrechens oder Vergehens bereits mit einer Freiheitsstrafe bestraft worden ist (§ 22 Abs. 2).

6. In leichteren Fällen des § 121 Abs. 1 ist Disziplinarbestrafung zulässig, bei Mißhandlung Untergebener (§ 122) nicht. Die Strafe darf nur in strengem, mittlerem, gelindem resp Stubenarrest bestehen. Das Nähere s. in Anm. 3 zu § 3 des Einführungs-Gesetzes.

§ 122.

Inhalt

1. Wegen Anwendbarkeit des § 122 auf Andere als auf Personen des Soldatenstandes siehe Anm. 1 zu § 114.

2. Dieser Paragraph lautet nach dem Entwurfe:

„Wer einen Untergebenen körperlich mißhandelt oder an der Gesundheit beschädigt, wird mit Arrest nicht unter vier Wochen oder mit Festungshaft bis zu drei Jahren bestraft; in minder schweren Fällen kann die Strafe bis auf Eine Woche Arrest ermäßigt werden.

Im Rückfalle kann, im wiederholten Rückfalle muß neben der Festungsstrafe gegen Offiziere auf Dienstentlassung, gegen Unteroffiziere auf Degradation erkannt werden."

Dabei ging man davon aus, daß für den Begriff der Mißhandlung eines Untergebenen, der § 223 des RStGB. maßgebend sein, die thätliche Beleidigung mithin nach § 121 als Beleidigung strafbar sein sollte.

Der Reichstag zog es jedoch vor, auf die Grundsätze des Preußischen Allgemeinen Strafgesetzbuches zurückzugehen und jedes vorsätzliche Schlagen und Stoßen, mithin auch die thätliche Beleidigung als Mißhandlung mit Strafe zu bedrohen.

Dies hat er klar und deutlich durch die dem § 122 gegebene Fassung ausgedrückt, nach welcher unzweifelhaft jedes vorsätzliche Stoßen und jedes vorsätzliche

Schlagen, selbst dann nach dem gedachten Paragraphen zu bestrafen ist, wenn die Handlung sich nur als eine thätliche Beleidigung im Sinne des § 185 RStGB. darstellt. (Beschluß des Preuß. General-Auditoriats vom 28. März 1873 Nr. 13) cf. auch Keller S. 159, Koppmann S. 365. 366.

Hiernach ist selbst jede thätliche Beleidigung gerichtlich zu ahnden.

Da es Sache der thatsächlichen Feststellung ist, ob ein minder schwerer Fall vorliege oder nicht, ist die standrechtliche Kompetenz unter allen Umständen auch bei der geringfügigsten Mißhandlung eines Untergebenen ausgeschlossen. (Beschl. des Preuß. Gen.-Aud. v. 28. März 1873 Nr. 14.)

3. Die „Vorsätzlichkeit“ ist dem in Anm. 2 Gesagten zufolge beim einfachen Stoßen oder Schlagen nicht durch das Bewußtsein bedingt, daß dasselbe das Wohlbefinden des Untergebenen stören oder seine Gesundheit beschädigen werde.

4. Der Ausdruck „Gesundheit“ ist auf die Gesundheit des Körpers zu beschränken; eine verursachte Geisteskrankheit gehört nur dann hierher, wenn sie die Folge einer Einwirkung auf den Körper war (cf. Oppenhoff Anm. 19 zu § 223).

5. „Gefängniß“ oder „Festungshaft“ beträgt im Minimum 6 Wochen und 1 Tag (§§ 16. 17).

6. Was unter „minder schweren Fällen“ zu verstehen sei, ist in Anm. 11 zu § 58 ausgeführt.

Danach kann ein minder schwerer Fall nicht angenommen werden, wenn der Fall nur subjektiv nicht aber objektiv leichter ist. Daß die Motive hierüber keinen Zweifel lassen, ist in der gedachten Anmerkung ausführlich besprochen worden. Demzufolge könnte es zweifelhaft erscheinen, ob auch ein durch das Benehmen des Untergebenen ausgeübter Anreiz, einen minder schweren Fall begründen könne, da ein solcher Anreiz doch wohl mehr subjektiver als objektiver Natur ist. Diese Zweifel werden indeß durch die Motive zu diesem Paragraphen beseitigt, welche wörtlich wie folgt lauten:

„Nur in milderen Fällen, wohin beispielsweise zu rechnen sein wird: wenn die Mißhandlung blos eine geringfügige, oder wenn der Vorgesetzte zu derselben durch das Benehmen des Untergebenen gereizt worden ist, gestattet der Entwurf, auf eine Woche Arrest herabzugehen.“

Hiernach wird auch dann ein minder schwerer Fall angenommen werden können, wenn der Untergebene den Vorgesetzten gereizt hat.

7. Bei Annahme eines minder schweren Falles ist eine Woche „Arrest“ bei einer außer Dienst und ohne Mißbrauch der Waffe verübten Mißhandlung das niedrigste Strafmaß.

Da § 122 eine bestimmte Arrestart nicht androht, so kann auf jede der nach dem Militärrange des Thäters statthaften Arten des Arrestes erkannt werden. Das ist also:

gegen Offiziere nur auf Stubenarrest,
gegen Portepee-Unteroffiziere nur auf gelinden Arrest,
gegen Unteroffiziere ohne Portepee auf mittleren oder gelinden Arrest,
gegen Gemeine (insbesondere Gefreite), welche unter Umständen als Vorgesetzte unter die Strafvorschrift des § 122 fallen können auf strengen, mittleren oder gelinden Arrest, wobei die Vorschrift des § 22 Abs. 3 zu beobachten bleibt.

8. Ist die Mißhandlung während der Ausübung des Dienstes oder unter Mißbrauch der Dienstwaffe verübt, so ist das niedrigste Strafmaß von sechs Wochen und einem Tage Gefängniß oder Festungshaft resp. von einer Woche Arrest stets zu überschreiten (cf. Anm. 3 zu § 55.)

Bei einer während der Ausübung des Dienstes verübten Mißhandlung beträgt das Strafminimum mithin stets sechs Wochen und zwei Tage Gefängniß oder Festungshaft, und bei Annahme eines minder schweren Falles acht Tage Arrest. Liegen mehrere solcher Fälle von Mißhandlungen vor, so muß mindestens auf sechs Wochen und drei Tage Gefängniß oder Festungshaft, resp. auf neun Tage Arrest erkannt werden, da bei Arbitirung der Einzelstrafen das straferhöhende Moment aus § 55 schon berücksichtigt werden muß.

Ist die Mißhandlung unter Mißbrauch der (Dienst-) Waffe verübt, so kommen, falls die Waffe rechtswidrig gebraucht ist, die im § 149 enthaltenen Vorschriften

§ 123.

Ist durch die Handlung eine schwere Körperverletzung des Untergebenen verursacht worden, so tritt Zuchthaus bis zu fünf Jahren, in minder schweren Fällen Gefängniß oder Festungshaft von sechs Monaten bis zu fünf Jahren ein.

War die schwere Körperverletzung beabsichtigt und eingetreten, so ist auf Zuchthaus von zwei bis zu zehn Jahren zu erkennen.

Ist durch die Körperverletzung (§ 122) der Tod des Untergebenen verursacht worden, so tritt Zuchthaus nicht unter drei Jahren, in minder schweren Fällen Gefängniß oder Festungshaft nicht unter Einem Jahre ein.

[Entw. § 134.]

über Strafzumessung, falls nur Mißbrauch im Sinne des § 55 vorliegt, die Vorschriften des § 55 in Betracht (cf. Anm. 7 zu § 55). Im ersteren Falle kann nur auf Gefängniß oder Festungshaft, im letzteren auch auf Arrest erkannt werden.

§ 223a RStGB. kann niemals ideell konkurriren, da es sich hier um ein rein militärisches Vergehen handelt (cf. auch Anm. 12).

9. Dienstentlassung oder Degradation wegen Mißhandlung eines Untergebenen ist:

a) obligatorisch:
im wiederholten Rückfalle neben Gefängniß oder Festungshaft;

b) fakultativ:
neben Gefängniß oder Festungshaft auch unter der Dauer eines Jahres.

10. Wegen des „wiederholten Rückfalles" siehe § 13 und die Anmerkungen dazu.

11. Daß Mißhandlung Untergebener vom Antrage des Verletzten rc. unabhängig ist, folgt aus § 51.

12. Auf eine „Buße bis zu 6000 Mark" wie sie das bürgerliche Strafgesetzbuch (§ 231 RStGB.) in allen Fällen der Körperverletzung zuläßt, kann hier nicht erkannt werden, da die die Zulässigkeit einer solchen nicht verordnenden §§ 122 u. 123 das rein militärische Vergehen der Mißhandlung eines Untergebenen erschöpfend behandeln und die Anwendung der Strafvorschriften des Reichsstrafgesetzbuches ausschließen.

§ 123.

1. Die Strafbestimmnngen dieses Paragraphen entsprechen im Wesentlichen denen der §§ 224 bis 226 des Strafgesetzbuches für das Deutsche Reich. In Rücksicht auf die größere Strafbarkeit des vorliegenden Verbrechens, wenn es von einem Vorgesetzten verübt wird, ist zwar die im § 228 jenes Gesetzbuches gestattete Annahme mildernder Umstände hier nicht für zulässig erachtet, dagegen ist für minder schwere Fälle der Mindestbetrag der Strafe nur auf sechs Monate beziehungsweise Ein Jahr Gefängniß oder Festungshaft festgesetzt worden. (Motive.)

2. Eine „schwere Körperverletzung" liegt vor, wenn die Körperverletzung zur Folge hat, daß der Verletzte ein wichtiges Glied des Körpers, das Sehvermögen auf einem oder beiden Augen, das Gehör (auf beiden Ohren), die Sprache oder die Zeugungsfähigkeit verliert oder in erheblicher Weise dauernd entstellt wird oder in Siechthum, Lähmung oder Geisteskrankheit verfällt (cf. §§ 224 und 229 RStGB. und die Anmerkungen von Oppenhoff zu den gedachten Paragraphen).

3. Wegen „minder schwerer Fälle" siehe Anm. 11 zu § 58 und Anm. 6 zu § 122.

§ 124.

Diejenigen Handlungen, welche der Vorgesetzte begeht, um einen thätlichen Angriff des Untergebenen abzuwehren, oder um seinen Befehlen im Fall der äußersten Noth und dringendsten Gefahr Gehorsam zu verschaffen, sind nicht als Mißbrauch der Dienstgewalt anzusehen.

Dies gilt namentlich auch für den Fall, wenn ein Offizier in Ermangelung anderer Mittel, den durchaus nothwendigen

---

4. Ist die Mißhandlung während der Ausübung des Dienstes oder unter Mißbrauch der Dienstwaffe verübt, so tritt stets Straferhöhung aus § 55 Nr. 2 ein (cf. Anm. 3 zu § 55.)

§ 124.

Inhalt:

Beurlaubte: 1.
Befehle
in Dienstsachen? 3.
rechtmäßige? 3.
Kriegsgefangene: 1.
Militärbeamte 1.
Noth und Gefahr 4.
Nothwehr: 2.
Waffengebrauch: 5.

1. Wegen Anwendbarkeit des § 124 auf Andere als auf Personen des Soldatenstandes siehe Anm. 1 zu § 114.

2. Die in diesem Paragraphen enthaltenen Ausnahmebestimmungen sind dem § 185 Th. I des Preußischen und Artikel 68 des Bayerischen Militär-Strafgesetzbuches entnommen und durchaus erforderlich, um den Vorgesetzten im Falle eines außerordentlichen Nothstandes die zur Erhaltung der Disziplin und der öffentlichen Ordnung unumgänglich nöthigen Mittel zu gewähren. (Motive.)

Dieselben besprechen die Fälle, in welchen die Mißhandlung eines Untergebenen und selbst die Tödtung desselben durch den Vorgesetzten, mag sie im Frieden oder im Kriege erfolgt sein, den Charakter einer strafbaren Handlung nicht annimmt. Dahin ist es besonders zu rechnen, wenn eine solche Handlung begangen worden ist, um einen thätlichen Angriff des Untergebenen abzuwehren.

Der Vorgesetzte, welcher von einem Untergebenen thätlich angegriffen wird, oder sich mit einem thätlichen Angriffe gefährlich bedroht sieht, befindet sich im Zustande der Nothwehr. Auch in den übrigen im § 124 erwähnten Fällen ist seine Lage dem Zustande der Nothwehr vergleichbar, indem ihm bei eigener Verantwortlichkeit die Verpflichtung obliegt, die dienstliche Ordnung aufrecht zu erhalten und seinen Befehlen Gehorsam zu verschaffen. (Fleck S. 241.)

Ob der Vorgesetzte, wenn von ihm außerordentliche Gewaltmittel gegen den Untergebenen angewendet worden sind, sich wirklich in der Lage befunden hat, dies thun zu müssen, hat der Vorgesetzte, dem ein solcher Fall ohne Verzug dienstlich zu melden ist, sorgfältig zu untersuchen und hierbei die Handlungsweise desselben nach den Dienstvorschriften in Verbindung mit den Bestimmungen des § 53 RStGB.*) über die Nothwehr zu beurtheilen (Fleck S. 242).

---

*) § 53 RStGB. lautet:

Eine strafbare Handlung ist nicht vorhanden, wenn die Handlung durch Nothwehr geboten war.

Nothwehr ist diejenige Vertheidigung, welche erforderlich ist, um einen gegenwärtigen, rechtswidrigen Angriff von sich oder einem Andern abzuwenden.

Die Ueberschreitung der Nothwehr ist nicht strafbar, wenn der Thäter in Bestürzung, Furcht oder Schrecken über die Grenzen der Vertheidigung hinausgegangen ist.

Gehorsam zu erhalten, sich in der Lage befunden hat, gegen den thätlich sich ihm widersetzenden Untergebenen von der Waffe Gebrauch zu machen.

[Entw. § 135.]

§ 125.

Eine militärische Wache, welche eine der in den §§ 114 bis 116, 118 bis 123 bezeichneten Handlungen begeht, wird ebenso bestraft, als wenn ein Vorgesetzter diese Handlung begangen hätte. Ist die Handlung gegen eine solche Person begangen, die außer dem Dienstverhältnisse der Wache deren Vorgesetzter ist, so tritt erhöhte Strafe ein.

Die in dem § 124 enthaltene Vorschrift findet auch hier Anwendung.

[Entw. § 136.]

§ 126.

Eine Person des Beurlaubtenstandes wird, auch während

---

3. Die „Befehle" des Vorgesetzten können Befehle in Dienstsachen oder Dienstbefehle sein. Daß hier unter Befehlen nur Befehle in Dienstsachen zu verstehen seien — wie Koppmann S. 371 annimmt — ist nirgends vorgeschrieben. Die Befehle werden aber rechtmäßige sein müssen, da bei einem unrechtmäßigen Befehle schwerlich äußerste Noth und Gefahr wird angenommen werden können.

4. Wann äußerste Noth und dringendste Gefahr vorliegen ist lediglich Thatfrage.

5. Abs. 2 giebt den Offizieren (nicht den Unteroffizieren) die Befugniß auch ohne das Vorhandensein äußerster Noth und dringendster Gefahr zum Zwecke der Aufrechterhaltung des durchaus nothwendigen Gehorsams von der Waffe Gebrauch zu machen, wenn

a) andere Mittel nicht vorhanden waren, und
b) der Untergebene sich thätlich widersetzte.

Um einen thätlichen Angriff von sich abzuwehren oder um seinen Befehlen im Falle äußerster Noth oder dringendster Gefahr Gehorsam zu verschaffen, ist aber — wie auch der Kriegs-Artikel 21 ausdrücklich hervorhebt — jeder Vorgesetzte, also auch der Unteroffizier und selbst der als Vorgesetzter fungirende Gemeine berechtigt, die Waffe gegen den Untergebenen zu gebrauchen.

§ 125.

1. Dieser Paragraph entspricht dem § 188 Th. I des Preußischen und dem Artikel 160 des Bayerischen Militär-Strafgesetzbuches und ist eine nothwendige Konsequenz des im § 111 ausgesprochenen Grundsatzes. (Motive.)

2. Was unter „militärischer Wache" zu verstehen sei, ist in § 111 und den Anmerkungen dazu ausführlich erörtert.

3. Wegen der in den §§ 114 bis 116. 118 bis 123 bezeichneten Handlungen und der Bestimmung des § 124 siehe die Anmerkungen zu den gedachten Paragraphen. Hervorgehoben soll hier nur werden, daß das Gesetz über den Waffengebrauch des Militärs vom 20. März 1837 und die Verordnung zur Aufrechterhaltung der öffentlichen Ordnung und der dem Gesetze schuldigen Achtung vom 17. August 1835, insbesondere auch die Befugnisse der Wachen zum Gebrauch der Waffe ausführlich regelt.

4. Wegen der „Straferhöhung" siehe § 53 und die Anmerkungen dazu

§ 126.

1. Die Bestimmung dieses Paragraphen ist eine nothwendige Konsequenz des im § 113 ausgesprochenen Grundsatzes.

sie sich nicht im Dienste befindet, nach den Vorschriften dieses Abschnitts bestraft, wenn sie eine der in demselben vorgesehenen strafbaren Handlungen im dienstlichen Verkehr mit dem Untergebenen oder in der Militäruniform begeht.

[Entw. § 137].

Achter Abschnitt.

Widerrechtliche Handlungen im Felde gegen Personen oder Eigenthum.

§ 127.

Begeht eine Person des Soldatenstandes im Felde einen Diebstahl, eine Unterschlagung, eine Körperverletzung oder ein Verbrechen oder Vergehen wider die Sittlichkeit, so ist die Verfolgung der strafbaren Handlung unabhängig von dem Antrage des Verletzten oder einer anderen zum Antrage berechtigten Person.

[Entw. § 138.]

Wegen der Motive siehe Anm. 1 zu § 6 in fine.

2. Wer zu den „Personen des Beurlaubtenstandes" gehört, ist in Anm. 2 zu § 6 ausführlich erörtert. Im Uebrigen siehe die Anmerkungen zu § 113.

§ 127.

1. § 127 findet außer auf Personen des Soldatenstandes auch auf Militärbeamte (§ 153), das Gefolge des kriegführenden Heeres (§§ 155. 157) und diejenigen Kriegsgefangenen Anwendung, welche unter den Kriegsgesetzen stehen (§§ 158 u. 9 Nr. 4).

2. Begeht eine Person des Soldatenstandes im Kriege oder sonst im Felde eine strafbare Handlung, die nur auf Antrag des Verletzten verfolgt werden darf, so unterbleibt die Verfolgung nicht gar selten.

Denn der durch den Kriegsschrecken oder die militärische Ueberlegenheit eingeschüchterte Verletzte wagt es oft nicht, den erforderlichen Antrag zu stellen. Auch ist es, zumal bei schneller Bewegung des Heeres, mitunter unmöglich, den Antrag überhaupt anzubringen.

Wenn aber in Folge dessen die Verfolgung von an sich strafbaren Handlungen unterbleibt, so erzeugt dies nur zu leicht die Annahme, als ob dergleichen Handlungen ungestraft begangen werden könnten.

Zum Schutze der Landesbewohner und zur Vorbeugung strafbarer Handlungen empfiehlt es sich darum, die vornehmlichsten derjenigen strafbaren Handlungen, welche nur aufs Antrag verfolgbar sind, auch von Amtswegen verfolgen zu dürfen, wenn sie im Felde von Personen des Soldatenstandes begangen werden. Dem entsprechend verordnet denn auch § 127, daß, wenn eine Person des Soldatenstandes im Felde einen Diebstahl, eine Unterschlagung, eine Körperverletzung oder ein Verbrechen oder Vergehen wider die Sittlichkeit begeht, die Verfolgung der strafbaren Handlung von dem Antrage des Verletzten oder einer anderen zum Antrage berechtigten Person unabhängig sei. (Motive.)

Hiernach ist selbst ein Verzicht auf die Bestrafung des Thäters völlig wirkungslos.

3. Wegen des Begriffs „im Felde" siehe §§ 9 und 10 und die Anmerkungen dazu.

4. Wegen der im § 127 aufgeführten strafbaren Handlungen siehe die §§ 247. 223. 230 172. 179, 182 RStGB.

§ 128.

Wer im Felde, um Beute zu machen, sich von der Truppe eigenmächtig entfernt, oder Sachen, welche an sich dem Beute- recht unterworfen sind, eigenmächtig zur Beute macht, wird

---

Die hier nicht citirten Paragraphen des Reichsstrafgesetzbuches, welche von den im § 127 gedachten strafbaren Handlungen handeln, sind nach heutiger Lage der Gesetzgebung schon gemeinstrafrechtlich unabhängig vom Antrage der Verletzten.

Für die §§ 176 und 177 RStGB. ist der § 127 Mil.-StGB. f. d. D. R. durch die Gesetzes-Novelle vom 26 Februar 1876 bedeutungslos geworden, da diese das Erforderniß des Antrags beseitigt hat.

Uebrigens ist hier § 51 zu vergleichen.

§ 128.

Inhalt

1. Auch Militärbeamte und das Gefolge des kriegführenden Heeres können sich des unerlaubten Beutemachens schuldig machen (§§ 153. 155—157)

2. Wegen des Begriffs „im Felde" siehe §§ 9 und 10.

3. Wegen des Unterschiedes zwischen dem Beutemachen und der Plünderung siehe Anm. 2 zu §§ 129—131.

4. In Uebereinstimmung mit dem Satze: bello parta cedunt reipublicae, erachtet der § 128 das Beuterecht im Kriege ausschließlich für ein Regal Er steht dabei mit den herrschenden Lehren des Völkerrechts im Einklange. Gebührt aber das Recht auf Beute nur der Staatsgewalt, so muß derjenige für strafbar erklärt werden, welcher ohne Erlaubniß der Staatsgewalt, d. h. eigenmächtig Beute macht. Da überdies eigenmächtiges Beutemachen in hohem Maße gefahrvoll für Aufrechterhaltung der Mannszucht in der Armee ist, so hat das Gesetz bereits gegen bloße Vorbereitungshandlungen Strafe angedroht.

Es hat darum im § 128 nicht nur diejenige Person des Soldatenstandes für strafbar erklärt, welche im Felde (§§ 9 und 10) Sachen, die an sich dem Beuterecht unterworfen sind, eigenmächtig zur Beute macht. Es erklärt daselbst vielmehr auch schon diejenige Person des Soldatenstandes für strafbar, die im Felde, um Beute zu machen, sich von der Truppe eigenmächtig entfernt. (Motive.)

5. Eine Erklärung des Ausdruckes „Beute" hat das Gesetz nicht gegeben. Auch würde es nur schädlich wirken, wenn das Strafgesetzbuch das Beuterecht auf bestimmte Gegenstände beschränkte, ohne die Gewißheit zu haben, daß der Feind nicht noch auch andere Sachen dem Beuterecht für unterworfen erklärt. Der Begriff muß als ein fließender erhalten werden, den man jeder Zeit den vom Feinde durchgeführten Grundsätzen über Beuterecht anpassen kann. Beispielsweise wird man das Privateigenthum der dem feindlichen Staate angehörigen friedlichen Bürger, der Regel nach, zwar nicht dem Beuterecht unterwerfen wollen Immerhin muß aber die Möglichkeit offen gehalten werden, daß, wenn etwa dem Feinde es einmal gefallen sollte, Privateigenthum von Deutschen Bürgern für Beute zu erklären, auch Deutscherseits eine gleiche Erklärung wegen des Privateigenthums von Angehörigen des feindlichen Staates erfolgen kann. (Motive.)

6. Wenn übrigens § 128 nicht sowohl denjenigen für strafbar erklärt, welcher überhaupt Sachen eigenmächtig zur Beute macht, sondern die Strafandrohung vielmehr gegen denjenigen richtet, welcher solche Sachen eigenmächtig zur Beute macht, die an sich dem Beuterecht unterworfen sind, so ist diese Einschränkung gewählt worden, um deutlich zu kennzeichnen, daß zwar die Sachen selbst nach völkerrechtlichen Grundsätzen Gegenstand der Beute sein müssen, der betreffende Einzelne aber dennoch nicht befugt sei, sie eigenmächtig zur Beute zu machen.

Die Heereseinrichtungen und die Verhältnisse im Kriege lassen es nicht als

mit Freiheitsstrafe bis zu drei Jahren bestraft; zugleich kann auf Versetzung in die zweite Klasse des Soldatenstandes erkannt werden.

Gleiche Strafe trifft denjenigen, welcher rechtmäßig von ihm erbeutetes Gut, das er abzuliefern verpflichtet ist, sich rechtswidrig zueignet.

[Entw. § 139.]

§ 129.

Der Plünderung macht sich schuldig, wer im Felde unter Benutzung des Kriegsschreckens oder unter Mißbrauch seiner militärischen Ueberlegenheit

---

durchführbar erscheinen, daß für jeden einschlägigen Fall Seitens der Staatsgewalt eine Erklärung darüber ertheilt wird, ob das Beutemachen erlaubt sei oder nicht. Unter Würdigung der militärischen Verhältnisse muß bei Ermangelung allgemeiner Vorschriften daher ein Jeder bereits dann als zum Beutemachen berechtigt erachtet werden, wenn er von seinem vorgesetzten Befehlshaber die Erlaubniß dazu erhalten hat. Unter welchen Voraussetzungen es diesem letzteren gestattet sein soll, die Erlaubniß zu ertheilen, muß den hierüber zu erlassenden Instruktionen vorbehalten bleiben. (Motive.)

Sind Sachen dem Beuterecht an sich nicht unterworfen, so ist ein Beutemachen an ihnen überhaupt nicht denkbar, es kommen vielmehr die Strafbestimmungen über Diebstahl, Raub, Erpressung 2c. zur Anwendung.

7. Selbstverständlich ist es, daß wenn Jemand zwar die Erlaubniß zum Beutemachen erhalten hat, dieselbe aber überschreitet, er insoweit eigenmächtig handelt, als er die Erlaubniß überschreitet. Aus diesem Grunde hat der § 128 nicht besonders diesen Fall erwähnt. (Motive.)

8. Freiheitsstrafe bis zu drei Jahren ist von einem Tage bis zu 6 Wochen resp. 4 Wochen inklus. Arrest, von sechs Wochen und einem Tage ab Gefängniß oder Festungshaft (§§ 16. 17. 24).

Strenger Arrest ist hier nur gegen denjenigen zulässig, welcher wegen eines militärischen Verbrechens oder Vergehens bereits mit einer Freiheitsstrafe bestraft worden ist (§ 22 Abs. 3).

9. Die Vorschrift des § 128 Abs 2, nach welcher derjenige bestraft werden soll, welcher rechtmäßig von ihm erbeutetes Gut, das er abzuliefern verpflichtet ist, sich rechtswidrig zueignet, stützt sich auf die Voraussetzung, daß das Beuterecht ein Regal ist und bildet unter dieser Voraussetzung den Thatbestand einer strafbaren Unterschlagung. (Motive.)

§§ 129—131.

Inhalt

1. Auch Militärbeamte und das Gefolge des kriegführenden Heeres können sich der Plünderung schuldig machen (§§ 153. 155—157).

2. Wegen des Begriffs „im Felde“ siehe §§ 9 u. 10. Liegt der Fall des des § 136 vor, so tritt erhöhte Strafe ein (§ 53).

3. Der § 129 handelt von der Plünderung. Er unterscheidet dieselbe von dem eigenmächtigen Beutemachen vornehmlich nach den Personen, gegen welche das Verbrechen verübt wird.

1) in der Absicht rechtswidriger Zueignung eine Sache der Landeseinwohner offen wegnimmt oder denselben abnöthigt, oder
2) unbefugt Kriegsschatzungen oder Zwangslieferungen erhebt oder das Maß der von ihm vorzunehmenden Requisitionen überschreitet, wenn dies des eigenen Vortheils wegen geschieht.

[Entw. § 140] cf. §§ 130. 133. 136.

Bei dem eigenmächtigen Beutemachen sind es, der Regel nach, die zum feindlichen Heere oder zu dessen Gefolge gehörenden Personen oder der im Felde getödtete Feind, denen bewegliche Sachen abgenommen werden. Bei der Plünderung bilden alle andern Personen in Feindes- oder Freundesland das Objekt der strafbaren Handlung.

Die Plünderung stellt sich als ein Diebstahl, oder als eine Abnöthigung von Sachen, insbesondere Raub oder Erpressung dar, die um so schwerer bestraft werden müssen, als sie während des Kriegsstandes von Soldaten geschehen, wo ohnehin schon die Landesbewohner mannigfach eingeschüchtert sind und sich den kriegführenden Truppen gegenüber wehrlos fühlen. Auch ist eine strenge Bestrafung deshalb geboten, weil die Begehung von Plünderungen die Mannszucht und die Disziplin auf das Schwerste gefährden. (Motive)

Liegt das militärische Vergehen der Plünderung vor, so können die Strafbestimmungen des Reichsstrafgesetzbuches, auch wenn sie härter sein sollten, nur in dem Ausnahmefalle des § 136 zur Anwendung kommen.

4. Der Thatbestand des § 129 bedingt ferner, daß der Thäter die Handlung im Felde unter Mißbrauch des Kriegsschreckens oder unter Mißbrauch seiner militärischen Ueberlegenheit begeht, weil der als Plünderung sich darstellende Diebstahl gerade dadurch einen strafwürdigeren Charakter erhält, daß die Handlung zu einer Zeit oder unter Umständen geschieht, welche die Landesbewohner meistentheils es nicht wagen lassen, Militärpersonen Widerstand entgegenzusetzen. (Motive.)

Oberniedermayer und Koppmann nehmen S. 589 resp. S. 380 an, daß auch in verlassenen Wohnungen geplündert werden könne, da das Verlassen der Wohnung in der Regel nur die Folge der Furcht vor den feindlichen Truppen sei. Diese Annahme dürfte jedoch dem oben und dem in Anm. 6 Gesagten zufolge nicht stichhaltig sein.

5. Unter „Landeseinwohner" sind dem ad 3 Gesagten zufolge die zum feindlichen Heere und deren Gefolge gehörigen Personen nicht mit inbegriffen.

6. Das Gesetz scheidet alle heimlich erfolgten Diebstähle von dem Begriffe der Plünderung aus, weil es annimmt, daß aus dem ad 4 angeführten Grunde nur diejenigen Diebstähle mit den auf die Plünderung gesetzten härteren Strafen zu bedrohen seien, welche durch Entgegensetzung eines an und für sich möglichen Widerstandes hätten verhindert werden können. Denn bei diesen zeigt sich wegen der Heimlichkeit derselben eine Veranlassung zum Entgegensetzen von Widerstand überhaupt nicht. Zum Thatbestande der Plünderung wird daher verlangt, daß die Wegnahme „offen" erfolgt. Daß bei der Wegnahme gerade der Eigenthümer der Sachen zugegen gewesen, ist nicht nothwendig. (Motive.)

Dagegen ist erforderlich, daß irgend eine andere Person zugegen ist, welche die rechtswidrige Aneignung unter anderen Umständen voraussichtlich nicht gestattet haben würde. Wer ein auf offenem Felde liegendes Kleidungsstück, um welches sich Niemand bekümmert, offen wegnimmt, begeht keine Plünderung. (Brauer S. 156.)

7. Die Absicht „rechtswidriger Zueignung" liegt nicht vor, wenn die weggenommene Sache nur zum vorübergehenden Gebrauch dienen oder sofort zerstört werden sollte. (Oppenhoff Anm. 41 zu § 242.)

Eventuell kommt hier § 132 zur Anwendung.

8. Wegen des Begriffs „Wegnahme" siehe die betr. Anm. von Oppenhoff zu § 242. — Ist Gewalt angewendet, so kommt § 133 zur Anwendung.

§ 130.

Als eine Plünderung ist es nicht anzusehen, wenn die Aneignung nur auf Lebensmittel, Heilmittel, Bekleidungsgegenstände, Feuerungsmittel, Fourage oder Transportmittel sich erstreckt und nicht außer Verhältniß zu dem vorhandenen Bedürfnisse steht.

[Entw. § 141.]

---

9. Nicht nur die Wegnahme, sondern auch die Abnöthigung muß „offen" erfolgt sein. (Motive.)

10. Was als „Abnöthigung" zu erachten, ist Sache thatsächlicher Feststellung. Bei Benutzung des Kriegsschreckens oder bei Mißbrauch der militärischen Ueberlegenheit kann auch das der Form nach höflichste Ersuchen sachlich gewaltthätiger wirken, als in Friedenszeiten eine schwere Drohung. Nicht mehr ist es daher für den Thatbestand der Plünderung erforderlich, daß die Abnöthigung, wie nach § 148 Theil I des Preußischen Militär-Strafgesetzbuches verlangt wurde, gerade durch Androhung oder Ausübung von Gewalt geschieht. (Motive.) Ist Gewalt angewendet, so kommt § 133 zur Anwendung.

11. Als der „Plünderung" schuldig erachtet § 129 in Nr. 2 auch denjenigen, der im Felde unter Benutzung des Kriegsschreckens oder unter Benutzung seiner militärischen Ueberlegenheit unbefugt Kriegsschatzungen oder Zwangslieferungen erhebt oder das Maß der von ihm vorzunehmenden Requisitionen überschreitet, wenn dies des eigenen Vortheils wegen geschieht. Denn seinem innern Wesen nach gleicht dieser Thatbestand dem vorerwähnten ersten Thatbestande durchaus. Auch bedarf es dieser Strafbestimmung zum Schutze der Bevölkerung, in deren Nähe die kriegführende Armee sich befindet.

Zum Thatbestande des Verbrechens ist auch hier an und für sich Androhung oder Anwendung von Gewalt nicht erforderlich. Es bilden dieselben, gleichwie bei dem ersten Thatbestande, nur einen Strafschärfungsgrund, der in § 133 berücksichtigt worden ist. Denn diejenigen, von welchen Militärpersonen Kriegsschatzungen oder Zwangslieferungen verlangen, befinden sich selbst dann, wenn eine Drohung der Forderung nicht hinzugefügt wird, unter dem Einflusse eines moralischen Zwanges, indem sie die Rechtmäßigkeit der Forderung nicht zu übersehen vermögen und bei etwaiger Weigerung Gefahr laufen, durch Waffengewalt zur Erfüllung des an sie gerichteten Verlangens gezwungen zu werden. (Motive.)

Fehlt es an der gewinnsüchtigen Absicht, so liegt nur ein Disziplinarvergehen vor. (Koppmann S. 383.)

Zu § 130.

12. Der § 130 würdigt den auch kriminalrechtlich anerkannten Satz: Noth kennt kein Gebot. Er will in allen Fällen, in welchen eine Handlung an und für sich als Plünderung erscheint, den Thatbestand der Plünderung dann aufgehoben wissen, wenn die Aneignung nur auf Lebensmittel, Heilmittel, Bekleidungsgegenstände, Feuerungsmittel, Fourage oder Transportmittel unter Beschränkung auf das vorhandene Bedürfniß sich erstreckt.

Diese dem Preußischen Militär-Strafgesetzbuche unbekannte Bestimmung ist dem Artikel 174 des Bayerischen Militär-Strafgesetzbuches entlehnt und hat sich im Kriege als dringend nothwendig erwiesen. (Motive.)

Erscheint die Handlung nicht an und für sich als Plünderung, so kommen event. die Bestimmungen des Reichsstrafgesetzbuches wegen Diebstahls oder Entwendung von Genußmitteln rc. zur Anwendung. Dies ist insbesondere der Fall, wenn die Wegnahme eine heimliche gewesen. (Dafür auch Koppmann S. 384 *contra*: Keller S. 166.)

13. § 130 bezieht sich auch auf § 136, da letzterer nur eine Strafschärfung für § 129 vorschreibt.

Auf § 132 bezieht sich derselbe den Motiven zufolge nicht.

14. Da der § 133 nur Strafschärfungsgründe enthält, so fällt seine Anwendung selbstverständlich da fort, wo Plünderung überhaupt nicht vorliegt und von

§ 131.

Die Plünderung wird mit Gefängniß bis zu fünf Jahren und mit Versetzung in die zweite Klasse des Soldatenstandes bestraft.

[Entw. § 142] cf. §§ 133. 136.

§ 132.

Boshafte oder muthwillige Verheerung oder Verwüstung fremder Sachen im Felde wird mit Freiheitsstrafe bis zu zwei Jahren, in schweren Fällen der Plünderung gleich bestraft.

[Entw. § 143] cf §§ 133. 136.

---

einer Strafschärfung somit nicht die Rede sein kann. In einem solchen Falle bleibt aber immerhin noch zu prüfen, ob die erfolgte Körperverletzung oder Tödtung eines Menschen nicht an und für sich den Thatbestand einer strafbaren Handlung ausmacht. (Motive zu § 144 d. E.)

15 Unter „Lebensmittel" begreift § 130 auch diejenigen Genußmittel, welche, wie z. B. Taback, bei Einzelnen Lebensbedürfnisse bilden (Motive.)

Zu § 131.

16. „Gefängniß" beträgt im Minimum 6 Wochen und 1 Tag (§ 17.)

§ 132.

Inhalt

1. Auch Militärbeamte und das Gefolge des kriegführenden Heeres können sich gegen den § 132 vergehen.

2. Der § 132 lehnt an § 150 des Preußischen und an Artikel 171 des Bayerischen Militär-Strafgesetzbuchs sich an.

Während § 150 die muthwillige oder boshafte Zerstörung fremden Eigenthums in Kriegszeiten verbietet, bedroht Artikel 171 die rechtswidrige Verheerung fremden Eigenthums im Felde mit Strafe.

In Verbindung beider Vorschriften hat § 132 die boshafte oder muthwillige Verheerung oder Verwüstung fremder Sachen im Felde für strafbar erklärt. (Motive.)

3. Unter „Verheerung" oder „Verwüstung" ist die Zerstörung oder Beschädigung fremden Eigenthums in größerem Maßstabe, nicht aber eine geringfügigere Eigenthumsbeschädigung, wie das Einschlagen eines Fensters, das Zerbrechen eines Gefäßes und dergl, verstanden. (Oberniedermayer S. 604.)

4. Nur die „boshafte" oder „muthwillige" Verheerung oder Verwüstung ist strafbar. Die Zerstörung fremden (öffentlichen oder im Privatbesitz befindlichen) Eigenthums, insoweit dieselbe zur Ausführung der Kriegsoperationen erforderlich oder eine nothwendige Folge derselben ist, gehört selbstverständlich nicht zu den unerlaubten Handlungen. (Fleck S. 195.)

Liegt eine kriegsverrätherische Absicht zu Grunde, so kommen §§ 57 und 58 zur Anwendung.

Daß die boshafte oder muthwillige Verheerung oder Verwüstung unter Benutzung des Kriegsschreckens oder überhaupt unter Mißbrauch der militärischen Ueberlegenheit begangen worden, ist nicht erforderlich. (Dafür auch Koppmann S. 386.)

5. Die „fremden Sachen" können dem Feinde oder dem Freunde gehören, sie können im öffentlichen oder im Privatbesitz, beweglich oder unbeweglich sein.

Wird die Verheerung oder Verwüstung an Sachen eines Deutschen oder eines

§ 133.

Wird die Plünderung oder eine ihr gleich zu bestrafende Handlung unter Gewaltthätigkeit gegen eine Person begangen, so ist auf Zuchthaus bis zu zehn Jahren zu erkennen. Ist durch die Gewaltthätigkeit eine schwere Körperverletzung verursacht worden, so tritt Zuchthaus nicht unter zehn Jahren und, wenn der Tod eines Menschen verursacht worden ist, Todesstrafe, in minder schweren Fällen lebenslängliches Zuchthaus ein.

Angehörigen eines verbündeten Staates begangen, so tritt nach § 136 härtere Strafe ein.

6. Wegen des Begriffs „im Felde" siehe §§ 9 und 10.

7. „Freiheitsstrafe" ist von einem Tage bis zu 6 Wochen resp. 4 Wochen inklusive Arrest, von sechs Wochen und einem Tage ab Gefängniß oder Festungshaft. Strenger Arrest ist nur gegen denjenigen zulässig, welcher wegen eines militärischen Verbrechens oder Vergehens bereits mit einer Freiheitsstrafe bestraft worden ist (§ 22 Abs. 3).

8. Ob ein „schwerer Fall" vorliegt oder nicht, ist Sache der thatsächlichen Beurtheilung. Die Strafe ist in einem solchen Falle nach § 131 Gefängniß von 6 Wochen und 1 Tage bis zu fünf Jahren und Versetzung in die zweite Klasse des Soldatenstandes. Sind dabei Gewaltthätigkeiten gegen eine Person begangen, so kommt § 133 zur Anwendung, falls nicht § 136 Platz greift.

9. Da die im § 132 bezeichnete Handlung bloß der Plünderung gleich bestraft wird, nicht aber auch als Plünderung gilt, findet der im § 130 vorgesehene Straflosigkeitsgrund keine Anwendung. (Motive.)

§ 133.

Inhalt

1. § 133 bezieht sich auf den Fall des § 129 und die schweren Fälle des § 132.

Die von § 133 in Absatz 1 aufgestellten, bei Bestrafung der Plünderung oder einer ihr gleich zu bestrafenden Handlung zu würdigenden Strafschärfungsgründe sind in sich gerechtfertigt. So bedarf es keiner weiteren Begründung, daß es für einen Strafschärfungsgrund zu erachten, wenn die Plünderung oder eine ihr gleich zu bestrafende Handlung unter Gewaltthätigkeit gegen eine Person begangen worden ist. Ebenso ist es außer Zweifel, daß, wenn bei einer solchen Handlungsweise durch die Gewaltthätigkeit ein Mensch körperlich schwer verletzt worden ist, eine noch härtere Strafe eintreten muß, und daß selbst diese Strafe noch zu erhöhen ist, wenn nicht blos eine schwere Körperverletzung, sondern der Tod eines Menschen durch die Plünderung verursacht worden. Daß für diesen letzteren Fall die Todesstrafe angedroht ist, entspricht den Strafpositionen des Gesetzes.

Wenn § 133 im Absatz 2 bestimmt, daß die Rädelsführer einer unter Gewaltthätigkeit gegen eine Person begangenen Plünderung oder derselben gleich zu bestrafenden Handlung stets wie die Thäter bestraft werden sollen, auch wenn sie selbst keinerlei Gewaltthätigkeit begangen haben, so stimmt dies mit den in §§ 115 und 125 des Strafgesetzbuches für das Deutsche Reich anerkannten Grundsätzen überein.

Wird eine solche That von Mehreren begangen, so kann zwar derjenige von ihnen, welcher weder Rädelsführer ist, noch Gewaltthätigkeiten verübt, nicht wie ein solcher Thäter bestraft werden, welcher dergleichen verübt hat. Wohl aber ist es gerechtfertigt, ihn höher zu strafen, als wenn er sich an einer ohne Gewaltthätigkeit begangenen Handlung betheiligt hätte. Das Gesetz hat darum die gegen Plünderung

In gleicher Weise werden die Rädelsführer bestraft, wenn die That von Mehreren begangen wird. Diejenigen, welche sich an einer solchen That betheiligen, ohne selbst eine Gewaltthätigkeit gegen eine Person zu begehen, trifft Gefängniß bis zu zehn Jahren; zugleich ist auf Versetzung in die zweite Klasse des Soldatenstandes zu erkennen.

[Entw. § 144.]

§ 134.

Wer im Felde in der Absicht rechtswidriger Zueignung

---

im Höchstbetrag von fünf Jahren angedrohte Strafe für den in Rede stehenden Fall bis auf zehn Jahre erhöht. (Motive.)

2. „Unter" Gewaltthätigkeit rc. ist eine Plünderung rc. verübt, wenn sie das Mittel zur Verübung der Plünderung rc. war. Die neben der Plünderung rc. begangenen Gewaltthätigkeiten sind als selbstständige Strafthaten anzusehen.

3. „Gewaltthätigkeit" ist jede Thätigkeit, welche eine Anwendung körperlicher Kraft erheischt.

4. Die Gewaltthätigkeit muß gegen „eine Person" verübt sein. Gewaltthätigkeiten gegen Sachen gehören nicht hierher. Aus dem ad 2 Gesagten folgt, daß die Person, gegen welche die Gewaltthätigkeit sich gerichtet, bestrebt gewesen sein muß, die Plünderung oder Verheerung zu verhindern, resp. daß sie dem Zweck der Plünderung oder Verheerung hindernd im Wege stand.

5. Was den Begriff der „schweren Körperverletzung" betrifft, so schließt sich hierbei § 133 stillschweigend den im § 224 des Strafgesetzbuches für das Deutsche Reich enthaltenen Bestimmungen an. Es liegt mithin eine solche vor, wenn die vorsätzliche Körperverletzung zur Folge hat, daß der Verletzte ein wichtiges Glied des Körpers, das Sehvermögen auf einem oder beiden Augen, das Gehör (auf beiden Ohren), die Sprache, oder die Zeugungsfähigkeit verliert, oder in erheblicher Weise dauernd entstellt wird oder in Siechthum, Lähmung oder Geisteskrankheit verfällt. (Motive.)

6. Was unter „minder schweren Fällen" zu verstehen sei, ist in Anm. 11 zu § 58 ausgeführt.

7. Hinsichtlich des Begriffs „Rädelsführer" siehe Anm. 7 zu § 72. Den Rädelsführer trifft die Strafe des 1. Absatzes, auch wenn er selbst keine Gewaltthätigkeit verübt hat, dieselbe vielmehr von Anderen verübt worden ist, deren Leiter resp. Berather er war. Hat der Rädelsführer sich selbst Gewaltthätigkeiten zu Schulden kommen lassen, so findet ohnehin Absatz 1 auf ihn Anwendung.

8. „Mehrere" sind schon zwei.

9. „Betheiligt" ist sowohl der Mitthäter als der Theilnehmer (Anstifter, Gehülfe).

10. „Gefängniß" bis zu zehn Jahren beginnt mit 6 Wochen und 1 Tage (§§ 16. 17), Zuchthaus mit 1 Jahre (§ 14 RStGB.).

11. Da der § 133 nur Strafschärfungsgründe enthält, so fällt seine Anwendung selbstverständlich da fort, wo in Gemäßheit des § 130 eine strafbare Handlung überhaupt nicht vorliegt und von einer Strafschärfung somit nicht die Rede sein kann. In einem solchen Falle bleibt aber immerhin noch zu prüfen, ob die erfolgte Körperverletzung oder Tödtung eines Menschen nicht an und für sich den Thatbestand einer strafbaren Handlung bildet. (Motive.)

12. Ist die unter Gewaltthätigkeit gegen eine Person verübte Plünderung rc. gegen einen Deutschen oder einen Angehörigen eines verbündeten Staates begangen, so greift § 136 Platz.

§ 134.

Inhalt:

einem auf dem Kampfplatze gebliebenen Angehörigen der deutschen oder verbündeten Truppen eine Sache abnimmt, oder einem Kranken oder Verwundeten auf dem Kampfplatze, auf dem Marsche, auf dem Transporte oder im Lazareth, oder einem seinem Schutze anvertrauten Kriegsgefangenen eine Sache wegnimmt oder abnöthigt, wird mit Zuchthaus bis zu zehn

1. § 134 findet außer auf Personen des Soldatenstandes auch auf Militärbeamte (§ 173), das Gefolge des kriegführenden Heeres (§§ 155 und 157) und auf Ausländer oder Deutsche Anwendung, welche während eines gegen das Deutsche Reich ausgebrochenen Krieges auf dem Kriegsschauplatze sich der in diesem Paragraphen mit Strafe bedrohten Handlung schuldig machen (§ 60).

2. Wegen des Begriffs „im Felde" siehe §§ 9 und 10

3. Während der § 129 als gesetzgeberischen Grund für die höhere Strafwürdigkeit des als Plünderung sich charakterisirenden offenen Diebstahls den Umstand ansieht, daß durch Einschüchterung ein an und für sich möglicher Widerstand unterdrückt werde, so berücksichtigt dagegen § 134 diejenigen Fälle des offenen Diebstahls und der Abnöthigung, in welchen ein Widerstand zumeist deshalb unterbleibt, weil die Damnifikaten nicht die Fähigkeit oder Kraft zu einem solchen besitzen.

Im Einzelnen berücksichtigt der vorliegende Paragraph zunächst die Fälle, in welchen eine Person des Soldatenstandes in der Absicht rechtswidriger Zueignung einem Kranken oder Verwundeten auf dem Kampfplatze, auf dem Marsche, auf dem Transport oder im Lazareth eine Sache wegnimmt oder abnöthigt. In Ansehung der Hülflosigkeit dieser Personen und deren Unfähigkeit zum Widerstande wird ein solcher Fall zumeist eben so strafwürdig sein, als wenn eine Plünderung unter Gewaltthätigkeit gegen eine Person begangen ist. Dem entsprechend hat § 134 die für jene Art der Plünderung im § 133 angedrohte Strafe von Zuchthaus bis zu zehn Jahren auch hier angedroht. Doch hat der Gesetzgeber sich nicht der Erwägung entziehen können, daß die Handlung in einzelnen Fällen nicht mit einer so hohen Strafe zu ahnden sei und folgeweise angeordnet, daß in minder schweren Fällen Gefängnißstrafe bis zu fünf Jahren, und Versetzung in die zweite Klasse des Soldatenstandes einzutreten habe, auch auf Verlust der bürgerlichen Ehrenrechte erkannt werden könne, sobald die Voraussetzung des § 32 RStGB. zutrifft.

Dieselbe Strafe ist für den Fall bestimmt, wenn Jemand in gleicher Absicht eine fremde bewegliche Sache einem, seinem Schutze anvertrauten Kriegsgefangenen offen wegnimmt. Denn es wird in der Regel die Annahme zutreffen, daß ein solcher Kriegsgefangener sich nicht in der Lage befindet, der Wegnahme einen geeigneten Widerstand entgegensetzen zu können.

§ 134 hat schließlich dieselbe Strafe auch gegen diejenige Person des Soldatenstandes verhängen zu müssen geglaubt, die in der Absicht rechtswidriger Zueignung einem auf dem Kampfplatze gebliebenen Angehörigen der Deutschen oder verbündeten Truppen eine Sache abnimmt. Der Sinn für Menschlichkeit gebot die Vorschrift. Nicht nur, daß der Leichnam eines solchen Gefallenen nach der Anschauung des Volkes mit besonderem Schutze ausgestattet ist. Die Erfahrung lehrt auch, daß die sogenannten Leichenräuber oft gerade an Verwundeten die Diebstähle begehen und in rohester Weise dieselben dem Tode erst zuführen. Die Schwierigkeit des Beweises, ob ein als todt gefundener Beraubter bereits bei der Beraubung todt gewesen, macht es nothwendig, dieselbe Strafe gegen denjenigen, der einen Verwundeten bestiehlt, wie gegen denjenigen anzudrohen, der den Diebstahl gegen einen Todten begeht.

Gern hätte, wie die Motive besagen, der Gesetzgeber bei dieser Strafsatzung keinerlei Unterschied in Bezug darauf gemacht, ob der auf dem Kampfplatze Gebliebene den Deutschen oder den verbündeten Truppen oder ob er den feindlichen Truppen angehört. Wird doch von Deutscher Seite jedem Gebliebenen derselbe Frieden gewährt. Die Ungewißheit aber, ob auch der Feind jederzeit diesem Grundsatze beipflichten werde, oder ob er nicht vielmehr die Sachen seines gebliebenen Gegners zeitweilig als dem Beuterechte unterworfen erklären möchte, machte es erforderlich, eine gesetzliche Bestimmung über den Schutz gefallener Feinde nicht aufzunehmen und

Jahren, in minder schweren Fällen mit Gefängniß bis zu fünf Jahren und Versetzung in die zweite Klasse des Soldatenstandes bestraft; zugleich kann auf Verlust der bürgerlichen Ehrenrechte erkannt werden.

[Entw. § 145.]

§ 135.

Wer im Felde als Nachzügler Bedrückungen gegen die Landeseinwohner begeht, wird wegen Marodirens mit Gefängniß von sechs Monaten bis zu fünf Jahren bestraft; zugleich kann auf Versetzung in die zweite Klasse des Soldatenstandes erkannt werden.

---

durch die verbleibende Möglichkeit der Androhung einer Retorsion auch den inhumanen Feind zur Wahrung jenes Schutzes zu nöthigen.

Dadurch, daß der § 134 die rechtswidrige Beraubung eines todten Feindes nicht unter Strafe stellt, folgt übrigens nicht, daß das Gesetz eine solche Handlung hat straflos lassen wollen. Ausweislich § 128 ist dieselbe immerhin als eigenmächtiges Beutemachen unbedingt strafbar. (Motive.)

4. Die Absicht der „rechtswidrigen Zueignung" setzt voraus, daß der Thäter die Sache, ohne dazu ein Recht zu haben, in sein Vermögen und sich in die Lage bringen wollte, die Rechte eines Eigenthümers über dieselben ausüben zu können (cf. Oppenhoff Anm. 41 u. 43 zu § 242.)

5. Daß die Abnahme, Wegnahme und Abnöthigung „offen" geschehen müsse, ist in den Motiven (cf. Anm. 3) ausdrücklich hervorgehoben worden und folgt auch, obwohl es im Text fehlt, aus der Stellung des § 134 und der Gleichmäßigkeit der in demselben und dem § 129 gewählten Ausdrücke.

Koppmann's Ansicht (S. 392), daß das Wort „offen" vor „abnimmt", „wegnimmt" und „abnöthigt", welches in dem der Immediatkommission vorgelegten Entwurfe sich befunden, absichtlich elidirt worden und in den Motiven das Wort offen nur aus Versehen stehen geblieben sei, ist nicht zutreffend, da der ganze Inhalt der Motive dem entschieden widerspricht.

Uebrigens wird die Beraubung eines auf dem Kampfplatze gebliebenen Angehörigen der Deutschen Armee rc. fast immer eine „offene" sein, da meistentheils auch noch Lebende (Verwundete) zugegen sein werden, welche unter anderen Umständen die Abnahme voraussichtlich nicht gestattet haben würden (cf. Anm. 6 und 9 zu §§ 129—131.

6. „Angehörige" der Deutschen oder verbündeten Truppen sind nicht nur Personen des Soldatenstandes sondern auch Militärbeamte und das Gefolge.

7. Was unter „minder schweren Fällen" zu verstehen sei, ist in Anm. 11 zu § 58 erörtert.

8. Zuchthaus beträgt im Minimum 1 Jahr, Gefängniß sechs Wochen und einen Tag (§ 14 RStGB., §§ 16. 17 Mil. StGB. f. d. D. R.).

9. Die Versetzung in die 2. Klasse des Soldatenstandes ist bei Annahme minder schwerer Fälle obligatorisch, die Verhängung des Verlustes der bürgerlichen Ehrenrechte fakultativ. Selbstverständlich ist letztere nur zuläsig, wenn aus § 134 mindestens auf drei Monate Gefängniß erkannt worden ist (§ 32 RStGB.)

§ 135.

Inhalt:

1. Wegen Anwendbarkeit des § 135 auf andere als auf Personen des Soldatenstandes siehe Anm. 1 zu §§ 129—131.

Wird die Handlung von Mehreren begangen, die sich zur fortgesetzten Bedrückung der Landeseinwohner verbunden haben, oder artet dieselbe in eine Plünderung oder in eine derselben gleich zu bestrafende Handlung aus, so tritt gegen jeden Betheiligten Zuchthaus bis zu zehn Jahren ein.

[Entw. § 146.]

---

2. Wegen des Begriffs „im Felde" siehe §§ 9 und 10.

3a. Gleich wie § 152 Theil I des Preußischen Militär-Straf-Gesetzbuchs und Artikel 173 des Bayerischen Militär-Strafgesetzbuchs bedroht der vorliegende Paragraph das Marodiren mit Strafe.

Marodeure pflegt man diejenigen Personen des Soldatenstandes zu nennen, welche im Kriege nicht bei den kriegführenden Truppen bleiben, sich vielmehr von denselben in der Absicht entfernen, Plünderungen oder Erpressungen gegen die Landesbewohner auszuüben und diese Absicht demnächst auch ausführen.

Es bedarf kaum weiterer Erörterung, daß diese wohlüberlegte und vorbereitete Art der Begehung solcher Handlungen sowohl im Interesse der militärischen Disziplin und Mannszucht, wie auch zur Beruhigung der Landesbewohner schwerer zu bestrafen ist, als die Handlungen an und für sich zu bestrafen wären. Das Gesetz bedroht deshalb das Marodiren mit der gegen Plünderung angedrohten Strafe in geschärftem Maße.

Den Thatbestand will übrigens der § 135 wesentlich von dem in dem Preußischen und dem Bayerischen Militär-Straf-Gesetzbuche vorgesehenen unterscheiden. Nach diesen beiden Gesetzbüchern ist nämlich der Thatbestand bereits dann erfüllt, wenn Personen des Soldatenstandes, die im Felde von ihrer Abtheilung — wenn auch nur zufällig — abgekommen sind oder dieselbe verlassen haben, unberechtigte Forderungen an Landesbewohner stellen oder denselben Sachen wegnehmen, so daß also das Zurückbleiben von der Abtheilung und das demnächstige Plündern oder Erpressen in keinem Kausalzusammenhange zu stehen braucht.

Nach dem § 135 ist dagegen der Thatbestand nur dann erfüllt, wenn das Zurückbleiben nicht zufällig, sondern in der Absicht geschehen ist, um die demnächst auch begangene Erpressung oder Plünderung auszuführen.

Das Gesetz glaubte diese Beschränkung aufnehmen zu müssen. Denn einestheils entspricht sie dem Sprachgebrauche, anderentheils aber darf der etwa zufällig eingetretene Umstand, daß Jemand von der Truppe zurückgeblieben ist, nicht Grund zur Strafschärfung sein, wenn derselbe eine strafbare Handlung begeht. Indem § 135 vorschreibt:

> „wer im Felde als Nachzügler Bedrückungen gegen die Landeseinwohner begeht, wird wegen Marodirens .... bestraft",

so hat er jener Absicht in zwiefacher Weise Ausdruck geben wollen. (Motive.)

b. Unter „Nachzüglern" versteht § 135 also nur solche Personen, die absichtlich und in schuldhafter Weise von ihrem Truppentheil sich entfernt haben, um gegen die Landesbewohner Bedrückungen vorzunehmen. (Motive.)

Nach Keller und Koppmann (S. 171 resp. 395) gehören dazu auch diejenigen, welche zwar Anfangs zufällig von der Truppe abgekommen sind, demnächst aber in der Absicht, die Landesbewohner zu bedrücken, den Anschluß unterlassen.

4 Eine „Bedrückung" ist nicht nur vorhanden, wenn den Landeseinwohnern Sachen weggenommen oder abgenöthigt werden, sondern schon dann, wenn unberechtigte Forderungen, z. B. von Essen und Trinken, oder sonstige ungebührliche Zumuthungen an den durch das Benehmen des Thäters eingeschüchterten Landeseinwohner gestellt werden (Brauer S. 161, cf. auch Koppmann S. 395). Daß der Forderung des Marodeurs entsprochen, z. B. der verlangte Wein vorgesetzt werde, ist zum Thatbestande nicht erforderlich (Brauer S. 161, cf. auch Koppmann S. 395).

5. Was den Ausdruck „Landeseinwohner" betrifft, so begreift dieser, in dem § 152 Theil I des Preußischen Militär-Strafgesetzbuchs und im Artikel 5 der Genfer Konvention zur Verbesserung des Looses der Verwundeten im Kriege vom 22. August 1864 gleichfalls enthaltene Ausdruck nicht bloß die Staatsangehörigen,

§ 136.

Wird eine nach den §§ 129 bis 133 und 135 strafbare Handlung gegen einen Deutschen oder einen Angehörigen eines verbündeten Staats begangen, so ist auf erhöhte Strafe und, wenn in den allgemeinen Strafgesetzen eine härtere Strafe angedroht ist, auf diese letztere zu erkennen.

[Entw. § 147.]

Es sind darunter vielmehr alle Einwohner des eigenen oder fremden Staates zu verstehen, wie denn auch der einschlägige Artikel 173 des Bayerischen Militär-Strafgesetzbuchs gerade dieses Wort gebraucht. (Motive)

6. Das Gesetz nennt die ad 4 bezeichneten Handlungen der Nachzügler „Marodiren", um durch diese dem oben ad 2 erwähnten Sprachgebrauche entsprechende Benennung die Erfordernisse des Thatbestandes deutlich zu kennzeichnen. (Motive.)

7. Die in Absatz II des vorliegenden § 135 enthaltene Strafschärfung rechtfertigt sich durch die hohe Gefährlichkeit der in Rede stehenden Handlungen.

Die härteren Strafbestimmungen desselben finden Anwendung

1) auf Nachzügler, welche in Banden marodiren,
2) auf Nachzügler, welche statt der bloßen Bedrückung Plünderung oder eine Verheerung oder Verwüstung begehen, welche sich als einen schweren Fall qualifizirt (cf. §§ 129 und 132).

8. Mehrere „Nachzügler" sind auch schon zwei.

9. Eine „Verbindung zu fortgesetzter Bedrückung ꝛc" liegt nur da vor, wo dieselbe eine Mehrheit nicht vorher individuell bestimmter Arten von Bedrückung zum Gegenstande hat (Oppenhoff, Anm. 78 zu § 243 Nr 6).

Haben sich Mehrere zu einer einmaligen Bedrückung verbunden, so liegt der Fall des § 135 Abs. 2 nicht vor.

10 Ist die That gegen einen Deutschen oder einen Angehörigen eines verbündeten Staates begangen, so greift § 136 Platz.

§ 136.

1. Die Vorschrift des § 136, daß, wenn eine nach den §§ 129—133 und 135, nicht aber dem § 134 strafbare Handlung gegen einen Deutschen oder einen Angehörigen eines verbündeten Staates begangen wird, auf erhöhte Strafe (§ 53) und, wenn in den allgemeinen Strafgesetzen eine härtere Strafe angedroht worden, auf diese letztere zu erkennen sei, beruht auf der Fürsorge eines möglichst großen Schutzes der bezeichneten Personen. Insbesondere ist es unter den bezeichneten Voraussetzungen geboten, eine jede strafbare Handlung, welche gegen jene Personen oder deren Eigenthum begangen wird, nach den allgemeinen Strafgesetzen zu ahnden. Denn mag es auch gerechtfertigt sein, aus dem Kriegsleben Strafmilderungsgründe zu entnehmen, wenn ein Soldat sich gegen Angehörige eines feindlichen Staates oder deren Eigenthum vergeht, so erscheint dies unzulässig in Ansehung solcher Handlungen, welche der Soldat gegen seine Mitbürger oder deren Eigenthum oder gegen die Bürger des verbündeten Staates oder deren Eigenthum verübt. (Motive.)

2. Kommt die härtere Strafe des bürgerlichen Strafgesetzbuches zur Anwendung, so liegt ein bürgerliches und kein militärisches Verbrechen vor. (Raub, Erpressung, schwerer Diebstahl ꝛc.)

Neunter Abschnitt.

Andere widerrechtliche Handlungen gegen das Eigenthum.

§ 137.

Wer vorsätzlich und rechtswidrig einen Dienstgegenstand beschädigt, zerstört oder preisgiebt, wird mit Freiheitsstrafe bis zu zwei Jahren bestraft; in besonders schweren Fällen kann zugleich auf Versetzung in die zweite Klasse des Soldatenstandes erkannt werden.

[Entw. § 148.]

Disziplinarbestrafung in leichteren Fällen zulässig. § 3 d. EG.

---

§ 137.

Inhalt

Antrag nicht erforderlich 2.	Disziplinarbestr. 9.	Preisgeben 8.
Arrest 9.	Fahrlässigkeit 3.	Rechtswidrig 4.
Beschädigung 6.	Freiheitsstr.: 9.	Schwerer Fall 10.
Beurlaubtenst. 1.	Gefolge 1.	Versuch: 11.
Dienstgegenst. 5.	Kriegsgef. 1.	Vorsätzlich 3.
	Militärbeamte: 1.	Zerstören 7.

1. Außer auf Personen des Soldatenstandes findet § 137 nur noch auf das Gefolge des kriegführenden Heeres und auf die Kriegsgefangenen Anwendung (§§ 155 bis 157. 158). Militärbeamte sind den Bestimmungen desselben selbst im Felde nicht unterworfen, Personen des Beurlaubtenstandes nur, wenn sie zum Dienste zugezogen sind (§ 6).

2. Der dem § 154 Theil I des Preußischen Militär-Strafgesetzbuches entsprechende § 137 handelt von der Uebertretung der Vorschriften in Bezug auf die Bewahrung, Behandlung und Verwaltung von Dienstgegenständen. Es bedurfte der Aufnahme der einschlägigen Vorschriften in das Gesetz um das Vergehen zu einem militärischen zu machen und dadurch die Verfolgung desselben von Amtswegen zu ermöglichen (§ 51), nicht aber, wie in § 303 des Strafgesetzbuches für das Deutsche Reich angeordnet, von dem Antrage des Verletzten abhängen zu lassen. Es würde zumal mannigfachen Zweifeln ausgesetzt sein, wer bei Beschädigung eines Dienstgegenstandes als Verletzter anzusehen. (Motive.)

3. „Vorsätzlich" muß das Beschädigen, Zerstören oder Preisgeben verübt sein, um unter die Strafbestimmung des § 137 zu fallen. Geschieht die Handlung aus Fahrlässigkeit, so liegt ein Disziplinarvergehen vor, welches eventuell als fahrlässige Beschädigung, als Verderbenlassen resp. Verbringen auf Grund des § 92 Mil.-StGB. f. d. D. R. (cf. Kriegs-Artikel 37) gerichtlich geahndet werden kann (cf. Anm. 4 zu § 92).

4. „Rechtswidrig" ist jedes vorsätzliche Beschädigen, Zerstören oder Preisgeben, zu welchem nicht Seitens des zuständigen Vorgesetzten ausdrückliche Ermächtigung ertheilt ist.

5. Die „Dienstgegenstände" können in Waffen, Munition, Montirungsstücken oder anderen Gegenständen zur Ausrüstung des Heeres, in Löhnung, verzehrbaren Gegenständen zur Natural-Verpflegung der Mannschaften, Futter für die Pferde, den Dienstpferden selbst, Materialien, Bureau-Bedürfnissen der Militär-Verwaltung, Kasernen- oder Lazareth-Utensilien oder in anderen Sachen bestehen, welche dem Militärfiskus gehören und zum dienstlichen Gebrauche irgend wie bestimmt sind (cf. Fleck Anm. 2 zu §§ 154. 155; Koppmann S. 400). Ob der Dienstgegenstand dem Angeschuldigten zur eigenen Benutzung übergeben war oder nicht, ist gleichgültig. (Beschluß des Preuß. Gen.-Auditoriats vom 28. März 1873 Nr. 15.)

Die Motive zu dem im Wesentlichen gleichlautenden § 148 des Entwurfes besagen in dieser Hinsicht:

„Eine Beschränkung des Thatbestandes auf Beschädigen, Zerstören oder Preisgeben von nur zur eigenen Benutzung gegebenen Dienstgegenständen,

§ 138.

Wer bei Ausübung des Dienstes oder unter Verletzung eines militärischen Dienstverhältnisses sich eines Diebstahls oder einer Unterschlagung an Sachen schuldig macht, welche ihm

---

wie in dem Eingangs (Anm. 2) erwähnten § 154 Theil I Preußischen Mil.-StGB. geschehen, hat der Entwurf nicht für angemessen erachtet. Er hat vielmehr geglaubt, auch die Beschädigung ꝛc. des Dienstgegenstandes eines Anderen von Amtswegen verfolgen lassen zu müssen."

6. Als „Beschädigung" ist jede körperliche Einwirkung, durch welche der Dienstgegenstand eine Beeinträchtigung der Brauchbarkeit zu der ihm eigenthümlichen Zweckbestimmung erleidet anzusehen; wie im Uebrigen auf den Dienstgegenstand eingewirkt wird, ob mechanisch, chemisch, oder in irgend einer anderen Weise, ist gleichgültig (Oppenhoff Anm. 8 zu § 303).

7. „Zerstörung" ist eine Beschädigung (Anm. 6) höheren Grades, durch welche die Brauchbarkeit gänzlich aufgehoben wird.

8. „Preisgeben" ist die Entäußerung eines Dienstgegenstandes — gleichgültig ob derselbe dem Thäter zur eigenen Benutzung übergeben ist oder nicht — ohne gewinnsüchtige Absicht. Ist dieselbe in gewinnsüchtiger Absicht geschehen, so liegt eine rechtswidrige Zueignung vor, welche als Diebstahl oder Unterschlagung unter die Strafbestimmung des § 138 fällt (cf. Beschluß des Preußischen General-Auditoriats vom 28. März 1873 Nr. 15; siehe auch Anm. 4 zu § 138).

9. „Freiheitsstrafe bis zu zwei Jahren" ist bis zu sechs Wochen incl. Arrest, darüber hinaus Gefängniß oder Festungshaft (§§ 16. 17). Bei Anwendung von Arrest ist § 22 zu beobachten. In leichteren Fällen ist Disziplinarbestrafung zulässig. Die Strafe darf in diesem Falle nur in strengem, mittlerem oder gelindem resp. Stuben-Arrest, niemals in Kasernen- oder Quartier-Arrest bestehen. (Anm. 3 zu § 3 d. EG.)

10. Die Entscheidung der Frage, ob ein besonders schwerer Fall anzunehmen sei oder nicht, ist Sache der thatsächlichen Beurtheilung. Der Richter ist hierbei durch das Gesetz in keiner Weise gebunden. Das Wort „besonders" vor „schweren Fällen" dürfte andeuten, daß die Versetzung in die zweite Klasse des Soldatenstandes der Regel nach selbst in schwereren Fällen nicht angezeigt erscheint und nur dann ausgesprochen werden soll, wenn besondere Umstände den Fall als einen in objektiver Beziehung besonders strafwürdigen erscheinen lassen.

11. Der „Versuch" dieses militärischen Vergehens ist nicht strafbar, da dies im Gesetz nicht ausdrücklich bestimmt ist (§ 43 RStGB. 2 Mil.-StGB. f. d. D. R.). Die entgegengesetzte Ansicht Koppmanns (S. 401) ist bereits in Anmerkung 1 zu § 2 widerlegt.

§ 138.

Inhalt.

1. Auf Militärbeamte und nicht im Dienst befindliche Personen des Beurlaubtenstandes findet § 138 niemals — bei Ersteren auch nicht im Felde — Anwendung (§§ 153. 6).

Dagegen kann § 138 sehr wohl gegen Kriegsgefangene und das Gefolge des kriegführenden Heeres zur Anwendung kommen, sobald ein kameradschaftliches oder vermöge des Dienstes oder jenes Verhältnisses zugänglich oder anvertraut sind, wird mit mittlerem oder strengem Arrest nicht unter vierzehn Tagen oder mit Gefängniß bis zu fünf Jahren bestraft; zugleich kann auf Verlust der bürgerlichen Ehrenrechte

---

Vorgesetzten-Verhältniß Platz greift oder die Handlung gegen den Quartierwirth oder eine zu dessen Hausstande gehörige Person verübt worden ist.

2. Der § 138 betrifft bestimmte Fälle der in dem Reichs-Straf-Gesetzbuche erörterten Vergehen des Diebstahls und der Unterschlagung.

Die Aufnahme der Strafbestimmungen in das Gesetz ist nur deshalb erfolgt, weil, vom militärischen Standpunkt aus betrachtet, die aufgeführten Fälle so schwer sind, daß es mit der militärischen Disziplin unvereinbar erscheint, wollte man für dieselben einen so niedrigen Strafmindestbetrag zulassen, wie ihn das Strafgesetzbuch für das Deutsche Reich gestattet.

Ausweislich der §§ 242 und 246 dieses Strafgesetzbuches können nämlich der Diebstahl und die Unterschlagung mit nur Einem Tage Gefängniß bestraft werden. Das Gesetz erachtet für die in dem § 138 vorgesehenen Fälle mittleren oder strengen Arrest nicht unter 14 Tagen als Strafmindestbetrag zur Wahrung der militärischen Interessen für dringend nothwendig. (Motive.)

Die in diesem Paragraphen behandelten Vergehen des Diebstahls und der Unterschlagung — die Entwendung von Nahrungs- oder Genußmitteln 2c. (RStGB. § 375 Nr. 5) gehört nicht hierher — sind somit militärisch qualifizirte Vergehen, welche dem in Anm. 1 zu § 2 Gesagten zufolge mit dem Diebstahl und der Unterschlagung des gemeinen Strafrechts nichts als die Definition gemein haben. Den §§ 242 und 246 RStGB. zufolge begeht

1) einen Diebstahl: wer eine fremde bewegliche Sache einem Anderen in der Absicht wegnimmt, dieselben sich rechtswidrig zuzueignen;
2) eine Unterschlagung: wer eine fremde bewegliche Sache, die er in Besitz oder Gewahrsam hat, sich rechtswidrig zueignet.

Die näheren Erläuterungen der Begriffsmerkmale dieser Vergehen siehe bei Oppenhoff in den Anmerkungen zu den §§ 242 und 246 RStGB. Hier sollen nur kurz die Unterschiede zwischen beiden Vergehen angedeutet werden, um namentlich dem untersuchungsführenden Offizier die Anwendung des § 138 zu erleichtern.

Der Diebstahl unterscheidet sich von der Unterschlagung lediglich dadurch, daß bei ihm die rechtswidrige Zueignung einer fremden beweglichen Sache durch Wegnahme bewirkt wird, d. h. dadurch, daß der Thäter selbst oder durch eine fremde, ohne Dolus wirksame Kraft, die fragliche Sache ohne wirkliche oder vermeintliche Berechtigung und ohne Zustimmung des Besitzers oder Inhabers aus der fremden in die eigene Gewahrsam bringt, während bei der Unterschlagung die rechtswidrige Zueignung einer fremden beweglichen Sache dadurch vollzogen wird, daß der Thäter über die ohne Wegnahme in seinen Besitz oder seine Gewahrsam gelangte (ihm z. B. geliehene, verpfändete, bei ihm niedergelegte oder von ihm gefundene) Sache mit dem Bewußtsein als Eigenthümer disponirt, daß die Sache eine fremde und die Zueignung rechtswidrig sei. (Ein solches Disponiren als Eigenthümer ist z. B. auch in dem Verpfänden der Sache zu finden.)

Die Gewahrsam ist nicht nothwendig durch die Wissenschaft bedingt, daß die Sache überhaupt und wo sie existire, sobald sie sich nur objektiv in einer Lage befindet, in welcher sie unserer ausschließlichen Willensbestimmung unterliegt.

Daher hat der Inhaber einer geschlossenen Räumlichkeit gleichzeitig alle in derselben befindlichen Sachen, insoweit sie dort nicht thatsächlich der Willensbestimmung eines Andern unterworfen sind, in seiner Gewahrsam.

Die Gewahrsam geht verloren entweder durch das Aufhören des Willens, die Sache inne zu haben (also z. B. durch Verleihen, Verpfänden, Niederlegen, Anvertrauen) oder durch den Eintritt eines thatsächlichen Verhältnisses, nach welchem sie der Willensbestimmung des Betreffenden nicht mehr unterworfen ist, sei es, daß er nicht mehr zu der Sache gelangen kann (z. B. dadurch, daß er sie verliert), oder daß diese (in erkennbarer Weise) in eine Lage gekommen ist, in welcher sie der ausschließlichen Willensbestimmung eines Andern unterliegt. Hieraus folgt, daß der

erkannt werden. Gleiche Strafe trifft denjenigen, welcher einen Diebstahl oder eine Unterschlagung gegen einen Vorgesetzten oder einen Kameraden, gegen seinen Quartierwirth oder eine zu dessen Hausstand gehörige Person begeht.

Inhaber der Gewahrsam diese durch eine Entfernung vom Orte, wo sich die Sache befindet, noch nicht verliert, so lange er noch in der Lage ist, durch Rückkehr oder aus der Entfernung über sie wirksame Bestimmung zu treffen, z. B. wenn ein Fuhrmann sein angebundenes Pferd stehen läßt.

Aehnlich verhält es sich mit solchen Sachen, welche aus Irrthum, Vergeßlichkeit ꝛc. an einem nahen Orte zurückgelassen sind. Die Gewahrsam dauert fort, insofern nur der Verbleib der Sache dem Gedächtniß nicht entschwunden ist und keine äußeren Hindernisse obwalten, dieselbe zurückzuholen.

Auch dadurch geht die Gewahrsam nicht verloren, daß der Herr seinem Dienstboten, der Offizier seinem Burschen, Sachen zur Ausführung einer aufgetragenen Arbeit, zur Beaufsichtigung, Verwahrung oder zeitweisen Benutzung in seinen eigenen Räumen überläßt, oder wenn er dem Dienstboten, dem Burschen, die Schlüssel zu den die Sachen enthaltenden Gelassen anvertraut hat.

Dasselbe gilt von Sachen, welche in dienstlichen Räumen, z. B. in der Kammer, dem Soldaten zur Bearbeitung, Verpackung ꝛc. überlassen werden.

Darum kann der Soldat in der Kasernenstube, im Bürgerquartier, in der Kammer, der Bursche in der Wohnung des Offiziers nichts finden, er kann dort nur etwas wegnehmen. (cf. insbesondere Oppenhoff, Anm. 17. 18. 19. 21. 28. 34. 41 u. folg. zu § 242 RStGB.)

3. „Bei Ausübung des Dienstes" ist nicht gleichbedeutend mit „im Dienste" (cf. Anm. 6 zu § 49 und Anm. 9 zu § 55).

4. Ein militärisches Dienstverhältniß ist durch den Diebstahl oder die Unterschlagung verletzt, sobald das militärische Dienstverhältniß des Thäters in irgend welcher Beziehung zu der gestohlenen oder unterschlagenen Sache steht.

Dies greift namentlich Platz, wenn der Soldat die ihm vermöge des Dienstverhältnisses zugänglichen Sachen stiehlt, z. B. der Kapitändarm, der Kammerarbeiter aus der Kammer, der Oekonomie-Handwerker aus der Werkstätte, der Bureauschreiber aus dem Bureau, der Koch aus der Küche ꝛc. und wenn der Soldat die ihm vermöge des Dienstes resp. eines Dienstverhältnisses anvertrauten Dienstgegenstände, insbesondere seine Montirungsstücke, Dienstpferde ꝛc. unterschlägt, d. h. sich derselben — wie bereits in Anm. 8 zu § 137 ausgeführt — in gewinnsüchtiger Absicht (durch Verkauf, Tausch, Verpfändung ꝛc.) entäußert. (cf. Beschluß des Preuß. General-Auditoriats vom 28. März 1873 Nr. 15, Weiffenbach S. 98; Keller S. 176; Koppmann S. 403.)

5. „An Sachen" ist selbstverständlich nicht gleichbedeutend mit „an Dienstgegenständen". Was unter „Sache" und speziell unter einer fremden Sache zu verstehen sei, ist in den Anmerkungen von Oppenhoff zu § 242 näher ausgeführt. An einer herrenlosen (z. B. vom Eigenthümer derelinquirten) Sache ist Diebstahl oder Unterschlagung nicht möglich.

6. Die Sachen müssen nicht blos „zugänglich", sondern auch „vermöge des Dienstes" oder „eines Dienstverhältnisses" zugänglich sein, d. h. es muß die Zugänglichkeit durch den Dienst bedingt sein, mit demselben also in ursächlichem Zusammenhange stehen. Dabei wird aber vorausgesetzt, daß die Sachen sich in dienstlichem Gewahrsam befinden.

Es reicht demnach nicht hin, daß Sachen, die sich im Gewahrsam von Privaten befinden, gelegentlich einer Dienstverrichtung zugänglich werden. Dagegen genügt es, wenn solche in anderweitigem dienstlichem Gewahrsam befindlichen Sachen gelegentlich des Dienstes durch die Hände des Thäters gehen, wenn dieses auch gegen die Instruktion oder gegen Disziplinarvorschriften verstoßen sollte, so z. B. wenn der Kompagnie-Chef dem Kapitändarm in dieser seiner Eigenschaft Behufs Vornahme einer Inventarisirung ꝛc. die Schlüssel zur Kammer vorschriftswidrig überläßt und letzterer an den in solcher Weise zugänglich gewordenen Effekten einen Diebstahl verübt. (Oberniedermayer S. 631 und 632.)

Ist die Handlung ein Verbrechen im Sinne der allgemeinen Strafgesetze, so ist auf die in diesen Gesetzen angedrohte Strafe zu erkennen.

[Entw. § 149.]

---

7. Die Sachen müssen nicht nur „anvertraut", sondern auch „vermöge des Dienstes" oder eines „Dienstverhältnisses" anvertraut sein. Vermöge des Dienstes oder eines Dienstverhältnisses sind nur solche Sachen anvertraut, welche die betreffende Militärperson vermöge ihres Dienstes ꝛc. in Gewahrsam hat, die ihr in dienstlicher Eigenschaft übergeben worden sind. Es genügt mithin nicht, daß ihr Sachen in Veranlassung ihres Dienstes, etwa in Folge des Vertrauens, das man ihr wegen ihrer dienstlichen Stellung schenkte, oder welche zu den Dienstobliegenheiten in keiner Beziehung standen, von Privaten anvertraut worden waren, wohl aber, wenn die dienstliche Anvertrauung instruktionswidrig war, die Empfangnahme der veruntreuten Gelder oder Sachen außer dem Dienste lag oder sogar einem ausdrücklichen Verbote zuwiderlief, so z. B. wenn einer Ordonnanz in dieser ihrer Eigenschaft vorschriftswidrig amtliche Gelder zur alleinigen Ablieferung auf der Post ꝛc. übergeben wurden. (Oberniedermayer S. 631.)

8. Wegen des Begriffs „Vorgesetzter" siehe Anm. 5 zu §§ 92. 93. Kriegsgefangene können niemals Vorgesetzte deutscher Soldaten sein.

9. Unter „Kameraden" sind auch Untergebene zu verstehen.

Nur Personen des aktiven Dienststandes, zu welchen in Preußen auch die Land-Gendarmen gehören, sind unter einander Kameraden, Kriegsgefangene sind es nur unter sich.

Daß den Kameraden ein gemeinschaftlicher Aufenthaltsort angewiesen war, wie es das Preußische Gesetz vom 15. April 1852 verlangte, ist nicht erforderlich.

„Der Begriff der Kameradschaftlichkeit bedingt" — wie Oberniedermayer S. 638 ausführt — „gegenseitiges Vertrauen in ihre Ehrlichkeit und Rechtlichkeit. Das militärische Zusammenleben macht das Vorhandensein dieses gegenseitigen Vertrauens nothwendig, in Beziehung auf die Sicherheit des Eigenthums umsomehr, als sowohl im Garnisons- als im Feldleben dem Soldaten nicht in dem Maße die Schutzmittel vor der nächsten Umgebung geboten sind, welche im gewöhnlichen bürgerlichen Leben angewendet werden können."

10. Daß ein Diebstahl oder eine Unterschlagung (im Sinne des § 138) gegen den Quartierwirth oder eine zu dessen Hausstande gehörige Person dem Kameradendiebstahl ꝛc. gleichgestellt wird, hat darin seinen Grund, daß dieselben eines höheren Rechtsschutzes ihres Eigenthums bedürfen, da sie die bei ihnen Einquartierten in Treue und Glauben auf ihre Redlichkeit bei sich aufnehmen müssen und die Möglichkeit des Selbstschutzes eine geringere ist. (Oberniedermayer S. 644.)

11. Die für Zuwiderhandlungen gegen § 138 Abs. 1 festgesetzte Strafe ist mittlerer oder strenger Arrest nicht unter vierzehn Tagen oder Gefängniß von sechs Wochen und einem Tage bis zu fünf Jahren. Da strenger Arrest ausdrücklich angedroht ist, kann er auch verhängt werden, wenn eine Freiheitsstrafe wegen militärischer Verbrechen oder Vergehen vorher nicht verhängt war. (cf. § 22 Abs. 3.) Im Uebrigen ist bei Anwendung von Arrest § 22 Abs. 2 zu beobachten.

12. Auf „Verlust der bürgerlichen Ehrenrechte" kann nur erkannt werden, wenn die Dauer der Freiheitsstrafe drei Monate erreicht (§ 32 RStGB., 2 Mil.-StGB. f. d. D. R.).

„Der § 138 ist" — wie es in dem Beschlusse des Preußischen General-Auditoriats vom 28. März 1873 wörtlich heißt — „allerdings mit wesentlicher Erweiterung, an die Stelle der §§ 154 und 155 des Preußischen Militär-Strafgesetzbuches getreten, die darin angeführten strafbaren Handlungen sind unter den im Gesetz bestimmten Voraussetzungen in gleicher Weise, wie in dem Preußischen Militär-Strafrechte militärische Vergehen, und deshalb auch besage § 16 a. a. O. mit einer militärischen Strafe bedroht. Da nun das Militär-Strafgesetzbuch für das Deutsche Reich den Verlust der bürgerlichen Ehrenrechte als Strafe für militärische Vergehen nicht kennt, so war die im cit. § 138 enthaltene Bestimmung nothwendig, daß auf diese Strafe erkannt werden könne. Eine weitergehende Bedeutung ist dieser Gesetzesvorschrift nicht zu geben, vielmehr aus der Bestimmung des § 2 a. a. O. nothwendig zu folgern, daß die allgemeine Vorschrift des § 32 des Deutschen Strafgesetzbuches nicht alterirt ist und daß somit auf den Verlust der bürgerlichen Ehrenrechte nur dann erkannt werden darf, wenn die verhängte Freiheitsstrafe die Dauer von 3 Monaten erreicht.

Dagegen ist besage § 37 Nr. 2 des Mil.-StGB. f. d. D. R. die Versetzung in die zweite Klasse des Soldatenstandes von der Höhe der erkannten Strafe unabhängig."

Demnach kann neben Arrest niemals auf Ehrverlust erkannt werden.

Dagegen empfiehlt es sich auf die nach § 37 Abs. 2 Nr. 2 fakultative Versetzung in die zweite Klasse stets dann zu erkennen, wenn nicht ganz besondere, womöglich in den Erkenntnißgründen hervorzuhebende Umstände eine Abstandnahme von Verhängung dieser militärischen Ehrenstrafe wünschenswerth erscheinen lassen.

Eine Straferhöhung wegen Verübung der Handlung während der Ausübung des Dienstes aus § 55 Nr. 2 ist selbstverständlich nur dann zulässig, wenn es sich um einen Diebstahl oder eine Unterschlagung gegen einen Vorgesetzten oder einen Kameraden, gegen den Quartierwirth oder eine zu dessen Hausstand gehörige Person handelt (cf. Anm. 4 zu § 55).

13. Die militärisch qualifizirten Vergehen des Diebstahls und der Unterschlagung (§ 138 Abs. 1 [nicht Abs. 2]) sind keine Antragsdelikte, die Verfolgung derselben ist demnach unabhängig von dem Antrage des Verletzten oder einer anderen zum Antrage berechtigten Person (§ 51).

14. Da § 138 Abs. 1 nicht wie § 247 Abs. 2 RStGB. die spezielle Bestimmung enthält, daß ein Diebstahl oder eine Unterschlagung, welche von Verwandten aufsteigender Linie gegen Verwandte absteigender Linie verübt wird, straflos sein solle, so kann auch die Bestimmung des § 247 Abs. 2 auf die militärischen Vergehen des Diebstahls und der Unterschlagung nicht Anwendung finden (siehe Anm. 1 zu § 2).

15. Wie oben in Anm. 2 ausgeführt, bezweckt der § 138 nur für die daselbst vorgesehenen Fälle des Diebstahls und der Unterschlagung die in den allgemeinen Strafgesetzen angedrohten Strafen dem Mindestbetrage nach zu schärfen. Selbstverständlich ist es deshalb, daß auch für jene Fälle wiederum die allgemeinen Strafgesetze Anwendung finden müssen, wenn diese letzteren wegen hinzutretender Umstände eine sowohl dem Mindest-, wie auch dem Höchstbetrage nach härtere Strafe androhen. Es findet dies bei dem Diebstahl im wiederholten Rückfalle und in den Fällen des sogenannten schweren Diebstahls (§§ 243—245 RStGB.) statt, indem Zuchthaus und bei mildernden Umständen Gefängniß jedenfalls nicht unter drei Monaten angedroht ist. Da jede dieser beiden Arten des Diebstahls, weil mit Zuchthaus bedroht, im Sinne des Strafgesetzbuches für das Deutsche Reich ein „Verbrechen" ist, so ist es folgeweise gerechtfertigt, wenn in einfacher Redaktion der § 138 bestimmt:

> „ist die Handlung ein Verbrechen im Sinne der allgemeinen Strafgesetze, so ist auf die in diesen Gesetzen angedrohte Strafe zu erkennen."
> (Motive.)

Kommen somit beim Vorliegen eines der Fälle der §§ 243—245 RStGB. die Bestimmungen des gemeinen Strafrechts zur Anwendung, so finden auch die für die militärischen Vergehen des Diebstahls und der Unterschlagung ausgeschlossenen Bestimmungen des § 247 RStGB. (cf. Anm. 13 u. 14) für das gemeinstrafrechtliche Verbrechen des Diebstahls Anwendung. Würde hiernach das Verbrechen straflos resp. die Verfolgung desselben wegen mangelnden Antrags ausgeschlossen sein, so würde die That immerhin als militärisches Vergehen nach § 138 Abs. 1 bestraft werden müssen. Dafür auch Koppmann S. 167 (cf. Anm. 3 zu § 51).

16. Der „Versuch" des militärischen Vergehens des Diebstahls und der Unterschlagung ist — wie in Anm. 1 zu § 2 näher ausgeführt ist — nach § 138 nicht strafbar, weil die nach § 43 RStGB. nothwendige ausdrückliche Bestimmung, daß derselbe strafbar sei, vermuthlich aus reinem Versehen in den § 138 nicht Aufnahme gefunden hat.

Da nun aber nach § 10 RStGB. die allgemeinen Strafgesetze des Reichs auf Deutsche Militärpersonen insoweit Anwendung finden sollen, als nicht die Militärgesetze ein Anderes bestimmen, so ist der Versuch der Vergehen des Diebstahls und der Unterschlagung, bei welchen die Voraussetzungen des § 138 zutreffen, nach den Bestimmungen der §§ 242 resp. 246 und nach § 44 RStGB. als gemeines Vergehen zu ahnden.

Dieses Zurückgreifen auf die Bestimmungen des gemeinen Strafrechts bei einem militärisch qualifizirten Vergehen enthält durchaus kein Absurdum, da dies Vergehen seiner innersten Natur nach im gemeinen Strafrecht wurzelt und ein solches Zurückgreifen im Falle des Absatz 2 sogar gesetzlich vorgeschrieben ist. (Dafür Herbst S. 32; Solms S. 63; *contra*: Keller S. 177. 178; Koppmann S. 410 ff.)

Da nun — wie in Anm. 1 zu § 2 näher ausgeführt ist — der Mangel einer ausdrücklichen Vorschrift im § 138, daß der Versuch des militärischen Vergehens des Diebstahls und der Unterschlagung strafbar sei, nur auf einem Versehen zu beruhen scheint, die militärischen Verhältnisse eine solche Vorschrift aber dringend erfordern, so erscheint es geboten, möglichst bald im Wege der Gesetzgebung dem § 138 als dritten Absatz die Worte hinzuzufügen:

„Der Versuch ist strafbar".

17. Die Vorschrift des § 370 Nr. 5 RStGB.

„Mit Geldstrafe bis zu sechszig Mark oder mit Haft bis zu vierzehn Tagen wird bestraft:

5) wer Nahrungs- oder Genußmittel von unbedeutendem Werthe oder in geringer Menge zum alsbaldigen Verbrauche entwendet. Eine Entwendung, welche von Verwandten aufsteigender Linie gegen Verwandte absteigender Linie oder von einem Ehegatten gegen den andern begangen worden ist, bleibt straflos.

In den Fällen der Nr. 5 . . . . tritt die Verfolgung nur auf Antrag ein. Die Zurücknahme des Antrags ist zulässig."

ist den Motiven zufolge durch § 138 in keiner Weise alterirt, sondern kommt auch dann zur Anwendung, wenn im Uebrigen die Voraussetzungen des § 138 zutreffen.

Dabei ist noch hervorzuheben, daß die nur auf Antrag strafbare Entwendung von Nahrungs- oder Genußmitteln auch dann eine Uebertretung bleibt, wenn die erschwerenden Momente des § 243 RStGB. vorliegen.

Die Vorschrift des Kriegs-Artikel 51:

„Der Soldat, der einem Kameraden Eßwaaren, Getränke, Taback oder Gegenstände zum Reinigen oder Ausbessern von Montirungs- oder Armaturstücken, wenn auch nur von unbedeutendem Werthe oder in geringer Menge und zum alsbaldigen eigenen Gebrauche entwendet oder veruntreut, wird nachdrücklich bestraft"

enthält nicht, wie der Artikel 45 der Preußischen Kriegsartikel, eine selbstständige Strafvorschrift, sondern zunächst nur ein Verbot und weist im Uebrigen auf die bestehenden gesetzlichen Vorschriften hin. Hat ein Soldat Nahrungs- oder Genußmittel von unbedeutendem Werthe oder von geringer Menge zum alsbaldigen Verbrauche einem seiner Kameraden entwendet, so kommt § 370 Nr. 5 RStGB. gegen ihn zur Anwendung, sobald ein Strafantrag des betreffenden Kameraden vorliegt. Fehlt es daran, so liegt ein nach § 1 der Disziplinar-Strafordnung strafbares (eventuell auf Grund des § 92 als Ungehorsam gerichtlich zu ahndendes) Disziplinarvergehen vor.

Hat ein Soldat dagegen seinem Kameraden Gegenstände zum Reinigen 2c. entwendet, so kommt — selbstverständlich auch ohne Strafantrag — § 138 Mil.-StGB. f. d. D. R. zur Anwendung, auch wenn sonst die Voraussetzungen des § 370 Nr. 5 RStGB. zutreffen.

Daß auch die Fälle der §§ 291. 292. 296. 370 Nr. 4 und 6 RStGB. nicht unter die Strafvorschrift des § 138 Mil.-StGB. f. d. D. R. fallen, durch denselben vielmehr in keiner Weise alterirt worden sind, ist selbstverständlich.

Zehnter Abschnitt.

Verletzung von Dienstpflichten bei Ausführung besonderer Dienstverrichtungen.

§ 139.

Wer vorsätzlich unrichtige Dienstatteste ausstellt oder Rapporte, dienstliche Meldungen oder dienstliche Berichte unrichtig abstattet, oder solche wissentlich weiter befördert, wird mit Gefängniß von sechs Monaten bis zu drei Jahren und

---

§ 139.

Inhalt

1. § 139 findet auf Personen des Beurlaubtenstandes nur unter der Voraussetzung des § 6, auf Militärbeamte selbst im Felde nicht Anwendung (§ 153). Das Gefolge des kriegführenden Heeres und die Kriegsgefangenen sind der Strafvorschrift des § 139 unterworfen, sobald ausnahmsweise die Voraussetzungen desselben auf sie passen.

2. Zur Erhaltung der Ordnung und eines ordnungsmäßigen Dienstbetriebes in der Armee ist die Zuverlässigkeit aller dienstlichen Meldungen, Rapporte und Atteste unumgänglich nothwendig, die Abstattung unrichtiger Meldungen und Rapporte 2c. aber um so strafbarer, je größer der Nachtheil ist, der dem dienstlichen Interesse daraus entsteht oder hätte entstehen können. Deshalb ist die Strafe für solche vorsätzliche Dienstpflicht-Verletzungen auf Gefängniß von sechs Monaten bis zu drei Jahren festgesetzt worden, auch in Anbetracht der durch den Mißbrauch des dienstlichen Vertrauens an den Tag gelegten unehrenhaften Gesinnung die Androhung der militärischen Ehrenstrafen für erforderlich erachtet. Namentlich im Kriege kann aus der Unrichtigkeit dienstlicher Meldungen 2c. oft die größte Gefahr für eine Truppe entstehen, und es wird deshalb in solchen Fällen die Anwendung eines erhöhten Strafmaßes aus § 139 geboten sein, sofern nicht die unrichtige Meldung 2c. in verrätherischer Absicht erstattet ist und dann die §§ 57 und 58 Platz greifen. (Motive.)

3. Die „Vorsätzlichkeit" setzt das Bewußtsein von der Unrichtigkeit des Dienstattestes 2c. und den Willen voraus, das unrichtige Attest auszustellen, die unrichtige Meldung zu erstatten 2c.

Ist die Handlung aus Fahrlässigkeit begangen, so liegt ein Disziplinarvergehen vor (cf. Kriegsartikel 40).

4. Eine „dienstliche Meldung", ein „dienstlicher Bericht" ist die entweder auf Grund bestehender Dienstvorschriften aus eigener Initiative oder auf Grund eines speziell ertheilten Befehles von dem Untergebenen dem Vorgesetzten gemachte, mit dem Dienst in irgend welcher Beziehung*) stehende Darstellung eines Faktums.

---

*) Auch die von einem Untergebenen seinem Vorgesetzten erstattete mündliche oder schriftliche Meldung in solchen persönlichen Angelegenheiten des Untergebenen, mit denen der Vorgesetzte den bestehenden Bestimmungen gemäß sich dienstlich zu befassen hat, ist als dienstliche Meldung anzusehen. (Cirk.-Schreiben des Pr. Gen.-Aud. vom 10. No. 1868. Weiffenbach S. 102.)

mit Versetzung in die zweite Klasse des Soldatenstandes bestraft. In minder schweren Fällen tritt mittlerer oder strenger Arrest oder Gefängniß oder Festungshaft bis zu sechs Monaten ein.

[Entw. § 150.]

Die dienstliche Meldung, der dienstliche Bericht ist ein dienstlicher Akt. Der Meldende, der Berichtende übt durch seine Meldung, durch seinen Bericht einen Dienst aus, befindet sich mithin stets während der Ausübung des Dienstes, — wie dies ja auch bei Ausstellung eines Dienstattestes, eines Rapportes stets der Fall ist — kann also niemals eine Strafschärfung aus § 55 Nr. 2 Mil.-StGB. f. d. D. R. verwirken (cf. Anm. 4 zu § 55.)

Beim Belügen des Vorgesetzten auf Befragen in dienstlichen Angelegenheiten (§ 90) kann § 55 Nr. 2 sehr wohl Platz greifen, da derjenige Untergebene, welcher auf Befragen in dienstlichen Angelegenheiten die Unwahrheit sagt, dadurch noch keinen Dienst ausübt. (cf. Anm. 2 zu § 90).

Somit liegt der wesentlichste Unterschied zwischen dem Thatbestande des § 139 und dem des § 90 darin, daß es sich bei ersterem stets, bei letzterem niemals um eine dienstliche Verrichtung handelt. Denn wenn auch der Untergebene dienstlich verpflichtet ist, auf Befragen des Vorgesetzten eine Antwort zu geben, so übt er durch die bloße Antwort doch eben so wenig einen Dienst aus, als wenn er auf den außer Dienst ertheilten Befehl eines Vorgesetzten ausdrücklich den Gehorsam verweigert.

Ob beim Befragen eines Untergebenen in dienstlichen Angelegenheiten der Vorgesetzte eine einfache Antwort oder ob er eine dienstliche Meldung, d. i. also die Vornahme einer dienstlichen Verrichtung verlangte, ist lediglich Thatfrage.

Jedenfalls kann § 139 gegen denjenigen, welcher auf Befragen in dienstlichen Angelegenheiten dem Vorgesetzten die Unwahrheit sagt, nur dann zur Anwendung kommen, wenn er das Bewußtsein hatte oder haben mußte, daß es sich nicht etwa nur um eine einfache Antwort, sondern um eine förmliche dienstliche Meldung handle (cf. § 59 RStGB. und § 2 Mil.-StGB. f. d. D. R.).

5. Die dienstliche Meldung kann auch durch Zeichen geschehen, wie z. B. beim Anzeigen auf Scheibenstand durch eine zum Markiren kommandirte Person des Soldatenstandes.

Da hier der Beweis der Vorsätzlichkeit sehr schwierig ist, so wird häufig Disziplinarbestrafung wegen fahrlässiger Abstattung einer unrichtigen Meldung auf Grund des § 1 der Disziplinar-Strafordnung eintreten müssen.

Es empfiehlt sich mit Rücksicht auf die erheblichen Nachtheile, welche das falsche Markiren für den Dienst mit sich bringt, in jedem Falle, in welchem der Verdacht entsteht, daß unrichtig markirt worden sei, sofort an Ort und Stelle unter Abnahme der Scheibe die sorgfältigsten Recherchen anzustellen.

6. Wegen des Begriffs: „minder schwere Fälle" siehe Anm. 11 zu § 58. Dieselben werden z. B. dann anzunehmen sein, wenn die Abstattung unrichtiger Meldungen, Rapporte oder Berichte nur einen Gegenstand von geringem Belange betrifft und einen Nachtheil nicht bewirkt hat. (Motive.)

7. Bei Annahme eines minder schweren Falles ist Versetzung in die zweite Klasse des Soldatenstandes unzulässig. (Motive.)

8. Die bei Annahme eines minder schweren Falles festzusetzende Freiheitsstrafe ist mittlerer Arrest von einem Tage bis zu sechs Wochen, strenger Arrest von einem Tage bis zu vier Wochen, Gefängniß oder Festungshaft von sechs Wochen und einem Tage bis zu sechs Monaten (§§ 16. 17. 24).

Strenger Arrest kann hier, da er ausdrücklich angedroht ist, auch gegen denjenigen verhängt werden, welcher noch nicht wegen eines militärischen Verbrechens oder Vergehens mit einer Freiheitsstrafe bestraft worden ist (Anm. 4 zu § 22). Im Uebrigen ist bei Anwendung von Arrest § 22 Abs. 2 zu beobachten.

§ 140.

Wer für eine Handlung, die eine Verletzung einer Dienstpflicht enthält, Geschenke oder andere Vortheile annimmt, fordert oder sich versprechen läßt, wird wegen Bestechung mit Zucht-

---

§ 140.

Inhalt

1. § 140 findet nur auf Personen des Soldatenstandes, auf Militärbeamte selbst nicht im Felde Anwendung (§ 153). In Gemäßheit des § 154 greift gegen die Letzteren § 332 RStGB. Platz.

2. Dieser Paragraph entspricht im Wesentlichen dem § 332 RStGB., läßt aber keine mildernden Umstände sondern nur minder schwere Fälle zu. Wegen des Unterschiedes zwischen mildernden Umständen und minder schweren Fällen siehe Anm. 11 zu § 58.

3. „Handlung" umfaßt auch eine Unterlassung.

4. § 140 unterscheidet nicht, ob die Handlung bereits geschehen ist oder erst künftig vorgenommen werden soll. Erfolgt die Annahme des Geschenks nach der Diensthandlung, so ist ihre Strafbarkeit nicht dadurch bedingt, daß die letztere in Erwartung des Geschenks geschehen sei. (Oppenhoff Anm. 3 zu § 331, 2 zu § 332.)

5. Das Geschenk muß „für" eine Handlung angenommen sein, d. h. für eine konkrete Diensthandlung, welche dabei von beiden Personen und übereinstimmend in's Auge gefaßt war; somit genügt es nicht, wenn Gewährung und Annahme ꝛc. nur stattfanden, um bei der Person des Soldatenstandes im Allgemeinen eine geneigte Stimmung hervorzurufen. (Oppenhoff Anm. 2. 3. zu § 331.)

6. Das Verbrechen ist durch die Annahme ꝛc. vollendet, sollte es sich auch von einer noch zu begehenden Dienstpflichtverletzung handeln; es bedarf also nicht auch noch der Verübung der letzteren. (Oppenhoff Anm. 3 zu § 332.)

Die Rückgabe nach erfolgter Annahme ist selbstverständlich nur Strafzumessungsgrund.

7. Unter „Vortheilen" sind nicht blos Vermögens- und bleibende Vortheile zu verstehen, vielmehr gehört dazu auch Alles, was zur Befriedigung der Genußsucht, der Eitelkeit, des Ehrgeizes ꝛc. beiträgt; insbesondere sind auch vorübergehende Genüsse (z. B. Bewirthungen) hierher zu zählen.

8. In welcher Weise die „Annahme" erfolgt, ist für den Thatbestand gleichgültig, eine solche liegt unzweifelhaft auch da vor, wo die betr. Person des Soldatenstandes es bewußter Weise geschehen läßt, daß ein Angehöriger den Gegenstand annimmt und im gemeinsamen Nutzen verwendet. (Oppenhoff Anm. 9 zu § 331.)

9. Der Dolus besteht hier in dem Bewußtsein der Annahme ꝛc. eines Vortheils für eine Handlung, welche, wenn verübt, eine Pflichtwidrigkeit enthält; daß auch der den Vortheil gewährende Dritte die betr. Handlung als eine pflichtwidrige erkannt und sich durch die Gewährung des Vortheils strafbar gemacht habe, ist nicht erforderlich. Ebensowenig wird erheischt, daß die betr. Person des Soldatenstandes die Begehung der zugemutheten Pflichtwidrigkeit beabsichtige. Dagegen fällt es offenbar nicht unter die Strafvorschrift, wenn die betr. Person des Soldatenstandes, welche bestochen werden soll, das Gebotene nur hinnimmt, um sich ein Beweismittel gegen den Bestechenden zu sichern (dann nimmt er es nicht „an"). (Oppenhoff Anm. 4 zu § 332.)

10. Macht der Bestochene sich der Pflichtwidrigkeit, für welche er das Geschenk annahm ꝛc. (vor oder nach dieser Annahme) schuldig, so liegt, wenn diese Pflichtwidrigkeit einen durch ein Strafgesetz vorgesehenen Thatbestand erfüllt, Realkonkurrenz vor.

haus bis zu fünf Jahren bestraft. In minder schweren Fällen tritt Freiheitsstrafe bis zu drei Jahren ein; auch kann neben dem Gefängniß auf Versetzung in die zweite Klasse des Soldatenstandes erkannt werden.

[Entw. § 151.]

§ 141.

Wer als Befehlshaber einer militärischen Wache, eines Kommandos oder einer Abtheilung, oder wer als Schildwache oder als Posten in schuldhafter Weise sich außer Stand setzt,

---

Die Selbstständigkeit der beiden Handlungen wird dadurch nicht aufgehoben, daß die eine durch die andere bezweckt resp. herbeigeführt wurde. (Oppenhoff Anm. 5 zu § 332.)

11. Im Falle des § 140 ist die Einziehung des Empfangenen zulässig (nicht geboten). Die Einziehung ist event. im Urtheile auszusprechen. Es folgt dies aus § 40 RStGB. in Verbindung mit § 2 Mil.-StGB. f. d. D. R. Koppmann's Ansicht (S. 420), derzufolge die speziell für das Verbrechen der Bestechung gegebene Vorschrift des § 335 RStGB. auch hier Platz greifen soll, widerlegt sich durch die in Anm. 1 zu § 2 gemachten Ausführungen.

12. Wegen „minder schwerer Fälle" siehe Anm. 11 zu § 58.

13. „Freiheitsstrafe" ist von einem Tage bis zu sechs Wochen resp. 4 Wochen Arrest, von sechs Wochen und einem Tage ab Gefängniß oder Festungshaft (§§ 16. 17). Strenger Arrest ist hier nur gegen denjenigen zulässig, welcher wegen militärischer Verbrechen oder Vergehen bereits mit einer Freiheitsstrafe bestraft worden ist (§ 22 Abs. 3).

Neben Arrest oder Festungshaft darf auf Versetzung in die zweite Klasse des Soldatenstandes nicht erkannt werden.

14. Hat sich eine Person des Soldatenstandes während der Ausübung des Dienstes bestechen lassen, so kann § 55 Nr. 2 sehr wohl zur Anwendung kommen, da es nicht zum Thatbestande des § 140 gehört, daß die Annahme rc. im Dienste oder gar während der Ausübung des Dienstes erfolgt sei.

15. Hat ein Vorgesetzter für eine an sich nicht pflichtwidrige Handlung Geschenke rc. angenommen, so kommt § 114 zur Anwendung (cf. den auf Beamte anwendbaren § 331 RStGB.).

16. Die aktive durch eine Person des Soldatenstandes erfolgte Bestechung eines Anderen ist eventuell nach § 333 RStGB. zu bestrafen.

§ 141.

Inhalt.

1. § 141 findet ausschließlich auf Personen des Soldatenstandes Anwendung.

2. Der § 141 ist den §§ 158 und 159 Theil I des Preußischen Militär-Strafgesetzbuches entnommen. Der Ernst und die Würde des Wachtdienstes erfordert die einschlägige Vorschrift. Es tritt hinzu, daß die strenge Durchführung der Bestimmungen über den Sicherheitsdienst das beste Erziehungsmittel für den Soldaten an sich, insbesondere aber auch dafür ist, daß gerade bei dem Sicherheitsdienst der Soldat die ihm obliegenden Pflichten wahrnehme. (Motive.)

den ihm obliegenden Dienst zu versehen, oder eigenmächtig seinen Posten verläßt oder sonst den ihm in Bezug auf jenen Dienst ertheilten Vorschriften entgegenhandelt, wird mit mittlerem oder strengem Arrest nicht unter vierzehn Tagen, im Felde mit mittlerem oder strengem Arrest nicht unter drei Wochen oder mit Gefängniß oder Festungshaft bis zu zwei Jahren bestraft.

Mit § 141 kann event. der Thatbestand der unerlaubten Entfernung (§§ 64 ff.) oder der Fahnenflucht (§§ 69 ff.) ideell konkurriren.

3. Wegen des Begriffs „militärische Wache" siehe § 111.

4. Als „Schildwachen" sind nur diejenigen Mannschaften anzusehen, welche in dienstmäßiger Kleidung und Bewaffnung mit der Verpflichtung, die Waffe nicht aus der Hand zu legen, auf einen bestimmten Posten angewiesen sind.

Auf diejenigen, gemeiniglich mit dem Namen „Stall-Wachen" bezeichneten Personen des Soldatenstandes, deren Bestimmung lediglich die ist, den Stall in Stand zu halten und die Pferde zu warten, welche Personen daher ihren Dienst unbewaffnet, sowie im Stall-Anzuge verrichten, findet der Begriff Schildwache sonach keine Anwendung. (Preuß. Instruktion für den Garnisondienst vom 9. Juni 1870 § 19.)

Posten sind nur dann den Schildwachen gleichgestellt, wenn sie in vollständiger Bewaffnung zu Dienstverrichtungen bestimmt sind, welche denen der Schildwachen gleichkommen. (Preuß. AKO. v. 7. Oktober 1841; Erlaß des Preuß. Kriegs-Min. vom 2. April 1841; Mil.-Ges.-Samml. Bd. III. S. 28. 23; cf. auch Anm. 2 zu § 111 und unten § 20 der Instr. v. 9. Juni 1870).

5. „In schuldhafter Weise" deckt sich mit dem Begriff der strafrechtlichen Zurechnung und trifft somit neben der Vorsätzlichkeit auch die Fahrlässigkeit (Herbst S. 8).

Ist die Außerstandsetzung unverschuldet, so ist sie dem Thäter nicht zuzurechnen, wenn auch ein Nachtheil verursacht sein sollte.

Wegen der Pflichten einer Schildwache, welche auf Posten erkrankt, siehe unten § 20 der Instr. v. 9. Juni 1870).

Bei Trunkenheit auf Posten 2c. kommt event. in Gemäßheit des § 73 RStGB. die härtere Strafbestimmung des § 151 zur Anwendung, ein Fall, welcher jedoch nur eintreten kann, wenn durch die Pflichtverletzung kein Nachtheil entstanden und die That nicht im Felde verübt ist.

6. Was „die in Bezug auf den Wachtdienst ertheilten Vorschriften" betrifft, so fallen hierunter sowohl die allgemeine Wachtdienstinstruktion als auch die für den gerade vorliegenden Wachtdienst speziell ertheilten Dienstinstruktionen.

Rücksichtlich der allgemeinen Wachtdienstinstruktion siehe die §§ 14, 18 und 20 der Preußischen Instruktion für den Garnisondienst*). Was die Spezial-Instruktionen

---

*) Die betr. §§ der Pr. Instruktion über den Garnisondienst vom 9. Juni 1870 lauten:

§ 14. Obliegenheiten des Wachthabenden im Allgemeinen. Der Wachthabende muß genau mit der Instruktion seiner Wache und ihrer Posten bekannt sein. Er darf seinen Posten nur in den durch die Lokal-Wacht-Instruktion vorgesehenen Fällen verlassen. Tritt ein solcher Fall ein, oder ist der Wachthabende gezwungen, auf kurze Zeit auszutreten, so hat er vorher das Kommando der Wache dem Nächstältesten zu übergeben.

Der Wachthabende ist für die pünktliche Ausübung des Dienstes Seitens der gesammten Wachtmannschaft verantwortlich. Derselbe hat dafür zu sorgen, daß in dem Wachtlokal und dem Bereich seiner Wache Ruhe und Ordnung herrscht, sowie daß seine Wache sich stets in der Verfassung befindet, allen ihren Pflichten zu genügen. Die Wache muß zu jeder Zeit richtig rangirt sein. Wenn Leute ausnahmsweise die Erlaubniß zum

Wird durch die Pflichtverletzung ein Nachtheil verursacht, so tritt Gefängniß oder Festungshaft bis zu drei Jahren, im Felde Gefängniß oder Festungshaft nicht unter drei Jahren, und wenn dieselbe vor dem Feinde begangen ist, Todesstrafe, in minder schweren Fällen Freiheitsstrafe nicht unter zehn Jahren oder lebenslängliche Freiheitsstrafe ein.

betrifft, so wird die Rücksicht auf die harten Strafbestimmungen des § 141 es den Kommandeuren zur Pflicht machen, bei Aufstellung von speziellen Instruktionen nur die allernothwendigsten Vorschriften aufzunehmen. Aus demselben Grunde dürfte sich eine strenge Revision aller alten Spezial-Instruktionen dringend empfehlen.

Austreten erhalten, haben sie ihr Gewehr aus den Gewehrstützen zu nehmen und es an den Ort zu bringen, welcher dafür bestimmt ist. Ein solcher Mann geht, nachdem er die Erlaubniß zum Austreten erhalten, in die Gewehrstützen, ergreift sein Gewehr, nimmt es auf, macht Kehrt und tritt dann aus.

Vom Austreten zurückgekehrt, meldet er sich bei dem Wachthabenden, nimmt sein Gewehr und tritt mit Gewehr auf in die Gewehrstütze, wo er auf seinem Platz Gewehr abnimmt und das Gewehr wieder in die Stütze stellt. Die Plätze der Gewehre ausgetretener Mannschaften bleiben offen.

Wachen, die keinen Posten vor dem Gewehr haben, bewahren ihre Gewehre an einem gesicherten Orte auf.

Der Wachthabende hat ferner dafür zu sorgen, daß der Anzug seiner Wache stets vorschriftsmäßig ist.

Sobald die Witterungsverhältnisse es bedingen, hat ein Wechsel des Anzugs 2c. nach Maßgabe der bezüglichen Bestimmungen stattzufinden. Der Wachthabende muß hierbei jedoch unter Umständen auch auf eigene Verantwortung handeln.

Beurlaubungen von der Wache sind nur in ganz außergewöhnlichen Fällen statthaft.

Erkrankt ein Mann auf Wache, so hat der Wachthabende dies sofort dem betreffenden Truppentheil zu melden und event. um Ersatz zu bitten. Stand der Mann auf Posten, so war er zunächst auf die erfolgte Benachrichtigung abzulösen.

Macht ein im Wachtdienst befindlicher Soldat sich eines nach den Kriegsartikeln zu ahndenden Vergehens schuldig, z. B. der Trunkenheit, des Schlafens auf Posten, der Widersetzlichkeit 2c., so hat der Wachthabende dessen Arretirung zu veranlassen.

Auch in diesem Fall wird von dem Truppentheil, welcher die Wache gegeben hat, event. direkt Ersatz requirirt. Außerdem ist von der Erkrankung oder Arretirung eines Mannes Meldung an den Gouverneur 2c. und den Offizier du jour zu erstatten.

Geringere Vergehen der Wachtmannschaften werden, wenn der Rapport schon eingereicht sein sollte, besonders gemeldet oder, falls sie ganz unbedeutend sind, nach Ablösung der Wache nur zur Kenntniß des Truppentheils gebracht.

Der Wachthabende selbst hat keinerlei Disziplinarstrafgewalt über seine Wachtmannschaft auszuüben.

Es gehört endlich noch zu den Pflichten des Wachthabenden, die gute Instandhaltung der Wacht-Instruktionen, des Postenbuchs, der Wachtmäntel und sonstigen Wacht-Inventarien unausgesetzt im Auge zu behalten, auch in vorgeschriebener Weise Rapporte und Meldungen zu erstatten.

Leute, welche nicht zur Wache gehören, dürfen in der Wachtstube keine Aufnahme finden, es sei denn, der Gouverneur 2c. habe es ausdrücklich

Wird durch die Pflichtverletzung im Felde die Gefahr eines erheblichen Nachtheils herbeigeführt, so tritt Festungsstrafe nicht unter Einem Jahre, und wenn die Pflichtverletzung vor dem Feinde begangen ist, Freiheitsstrafe nicht unter zehn Jahren ein.

[Entw. § 152.]

Disziplinarbestrafung in leichteren Fällen des 1. Abs. zulässig (§ 3 EG.).

---

7. Unter die Strafbestimmung des § 141 fällt übrigens nicht jedes Zuwiderhandeln gegen allgemeine oder spezielle Wachtdienstinstruktionen, sondern nur das Zuwiderhandeln gegen die das Wesen des Wachtdienstes betreffenden Vorschriften, nicht aber gegen die vorgeschriebenen Formen des Wachtdienstes.

---

gestattet. Die Offiziere du jour und der Ronde haben hierauf mit zu achten.

Mannschaften anderer Waffen, denen der Aufenthalt in der Wachtstube mit angewiesen ist, stehen hinsichtlich der allgemeinen Ordnung daselbst unter dem Befehl des Wachthabenden. Solche Mannschaften treten nur, wenn zur Ablösung der Posten herausgerufen wird, mit ins Gewehr und stellen sich alsdann auf den linken Flügel der Wache.

§ 18. Kasernen- und sonstige innere Wachen der Truppentheile. Kasernen-Wachen gehören nicht zu den Garnison-Wachen, eben so wenig alle solche Wachen, welche lediglich dem speziellen Bedürfniß des betreffenden Truppentheils dienen.

Hinsichtlich des Verhaltens auf Wache und Posten haben indessen auch für diese Wachen und Posten die für den Garnison-Wachtdienst maßgebenden allgemeinen Bestimmungen volle Gültigkeit.

Die besondere Instruktion ertheilt der Truppentheil, dem die qu. Wachen angehören und dem sie auch in disziplinarischer Beziehung unterstellt sind.

Unter Kasernen- 2c. Wachen und Posten im Sinne des Vorstehenden sind jedoch nur diejenigen zu verstehen, deren Thätigkeit nicht über den inneren Bereich der Kasernen 2c. hinausgeht. Posten dieser Wachen, welche beispielsweise vor der Kaserne 2c. auf öffentlicher Straße stehen, zählen demnach nicht zu den Posten der vorbezeichneten Kategorie, sind vielmehr lediglich als im Garnisondienst befindlich anzusehen.

Der Gouverneur 2c. bestimmt, ob eine Kasernen- 2c. Wache nur der Aufsicht des Truppentheils oder auch der des Gouvernements 2c. zu unterstellen ist.

§ 20. Ueber die Pflichten der Schildwachen im Allgemeinen. Schildwachen dürfen niemals vor erfolgter Ablösung ihren Posten verlassen oder sich über die Grenzen ihres Postens hinaus entfernen; sie dürfen nicht das Gewehr aus der Hand setzen, sich nicht niedersetzen oder niederlegen, nicht schlafen, nicht Taback rauchen, nicht essen oder trinken, nicht Geschenke annehmen, noch sonst ihre Instruktion übertreten, vielmehr sind sie für genaue Aufrechthaltung und Durchführung derselben verantwortlich.

Jede Schildwache (Ehren- wie Sicherheits-Posten) muß außer der allgemeinen Instruktion die speziell für ihren Posten gegebene kennen und sich Aenderungen in derselben von ihrem Vorgänger auf Posten überliefern lassen.

Die Schildwachen tragen das Gewehr auf der linken oder rechten Schulter, ohne das Bajonet soweit überhängen zu lassen, daß Vorübergehende damit beschädigt werden können. Nur im Schilderhause wird das Gewehr abgenommen. Posten der Füsilier-Regimenter, der Jäger-, Schützen- und Pionier-Bataillone dürfen, sofern das Seitengewehr 2c.

Demgemäß gehören Verstöße gegen die **Dienstformen** des Wachtdienstes und Nachlässigkeiten im Anzuge und in der militärischen Haltung nicht hierher, sondern sind, wie § 1 der Preußischen Instruktion vom 9. Juni 1870 betreffend den Garnisondienst besagt, disziplinarisch, und zwar nicht auf Grund der §§ 141 und 3 des Einführungs-Gesetzes, sondern auf Grund des § 1 der Disziplinar-Strafordnung zu bestrafen.

8. Der Mindestbetrag der für einfache Wachtvergehen im 1. Absatz angedrohten Strafe ist in Friedenszeiten mittlerer oder strenger Arrest von vierzehn Tagen. Strenger Arrest ist hier ausdrücklich angedroht, kann also auch dann verhängt werden, wenn eine Freiheitsstrafe wegen eines militärischen Verbrechens oder Vergehens zuvor nicht verhängt gewesen ist. (Anm. 4 zu § 22.) Im Uebrigen ist § 22 Abs. 2 zu beobachten. Danach trifft Portepee-Unteroffiziere stets gelinder, Offiziere stets Stubenarrest nicht unter vierzehn Tagen.

Im Felde beträgt das Strafminimum drei Wochen mittleren oder strengen Arrestes.

In leichteren Fällen ist Disziplinarbestrafung zulässig (§ 3 EG.). Hierbei ist das in Anm. 3 zu § 3 d. EG. Gesagte streng zu beobachten. Danach kann im Disziplinarwege eine andere Strafe als mindestens 14 Tage strenger oder mittlerer (gegen Portepee-Unteroffiziere gelinder, gegen Offiziere Stuben-) Arrest nicht verhängt werden. Nur wenn es sich nicht um eigentliche Wachtvergehen, sondern um sogenannte Verstöße gegen die Formen des Wachtdienstes handelt (cf. Anm. 7), kann eine gelindere Strafe auf Grund des § 1 der Disziplinar-Strafordnung festgesetzt werden.

9. Wegen der Begriffe „im Felde“ und „vor dem Feinde“ siehe §§ 9 und 10 resp. §§ 11 und 165.

10. „Gefängniß“ oder „Festungshaft“ beträgt im Minimum 6 Wochen und 1 Tag (§§ 16. 17). „Freiheitsstrafe“ nicht unter einem Jahre, nicht unter zehn Jahren und lebenslängliche Freiheitsstrafe ist danach wahlweise Gefängniß oder Festungshaft.

11. Abs. 2 setzt eine härtere Strafe für den Fall fest, daß die Pflichtverletzung die Ursache davon gewesen ist, daß ein Nachtheil faktisch eingetreten und nicht etwa

---

nicht aufgepflanzt ist, das Gewehr resp. die Büchse auch unter dem Arm tragen.

Die Schildwachen dürfen nur bei Regen- oder Schneewetter in die Schilderhäuser treten. Behufs Abstattung von Honneurs und, sobald ihr Dienst es sonst erfordert, haben sie dieselben jedoch sogleich zu verlassen. Keinesfalls darf ihr Aufenthalt im Schilderhause ihrer Aufmerksamkeit Abbruch thun.

In Häuser und Hausflure dürfen Schildwachen nicht eintreten, es sei denn, daß sie durch eine den Bewohnern drohende Gefahr dazu veranlaßt würden.

Der Soldat ist geneigt, die Honneurs auf Posten als Hauptsache, den eigentlichen Zweck derselben als Nebensache zu behandeln. Dieser Auffassung muß durch entsprechende Instruktion entgegengewirkt werden.

Bei der Uebernahme eines Postens hat sich jede Schildwache zu überzeugen, ob die ihr zur Bewachung übergebenen Gegenstände ꝛc beschädigt sind. Ist dies der Fall, so macht die Schildwache davon dem aufführenden Gefreiten sofort und nach erfolgter Ablösung vom Posten auch dem Wachthabenden Meldung.

Ebenso meldet die Schildwache alsdann alle außergewöhnlichen Ereignisse, welche sich im Bereiche ihres Postens zugetragen haben.

Erkrankt eine Schildwache auf Posten, so darf sie denselben dennoch unter keinen Umständen verlassen, sondern sie läßt dem Wachthabenden durch einen vorübergehenden Soldaten oder Civilisten von ihrer Erkrankung Meldung machen und um Ablösung bitten.

Hat eine Schildwache eine Arretirung vorgenommen, so setzt sie den Wachthabenden auf dem gleichen Wege vom Vorgefallenen in Kenntniß.

§ 142.

Wer durch Fahrlässigkeit in der Wahrnehmung seines Dienstes eine erhebliche Beschädigung eines Schiffes oder dessen Zubehörs herbeiführt, wird mit Freiheitsstrafe bis zu drei Jahren bestraft; in schwereren Fällen kann zugleich auf Dienstentlassung erkannt werden.

[Fehlt im Entwurfe.]

§ 143.

Wer als Befehlshaber einer militärischen Wache, eines

---

nur (wie in Abs. 3), daß die Gefahr eines Nachtheils herbeigeführt ist. Der „Nachtheil" in Abs. 2 kann auch ein unerheblicher sein, während er im Falle des 3. Absatzes ein erheblicher sein muß.

„Unter Nachtheile sind nicht bloß die unmittelbaren und physischen zu verstehen, auch die mittelbaren und moralischen, Schwächung oder Vereitlung von Erfolgen, Entmuthigung der Truppen ꝛc. sind darunter begriffen." (Oberniedermayer S. 382.)

12. Wegen „minder schwerer Fälle" siehe Anm. 11 zu § 58.

§ 142.

Inhalt:

1. § 142 findet nicht nur auf Personen des Soldatenstandes, sondern auch auf alle Angestellten des Schiffes Anwendung (§ 166 Abs. 1).

Andere am Bord des Schiffes dienstlich eingeschiffte Personen unterliegen den Bestimmungen des § 142, so lange sich das Schiff im Kriegszustande befindet (§ 166 Abs. 2).

2. Die im Entwurfe nicht enthaltene Bestimmung des § 142 ist — wie Keller S 180 ausführt — aufgenommen worden, um einem von der Marine-Verwaltung hervorgehobenen dringenden Bedürfnisse zu genügen und weil die Strafvorschriften des § 137, welche sich nur auf vorsätzliche Handlungen beziehen, für die Marine nicht ausreichend erschienen.

In Beziehung auf das Strafmaximum liegt — wie Keller S. 180 richtig bemerkt — insofern ein eigenthümlicher (wenn auch für die Praxis kaum bedeutungsvoller) Widerspruch mit § 137 vor, als jede vorsätzliche Beschädigung eines Schiffes oder dessen Zubehörs mit Freiheitsstrafe von höchstens zwei Jahren, die fahrlässige Beschädigung dagegen mit Freiheitsstrafe bis zu drei Jahren geahndet werden kann. (Wegen vorsätzlicher Zerstörung eines Schiffes cf. übrigens § 305 RStGB., welcher in ideeller Konkurrenz zur Anwendung kommen kann.)

3. Die Beschädigung muß „in Wahrnehmung des Dienstes" (während der Ausübung des Dienstes) erfolgt sein. Jede außerhalb einer Dienstverrichtung liegende Fahrlässigkeit fällt nicht unter § 142.

4. Ob die Beschädigung eine „erhebliche" ist oder nicht, ist Thatfrage. Das Gesetz giebt für die Beurtheilung derselben nicht den mindesten Anhalt.

5. „Freiheitsstrafe" bis zu drei Jahren ist bis zu sechs Wochen resp. 4 Wochen inclus. Arrest, von 6 Wochen und 1 Tage ab Gefängniß oder Festungshaft (§§ 16. 17. 24).

Strenger Arrest ist nur gegen denjenigen zulässig, welcher wegen eines militärischen Verbrechens oder Vergehens bereits mit einer Freiheitsstrafe bestraft worden ist (§ 22 Abs. 3).

§ 143.

Inhalt

Kommandos oder einer Abtheilung, oder wer als Schildwache oder als Posten eine strafbare Handlung wissentlich begehen läßt, welche er verhindern konnte und zu verhindern dienstlich verpflichtet war, wird ebenso bestraft, als ob die Handlung von ihm selbst begangen wäre.

[Entw. § 153.]

---

1. § 143 findet nur auf Personen des Soldatenstandes Anwendung.

2. Dieser Paragraph entspricht den Bestimmungen des § 160 Th. I des Preußischen Militär-Straf-Gesetzbuches, welche sich bewährt haben.

Treten zu dem in dem vorliegenden Paragraphen festgestellten Thatbestande noch die Merkmale des § 140 (Bestechung) hinzu, so ist selbstverständlich wegen idealer Konkurrenz (§ 73 StGB.) die Strafe des § 140 verwirkt. (Motive.)

Da nach § 143 der Schuldige genau so bestraft werden soll, als ob die Handlung von ihm selbst begangen wäre, mithin auch die Strafbestimmungen des bürgerlichen Strafgesetzbuches gegen ihn zur Anwendung kommen, wenn es sich um ein gemeinstrafrechtliches Delikt handelt und nicht § 141 Mil.-StGB. f. d. D. R. Platz greift oder seine persönlichen Eigenschaften das fragliche Delikt militärisch qualifiziren (cf. Anm. 7 in fine), so kann die Handlung, trotzdem sie eine Verletzung der Dienstpflichten enthält und trotz der Ueberschrift des X. Abschnitts nicht grundsätzlich ein militärisches Delikt sein, wie auch eine unter Mißbrauch der Dienstwaffe verübte Körperverletzung nicht ein militärisches sondern ein gemeines Vergehen darstellt.

Es gilt hier das in Anm. 2 zu § 115 Gesagte (cf. auch Anm. 2 zu § 53) *contra:* Herbst S. 102 ff., Koppmann S. 429.

3. Was unter „militärischer Wache" zu verstehen sei, ist bei § 111 näher ausgeführt.

4. Wegen der Begriffe: „Schildwache" und „Posten" siehe die Anmerkungen zu § 111.

5. Die Frage, ob unter „strafbaren Handlungen" auch Uebertretungen zu verstehen seien, welche nach dem in Anm. 2 Gesagten zu bejahen sein dürfte, von Herbst (S. 102 ff.) und Koppmann (S. 429) aber verneint wird, hat nicht die mindeste praktische Bedeutung, da ein Befehlshaber rc., welcher eine strafbare Handlung wissentlich begehen läßt, welche er verhindern konnte, und dienstlich, d. h. auf Grund seiner Dienstinstruktion, zu verhindern verpflichtet war, stets gegen eine wesentliche Bestimmung seiner Dienstinstruktion handelt, wenn er die Handlung wissentlich geschehen läßt, sich mithin stets des im § 141 mit Strafe bedrohten Vergehens schuldig macht und somit nach § 73 RStGB. niemals mit Haft bestraft werden kann.

6. Ein „Antrag" ist zur Strafverfolgung des Befehlshabers rc. nicht nothwendig, da dem ad 5 Gesagten zufolge in Ermangelung härterer Strafbestimmungen stets § 141 Mil.-StGB. f. d. D. R. Platz greift.

Handelt es sich jedoch eventuell um eine Ueberschreitung der Strafgrenze des § 141, so ist bei Antragsdelikten des gemeinen Strafrechts, falls nicht für den Befehlshaber rc. in Folge der gesetzlichen Fiktion ein militärisch qualifizirtes Delikt vorliegt (cf. Anm. 7 in fine) zur höheren Strafbarkeit auch der Antrag erforderlich.

7. Die Worte: „wird ebenso bestraft, als ob die Handlung von ihm selbst begangen wäre" besagen nicht, daß der Befehlshaber rc. nach demselben Strafgesetze und Strafsatze zu beurtheilen sei, wie derjenige, dessen strafbare Handlung er wissentlich begehen ließ, sondern daß er so zu bestrafen sei, als wenn er selbst in seiner Eigenschaft als Befehlshaber, Schildwache oder Posten die Handlung begangen hätte. Dafür auch Herbst S. 107, Solms S. 66, Koppmann S. 430. 431.

Hiernach wird ein Diebstahl, welcher an dem Thäter als ein gemeines Vergehen zu bestrafen ist, event. von dem Befehlshaber oder Posten nach § 138 Mil.-StGB. f. d. D. R. zu bestrafen sein, jedoch auch nur dann, wenn außer der Dienstausübung auch die übrigen Requisite des gedachten Paragraphen in seiner Person zutreffen.

§ 144.

Wer einen Gefangenen, dessen Beaufsichtigung, Begleitung oder Bewachung ihm anvertraut ist, vorsätzlich entweichen läßt, oder dessen Befreiung vorsätzlich bewirkt oder befördert, ingleichen wer eine von seinem Vorgesetzten ihm befohlene oder eine ihm dienstlich obliegende Verhaftung vorsätzlich nicht zur Ausführung bringt, wird mit mittlerem oder strengem Arrest nicht unter vierzehn Tagen oder mit Gefängniß oder Festungshaft bis zu fünf Jahren bestraft; auch kann neben Gefängniß auf Versetzung in die zweite Klasse des Soldatenstandes erkannt werden.

---

§ 144.

Inhalt

1. § 144 findet nur auf Personen des Soldatenstandes Anwendung. Gegen Militärbeamte kommt event. in Gemäßheit des § 154, der § 347 RStGB. zur Anwendung.

2. Dieser Paragraph entspricht im Wesentlichen den Bestimmungen des § 162 Theil I des preußischen Militär-Strafgesetzbuches und dem § 347 des Strafgesetzbuches für das Deutsche Reich; nur sind im Vergleich zu beiden die Strafbestimmungen des § 144 milder, weil die letzteren für Fälle der vorliegenden Art ausreichen.

Da übrigens der erwähnte § 347 Zuchthausstrafe androht und somit ohne Weiteres die Aberkennung der bürgerlichen Ehrenrechte für statthaft erklärt, der § 144 aber im Höchstbetrag nur Gefängnißstrafe androht, so wurde im § 144 noch bestimmt, daß auf Versetzung in die zweite Klasse des Soldatenstandes erkannt werden könne. (Motive.)

§ 144 findet nur auf diejenigen Personen des Soldatenstandes Anwendung, denen die Beaufsichtigung, Begleitung oder Bewachung des Gefangenen anvertraut war.

Die Befreiung eines Gefangenen durch Personen, welchen nicht die Beaufsichtigung ꝛc. desselben übertragen war, fällt unter § 120 RStGB., die durch Militärbeamte an einem ihrer Beaufsichtigung ꝛc. anvertrauten Gefangenen verübte Befreiung unter § 347 RStGB, die Selbstbefreiung unter § 79.

3. Der „Gefangene" kann Soldat oder Civilist, Freund oder Feind, männlichen oder weiblichen Geschlechts sein. Entscheidend ist hier lediglich, daß er durch irgend ein Organ der Staatsgewalt, eine Civil- oder Militärbehörde, oder einen Vorgesetzten in Haft oder vorläufig festgenommen ist (Oppenhoff Anm. 1 zu § 120).

Auch Kriegsgefangene gehören hierher. Ferner gehören hierher die auf Grund des § 7 der Disziplinarstrafordnung durch einen Offizier oder Unteroffizier vorläufig Verhafteten, nicht aber die von einer Privatperson (befugter Weise) vorläufig Ergriffenen, so lange sie nicht an einen Beamten, Vorgesetzten ꝛc. abgeliefert worden sind (Oppenhoff a. a. O. siehe auch Koppmann S. 433).

4. „Anvertraut" ist die Beaufsichtigung ꝛc. des Gefangenen dem Thäter, sobald derselbe dienstlich berufen ist, die Beaufsichtigung ꝛc. zu bewirken; diese ist ihm dann durch das Gesetz oder durch Befehl übertragen (also „anvertraut"). Es bedarf somit nicht einer speziellen Uebergabe der Person des Gefangenen durch einen Dritten (Oppenhoff Anm. 2 zu § 347).

5. Beruht die Nichtausführung einer befohlenen oder dienstlich obliegenden

Ist die Entweichung des Gefangenen nur durch Fahrlässigkeit befördert oder erleichtert worden, oder ist die Verhaftung nur aus Fahrlässigkeit unterblieben, so tritt Freiheitsstrafe bis zu sechs Monaten ein.

[Entw. § 154]

§ 145.

Eine Person des Soldatenstandes, welche bei einem ihr übertragenen Geschäfte der Heeres- oder Marineverwaltung eine Handlung begeht, welche im Sinne der allgemeinen Strafgesetze ein Verbrechen oder Vergehen im Amte darstellt, ist nach den in jenen Gesetzen für Beamte gegebenen Bestimmungen zu bestrafen.

[Entw. § 155.]

Verhaftung auf Feigheit, so kommt § 49 zur Anwendung. Liegt im Falle des § 144 Abs. 1 Bestechung zu Grunde, so greift § 140 Platz.

6. Abs. 1 droht strengen Arrest ausdrücklich an (cf. Anm. 4 zu § 22) es kann daher auch gegen denjenigen, welcher noch nicht wegen eines militärischen Verbrechens oder Vergehens mit einer Freiheitsstrafe bestraft worden ist, strenger Arrest verhängt werden.

Im Uebrigen ist bei Anwendung von Arrest § 22 Abs. 2 zu beobachten.

Gefängniß und Festungshaft beträgt im niedrigsten Strafmaße 6 Wochen und 1 Tag (§ 17).

Neben Arrest und Festungshaft darf auf Versetzung in die zweite Klasse aus § 144 nicht erkannt werden.

7. „Fahrlässigkeit" liegt vor, wenn die durch die Handlung des Thäters herbeigeführte (verursachte) Möglichkeit der Entweichung des Gefangenen eine so naheliegende war, daß der Angeschuldigte sie voraus sehen und berücksichtigen konnte und demgemäß sein Thun und Lassen einrichten mußte. Dabei ist selbstverständlich das Maß der eigenen Urtheilsfähigkeit und Einsicht des Angeschuldigten in Betracht zu ziehen; im Uebrigen aber kommt es, wenn die obigen Voraussetzungen zutreffen, auf den Grad der Verschuldung nicht an (Oppenhoff Anm. 20 zu § 59 RStGB.).

8. Absatz 2 droht Freiheitsstrafe bis zu sechs Monaten, also Arrest von einem Tage bis zu sechs Wochen incl., und Gefängniß oder Festungshaft von sechs Wochen und einem Tage ab (§§ 16. 17) aber nicht Versetzung in die zweite Klasse des Soldatenstandes an.

Bei Anwendung von Arrest ist § 22 Abs. 1. 2 und 3 zu beobachten.

9. Der Versuch ist straflos (§§ 43 Abs. 2 RStGB., 2 Mil.-StGB. für das Deutsche Reich).

§ 145.

Inhalt:

1. § 145 bezieht sich nur auf Personen des Soldatenstandes.

Rücksichtlich der Militär-Beamten finden schon auf Grund des § 154 die allgemeinen für Beamte geltenden Vorschriften Anwendung.

2. Nach den bestehenden Einrichtungen werden die Geschäfte der Heeres- und der Marine-Verwaltung nicht ausschließlich von Beamten im staatsrechtlichen Sinne, sondern zum Theil auch von Personen des Soldatenstandes wahrgenommen.

Es entspricht dem Grundsatze der Gleichheit vor dem Gesetz und dem Interesse

Elfter Abschnitt.

Sonstige Handlungen gegen die militärische Ordnung.

§ 146.

Wer ohne Erlaubniß die Wache oder bei einem Kommando oder auf dem Marsche seinen Platz verläßt, wird mit Arrest bestraft; im Felde tritt mittlerer oder strenger Arrest oder Gefängniß oder Festungshaft bis zu sechs Monaten ein.

[Entw. § 156.]

Disziplinarbestrafung in leichteren Fällen zulässig (§ 3 d. EG.)

---

der Verwaltung selbst, daß wegen der bei Vollführung solcher Geschäfte vorkommenden Rechtswidrigkeiten die Personen des Soldatenstandes denselben Strafbestimmungen, wie Beamte unterliegen.

Der § 145 bringt dies zum Ausdruck, indem er vorschreibt, daß eine Person des Soldatenstandes, welche bei einem ihr übertragenen Geschäfte der Heeres- oder Marine-Verwaltung eine Handlung begeht, welche im Sinne der allgemeinen Strafgesetze sich als ein Verbrechen oder Vergehen im Amte darstellt, nach den in jenen Gesetzen für Beamte gegebenen Bestimmungen zu bestrafen sei. (Motive.)

3. Die „Geschäfte der Heeres- oder Marine-Verwaltung“ sind nicht beschränkt auf die Verwaltung im engeren Sinne, erstrecken sich vielmehr auch auf die Militärjustiz, so daß § 145 z. B. auch auf untersuchungsführende Offiziere und nicht nur auf solche Personen des Soldatenstandes Anwendung findet, welche wie z. B. die bei der Fortifikation in den Festungen, bei den Artillerie-Depots, den Artillerie-Werkstätten und den Pulverfabriken angestellten (dem Offizier- und Unteroffizierstande angehörenden) Personen, die Mitglieder der Kassen-Kommissionen, mit der Oekonomie des Heeres betraut sind (cf. Fleck Ausg. v. 1862 Anm. zu § 163; Koppmann S. 437).

4. Die „Geschäfte“ müssen einer Person des Soldatenstandes zur selbstständigen Besorgung (gewissermaßen an Stelle eines Militärbeamten) und unter eigener Verantwortung übertragen sein. Ist dies nicht der Fall, so kommt § 145 nicht zur Anwendung. (Motive und Beschluß des Preußischen General-Auditoriats vom 28. März 1873.)

5. Zu den „Handlungen“, welche im Sinne der allgemeinen Strafgesetze ein Verbrechen oder Vergehen im Amte darstellen, sind diejenigen nicht zu rechnen, welche an und für sich als militärische Verbrechen und Vergehen in diesem Gesetzbuche mit Strafe bedroht sind, wie z. B. die in den §§ 138. 140 und 144 angeführten. Es folgt dies daraus, daß § 145 hauptsächlich nur eine Lücke ausfüllen soll. (Dafür auch Fleck Ausg. v. 1862 Anm. zu § 163, Weiffenbach S. 106, Solms S. 67, Koppmann S. 438 *contra* Brauer S. 177.)

6. Unter „Verbrechen oder Vergehen im Amte“ sind hier nur die im achtundzwanzigsten Abschnitte des Reichs-Strafgesetzbuches vorgesehenen Handlungen zu verstehen. (Motive.)

§ 146.

Inhalt:

Arrest: 4. Austreten: 2. Felde (im): 3. Disziplinarbestr.: 5. Entfernung (unerl.): 2. Gefängniß: 4. Kriegsgefangene: 1. Militärbeamte: 1.

1. § 146 findet nicht nur auf Personen des Soldatenstandes sondern auch auf Kriegsgefangene, auf Militärbeamte dagegen selbst im Felde nicht Anwendung (§ 153).

2. Der § 146 entspricht dem § 161 Theil I des Preußischen Militär-Strafgesetzbuches. Nur ist im Vergleich zu diesem der Mindestbetrag der Strafe für den Fall gemildert, daß die Handlung im Felde geschieht.

Daß der § 146 überhaupt eine Strafbestimmung gegen diejenige Person des Soldatenstandes für erforderlich erachtet, die ohne Erlaubniß die Wache oder bei

§ 147.

Wer die ihm obliegende Beaufsichtigung seiner Untergebenen in schuldhafter Weise verabsäumt, oder wer die ihm obliegende Meldung oder Verfolgung strafbarer Handlungen seiner Untergebenen vorsätzlich unterläßt, wird mit Freiheitsstrafe bis zu sechs Monaten bestraft; gegen Offiziere kann zugleich auf Dienstentlassung erkannt werden.

[Entw. § 157.]

---

einem Kommando oder auf dem Marsche ihren Platz verläßt, beruht darauf, daß die Vorschriften über unerlaubte Entfernung nicht ausreichen. Denn der Thatbestand der unerlaubten Entfernung und der des im § 146 vorgesehenen Vergehens decken sich einander nicht. Für den Thatbestand des letzteren genügt schon ein bloßes Austreten aus Reih und Glied selbst ohne die Absicht, den Truppentheil zu verlassen. Dergleichen Handlungen erscheinen, zumal im Felde, strafbar, da sie die pünktliche Ausführung der Dienstbefehle leicht verhindern und die Ordnung in der Truppe gefährden. (Motive.)

3. Wegen des Begriffs „im Felde" siehe §§ 9. 10.

4. Ist das Vergehen in Friedenszeiten verübt, so tritt Arrest ein.

Ist der Thäter noch nicht wegen eines militärischen Verbrechens oder Vergehens mit Freiheitsstrafe belegt, so kann strenger Arrest gegen ihn nicht verhängt werden (§ 22 Abs. 3).

Ist das Vergehen im Felde verübt, so ist dies zulässig, da strenger Arrest für diesen Fall ausdrücklich angedroht ist (Cf. Anm. 4 zu § 22).

Gefängnißstrafe beträgt im Minimum 6 Wochen und 1 Tag (§ 17).

5. In leichteren Fällen ist Disziplinarbestrafung zulässig. (§ 3 des Einführungs-Gesetzes.) Dabei ist das in Anm. 3 zu § 3 des Einführungs-Gesetzes und das oben in Anm. 4 Gesagte zu beobachten.

§ 147.

Inhalt

1. § 147 findet nur auf solche Personen des Soldatenstandes Anwendung, welche Vorgesetzte sind, auf Militärbeamte selbst im Felde nicht. (§ 153.) Gegen Letztere greift ev. § 346 RStGB. Platz.

2. Wenn ein Vorgesetzter es verabsäumt, die ihm auf Grund von Dienstvorschriften oder Dienstbefehlen obliegende Beaufsichtigung seiner Untergebenen auszuüben oder wegen der von diesen begangenen strafbaren Handlungen die ihm obliegende Meldung oder Verfolgung eintreten zu lassen, so erwachsen dadurch der Disziplin erhebliche Nachtheile.

Mit Strafe bedroht darum § 147 denjenigen Vorgesetzten, dem eine solche Verabsäumung zur Schuld anzurechnen ist. (Motive.)

3. Der Ausdruck „in schuldhafter Weise" deutet an, daß auch fahrlässige Verabsäumung der Beaufsichtigung nach § 147 strafbar ist.

4. Unter „Verfolgung" strafbarer Handlungen begreift § 147 nach Vorgang des Strafgesetzbuches für das deutsche Reich auch die Bestrafung solcher Handlungen. (Motive.)

5. Der „Vorsatz" bei der Unterlassung einer Meldung 2c. strafbarer Handlungen schließt das Bewußtsein in sich, daß eine Meldung 2c. dem Thäter obliege.

Das Unterlassen der Meldung 2c. aus irrthümlicher Auffassung seiner Pflicht, zu melden 2c. kann ebenso wie die Unterlassung aus Fahrlässigkeit nur als Disziplinarvergehen bestraft werden.

6. „Freiheitsstrafe" bis zu sechs Monaten ist von einem Tage bis zu sechs Wochen resp. vier Wochen Arrest, von sechs Wochen und einem Tage ab Gefängniß oder Festungshaft (§§ 16. 17. 24).

§ 148.

Wer durch unvorsichtige Behandlung von Waffen oder Munition einen Menschen körperlich verletzt, wird mit Freiheitsstrafe bis zu drei Jahren und, wenn der Tod eines Menschen verursacht worden ist, mit Gefängniß oder Festungshaft bis zu fünf Jahren bestraft.

[Entw. § 158]

Strenger Arrest ist nur gegen denjenigen zulässig, welcher wegen eines militärischen Verbrechens oder Vergehens bereits mit einer Freiheitsstrafe bestraft worden ist (§ 22 Abs. 3).

§ 148.

Inhalt

1. § 148 bezieht sich ausschließlich auf Personen des Soldatenstandes. Gegen Militärbeamte kommen selbst im Felde die §§ 222 und 230 RStGB. zur Anwendung (§ 153).

2. Die Vorschrift des § 148, ausweislich deren die Körperverletzung oder Tödtung eines Menschen bestraft wird, wenn sie durch unvorsichtige Behandlung von Waffen oder von Munition verursacht worden ist, entspricht den in den §§ 230 und 222 des Strafgesetzbuches für das deutsche Reich enthaltenen Vorschriften über fahrlässige Körperverletzung oder Tödtung. Sie enthält aber härtere Strafbestimmungen, weil der Soldat in der Behandlung von Waffen und Munition unterrichtet wird und bei einer unvorsichtigen Behandlung derselben für die dadurch entstandenen Folgen in erhöhtem Maße verantwortlich ist.

Der § 148 bezweckt überdies vorzugsweise gegen das in den Quartieren mannigfach vorkommende muthwillige und leichtfertige Handhaben der Schußwaffen den Bewohnern einen Schutz zu bieten (Motive.)

3. Unter „Waffen" sind hier nur Dienstwaffen zu verstehen, in deren Behandlung der Soldat unterrichtet wird (cf. Anm. 2). Dafür auch Koppmann (S. 445). Auch die Munition muß dienstlich sein.

4. „Körperliche Verletzung" umfaßt auch jede Gesundheitsbeschädigung (cf. § 223 RStGB). Es gehören daher alle nachtheiligen Einwirkungen auf den Körper (selbst die durch geistige Affektionen z. B. durch ein Erschrecken hervorgebrachten) hierher. (Oppenhoff Anm. 2 zu § 230.)

5. Der Tod muß durch die unvorsichtige Behandlung rc verursacht sein. Daß der Tod lediglich durch die unvorsichtige Behandlung verursacht sei, wird nicht erfordert; namentlich schließt, wenn letztere die Hauptursache des Todes war, die konkurrirende Fahrlässigkeit des Getödteten die Anwendung des § nicht aus. Ebensowenig braucht der Tod durch das Thun oder Unterlassen des Angeschuldigten unmittelbar herbeigeführt zu sein, es genügt, wenn jener den Tod mittelbar herbeiführte, indem er die Neben- und Zwischen-Ursachen nicht berücksichtigte, welche den Eintritt des tödtlichen Erfolges beförderten und von ihm bei gewöhnlicher Sorgfalt als möglich vorausgesetzt werden konnten. (Oppenhoff Anm. 4 zu § 222 RStGB.)

6. „Freiheitsstrafe bis zu drei Jahren" ist von einem Tage bis zu sechs Wochen, resp. 4 Wochen, Arrest, von 6 Wochen und 1 Tage ab, Gefängniß oder Festungshaft (§§ 16. 17. 24). Strenger Arrest ist nur gegen denjenigen zulässig, welcher wegen militärischer Verbrechen oder Vergehen bereits mit einer Freiheitsstrafe bestraft worden ist (§ 22 Abs. 3).

„Gefängniß oder Festungshaft bis zu fünf Jahren" beginnt mit sechs Wochen und einem Tage.

§ 149.

Wer rechtswidrig von seiner Waffe Gebrauch macht, oder einen Untergebenen zum rechtswidrigen Waffengebrauche auf-

---

§ 149.

Inhalt

1. § 149 findet nur auf Personen des Soldatenstandes, auf Militärbeamte auch nicht im Felde, Anwendung (§ 153).

2. „Der Bestimmung des § 149, welcher in dem dem Reichstage vorgelegten Entwurfe nicht enthalten war und erst in der ersten Lesung zur Aufnahme gelangte, liegt der Gedanke zu Grunde, daß der Regel nach in und außer Dienst bewaffnete Soldaten der Versuchung widerstehen sollen, bei geringfügiger Veranlassung und ohne tristigen Grund insbesondere bei Privatstreitigkeiten von der ihnen zur Vertheidigung des Thrones und des Vaterlandes gegebenen Waffe gegen Andere Gebrauch zu machen.

§ 55 Nr. 2 hatte zwar schon den Mißbrauch der Waffe als ein straferhöhendes Moment bezeichnet, erschien jedoch nicht ausreichend, weil er den rechtswidrigen Gebrauch der Waffe gegen Personen nicht als ein selbstständiges Vergeben mit Strafe bedroht und deshalb eine Bestrafung da unmöglich gewesen sein würde, wo durch den rechtswidrigen Gebrauch der Waffe gegen eine Person zwar eine an sich strafbare aber wegen mangelnden Strafantrages nicht verfolgbare Handlung begangen wurde.

§ 149 bedroht deshalb das rechtswidrige Gebrauchmachen von der Waffe als eine Handlung gegen die militärische Ordnung noch besonders mit Strafe.

Es gewinnt dadurch den Anschein, als ob der § 149 den Thatbestand eines selbstständigen Vergehens selbst dann enthalte, wenn die durch den Waffengebrauch hervorgerufene Strafthat Gegenstand der richterlichen Beurtheilung ist und als ob auch alsdann bei der Strafabmessung die Grundsätze des Strafrechts über die Konkurrenz der Vergehen Anwendung zu finden hätten. Dies ist aber nicht zutreffend. Denn wie der Mißbrauch der Waffe im Sinne des § 55 sich als Strafthat ohne die Handlung nicht denken läßt, welche durch den Waffengebrauch herbeigeführt worden, so ist auch im Falle des § 149 die Waffe nur das Mittel, durch welches der Thäter den strafbaren, auf die Körperverletzung ꝛc. gerichteten Dolus zur Ausführung bringt. Die strafbare Absicht des Thäters ist in beiden Fällen nicht auf den Gebrauch der Waffe, sondern auf den dadurch herbeizuführenden Erfolg gerichtet. Beide Gesetzesbestimmungen sind mithin im Prinzip einander gleich. Dazu kommt, daß die Vorschrift des § 55 den weiteren Begriff enthält, aus welchem nur im § 149 das rechtswidrige Gebrauchmachen von der Waffe als Sonderbegriff hervorgehoben und durch Fixirung des Mindestbetrages der auf die Strafthat gesetzten Strafe qualifizirt wird.

Denn während „Mißbrauch der Waffe" vorliegt, wenn irgend eine militärische Dienstwaffe entweder gegen Personen zu dem ihrer Natur nach bestimmten Zwecke rechtswidrig gebraucht oder wenn sie gegen Personen oder Sachen zu einem Zwecke gebraucht wird, zu welchem sie ihrer Natur nach nicht bestimmt ist, wohin insbesondere auch das Schlagen mit der Scheide, Stoßen mit dem Gewehr, Zerstören von Sachen mit der Waffe, der Versuch des Schlagens mit der Waffe gegen eine Person ꝛc. gehören (Anm. 7 zu § 55), liegt ein „Gebrauchmachen der Waffe" nur dann vor, wenn dieselbe zu dem ihrer Natur nach bestimmten Zwecke (Stechen, Hauen, Schießen ꝛc.) gegen Personen benutzt wird.

Da somit das rechtswidrige Gebrauchmachen immer einen Mißbrauch der Waffe im Sinne des § 55 darstellt, so wird die Straferhöhung, welche im Falle des § 55 das Doppelte der für das Vergehen ꝛc. angedrohten Strafe erreichen kann, auch dann eintreten müssen, wenn ein rechtswidriger Gebrauch der Waffe im Sinne des § 149 vorliegt.

fordert, wird vorbehaltlich der verwirkten höheren Strafe mit Gefängniß oder Festungshaft bis zu Einem Jahre bestraft.

[Im Entwurfe nicht enthalten.]

Aus dieser prinzipiellen Gleichheit der gedachten Gesetze folgt aber, daß die Bestimmung des § 149 ebenso wie die des § 55 lediglich als Strafzumessungsgrund in Betracht kommt, wenn die Handlung, auf welche beim Gebrauch der Waffe der Dolus des Thäters gerichtet war, Gegenstand der richterlichen Beurtheilung ist; jedoch mit dem in der Natur der Sache liegenden Unterschiede, daß im ersteren Falle der Mindestbetrag der Strafe nicht unter sechs Wochen und einem Tage Gefängniß oder Festungshaft sein darf, während in beiden Fällen der Höchstbetrag das Doppelte der für das betreffende Vergehen 2c. angedrohten Strafe erreichen kann.

Fällt dieses Vergehen 2c. unter den Begriff des Mißbrauchs der Dienstgewalt im Sinne des Militär-Strafgesetzbuches, d. h. hat der Vorgesetzte gegen den Untergebenen die Waffe als solche widerrechtlich gebraucht, und demselben eine als „Körperverletzung oder Mißhandlung" sich darstellende Thätlichkeit zugefügt, so ist in einem solchen Falle die Strafe mit Rücksicht auf die §§ 149 und 55 aus § 122 Mil.-StGB. f. d. D. R. zu entnehmen.

Der ausdrücklichen Erwähnung des rechtswidrigen Waffengebrauchs im entscheidenden Theile des Urtheils bedarf es deshalb in den gedachten Fällen nicht, da die Strafthat nur als ein Vergehen sich darstellt." (s. d. Citat im nächsten Abs.)

Zur selbstständigen Bedeutung konnte die Vorschrift des § 149 über den rechtswidrigen Waffengebrauch daher nur in allen denjenigen Fällen kommen, in welchen die vom Thäter gewollte strafbare Handlung Mangels des Strafantrages des Verletzten nicht Gegenstand der richterlichen Beurtheilung sein durfte und deshalb selbstredend die Anwendung der §§ 53 und 55 ausgeschlossen war. (Beschl. des Preuß. General-Auditoriats vom 28. März 1873 Nr. 17 und Cirkularschreiben derselben Behörde vom 16. Juni 1874.)

Durch die neuere Gesetzgebung im Civil Strafrecht (Ges. v. 26. Februar 1876) ist der Vorschrift des § 149, soweit sie den rechtswidrigen Waffengebrauch betrifft, ihre selbstständige Bedeutung gänzlich genommen, da nach dem durch die Gesetzesnovelle eingeschobenen § 223a RStGB. jede mittels einer Waffe begangene Köperverletzung — als sogenannte gefährliche Körperverletzung — stets ohne Antrag strafbar ist. (Oppenhoff Anm. 7 zu § 223a und Anm. 1 zu § 232; Schwarze Ergänzungen 1876 Heft 1 Anm. zu § 232 RStGB.)

Hiernach ist § 149 — falls es sich nicht um eine Aufforderung eines Untergebenen zum rechtswidrigen Waffengebrauche handelt — jetzt lediglich noch für die Strafzumessung, insonderheit die Bestimmung des Strafmindestbetrages von Bedeutung, hier aber selbst für den Fall des § 228 RStGB. insofern wirksam, als in einem Falle des § 223a auch bei Annahme mildernder Umstände das Strafminimum von 6 Wochen und 1 Tage Platz greift (cf. Anm. 7 zu § 55).

3. Daß der Versuch des Schlagens 2c. mit der Waffe nicht unter die Strafvorschrift des § 149 fällt, ist in Anm. 2 bereits erörtert und folgt aus der dem Beschlusse des Preußischen General-Auditoriats vom 28. März 1873 Nr. 17 entnommenen Definition des Begriffes: „Gebrauchmachen". Danach liegt ein Gebrauchmachen erst vor, wenn der Schlag 2c. getroffen, da es nicht die Absicht des Gesetzgebers war, den Gebrauch der Waffe an sich ohne Rücksicht auf den eingetretenen Erfolg als selbstständiges Vergehen mit Strafe zu bedrohen. Da nun die Waffe erst „gebraucht" ist, wenn der beabsichtigte Erfolg eingetreten, so ist das versuchte Schlagen 2c. mit der Waffe ein Versuch des in § 149 mit Strafe bedrohten Vergehens überhaupt (ein versuchtes Gebrauchmachen) und mit Rücksicht auf § 43 Abs. 2 RStGB. ebensowenig strafbar, als der Versuch einer leichten Körperverletzung.

War die Absicht des Thäters auf die Begehung eines Verbrechens gerichtet, so wird das versuchte Gebrauchmachen der Waffe selbstverständlich immer als Versuch eines Verbrechens strafbar sein und mit Rücksicht auf die §§ 55. 149 eine Straferhöhung bedingen. Der abweichenden Ansicht Koppmann's zufolge (S. 448) müßte jedes versuchte Schlagen mit der Waffe als selbstständiges Vergehen auf Grund des § 149 mit mindestens 6 Wochen und 1 Tage Gefängniß bestraft werden, eine Unbilligkeit, welche vom Gesetzgeber gewiß nicht beabsichtigt worden ist.

4. „**Rechtswidrig**" ist der Waffengebrauch, wenn er weder durch einen Nothstand (§ 54 RStGB.) oder durch Nothwehr (§ 53 ibid.) geboten, noch durch ein besonderes Gesetz gestattet war.

In letzterer Beziehung siehe insbesondere § 124 Mil.-StGB. f. d. D. R., §§ 1—7 und 10 des Preußischen Gesetzes betreffend das Recht des Militärs zum Waffengebrauch vom 20. März 1837*) und die Preuß. Dienst-Instruktion für die Gendarmerie vom 30. Dezember 1820 (§ 28).**)

*) Die §§ 1—7 u 10 des Ges. v. 20. März 1837 lauten:

§ 1. Das in Unserem Dienste zur Aufrechterhaltung der öffentlichen Ordnung, Ruhe und Sicherheit auftretende Militär ist berechtigt, auf Wachen und Posten, bei Patrouillen, Transporten und allen andern Kommandos, auch wenn solche auf Requisition oder zum Beistande einer Civilbehörde gegeben werden, in den nachstehenden §§ 2—6 bezeichneten Fällen von seiner Waffe Gebrauch zu machen.

§ 2. Wird das kommandirte Militär bei einer der vorerwähnten Dienstleistungen angegriffen, oder mit einem Angriffe gefährlich bedroht, oder findet es Widerstand durch Thätlichkeit oder gefährliche Drohung, so bedient sich dasselbe seiner Waffen, um den Angriff abzuwehren und den Widerstand zu überwältigen.

§ 3. Wenn das Militär bei einer Dienstleistung zur Ablegung der Waffen oder anderer zum Angriffe oder Widerstande geeigneter oder sonst gefährlicher Werkzeuge auffordert und es wird dieser Aufforderung nicht sofort Folge geleistet, oder es werden die abgelegten Waffen oder Werkzeuge wieder aufgenommen, so macht das Militär von seinen Waffen Gebrauch, um den ihm schuldigen Gehorsam zu erzwingen.

§ 4. Wenn bei Arrestationen der bereits Verhaftete entspringt oder auch nur den Versuch dazu macht, so bedient sich das Militär der Waffen, um die Flucht zu vereiteln.

§ 5. Hierzu ist dasselbe auch in allen Fällen befugt, wenn Gefangene, welche ihm zur Abführung oder zur Bewachung anvertraut sind, vom Transporte oder aus Gefängnissen zu entfliehen suchen.

(Die Arrestanten sind laut Allerhöchster Bestimmung damit, daß das Militär angewiesen sei, im Falle eines Fluchtversuchs von seinen Waffen Gebrauch zu machen, in jedem Falle eines Arrestanten-Transportes bekannt zu machen.)

§ 6. Jede Schildwache (die Ehrenposten mit eingerechnet) hat sich zum Schutze der ihrer Bewachung anvertrauten Personen oder Sachen nöthigenfalls der Waffen zu bedienen.

§ 7. Das Militär hat von seinen Waffen nur insoweit Gebrauch zu machen, als es zur Erreichung der in den vorstehenden §§ 2—6 angegebenen Zwecke erforderlich ist. Der Gebrauch der Schußwaffe tritt nur dann ein, wenn entweder ein besonderer Befehl dazu ertheilt worden ist oder wenn die andern Waffen unzureichend erscheinen. Der Zeitpunkt, wann der Waffengebrauch eintreten soll und die Art und Weise seiner Anwendung muß von dem handelnden Militär jedesmal selbst erwogen werden.

§ 10. Daß beim Gebrauch der Waffen das Militär innerhalb der Schranken seiner Befugnisse gehandelt habe, wird vermuthet, bis das Gegentheil bewiesen ist. Die Angaben derjenigen Personen, welche irgend eine Theilnahme an dem, was das Einschreiten der Militärgewalt herbeigeführt hat, schuldig oder verdächtig sind, geben für sich keinen zur Anwendung einer Strafe hinreichenden Beweis für den Mißbrauch der Waffengewalt.

(Siehe auch die bei Solms S. 432 abgedruckte Instruktion über den Waffengebrauch des Militärs und über die Mitwirkung desselben zur Unterdrückung innerer Unruhen.)

**) § 28 der Instruktion vom 30. Dezember 1820 lautet:

„Die Gendarmen sind befugt auch ohne Autorisation der vorgesetzten Behörde, sich der ihnen anvertrauten Waffen zu bedienen:

§ 150.

Wer ohne die erforderliche dienstliche Genehmigung sich verheirathet, wird mit Festungshaft bis zu drei Monaten bestraft; zugleich kann auf Dienstentlassung erkannt werden.

---

5. Wenn § 149 vom Gebrauch „seiner Waffe" spricht, so meint er selbstverständlich damit nicht die dem Thäter zugehörige, sondern diejenige Dienstwaffe, welche der Thäter vermöge seines Standes zu führen berechtigt ist (cf. Koppmann S. 446).

6. Die bloße „Aufforderung" zum rechtswidrigen Waffengebrauch ist nach § 149 strafbar, auch wenn derselben nicht Folge geleistet worden ist. Ist derselben Folge gegeben und eine strafbare Handlung verübt worden, so sind die Vorschriften der §§ 115 und 55 Nr. 1 zu beachten und zur Anwendung zu bringen, sobald danach die Strafbarkeit des Thäters sich erhöht.

7. Der im § 149 gemachte Vorbehalt „der verwirkten höheren Strafe" ist im Grunde genommen überflüssig. Jedenfalls beweist er nichts für die von einigen Rechtslehrern vertretene Ansicht, daß § 149 unter allen Umständen ein selbstständiges, eventuell mit der durch die Waffe verübten strafbaren Handlung in Ideal-Konkurrenz tretendes Vergehen enthalte.

Nach dem oben in Anm. 2 Gesagten ist die selbstständige Bedeutung des § 149 jetzt auf die Aufforderung zum rechtswidrigen Waffengebrauch beschränkt und kommt — wenn die Handlung, auf welche beim Gebrauch der Waffe der Dolus des Thäters gerichtet war, Gegenstand der richterlichen Beurtheilung ist, **lediglich als Strafzumessungsgrund** dergestalt in Betracht, daß er für alle Fälle den Mindestbetrag der Strafe auf sechs Wochen und einen Tag fixirt, da Gefängniß oder Festungshaft nach § 17 im Minimum 6 Wochen und 1 Tag beträgt. (cf. Anm. zu §§ 55. 122. 123.)

§ 150.

1. § 150 findet nur auf Personen des Soldatenstandes, auf Militärbeamte selbst nicht im Felde Anwendung (§ 153).

2. Wenn eine Person des Soldatenstandes zu ihrer Verheirathung einer dienstlichen Genehmigung bedarf und dennoch ohne diese Genehmigung sich verheirathet, so macht sie in Ansehung des dienstlichen Interesses sich strafbar.

Dem entsprechend droht § 150 in Absatz 1 für einen solchen Fall Festungshaft an. Gegen Offiziere erklärt er, in Uebereinstimmung mit dem preußischen und dem bayerischen Militär-Strafgesetzbuche, zugleich Dienstentlassung für statthaft, um solche Fälle zu treffen, wo ein Offizier durch die Eheschließung die Standesrücksichten verletzt und ein öffentliches Aergerniß gegeben hat und, um in diesen Fällen auch die nachträgliche Einleitung eines ehrengerichtlichen Verfahrens unnöthig zu machen.

Nach einzelnen Landesgesetzgebungen ist eine von einer Person des Soldatenstandes ohne dienstliche Genehmigung geschlossene Ehe in der Weise nichtig, daß selbst eine spätere Genehmigung die Nichtigkeit nicht zu heilen vermag und die in einer

---

a) wenn Gewalt oder Thätlichkeit gegen sie selbst, indem sie sich in Dienstfunktionen befinden, ausgeübt wird;

b) wenn auf der That entdeckte Verbrecher, Diebe, Schleichhändler u. s. w. ihren Aufforderungen, um zur nächsten Obrigkeit geführt zu werden, nicht ohne thätlichen Widerstand Folge leisten, und vielmehr sich der Beschlagnahme der Effekten oder Waaren und Fuhrwerke, oder ihrer persönlichen Verhaftung mit offener Gewalt oder mit gefährlichen Drohungen widersetzen;

c) wenn sie auf andere Art den ihnen angewiesenen Posten nicht behaupten oder die ihnen anvertrauten Personen nicht beschützen können.

Es liegt ihnen jedoch auch in diesen Fällen ob, die Waffen nur, nachdem gelinde Mittel fruchtlos angewandt sind, und nur wenn der Widerstand so stark ist, daß er nicht anders, als mit gewaffneter Hand überwunden werden kann, und auch dann noch mit möglichster Schonung zu gebrauchen."

Auf die Rechtsgültigkeit der geschlossenen Ehe ist der Mangel der dienstlichen Genehmigung ohne Einfluß.
[Entw. § 159]

§ 151.

Wer im Dienste oder, nachdem er zum Dienste befehligt worden, sich durch Trunkenheit zur Ausführung seiner Dienst-

---

solchen Ehe erzeugten Kinder uneheliche sind. Solche Gesetzgebungen beruhen auf veralteten Anschauungen und stehen mit den sittlichen Auffassungen von der Heiligkeit der Ehe im Widerspruch. Der Staat hat nicht das Recht, in die Familienverhältnisse derartig sich zu drängen. Ihm muß es vielmehr genügen, wenn in erforderlichen Fällen derjenige aus seiner Stellung entfernt wird, der ohne Genehmigung eine standeswidrige Ehe geschlossen hat. Wie bereits erwähnt, droht aber § 150 die Dienstentlassung fakultativ an.

Aus allen diesen Gründen schreibt in Anschluß an die in § 150 Absatz 1 enthaltene Strafbestimmung gegen die ohne erforderliche dienstliche Genehmigung geschehenen Verheirathungen, der Absatz 2 daselbst ausdrücklich vor:

„Auf die Rechtsgültigkeit der geschlossenen Ehe ist der Mangel der dienstlichen Genehmigung ohne Einfluß."

Die Aufnahme einer solchen Bestimmung gerade in das Militär-Strafgesetzbuch erweist sich aus materiellen und formalen Gründen als geboten. Einerseits gilt es, solche Rechtsbestimmungen aufzuheben oder ihnen vorzubeugen, welche die gesetzliche Folge einer strafbaren Handlung vorschreiben und darum Gegenstand der Strafgesetzgebung sind. Andererseits kommt in Betracht, daß in der württembergischen Landesgesetzgebung gerade das Militär-Strafgesetzbuch vom 20. Juli 1818 es ist, welches für die beregten Fälle in Artikel 124 die Nichtigkeit der Ehe androht und daß dem vorliegenden Gesetz die Aufgabe zugewiesen ist, anzugeben, inwiefern die Vorschriften der bisherigen einzelnen Militär-Strafgesetzbücher in Deutschland beibehalten oder abgeändert werden sollten.

Ein Uebergreifen in ein der Reichsgesetzgebung nicht zugewiesenes Gebiet liegt dabei nicht vor. Einen niemals bemängelten Vorgang bietet hierfür das Strafgesetzbuch für das Deutsche Reich beispielsweise dadurch, daß es die für Preußen geltend gewesene Vorschrift aufhob, es müsse einem zu Zuchthausstrafe Verurtheilten ein Vormund bestellt werden. (Motive.)

3. „Festungshaft" beginnt mit sechs Wochen und einem Tage (§ 17).

§ 151.

Inhalt:

1. § 151 findet nur auf Personen des Soldatenstandes, auf Militärbeamte selbst nicht im Felde Anwendung (§ 153). Personen des Beurlaubtenstandes sind der Bestimmung des § 151 nur in der Zeit unterworfen, während welcher sie sich im Dienst befinden (§ 6). Daß dieselben bei Kontrolversammlungen „im Dienst" sind, ist in Anm. 5 zu § 6 ausgeführt.

2. Die Nüchternheit des Soldaten ist für die Erhaltung der Disziplin von größter Wichtigkeit. Denn die Erfahrung lehrt, daß in den meisten Fällen bei Begehung militärischer Verbrechen oder Vergehen der übermäßige Genuß geistiger Getränke als die Veranlassung zur That zu betrachten ist. Auch können durch den trunkenen Zustand des Soldaten bei Ausübung des Dienstes, besonders im Kriege, den Truppen die erheblichsten Nachtheile erwachsen.

Eine allgemeine Strafvorschrift gegen die Trunkenheit zu geben, empfahl sich jedoch nicht. Das Militär-Strafrecht hat wider die Trunkenheit des Soldaten nur

verrichtung untauglich macht, wird mit mittlerem oder strengem Arrest oder mit Gefängniß oder Festungshaft bis zu Einem

---

insoweit Strafen anzudrohen, als der Soldat durch dieselbe schuldhafter Weise unfähig wird, den ihm obliegenden Dienst zu erfüllen. Alle übrigen Fälle zu beurtheilen, gehört lediglich in das Gebiet der Disziplin (Motive.)

3. „Im Dienst" ist nicht gleichbedeutend mit „in Ausübung des Dienstes". Es fällt somit unter die Strafvorschrift des § 151 z. B. auch jeder Soldat, welcher sich auf Wache betrinkt und sich zur späteren Ausübung des Dienstes als Schildwache 2c. unfähig macht.

4. § 151 stellt der im Dienste erworbenen Trunkenheit diejenige Trunkenheit gleich, welche nach erfolgter Befehligung zum Dienste erworben ist, sobald sie nur einen so hohen Grad erreicht hat, daß der Befehligte zur Ausführung seiner Dienstverrichtung untauglich geworden ist.

„Denn sowohl im Dienst, wie nachdem er zum Dienst befehligt worden, weiß der Soldat, daß ihm bestimmte Dienstverrichtungen obliegen und zur Schuld muß es ihm angerechnet werden, wenn er sich dessen ungeachtet zur Vollführung derselben unfähig macht. Selbstverständlich ist es, daß gemäß § 59 des Strafgesetzbuches für das Deutsche Reich die Strafbarkeit der Handlung dann wegfällt, wenn zwar der Soldat zum Dienste befehligt worden, er davon aber keine Kenntniß hatte." (Motive.)

War er schon betrunken, als er befehligt wurde, so liegt Trunkenheit außer Dienst vor, da er sich schon vor der Befehligung zum Dienste und nicht nachher betrunken hatte.

5. Die Trunkenheit braucht keine vorsätzliche zu sein, auch die fahrlässige ist strafbar, wenn sie in schuldhafter Weise entstanden ist. Da nun im Dienst und nach erfolgter Befehligung zum Dienste der Soldat besondere Vorsicht anwenden muß, daß er nicht zur Verrichtung seines Dienstes unfähig wird, wird der Beweis einer unverschuldeten Trunkenheit immerhin schwer fallen.

Wann die Trunkenheit als unverschuldet zu erachten sei, ist in Anm. 4 zu § 49 näher erörtert.

6. Die „Untauglichkeit" braucht keine absolute zu sein. Es genügt, wenn eine verlässige Pflichterfüllung sich nicht mehr erwarten ließ. (Oberniedermayr S. 696. cf. Anm. 4.)

7. Wegen der schweren Nachtheile, die aus der strafbaren Handlung entstehen können, droht § 151 mittleren oder strengen Arrest von einem Tage bis zu sechs resp. vier Wochen oder Gefängniß oder Festungshaft von sechs Wochen und einem Tage bis zu einem Jahre an. (Motive und §§ 17. 24.)

Strenger Arrest ist ausdrücklich angedroht (Anm. 4 zu § 22), kann also auch gegen denjenigen verhängt werden, welcher wegen eines militärischen Vergehens noch nicht mit einer Freiheitsstrafe bestraft war.

Gegen Offiziere soll zugleich auf Dienstentlassung erkannt werden können, um den Fällen zu genügen, durch welche es unmöglich wird, daß der Offizier die Stellung eines Vorgesetzten beibehalte. (Motive.)

8. Da die Trunkenheit erfahrungsmäßig die Veranlassung zu einer großen Anzahl militärischer Verbrechen und Vergehen, insbesondere solcher gegen die Pflichten der militärischen Unterordnung ist, so sind in Beziehung auf die Behandlung trunkener Soldaten wiederholt strenge Vorschriften ergangen. Dieselben sind in der Preuß. Allerh. Kab.-Ordre v. 21. Februar 1821 — welche durch die Allerh. Kab.-Ordre v. 26. Mai 1868 in Erinnerung gebracht wird — und in dem Cirkular-Schreiben an die General-Kommandos v. 22. März 1821 (Mil.-Ges.-Samml. S. 177 und 178) zusammengefaßt.

Die Allerh. Kab.-Ordre v. 21. Februar 1821 bestimmt:

„Die zu Meiner Bestätigung gelangenden kriegsrechtlichen Erkenntnisse, wegen des Vergehens thätlicher Widersetzung gegen Vorgesetzte, bestätigen die Erfahrung wiederholend, daß dieses Vergehen, in den meisten Fällen, in dem Zustande der Trunkenheit verübt und nicht selten durch unvorsichtige Behandlung der Vorgesetzten selbst veranlaßt wird.

Jahre bestraft; zugleich kann auf Dienstentlassung erkannt werden.

[Entw. § 160.]

Disziplinarbestrafung in leichteren Fällen zulässig § 3 d. EG.

Bei der Nothwendigkeit, die bestehenden Gesetze für dieses schwerste Vergehen gegen die militärische Ordnung, in ihrer Strenge aufrecht zu erhalten, ist es Pflicht der Vorgesetzten, bei dem Verfahren gegen Trunkene besondere Vorsicht zu beobachten, und nicht durch unzeitige Maßregeln einen Anreiz zur Widersetzung zu geben.

Ich beauftrage das Kriegs-Ministerium, die kommandirenden Generale zu veranlassen, die Truppenbefehlshaber aller Grade demgemäß mit angemessener Instruktion zu versehen."

In dem Cirkularschreiben des Kriegs-Ministerii an die Königlichen General-Kommandos vom 22. März 1821 ist bei Mittheilung dieser Allerh. Kab.-Ordre, über die Behandlung betrunkener Soldaten folgendes gesagt:

Bestimmte allgemeine Regeln für die Behandlung des betrunkenen Soldaten lassen sich nicht geben, allein als erfahrungsmäßig bestätiget, kann man wohl annehmen, daß unmittelbares Handanlegen der Vorgesetzten, Behufs der Verhaftung, dem schon an sich in Opposition gegen alle äußere Einwirkung begriffenen Trunkenen am allerempfindlichsten ist; daß durch Dazwischenkunft und Vermittelung anderer Personen, besonders seiner nähern Bekannten und Kameraden, mit denen er in freundschaftlichem Verkehr steht, viel leichter zum Zweck gelangt wird, wenn es darauf ankommt, den Trunkenen von dem Ort des Excesses zu entfernen, und ihn unschädlich zu machen; daß ferner vieles Zureden von Seiten der Vorgesetzten oft zu Wortwechseln übergeht, wo sich dann der Vorgesetzte leicht durch unpaßliche Gegen-Reden für persönlich oder dienstlich beleidigt hält, anstatt zu bedenken, daß der Trunkene nicht den schicklichen Ausdruck zu wählen im Stande ist. Gegen diesen Anlaß zur thätlichen Widersetzung aus Wortstreit sind alle Vorgesetzte insbesondere ernstlich zu warnen. Es verordnet daher auch schon das Dienst-Reglement vom 13. September 1788 S. 557, daß weder Offiziere noch Unteroffiziere sich mit betrunkenen Soldaten in Wortwechsel einlassen, viel weniger sie schlagen sollen, weil der sinnlose Zustand solche Menschen oft verleitet hat, ihr Leben zu verwirken. Nur in den Fällen, wo Vorgesetzte oder selbst Wache, sich nicht darauf beschränken können, den Trunkenen zu beobachten, bis daß es ihnen gelungen wäre, ihn durch Kameraden wegführen zu lassen, vielmehr dessen Arretirung um Gefahr abzuwenden nothwendig wird, muß freilich zum Aeußersten geschritten werden, auch auf die Gefahr, daß eine thätliche Widersetzung die Folge davon werden kann. Am besten wird aber der Allerhöchsten Intention entsprochen werden, wenn die Vorgesetzten auf die sittliche Führung des Soldaten, auch außer dem Dienst, und besonders auf den Hang zum Trunke, als der Quelle von so vielen andern unmoralischen Handlungen, und selbst von Excessen, ihre Aufmerksamkeit verdoppeln. Dazu fordert schon das Dienst-Reglement S. 568 auf, indem es vorschreibt, sorgfältig darauf zu sehen, daß kein Soldat der Trunkenheit sich ergebe, da die meisten Excesse in der Trunkenheit verübt werden. Außer dem Dienst soll ein solcher Fehler zwar als eine Schwachheit beurtheilt, jedoch dem Soldaten, wenn er wieder nüchtern geworden, solches scharf verwiesen, und er zu einem regelmäßigen Leben angehalten werden.

Durch AKO. vom 26. Mai 1868 wird die AKO. vom 21. Februar 1821 wieder in Erinnerung gebracht und bestimmt, daß die Vorschriften derselben alljährlich bei jedem Truppentheil sämmtlichen Offizieren und Unteroffizieren vorgelesen und für die Letzteren zum Gegenstande besonderer Instruktion gemacht werden sollen.

9. Disziplinarbestrafung ist in leichteren Fällen zulässig (§ 3 d. EG). Auch im Disziplinarwege kann (den Fall d. § 22 Abs. 2 ausgenommen) nur mittlerer oder strenger Arrest verhängt werden, letzterer auch wenn eine Vorbestrafung noch nicht erfolgt ist. (cf. Anm. 3 zu § 3 des Einf.-Ges. und oben Anm. 7.)

§ 152.

Wer wider besseres Wissen eine auf unwahre Behauptungen gestützte Beschwerde anbringt, wird mit Freiheitsstrafe bis zu Einem Jahre bestraft.

Wer wiederholt und leichtfertig auf unwahre Behauptuntungen gestützte Beschwerden oder wer eine Beschwerde unter Abweichung von dem vorgeschriebenen Dienstwege einbringt, wird mit Arrest bestraft.

[Im Entw. nicht enthalten.]

---

§ 152.

Inhalt:

1. § 152 findet nur auf Personen des Soldatenstandes, auf Militärbeamte selbst im Felde nicht Anwendung (§ 153) Wegen der Personen des Beurlaubtenstandes siehe unten Anm 10.

2. Dem dem Soldaten im § 117 gesicherten Recht der Beschwerdeführung entspricht die Pflicht desselben

a) sich bei seinen Beschwerden streng an die Wahrheit zu halten;

b) stets den vorgeschriebenen Dienstweg einzuhalten.

Die Verletzung dieser Pflicht ist in dem § 152 mit Strafe bedroht.

3. „Wider besseres Wissen“ ist die Beschwerde angebracht, wenn der Beschwerdeführer sich der Unwahrheit der der Beschwerde zu Grunde gelegten Behauptungen vollkommen bewußt war.

4. Die Behauptung muß „unwahr“ sein; dieses Begriffsmerkmal ist als erwiesen ausdrücklich festzustellen; es wird durch den Mangel des Beweises der Wahrheit nicht ersetzt; selbst die Wahrscheinlichkeit der Unwahrheit genügt nicht. (Oppenhoff Anm. 3 zu § 187.)

5. Abs. 1 droht Freiheitsstrafe bis zu 1 Jahre an, d. i. von 1 Tage bis zu 6 resp. 4 Wochen Arrest, darüber hinaus Gefängniß oder Festungshaft (§§ 16. 17. 24).

6. Abs. 2 verlangt nicht nur, daß die auf unwahre Behauptungen gestützte Beschwerde leichtfertig eingebracht sei, sondern auch, daß dies „wiederholt“ geschehe. Damit ist einerseits gesagt, daß die erste leichtfertig angebrachte auf unwahre Behauptungen gestützte Beschwerde nicht nach § 152 Abs. 2 strafbar ist, sondern der Disziplinarbestrafung unterliegt (cf. § 53 Abs. 2 der Disziplinar-Strafordnung), andererseits, daß es zur Anwendung des § 152 Abs. 2 genügt, wenn der Thäter vorher schon ein Mal eine auf unwahre Behauptungen gestützte Beschwerde eingebracht hat, gleichgültig, ob dies wider besseres Wissen oder leichtfertig geschehen und ob er dafür bestraft ist oder nicht.

7. „Leichtfertig“ bildet den Gegensatz zu dem „wider besseres Wissen“ des 1. Absatzes.

Leichtfertig ist die auf unwahre Behauptungen gegründete Beschwerde eingebracht, wenn der Beschwerdeführer die Unwahrheit derselben nicht gekannt, aber in leichtfertiger Weise es unterlassen hat, die Wahrheit der von ihm behaupteten Thatsachen zu prüfen.

8. Der „vorgeschriebene Dienstweg“ ist derjenige, welchen die bestehenden Dienstvorschriften dem Soldaten bei der Beschwerdeführung zur Pflicht machen. (Siehe insbesondere die Preußische Verordnung vom 6 März 1873; Armee-VOBl. von 1873 Nr. 8.)

9. Abs. 2 droht Arrest an, es kann mithin auf jede der nach dem Militärrange des Thäters statthaften Arten des Arrestes erkannt werden. Strenger Arrest ist hier nur gegen denjenigen zulässig, welcher wegen militärischer Verbrechen oder Vergehen bereits mit einer Freiheitsstrafe bestraft worden ist (§ 22).

Zweiter Titel.

Militärische Verbrechen und Vergehen der Militärbeamten.

§ 153.

Ein Militärbeamter, welcher sich im Felde einer der in dem ersten bis dritten, dem sechsten und achten Abschnitt des ersten Titels bezeichneten strafbaren Handlungen schuldig macht,

---

10. Daß Personen des Beurlaubtenstandes der Strafbestimmung des § 152 nur in der Zeit unterliegen, in welcher sie sich im Dienste befinden, folgt aus den §§ 6. 113 und 126 mit Nothwendigkeit. Außerhalb des Dienstes kann daher § 152 gegen sie niemals Platz greifen.

Wenn die Preußische VO. vom 6. März 1873 in § 1 unter Nr. 2 bestimmt:

„2) Die Abweichung von dem vorgeschriebenen Beschwerdewege wird an Personen des Soldatenstandes, welche im aktiven Dienste sich befinden, gerichtlich, an solchen Personen, die dem Beurlaubtenstande angehören, disziplinarisch oder gerichtlich geahndet (§ 152 des deutschen Militär-Strafgesetzbuches und § 27 der Disziplinar-Strafordnung)",

so ist damit nicht gesagt, daß Personen des Beurlaubtenstandes der Vorschrift des § 152 unterworfen sein und eventuell gerichtlich auf Grund des § 152 bestraft werden sollen, sondern daß sie entweder auf Grund des § 27 der Disziplinar-Strafordnung mit gelindem oder mittlerem Arrest bis zu drei Tagen disziplinarisch, oder — wenn der zur Disziplinarbestrafung berechtigte Militärbefehlshaber eine Arreststrafe von solcher Dauer nicht für ausreichend erachtet — gerichtlich auf Grund des § 92 Mil.-StGB. f. d. D. R. wegen Ungehorsams zu bestrafen sind (cf. Anm. 4 zu § 92).

11. Gegen Personen des Soldatenstandes kann in Fällen des § 152 niemals Disziplinarbestrafung eintreten, da § 3 des Einführungsgesetzes dies nicht zuläßt.

§§ 153. 154.

Inhalt

Amtsverlust	Disziplinarverfahren	Militärbeamte
obligat. — fakultativ: 3.	geg. Mil.-Beamte i. Allg 5.	Definition: 1.
Civilbeamte der Mil.-Verw. 1.	geg. Mil.-Justiz-Beamte 5.	Unterschied ders. von Pers. des Soldatenst. 2.

1. Militärbeamte sind alle im Heer und in der Marine für das Bedürfniß des Heeres oder der Marine dauernd oder auf Zeit angestellten, nicht zum Soldatenstande gehörenden und unter dem Kriegsminister oder Chef der Admiralität als Verwaltungschef stehenden Beamten, welche einen Militärrang haben. Es macht dabei keinen Unterschied, ob sie einen Diensteid geleistet haben oder nicht.

Militärbeamte, die im Offizierrange stehen, sind obere Militärbeamte, alle anderen Militärbeamte sind untere Militärbeamte.

Civilbeamte der Militärverwaltung haben keinen Militärrang, sind also dem § 153 nicht unterworfen. Dies ist nur der Fall, wenn sie nach ausgesprochener Mobilmachung den Militärbeamten ausdrücklich zugezählt werden.

2. Die Militärbeamten unterscheiden sich von den Personen des Soldatenstandes sehr wesentlich sowohl dadurch, daß ihr Beruf sie nicht zum Waffendienste verpflichtet, als auch durch die hinsichtlich der Ausführung ihrer Amtsgeschäfte ihnen obliegende Verantwortlichkeit.

Für die Personen des Soldatenstandes gilt als leitendes Prinzip bei Ausübung ihrer Dienstobliegenheiten der pünktliche Gehorsam gegen den Vorgesetzten; der

wird nach den daselbst für Personen des Soldatenstandes gegebenen Bestimmungen bestraft; statt auf Versetzung in die zweite Klasse des Soldatenstandes ist auf Amtsverlust zu erkennen.

[Entw. § 162.]

§ 154.

Andere Pflichtverletzungen der Militärbeamten sind nach den allgemeinen, für Beamte geltenden Vorschriften zu beurtheilen.

[Entw. § 163.]

Untergebene braucht fast ausnahmslos die Folgen der Ausführung eines ihm ertheilten Dienstbefehls nicht zu vertreten. Der Militärbeamte dagegen ist verpflichtet, das ihm übertragene Amt nach den Grundsätzen seiner Wissenschaft oder nach Verwaltungsgrundsätzen oder besonderen Instruktionen zu verwalten. Verstößt er hiergegen, so trifft ihn die Verantwortung. Deshalb können auf Militärbeamte die für Personen des Soldatenstandes gegebenen Strafgesetze an und für sich nicht zur Anwendung kommen; vielmehr müssen in strafrechtlicher Hinsicht diese Beamten im Allgemeinen ebenso behandelt werden, wie diejenigen Civilbeamten, mit welchen sie im Wesentlichen gleiche Berufspflichten haben.

Diese Grundsätze reichen aber nur in Zeiten des Friedens aus. Für den Krieg sind sie ungenügend. Auch die aus der preußischen Allerhöchsten Ordre vom 24. September 1826 in die Allerhöchste Verordnung vom 21. Juli 1867 über die Militär-Rechtspflege in Kriegszeiten § 20 unter c. übergegangene Bestimmung, nach welcher der kommandirende General eines mobilen Armee-Korps ermächtigt ist:

> jeden ihm untergebenen Beamten, der seine Bestimmung nicht erfüllt und deshalb zur Entlassung geeignet ist, sofort zu suspendiren und von der Armee zu entfernen,

ist nur ein unzureichender Nothbehelf.

Zur Sicherung der Armee, sowie zur Erhaltung ihrer Schlagfertigkeit und Thatkraft ist es dringend geboten, daß im Kriege der Militärbeamte denselben Pflichten und somit auch denselben Strafbestimmungen unterworfen werde, wie eine Person des Soldatenstandes. Als leitender Gedanke muß es erachtet werden: im Kriege ist der Militärbeamte Soldat, im Frieden Beamter.

Im Kriege muß beispielsweise der Militär-Beamte nicht minder als jeder Soldat verpflichtet sein, behufs Erfüllung seiner Dienstobliegenheiten alle seine Kräfte anzuspornen, und für die Folgen einer Pflichtverletzung ebenso, wie der Soldat, die Verantwortung übernehmen. Die Gefahr, welche durch die Pflichtverletzung eines Militärbeamten den kriegführenden Truppen entstehen kann, ist oft ebenso groß oder noch größer, als die durch die Pflichtverletzung eines Soldaten herbeigeführte. Es würde darum einen Widerspruch in sich bilden, wollte man den Soldaten, der durch vorsätzliche Verletzung einer Dienstpflicht im Kriege den Deutschen Truppen Nachtheil bereitet, den Strafbestimmungen des § 62 unterwerfen, einen Militärbeamten aber, auch unter denselben Voraussetzungen, nicht. Gleiche Gefahr, wie von einer Person des Soldatenstandes, können ferner z. B. Ungehorsam gegen Dienstbefehle, Widersetzung gegen den Vorgesetzten und Fahnenflucht herbeiführen, wenn sie im Felde von Militärbeamten begangen werden.

Das Gesetz hat, unter Berücksichtigung derjenigen Handlungen, welche, wie z. B. die in den §§ 84—87 vorgesehenen Verbrechen von Militärbeamten überhaupt nicht begangen werden können, in § 153 diejenigen Handlungen bezeichnet, bei deren Begehung im Kriege es vom militärischen Standpunkte aus geboten erscheint, gegen Militärbeamte dieselben Strafbestimmungen wie gegen Personen des Soldatenstandes anzuwenden. Sachgemäß kann indessen gegen Militärbeamte nicht auf Versetzung in die zweite Klasse des Soldatenstandes erkannt werden. Der § 153 bestimmt darum, daß, wo auf diese Versetzung zu erkennen sein würde, statt derselben auf Amtsverlust erkannt werden soll. Ob der Militärbeamte ein oberer oder ein unterer Militärbeamter ist, macht dabei keinen Unterschied. (Motive.)

Dritter Titel.

Strafbestimmungen für Personen, welche den Militärgesetzen nur in Kriegszeiten unterworfen sind.

§ 155.

Während eines gegen das Deutsche Reich ausgebrochenen Krieges sind alle Personen, welche sich in irgend einem Dienst- oder Vertragsverhältnisse bei dem kriegführenden Heere befinden, oder sonst sich bei demselben aufhalten oder ihm folgen, den Strafvorschriften dieses Gesetzes, insbesondere den Kriegsgesetzen, unterworfen.

[Entw. § 164.]

---

3. Amtsverlust ist nach § 153 obligatorisch in den Fällen der §§ 74. 106. 131. 132. 133. 134 fakultativ in den Fällen der §§ 37 Abs. 2 No. 1 u. 2. 62. 75. 78. 128. 135. Im Uebrigen siehe Anm. 1 u. 4 zu § 43.

4 Bezeichnet § 153 alle diejenigen strafbaren Handlungen der Militärbeamten, welche aus militärischen Gründen nach den für Personen des Soldatenstandes gegebenen Bestimmungen zu bestrafen sind, so ist es eine von selbst gegebene nothwendige Ergänzung des § 153., wenn § 154 vorschreibt, daß andere, namentlich die im Frieden begangenen Pflichtverletzungen nach den allgemeinen, für Beamte geltenden Vorschriften zu beurtheilen sind (Motive)

5. Die Disziplinarverhältnisse der Militärbeamten sind durch den IV. Abschnitt der Disziplinar-Straf-Ordnung und das Gesetz, betr. die Rechts-Verhältnisse der Reichsbeamten, vom 31. März 1873 geregelt. Nach § 158 des gedachten Gesetzes finden die Bestimmungen desselben über Versetzung in ein anderes Amt, über die einstweilige und über die zwangsweise Versetzung in den Ruhestand, über Disziplinar-Bestrafung und über vorläufige Dienstenthebung auf die richterlichen Militär-Justiz-Beamten keine Anwendung. In Preußen ist bezüglich der Versetzungen und des eigentlichen zur Entlassung führenden Disziplinar-Verfahrens gegen Militärjustizbeamte das Gesetz vom 7. Mai 1851 über die Dienstvergehen der Richter (§§ 65 ff.) maßgebend.

§ 155.

1. Die durch den Krieg geschaffenen Verhältnisse bringen es ohne Weiteres mit sich, daß nicht blos Militärpersonen, sondern auch Civilpersonen, wie Marketender, Fuhrleute, Krankenpfleger, sich bei dem kriegführenden Heere befinden.

Um die Ordnung und Sicherheit der Armee nicht zu gefährden, ist es dringend geboten, auch diese Civilpersonen unter die Militär-Strafgesetze, insbesondere die Kriegsgesetze zu stellen. Es darf dabei keinerlei Unterschied machen, ob dieselben in einem Dienst- oder Vertragsverhältnisse bei dem kriegführenden Heere sich befinden oder nicht.

Diejenigen Civilpersonen, die bei dem kriegführenden Heere selbst sich aufhalten, sind in strafrechtlicher Hinsicht solchen Civilpersonen gleich zu achten, die, unter welchem Titel oder Vorwande dies auch sei, demselben folgen.

Der § 155 bestimmt darum, daß während eines gegen das Deutsche Reich ausgebrochenen Krieges alle Personen, welche sich in irgend einem Dienst- oder Vertragsverhältnisse bei dem kriegführenden Heere befinden, oder sonst sich bei demselben aufhalten oder ihm folgen, den Strafvorschriften des Militär-Strafgesetzbuchs, insbesondere den Kriegsgesetzen unterworfen seien, selbstverständlich nur insoweit, als diese Vorschriften sich auf strafbare Handlungen beziehen, die überhaupt von Nicht-Militärs begangen werden können. Zu bemerken bleibt hierbei nur noch, daß die Worte: „kriegführendes Heer“ gewählt worden sind, um auch diejenigen Civilper-

§ 156.

Neben einer jeden Freiheitsstrafe, welche gegen eine Person verhängt wird, die sich zu den Truppen in einem Dienst- oder Vertragsverhältnisse befindet, kann zugleich auf Aufhebung dieses Verhältnisses erkannt werden.

[Entw. § 165.]

§ 157.

Ausländische Offiziere, welche zu dem kriegführenden Heere zugelassen sind, werden, wenn der Kaiser nicht etwa besondere Bestimmungen getroffen hat, nach den für Deutsche Offiziere geltenden Vorschriften beurtheilt.

---

sonen zu treffen, welche sich bei den in dem Haupt-Quartier befindlichen Truppen aufhalten. Der Ausdruck: „kriegführende Truppen" ist als zu eng darum nicht gebraucht worden.

Die Erfahrung aus dem letzten Kriege hat gelehrt, daß während eines Krieges Civilpersonen aus allen Klassen der Bevölkerung dem kriegführenden Heere sich anschließen, wie sich dies insbesondere bei der freiwilligen Krankenpflege gezeigt hat. Eine allgemeine Vorschrist ließ sich mithin nicht darüber geben, gegen welche Civilpersonen bei Verhängung militärischer Arreststrafen auf die gegen Offiziere zulässigen Arrestarten, gegen welche Civilpersonen auf die anderen Arrestarten zu erkennen sei. Der Richter wird demzufolge in jedem einzelnen Falle zu prüfen haben, welche Arrestart nach den bürgerlichen Verhältnissen oder nach der Bildungsstufe des Angeschuldigten gegen diesen für angemessen zu erachten ist. (Motive.)

2. Die in dem § 155 genannten Personen sind selbstverständlich auch bei gemeinen Verbrechen und Vergehen der Militärgerichtsbarkeit unterworfen. (Cirkularschreiben des Preußischen General-Auditoriats vom 25. September 1872.)

3. Was unter „Kriegsgesetzen" zu verstehen sei, ist in Anm. 3 zu §§ 9 u. 10 erörtert.

4. Die in § 155 genannten Personen sind auch der Disziplinargewalt der Truppenbefehlshaber unterworfen (cf §§ 2 Nr. 3 und 38 der Disziplinarstrafordnung).

§ 156.

Begeht eine Civilperson, die sich zu den Truppen in einem Dienst- oder Vertragsverhältnisse befindet, eine strafbare Handlung, so kann es in einzelnen Fällen rathsam erscheinen, dieselbe aus jenen Verhältnissen zu entlassen, während man in anderen Fällen auch fernerhin ihrer Dienstleistungen bedarf und es daher nützlicher ist, jenes Dienst- oder Vertragsverhältniß fortdauern zu lassen. Eine unbedingt gebotene Aufhebung dieses Verhältnisses wäre für Viele zumal ein zuverlässiges Hülfsmittel, um durch Begehung einer strafbaren Handlung die Lösung des Verhältnisses herbeizuführen.

Der § 156 verordnet denn auch nur, daß neben einer jeden Freiheitsstrafe, welche gegen eine Person verhängt wird, die sich zu den Truppen in einem Dienst- oder Vertrogsverhältnisse befindet, zugleich auf Aufhebung dieses Verhältnisses erkannt werden kann, mit welcher die Strafvollstreckung auf die bürgerlichen Behörden übergeht. (Motive und Koppmann S. 465.)

§ 157.

Daß, wie der vorliegende Paragraph bestimmt, die zu dem kriegführenden Heere zugelassenen ausländischen Offiziere nach den für Deutsche Offiziere geltenden Vorschriften beurtheilt werden sollen, rechtfertigt sich aus Gleichheit des Militär-Ranges und der Charge.

Immerhin konnte aber der Gesetzgeber diesen Grundsatz nur so lange und in soweit gelten lassen, als der Kaiser nicht etwa besondere Bestimmungen getroffen hat. Denn die Zulassung ausländischer Offiziere beruht auf Vereinbarungen mi

Auf das Gefolge solcher Offiziere findet die Vorschrift des § 155 Anwendung.

[Entw. § 166.]

§ 158.

Auf strafbare Handlungen eines Kriegsgefangenen finden nach Maßgabe seines Militärranges die Vorschriften dieses Gesetzes entsprechende Anwendung.

[Entw. § 167.]

§ 159.

Ein Kriegsgefangener, welcher unter Bruch des gegebenen

---

den betreffenden ausländischen Regierungen und es kann beispielsweise im Staats-Interesse liegen, ausnahmsweise etwaigen Wünschen einer ausländischen Regierung zu entsprechen.

Das Gefolge solcher ausländischer Offiziere gehört im Sinne des Gesetzes nicht zu den Militärpersonen. Die dasselbe bildenden Personen sind daher nur als Civilpersonen zu erachten und es rechtfertigt sich mithin, wenn § 157 Absatz 2 die Vorschriften des § 155 auf jenes Gefolge angewendet wissen will. (Motive.)

§ 158.

Die Nothwendigkeit, Kriegsgefangene zumeist in großer Anzahl beisammen zu halten, legt die Befürchtung nahe, daß durch Störung der Ordnung und Zucht unter den Gefangenen Gefahr für das Land und die Bevölkerung entstehen.

Geboten ist es daher, Kriegsgefangene unter solche Gesetze zu stellen, welche die Aufrechterhaltung und Stärkung der militärischen Zucht und Ordnung vornehmlich zum Ziele haben. Der § 158 bestimmt darum, es solle das Militär-Strafgesetzbuch auch auf Kriegsgefangene mit der Wirkung Anwendung finden, daß alle diejenigen Handlungen, welche, wenn von einer Militärperson begangen, strafbar sind, auch dann strafbar seien, wenn der Thäter ein Kriegsgefangener ist. Der Umstand, daß viele in dem Gesetze vorgesehene Handlungen, wie beispielsweise Fahnenflucht, Selbstbeschädigung und Vorschützung von Gebrechen überhaupt nur von einer Militärperson begangen werden können, bewirkt es, daß in Ansehung der Kriegsgefangenen viele Bestimmungen des Gesetzes bedeutungslos sind und auf jene keine Anwendung finden.

Als selbstverständlich erachtet § 158 es ohne Weiteres, daß auf militärische Ehrenstrafen, wie Entfernung aus dem Heer oder der Marine, auf Dienstentlassung, auf Degradation oder auf Versetzung in die zweite Klasse des Soldatenstandes gegen Kriegsgefangene nicht erkannt werden darf.

Dagegen ist die Verhängung der bürgerlichen Ehrenstrafen gegen sie zulässig, wie denn dieselben überhaupt auch gegen Ausländer erkannt werden dürfen.

Anlangend die Verhängung der militärischen Freiheitsstrafe, so soll für die zu erkennende Strafart, gleich wie bei den Militärpersonen, der Militärrang des Kriegsgefangenen maßgebend sein.

Abgesehen von diesem Falle ist in strafrechtlicher Hinsicht der Militärrang der Kriegsgefangenen an und für sich ohne Bedeutung. Namentlich gilt dies für die strafbaren Handlungen gegen die Pflichten der militärischen Unterordnung. Als Vorgesetzter gilt an und für sich niemals ein Kriegsgefangener im Verhältnisse zu einem anderen Kriegsgefangenen, wäre auch der Militärrang des einen um Vieles höher als der des anderen. Unter den Kriegsgefangenen ist nur derjenige der Vorgesetzte eines anderen Kriegsgefangenen, welcher von der zuständigen Kommandobehörde als solcher ausdrücklich bestellt ist. (Motive.)

§ 159.

1. Daß ein Kriegsgefangener, welcher unter Bruch des gegebenen Ehrenworts entweicht oder, auf Ehrenwort entlassen, die gegebene Zusage bricht, mit dem Tode bestraft werde, entspricht den Anschauungen des Völkerrechts.

Ehrenwortes entweicht, oder, auf Ehrenwort entlassen, die gegebene Zusage bricht, wird mit dem Tode bestraft.

Dieselbe Strafe trifft denjenigen, welcher den Bedingungen, unter denen er aus der Kriegsgefangenschaft entlassen, vor Beendigung des Krieges entgegenhandelt.

[Entw. § 168.]

§ 160.

Ein Ausländer oder Deutscher, welcher während eines gegen das Deutsche Reich ausgebrochenen Krieges auf dem Kriegsschauplatze sich einer der in den §§ 57 bis 59 und 134 vorgesehenen Handlungen schuldig macht, ist nach den in diesen Paragraphen gegebenen Bestimmungen zu bestrafen.

[Entw. § 169.]

§ 161.

Ein Ausländer oder Deutscher, welcher in einem von Deutschen Truppen besetzten ausländischen Gebiete gegen Deutsche Truppen oder Angehörige derselben oder gegen eine auf Anordnung des Kaisers eingesetzte Behörde eine nach den Gesetzen des Deutschen Reichs strafbare Handlung begeht, ist ebenso zu bestrafen, als wenn diese Handlung von ihm im Bundesgebiete begangen wäre.

[Entw. § 170]

Einer sachlich ebenso strafwürdigen Handlung macht sich derjenige Kriegsgefangene schuldig, welcher den Bedingungen, unter denen er aus der Kriegsgefangenschaft entlassen wurde, vor Beendigung des Krieges entgegenhandelt. Der § 168 droht darum auch gegen diese Handlung den Tod an. (Motive.)

2. Unter „Entweichen" ist hier die unerlaubte Entfernung in der Absicht, sich aus der Kriegsgefangenschaft zu befreien, verstanden.

Eine unerlaubte Entfernung ohne diese Absicht fällt unter § 64 auch wenn sie unter Bruch des Ehrenworts erfolgte.

3. Absatz 2 hat — wie der Wortlaut ergiebt — die Verpfändung und den Bruch des Ehrenwortes nicht zur Voraussetzung.

§ 160.

Die Vorschrift dieses Paragraphen schließt in Ansehung der §§ 57 bis 59 dem § 4 des Einführungsgesetzes zum Deutschen Strafgesetzbuche vom 31. Mai 1870 sich an und ist in dieser Hinsicht für die Sicherheit des kriegführenden Heeres nothwendig.

In Ansehung des § 134 empfahl sie sich aus Gründen der Menschlichkeit. (Motive.)

§ 161.

Nach § 4 des Deutschen Strafgesetzbuchs findet wegen der im Auslande begangenen strafbaren Handlungen in der Regel keine Verfolgung statt.

Ausweislich § 7 sind jedoch, in Abweichung von jener Vorschrift, strafbare Handlungen, welche von Militärpersonen im Auslande, während sie dort bei den Truppen oder sonst in dienstlicher Stellung sich befinden, begangen werden, ebenso

Vierter Titel.

Zusatzbestimmungen für die Marine.

§ 162.

Von den in diesem Gesetze den Verhältnissen des Heeres entlehnten Ausdrücken sind für die Marine als gleichbedeutend zu betrachten:

Heer als gleichbedeutend mit Marine oder Flotte;
Truppe als gleichbedeutend mit Schiff;
Befehlshaber einer militärischen Wache als gleichbedeutend mit Offizier der Wache;
Militärische Kokarde als gleichbedeutend mit dem entsprechenden Abzeichen in der Marine;
Stubenarrest als gleichbedeutend mit Kammerarrest;
Wohnung als gleichbedeutend mit Kammer.

[Im Entw. nicht enthalten.]

§ 163.

Unter Schiff im Sinne dieses Gesetzes ist jedes Fahrzeug der Marine zu verstehen, auf welchem ein militärischer Befehlshaber nebst Besatzung eingeschifft ist.

[Im Entw. nicht enthalten.]

§ 164.

Als mobiler Zustand gilt in der Marine der Kriegszustand eines Schiffes. Als im Kriegszustande befindlich ist jedes Schiff der Marine zu betrachten, welches außerhalb der heimischen Gewässer allein fährt.

---

zu bestrafen, als wenn diese Handlungen von ihnen im Bundesgebiete begangen wären.

Gegenüber dieser besonderen Stellung der Militärpersonen war es angezeigt, denselben andererseits möglichst auch denjenigen Schutz angedeihen zu lassen, dessen sie im Bundesgebiete genießen. Der § 161 schreibt darum vor, daß Jeder, welcher in einem von Deutschen Truppen besetzten ausländischen Gebiete gegen Deutsche Truppen eine nach den Gesetzen des Deutschen Reichs strafbare Handlung begeht, ebenso zu bestrafen sei, als wenn diese Handlung von ihm im Bundesgebiete begangen wäre.

Im Anschluß an das Bayerische Militär-Strafgesetzbuch Artikel 122 Nr. 7 ist zugleich die Bestimmung hinzugefügt, daß den Deutschen Truppen auch die einzelnen Angehörigen derselben, sowie die auf Anordnung des Kaisers eingesetzten Behörden gleich zu achten seien. (Motive.)

§§ 162—166.

Die einer besonderen Auslegung nicht bedürfenden §§ 162—166 waren im Entwurfe nicht enthalten und sind von der Reichstagskommission eingeschoben, um —

Für die am Lande befindlichen Militärpersonen der Marine tritt im Sinne dieses Gesetzes die Mobilmachung unter denselben Voraussetzungen ein, wie für die Militärpersonen des Heeres.

[Im Entw. nicht enthalten.]

§ 165.

Als vor dem Feinde befindlich zu betrachten ist ein Schiff, so lange in Gewärtigung eines Zusammentreffens mit dem Feinde ein oder mehrere Geschütze des Schiffes scharf geladen sind.

[Im Entw. nicht enthalten.]

§ 166.

Außer den Militärpersonen sind die Angestellten des Schiffes den Militärstrafgesetzen unterworfen.

Andere am Borde des Schiffes dienstlich eingeschiffte Personen unterliegen den Kriegsgesetzen, so lange das Schiff sich im Kriegszustande befindet.

[Im Entw. nicht enthalten.]

Urkundlich unter Unserer Höchsteigenhändigen Unterschrift und beigedrucktem Kaiserlichen Insiegel.

Gegeben Schloß Babelsberg, den 20. Juni 1872.

(L. S.) Wilhelm.

Fürst v. Bismarck.

---

wie Keller S. 205 sagt — in allen Fällen die Anwendung dieses Strafgesetzbuches auf die Angehörigen der Marine zu sichern.

Anlage.

Verzeichniß

der

zum Deutschen Heer und zur Kaiserlichen Marine gehörenden Militärpersonen.

Die zum Deutschen Heer und zur Kaiserlichen Marine gehörenden Militärpersonen bestehen aus Personen des Soldatenstandes und aus Militärbeamten.

A. Personen des Soldatenstandes sind:

I. Die Offiziere.

Die Offiziere zerfallen in vier Hauptklassen:

im Heer:

1. Generalität,
2. Stabs-Offiziere,
3. Hauptleute und Rittmeister,
4. Subaltern-Offiziere (Premier- und Sekond-Leutenants).

in der Marine:

1. Flagg-Offiziere oder Admirale,
2. Stabs-Offiziere,
3. Kapitän-Leutenants,
4. Subaltern-Offiziere (Leutenants und Unterleutenants zur See).

II. Die Unteroffiziere

sind eingetheilt im Heer und in der Marine: in

1. solche, welche das Offizier-Portepee tragen (Portepee-Unteroffiziere),
2. solche, welche das Offizier-Portepee nicht tragen (Unteroffiziere ohne Portepee).

III. Die Gemeinen

mit Einschluß der Obergefreiten und Gefreiten.

IV. Die Mitglieder des Sanitäts-Korps, sowie

V. Die Mitglieder des Maschinen-Ingenieur-Korps

gehören nach Maßgabe ihres Militärranges zu den unter Nr. I., II. und III. aufgeführten Kategorien.

B. Militärbeamte

sind alle im Heer und in der Marine für das Bedürfniß des Heeres oder der Marine dauernd, oder auf Zeit angestellten nicht zum Soldatenstande gehörenden und unter dem Kriegsminister oder Chef der Admiralität als Verwaltungschef stehenden Beamten, welche einen Militärrang haben. Es macht dabei keinen Unterschied, ob sie einen Diensteid geleistet haben oder nicht.

Militärbeamte, die im Offizierrange stehen, sind obere Militärbeamte, alle anderen Militärbeamten sind untere Militärbeamte.

Beilage I.

Gesetz über den Belagerungszustand.
Vom 4. Juni 1851.
[GS. 1851 S. 451 Nr. 3419.]

Wir Friedrich Wilhelm, von Gottes Gnaden, König von Preußen rc. rc., verordnen, mit Zustimmung beider Kammern, was folgt:

§ 1.

Für den Fall eines Krieges ist in den von dem Feinde bedrohten oder theilweise schon besetzten Provinzen jeder Festungskommandant befugt, die ihm anvertraute Festung mit ihrem Rayonbezirke, der kommandirende General aber den Bezirk des Armeekorps oder einzelne Theile desselben zum Zweck der Vertheidigung in Belagerungszustand zu erklären.

§ 2.

Auch für den Fall eines Aufruhrs kann, bei dringender Gefahr für die öffentliche Sicherheit, der Belagerungszustand sowohl in Kriegs- als in Friedenszeiten erklärt werden.

Die Erklärung des Belagerungszustandes geht alsdann vom Staats-Ministerium aus, kann aber provisorisch und vorbehaltlich der sofortigen Bestätigung oder Beseitigung durch dasselbe, in dringenden Fällen, rücksichtlich einzelner Orte und Distrikte, durch den obersten Militärbefehlshaber in denselben, auf den Antrag des Verwaltungschefs des Regierungsbezirks, wenn aber Gefahr im Verzuge ist, auch ohne diesen Antrag erfolgen.

In Festungen geht die provisorische Erklärung des Belagerungszustandes von dem Festungskommandanten aus.

§ 3.

Die Erklärung des Belagerungszustandes ist bei Trommelschlag oder Trompetenschall zu verkünden, und außerdem durch Mittheilung an die Gemeindebehörde, durch Anschlag an öffentlichen Plätzen und durch öffentliche Blätter ohne Verzug zur allgemeinen Kenntniß zu bringen. — Die Aufhebung des Belagerungszustandes wird durch Anzeige an die Gemeindebehörde und durch die öffentlichen Blätter zur allgemeinen Kenntniß gebracht.

§ 4.

Mit der Bekanntmachung der Erklärung des Belagerungszustandes geht die vollziehende Gewalt an die Militärbefehlshaber über. Die Civilverwaltungs- und Gemeindebehörden haben den Anordnungen und Aufträgen der Militärbefehlshaber Folge zu leisten.

Für ihre Anordnungen sind die betreffenden Militärbefehlshaber persönlich verantwortlich.

§ 5.

Wird bei Erklärung des Belagerungszustandes für erforderlich erachtet, die Artikel 5, 6, 7, 27, 28, 29, 30 und 36 der Verfassungs-Urkunde, oder einzelne derselben, zeit- und distriktweise außer Kraft zu setzen, so müssen die Bestimmungen darüber ausdrücklich in die Bekanntmachung über die Erklärung des Belagerungszustandes aufgenommen, oder in einer besonderen, unter der nämlichen Form (§ 3) bekannt zu machenden Verordnung verkündet werden.

Die Suspension der erwähnten Artikel oder eines derselben ist nur für den Bezirk zulässig, der in Belagerungszustand erklärt ist und nur für die Dauer des Belagerungszustandes.

§ 6.

Die Militärpersonen stehen während des Belagerungszustandes unter den Gesetzen, welche für den Kriegszustand ertheilt sind. — Auch finden auf dieselben die §§ 8 und 9 dieser Verordnung Anwendung.

§ 7.

In den in Belagerungszustand erklärten Orten oder Distrikten hat der Befehlshaber der Besatzung (in den Festungen der Kommandant) die höhere Militärgerichtsbarkeit über sämmtliche zur Besatzung gehörende Militärpersonen.

Auch steht ihm das Recht zu, die wider diese Personen ergehenden kriegsrechtlichen Erkenntnisse zu bestätigen. Ausgenommen hiervon sind nur in Friedenszeiten die Todesurtheile; diese unterliegen der Bestätigung des kommandirenden Generals der Provinz.

Hinsichtlich der Ausübung der niederen Gerichtsbarkeit verbleibt es bei den Vorschriften des Militär-Strafgesetzbuchs.

§ 8.

Wer in einem in Belagerungszustand erklärten Orte oder Distrikte der vorsätzlichen Brandstiftung, der vorsätzlichen Verursachung einer Ueberschwemmung, oder des Angriffs oder des Widerstandes gegen die bewaffnete Macht oder Abgeordnete der Civil- oder Militärbehörde in offener Gewalt und mit Waffen oder gefährlichen Werkzeugen versehen sich schuldig macht, wird mit dem Tode bestraft.

Sind mildernde Umstände vorhanden, so kann, statt der Todesstrafe, auf zehn- bis zwanzigjährige Zuchthausstrafe erkannt werden.

§ 9.

Wer in einem in Belagerungszustand erklärten Orte oder Distrikte:

a) in Beziehung auf die Zahl, die Marschrichtung oder angeblichen Siege der Feinde oder Aufrührer wissentlich falsche Gerüchte ausstreut oder verbreitet, welche geeignet sind, die Civil- oder Militärbehörden hinsichtlich ihrer Maßregeln irre zu führen, oder

b) ein bei Erklärung des Belagerungszustandes oder während desselben vom Militärbefehlshaber im Interesse der öffentlichen Sicherheit erlassenes Verbot übertritt, oder zu solcher Uebertretung auffordert oder anreizt, oder

c) zu dem Verbrechen des Aufruhrs, der thätlichen Widersetzlichkeit, der Befreiung eines Gefangenen, oder zu andern § 8 vorgesehenen Verbrechen, wenn auch ohne Erfolg, auffordert oder anreizt, oder

d) Personen des Soldatenstandes zu Verbrechen gegen die Subordination oder Vergehungen gegen die militärische Zucht und Ordnung zu verleiten sucht,

soll, wenn die bestehenden Gesetze keine höhere Freiheitsstrafe bestimmen, mit Gefängniß bis zu Einem Jahre bestraft werden.

§ 10.

Wird unter Suspension des Artikels 7 der Verfassungs-Urkunde zur Anordnung von Kriegsgerichten geschritten, so gehört vor dieselben die Untersuchung und Aburtheilung der Verbrechen des Hochverraths, des Landesverraths, des Mordes, des Aufruhrs, der thätlichen Widersetzung, der Zerstörung von Eisenbahnen und Telegraphen, der Befreiung von Gefangenen, der Meuterei, des Raubes, der Plünderung, der Erpressung, der Verleitung der Soldaten zur Untreue, und der in den §§ 8 und 9 mit Strafe bedrohten Verbrechen und Vergehen, insofern alle genannten Verbrechen und Vergehen nach der Erklärung und Bekanntmachung des Belagerungszustandes begangene oder fortgesetzte Verbrechen sind.

Als Hochverrath und Landesverrath sind, bis zur rechtlichen Geltung eines Strafgesetzbuchs für die ganze Monarchie, in dem Bezirke des Rheinischen Appellationshofes zu Köln die Verbrechen und Vergehen wider die innere und äußere Sicherheit des Staats (Artikel 75 bis 108 des Rheinischen Strafgesetzbuchs) anzusehen.

Ist die Suspension des Artikel 7 der Verfassungs-Urkunde nicht vom Staatsministerium erklärt, so bleibt in Friedenszeiten bei den von dem Kriegsgerichte eingeleiteten Untersuchungen die Vollstreckung des Urtheils ausgesetzt, bis die Suspension vom Staatsministerium genehmigt ist.

§ 11.

Die Kriegsgerichte bestehen aus fünf Mitgliedern, unter denen zwei von dem Vorstande des Civilgerichtes des Ortes zu bezeichnende richterliche Civilbeamte, und drei von dem Militärbefehlshaber, welcher am Orte den Befehl führt, zu ernennende Offiziere sein müssen. Die Offiziere sollen mindestens Hauptmannsrang haben; fehlt es an Offizieren dieses höheren Ranges, so ist die Zahl aus Offizieren des nächsten Grades zu ergänzen.

Sofern in einer vom Feinde eingeschlossenen Festung die erforderliche Zahl von richterlichen Civilbeamten nicht vorhanden ist, soll dieselbe von dem kommandirenden Militärbefehlshaber aus den Mitgliedern der Gemeindevertretung ergänzt werden. Ist kein richterlicher Civilbeamte in der Festung vorhanden, so ist stets ein Auditeur Civilmitglied des Kriegsgerichts.

Die Zahl der Kriegsgerichte richtet sich, wenn eine ganze Provinz oder ein Theil derselben in Belagerungszustand erklärt ist, nach dem Bedürfniß, und den Gerichtssprengel eines jeden dieser Gerichte bestimmt in derartigen Fällen der kommandirende General.

§ 12.

Den Vorsitz in den Sitzungen der Kriegsgerichte führt ein richterlicher Beamte.

Von dem Vorsitzenden werden, bevor das Gericht seine Geschäfte beginnt, die zu Mitgliedern desselben bestimmten Offiziere und eintretenden Falls diejenigen Civilmitglieder, welche dem Richterstande nicht angehören, dahin vereidigt,

> daß sie die Obliegenheiten des ihnen übertragenen Richteramtes mit Gewissenhaftigkeit und Unparteilichkeit, den Gesetzen gemäß, erfüllen wollen.

Der Militärbefehlshaber, welcher die dem Offizierstande angehörigen Mitglieder des Kriegsgerichts ernennt, beauftragt als Berichterstatter einen Auditeur, oder in dessen Ermangelung einen Offizier. Dem Berichterstatter liegt ob, über die Anwendung und Handhabung des Gesetzes zu wachen, und durch Anträge die Ermittelung der Wahrheit zu fördern. Stimmrecht hat derselbe nicht.

Als Gerichtsschreiber wird zur Führung des Protokolls ein von dem Vorsitzenden des Kriegsgerichts zu bezeichnender und von ihm zu vereidigender Beamter der Civilverwaltung zugezogen.

§ 13.

Für das Verfahren vor den Kriegsgerichten gelten folgende Bestimmungen:

1) Das Verfahren ist mündlich und öffentlich; die Oeffentlichkeit kann vom Kriegsgerichte durch einen öffentlich zu verkündigenden Beschluß ausgeschlossen werden, wenn es dies aus Gründen des öffentlichen Wohls für angemessen erachtet.

2) Der Beschuldigte kann sich eines Vertheidigers bedienen. — Wählt er keinen Vertheidiger, so muß ihm ein solcher von Amtswegen von dem Vorsitzenden des Gerichts bestellt werden, insofern es sich um solche Verbrechen oder Vergehen handelt, bei welchen nach dem allgemeinen Strafrecht eine höhere Strafe, als Gefängniß bis zu Einem Jahre, eintritt.

3) Der Berichterstatter trägt in Anwesenheit des Beschuldigten die demselben zur Last gelegte Thatsache vor.

   Der Beschuldigte wird aufgefordert, sich darüber zu erklären, demnächst wird zur Erhebung der anderweiten Beweismittel geschritten.

   Sodann wird dem Berichterstatter zur Aeußerung über die Resultate der Vernehmungen und die Anwendung des Gesetzes, und zuletzt dem Beschuldigten und seinem Vertheidiger das Wort gestattet.

   Das Urtheil wird bei sofortiger nicht öffentlicher Berathung des Gerichts nach Stimmenmehrheit gefaßt und unmittelbar darauf dem Beschuldigten verkündigt.

4) Das Gericht erkennt auf die gesetzliche Strafe, oder auf Freisprechung, oder Verweisung an den ordentlichen Richter.

Der Freigesprochene wird sofort der Haft entlassen. Die Verweisung an den ordentlichen Richter findet statt, wenn das Kriegsgericht sich für nicht kompetent erachtet; es erläßt in diesem Falle über die Fortdauer oder Aufhebung der Haft im Urtheile zugleich besondere Verfügung.

5) Das Urtheil, welches den Tag der Verhandlung, die Namen der Richter, die summarische Erklärung des Beschuldigten über die ihm vorgehaltene Beschuldigung, die Erwähnung der Beweisaufnahme und die Entscheidung über die Thatfrage und den Rechtspunkt, sowie das Gesetz, auf welches das Urtheil begründet ist, enthalten muß, wird von den sämmtlichen Richtern und dem Gerichtsschreiber unterzeichnet.

6) Gegen die Urtheile der Kriegsgerichte findet kein Rechtsmittel statt. Die auf Todesstrafe lautenden Erkenntnisse unterliegen jedoch der Bestätigung des im § 7 bezeichneten Militärbefehlshabers, und zwar in Friedenszeiten der Bestätigung des kommandirenden Generals der Provinz.

7) Alle Strafen, mit Ausnahme der Todesstrafe, werden binnen 24 Stunden nach der Verkündigung des Erkenntnisses, Todesstrafen binnen gleicher Frist nach Bekanntmachung der erfolgten Bestätigung, an den Angeschuldigten zum Vollzug gebracht.

8) Die Todesstrafe wird durch Erschießen vollstreckt. Sind Erkenntnisse, welche auf Todesstrafe lauten, bei Aufhebung des Belagerungszustandes noch nicht vollzogen, so wird diese Strafe von den ordentlichen Gerichten in diejenige Strafe umgewandelt, welche, abgesehen von dem Belagerungszustande, die gesetzliche Folge der von dem Kriegsgerichte als erwiesen angenommenen That gewesen sein würde.

§ 14.

Die Wirksamkeit der Kriegsgerichte hört mit der Beendigung des Belagerungszustandes auf.

§ 15.

Nach aufgehobenem Belagerungszustande werden alle vom Kriegsgerichte erlassenen Urtheile sammt Belagstücken und dazu gehörenden Verhandlungen, sowie die noch schwebenden Untersuchungssachen an die ordentlichen Gerichte abgegeben; diese haben in den von dem Kriegsgerichte noch nicht abgeurtelten Sachen nach den ordentlichen Strafgesetzen, und nur in den Fällen des § 9 nach den in diesem getroffenen Strafbestimmungen zu erkennen.

§ 16.

Auch wenn der Belagerungszustand nicht erklärt ist, können im Falle des Krieges oder Aufruhrs, bei dringender Gefahr für die öffentliche Sicherheit die Artikel 5, 6, 27, 28, 29, 30 und 36 der Verfassungs-Urkunde oder einzelne derselben vom Staatsministerium zeit- und distriktweise außer Kraft gesetzt werden.

§ 17.

Ueber die Erklärung des Belagerungszustandes, sowie über jede, sei es neben derselben (§ 5) oder in dem Falle des § 16 erfolgte Suspension auch nur eines der §§ 5 und 16 genannten Artikel der Verfassungs-Urkunde, muß den Kammern sofort, beziehungsweise bei ihrem nächsten Zusammentreten, Rechenschaft gegeben werden.

§ 18.

Alle diesem Gesetze entgegenstehenden Vorschriften werden aufgehoben.

Das gegenwärtige Gesetz tritt an die Stelle der Verordnung vom 10. Mai 1849 und der Deklaration vom 4. Juli 1849 (Gesetz-Sammlung Seite 165 und 250).

Urkundlich unter Unserer Höchsteigenhändigen Unterschrift und beigedrucktem Königlichen Insiegel.

Gegeben Potsdam-Magdeburger Eisenbahn, den 4. Juni 1851.

(L. S.) **Friedrich Wilhelm.**

v. Manteuffel. v. d. Heydt. v. Rabe. Simons. v. Stockhausen. v. Raumer. v. Westphalen.

Beilage II.

Gesetz, betreffend die Verpflichtung zum Kriegsdienste.

Vom 9. November 1867.

BGBl. 1867 S. 131 Nr. 22.

Wir Wilhelm, von Gottes Gnaden König von Preußen rc, verordnen im Namen des Norddeutschen Bundes, nach erfolgter Zustimmung des Bundesrathes und des Reichstages, was folgt:

§ 1.

Jeder Norddeutsche ist wehrpflichtig und kann sich in Ausübung dieser Pflicht nicht vertreten lassen. Ausgenommen von der Wehrpflicht sind nur:

a) die Mitglieder regierender Häuser;
b) die Mitglieder der mediatisirten, vormals reichsständischen und derjenigen Häuser, welchen die Befreiung von der Wehrpflicht durch Verträge zugesichert ist, oder auf Grund besonderer Rechtstitel zusteht.

Diejenigen Wehrpflichtigen, welche zwar nicht zum Waffendienste, jedoch zu sonstigen militärischen Dienstleistungen, welche ihrem bürgerlichen Berufe entsprechen, fähig sind, können zu solchen herangezogen werden.

§ 2.

Die bewaffnete Macht besteht aus dem Heere, der Marine und dem Landsturme.

§ 3.

Das Heer wird eingetheilt in:

1) das stehende Heer,
2) die Landwehr;

die Marine in:

1) die Flotte,
2) die Seewehr.

Der Landsturm besteht aus allen Wehrpflichtigen vom vollendeten 17ten bis zum vollendeten 42sten Lebensjahre, welche weder dem Heere, noch der Marine angehören.

§ 4.

Das stehende Heer und die Flotte sind beständig zum Kriegsdienste bereit. Beide sind die Bildungsschulen der ganzen Nation für den Krieg.

§ 5.

Die Landwehr und die Seewehr sind zur Unterstützung des stehenden Heeres und der Flotte bestimmt.

Die Landwehr-Infanterie wird in besonders formirten Landwehr-Truppenkörpern zur Vertheidigung des Vaterlandes als Reserve für das stehende Heer verwandt.

Die Mannschaften des jüngsten Jahrganges der Landwehr-Infanterie können jedoch erforderlichen Falles bei Mobilmachungen auch in Ersatz-Truppentheile eingestellt werden.

Die Mannschaften der Landwehr-Kavallerie werden im Kriegsfalle nach Maßgabe des Bedarfs in besondere Truppenkörper formirt.

Die Landwehrmannschaften der übrigen Waffen werden bei eintretender Kriegsgefahr nach Maßgabe des Bedarfs zu den Fahnen des stehenden Heeres, die Seewehrmannschaften zur Flotte einberufen.

§ 6.

Die Verpflichtung zum Dienst im stehenden Heere, beziehungsweise in der Flotte, beginnt mit dem 1. Januar und zwar in der Regel desjenigen Kalenderjahres, in welchem der Wehrpflichtige das 20ste Lebensjahr vollendet, und dauert sieben Jahre.

Während dieser sieben Jahre sind die Mannschaften die ersten drei Jahre zum ununterbrochenen aktiven Dienst verpflichtet.

Die aktive Dienstzeit wird nach dem wirklich erfolgten Dienstantritt mit der Maßgabe berechnet, daß diejenigen Mannschaften, welche in der Zeit vom 2. Oktober bis 31. März eingestellt werden, als am vorhergehenden 1. Oktober eingestellt gelten.

Die Entlassung eingeschiffter Mannschaften der Marine kann jedoch, wenn den Umständen nach eine frühere Entlassung nicht ausführbar ist, bis zur Rückkehr in Häfen des Bundes verschoben werden.

Während des Restes der siebenjährigen Dienstzeit sind die Mannschaften zur Reserve beurlaubt, insoweit nicht die jährlichen Uebungen, nothwendige Verstärkungen oder Mobilmachungen des Heeres, beziehungsweise Ausrüstungen der Flotte, die Einberufung zum Dienst erfordern.

Jeder Reservist ist während der Dauer des Reserveverhältnisses zur Theilnahme an zwei Uebungen verpflichtet. Diese Uebungen sollen die Dauer von je acht Wochen nicht überschreiten.

Jede Einberufung zum Dienst im Heere, beziehungsweise zur Ausrüstung in der Flotte, zählt für eine Uebung.

§ 7.

Die Verpflichtung zum Dienst in der Landwehr und in der Seewehr ist von fünfjähriger Dauer.

Der Eintritt in die Land- und Seewehr erfolgt nach abgeleisteter Dienstpflicht im stehenden Heere, beziehungsweise in der Flotte.

Die Mannschaften der Landwehr und der Seewehr sind, sofern sie nicht zum Dienst einberufen werden, beurlaubt.

Die Mannschaften der Landwehr-Infanterie können während der Dienstzeit in der Landwehr zweimal auf 8 bis 14 Tage zu Uebungen in besonderen Kompagnien oder Bataillonen einberufen werden.

Die Landwehrmannschaften der Jäger und Schützen, der Artillerie, der Pioniere und des Trains üben zwar in demselben Umfange, wie die der Infanterie, jedoch im Anschlusse an die betreffenden Linientruppentheile. Die Landwehr-Kavallerie wird im Frieden zu Uebungen nicht einberufen.

§ 8.

Die Einberufung der Reserve, Landwehr und Seewehr zu den Fahnen, beziehungsweise zur Flotte, erfolgt auf Befehl des Bundesfeldherrn.

Durch die kommandirenden Generale erfolgt die Einberufung nur

a) zu den jährlichen Uebungen,

b) wenn Theile des Bundesgebietes in Kriegszustand erklärt werden.

§ 9.

Der Bundesfeldherr bestimmt für jedes Jahr nach Maßgabe des Gesetzes die Zahl der in das stehende Heer und in die Marine einzustellenden Rekruten. Der Gesammtbedarf an Rekruten wird demnächst durch den Bundesausschuß für das Landheer und die Festungen, beziehungsweise unter Mitwirkung des Bundesausschusses für das Seewesen, auf die einzelnen Bundesstaaten nach dem Verhältniß der Bevölkerung vertheilt.

Bei Feststellung der Bevölkerung der einzelnen Bundesstaaten kommen nur die in deren Gebiete sich aufhaltenden Ausländer, nicht aber auch die Angehörigen anderer Bundesstaaten in Abrechnung.

§ 10.

Um im Allgemeinen wissenschaftliche und gewerbliche Ausbildung so wenig wie möglich durch die allgemeine Wehrpflicht zu stören, ist es jedem jungen Mann überlassen, schon nach vollendetem 17. Lebensjahre, wenn er die nöthige moralische und körperliche Qualifikation hat, freiwillig in den Militärdienst einzutreten.

§ 11.

Junge Leute von Bildung, welche sich während ihrer Dienstzeit selbst bekleiden, ausrüsten und verpflegen, und welche die gewonnenen Kenntnisse in dem vorschriftsmäßigen Umfange dargelegt haben, werden schon nach einer einjährigen Dienstzeit im stehenden Heere — vom Tage des Diensteintritts an gerechnet — zur Reserve beurlaubt. Sie können nach Maßgabe ihrer Fähigkeiten und Leistungen zu Offizierstellen der Reserve und Landwehr vorgeschlagen werden.

§ 12.

Die Offiziere der Reserve können während der Dauer des Reserveverhältnisses dreimal zu vier- bis achtwöchentlichen Uebungen herangezogen werden. Die Offiziere der Landwehr sind zu Uebungen bei Linientruppentheilen allein Behufs Darlegung ihrer Qualifikation zur Weiterbeförderung, im Uebrigen aber nur zu den gewöhnlichen Uebungen der Landwehr heranzuziehen. — Im Kriege können auch die Offiziere der Landwehr erforderlichen Falls bei Truppen des stehenden Heeres verwandt werden.

§ 13.

Für die Marine gelten die nachfolgenden besonderen Bestimmungen:

1) Zur Kriegsflotte, welche gleich dem stehenden Heere beständig bereit ist, gehören:
   a) die aktive Marine, d. h. die im aktiven Dienste befindlichen Seeleute, Maschinisten und Heizer, sowie die Schiffshandwerker und Seesoldaten;
   b) die von der aktiven Marine beurlaubten Seeleute, Maschinisten, Heizer, Schiffshandwerker und Seesoldaten bis zum vollendeten siebenten Dienstjahre.
2) Die aktive Marine wird zusammengesetzt aus:
   a) Seeleuten von Beruf, d. h. aus solchen Freiwilligen oder Ausgehobenen, welche bei ihrem Eintritt in das dienstpflichtige Alter mindestens Ein Jahr auf Norddeutschen Handelsschiffen gedient, oder die Seefischerei eben so lange gewerbsmäßig betrieben haben;
   b) aus freiwillig eingetretenem oder ausgehobenem Maschinen- und Schiffshandwerks-Personal;
   c) aus Freiwilligen oder Ausgehobenen für die Marinetruppen (Seebataillon und Seeartillerie).
3) Die Dienstzeit in der aktiven Marine kann für Seeleute von Beruf und für das Maschinenpersonal in Berücksichtigung ihrer technischen Vorbildung und nach Maßgabe ihrer Ausbildung für den Dienst auf der Kriegsflotte bis auf eine einjährige aktive Dienstzeit verkürzt werden.
4) Junge Seeleute von Beruf und Maschinisten, welche beim Eintritt in das dienstpflichtige Alter die Qualifikation zum einjährigen Frei-

willigen erlangt, oder welche das Steuermanns-Examen abgelegt haben, genügen ihrer Verpflichtung für die aktive Marine durch einjährigen freiwilligen Dienst, ohne zur Selbstbekleidung und Selbstverpflegung verpflichtet zu sein. Nach Maßgabe ihrer Qualifikation sollen dieselben zu Unteroffizieren, Deckoffizieren oder Offizieren der Reserve resp. der Seewehr vorgeschlagen, beziehungsweise ernannt werden.

Die Seeoffiziere der Reserve und Seewehr können nach Maßgabe des Bedürfnisses dreimal zu den Uebungen der aktiven Marine herangezogen werden.

5) Seeleute, welche auf einem Norddeutschen Handelsschiffe nach vorschriftsmäßiger Anmusterung thatsächlich in Dienst getreten sind, sollen in Friedenszeiten für die Dauer der bei der Anmusterung eingegangenen Verpflichtungen von allen Militärdienstpflichten befreit werden, haben jedoch eintretenden Falls die letzteren nach ihrer Entlassung von dem Handelsschiffe, bevor sie sich aufs Neue anmustern lassen, nachträglich zu erfüllen. Ebenso sollen Seeleute während der Zeit des Besuches einer Norddeutschen Navigationsschule oder Schiffsbauschule im Frieden zum Dienst in der Flotte nicht herangezogen werden.

6) Bei ausbrechendem Kriege ist, außer den dienstpflichtigen Ersatzmannschaften, den Beurlaubten und Reserven der Flotte, nöthigenfalls auch die Seewehr zum Dienst einzuberufen.

7) Die Seewehr besteht:
   a) aus den von der Marinereserve zur Seewehr entlassenen Mannschaften;
   b) aus den sonstigen Marinedienstpflichtigen, welche auf der Flotte nicht gedient, und zwar bis zum vollendeten einunddreißigsten Lebensjahre.

8) Für die vorstehend unter 7 b bezeichneten Dienstpflichtigen finden zeitweise kürzere Uebungen an Bord, namentlich Behufs Ausbildung in der Schiffsartillerie, statt, und wird jeder dieser Verpflichteten in der Regel zweimal zu diesen Uebungen herangezogen.

§ 14.

Die in diesem Gesetz erlassenen Bestimmungen über die Dauer der Dienstverpflichtung für das stehende Heer, resp. die Flotte und für die Land- resp. Seewehr, gelten nur für den Frieden. Im Kriege entscheidet darüber allein das Bedürfniß, und werden alsdann alle Abtheilungen des Heeres und der Marine, soweit sie einberufen sind, von den Herangewachsenen und Zurückgebliebenen nach Maßgabe des Abganges ergänzt.

§ 15.

Die beurlaubten Mannschaften des Heeres und der Marine (Reserve, Landwehr, Seewehr) sind während der Beurlaubung den zur Ausübung der militärischen Kontrole erforderlichen Anordnungen unterworfen.

Im Uebrigen gelten für dieselben die allgemeinen Landesgesetze; auch sollen dieselben in der Wahl ihres Aufenthaltsortes im In- und Auslande, in der Ausübung ihres Gewerbes, rücksichtlich ihrer Verheirathung und ihrer sonstigen bürgerlichen Verhältnisse Beschränkungen nicht unterworfen sein.

Reserve-, land- und seewehrpflichtigen Mannschaften darf in der Zeit, in welcher sie nicht zum aktiven Dienst einberufen sind, die Erlaubniß zur Auswanderung nicht verweigert werden.

§ 16.

Der Landsturm tritt nur auf Befehl des Bundesfeldherrn zusammen, wenn ein feindlicher Einfall Theile des Bundesgebietes bedroht oder überzieht.

§ 17.

Jeder Norddeutsche wird in demjenigen Bundesstaate zur Erfüllung seiner Militärpflicht herangezogen, in welchem er zur Zeit des Eintritts in das militärpflichtige Alter seinen Wohnsitz hat, oder in welchen er vor erfolgter endgültiger Entscheidung über seine aktive Dienstpflicht verzieht.

Den Freiwilligen (§§ 10 und 11) steht die Wahl des Truppentheiles, bei welchem sie ihrer aktiven Dienstpflicht genügen wollen, innerhalb des Bundes frei.

Reserve- und Landwehrmannschaften treten beim Verziehen von einem Staate in den anderen zur Reserve, beziehungsweise Landwehr des letzteren über.

§ 18.

Die Bestimmungen über die allmälige Herabsetzung der Dienstverpflichtung in denjenigen Bundesstaaten, in denen bisher eine längere als die in diesem Gesetze vorgeschriebene Gesammtdienstzeit im Heere und in der Landwehr gesetzlich war, werden durch den Bundesfeldherrn erlassen.

§ 19.

Die zur Ausführung dieses Gesetzes erforderlichen Bestimmungen werden durch besondere Verordnungen erlassen.

Urkundlich unter Unserer Höchsteigenhändigen Unterschrift und beigedrucktem Bundes-Insiegel.

Gegeben Berlin, den 9. November 1867.

(L. S.) **Wilhelm.**

Gr. v. Bismarck-Schönhausen.

Beilage III.

Reichs-Militär-Gesetz
vom 2. Mai 1874.
[RGBl. 1874 S. 45 Nr. 1002]

Wir Wilhelm, von Gottes Gnaden Deutscher Kaiser, König von Preußen ꝛc.

verordnen im Namen des Deutschen Reichs, nach erfolgter Zustimmung des Bundesraths und des Reichstags, was folgt:

II. Abschnitt.
Organisation des Reichsheeres.

§ 1.

Die Friedenspräsenzstärke des Heeres an Unteroffizieren und Mannschaften beträgt für die Zeit vom 1. Januar 1875 bis zum 31. Dezember 1881 401,659 Mann. Die Einjährig-Freiwilligen kommen auf die Friedenspräsenzstärke nicht in Anrechnung.

§ 2.

Die Infanterie wird formirt in 469 Bataillonen, die Kavallerie in 465 Eskadrons, die Feldartillerie in 300 Batterien, von welchen je 2 bis 4 eine Abtheilung bilden; die Fußartillerie in 29, die Pioniertruppe und der Train in je 18 Bataillonen. Die Bataillone haben in der Regel 4, die des Trains 2 bis 3 Kompagnien.

In der Regel wird bei der Infanterie aus 3 Bataillonen, bei der Kavallerie aus 5 Eskadrons, bei der Artillerie aus 2 bis 3 Abtheilungen beziehungsweise Bataillonen ein Regiment formirt.

§ 3.

2 oder 3 Regimenter werden zu einer Brigade, 2 oder 3 Brigaden der Infanterie und Kavallerie zu einer Division vereinigt.

Aus 2 bis 3 Divisionen mit den entsprechenden Artillerie-, Pionier- und Train-Formationen wird ein Armee-Korps gebildet, derart, daß die gesammte Heeresmacht des Deutschen Reichs im Frieden aus 18 Armee-Korps besteht.

2 Armee-Korps werden von Bayern, je eins von Sachsen und Württemberg aufgestellt, während Preußen gemeinschaftlich mit den übrigen Staaten 14 Armee-Korps formirt.

Für je 3 bis 4 Armee-Korps besteht eine Armee-Inspektion.

§ 4.

In der Regel wird jede Kompagnie, Eskadron und Batterie durch einen Hauptmann oder Rittmeister mit Hülfe eines Premier-Lieutenants, 2 oder

3 Sekonde-Lieutenants und der entsprechenden Anzahl von Unteroffizieren militärisch ausgebildet und befehligt.

An der Spitze eines jeden Bataillons und einer jeden Artillerie-Abtheilung steht ein Stabsoffizier; an der Spitze eines jeden Regiments ein älterer Stabsoffizier (Oberst, Oberstlieutenant, Major). Zu den Regimentsstäben gehört außerdem in der Regel noch je ein zweiter Stabsoffizier, und zu den Stäben der Regimenter und Bataillone beziehungsweise Abtheilungen je ein Lieutenant als Adjutant, sowie das erforderliche Personal an Aerzten, Zahlmeistern, Roßärzten, Büchsenmachern und Sattlern.

Eine Brigade wird in der Regel durch einen Generalmajor, eine Division durch einen Generallieutenant befehligt. An der Spitze eines jeden Armee-Korps steht ein kommandirender General (General der Infanterie 2c. oder Generallieutenant). Den höheren Truppenkommandos sind die zur Befehlsführung erforderlichen Stäbe beigegeben.

Außerdem gehören zum Heere eine Anzahl von Offizieren außer Reih und Glied, als: General-, Flügel- und andere persönliche Adjutanten, Offiziere der Kriegs-Ministerien, des Generalstabes, des Ingenieur-Korps, des Militär-Erziehungs- und Bildungswesens 2c., sowie das gesammte Heeres-Verwaltungspersonal.

Die hiernach im Friedensstande des Heeres nothwendigen Offizier-, Arzt- und Beamtenstellen, sowie die hieran erforderlich werdenden Aenderungen unterliegen der Feststellung durch den Reichshaushalts-Etat.

§ 5.

Das Gebiet des Deutschen Reichs wird in militärischer Hinsicht in 17 Armee-Korps-Bezirke eingetheilt.

Unbeschadet der Souveränetätsrechte der einzelnen Bundesstaaten sind die kommandirenden Generale die Militärbefehlshaber in den Armee-Korps-Bezirken.

Als Grundlage für die Organisation der Landwehr, sowie zum Zwecke der Heeresergänzung werden die Armee-Korps-Bezirke in Divisions- und Brigade-Bezirke und diese, je nach Umfang und Bevölkerungszahl, in Landwehr-Bataillons- und Landwehr-Kompagnie-Bezirke eingetheilt.

§ 6.

Die Kriegsformation des Heeres, sowie die Organisation des Landsturmes bestimmt der Kaiser. Alle bereits im Frieden zur schleunigen Ueberführung des Heeres auf den Kriegsfuß erforderlichen Vorbereitungen sind nach den Bestimmungen des Kaisers zu treffen.

Die Dienstverhältnisse der Landsturmpflichtigen werden durch ein Gesetz geregelt.

§ 7.

Die Bestimmungen über die Zulassung zu den Stellen und Aemtern des Heeres, sowie über das Aufrücken in die höheren Stellen, erläßt der Kaiser. Zu der Stelle eines richterlichen Militär-Justizbeamten kann nur berufen werden, wer die Befähigung zur Bekleidung eines Richteramtes in einem Bundesstaate erworben hat.

Personen, welche aus dem Heere ausscheiden, bedürfen zum Tragen der Militäruniform der Genehmigung desjenigen Bundesfürsten oder Senats, von welchem die Offiziere des Kontingents ernannt werden.

§ 8.

Die Vorschriften über die Handhabung der Disziplin im Heere werden vom Kaiser erlassen.

II. Abschnitt.

Ergänzung des Heeres.

§ 9.

Bei der nach Maßgabe der Vorschrift im § 9 des Gesetzes vom 9. November 1867 (Bundes-Gesetzbl. S. 131) erfolgenden Vertheilung des Rekrutenbedarfs sind, außer den in den einzelnen Bundesstaaten sich aufhaltenden Ausländern, auch die ortsanwesenden, im aktiven Dienst befindlichen Militärpersonen außer Berechnung zu lassen. Die Freiwilligen (§§ 10 und 11 des Gesetzes vom 9. November 1867, Bundes-Gesetzbl. S. 131) und die für die Marine ausgehobenen Mannschaften sind ihren Aushebungsbezirken in Rechnung zu stellen.

Eine Abweichung von dem vorgeschriebenen Vertheilungsmaßstabe kann, und zwar unter Zustimmung des Ausschusses für das Landheer und die Festungen, nur dann angeordnet werden, wenn nach erfolgter Vertheilung des allgemeinen Ersatzbedarfs bei einem Truppentheile durch unvorhergesehenen Ausfall oder Abgang an Mannschaften ein außerordentlicher Ersatzbedarf entsteht. Die Ausgleichung hierfür ist bei der Rekrutengestellung des nächstfolgenden Jahres zu bewirken.

Vermag ein Bezirk seinen Rekrutenantheil nicht aufzubringen, so wird der Ausfall auf die andern Bezirke desselben Bundesstaates und zwar zunächst auf die der nächst höheren Militär-Territorialeinheit (§ 5) angehörigen Bezirke übertragen. Die Erhöhung der Rekrutenantheile anderer Bundesstaaten kann erst dann erfolgen, wenn die gesammten Aushebungsbezirke eines Bundesstaates nicht zur Leistung des demselben aufgegebenen Rekrutenantheils im Stande sind.

Diejenigen Bundesstaaten, welche besondere Armee-Korps bilden, können unbeschadet der Bestimmungen im Absatz 3 im Frieden zur Rekrutengestellung für andere Armee-Korps nur in dem Maße herangezogen werden, als Angehörige anderer Bundesstaaten bei ihnen in Gemäßheit des § 12 zur Aushebung gelangen. Im Uebrigen ist für die Zutheilung der auszuhebenden Rekruten an die Truppen des Reichsheeres das militärische Bedürfniß bestimmend.

§ 10.

Alle Wehrpflichtigen sind, wenn sie nicht freiwillig in den Heeresdienst eintreten (§§ 10 und 11 des Gesetzes vom 9. November 1867, Bundes-Gesetzbl. S. 131), vom 1. Januar des Kalenderjahres an, in welchem sie das 20. Lebensjahr vollenden, der Aushebung unterworfen (militärpflichtig). Sie haben sich zu diesem Zwecke vor den Ersatzbehörden zu gestellen, bis über ihre Dienstverpflichtung den Bestimmungen dieses Gesetzes gemäß endgültig entschieden ist, jedoch höchstens zweimal jährlich.

§ 11.

Personen, welche das Reichsgebiet verlassen, die Reichsangehörigkeit verloren, eine andere Staatsangehörigkeit aber nicht erworben oder wieder verloren haben, sind, wenn sie ihren dauernden Aufenthalt in Deutschland nehmen, gestellungspflichtig und können nachträglich ausgehoben, jedoch im Frieden nicht über das vollendete 31. Lebensjahr hinaus im Dienst zurückgehalten werden.

Dasselbe gilt von den Söhnen ausgewanderter und wieder in das Deutsche Reich zurückgekehrter Personen, sofern die Söhne keine andere Staatsangehörigkeit erworben haben.

Die vorstehenden Bestimmungen finden auch Anwendung auf Ausgewanderte, welche zwar eine andere Staatsangehörigkeit erworben hatten, aber vor vollendetem 31. Lebensjahre wieder Reichsangehörige werden.

§ 12.

Jeder Militärpflichtige ist in dem Aushebungsbezirke, in welchem er seinen dauernden Aufenthaltsort oder, in Ermangelung eines solchen, seinen Wohnsitz hat, gestellungspflichtig. Wer innerhalb des Bundesgebiets weder einen dauernden Aufenthaltsort, noch einen Wohnsitz hat, ist in dem Aushebungsbezirke seines Geburtsortes gestellungspflichtig, und wenn der Geburtsort im Auslande liegt, in demjenigen Aushebungsbezirke des Inlandes in welchem die Eltern oder Familienhäupter ihren letzten Wohnsitz hatten.

In dem Aushebungsbezirke, in welchem die Militärpflichtigen sich zu gestellen haben, werden sie auch, unter Anrechnung auf das von demselben aufzubringende Rekrutenkontingent, zum Militärdienst herangezogen.

§ 13.

Die Reihenfolge, in welcher die in einem und demselben Jahre geborenen Militärpflichtigen auszuheben sind, wird in jedem Aushebungsbezirke durch das Loos bestimmt.

Ein Hinausgreifen über die dem Bedarf entsprechende höchste Nummer (Abschlußnummer), oder eine Abweichung von der Nummerfolge ist nur zulässig, soweit die erforderliche Anzahl solcher Rekruten, an welche im Interesse einzelner Waffengattungen besondere Anforderungen gestellt werden müssen, innerhalb der vorangehenden Nummern nicht zu finden ist.

Die zum einjährig-freiwilligen Dienst Berechtigten nehmen an der Loosung nicht theil.

Auf diejenigen Militärpflichtigen, welche in Folge hoher Loosnummer in dem ersten Jahre ihrer Dienstpflicht nicht zur Einstellung in den Militärdienst gelangen, kann in den beiden nächstfolgenden Jahren zurückgegriffen werden, jedoch nur dann, wenn in dem Aushebungsbezirk der Rekrutenbedarf des Jahres in anderer Weise nicht gedeckt werden kann. Die im dritten

Jahre übrig bleibenden Militärpflichtigen werden der Ersatzreserve überwiesen.

§ 14.

Die zum einjährig-freiwilligen Dienst Berechtigten haben die Verpflichtung, sich spätestens zum 1. Oktober desjenigen Jahres, in welchem sie das 23. Lebensjahr vollenden, zum Dienstantritt zu melden. Ausnahmsweise kann ihnen über diesen Zeitpunkt hinaus Aufschub gewährt werden. Bei ausbrechendem Kriege müssen sich alle zum einjährig-freiwilligen Dienst Berechtigten, welche bereits in das militärpflichtige Alter eingetreten sind, auf öffentliche Aufforderung sofort zum Heeresdienst stellen.

Wer die rechtzeitige Meldung zum Dienstantritt versäumt, verliert die Berechtigung zum einjährig-freiwilligen Dienste; nach Befinden der Ersatzbehörde kann ihm die Berechtigung wieder verliehen werden.

Ein Gesetz wird die Vorbedingungen regeln, welche zum einjährig-freiwilligen Dienst berechtigen.

§ 15.

Militärpflichtige, welche wegen körperlicher oder geistiger Gebrechen dauernd dienstunbrauchbar befunden werden, sind vom Militärdienst und von jeder weiteren Gestellung vor die Ersatzbehörden zu befreien.

§ 16.

Militärpflichtige, welche wegen unheilbarer körperlicher Fehler nur bedingt dienstbrauchbar befunden werden, sind der Ersatzreserve zu überweisen.

§ 17.

Militärpflichtige, welche noch zu schwach oder zu klein für den Militärdienst oder mit heilbaren Krankheiten von längerer Dauer behaftet sind, werden vorläufig zurückgestellt, und falls sie nicht nach ihrer Loosnummer zu den Ueberzähligen ihres Jahrganges (§ 13) gehören, für das nächste Jahr vorgemerkt.

Wenn dieselben jedoch vor Ablauf des dritten Dienstpflichtjahres nicht dienstfähig werden, so werden sie der Ersatzreserve überwiesen.

Die für den Militärdienst erforderliche Körpergröße wird durch Kaiserliche Verordnung bestimmt.

§ 18.

Wer wegen einer strafbaren Handlung, welche mit Zuchthaus oder mit dem Verlust der bürgerlichen Ehrenrechte bestraft werden kann, oder wegen welcher die Verurtheilung zu einer Freiheitsstrafe von mehr als sechswöchentlicher Dauer oder zu einer entsprechenden Geldstrafe zu erwarten ist, in Untersuchung sich befindet, wird nicht vor deren Beendigung, und wer zu einer Freiheitsstrafe oder zu einer in Freiheitsstrafe umzuwandelnden Geldstrafe rechtskräftig verurtheilt ist, nicht vor deren Vollstreckung oder Erlaß eingestellt. Die Zurückstellung solcher Personen ist bis zum fünften Dienstpflichtjahre zulässig. Dasselbe gilt von denjenigen, welche nicht im Besitze der bürgerlichen Ehrenrechte sind, für die Zeit, während welcher sie unter der Wirkung der Ehrenstrafe stehen. Wenn dieselben jedoch vor Ablauf ihrer aktiven Dienstzeit wieder in den Besitz der Ehrenrechte gelangen würden, so kann ihre Einstellung in eine Arbeiterabtheilung unter Anrechnung auf die Dienstzeit erfolgen.

§ 19.

In Berücksichtigung bürgerlicher Verhältnisse sind Zurückstellungen oder Befreiungen vom Militärdienste zulässig. Dieselben werden von den Ersatzbehörden auf Ansuchen der Militärpflichtigen oder der Angehörigen derselben unter den in den §§ 20 und 21 bezeichneten Voraussetzungen und in dem daselbst bestimmten Maße auf Grund spezieller Prüfung der Verhältnisse angeordnet.

§ 20.

Auf ein bis zwei Jahre können zurückgestellt und, falls sie nicht nach ihrer Loosnummer zu den Ueberzähligen ihres Jahrganges gehören, für das nächste Jahr vorgemerkt werden:

1) die einzigen Ernährer hülfloser Familien, erwerbsunfähiger Eltern, Großeltern oder Geschwister;
2) der Sohn eines zur Arbeit und Aufsicht unfähigen Grundbesitzers, Pächters oder Gewerbetreibenden, wenn dieser Sohn dessen einzige und unentbehrliche Stütze zur wirthschaftlichen Erhaltung des Besitzes, der Pachtung oder des Gewerbes ist;
3) der nächstälteste Bruder eines vor dem Feinde gebliebenen, oder an den erhaltenen Wunden gestorbenen, oder in Folge derselben erwerbsunfähig gewordenen oder im Kriege an Krankheit gestorbenen Soldaten, sofern durch die Zurückstellung den Angehörigen des letzteren eine wesentliche Erleichterung gewährt werden kann;
4) Militärpflichtige, welchen der Besitz oder die Pachtung von Grundstücken durch Erbschaft oder Vermächtniß zugefallen, sofern ihr Lebensunterhalt auf deren Bewirthschaftung angewiesen und die wirthschaftliche Erhaltung des Besitzes oder der Pachtung auf andere Weise nicht zu ermöglichen ist;
5) Inhaber von Fabriken und anderen gewerblichen Etablissements, in welchen mehrere Arbeiter beschäftigt sind, sofern der Betrieb ihnen erst innerhalb des dem Dienstpflichtjahre vorangehenden Jahres durch Erbschaft oder Vermächtniß zugefallen und deren wirthschaftliche Erhaltung auf andere Weise nicht möglich ist. Auf Inhaber von Handelshäusern entsprechenden Umfanges findet diese Vorschrift sinngemäße Anwendung;
6) Militärpflichtige, welche in der Vorbereitung zu einem Lebensberufe oder in der Erlernung einer Kunst oder eines Gewerbes begriffen sind und durch eine Unterbrechung bedeutenden Nachtheil erleiden würden. In ausnahmsweisen Verhältnissen kann die Zurückstellung derselben bis zu einer Gesammtdauer von 4 Jahren erfolgen;
7) Militärpflichtige, welche ihren dauernden Aufenthalt im Auslande haben.

Können zwei arbeitsfähige Ernährer hülfloser Familien, erwerbsunfähiger Eltern, Großeltern oder Geschwister nicht gleichzeitig entbehrt werden, so ist Einer von ihnen zurückzustellen, bis der Andere entlassen wird. Spätestens nach Ablauf des zweiten Dienstpflichtjahres soll der einstweilen Zurückgestellte eingestellt und gleichzeitig der zuerst Eingestellte entlassen werden. Diese Bestimmung findet auf Nr. 2 entsprechende Anwendung.

§ 21.

Militärpflichtige, welchen die im § 20 unter 1 bis 5 aufgeführten Berücksichtigungsgründe auch im dritten Dienstpflichtjahre noch zur Seite stehen, werden der Ersatzreserve überwiesen.

Ein Berücksichtigter, der sich der Erfüllung des Zweckes entzieht, welcher seine Befreiung vom Militärdienste herbeigeführt hat, kann vor Ablauf des Jahres, in welchem er das 25. Lebensjahr vollendet, nachträglich ausgehoben werden.

§ 22.

Die ausnahmsweise Zurückstellung oder Befreiung Militärpflichtiger vom Dienste im Frieden kann durch die oberste Instanz für Ersatz-Angelegenheiten des betreffenden Bundesstaats verfügt werden, wenn in einzelnen Fällen besondere in diesem Gesetze nicht ausdrücklich vorgesehene Billigkeitsgründe die Zurückstellung oder Befreiung rechtfertigen. Die Zurückstellung oder Befreiung ganzer Berufsklassen auf Grund der vorstehenden Bestimmung ist unzulässig.

Durch Verheirathung eines Militärpflichtigen können Ansprüche auf Zurückstellung nicht begründet werden.

§ 23.

Die Ersatzreserve wird in zwei Klassen getheilt.

Die Dienstverpflichtung in der ersten Klasse dauert 5 Jahre, von dem ersten Oktober des Jahres an gerechnet, in welchem die Ueberweisung zur Ersatzreserve erfolgt ist. Nach Ablauf der fünf Jahre werden die Mannschaften in die zweite Klasse der Ersatzreserve versetzt.

Die Zugehörigkeit zur Ersatzreserve erlischt mit dem vollendeten 31. Lebensjahre.

§ 24.

Die erste Klasse der Ersatzreserve dient zur Ergänzung des Heeres bei Mobilmachungen und zur Bildung von Ersatz-Truppentheilen. Derselben sind alljährlich so viele Mannschaften zu überweisen, daß mit fünf Jahrgängen der Bedarf für die Mobilmachung des Heeres gedeckt wird.

§ 25.

Der ersten Klasse der Ersatzreserve werden vorzugsweise diejenigen Personen überwiesen, welche zum Militärdienst tauglich befunden, aber wegen hoher Loosnummer nicht zur Einstellung gelangt sind.

Der etwaige weitere Bedarf ist zu entnehmen:

a) aus der Zahl derjenigen Militärpflichtigen, deren häusliche Verhältnisse die Befreiung vom Militärdienste im Frieden zur Folge haben, aber für den Fall eines Krieges die weitere Berücksichtigung nicht gerechtfertigt erscheinen lassen;

b) aus der Zahl derjenigen Militärpflichtigen, welche wegen geringer körperlicher Fehler befreit werden;

c) aus der Zahl derjenigen Militärpflichtigen, welche wegen zeitiger Dienstunbrauchbarkeit vom Militärdienste im Frieden befreit werden, deren Kräftigung aber während der nächstfolgenden Jahre in dem Maße zu erwarten ist, daß sie voraussichtlich zum Kriegsdienste werden eingezogen werden können.

Ist ein Ueberschuß vorhanden, so entscheidet unter den Freigeloosten die Reihenfolge der Loosnummer, nach Maßgabe der in dieser Beziehung im § 13 getroffenen Bestimmungen, unter den übrigen Mannschaften das Lebensalter, die bessere Dienstbrauchbarkeit und Abkömmlichkeit.

§ 26.

Außer den Mannschaften, welche wegen abgelaufener Zeitdauer (§ 23, Abs. 2) in die zweite Klasse der Ersatzreserve eintreten, werden dieser alle Militärpflichtigen zugetheilt, welche der Ersatzreserve zu überweisen sind, aber als ungeeignet oder überschüssig nicht der ersten Klasse überwiesen werden.

§ 27.

Die Mannschaften der zweiten Klasse der Ersatzreserve sind in Friedenszeiten von allen militärischen Verpflichtungen befreit. Bei ausbrechendem Kriege können sie im Falle außerordentlichen Bedarfes zur Ergänzung des Heeres verwandt werden. Die Einberufung erfolgt auf Grund Kaiserlicher Verordnung.

Auf Grund dieser Verordnung ist in ortsüblicher Weise bekannt zu machen, welche Altersklassen zunächst zur Einziehung gelangen. Die Mannschaften dieser Altersklassen werden dadurch verpflichtet, sich zur Stammrolle wieder anzumelden und zur Aushebung zu stellen. Vom Zeitpunkte der Bekanntmachung an unterliegen die Mannschaften der bezeichneten Altersklassen den Vorschriften über die Militärpflichtigen.

Für diejenigen Mannschaften, welche durch die Einberufung in das Verhältniß des Militärpflichtigen versetzt, aber nicht eingezogen worden sind, hört dieses Verhältniß mit der Auflösung der Ersatz-Truppentheile auf.

§ 28.

Mannschaften der zweiten Klasse der Ersatzreserve, welche durch Konsulatsatteste nachweisen, daß sie in einem außereuropäischen Lande, jedoch mit Ausschluß der Küstenländer des Mittelländischen und Schwarzen Meeres, eine feste Stellung als Kaufleute, Gewerbetreibende u. s. w., erworben haben, können für die Dauer ihres Aufenthalts außerhalb Europas von der Gestellung bei ausbrechendem Kriege befreit werden.

§ 29.

Mannschaften, welche aus der Ersatzreserve erster oder zweiter Klasse zum Dienst eingezogen werden, sind bei Zurückführung des Heeres auf den Friedensfuß wieder zu entlassen (§ 50).

§ 30.

Für die Zusammensetzung der mit der Heeresergänzung zu beauftragenden Behörden und für das Verfahren vor denselben sind folgende Vorschriften maßgebend:

1) Die Einrichtung der Ersatzbehörden hat sich an die in § 5 vorgeschriebene Eintheilung des Reichsgebietes in Militärbezirke anzulehnen.

2) Der Landwehr-Bataillons-Bezirk bildet entweder ungetheilt den Aushebungsbezirk oder zerfällt in mehrere Aushebungsbezirke, deren Umfang und Größe sich nach der Beschaffenheit und Seelenzahl der entsprechenden Civilverwaltungs-Bezirke bestimmt.

3) Die mit den ständigen Geschäften der Heeresergänzung betrauten Behörden sind:

a) für den Aushebungsbezirk die Ersatz-Kommission, bestehend aus dem Landwehr-Bezirks-Kommandeur und einem Verwaltungsbeamten des Bezirks, oder wo ein solcher Beamter fehlt, einem besonders zu diesem Zwecke bestellten bürgerlichen Mitgliede;

b) für den Infanterie-Brigade-Bezirk die Ober-Ersatz-Kommission, bestehend aus dem Infanterie-Brigade-Kommandeur und einem höheren Verwaltungsbeamten;

c) für den Armee-Korps-Bezirk der kommandirende General des Armee-Korps in Gemeinschaft mit dem Chef einer Provinzial- oder Landesbehörde, sofern nicht hierfür in einzelnen Bundesstaaten besondere Behörden bestellt sind;

d) für die oberste Leitung der Heeresergänzung die zuständigen Kriegs-Ministerien in Gemeinschaft mit den obersten Civil-Verwaltungsbehörden der einzelnen Bundesstaaten.

4) Zur Entscheidung

a) über die in § 20 vorgesehenen Befreiungen und Zurückstellungen,

b) über den nach Maßgabe des § 33 eintretenden Verlust von Vergünstigungen,

c) über den nach Maßgabe der §§ 21, 51 u. 55 eintretenden Verlust der Befreiung vom Militärdienst,

d) über die Klassifikation der Reservemannschaften, der Landwehr und der Ersatzreserve I. Klasse mit Rücksicht auf die häuslichen und gewerblichen Verhältnisse in Gemäßheit der §§ 64 u. 69

treten den ständigen Mitgliedern der Ersatz- und Ober-Ersatz-Kommission andere Mitglieder hinzu, welche aus den Bezirks-Eingesessenen von Kommunal- oder Landesvertretungen gewählt, oder, wo solche Vertretungen nicht vorhanden sind, von der Landes-Verwaltungsbehörde ernannt werden.

Es sollen hiernach bestehen:

die verstärkte Ersatz-Kommission neben den ständigen Mitgliedern aus höchstens noch einem Offizier und aus vier bürgerlichen Mitgliedern;

die verstärkte Ober-Ersatz-Kommission neben den ständigen Mitgliedern aus einem bürgerlichen Mitgliede.

5) Die Mitglieder der Ersatzbehörden haben gleiches Stimmrecht; ihre Beschlüsse werden mit Stimmenmehrheit gefaßt. Wo nur die ständigen Mitglieder an der Beschlußfassung theilnehmen, ist bei Meinungsverschiedenheit die Angelegenheit der nächst höheren Instanz zur Entscheidung vorzulegen. Für unaufschiebbare vorläufige Maßregeln ist bei der Ersatz-Kommission die Stimme des Civilmitgliedes, bei der Ober-Ersatz-Kommission die Stimme des militärischen Mitgliedes maßgebend. Desgleichen entscheidet bei der Ober-Ersatz-Kommission die Stimme des militärischen Mitgliedes über die körperliche Brauchbarkeit der Militärpflichtigen und die Vertheilung der ausgehobenen Mannschaften auf die verschiedenen Waffengattungen und Truppentheile.

6) Bei dem Verfahren vor den Ersatzbehörden sind die Betheiligten berechtigt, ihre Anträge durch Vorlegung von Urkunden und Stellung von Zeugen und Sachverständigen zu unterstützen.

7) Die Ersatz-Kommission arbeitet der Ober-Ersatz-Kommission vor. Sie verfügt die nach dem Gesetze zulässigen Zurückstellungen der Militärpflichtigen. Im Uebrigen unterliegen ihre Beschlüsse der Revision und endgültigen Entscheidung der Ober-Ersatz-Kommission.

Gegen Entscheidungen der Ersatz-Kommission über die Klassifikation der Mannschaften der Reserve, der Landwehr und der Ersatzreserve I. Klasse steht dem ständigen militärischen Mitgliede die Erhebung des Einspruches zu, in welchem Falle die endgültige Entscheidung lediglich durch die ständigen Mitglieder der Ober-Ersatz-Kommission erfolgt.

8) Gegen die Entscheidungen der Ober-Ersatz-Kommission steht nur den Militärpflichtigen beziehungsweise ihren zur Reklamation berechtigten Angehörigen eine Berufung an die höheren Instanzen zu. In Aushebungsbezirken, welche ihren Rekrutenantheil nicht aufzubringen vermögen, kann jedoch gegen die auf Befreiung vom Militärdienst gerichteten Entscheidungen auch seitens des ständigen militärischen Mitgliedes der Ober-Ersatz-Kommission Berufung an die höhere Instanz eingelegt werden.

§ 31.

Die Gemeinden oder gleichartigen Verbände haben unter Kontrole der Ersatzbehörden Stammrollen über alle Militärpflichtigen zu führen. Die Militärpflichtigen und deren Angehörige haben die Anmeldungen zur Stammrolle nach Maßgabe der gegenwärtig bestehenden Vorschriften zu bewirken.

§ 32.

Die Stammrollen werden auf Grund der Civilstandsregister und der nach § 31 zu erstattenden Meldungen geführt. Die mit Führung der Civilstandsregister betrauten Behörden und Personen sind verpflichtet, die zur Führung der Stammrollen erforderlichen Auszüge unentgeltlich vorzulegen.

§ 33.

Wer die nach Maßgabe des § 31 vorgeschriebenen Meldungen zur Berichtigung von Stammrollen unterläßt, sowie Militärpflichtige, welche in den von den Ersatzbehörden abzuhaltenden Terminen nicht pünktlich erscheinen, sind, sofern sie nicht dadurch zugleich eine härtere Strafe verwirkt haben, mit Geldstrafe bis zu dreißig Mark, oder Haft bis zu drei Tagen zu bestrafen.

Militärpflichtigen, welche in einem von den Ersatzbehörden abzuhaltenden Termine nicht pünktlich erschienen sind, können von den Ersatzbehörden die Vortheile der Loosung entzogen werden. Ist diese Versäumniß in böslicher Absicht oder wiederholt erfolgt, so können die Ersatzbehörden sie auch des Anspruchs auf die nach §§ 19 bis 22 zulässigen Vergünstigungen verlustig erklären und als unsichere Heerespflichtige sofort in die Armee einreihen lassen. Die Dienstzeit wird alsdann erst vom nächstfolgenden Rekruten-Einstellungstermine ab gerechnet.

Ist die Versäumniß durch Umstände herbeigeführt, deren Beseitigung nicht in dem Willen des betreffenden Anmeldungs- oder Gestellungspflichtigen lag (Absatz 1, 2), so treten die vorerwähnten Folgen nicht ein.

§ 34.

Rekruten, welche nach ihrer Aushebung, sowie Freiwillige, welche nach definitiver Annahme bei einem Truppentheile vorläufig in die Heimath beurlaubt werden, gehören bis zu ihrer Einstellung zu den Mannschaften des Beurlaubtenstandes.

§ 35.

Alle auf die Heeresergänzung bezüglichen amtlichen Verrichtungen und Verhandlungen, mit Ausnahme der durch strafbare Handlungen bedingten, unterliegen weder einer Stempelgebühr noch einer Taxe.

§ 36.

Von den Kosten des Rekrutirungsverfahrens sind nur diejenigen auf Reichsfonds zu übernehmen, welche sich unmittelbar aus der Betheiligung von Militärbehörden und Militärpersonen an demselben ergeben.

Den einzelnen Bundesstaaten bleibt die Bestimmung überlassen, von wem die übrigen Kosten zu tragen sind.

§ 37.

Ueber die Ergebnisse des Ergänzungsgeschäftes ist dem Bundesrath und Reichstag alljährlich Mittheilung zu machen.

III. Abschnitt.

Vom aktiven Heere.

§ 38.

Zum aktiven Heere gehören:

A. Die Militärpersonen des Friedensstandes, und zwar

1) die Offiziere, Aerzte und Militärbeamten des Friedensstandes vom

Tage ihrer Anstellung bis zum Zeitpunkte ihrer Entlassung aus dem Dienste;

2) die Kapitulanten vom Beginn bis zum Ablauf oder bis zur Aufhebung der abgeschlossenen Kapitulation;

3) die Freiwilligen und die ausgehobenen Rekruten von dem Tage, mit welchem ihre Verpflegung durch die Militärverwaltung beginnt, Einjährig-Freiwillige von dem Zeitpunkte ihrer definitiven Einstellung in einen Truppentheil an, sämmtlich bis zum Ablauf des Tages ihrer Entlassung aus dem aktiven Dienste.

B. 1) Die aus dem Beurlaubtenstande (V. Abschnitt) zum Dienst einberufenen Offiziere, Aerzte, Militärbeamten und Mannschaften von dem Tage, zu welchem sie einberufen sind, bis zum Ablauf des Tages der Wiederentlassung;

2) alle in Kriegszeiten zum Heeresdienst aufgebotenen oder freiwillig eingetretenen Offiziere, Aerzte, Militärbeamten und Mannschaften, welche zu keiner der vorgenannten Kategorien gehören, von dem Tage, zu welchem sie einberufen sind, bezw. vom Zeitpunkte des freiwilligen Eintritts an, bis zum Ablauf des Tages der Entlassung.

C. Die Civilbeamten der Militärverwaltung, vom Tage ihrer Anstellung bis zum Zeitpunkte ihrer Entlassung aus dem Dienste.

§ 39.

Die besondere Gerichtsbarkeit über Militärpersonen beschränkt sich auf Strafsachen und wird durch Reichsgesetz geregelt.

Den allgemeinen Gerichtsstand haben die Militärpersonen bei dem Gerichte des Garnisonortes; diejenigen jedoch, welche nur zur Erfüllung der Wehrpflicht dienen, oder welche selbständig einen Wohnsitz nicht begründen können, nur bezüglich der Klagen wegen vermögensrechtlicher Ansprüche.

Es bleiben diejenigen landesgesetzlichen Vorschriften in Kraft, nach welchen für Truppentheile, die nach der Mobilmachung ihre Garnison verlassen haben oder sich dauernd im Auslande aufhalten, die Ausübung der streitigen oder freiwilligen Gerichtsbarkeit einem inländischen Gerichte oder den Auditeuren ein für alle Mal übertragen ist, oder für den einzelnen Fall im Verordnungswege übertragen werden kann.

§ 40.

Die Militärpersonen des Friedensstandes bedürfen zu ihrer Verheirathung der Genehmigung ihrer Vorgesetzten.

§ 41.

Die Militärpersonen des Friedensstandes und die Civilbeamten der Militärverwaltung können die Uebernahme von Vormundschaften ablehnen, und sind zu deren Uebernahme nur mit Genehmigung ihrer Vorgesetzten berechtigt.

§ 42.

Die landesgesetzlich für einzelne Klassen von Militärpersonen bestehenden Beschränkungen hinsichtlich der Erwerbung, Veräußerung und Belastung von Grundstücken werden aufgehoben.

§ 43.

Zum Betriebe eines Gewerbes bedürfen die Militärpersonen des Friedensstandes für sich und für die in Dienstgebäuden bei ihnen wohnenden Mitglieder ihres Hausstandes der Erlaubniß ihrer Vorgesetzten, insofern nicht das Gewerbe mit der Bewirthschaftung eines ihnen gehörigen ländlichen Grundstückes verbunden ist.

§ 44.

In Kriegszeiten oder während eines Belagerungszustandes können die im § 38 bezeichneten und die nach §§ 155 bis 158 des Militär-Strafgesetzbuchs vom 20. Juni 1872 den Militärgesetzen unterworfenen Personen letztwillige Verordnungen unter besonders erleichterten Formen gültig errichten (privilegirte militärische letztwillige Verfügungen). Die Vorrechte der Militärpersonen in Beziehung auf diese letztwilligen Verordnungen bestehen allein darin, daß sie nach Maßgabe der nachstehenden Bestimmungen den für ordentliche letztwillige Verfügungen vorgeschriebenen Förmlichkeiten nicht unterworfen sind. Es sind dabei die folgenden Bestimmungen zu beobachten:

1) Die Befugniß, in Kriegszeiten oder während eines Belagerungszustandes privilegirte militärische letztwillige Verfügungen zu errichten, beginnt für die oben bezeichneten Personen von der Zeit, wo sie entweder ihre Standquartiere, oder im Fall ihnen solche nicht angewiesen sind, ihre bisherigen Wohnorte im Dienste verlassen oder in denselben angegriffen oder belagert werden.

   Kriegsgefangene oder Geißeln haben diese Befugniß, so lange sie sich in der Gewalt des Feindes befinden.

2) Privilegirte militärische letztwillige Verfügungen sind in gültiger Form errichtet:
   a) wenn sie von dem Testator eigenhändig geschrieben und unterschrieben sind;
   b) wenn sie von dem Testator eigenhändig unterschrieben und von zwei Zeugen oder einem Auditeur oder Offizier mitunterzeichnet sind;
   c) wenn von einem Auditeur oder Offizier, unter Zuziehung zweier Zeugen oder noch eines Auditeurs oder Offiziers, über die mündliche Erklärung des Testators eine schriftliche Verhandlung aufgenommen und diese dem Testator vorgelesen, sowie von dem Auditeur oder Offizier und den Zeugen, bezw. von den Auditeuren oder Offizieren unterschrieben ist.

   Bei verwundeten oder kranken Militärpersonen können die unter b. und c. erwähnten Auditeure und Offiziere durch Militärärzte oder höhere Lazarethbeamte oder Militärgeistliche vertreten werden.

3) Die sub 2 erwähnten Zeugen sind Beweiszeugen; sie brauchen

nicht die Eigenschaft von Instrumentszeugen zu haben und es kann die Aussage eines derselben für vollständig beweisend angenommen werden.

4) Die nach Vorschrift sub 2c aufgenommene Verhandlung hat in Betreff ihres Inhalts und der in ihr angegebenen Zeit der Aufnahme die Beweiskraft einer öffentlichen Urkunde.

Ist in der eigenhändig geschriebenen und unterschriebenen, oder in der eigenhändig unterschriebenen letztwilligen Verfügung (2a. b.) die Zeit der Errichtung angegeben, so streitet die Vermuthung bis zum Beweise des Gegentheils für die Richtigkeit dieser Angabe.

Eine gleiche Vermuthung streitet dafür, daß die letztwillige Verfügung während des die privilegirte Form zulassenden Ausnahmezustandes errichtet ist, wenn dieselbe während dieser Zeit oder innerhalb vierzehn Tage nach deren Aufhören einer vorgesetzten Militärbehörde zur Aufbewahrung übergeben ist, oder wenn dieselbe in dem Feldnachlaß des Testators aufgefunden wird.

5) Privilegirte militärische letztwillige Verfügungen verlieren ihre Gültigkeit mit dem Ablauf eines Jahres von dem Tage ab, an welchem der Truppentheil, zu dem der Testator gehört, demobil gemacht ist, oder der Testator aufgehört hat, zu dem mobilen Truppentheil zu gehören, oder als Kriegsgefangener oder Geißel aus der Gewalt des Feindes entlassen ist.

Der Lauf dieser Frist wird jedoch suspendirt durch anhaltende Unfähigkeit des Testators zur Errichtung einer anderweiten letztwilligen Verordnung.

Wenn der Testator innerhalb des Jahres vermißt und in dem Verfahren auf Todeserklärung oder auf Abwesenheitserklärung festgestellt wird, daß er seit jener Zeit verschollen ist, so tritt die Ungültigkeit der letztwilligen Verfügung nicht ein.

§ 45.

Die durch Reichs- oder Landesgesetze vorgeschriebenen Beschränkungen der gerichtlichen Zwangsvollstreckungen gegen Militärpersonen finden auf alle Arten der Zwangsvollstreckung gegen die letzteren entsprechende Anwendung. Eine Aufhebung dieser Beschränkungen durch vorgängige Einwilligung des Schuldners ist ohne rechtliche Wirkung.

Den Anspruch auf Zahlung von Diensteinkünften, Wartegeldern oder Pensionen können die Militärpersonen mit rechtlicher Wirkung nur insoweit abtreten, verpfänden oder sonst übertragen, als eine Beschlagnahme im Falle einer Zwangsvollstreckung zulässig gewesen wäre. Die Benachrichtigung an die auszahlende Kasse geschieht durch eine der Kasse auszuhändigende öffentliche Urkunde.

§ 46.

Die Verpflichtung der Militärpersonen zur Entrichtung der Staatssteuern regelt sich nach den Landesgesetzen unter Berücksichtigung des Gesetzes wegen Beseitigung der Doppelbesteuerung vom 13. Mai 1870 (Bundes-Gesetzbl. des Norddeutschen Bundes S. 119).

Jedoch ist das Militäreinkommen der Personen des Unteroffizier- und Gemeinenstandes, sowie für den Fall einer Mobilmachung das Militäreinkommen aller Angehörigen des aktiven Heeres bei der Veranlagung bezw. Erhebung von Staatssteuern außer Betracht zu lassen. Die Feststellung eines angemessenen Steuernachlasses für die Unteroffiziere und Gemeinen des Beurlaubtenstandes und deren Familien für die Monate, in welchen jene sich im aktiven Dienste befinden, bleibt der Landesgesetzgebung überlassen.

§ 47.

Zur Annahme von Aemtern in der Verwaltung und Vertretung der kirchlichen oder politischen Gemeinden und weiteren Kommunalverbände bedürfen aktive Militärpersonen der Genehmigung ihrer Dienstvorgesetzten.

§ 48.

Diejenigen Begünstigungen, welche nach der Gesetzgebung der einzelnen Bundesstaaten den Hinterbliebenen von Staatsbeamten hinsichtlich der Besteuerung der aus Staatsfonds oder aus öffentlichen Versorgungskassen denselben gewährten Pensionen, Unterstützungen oder sonstigen Zuwendungen zustehen, finden auch zu Gunsten der Hinterbliebenen von Militärpersonen hinsichtlich der denselben aus Reichs- oder Staatsfonds oder aus öffentlichen Versorgungskassen zufließenden gleichartigen Bezüge Anwendung.

§ 49.

Für die zum aktiven Heere gehörigen Militärpersonen, mit Ausnahme der Militärbeamten, ruht die Berechtigung zum Wählen sowohl in Betreff der Reichsvertretung, als in Betreff der einzelnen Landesvertretungen. Eine Vereinigung der hiernach wahlberechtigt bleibenden Militärpersonen zu besonderen Militär-Wahlbezirken für die Wahl der auf indirektem Wahlrecht beruhenden Landesvertretungen darf nicht stattfinden.

Die Theilnahme an politischen Vereinen und Versammlungen ist den zum aktiven Heere gehörigen Militärpersonen untersagt.

IV. Abschnitt.

Entlassung aus dem aktiven Dienste.

§ 50.

Alle Soldaten, welche nach erfüllter aktiver Dienstpflicht von den Fahnen entlassen werden, treten nach Maßgabe der zurückgelegten Gesammtdienstzeit zur Reserve, zur Landwehr oder zum Landsturm über.

Mannschaften, welche bei Mobilmachung des Heeres oder bei Bildung von Ersatz-Truppentheilen aus der Ersatzreserve zum Dienst einberufen und bei Zurückführung des Heeres auf den Friedensfuß wieder entlassen werden (§ 29), treten, wenn sie militärisch ausgebildet sind, je nach ihrem Lebensalter (§ 62) zur Reserve oder Landwehr über, anderenfalls aber in die Ersatzreserve zurück.

Mannschaften der Kavallerie, welche sich freiwillig zu einer vierjährigen aktiven Dienstzeit verpflichtet haben, dienen in der Landwehr nur drei Jahre.

Einjährig-Freiwillige, welche während ihrer Dienstzeit mit Versetzung in die zweite Klasse des Soldatenstandes bestraft werden, verlieren die Eigenschaft als Einjährig-Freiwillige und den Anspruch auf Entlassung nach einjähriger Dienstzeit.

§ 51.

Volksschullehrer und Kandidaten des Volksschulamtes, welche ihre Befähigung für das Schulamt in vorschriftsmäßiger Prüfung nachgewiesen haben, können nach kürzerer Einübung mit den Waffen zur Verfügung der Truppentheile beurlaubt werden.

Giebt der Beurlaubte seinen bisherigen Beruf gänzlich auf oder wird er aus dem Schulamte für immer entlassen, so kann er vor Ablauf des Jahres, in welchem er das 25. Lebensjahr vollendet, zum aktiven Dienst eingezogen werden.

§ 52.

Soldaten, welche während der Erfüllung ihrer aktiven Dienstpflicht dienstunbrauchbar werden, sind zur Disposition der Ersatzbehörden zu entlassen (§ 54).

§ 53.

Soldaten im aktiven Dienst können auf Ansuchen zur Verfügung der Ersatzbehörden entlassen werden, wenn einer der im § 20 Nr. 1 bis 5 bezeichneten Gründe nach ihrer Aushebung eingetreten ist.

Ueber die Zulässigkeit des Gesuches entscheidet nach Begutachtung der Verhältnisse durch die ständigen Mitglieder der Ersatz-Kommission der kommandirende General desjenigen Armee-Korps, in welchem der Reklamirte seiner Dienstpflicht genügt, in Gemeinschaft mit der betreffenden (§ 30 Nr. 3c) Landes- oder Provinzialbehörde seines Heimathsbezirkes.

Die Entlassung des Reklamirten erfolgt erst zu dem nächsten allgemeinen Entlassungstermine, sofern nicht ein ungewöhnlicher Grad der Dringlichkeit die frühere Entlassung nothwendig macht.

Auf Soldaten, welche sich bei mobilen Truppen im Dienst befinden, haben diese Bestimmungen in der Regel keine Anwendung.

§ 54.

Die zur Disposition der Ersatzbehörden entlassenen Soldaten gehören bis zur Entscheidung über ihr ferneres Militärverhältniß zu den Mannschaften des Beurlaubtenstandes (V. Abschnitt).

§ 55.

Ueber das fernere Militärverhältniß der zu ihrer Disposition entlassenen Mannschaften entscheiden die Ersatzbehörden nach denselben Grundsätzen, wie über die noch nicht eingestellten Militärpflichtigen der entsprechenden Altersklassen.

Haben dergleichen Mannschaften jedoch bereits ein Jahr oder als Einjährig-Freiwillige neun Monate aktiv gedient, so sollen sie nicht von neuem für den aktiven Dienst ausgehoben werden, es sei denn, daß sie der Verpflichtung, deren Erfüllung ihre Entlassung aus dem Militärdienst begründete, sich entziehen und das 25. Lebensjahr noch nicht vollendet haben.

V. Abschnitt.

Vom Beurlaubtenstande und der Ersatzreserve erster Klasse.

§ 56.

Zum Beurlaubtenstande gehören:

1) die Offiziere, Aerzte, Beamten und Mannschaften der Reserve und Landwehr;
2) die vorläufig in die Heimath beurlaubten Rekruten und Freiwilligen (§ 34);
3) die bis zur Entscheidung über ihr ferneres Militärverhältniß zur Disposition der Ersatzbehörden entlassenen Mannschaften (§ 54);
4) die vor erfüllter aktiver Dienstpflicht zur Disposition der Truppentheile beurlaubten Mannschaften.

§ 57.

Die Personen des Beurlaubtenstandes sind während der Beurlaubung den zur Ausübung der militärischen Kontrole erforderlichen Anordnungen unterworfen. Sie haben geeignete Vorkehrungen zu treffen, daß dienstliche Befehle ihrer Vorgesetzten und namentlich Einberufungsordres ihnen jederzeit zugestellt werden können.

Im dienstlichen Verkehr mit ihren Vorgesetzten oder wenn sie in Militäruniform erscheinen, sind sie der militärischen Disziplin unterworfen (§ 8).

Ueber die Ausübung der militärischen Kontrole, die Uebungen und die gegen Personen des Beurlaubtenstandes zulässigen Disziplinarstrafmittel wird ein besonderes Gesetz nähere Bestimmung treffen.

§ 58.

Bei eintretender allgemeiner Mobilmachung haben alle im Auslande befindlichen Personen des Beurlaubtenstandes sich unverzüglich in das Inland zurückzubegeben, sofern sie hiervon nicht ausdrücklich dispensirt werden.

§ 59.

Im Frieden können Mannschaften der Reserve und Landwehr, welche nach außereuropäischen Ländern gehen wollen, unter Dispensation von den gewöhnlichen Dienstpflichten, jedoch unter der Bedingung der Rückkehr im Falle einer Mobilmachung, auf zwei Jahre beurlaubt werden.

Weist der Beurlaubte durch Konsulatsatteste nach, daß er sich in einem der erwähnten Länder eine feste Stellung als Kaufmann, Gewerbetreibender ꝛc. erworben hat, so kann der Urlaub bis zur Entlassung aus dem Militärverhältnisse und unter gleichzeitiger Dispensation von der Rückkehr im

Falle einer Mobilmachung verlängert werden. Auf die Küstenländer des Mittelländischen und Schwarzen Meeres findet diese Bestimmung keine Anwendung.

§ 60.

Außerdem gelten die folgenden Bestimmungen:

1) Den Offizieren und im Offizierrang stehenden Aerzten des Beurlaubtenstandes, sowie den im § 56 unter 2 bis 4 bezeichneten Mannschaften darf — falls sie nicht nachweisen, daß sie in einem anderen Bundesstaate die Staatsangehörigkeit erworben haben — die Entlassung aus der Staatsangehörigkeit nur mit Genehmigung der Militärbehörde ertheilt werden.
2) Offiziere und im Offizierrange stehende Aerzte des Beurlaubtenstandes, welche ohne Erlaubniß auswandern, werden mit Geldstrafe bis zu dreitausend Mark oder mit Haft oder mit Gefängniß bis zu sechs Monaten bestraft.
3) Die im § 56 unter 2 bis 4 bezeichneten Mannschaften sind den Bestimmungen im dritten Abschnitte des Militär-Strafgesetzbuchs vom 20. Juni 1872, über unerlaubte Entfernung und Fahnenflucht, und den Bestimmungen im vierten Abschnitte desselben Gesetzbuchs, über Selbstbeschädigung und Vorschützung von Gebrechen, in gleicher Weise, wie die Personen des aktiven Dienststandes unterworfen.
4) Die vorläufig in die Heimath beurlaubten Rekruten und Freiwilligen bedürfen zur Verheirathung der Genehmigung der Militärbehörde.
5) Die zur Disposition der Truppentheile beurlaubten Mannschaften können bis zum Ablauf ihres dritten Dienstjahres jederzeit zur Fahne wieder einberufen werden, und bedürfen bis dahin der militärischen Genehmigung zum Wechsel des Aufenthaltsortes.

§ 61.

Im Uebrigen gelten für die Personen des Beurlaubtenstandes die allgemeinen Landesgesetze und sind dieselben in der Wahl ihres Aufenthaltsortes im In- und Auslande, in der Ausübung ihres Gewerbes, rücksichtlich ihrer Verheirathung und ihrer sonstigen bürgerlichen Verhältnisse Beschränkungen nicht unterworfen.

§ 62.

Die Mannschaften der Reserve und Landwehr werden in Jahresklassen nach ihrem Dienstalter eingetheilt.

Die Dienstzeit in der Reserve und Landwehr wird von demselben Zeitpunkte an berechnet, wie die aktive Dienstzeit, auch wenn in Erfüllung der letzteren eine Unterbrechung stattgefunden hat. Die Versetzung aus der Reserve in die Landwehr, bezw. die Entlassung aus der Landwehr erfolgt bei den Herbst-Kontrolversammlungen des betreffenden Jahres.

Mannschaften, welche in Folge eigenen Verschuldens (§ 18 des Militär-Strafgesetzbuchs vom 20. Juni 1872) verspätet aus dem aktiven Dienste entlassen werden, treten stets in die jüngste Jahresklasse der Reserve ein.

Die Reserve- und Landwehrpflicht derjenigen Mannschaften, welche der Ersatzreserve angehört haben (§ 50), ist so zu bemessen, als wenn sie im ersten Jahre ihres dienstpflichtigen Alters ausgehoben wären.

§ 63.

Bei nothwendigen Verstärkungen oder Mobilmachungen des Heeres werden die Mannschaften des Beurlaubtenstandes nach Bedarf, jedoch in den Grenzen der bezüglichen Bestimmungen des Gesetzes, betreffend die Verpflichtung zum Kriegsdienst, vom 9. November 1867, zur Fahne einberufen, und zwar, soweit die militärischen Interessen es gestatten, nach den Jahresklassen, mit der jüngsten beginnend.

§ 64.

Hierbei können dringende häusliche und gewerbliche Verhältnisse derart Berücksichtigung finden, daß Reservisten hinter die letzte Jahresklasse der Reserve ihrer Waffe oder Dienstkategorie, Landwehrmannschaften aber, sowie in besonders dringenden Fällen auch einzelne Reservisten, hinter die letzte Jahresklasse der Landwehr ihrer Waffe oder Dienstkategorie zeitweise zurückgestellt werden.

Jedoch darf in keinem Aushebungsbezirke die Zahl der hinter den letzten Jahrgang der Reserve zurückgestellten Mannschaften zwei Prozent der Reserve, die Zahl der hinter den letzten Jahrgang der Landwehr zurückgestellten Mannschaften drei Prozent der Reserve und Landwehr übersteigen.

Auf die Dauer der Gesammt-Dienstzeit hat die Zurückstellung keinen Einfluß.

§ 65.

Reichs-, Staats- und Kommunalbeamte, sowie Angestellte der Eisenbahnen, welche der Reserve oder Landwehr angehören, dürfen für den Fall einer Mobilmachung oder nothwendigen Verstärkung des Heeres hinter den ältesten Jahrgang der Landwehr zurückgestellt werden, wenn ihre Stellen selbst vorübergehend nicht offen gelassen werden können und eine geeignete Vertretung nicht zu ermöglichen ist.

Personen des Beurlaubtenstandes und der Ersatzreserve, welche ein geistliches Amt in einer mit Korporationsrechten innerhalb des Bundesgebietes bestehenden Religionsgesellschaft bekleiden, werden zum Dienste mit der Waffe nicht herangezogen. Außerdem findet auf dieselben die Bestimmung des ersten Absatzes dieses Paragraphen Anwendung.

§ 66.

Reichs-, Staats- und Kommunalbeamte sollen durch ihre Einberufung zum Militärdienst in ihren bürgerlichen Dienstverhältnissen keinen Nachtheil erleiden.

Ihre Stellen, ihr persönliches Diensteinkommen aus denselben und ihre Anciennetät, sowie alle sich daraus ergebenden Ansprüche bleiben ihnen in der Zeit der Einberufung zum Militärdienste gewahrt. Erhalten dieselben Offizierbesoldung, so kann ihnen der reine Betrag derselben auf die Civilbesoldung angerechnet werden; denjenigen, welche einen eigenen Hausstand mit Frau oder Kind haben, beim Verlassen ihres Wohnortes jedoch nur, wenn und soweit das reine Civileinkommen und Militärgehalt zusammen den Betrag von 3600 Mark jährlich übersteigen.

Nach denselben Grundsätzen sind pensionirte oder auf Wartegeld stehende Civilbeamte hinsichtlich ihrer Pensionen oder Wartegelder zu behandeln, wenn sie bei einer Mobilmachung in den Kriegsdienst eintreten.

Die näheren Bestimmungen bleiben den einzelnen Bundesregierungen überlassen.

§ 67.

Mannschaften des Beurlaubtenstandes, welche sich der Kontrole länger als ein Jahr entziehen, oder eine Ordre zum Dienste ohne anerkannte Entschuldigung unbefolgt lassen, können, abgesehen von der etwa noch anderweit über sie zu verhängenden Strafe, unter Verlängerung ihrer Dienstzeit in die nächst jüngere Jahresklasse versetzt werden. Dauert die Kontrolentziehung zwei Jahre und darüber, so können sie entsprechend weiter zurückversetzt werden.

§ 68.

Personen des Beurlaubtenstandes, welche nach erfolgter Auswanderung vor vollendetem 31. Lebensjahre wieder naturalisirt werden, treten in denjenigen Jahrgang, welchem sie ohne die stattgehabte Auswanderung angehört haben würden, wieder ein.

§ 69.

Die Mannschaften der Ersatzreserve erster Klasse werden den nachfolgenden Bestimmungen unterworfen:

1) Wegen der Reihenfolge der Einberufung und wegen der Berücksichtigung häuslicher und gewerblicher Verhältnisse im Falle der Einberufung finden die §§ 63 und 64 auf sie entsprechende Anwendung.
2) Sie haben der Militärbehörde den Wechsel ihrer Wohnung anzuzeigen und geeignete Vorkehrungen zu treffen, daß ihnen eine etwaige Einberufungsordre jederzeit richtig zugehen kann.
3) Im Falle eines außerordentlichen Bedürfnisses können sie auf Grund Kaiserlicher Verordnung zu Kontrolversammlungen einberufen werden.
4) Bei eintretender allgemeiner Mobilmachung haben die im Auslande befindlichen Ersatzreservisten erster Klasse sich unverzüglich in das Inland zurückzubegeben; von dieser Verpflichtung können sie im entsprechenden Falle des § 59 befreit werden.
5) Bei Mobilmachungen und bei beginnender Bildung von Ersatz-Truppentheilen müssen sie der Einberufung sofort Folge leisten; für den Fall der Zuwiderhandlung finden die auf die Personen des Beurlaubtenstandes bezüglichen Vorschriften im dritten Abschnitte des Militär-Strafgesetzbuchs vom 20. Juni 1872 auf sie Anwendung.
6) Mannschaften der Ersatzreserve erster Klasse, welche sich der ihnen auf Grund des Gesetzes auferlegten Kontrole entziehen, werden

mit Geldstrafe bis zu sechszig Mark oder Haft bis zu acht Tagen bestraft. Abgesehen von den hiernach zu verhängenden Strafen können sie unter Verlängerung ihrer Dienstpflicht in die nächst jüngere Jahresklasse versetzt werden. Dauert die Kontrolentziehung zwei Jahre und darüber, so werden sie entsprechend weiter zurückversetzt, jedoch niemals über das vollendete 31. Lebensjahr hinaus.

7) Mannschaften der Ersatzreserve erster Klasse, welche nach erfolgter Auswanderung vor vollendetem 31. Lebensjahre wieder naturalisirt werden, treten in den Jahrgang wieder ein, welchem sie ohne die stattgehabte Auswanderung angehört haben würden.

8) Außer dem Falle einer besonderen Anordnung für die Zeit eines Krieges oder einer Kriegsgefahr (§ 17 des Gesetzes vom 1. Juni 1870, Bundes-Gesetzbl. S. 355) bedürfen sie keiner Erlaubniß zur Auswanderung. Sie sind jedoch verpflichtet, von ihrer bevorstehenden Auswanderung der Militärbehörde Anzeige zu machen. Die Unterlassung dieser Anzeige unterliegt der im § 360 des Strafgesetzbuchs für das Deutsche Reich angedrohten Strafe.

§ 70.

Alle Reichs-, Staats- und Kommunalbehörden sind verpflichtet, in dem Bereiche ihrer gesetzlichen Befugnisse die Militärbehörden bei der Kontrole und bei Regelung der Militärverhältnisse der Personen des Beurlaubtenstandes und der Ersatzreserve erster Klasse, insbesondere auch bei Einberufung derselben zum Dienst, zu unterstützen.

Schlußbestimmungen.

§ 71.

Die Ausführungsbestimmungen zu den Abschnitten II., IV. und V. dieses Gesetzes erläßt der Kaiser.

§ 72.

Gegenwärtiges Gesetz kommt in Bayern nach näherer Bestimmung des Bündnißvertrages vom 23. November 1870 (Bundes-Gesetzbl. 1871 S. 9) unter III. § 5, in Württemberg nach näherer Bestimmung der Militärkonvention vom 21./25. November 1870 (Bundes-Gesetzbl. 1870 S. 658) zur Anwendung.

Urkundlich unter Unserer Höchsteigenhändigen Unterschrift und beigedrucktem Kaiserlichen Insiegel.

Gegeben Berlin, den 2. Mai 1874.

(L. S.) **Wilhelm.**

Fürst v. Bismarck.

Beilage IV.

Gesetz über den Landsturm.

Vom 12. Februar 1875.

[Reichs-Gesetzbl. von 1875 Nr. 7].

Wir Wilhelm, von Gottes Gnaden Deutscher Kaiser, König von Preußen rc.

verordnen im Namen des Deutschen Reichs, nach erfolgter Zustimmung des Bundesraths und des Reichstags, was folgt:

§ 1.

Der Landsturm besteht aus allen Wehrpflichtigen vom vollendeten 17. bis zum vollendeten 42. Lebensjahre, welche weder dem Heere noch der Marine angehören.

Der Landsturm tritt nur zusammen, wenn ein feindlicher Einfall Theile des Reichsgebiets bedroht oder überzieht.

(§ 3 Alinea 2 und § 16 des Ges. v. 9. 11. 67)

§ 2.

Das Aufgebot des Landsturms erfolgt durch Kaiserliche Verordnung, in welcher zugleich der Umfang des Aufgebots bestimmt wird.

§ 3.

Das Aufgebot kann sich auch auf die verfügbaren Theile der Ersatz-Reserve erstrecken.

Wehrfähige Deutsche, welche nicht zum Dienst im Heere verpflichtet sind, können als Freiwillige in den Landsturm eingestellt werden.

§ 4.

Nachdem das Aufgebot ergangen ist, finden auf die von demselben betroffenen Landsturmpflichtigen die für die Landwehr geltenden Vorschriften Anwendung. Insbesondere sind die Aufgebotenen den Militärstrafgesetzen und der Disziplinarordnung unterworfen.

Dasselbe gilt von den in Folge freiwilliger Meldung in die Listen des Landsturms Eingetragenen.

§ 5.

Der Landsturm erhält bei Verwendung gegen den Feind militärische, auf Schußweite erkennbare Abzeichen und wird in der Regel in besonderen Abtheilungen formirt.

In Fällen außerordentlichen Bedarfs kann die Landwehr aus den Mannschaften des aufgebotenen Landsturms ergänzt werden, jedoch nur dann, wenn bereits sämmtliche Jahrgänge der Landwehr und die verwendbaren Mannschaften der Ersatz-Reserve einberufen sind.

Die Einstellung erfolgt nach Jahresklassen, mit der jüngsten beginnend, soweit die militärischen Interessen dies gestatten.

§ 6.

Wenn der Landsturm nicht aufgeboten ist, dürfen die Landsturmpflichtigen keinerlei militärischen Kontrole oder Uebung unterworfen werden.

§ 7.

Die Auflösung des Landsturms wird vom Kaiser angeordnet. Mit der Auflösung der betreffenden Formationen hört das Militärverhältniß der Landsturmpflichtigen auf.

§ 8.

Die zur Ausführung dieses Gesetzes erforderlichen Bestimmungen erläßt der Kaiser.

§ 9.

Gegenwärtiges Gesetz kommt im Bayern nach näherer Bestimmung des Bündnißvertrages vom 23. November 1870 (Bundes-Gesetzbl. 1871 S. 9) unter III. § 5 zur Anwendung. Dasselbe findet auf die vor dem 1. Januar 1851 geborenen Elsaß-Lothringer keine Anwendung (§ 2 des Gesetzes vom 23. Januar 1872).

Urkundlich unter Unserer Höchsteigenhändigen Unterschrift und beigedrucktem Kaiserlichen Insiegel.

Gegeben Berlin, den 12. Februar 1875.

(L. S.) **Wilhelm.**

Fürst v. Bismarck.

Beilage V.

Gesetz, betreffend die Ausübung der militärischen Kontrole über die Personen des Beurlaubtenstandes, die Uebungen derselben, sowie die gegen sie zulässigen Disziplinarstrafmittel. Vom 15. Februar 1875.

[Reichs-Gesetzbl. v. 1875 Nr. 7].

Wir Wilhelm, von Gottes Gnaden Deutscher Kaiser, König von Preußen ꝛc.

verordnen im Namen des Deutschen Reichs, nach erfolgter Zustimmung des Bundesraths und des Reichstags, was folgt:

§ 1.

Die Mannschaften der Landwehr können alljährlich einmal, die übrigen Personen des Beurlaubtenstandes zweimal zu Kontrol-Versammlungen zusammenberufen werden. Letztere sind mit Bezug auf Zeit und Ort so einzurichten, daß die betheiligten Mannschaften nicht länger als einen Tag, einschließlich des Hinweges zum Versammlungsorte und des Rückweges, ihren bürgerlichen Geschäften entzogen werden.

§ 2.

Die zur Ausübung der militärischen Kontrole erforderlichen Meldungen sind von den Mannschaften des Beurlaubtenstandes mündlich oder schriftlich im Stationsorte der Landwehr-Kompagnie zu erstatten. Bedürfen schriftliche Meldungen weiterer Erläuterungen, so kann die persönliche Gestellung im Stationsorte gefordert werden.

Dasselbe gilt für die Anbringung von Gesuchen und Beschwerden in militärischen Dienstangelegenheiten, sowie für Rechtfertigung wegen Versäumniß militärischer Pflichten. In diesen Fällen dürfen Mannschaften des Beurlaubtenstandes auch in das Stabsquartier des Landwehr-Bezirks-Kommandos beordert werden, wenn ihre persönliche Vernehmung daselbst erforderlich ist.

§ 3.

Die Gestellung zu den Kontrolversammlungen und im Stationsorte der Landwehr-Kompagnie begründet keinen Anspruch auf Gebühren. Mannschaften, welche auf Grund des § 2 in das Stabsquartier des Landwehr-Bezirks-Kommandos beordert werden, haben Anspruch auf die reglementarischen Gebühren, wenn das Stabsquartier nicht mit dem Stationsorte der Landwehr-Kompagnie zusammenfällt.

§ 4.

Landwehr-Mannschaften, welche das 32. Lebensjahr überschritten haben, können zu den gesetzlichen Uebungen nur ausnahmsweise, auf Grund besonderer Kaiserlicher Verordnung einberufen werden. Diese Beschränkung findet jedoch keine Anwendung auf diejenigen, welche

a) in Folge eigenen Verschuldens verspätet in den aktiven Dienst getreten sind,
b) wegen Kontrolentziehung, oder in Folge einer erlittenen Freiheitsstrafe von mehr als sechswöchentlicher Dauer — § 18 des Militär-Strafgesetzbuchs — nachdienen müssen, oder
c) auf ihren Antrag von der zuletzt vorhergegangenen Landwehr-Uebung befreit worden sind.

Die Schifffahrt treibenden Mannschaften der Reserve des Heeres und der Landwehr sollen zu Uebungen im Sommer nicht eingezogen werden.

§ 5.

Offizieren der Reserve, welche bei außergewöhnlicher Veranlassung (Mobilmachung u. s. w.) zum Dienst einberufen werden, ist dies als eine Uebung anzurechnen.

§ 6.

Als Disziplinarstrafmittel dürfen gegen Personen des Beurlaubtenstandes außerhalb der Zeit, während welcher sie zum aktiven Heere gehören abgesehen von den nach § 3 des Einführungsgesetzes zum Militär-Strafgesetzbuche vom 20. Juni 1872 zulässigen Arreststrafen, nur Geldstrafen bis zu sechszig Mark und Haft bis zu acht Tagen zur Anwendung gebracht werden.

§ 7.

Die im Disziplinarwege über Personen des Beurlaubtenstandes verhängten Arreststrafen werden durch die Militär-Behörde vollstreckt.

Ist innerhalb drei Meilen vom Aufenthaltsorte des zu Bestrafenden ein Militär-Arrestlokal nicht vorhanden, so sind Arreststrafen von geringerer als achttägiger Dauer auf Requisition der Militär-Behörde durch die Civil-Behörde zu vollstrecken.

Die Vollstreckung von Haft- und Geldstrafen erfolgt stets durch die Civil-Behörde.

Die Kosten werden aus Militärfonds erstattet.

§ 8.

Die zur Ausführung dieses Gesetzes erforderlichen Bestimmungen erläßt der Kaiser.

§ 9.

Gegenwärtiges Gesetz kommt in Bayern nach näherer Bestimmung des Bündnißvertrages vom 23. November 1870 (Bundes-Gesetzbl. 1871 S. 9) unter III. § 5 zur Anwendung.

Urkundlich unter Unserer Höchsteigenhändigen Unterschrift und beigedrucktem Kaiserlichen Insiegel.

Gegeben Berlin, den 15. Februar 1875.

(L. S.) **Wilhelm.**

Fürst v. Bismarck.

Allerhöchste Verordnung

über

die Einführung neuer Kriegs-Artikel für das Heer.

Vom 31. Oktober 1872.

[Armee-Verordn.-Bl. v 1872 Nr. 411].

Die beifolgenden, von der hierzu von Mir berufenen Immediat-Kommission entworfenen, neuen Kriegsartikel für das Heer habe Ich heute vollzogen und beauftrage Sie, die zur Einführung derselben erforderlichen Anordnungen zu treffen.

Zugleich bestimme Ich, daß diese Kriegsartikel:

1) bei jeder Kompagnie, Schwadron und Batterie sogleich nach ihrer Bekanntmachung und demnächst alljährlich mehrmals, sowie auch einem jeden neu eintretenden Soldaten vor der Ableistung des Soldateneides langsam und deutlich vorgelesen werden sollen,

2) den der deutschen Sprache nicht kundigen Soldaten aber in ihrer Muttersprache vorzulesen und zu diesem Zweck die nöthigen Uebersetzungen alsbald anzufertigen sind.

Diese Meine Ordre ist der Armee bekannt zu machen.

Berlin, den 31. Oktober 1872.

Wilhelm.
Graf v. Roon.

An den Kriegs-Minister.

Kriegs-Artikel für das Heer.

Vom 31. Oktober 1872.

Art. 1. Der Soldat muß stets der ernsten Pflichten seines Berufs eingedenk und dieselben gewissenhaft zu erfüllen eifrig bemüht sein.

Art. 2. Die unverbrüchliche Wahrung der im Fahneneide gelobten Treue ist die erste Pflicht des Soldaten. Nächstdem erfordert der Beruf des Soldaten: Kriegsfertigkeit, Muth bei allen Dienstobliegenheiten und Tapferkeit im Kriege, Gehorsam gegen den Vorgesetzten, ehrenhafte Führung in und außer dem Dienste, gutes und rechtliches Verhalten gegen die Kameraden.

Art. 3. Wer in der Absicht, den Feind zu begünstigen, oder die deutschen oder verbündeten Truppen zu schädigen, sich mit dem Feinde in Verbindung setzt, oder wer in solcher Absicht durch sonstige Handlungen oder Unterlassungen die deutschen oder verbündeten Truppen in Gefahr, Unsicherheit oder Nachtheil bringt, bricht die eidlich gelobte Treue und macht sich des Kriegsverraths schuldig.

Der Verräther wird mit den schwersten Freiheits- und Ehrenstrafen oder mit dem Tode bestraft.

Gleiche Strafen treffen, wenn das Verbrechen oder ein strafbarer Versuch desselben begangen worden, denjenigen, der ein zu seiner Kenntniß gelangtes verrätherisches Vorhaben nicht alsbald seinem Vorgesetzten anzeigt.

Art. 4. Dem Soldaten soll seine Fahne heilig sein.

Wer dieselbe verläßt oder von der Fahne wegbleibt, um sich seiner Verpflichtung zum Dienst zu entledigen, macht sich der Fahnenflucht (Desertion) schuldig.

Art. 5. Wer im Felde eine Fahnenflucht begeht, wird mit Versetzung in die zweite Klasse des Soldatenstandes und Gefängniß oder mit Zuchthaus nicht unter fünf Jahren oder mit dem Tode bestraft.

Art. 6. Wer vom Posten vor dem Feinde oder aus einer belagerten Festung fahnenflüchtig wird, oder wer zum Feinde übergeht, wird mit dem Tode bestraft.

Die Todesstrafe trifft auch die Anstifter und Rädelsführer eines im Felde gemachten Komplotts zur Fahnenflucht.

Art. 7. Wer in Friedenszeiten der Fahnenflucht sich schuldig macht, wird mit Versetzung in die zweite Klasse des Soldatenstandes und Gefängniß nicht unter sechs Monaten, nach Umständen mit Zuchthaus nicht unter fünf Jahren bestraft.

Art. 8. Wer von einem Vorhaben zur Fahnenflucht Kenntniß erhält und dies seinem Vorgesetzten nicht sogleich anzeigt, wird, wenn die Fahnenflucht begangen worden, mit Arrest, oder mit Gefängniß bis zu sechs Monaten, und wenn die Fahnenflucht im Felde begangen worden, mit Gefängniß von einem Jahre bis zu drei Jahren bestraft.

Art. 9. Verleitung eines Anderen zur Fahnenflucht oder vorsätzliche Beförderung einer solchen wird, wenn die Fahnenflucht erfolgt ist, mit Gefängniß von sechs Monaten bis zu zwei Jahren, im Felde mit Gefängniß von fünf bis zu zehn Jahren, nach Umständen unter gleichzeitiger Versetzung in die zweite Klasse des Soldatenstandes bestraft.

Art. 10. Eigenmächtige Entfernung von der Truppe oder der Dienststellung, absichtliches Fernbleiben von derselben und Urlaubs-Ueberschreitung werden, sofern nicht Fahnenflucht vorliegt, mit Arrest, oder mit Gefängniß oder Festungshaft bis zu fünf Jahren bestraft.

Art. 11. Wer durch Selbstverstümmlung oder auf andere Weise zur Erfüllung seiner Verpflichtung zum Dienst sich untauglich macht oder durch einen Anderen untauglich machen läßt, wird neben Versetzung in die zweite Klasse des Soldatenstandes mit Gefängniß von einem Jahre bis zu fünf Jahren bestraft.

Dieselbe Gefängnißstrafe, nach Umständen unter gleichzeitiger Versetzung in die zweite Klasse des Soldatenstandes, trifft denjenigen, welcher einen Anderen auf dessen Verlangen zur Erfüllung seiner Verpflichtung zum Dienste untauglich macht.

Art. 12. Wer in der Absicht, sich der Erfüllung seiner Verpflichtung zum Dienst ganz oder theilweise zu entziehen, ein auf Täuschung berechnetes Mittel anwendet, wird mit Arrest, oder mit Gefängniß oder Festungshaft bis zu fünf Jahren bestraft, nach Umständen unter gleichzeitiger Versetzung in die zweite Klasse des Soldatenstandes.

Gleiche Strafe trifft den Theilnehmer.

Art. 13. Die Feigheit ist für den Soldaten besonders schimpflich und erniedrigend; niemals darf er sich durch Furcht vor persönlicher Gefahr von der Erfüllung seiner Berufspflichten abwendig machen lassen.

Art. 14. Wer während des Gefechts aus Feigheit die Flucht ergreift oder die Kameraden durch Worte oder Zeichen zur Flucht verleitet, wird mit dem Tode bestraft.

Art. 15. Wer sonst aus Feigheit vor dem Feinde flieht, bei dem Vormarsch zum Gefecht, während des Gefechts oder auf dem Rückzuge von seinem Truppentheile heimlich zurückbleibt, von demselben sich wegschleicht oder versteckt hält, seine Waffen oder Munition wegwirft oder im Stich läßt, oder sein Pferd oder seine Waffen unbrauchbar macht, oder durch Vorschützen einer Verwundung oder eines Leidens oder durch absichtlich veranlaßte Trunkenheit dem Gefechte oder vor dem Feinde einer sonstigen, mit Gefahr für seine Person verbundenen Dienstleistung sich zu entziehen sucht, wird mit Zuchthaus, nach Umständen bis zu lebenslänglicher Dauer, bestraft.

Wer außerdem eine seiner militärischen Dienstpflichten aus Besorgniß vor persönlicher Gefahr verletzt, wird mit Arrest, oder mit Gefängniß oder Festungshaft bis zu drei Jahren bestraft, nach Umständen unter gleichzeitiger Versetzung in die zweite Klasse des Soldatenstandes.

Art. 16. Der Gemeine muß jedem Offizier und Unteroffizier, und der Unteroffizier jedem Offizier, sowohl von dem Truppentheile, bei welchem er dient, als von jedem anderen Truppentheile des Heeres oder der Kaiserlichen Marine Achtung und Gehorsam beweisen und ihren Befehlen pünktlich Folge leisten.

Art. 17. Achtungswidriges Benehmen gegen den Vorgesetzten wird mit Arrest, in schwereren Fällen, insbesondere wenn die That unter dem Gewehr oder vor versammelter Mannschaft begangen ist, mit strengem Arrest nicht unter vierzehn Tagen, oder mit Gefängniß oder Festungshaft bis zu drei Jahren; Beleidigung des Vorgesetzten oder im Dienstrang Höheren aber mit Arrest, oder mit Gefängniß oder Festungshaft bis zu fünf Jahren bestraft.

Art. 18. Ungehorsam gegen einen Dienstbefehl, sowie Belügen des Vorgesetzten auf Befragen in dienstlichen Angelegenheiten wird mit Arrest bestraft. Wird durch den Ungehorsam ein erheblicher Nachtheil verursacht, so tritt strenger Arrest nicht unter vierzehn Tagen, oder Gefängniß oder Festungshaft bis zu zehn Jahren, im Felde von einem Jahre bis zu lebenslänglicher Dauer ein.

Art. 19. Wer den Gehorsam ausdrücklich verweigert, oder seinen Ungehorsam sonst durch Worte, Geberden oder Handlungen zu erkennen giebt, sowie derjenige, der den Vorgesetzten über einen von ihm erhaltenen Dienstbefehl oder Verweis zur Rede stellt, oder auf wiederholt erhaltenen Befehl in Dienstsachen im Ungehorsam beharrt, wird mit strengem Arrest nicht unter vierzehn Tagen, oder mit Gefängniß oder Festungshaft bis zu drei Jahren bestraft. Ist eine solche Handlung vor dem Feinde begangen, so tritt Gefängniß oder Festungshaft nicht unter zehn Jahren bis zu lebenslänglicher Dauer oder Todesstrafe ein.

Art. 20. Wer es unternimmt, einen Vorgesetzten mittelst Gewalt oder Drohung an der Ausführung eines Dienstbefehls zu hindern, oder zur Vornahme oder Unterlassung einer Diensthandlung zu nöthigen, wird wegen Widersetzung mit Gefängniß oder Festungshaft von sechs Monaten bis zu zehn Jahren, im Felde mit Gefängniß nicht unter zwei Jahren bestraft. Dieselbe Strafe tritt ein, wenn die Handlung gegen die zur Unterstützung des Vorgesetzten befehligten oder zugezogenen Mannschaften begangen wird.

Art. 21. Wer sich einem Vorgesetzten thätlich widersetzt oder einen thätlichen Angriff gegen ihn unternimmt, wird mit Gefängniß oder Festungshaft nicht unter drei Jahren, in schwereren Fällen aber mit Gefängniß oder Festungshaft oder Zuchthaus nicht unter fünf Jahren bestraft. Ist die Thätlichkeit im Felde verübt, und zwar während des Dienstes, so tritt Todesstrafe, wenn sie außer Dienst verübt ist, Gefängniß oder Festungshaft nicht unter zehn Jahren bis zu lebenslänglicher Dauer ein.

Auch ist jeder Vorgesetzte berechtigt, um einen thätlichen Angriff des Untergebenen abzuwehren, oder um seinen Befehlen in äußerster Noth oder dringendster Gefahr Gehorsam zu verschaffen, die Waffe gegen den Untergebenen zu gebrauchen.

Art. 22. Glaubt der Soldat wegen nicht richtigen Empfanges dessen, was ihm gebührt, wegen unwürdiger Behandlung oder aus einem anderen Grunde zu einer Beschwerde Veranlassung zu haben, so ist er dennoch verbunden, seine Dienstobliegenheiten unweigerlich zu erfüllen, und darf weder seine Kameraden auffordern, gemeinschaftlich mit ihm Beschwerde zu führen, noch sonst Mißmuth unter ihnen zu erregen oder sie aufzuwiegeln suchen. Auch darf der Soldat nicht während des Dienstes, sondern erst nach dessen Beendigung seine Beschwerde anbringen. Dagegen kann er aber sich versichert halten, daß seiner Beschwerde, insofern sie begründet ist, abgeholfen werden wird.

Art. 23. Wer wider besseres Wissen eine auf unwahre Behauptungen gestützte Beschwerde anbringt, wird mit Arrest, oder mit Gefängniß oder Festungshaft bis zu einem Jahre bestraft.

Wer leichtfertig auf unwahre Behauptungen gestützte Beschwerden, oder wer eine Beschwerde unter Abweichung von dem vorgeschriebenen Dienstwege anbringt, wird mit Arrest bestraft.

Art. 24. Wer es unternimmt, Mißvergnügen in Beziehung auf den Dienst unter seinen Kameraden zu erregen, wird mit Arrest, oder mit Gefängniß oder Festungshaft bis zu fünf Jahren bestraft.

Art. 25. Wer seine Kameraden auffordert oder anreizt, gemeinschaftlich entweder dem Vorgesetzten den Gehorsam zu verweigern, oder sich ihm zu widersetzen, oder eine Thätlichkeit gegen ihn zu begehen, wird wegen Aufwiegelung mit Gefängniß nicht unter fünf Jahren, in schwereren Fällen nicht unter zehn Jahren, im Felde bis zu lebenslänglicher Dauer bestraft.

Art. 26. Verabreden Zwei oder Mehrere eine gemeinschaftliche Verweigerung des Gehorsams, oder eine gemeinschaftliche Widersetzung oder Thätlichkeit gegen den Vorgesetzten, so machen sie der Meuterei sich schuldig, und werden mit der für die verabredete Handlung gesetzlich angedrohten Strafe in erhöhtem Maße bestraft.

Wer von einer Meuterei, welche zu seiner Kenntniß gelangt, seinem Vorgesetzten nicht sogleich Anzeige macht, hat, wenn die verabredete Handlung begangen worden ist, Arrest, oder Gefängniß oder Festungshaft bis zu drei Jahren zu gewärtigen.

Art. 27. Wenn Zwei oder Mehrere sich zusammenrotten und mit vereinten Kräften es unternehmen, dem Vorgesetzten den Gehorsam zu verweigern, sich ihm zu widersetzen oder eine Thätlichkeit gegen ihn zu begehen, so werden dieselben wegen militärischen Aufruhrs neben Versetzung in die zweite Klasse des Soldatenstandes mit Gefängniß nicht unter fünf Jahren; im Felde nicht unter zehn Jahren bestraft. Die Rädelsführer und Anstifter eines militärischen Aufruhrs, sowie diejenigen, welche unter den Aufrührern den höchsten Dienstrang einnehmen, oder welche, persönlich von dem Vorgesetzten zum Gehorsam aufgefordert, diesen durch Wort oder That verweigern, oder welche eine Gewaltthätigkeit gegen den Vorgesetzten begehen, werden mit Zuchthaus von fünf Jahren bis zu lebenslänglicher Dauer, und wenn der Aufruhr im Felde begangen wird, mit dem Tode bestraft.

Wird der militärische Aufruhr vor dem Feinde begangen, so tritt gegen sämmtliche Betheiligte die Todesstrafe ein.

Art. 28. Wer gegen eine militärische Wache die ihr schuldige Achtung verletzt oder einer Beleidigung, eines Ungehorsams, einer Widersetzung oder einer Thätlichkeit sich schuldig macht, wird ebenso bestraft, als wenn er die Handlung gegen einen Vorgesetzten begangen hätte.

Als militärische Wache sind anzusehen: alle zum Wacht- oder militärischen Sicherheitsdienst befehligten Personen des Soldatenstandes mit Einschluß der Feldgendarmen, welche in Ausübung dieses Dienstes begriffen und als solche äußerlich erkennbar sind.

Art. 29. Wer zur Berathung über militärische Angelegenheiten, Einrichtungen oder Befehle ohne dienstliche Genehmigung eine Versammlung von Personen des Soldatenstandes veranstaltet, ingleichen wer zu einer gemeinsamen Vorstellung oder Beschwerde über solche Angelegenheiten, Einrichtungen oder Befehle Unterschriften sammelt, wird mit Arrest, oder mit Gefängniß oder Festungshaft bis zu drei Jahren; die an einer solchen Versammlung, Vorstellung oder Beschwerde Betheiligten aber werden mit Arrest, oder mit Gefängniß oder Festungshaft bis zu sechs Monaten bestraft.

Art. 30. Eigenmächtiges Beutemachen ist dem Soldaten verboten. Uebertretungen dieses Verbots werden mit Arrest, oder mit Gefängniß oder Festungshaft bis zu drei Jahren, nach Umständen unter gleichzeitiger Versetzung in die zweite Klasse des Soldatenstandes, bestraft.

Art. 31. Habe und Gut der Bewohner des feindlichen Landes steht unter dem besonderen Schutze des Gesetzes, ebenso das Eigenthum der Verwundeten, Kranken und Kriegsgefangenen, sowie die Habe von gebliebenen Angehörigen der deutschen oder verbündeten Truppen.

Art. 32. Wer im Felde in der Absicht rechtswidriger Zueignung eine Sache der Landeseinwohner offen wegnimmt oder denselben abnöthigt, oder des eigenen Vortheils wegen unbefugt Requisitionen vornimmt, wird wegen Plünderung mit Versetzung in die zweite Klasse des Soldatenstandes und Gefängniß bis zu fünf Jahren, in schwereren Fällen mit Zuchthaus von zehn Jahren bis zu lebenslänglicher Dauer oder mit dem Tode bestraft.

Als Plünderung ist es nicht anzusehen, wenn die Aneignung nur auf Lebensmittel, Heilmittel, Bekleidungsgegenstände, Feuerungsmittel, Fourage oder Transportmittel sich erstreckt und nicht außer Verhältniß zu dem vorhandenen Bedürfnisse steht.

Art. 33. Boshafte oder muthwillige Verheerung oder Verwüstung fremder Sachen im Felde wird mit Arrest, oder mit Gefängniß oder Festungshaft bis zu zwei Jahren, in schwereren Fällen ebenso wie die Plünderung bestraft.

Art. 34. Wer im Felde als Nachzügler Bedrückungen gegen die Landesbewohner begeht, wird wegen Marodirens mit Gefängniß von sechs Monaten bis zu fünf Jahren bestraft, nach Umständen unter gleichzeitiger Versetzung in die zweite Klasse des Soldatenstandes.

In schwereren Fällen tritt Zuchthausstrafe bis zu zehn Jahren ein.

Art. 35. Wer im Felde in der Absicht rechtswidriger Zueignung einem auf dem Kampfplatz gebliebenen Angehörigen der deutschen oder verbündeten Truppen eine Sache abnimmt, oder einem Kranken oder Verwundeten auf dem Kampfplatze, auf dem Marsche, auf dem Transporte oder im Lazareth, oder einem seinem Schutze anvertrauten Kriegsgefangenen eine Sache wegnimmt oder abnöthigt, wird mit Zuchthaus bis zu zehn Jahren bestraft.

Art. 36. Der Soldat darf seine Waffe nur in Erfüllung seines Berufes oder in rechtmäßiger Selbstvertheidigung gebrauchen. Wer rechtswidrig von seiner Waffe Gebrauch macht, oder einen Untergebenen zum rechtswidrigen Waffengebrauch auffordert, wird vorbehaltlich der etwa gesetzlich verwirkten höheren Strafe mit Gefängniß oder Festungshaft bis zu einem Jahre bestraft.

Art. 37. Der Soldat soll seine Waffen und Montirungsstücke in gutem Stande erhalten und zur Erlangung der Kriegstüchtigkeit unausgesetzt sich bemühen, den Gebrauch der Waffen ganz und vollständig kennen zu lernen.

Art. 38. Wer seine Waffen oder Montirungsstücke oder einen anderen Dienstgegenstand vorsätzlich beschädigt, zerstört oder preisgiebt, wird mit Arrest, oder mit Gefängniß oder Festungshaft bis zu zwei Jahren bestraft, in schwereren Fällen unter gleichzeitiger Versetzung in die zweite Klasse des Soldatenstandes.

Art. 39. Wer durch unvorsichtige Behandlung von Waffen oder Munition einen Menschen körperlich verletzt, wird mit Arrest, oder mit Gefängniß oder Festungshaft bis zu drei Jahren, und wenn der Tod eines Menschen verursacht worden ist, mit Gefängniß oder Festungshaft bis zu fünf Jahren bestraft.

Art. 40. Der Soldat hat mit Rücksicht auf seine besonderen Standespflichten über Dienstangelegenheiten die nöthige Verschwiegenheit zu beobachten. Bei allen dienstlichen Meldungen und Aussagen soll er sich der strengsten Wahrheit befleißigen.

Wer absichtlich Rapporte, dienstliche Meldungen oder dienstliche Berichte unrichtig abstattet, oder solche wissentlich weiterbefördert, wird mit Gefängniß nicht unter sechs Monaten bis zu drei Jahren und mit Versetzung in die zweite Klasse des Soldatenstandes bestraft.

Auch dann, wenn eine solche Handlung aus Fahrlässigkeit begangen wird, tritt Strafe ein.

Art. 41. Der Soldat darf niemals, sei es durch Aussicht auf äußere Vortheile oder durch irgend einen anderen Grund, bei Ausrichtung des Dienstes sich zu Pflichtwidrigkeiten verleiten lassen. Wer für eine Handlung, die eine Verletzung einer Dienstpflicht enthält, Geschenke oder andere Vortheile annimmt, fordert oder sich versprechen läßt, hat Zuchthaus bis zu fünf Jahren zu gewärtigen.

Art. 42. Wer die Wache, oder bei einem Kommando oder auf dem Marsche seinen Platz eigenmächtig verläßt, wird mit Arrest bestraft; im Felde tritt mittlerer oder strenger Arrest, oder Gefängniß bis zu sechs Monaten ein. Geschieht dies von dem Befehlshaber einer militärischen Wache, eines Kommandos oder einer Abtheilung, so hat derselbe mittleren oder strengen Arrest nicht unter vierzehn Tagen, oder Gefängniß bis zu drei Jahren, im Felde Gefängniß nicht unter drei Jahren, und wenn dies vor dem Feinde geschehen ist, die Todesstrafe verwirkt. Gleiche Strafe trifft einen solchen Befehlshaber, welcher sonst in schuldhafter Weise zur Ausrichtung des ihm obliegenden Dienstes sich außer Stand setzt, oder den ihm in Bezug auf seinen Dienst ertheilten Vorschriften entgegenhandelt.

Art. 43. Den Schildwachen und Posten ist, wenn nicht ein Anderes ausdrücklich bestimmt wird, verboten, sich niederzusetzen oder niederzulegen, das Gewehr aus der Hand zu lassen, Tabak zu rauchen, zu schlafen, über die Grenze ihres Postens hinauszugehen, denselben vor erfolgter Ablösung zu verlassen oder sonst ihre Dienstinstruktion zu übertreten.

Wer als Schildwache oder Posten in schuldhafter Weise sich außer Stand setzt, den ihm obliegenden Dienst zu versehen, oder eigenmächtig seinen Posten verläßt, oder sonst den ihm in Bezug auf jenen Dienst ertheilten Vorschriften zuwiderhandelt, wird mit mittlerem oder strengem Arrest nicht unter vierzehn Tagen, oder mit Gefängniß oder Festungshaft bis zu drei Jahren, im Felde mit mittlerem oder strengem Arrest nicht unter drei Wochen, oder mit Gefängniß oder Festungshaft von drei bis zu fünfzehn Jahren, vor dem Feinde von zehn Jahren bis zu lebenslänglicher Dauer, oder mit dem Tode bestraft.

Art. 44. Wer als Befehlshaber einer militärischen Wache, eines Kommandos oder einer Abtheilung, oder wer als Schildwache oder Posten eine strafbare Handlung, welche er verhindern konnte oder zu verhindern dienstlich verpflichtet war, wissentlich begehen läßt, wird ebenso bestraft, als ob er die Handlung selbst begangen hätte.

Art. 45. Wer einen ihm zur Beaufsichtigung, Begleitung oder Bewachung anvertrauten Gefangenen vorsätzlich entweichen läßt, oder dessen Befreiung vorsätzlich bewirkt oder befördert, wird mit mittlerem oder strengem Arrest nicht unter vierzehn Tagen oder mit Gefängniß oder Festungshaft bis zu fünf Jahren bestraft; nach Umständen tritt neben der Gefängnißstrafe Versetzung in die zweite Klasse des Soldatenstandes ein.

Gleiche Strafe trifft denjenigen, welcher eine von seinem Vorgesetzten ihm befohlene oder ihm dienstlich obliegende Verhaftung vorsätzlich nicht zur Ausführung bringt.

Ist die Entweichung des Gefangenen nur durch Fahrlässigkeit befördert oder erleichtert worden, oder ist die Verhaftung nur aus Fahrlässigkeit unterblieben, so tritt Arrest, oder Gefängniß oder Festungshaft bis zu sechs Monaten ein.

Art. 46. Der Soldat darf in Kampf, Noth und Gefahr seine Kameraden nicht verlassen, muß ihnen nach allen Kräften Hülfe leisten, wenn sie in erlaubten Dingen seines Beistandes bedürfen, und soll mit ihnen in Eintracht leben.

Schlägereien der Soldaten unter einander, und Beleidigungen, durch welche die militärische Zucht und Ordnung gestört wird, werden nachdrücklich bestraft.

Art. 47. Wer irgend eine Dienstgewalt über Andere auszuüben hat, soll durch ruhiges, ernstes und gesetztes Benehmen die Achtung und das Vertrauen seiner Untergebenen sich zu erwerben suchen. Er darf daher den Untergebenen den Dienst nicht unnöthig erschweren und von denselben nur solche Geschäfte und Leistungen fordern, welche der Dienst mit sich bringt. Wer dieselben vorschriftswidrig behandelt, beleidigt, oder gar mißhandelt, oder wer seine Dienstgewalt dazu mißbraucht, um auf Kosten seiner Untergebenen sich Vortheile zu verschaffen, wird nachdrücklich resp. nach den Gesetzen bestraft.

Art. 48. Der Soldat soll ein ordentliches Leben führen und darf weder Schulden machen, noch der Trunkenheit, dem Spiel oder anderen

Ausschweifungen sich ergeben. Auch muß er vom Zapfenstreich bis zur Reveille in seinem Quartiere sein, wenn er nicht im Dienste sich befindet, oder von seinem Vorgesetzten Erlaubniß erhalten hat, sich anderswo aufzuhalten. Zuwiderhandlungen werden bestraft.

Bei strafbaren Handlungen gegen die Pflichten der militärischen Unterordnung, sowie bei allen in Ausübung des Dienstes begangenen strafbaren Handlungen bildet die selbstverschuldete Trunkenheit des Thäters keinen Strafmilderungsgrund.

Art. 49. Wer im Dienst, oder nachdem er zum Dienst befehligt worden, durch Trunkenheit zur Ausführung seiner Dienstverrichtung sich untauglich macht, wird mit mittlerem oder strengem Arrest, oder mit Gefängniß oder Festungshaft bis zu einem Jahre bestraft.

Art. 50. Wer bei Ausübung des Dienstes oder unter Verletzung eines militärischen Dienstverhältnisses eines Diebstahls oder einer Unterschlagung an Sachen sich schuldig macht, welche vermöge des Dienstes oder jenes Verhältnisses ihm zugänglich oder anvertraut sind, hat mittleren oder strengen Arrest nicht unter vierzehn Tagen, oder Gefängniß bis zu fünf Jahren zu gewärtigen, unter Umständen neben gleichzeitiger Versetzung in die zweite Klasse des Soldatenstandes und Aberkennung der bürgerlichen Ehrenrechte.

Gleiche Strafen treffen denjenigen, welcher einen Diebstahl oder eine Unterschlagung gegen einen Vorgesetzten oder einen Kameraden oder gegen seinen Quartierwirth oder eine zu dessen Hausstand gehörige Person begeht.

Art. 51. Der Soldat, der einem Kameraden Eßwaaren, Getränke, Tabak oder Gegenstände zum Reinigen oder zum Ausbessern von Montirungs- oder Armaturstücken, wenn auch nur von unbedeutendem Werthe oder in geringer Menge und zum alsbaldigen eigenen Gebrauch entwendet oder veruntreut, wird nachdrücklich bestraft.

Art. 52. Die in den Militär-Strafgesetzen für militärische Verbrechen oder Vergehen im Felde ertheilten Vorschriften finden auch in Friedenszeiten Anwendung, wenn bei außerordentlichen Ereignissen der befehligende Offizier dienstlich hat bekannt machen lassen, daß diese Vorschriften für die Dauer des eingetretenen außerordentlichen Zustandes auf seine Untergebenen zur Anwendung kommen.

Art. 53. Während der Soldat, welcher seine Pflichten verletzt, Strafe zu gewärtigen hat, darf dagegen jeder rechtschaffene, unverzagte und ehrliebende Soldat der Anerkennung und des besonderen Wohlwollens seiner Vorgesetzten sich versichert halten.

Art. 54. Dem Soldaten steht nach Maßgabe seiner Fähigkeiten und Kenntnisse der Weg zu den höheren und selbst zu den höchsten Stellen im Heere offen.

Derjenige, der sich durch Tapferkeit und Muth hervorthut, wird sich aller Auszeichnungen zu erfreuen haben, welche zur Belohnung für Tapferkeit im Kriege bestimmt sind. Desgleichen hat derjenige, welcher in Folge von vor dem Feinde erhaltenen Wunden dienstunfähig wird oder sonst im Dienst zu Schaden kommt, oder welcher nach längerer vorwurfsfreier Dienstzeit die Beschwerden des Dienstes nicht mehr zu ertragen vermag, für seine treu geleisteten Dienste die verdiente Belohnung durch ehrenvolle Auszeichnungen, so wie durch Anstellung im Civildienst nach den darüber bestehenden Vorschriften zu gewärtigen.

Art. 55. Von dem Ehr- und Pflichtgefühl der Soldaten wird dagegen erwartet, daß sie fort und fort ihre Pflichten treu und gewissenhaft erfüllen, durch ehrenhafte Führung in und außer dem Dienste ein Muster ordentlichen und rechtschaffenen Lebens geben und nach Kräften dazu beitragen werden, den guten Ruf des Heeres im In- und Auslande zu bewahren.

Berlin, den 31. Oktober 1872.

(L. S.) **Wilhelm.**

Graf v. Roon.

Beilage VII.

Allerhöchste Verordnung

über die

Disziplinar-Strafordnung für das Heer.

Vom 31. Oktober 1872.

Die beifolgende, von der hierzu von Mir berufenen Immediat-Kommission entworfene Disziplinar-Strafordnung für das Heer habe Ich heute vollzogen und beauftrage Sie, Behufs Bekanntmachung derselben die erforlichen Anordnungen zu treffen. Zugleich bestimme Ich, daß, wenn gegen einen Regiments-Kommandeur oder einen höheren Befehlshaber im Disziplinarwege Arrest verhängt wird, Mir davon in einem jeden einzelnen Falle sofort Meldung gemacht werden soll. Sie haben auch wegen Publikation dieser Meiner Ordre das Weitere zu veranlassen.

Berlin, den 31. Oktober 1872.

Wilhelm.

Graf v. Roon.

An den Kriegs-Minister.

Disziplinar-Strafordnung für das Heer.
Vom 31. Oktober 1872.

I. Abschnitt.
Umfang der Disziplinarstrafgewalt.

§ 1.

Der Disziplinarbestrafung unterliegen:

1) Handlungen gegen die militärische Zucht und Ordnung und gegen die Dienstvorschriften, für welche die Militärgesetze keine Strafbestimmungen enthalten;

2) diejenigen militärischen Vergehen, deren Bestrafung im Disziplinarwege in leichteren Fällen durch das Einführungsgesetz zum Militär-Strafgesetzbuche für das Deutsche Reich vom 20. Juni 1872 § 3 ausdrücklich gestattet ist*).

---

*) Diese militärischen Vergehen sind:

1) Eigenmächtige Entfernung und eigenmächtige Urlaubsüberschreitung, wenn die unerlaubte Abwesenheit höchstens sieben Tage, im Felde höchstens drei Tage gedauert hat. Militär-Strafgesetzbuch für das Deutsche Reich § 64.

2) Verletzung der dem Vorgesetzten schuldigen Achtung im Dienste oder in Beziehung auf eine Diensthandlung, einschließlich der lauten Beschwerdeführung oder der Widerrede gegen einen Verweis. § 89 Abs. 1 l. c.

3) Belügen des Vorgesetzten auf Befragen in dienstlichen Angelegenheiten. § 90 l. c.

4) Beleidigung eines Vorgesetzten oder im Dienstrange Höheren, wenn dieselbe nicht eine verleumderische oder nicht durch Verbreitung von Schriften, Darstellungen oder Abbildungen begangen ist. § 91 Abs. 1 l. c.

5) Ungehorsam gegen einen Befehl in Dienstsachen durch Nichtbefolgung oder durch eigenmächtige Abänderung oder Ueberschreitung desselben (§ 92 l. c.), wenn nicht durch den Ungehorsam ein erheblicher Nachtheil verursacht oder die Gefahr eines erheblichen Nachtheils herbeigeführt ist. § 93 ibid.

6) Mißbrauch der Dienstgewalt durch Borgen von Geld oder Annahme von Geschenken von einem Untergebenen ohne Vorwissen des gemeinschaftlichen Vorgesetzten. § 114 l. c.

7) Vorschriftswidrige Behandlung eines Untergebenen oder Beleidigung desselben, wenn die Beleidigung nicht eine verleumderische ist. § 121 Abs. 1 l. c.

8) Vorsätzliche und rechtswidrige Beschädigung, Zerstörung oder Preisgebung eines Dienstgegenstandes. § 137 l. c.

9) Verletzung der Dienstpflichten als Befehlshaber einer militärischen Wache, eines Kommandos oder einer Abtheilung, oder als Schildwache oder als Posten, durch eigenmächtiges Verlassen seines Postens oder durch eine andere Handlung,

§ 2.

Der Disziplinar-Strafgewalt sind unterworfen:

1) alle zum Heere gehörenden Militärpersonen.

2) die Offiziere à la suite, wenn und insolange sie zu vorübergehender Dienstleistung zugelassen sind, sowie in Bezug auf solche disziplinarisch strafbare Handlungen gegen die militärische Unterordnung, welche sie begehen, während sie die Militäruniform tragen;

3) alle Personen, welche während eines Krieges sich in irgend einem Dienst- oder Vertragsverhältnisse bei dem kriegführenden Heere befinden, oder sonst sich bei demselben aufhalten oder ihm folgen;

4) Die Kriegsgefangenen.

II. Abschnitt.

Von der Disziplinarbestrafung der zum Soldatenstande gehörenden Militärpersonen des aktiven Dienststandes.

I. Disziplinarstrafen.

§ 3.

A. Für Offiziere.

1) Verweis:

a) einfacher, — ohne Zeugen oder im Beisein eines Vorgesetzten;

b) förmlicher, — vor versammeltem Offizierkorps;

c) strenger, — durch Parolebefehl, mit Eintragung der Veranlassung in die Parolebücher.

2) Stubenarrest bis zu vierzehn Tagen.

B. Für Unteroffiziere.

1) Verweis:

a) einfacher, — im Beisein eines Vorgesetzten;

b) förmlicher, — vor versammelten Offizieren und Unteroffizieren der Compagnie, Escadron oder Batterie;

c) strenger, — durch Parolebefehl mit Eintragung der Veranlassung in die Parolebücher.

---

welche entweder ihn außer Stand setzt, den ihm obliegenden Dienst zu versehen, oder als ein Zuwiderhandeln gegen die ihm in Bezug auf jenen Dienst ertheilten Vorschriften sich darstellt; insofern durch die Pflichtverletzung kein Nachtheil verursacht oder im Felde nicht die Gefahr eines erheblichen Nachtheils herbeigeführt ist. § 141 l. c.

10) Verlassen der Wache ohne Erlaubniß während des Wachtdienstes. § 146 l. c.

11) Verlassen des angewiesenen Platzes ohne Erlaubniß bei einem Kommando oder auf dem Marsche. § 146 l. c.

12) Trunkenheit im Dienst, sowie nach erfolgter Befehligung zum Dienste durch Trunkenheit veranlaßte Untauglichkeit zur Ausführung einer Dienstverrichtung. § 151 l. c.

2) Die Auferlegung gewisser Dienstverrichtungen außer der Reihe, z. B. Strafwachen.

3) Arreststrafen:

a) Kasernen-, Quartier- oder gelinder Arrest bis zu vier Wochen;

b) mittlerer Arrest bis zu drei Wochen.

C. Für Gemeine, mit Einschluß der Obergefreiten und Gefreiten.

1) Kleinere Disziplinarstrafen:

a) die Auferlegung gewisser Dienstverrichtungen außer der Reihe, z. B. Strafexerziren, Strafwachen, Strafdienst in der Kaserne, den Ställen, den Montirungskammern oder auf den Schießständen, Erscheinen zum Rapport oder zum Appell in einem bestimmten Anzuge;

b) die Entziehung der freien Verfügung über die Löhnung und die Ueberweisung derselben an einen Unteroffizier zur Auszahlung in täglichen Raten bis auf die Dauer von vier Wochen;

c) die Auferlegung der Verpflichtung, zu einer bestimmten Zeit vor dem Zapfenstreich in die Kaserne oder in das Quartier zurückzukehren, bis auf die Dauer von vier Wochen.

2) Arreststrafen:

a) Kasernen-, Quartier- oder gelinder Arrest bis zu vier Wochen;

b) mittlerer Arrest bis zu drei Wochen;

c) strenger Arrest bis zu vierzehn Tagen.

Außerdem: 3) für Obergefreite und Gefreite: die Entfernung von dieser Charge, und

4) für Gemeine der zweiten Klasse des Soldatenstandes, nach fruchtloser Anwendung der vorstehend erwähnten Strafen: die Einstellung in eine Arbeiter-Abtheilung.

D. Für die Mitglieder des Sanitäts-Korps.

Nach Maßgabe ihres Militärranges die vorstehend aufgeführten Strafen.

§ 4.

Bloße Zurechtweisungen oder Rügen sind als Disziplinarstrafen nicht anzusehen.

Arreststrafen dürfen nicht unter vierundzwanzig Stunden verhängt werden.

Gegen Unteroffiziere, welche das Portepee tragen, darf mittlerer Arrest nicht verhängt werden.

II. Zuständigkeit zur Verhängung von Disziplinarstrafen.

1) Der Militärbefehlshaber.

A. Im Allgemeinen.

§ 5.

Die Disziplinar-Strafgewalt steht nur solchen Offizieren zu, denen der

Befehl über eine Truppen-Abtheilung, über ein abgesondertes Kommando, über eine Militärbehörde, oder über eine militärische Anstalt, mit Verantwortlichkeit für die Disziplin, übertragen ist, und erstreckt sich auf die Untergebenen dieses Befehlsbereichs.

§ 6.

Die Disziplinar-Strafgewalt ist nicht an die Charge, sondern an die Funktion geknüpft und geht von selbst auf den Stellvertreter im Kommando, sofern er Offizier ist, über.

Der Stellvertreter des Landwehrbezirks-Kommandeurs hat jedoch, insofern er Subaltern-Offizier ist, nur die im § 8 sub 2 und § 9 angegebenen Strafbefugnisse.

§ 7.

Diejenigen Offiziere, welche sich nicht in einer der im § 5 erwähnten dienstlichen Stellungen befinden, und die Unteroffiziere haben keine Disziplinargewalt.

Indessen ist jeder Offizier und Unteroffizier berechtigt, die nach dem Dienstgrade oder dem Patent oder dem Dienstalter unter ihm stehenden Personen des Soldatenstandes nöthigenfalls vorläufig zu verhaften oder ihre vorläufige Verhaftung zu bewirken. Eine solche Verhaftung aber muß von ihm sofort einem mit Disziplinarstrafgewalt versehenen Vorgesetzten des Verhafteten gemeldet werden.

§ 8.

Jeder mit Disziplinarstrafgewalt versehene Befehlshaber ist berechtigt:

1) gegen Offiziere einfache und förmliche Verweise, sowie

2) gegen Unteroffiziere und Gemeine die für dieselben nach § 3 B 1, 2 und C 1 zulässigen Disziplinarstrafen zu verhängen.

B. Insbesondere.

§ 9.

Der Chef einer Kompagnie, Escadron oder Batterie ist berechtigt, außer den im § 8 erwähnten Disziplinarstrafen

1) gegen Unteroffiziere und Gemeine: Kasernen-, Quartier- oder gelinden Arrest bis zu acht Tagen;

2) gegen Unteroffiziere, die nicht das Portepee tragen und gegen Gemeine: mittleren Arrest bis zu fünf Tagen, und

3) gegen Gemeine: strengen Arrest bis zu drei Tagen zu verhängen.

§ 10.

Der Kommandeur eines nicht selbständigen Bataillons beziehungsweise einer solchen Artillerie-Abtheilung ist berechtigt, außer den im § 8 erwähnten Disziplinarstrafen

1) gegen Unteroffiziere und Gemeine: Kasernen-, Quartier- oder gelinden Arrest bis zu vierzehn Tagen;

2) gegen Unteroffiziere, die nicht das Portepee tragen und gegen Gemeine: mittleren Arrest bis zu zehn Tagen, und

3) gegen Gemeine: strengen Arrest bis zu sieben Tagen zu verhängen.

Gegen die ihm untergebenen Offiziere darf derselbe zwar Stubenarrest verhängen, muß jedoch hiervon sofort dem ihm vorgesetzten Regiments-Kommandeur zur Bestimmung der Dauer des Arrestes Meldung machen.

§ 11.

Der Kommandeur eines Regiments oder selbständigen Bataillons, der Landwehrbezirks-Kommandeur und jeder andere mit den gerichtsherrlichen Befugnissen eines Regiments-Kommandeurs versehene Befehlshaber ist berechtigt, außer den im § 8 erwähnten Disziplinarstrafen 1) gegen Offiziere: a. strengen Verweis, b. Stubenarrest bis zu sechs Tagen; 2) gegen Unteroffiziere und Gemeine: Kasernen-, Quartier- oder gelinden Arrest bis zu vier Wochen; 3) gegen Unteroffiziere, die nicht das Portepee tragen und gegen Gemeine: mittleren Arrest bis zu drei Wochen, und 4) gegen Gemeine: strengen Arrest bis zu vierzehn Tagen zu verhängen. Auch ist derselbe berechtigt: 5) Obergefreite und Gefreite von dieser Charge zu entfernen.

§ 12.

Die detachirten Stabsoffiziere, Hauptleute und Rittmeister sind berechtigt, außer den im § 8 erwähnten Disziplinarstrafen

1) gegen Offiziere: a. strengen Verweis, b. Stubenarrest bis zu drei Tagen;

2) gegen Unteroffiziere und Gemeine: Kasernen-, Quartier- oder gelinden Arrest bis zu vierzehn Tagen;

3) gegen Unteroffiziere, die nicht das Portepee tragen und gegen Gemeine: mittleren Arrest bis zu zehn Tagen und

4) gegen Gemeine: strengen Arrest bis zu sieben Tagen zu verhängen.

Detachirte Subaltern-Offiziere haben in gleichem Umfange die Disziplinarstrafgewalt über die ihnen untergebenen Unteroffiziere und Gemeinen. Gegen die ihnen untergebenen Offiziere aber dürfen sie Arreststrafen nicht verhängen.

Jede von einem detachirten Offizier über einen Offizier verhängte Disziplinarbestrafung muß dem Vorgesetzten des Letzteren angezeigt werden.

§ 13.

Als detachirt sind Truppen-Abtheilungen anzusehen, welche von ihrem nächsthöheren Befehlshaber örtlich soweit getrennt sind, daß sie die täglichen Befehle desselben nicht unmittelbar empfangen können, insofern sie nicht unter den Befehl eines anderen, die Stelle dieses Vorgesetzten einnehmenden Befehlshabers getreten sind.

§ 14.

Die dem Kommandeur eines Regiments oder selbständigen Bataillons und die dem Landwehrbezirks-Kommandeur vorgesetzten Befehlshaber, sowie die Gouverneure und Kommandanten sind in Betreff aller ihnen untergebenen Unteroffiziere und Gemeinen innerhalb derselben Grenzen zur Verhängung von Disziplinarstrafen berechtigt, wie der Kommandeur eines Regiments (§ 11).

Dem kommandirenden General steht außerdem die Befugniß zu, Gemeine der zweiten Klasse des Soldatenstandes einer Arbeiter-Abtheilung zu überweisen (§ 3 C. 4).

Offiziere seines Befehlsbereichs darf:

1) Der kommandirende General bis zu vierzehn Tagen,

2) der Divisions-Kommandeur, der Gouverneur, sowie der Kommandant einer Festung ersten Ranges bis zu zehn Tagen,

3) der Brigade-Kommandeur und der Kommandant eines offenen Ortes, sowie einer Festung zweiten oder dritten Ranges bis zu acht Tagen mit Stubenarrest bestrafen.

§ 15.

Die Zuständigkeit der höheren Militärbefehlshaber vom Bataillons- oder Abtheilungs-Kommandeur aufwärts zur Disziplinarbestrafung tritt ein, wenn die zur Disziplinarbestrafung geeignete Handlung:

1) unter ihren Augen, oder

2) gegen ihre dienstliche Autorität, oder

3) von Militärpersonen verschiedener Truppentheile ihres Befehlsbereichs begangen, oder

4) ihnen zur Entscheidung oder zur Bestimmung der Strafe gemeldet, oder

5) von dem niederen Befehlshaber unbestraft gelassen ist.

§ 16.

Die Zuständigkeit der Gouverneure und der Kommandanten tritt gegen alle am Orte befindliche Offiziere und Mannschaften ein, wenn die zur Disziplinarbestrafung geeignete Handlung:

1) als Exzeß gegen die allgemeine Sicherheit, Ruhe und Ordnung zu betrachten, oder

2) gegen eine besondere, in Beziehung auf die Festungswerke und Vertheidigungsmittel bestehende Anordnung, oder

3) gegen eine von ihnen erlassene militärpolizeiliche Vorschrift, oder sonst gegen ihre dienstliche Autorität, oder

4) im Wacht- oder sonstigen Dienste des Platzes, oder

5) von einem Offizier, Unteroffizier oder Gemeinen begangen ist, von deren eigenen, mit Disziplinarstrafgewalt versehenen Vorgesetzten Keiner in dienstlicher Eigenschaft am Orte ist.

In den Orten, in welchen zwei Kommandanten sich befinden, hat der zweite Kommandant nur dann Disziplinarstrafgewalt, wenn er die Dienstgeschäfte des ersten Kommandanten stellvertretend wahrnimmt.

Ein Gleiches gilt von dem Kommandanten in den Orten, in welchen derselbe sich unter einem Gouverneur befindet.

§ 17.

Die Zuständigkeit der Garnison- und Kantonnements-Aeltesten und in größeren Lagern oder Bivouaks der Lager-Kommandanten tritt gegen alle am Orte befindliche Offiziere und Mannschaften in den im § 16 sub 3 und 5 genannten Fällen ein.

Die genannten Militärbefehlshaber üben diese Disziplinarstrafgewalt in demselben Umfange, wie über ihre eigenen Untergebenen, aus.

Wenn im Kriege Offiziere zu Kantonnements-, Etappen- oder Lager-Kommandanten ernannt werden, erstreckt sich ihre Zuständigkeit auch auf die im § 16 sub 1 und 4 genannten Fälle.

§ 18.

Für den Umfang der Disziplinarstrafgewalt der in den §§ 9 bis 17 nicht ausdrücklich genannten Befehlshaber und für die Fälle, in denen ausnahmsweise Einzelnen der dort genannten Befehlshaber eine andere, als die daselbst angegebene Disziplinargewalt verliehen ist, sind die in den betreffenden besonderen Erlassen und Instruktionen ertheilten Bestimmungen maßgebend.

§ 19.

Wenn außer den Fällen der §§ 16 und 17 von mehreren der Disziplinarstrafgewalt verschiedener Truppenbefehlshaber unterworfenen Offizieren oder Mannschaften gemeinschaftlich eine zur Disziplinarbestrafung geeignete strafbare Handlung begangen wird, so steht die Bestimmung der Strafe gegen alle Betheiligte dem nächsten gemeinschaftlichen Befehlshaber oder, wenn ein solcher sich nicht in dienstlicher Eigenschaft am Orte befindet, dem Gouverneur oder Kommandanten und in Ermangelung desselben dem Garnison- oder Kantonnements-Aeltesten zu.

§ 20.

Nach den Bestimmungen der §§ 8 bis 19 regelt sich der Umfang der Disziplinarstrafgewalt der Militärbefehlshaber auch in dem Falle, wenn Truppenabtheilungen, welche aus ihrem ordentlichen Verbande zeitweilig ausgeschieden sind, mit anderen kombinirt und einem gemeinsamen Befehlshaber unterstellt werden.

Ueber Offiziere und Mannschaften, welche von ihrem Truppentheile zu einem anderen, oder zu einer Militärbehörde oder militärischen Anstalt abkommandirt sind, üben nach Maßgabe der Bestimmungen der §§ 8 bis 19 diejenigen Militärbefehlshaber die Disziplinarstrafgewalt aus, denen die Abkommandirten in dem neuen Dienstverhältniß unterstellt sind.

§ 21.

Die Militärbefehlshaber sind berechtigt, über Mitglieder des Sanitäts-Korps nach Maßgabe des Militärranges derselben Disziplinarstrafen unter den gleichen Voraussetzungen und innerhalb derselben Grenzen zu verhängen, innerhalb deren sie nach den Bestimmungen der §§ 8 bis 20 gegen die übrigen ihnen untergebenen Personen des Soldatenstandes zur Verhängung von Disziplinarstrafen zuständig sind.

2) Der im Vorgesetzten-Verhältniß stehenden Mitglieder des Sanitäts-Korps.

§ 22.

Von den im Vorgesetzten-Verhältniß stehenden Mitgliedern des Sanitäts-Korps im Offizier-Range üben:

1) der General-Stabs-Arzt der Armee die Disziplinarstrafgewalt eines Divisions-Kommandeurs;

2) die Korps-General-Aerzte diejenige eines Regiments-Kommandeurs;

3) die Chef-Aerzte der Lazarethe diejenige eines nicht detachirten Kompagnie-Chefs aus.

Den hier nicht genannten, im Vorgesetzten-Verhältniß stehenden Mitgliedern des Sanitäts-Korps im Offizierrange steht nur insoweit Disziplinarstrafgewalt zu, als sie ihnen durch besondere Erlasse oder Instruktionen verliehen ist.

Die Zuständigkeit der im Vorgesetzten-Verhältniß stehenden Mitglieder des Sanitäts-Korps im Offizierrange zur Verhängung von Disziplinarstrafen über Personen des Soldatenstandes ist auf die Aerzte, Lazarethgehülfen und militärischen Krankenwärter ihres Dienstbereichs beschränkt. Nur die Chefärzte der Feldlazarethe sind außerdem berechtigt, über die zu diesen Lazarethen gehörenden, beziehungsweise in dieselben aufgenommenen Mannschaften des Trains und über die Kranken vom Stande der Unteroffiziere und Gemeinen, nach Maßgabe des Militärranges dieser Personen, Disziplinarstrafen zu verhängen.

Die §§ 6, 7 und 20 finden auf die Mitglieder des Sanitäts-Korps analoge Anwendung.

III. Abschnitt.

Von der Disziplinarbestrafung der zum Soldatenstande gehörenden Militärpersonen des Beurlaubtenstandes.

§ 23.

Auf die Personen des Beurlaubtenstandes kommen die Strafvorschriften dieser Verordnung nur in der Zeit durchweg zur Anwendung, während welcher sie sich im Dienst befinden.

Außerhalb dieser Zeit tritt Disziplinarbestrafung nur ein: wegen Zuwiderhandlungen gegen die zum Zwecke der Aufrechthaltung der militärischen Kontrole ertheilten Dienstvorschriften, sowie wegen derjenigen militärischen Vergehen, deren Bestrafung im Disziplinarwege in leichteren Fällen auch bei Personen des Beurlaubtenstandes durch das Militär-Strafgesetzbuch für das Deutsche Reich vom 20. Juni 1872 und den § 3 des Einführungsgesetzes zu demselben ausdrücklich gestattet ist.

Dies ist der Fall:

1) wenn Personen des Beurlaubtenstandes des Ungehorsams gegen einen in Gemäßheit der Dienstordnung ertheilten Befehl durch Nichtbefolgung oder durch eigenmächtige Abänderung oder Ueberschreitung desselben sich schuldig machen;

2) wenn Personen des Beurlaubtenstandes im dienstlichen Verkehr mit dem Vorgesetzten oder in der Militäruniform:

a) die dem Vorgesetzten schuldige Achtung verletzen, insbesondere laut Beschwerde oder gegen einen Verweis Widerrede führen,

b) auf Befragen in dienstlichen Angelegenheiten dem Vorgesetzten wissentlich die Unwahrheit sagen,

c) einen Vorgesetzten oder im Dienstrange Höheren beleidigen;

3) Wenn Personen des Beurlaubtenstandes im dienstlichen Verkehr mit dem Untergebenen oder in der Militäruniform:

a) einen Untergebenen beleidigen oder einer vorschriftswidrigen Behandlung desselben sich schuldig machen,

b) von dem Untergebenen ohne Vorwissen des gemeinschaftlichen Vorgesetzten Geld borgen oder Geschenke annehmen.

§ 24.

Die Befugniß, über Personen des Beurlaubtenstandes nach Maßgabe der Bestimmungen dieser Verordnung Disziplinarstrafen zu verhängen, steht den Landwehrbezirks-Kommandeuren und deren Stellvertretern, sowie eintretenden Falls den ihnen vorgesetzten höheren Militärbefehlshabern, und zwar in dem in den §§ 11, 6 und 14 angegebenen Umfange, zu.

Die Gouverneure, Kommandanten und Garnisonältesten dürfen die ihnen nach den §§ 14 und 17 zustehende Disziplinarstrafgewalt nur dann gegen Personen des Beurlaubtenstandes ausüben, wenn die letzteren in der Militäruniform einer der im § 23 Nr. 2 und 3a bezeichneten strafbaren Handlungen sich schuldig machen.

§ 25.

Besteht der Ungehorsam (§ 23 Nr. 1) in der Nichtbefolgung der Einberufungsordre zu einer Uebung, so darf nur dann die Bestrafung im Disziplinarwege erfolgen, wenn entweder der Einberufene nur zu spät sich an dem ihm bestimmten Orte gestellt hat, oder wenn die Umstände sonst eine milde Beurtheilung zulassen.

§ 26.

Ist eine zur Disziplinarbestrafung geeignete Handlung von im Dienst befindlichen Mannschaften des Beurlaubtenstandes während der Dauer einer Kontrolversammlung oder während eines anderen Dienstes, für welchen die Verpflegungskompetenz nicht gewährt wird, begangen, so darf die deshalb zu verhängende Arreststrafe die Dauer von drei Tagen gelinden oder mittleren Arrest nicht übersteigen.

Erachtet der zur Disziplinarbestrafung berechtigte Militärbefehlshaber eine Arreststrafe von solcher Dauer nicht für ausreichend, so hat er die Einleitung der gerichtlichen Untersuchung zu veranlassen.

§ 27.

Die über Mannschaften des Beurlaubtenstandes wegen der im § 23 aufgeführten, außer dem Dienst von ihnen begangenen militärischen Vergehen im Disziplinarwege zu verhängende Strafe darf das Maß von drei Tagen gelinden oder mittleren Arrest in folgenden Fällen nicht übersteigen:

1) wenn der Ungehorsam (§ 23 Nr. 1) besteht:

a) in der Nichtbefolgung der Berufung zur Kontrolversammlung oder zu einem anderen Dienst, für welchen die Verpflegungskompetenz nicht gewährt wird,

b) in der Abweichung von dem vorgeschriebenen Dienstwege bei Anbringung von Gesuchen in militärischen Dienstangelegenheiten;

2) wenn der Beurlaubte bei Verübung eines der im § 23 Nr. 2 genannten Vergehen sich nicht in der Militäruniform befunden hat.

Erachtet der zur Disziplinarbestrafung berechtigte Militärbefehlshaber eine Arreststrafe von solcher Dauer nicht für ausreichend, so hat er die Einleitung der gerichtlichen Untersuchung zu veranlassen.

§ 28.

Zuwiderhandlungen gegen die zum Zwecke der Aufrechthaltung der militärischen Kontrole ertheilten Dienstvorschriften über Meldung des Aufenthaltsorts und der Wohnung in diesem Orte, sowie über Meldung einer jeden Veränderung des Aufenthaltsorts oder der Wohnung werden an Mannschaften des Beurlaubtenstandes wahlweise mit Geldbuße von ein Drittheil bis zu zwanzig Thalern, oder mit Haft von einem bis zu acht Tagen geahndet.

Die Festsetzung dieser Strafen geschieht durch das Landwehrbezirks-Kommando; die Vollstreckung auf Requisition desselben durch die Civilbehörde des Aufenthaltsorts des Bestraften.

§ 29.

Auf die zum Beurlaubtenstande gehörenden Offiziere finden die Bestimmungen der §§ 26 und 27 mit der Maßgabe Anwendung, daß die über sie zu verhängende Disziplinarstrafe, insofern sie in Arrest besteht, das Maß von sechs Tagen Stubenarrest nicht übersteigen darf.

In den Fällen des § 28 ist gegen Offiziere keine andere Strafe, als Stubenarrest bis zu der vorangegebenen Dauer zulässig. Die Vollstreckung dieser Strafe liegt dem Landwehrbezirks-Kommandeur ob.

§ 30.

Die in diesem Abschnitt über Disziplinarbestrafung der Offiziere des Beurlaubtenstandes ertheilten Vorschriften finden auf die Offiziere gleichmäßig Anwendung, welche mit Pension zur Disposition gestellt, sowie auf diejenigen, welche mit dem Vorbehalt der gesetzlichen Dienstverpflichtung aus dem aktiven Dienste entlassen sind.

§ 31.

Auf die zum Beurlaubtenstande gehörenden Mitglieder des Sanitäts-Korps kommen unter Berücksichtigung des Militärranges derselben die in den §§ 23 bis 30 enthaltenen Bestimmungen gleichfalls zur Anwendung.

IV. Abschnitt.

Von der Disziplinarbestrafung der Militärbeamten.

§ 32.

Die Militärbefehlshaber sind berechtigt, über Militärbeamte als Disziplinarstrafen Warnungen und einfache Verweise, sowie:

1) über untere Militärbeamte die gegen Unteroffiziere, welche das Portepee tragen, zulässigen Arreststrafen (§ 3 B. 3 § 4);

2) über obere Militärbeamte: a. Geldbuße bis zu zehn Thalern, b. Stubenarrest bis zu vierzehn Tagen zu verhängen.

Der Stubenarrest darf jedoch über diejenigen oberen Militärbeamten, welche sowohl unter einem Militärbefehlshaber, als auch unter einem Verwaltungsvorgesetzten (oder einer Verwaltungsbehörde) stehen, nur in der Zeit verhängt werden, während welcher sie unter den Kriegsgesetzen stehen (§ 9 des Militär-Strafgesetzbuches für das Deutsche Reich vom 20. Juni 1872).

§ 33.

Die Militärbefehlshaber üben die Disziplinarstrafgewalt über die Militärbeamten nach Maßgabe des Militärranges der Letzteren innerhalb derselben Grenzen aus, innerhalb deren sie nach den Bestimmungen der §§ 8 bis 20 zur Verhängung von Disziplinarstrafen gegen Personen des Soldatenstandes zuständig sind.

Zur Verhängung von Geldbußen sind nur diejenigen Militärbefehlshaber befugt, welche Offiziere mit Stubenarrest, unter Bestimmung der Dauer desselben, bestrafen dürfen. Die kommandirenden Generale dürfen Geldbuße bis zum höchsten zulässigen Betrage, die übrigen Befehlshaber nur bis zum Betrage von drei Thalern verhängen.

§ 34.

Militärbeamte, welche sowohl unter einem Militärbefehlshaber, als auch unter einem Verwaltungsvorgesetzten (oder einer Verwaltungsbehörde) stehen, sind bei Verletzung der Dienstvorschriften, welche die Grundlage ihrer Amtswirksamkeit bilden, ausschließlich der Disziplinarbestrafung des Verwaltungsvorgesetzten (oder der Verwaltungsbehörde) unterworfen.

Alle andern zur Disziplinarbestrafung geeigneten Handlungen solcher Militärbeamten gehören zur Zuständigkeit des ihnen vorgesetzten Militärbefehlshabers. Hierdurch wird jedoch die Mitaufsicht der Verwaltungsvorgesetzten (oder der Verwaltungsbehörden) über die sittliche Führung des Beamten und die Befugniß, auch ihrerseits dieserhalb, wo nöthig, im Disziplinarwege einzuschreiten, nicht ausgeschlossen.

Wo die Grenzen dieser beiden Unterordnungsverhältnisse zweifelhaft sein sollten, müssen bei Ausübung der Disziplinarstrafgewalt die für die betreffenden Militärbeamten ertheilten besonderen Dienstvorschriften und Instruktionen berücksichtigt werden.

§ 35.

Die Disziplinarstrafgewalt der Verwaltungsvorgesetzten (oder der Verwaltungsbehörden) über die im doppelten Unterordnungsverhältniß stehenden Militärbeamten regelt sich nach besonderen Bestimmungen.

§ 36.

Auf die zum Beurlaubtenstande gehörenden Militärbeamten kommen die in den §§ 23 bis 30 ertheilten Bestimmungen nach Maßgabe ihres Militärranges zur Anwendung.

§ 37.

Die Befugniß der Mitglieder des Sanitäts-Korps im Offizierrange zur Verhängung von Disziplinarstrafen über die zu ihrem Dienstbereich gehörenden Militärbeamten regelt sich nach den besonderen Vorschriften und Erlassen.

V. Abschnitt.

Von der Disziplinarbestrafung der im § 2 unter Nr. 3 und 4 genannten Personen.

§ 38.

Auf die im § 2 unter Nr. 3 und 4 genannten Personen finden die für Personen des Soldatenstandes in dieser Verordnung ertheilten Vorschriften Anwendung. Gehören sie nicht zum Soldatenstande, so ist bei der Wahl der Strafart die Bildungsstufe, auf welcher dieselben stehen und ihre Stellung im bürgerlichen Leben zu berücksichtigen.

VI. Abschnitt.

Von der Ausübung der Disziplinarstrafgewalt und von der Vollstreckung der Disziplinarstrafen.

I. Ausübung der Disziplinarstrafgewalt.

§ 39.

Jeder mit Disziplinarstrafgewalt versehene Militärvorgesetzte (§§ 5, 22) muß mit strenger Unparteilichkeit verfahren, und wenn die strafbare Handlung nicht mit Gewißheit aus seiner eigenen Wahrnehmung oder aus einer dienstlichen Meldung, oder aus dem Geständniß des Beschuldigten hervorgeht, sowie überhaupt, wenn er über die Schuld oder den Grad der Strafbarkeit zweifelhaft ist, den Hergang der Sache durch mündliche oder schriftliche Verhandlungen aufzuklären suchen.

§ 40.

Die Art und das Maß der Disziplinarstrafe hat der Militärvorgesetzte innerhalb der Grenzen seiner Disziplinar-Strafgewalt, unter möglichster Schonung des Ehrgefühls des zu Bestrafenden, mit Berücksichtigung der Eigenart und der bisherigen Führung desselben, sowie der Natur der zu bestrafenden Handlung und des durch dieselbe mehr oder minder gefährdeten Dienstinteresses zu bestimmen.

Wenn Militärpersonen mit Funktionen betraut sind, die über ihre Charge hinausgehen, so ist bei der Wahl der Strafart auf diese Funktionen Rücksicht zu nehmen.

§ 41.

Ein und dieselbe strafbare Handlung darf nur von einem Vorgesetzten bestraft und dafür nicht mehr als eine Disziplinarstrafe auferlegt werden. Dies schließt jedoch die Befugniß nicht aus, mit einer Arreststrafe 1) gegen Obergefreite und Gefreite die Entfernung von ihrer Charge, 2) gegen Gemeine: a. die Entziehung der freien Verfügung über die Löhnung und die Ueberweisung derselben an einen Unteroffizier zur Auszahlung in täglichen Raten, b. insofern sie sich in der zweiten Klasse des Soldatenstandes befinden, die Einstellung in eine Arbeiter-Abtheilung zu verbinden.

§ 42.

Wird nach erfolgter Disziplinarbestrafung dasselbe Disziplinarvergehen von dem Bestraften wieder verübt, so ist, wenn nicht Gründe für eine mildere Beurtheilung vorhanden sind, eine härtere Strafe, als bei der Vorbestrafung zu verhängen.

§ 43.

Wenn ein nicht mit der höchsten Strafbefugniß versehener Militärvorgesetzter zwar eine Disziplinarstrafe für zulässig, die ihm zustehende Strafbefugniß aber nicht für ausreichend erachtet, so hat er dem nächsthöheren Vorgesetzten von dem Straffalle zur weiteren Verfügung Meldung zu machen.

Entstehen bei einem mit Disziplinarstrafgewalt versehenen Militärvorgesetzten Bedenken darüber, ob eine strafbare Handlung disziplinarisch oder gerichtlich zu bestrafen sei, so muß der Fall dem nächsthöheren Vorgesetzten vorgetragen werden, welcher darüber Bestimmung zu treffen, oder nöthigenfalls behufs Einholung höherer Entscheidung weiter zu berichten hat.

§ 44.

Strafbare Handlungen der Militärpersonen, welche nur der Disziplinarbestrafung unterliegen (§ 1 Nr. 1), dürfen drei Monate nach der Verübung nicht mehr mit Strafe belegt werden.

Ausgenommen hiervon sind die im § 28 unter Strafe gestellten Handlungen.

§ 45.

Ist eine strafbare Handlung, welche gerichtlich hätte bestraft werden sollen, nur mit einer Disziplinarstrafe geahndet worden, so ist dadurch die

Strafbarkeit nicht getilgt, sondern, — wenn inzwischen nicht nach den Vorschriften der Strafgesetze die Verjährung eingetreten ist, — die gerichtliche Untersuchung einzuleiten.

II. Vollstreckung der Disziplinarstrafen.

§ 46.

Die Vollstreckung der Disziplinarstrafen muß, sofern die Umstände es gestatten, gleich nach deren Festsetzung erfolgen.

Ist die Strafe von einem höheren Militärvorgesetzten verhängt, so bleibt es seinem Ermessen überlassen, die Vollstreckung derselben entweder selbst anzuordnen, oder dem nächsten Vorgesetzten des zu Bestrafenden zu übertragen.

§ 47.

Beim Kasernen- oder Quartier-Arrest kann der zu Bestrafende zwar zum Dienst herangezogen werden; er darf aber außerdem die Kaserne oder das Gebäude, in welchem er sein Quartier hat, nebst den dazu gehörigen Hofräumen nicht verlassen.

Für die Vollstreckung aller anderen Arreststrafen sind die bestehenden Bestimmungen über die Vollstreckung gerichtlich erkannter Arreststrafen maßgebend.

Wenn im Felde der über Unteroffiziere und Gemeine verhängte gelinde, mittlere oder strenge Arrest den örtlichen Verhältnissen nach weder in einem Ortsgefängniß noch in einem anderen zur Arrestvollstreckung geeigneten Lokale verbüßt werden kann, so ist, insofern die Strafvollstreckung aus dienstlichen Gründen keinen Aufschub erleidet, statt der genannten Arreststrafen für die Dauer der Strafe dem Verurtheilten während seiner dienstfreien Zeit der Aufenthalt auf einer Wache als Arrestat, ohne Entziehung seiner Kompetenzen, anzuweisen.

Hiermit wird verbunden, 1) wenn die verhängte Arreststrafe in mittlerem Arrest besteht: die Heranziehung zu beschwerlichen Dienstverrichtungen außer der Reihe, 2) wenn die verhängte Arreststrafe in strengem Arrest besteht: Anbinden, oder Gewehr- oder Satteltragen, zwei Stunden täglich.

§ 48.

Das Anbinden des Arrestaten geschieht auf eine der Gesundheit desselben nicht nachtheilige Weise, in aufrechter Stellung, den Rücken nach einer Wand oder einem Baume ꝛc. gekehrt, dergestalt, daß er sich weder setzen noch niederlegen kann.

Das Gewehr- oder Satteltragen besteht darin, daß der Arrestat im Stillstehen oder Umhergehen eine funfzehn Kilogramm nicht übersteigende Last, welche durch Gewehre oder durch an hölzernen Stangen befestigte Sättel oder andere Ausrüstungsstücke gebildet wird, auf einer Schulter oder auf beide Schultern ungleich vertheilt, zu tragen hat.

Zweistündiges Anbinden, oder zweistündiges Gewehr- ꝛc. Tragen, in Verbindung mit dem Aufenthalt des Arrestaten auf der Wache (§ 47), steht einem eintägigen strengen Arreste gleich. Am vierten, achten und demnächst an jedem dritten Tage fällt das Anbinden oder Gewehr= 2c. Tragen fort.

Die Strafvollstreckung erfolgt unter militärischer Aufsicht an einem vor den Augen des Publikums möglichst geschützten Orte.

§ 49.

An den nicht im Dienst befindlichen Mannschaften des Beurlaubtenstandes sind Arreststrafen, unter Aufnahme derselben in die Militärverpflegung des betreffenden Landwehrbezirks=Kommandos, in einem Militär=Arrestlokale zu vollstrecken. Die militärische Einkleidung des zu Bestrafenden ist hierbei in der Regel nicht erforderlich.

Ist innerhalb drei Meilen vom Aufenthaltsorte des zu Bestrafenden ein Militär=Arrestlokal nicht vorhanden, so können Arreststrafen unter acht Tagen auf Requisition des Landwehrbezirks=Kommandos durch die Civilbehörden in einem bürgerlichen Gefängniß vollstreckt werden.

Arreststrafen, welche zur Uebung eingezogene Mannschaften des Beurlaubtenstandes während der Uebung oder vorher verwirkt haben, sind, soweit dies die Erhaltung der Disziplin zuläßt, erst nach Ablauf der Uebungszeit zu vollstrecken.

§ 50.

Wird eine Militärperson des Beurlaubtenstandes, welche in ihren Civilverhältnissen zu den im unmittelbaren oder im mittelbaren Staatsdienste stehenden Beamten gehört, disziplinarisch mit Arrest bestraft, so ist ihrer nächstvorgesetzten Dienstbehörde sogleich nach Verhängung der Strafe davon Nachricht zu geben.

§ 51.

Die Militär= und die Verwaltungs=Vorgesetzten haben von der, gegen eine ihnen untergebene Militärperson verhängten Disziplinarstrafe sich gegenseitig Mittheilung zu machen.

VIII. Abschnitt.

Von der Beschwerdeführung über Disziplinarbestrafung.

§ 52.

Beschwerden über eine von dem zuständigen Militärvorgesetzten verhängte Disziplinarstrafe dürfen nur von einem Vorgesetzten des Bestraften oder von diesem selbst und im letzteren Fall erst nach der Strafvollstreckung und ohne Mitwirkung eines Dritten, in der für dienstliche Beschwerden vorgeschriebenen Form angebracht werden.

§ 53.

Wird die Beschwerde (§ 52) für begründet erachtet, so ist der hierauf bezügliche Bescheid in die Strafbücher, in welche die Strafe eingetragen worden, unter Löschung derselben, seinem Inhalte nach aufzunehmen und dem Beschwerdeführer davon Kenntniß zu geben.

Unbegründete Beschwerden unterliegen, insofern nicht nach § 152 des Militär-Strafgesetzbuches für das Deutsche Reich vom 20. Juni 1872 gerichtliche Verfolgung geboten ist, der Disziplinarbestrafung.

VIII. Abschnitt.

Von der Beaufsichtigung der Militärvorgesetzten in Absicht auf die richtige Anwendung der Disziplinarstrafen.

§ 54.

Die höheren Militärvorgesetzten haben die gerechte und zweckentsprechende Anwendung der den niederen Vorgesetzten zustehenden Strafbefugnisse und die vorschriftsmäßige Strafvollstreckung sorgfältig zu überwachen.

Sie haben zu diesem Behuf die Strafbücher, welche bei den Truppentheilen, den Militärbehörden und den militärischen Anstalten, deren Vorsteher mit Disziplinarstrafgewalt bekleidet sind, geführt werden müssen, und welche den Grund, die Art und das Maß der Strafe, sowie den Namen des Vorgesetzten, welcher die Strafe verhängt hat, auszuweisen haben, genau zu kontroliren.

§ 55.

Finden die höheren Militärvorgesetzten, daß

1) eine von dem niederen Vorgesetzten verhängte Disziplinarstrafe ihrer Art oder ihrer Dauer nach unzulässig, oder

2) der Strafende zu deren Verhängung nicht befugt gewesen ist, so ist von ihnen die Strafe abzuändern oder aufzuheben.

Schlußbestimmungen.

§ 56.

Die Befugniß der Militärvorgesetzten zur Verhängung von Disziplinarstrafen in Gemäßheit der Bestimmungen dieser Verordnung tritt auch in dem Falle ein, wenn die Militärperson, welche die Disziplinarstrafe verwirkt hat, einem anderen Kontingente des Deutschen Heeres angehört.

§ 57.

Diese Disziplinar-Strafordnung tritt mit dem 15. November d. J. in Kraft. Von diesem Tage ab sind alle hiermit nicht in Einklang stehenden Bestimmungen über die Disziplinarbestrafung im Heere aufgehoben.

Ueber die Handhabung der Disziplin in den Militär-Strafanstalten bleiben besondere Bestimmungen vorbehalten.

Berlin, den 31. Oktober 1872.

(L. S.) **Wilhelm.**

Graf v. Roon.

Allerhöchste Verordnung

über

die Einführung neuer Kriegs-Artikel für die Kaiserliche Marine.

Vom 23. November 1872.

Ich habe auf Ihren Vortrag die Mir vorgelegten „Kriegs-Artikel für die Kaiserliche Marine" vollzogen und lasse Ihnen solche mit der Bestimmung wieder zugehen, daß dieselben bei jeder Abtheilung, Kompagnie, bei jedem Detachement und auf jedem in Dienst gestellten Schiffe, sogleich nach Eingang bei denselben, sowie alljährlich mehrmals, auch jedem neu eintretenden Matrosen und Soldaten langsam und deutlich vorgelesen werden. Diese Meine Ordre ist der Marine bekannt zu machen.

Berlin, den 23. November 1872.

Wilhelm.
v. Stosch.

An den Chef der Admiralität.

Kriegs-Artikel für die Kaiserliche Marine.

Art. 1. Der Soldat muß stets der ernsten Pflichten seines Berufs eingedenk und dieselben gewissenhaft zu erfüllen eifrig bemüht sein.

Art. 2. Die unverbrüchliche Wahrung der im Fahneneide gelobten Treue ist die erste Pflicht des Soldaten. Nächstdem erfordert der Beruf des Soldaten: Kriegsfertigkeit, Muth bei allen Dienstobliegenheiten und Tapferkeit im Kriege, Gehorsam gegen den Vorgesetzten, ehrenhafte Führung in und außer dem Dienste, gutes und rechtliches Verhalten gegen die Kameraden.

Art. 3. Wer in der Absicht, den Feind zu begünstigen, oder die deutschen oder verbündeten Streitkräfte zu schädigen, sich mit dem Feinde in Verbindung setzt, oder wer in solcher Absicht durch sonstige Handlungen oder Unterlassungen die deutschen oder verbündeten Streitkräfte in Gefahr, Unsicherheit oder Nachtheil bringt, bricht die eidlich gelobte Treue und macht sich des Kriegsverraths schuldig.

Der Verräther wird mit den schwersten Freiheits- und Ehrenstrafen oder mit dem Tode bestraft.

Gleiche Strafen treffen, wenn das Verbrechen oder ein strafbarer Versuch desselben begangen worden, denjenigen, der ein zu seiner Kenntniß gelangtes verrätherisches Vorhaben nicht alsbald seinem Vorgesetzten anzeigt.

Art. 4. Dem Soldaten soll seine Fahne und Flagge heilig sein.

Wer dieselbe verläßt oder von ihr wegbleibt, um sich seiner Verpflichtung zum Dienst zu entledigen, macht sich der Fahnenflucht (Desertion) schuldig.

Art. 5. Wer im Felde oder von einem Schiffe, welches außerhalb der heimischen Gewässer allein fährt, eine Fahnenflucht begeht, wird mit Versetzung in die zweite Klasse des Soldatenstandes und Gefängniß oder mit Zuchthaus nicht unter fünf Jahren oder mit dem Tode bestraft.

Art. 6. Wer vom Posten vor dem Feinde oder aus einer belagerten Festung oder von einem Schiffe vor dem Feinde fahnenflüchtig wird, oder wer zum Feinde übergeht, wird mit dem Tode bestraft.

Die Todesstrafe trifft auch die Anstifter und Rädelsführer eines im Felde oder an Bord eines Schiffes, welches außerhalb der heimischen Gewässer allein fährt, gemachten Komplotts zur Fahnenflucht.

Art. 7. Wer im Friedenszustande der Fahnenflucht sich schuldig macht, wird mit Versetzung in die zweite Klasse des Soldatenstandes und Gefängniß nicht unter sechs Monaten, nach Umständen mit Zuchthaus nicht unter fünf Jahren bestraft.

Art. 8. Wer von einem Vorhaben zur Fahnenflucht Kenntniß erhält und dies seinem Vorgesetzten nicht sogleich anzeigt, wird, wenn die Fahnenflucht begangen worden, mit Arrest, oder mit Gefängniß bis zu sechs Monaten, und wenn die Fahnenflucht im Felde oder von einem Schiffe, welches außerhalb der heimischen Gewässer allein fährt, begangen worden, mit Gefängniß von einem Jahre bis zu drei Jahren bestraft.

Art. 9. Verleitung eines Anderen zur Fahnenflucht oder vorsätzliche Beförderung einer solchen wird, wenn die Fahnenflucht erfolgt ist, mit Gefängniß von sechs Monaten bis zu zwei Jahren, im Felde mit Gefängniß von fünf bis zu zehn Jahren, nach Umständen unter gleichzeitiger Versetzung in die zweite Klasse des Soldatenstandes bestraft.

Art. 10. Eigenmächtige Entfernung von der Truppe oder der Dienststellung, absichtliches Fernbleiben von derselben und Urlaubs-Ueberschreitung werden, sofern nicht Fahnenflucht vorliegt, mit Arrest, oder mit Gefängniß oder Festungshaft bis zu fünf Jahren bestraft.

Art. 11. Wer durch Selbstverstümmelung oder auf andere Weise zur Erfüllung seiner Verpflichtung zum Dienst sich untauglich macht oder durch einen Anderen untauglich machen läßt, wird neben Versetzung in die zweite Klasse des Soldatenstandes mit Gefängniß von einem Jahre bis zu fünf Jahren bestraft.

Dieselbe Gefängnißstrafe, nach Umständen unter gleichzeitiger Versetzung in die zweite Klasse des Soldatenstandes, trifft denjenigen, welcher einen Anderen auf dessen Verlangen zur Erfüllung seiner Verpflichtung zum Dienste untauglich macht.

Art. 12. Wer in der Absicht, sich der Erfüllung seiner Verpflichtung zum Dienst ganz oder theilweise zu entziehen, ein auf Täuschung berechnetes Mittel anwendet, wird mit Arrest, oder mit Gefängniß oder Festungshaft bis zu fünf Jahren bestraft, nach Umständen unter gleichzeitiger Versetzung in die zweite Klasse des Soldatenstandes.

Gleiche Strafe trifft den Theilnehmer.

Art. 13. Die Feigheit ist für den Soldaten besonders schimpflich und erniedrigend; niemals darf er sich durch Furcht vor persönlicher Gefahr von der Erfüllung seiner Berufspflichten abwendig machen lassen.

Art. 14. Wer während des Gefechts aus Feigheit die Flucht ergreift oder die Kameraden durch Worte oder Zeichen zur Flucht verleitet, wird mit dem Tode bestraft.

Art. 15. Wer sonst aus Feigheit vor dem Feinde flieht, bei dem Vormarsch zum Gefecht, während des Gefechts oder auf dem Rückzuge von seinem Truppentheile heimlich zurückbleibt, von demselben sich wegschleicht oder versteckt hält, seine Waffen oder Munition wegwirft oder im Stich läßt, oder seine Waffen unbrauchbar macht, oder durch Vorschützen einer Verwundung oder eines Leidens, oder durch absichtlich veranlaßte Trunkenheit dem Gefechte oder vor dem Feinde einer sonstigen, mit Gefahr für seine Person verbundenen Dienstleistung sich zu entziehen sucht, wird mit Zuchthaus, nach Umständen bis zu lebenslänglicher Dauer, bestraft.

Wer außerdem eine seiner militärischen Dienstpflichten aus Besorgniß vor persönlicher Gefahr verletzt, wird mit Arrest, oder mit Gefängniß oder Festungshaft bis zu drei Jahren bestraft, nach Umständen unter gleichzeitiger Versetzung in die zweite Klasse des Soldatenstandes.

Art. 16. Der Gemeine muß jedem Offizier und Unteroffizier, und der Unteroffizier jedem Offizier, sowohl von dem Truppentheile, bei welchem er dient, als von jedem anderen Truppentheile des Heeres oder der Kaiserlichen Marine Achtung und Gehorsam beweisen und ihren Befehlen pünktlich Folge leisten.

Art. 17. Achtungswidriges Benehmen gegen den Vorgesetzten wird mit Arrest, in schwereren Fällen, insbesondere wenn die That unter dem Gewehr oder vor versammelter Mannschaft begangen ist, mit strengem Arrest nicht unter vierzehn Tagen, oder mit Gefängniß oder Festungshaft bis zu drei Jahren; Beleidigung des Vorgesetzten oder im Dienstrang Höheren aber mit Arrest, oder mit Gefängniß oder Festungshaft bis zu fünf Jahren bestraft.

Art. 18. Ungehorsam gegen einen Dienstbefehl, sowie Belügen des Vorgesetzten auf Befragen in dienstlichen Angelegenheiten wird mit Arrest bestraft. Wird durch den Ungehorsam ein erheblicher Nachtheil verursacht, so tritt strenger Arrest nicht unter vierzehn Tagen, oder Gefängniß oder Festungshaft bis zu zehn Jahren, im Felde oder an Bord eines Schiffes, das außerhalb der heimischen Gewässer allein fährt, von einem Jahre bis zu lebenslänglicher Dauer ein.

Art. 19. Wer den Gehorsam ausdrücklich verweigert, oder seinen Ungehorsam sonst durch Worte, Geberden oder Handlungen zu erkennen giebt, sowie derjenige, der den Vorgesetzten über einen von ihm erhaltenen Dienstbefehl oder Verweis zur Rede stellt, oder auf wiederholt erhaltenen Befehl in Dienstsachen im Ungehorsam beharrt, wird mit strengem Arrest nicht unter vierzehn Tagen, oder mit Gefängniß oder Festungshaft bis zu drei Jahren bestraft. Ist eine solche Handlung vor dem Feinde begangen, so tritt Gefängniß oder Festungshaft nicht unter zehn Jahren bis zu lebenslänglicher Dauer oder Todesstrafe ein.

Art. 20. Wer es unternimmt, einen Vorgesetzten mittelst Gewalt oder Drohung an der Ausführung eines Dienstbefehls zu hindern, oder zur Vornahme oder Unterlassung einer Diensthandlung zu nöthigen, wird wegen Widersetzung mit Gefängniß oder Festungshaft von sechs Monaten bis zu zehn Jahren, im Felde oder an Bord eines Schiffes, welches außerhalb der heimischen Gewässer allein fährt, mit Gefängniß nicht unter zwei Jahren bestraft. Dieselbe Strafe tritt ein, wenn die Handlung gegen die zur Unterstützung des Vorgesetzten befehligten oder zugezogenen Mannschaften begangen wird.

Art. 21. Wer sich einem Vorgesetzten thätlich widersetzt oder einen thätlichen Angriff gegen ihn unternimmt, wird mit Gefängniß oder Festungshaft nicht unter drei Jahren, in schwereren Fällen aber mit Gefängniß oder Festungshaft oder Zuchthaus nicht unter fünf Jahren bestraft. Ist die Thätlichkeit im Felde oder an Bord eines Schiffes, welches außerhalb der heimischen Gewässer allein fährt, verübt, und zwar während des Dienstes, so tritt Todesstrafe; wenn sie außer Dienst verübt ist, Gefängniß oder Festungshaft nicht unter zehn Jahren bis zu lebenslänglicher Dauer ein.

Auch ist jeder Vorgesetzte berechtigt, um einen thätlichen Angriff des Untergebenen abzuwehren, oder um seinen Befehlen in äußerster Noth oder dringendster Gefahr Gehorsam zu verschaffen, die Waffe gegen den Untergebenen zu gebrauchen.

Art. 22. Glaubt der Soldat wegen nicht richtigen Empfanges dessen, was ihm gebührt, wegen unwürdiger Behandlung oder aus einem anderen Grunde zu einer Beschwerde Veranlassung zu haben, so ist er dennoch verbunden, seine Dienstobliegenheiten unweigerlich zu erfüllen, und darf weder seine Kameraden auffordern, gemeinschaftlich mit ihm Beschwerde zu führen, noch sonst Mißmuth unter ihnen zu erregen oder sie aufzuwiegeln suchen. Auch darf der Soldat nicht während des Dienstes, sondern erst nach dessen Beendigung seine Beschwerde anbringen. Dagegen kann er aber sich versichert halten, daß seiner Beschwerde, insofern sie begründet ist, abgeholfen werden wird.

Art. 23. Wer wider besseres Wissen eine auf unwahre Behauptungen gestützte Beschwerde anbringt, wird mit Arrest, oder mit Gefängniß oder Festungshaft bis zu einem Jahre bestraft.

Wer leichtfertig auf unwahre Behauptungen gestützte Beschwerden, oder wer eine Beschwerde unter Abweichung von dem vorgeschriebenen Dienstwege anbringt, wird mit Arrest bestraft.

Art. 24. Wer es unternimmt, Mißvergnügen in Beziehung auf den Dienst unter seinen Kameraden zu erregen, wird mit Arrest, oder mit Gefängniß oder Festungshaft bis zu fünf Jahren bestraft.

Art. 25. Wer seine Kameraden auffordert oder anreizt, gemeinschaftlich entweder dem Vorgesetzten den Gehorsam zu verweigern, oder sich ihm zu widersetzen, oder eine Thätlichkeit gegen ihn zu begehen, wird wegen Aufwiegelung mit Gefängniß nicht unter fünf Jahren, in schwereren Fällen nicht unter zehn Jahren, im Felde oder an Bord eines Schiffes, welches außerhalb der heimischen Gewässer allein fährt, bis zu lebenslänglicher Dauer bestraft.

Art. 26. Verabreden Zwei oder Mehrere eine gemeinschaftliche Verweigerung des Gehorsams oder eine gemeinschaftliche Widersetzung oder Thätlichkeit gegen den Vorgesetzten, so machen sie der Meuterei sich schuldig, und werden mit der für die verabredete Handlung gesetzlich angedrohten Strafe in erhöhtem Maße bestraft.

Wer von einer Meuterei, welche zu seiner Kenntniß gelangt, seinem Vorgesetzten nicht sogleich Anzeige macht, hat, wenn die verabredete Handlung begangen worden ist, Arrest, oder Gefängniß oder Festungshaft bis zu drei Jahren zu gewärtigen.

Art. 27. Wenn Zwei oder Mehrere sich zusammenrotten und mit vereinten Kräften es unternehmen, dem Vorgesetzten den Gehorsam zu verweigern, sich ihm zu widersetzen oder eine Thätlichkeit gegen ihn zu begehen, so werden dieselben wegen militärischen Aufruhrs neben Versetzung in die zweite Klasse des Soldatenstandes mit Gefängniß nicht unter fünf Jahren, im Felde oder an Bord eines Schiffes, welches außerhalb der heimischen Gewässer allein fährt, nicht unter zehn Jahren bestraft. Die Rädelsführer und Anstifter eines militärischen Aufruhrs, sowie diejenigen, welche unter den Aufrührern den höchsten Dienstrang einnehmen oder welche, persönlich von dem Vorgesetzten zum Gehorsam aufgefordert, diesen durch Wort oder That verweigern, oder welche eine Gewaltthätigkeit gegen den Vorgesetzten begehen, werden mit Zuchthaus von fünf Jahren bis zu lebenslänglicher Dauer, und wenn der Aufruhr im Felde oder an Bord eines Schiffes, welches außerhalb der heimischen Gewässer allein fährt, begangen wird, mit dem Tode bestraft.

Wird der militärische Aufruhr vor dem Feinde begangen, so tritt gegen sämmtliche Betheiligte die Todesstrafe ein.

Art. 28. Wer gegen eine militärische Wache die ihr schuldige Achtung verletzt oder einer Beleidigung, eines Ungehorsams, einer Widersetzung oder einer Thätlichkeit sich schuldig macht, wird ebenso bestraft, als wenn er die Handlung gegen einen Vorgesetzten begangen hätte.

Als militärische Wache sind anzusehen: alle zum Wacht- oder militärischen Sicherheitsdienst befehligten Personen des Soldatenstandes, mit Einschluß der Feldgendarmen und des Stabswachtpersonals, welche in Ausübung dieses Dienstes begriffen und als solche äußerlich erkennbar sind.

Art. 29. Wer zur Berathung über militärische Angelegenheiten, Einrichtungen oder Befehle ohne dienstliche Genehmigung eine Versammlung von Personen des Soldatenstandes veranstaltet, ingleichen wer zu einer gemeinsamen Vorstellung oder Beschwerde über solche Angelegenheiten, Einrichtungen oder Befehle Unterschriften sammelt, wird mit Arrest, oder mit Gefängniß oder Festungshaft bis zu drei Jahren; die an einer solchen Versammlung, Vorstellung oder Beschwerde Betheiligten aber werden mit Arrest, oder mit Gefängniß oder Festungshaft bis zu sechs Monaten bestraft.

Art. 30. Eigenmächtiges Beutemachen ist dem Soldaten verboten. Uebertretungen dieses Verbots werden mit Arrest, oder mit Gefängniß oder Festungshaft bis zu drei Jahren, nach Umständen unter gleichzeitiger Versetzung in die zweite Klasse des Soldatenstandes, bestraft.

Art. 31. Habe und Gut der Bewohner des feindlichen Landes steht unter dem besonderen Schutze des Gesetzes, ebenso das Eigenthum der Verwundeten, Kranken und Kriegsgefangenen, sowie die Habe von gebliebenen Angehörigen der deutschen oder verbündeten Streitkräfte.

Art. 32. Wer im Felde in der Absicht rechtswidriger Zueignung eine Sache der Landeseinwohner offen wegnimmt oder denselben abnöthigt, oder des eigenen Vortheils wegen unbefugt Requisitionen vornimmt, wird wegen Plünderung mit Versetzung in die zweite Klasse des Soldatenstandes und Gefängniß bis zu fünf Jahren, in schwereren Fällen mit Zuchthaus von zehn Jahren bis zu lebenslänglicher Dauer oder mit dem Tode bestraft.

Als Plünderung ist es nicht anzusehen, wenn die Aneignung nur auf Lebensmittel, Heilmittel, Bekleidungsgegenstände, Feuerungsmittel, Fourage oder Transportmittel sich erstreckt und nicht außer Verhältniß zu dem vorhandenen Bedürfnisse steht.

Art. 33. Boshafte oder muthwillige Verheerung oder Verwüstung fremder Sachen im Felde wird mit Arrest, oder mit Gefängniß oder Festungshaft bis zu zwei Jahren, in schwereren Fällen ebenso wie die Plünderung bestraft.

Art. 34. Wer im Felde als Nachzügler Bedrückungen gegen die Landesbewohner begeht, wird wegen Marodirens mit Gefängniß von sechs Monaten bis zu fünf Jahren bestraft; nach Umständen unter gleichzeitiger Versetzung in die zweite Klasse des Soldatenstandes.

In schwereren Fällen tritt Zuchthausstrafe bis zu zehn Jahren ein.

Art. 35. Wer im Felde in der Absicht rechtswidriger Zueignung einem auf dem Kampfplatz gebliebenen Angehörigen der deutschen oder verbündeten Truppen eine Sache abnimmt oder einem Kranken oder Verwundeten auf dem Kampfplatze, auf dem Marsche, auf dem Transporte oder im Lazareth, oder einem seinem Schutze anvertrauten Kriegsgefangenen eine Sache wegnimmt oder abnöthigt, wird mit Zuchthaus bis zu zehn Jahren bestraft.

Art. 36. Der Soldat darf seine Waffe nur in Erfüllung seines Berufes oder in rechtmäßiger Selbstvertheidigung gebrauchen. Wer rechtswidrig von seiner Waffe Gebrauch macht, oder einen Untergebenen zum rechtswidrigen Waffengebrauch auffordert, wird vorbehaltlich der etwa gesetzlich verwirkten höheren Strafe mit Gefängniß oder Festungshaft bis zu einem Jahre bestraft.

Art. 37. Der Soldat soll seine Waffen und Montirungsstücke in gutem Stande erhalten und zur Erlangung der Kriegstüchtigkeit unausgesetzt sich bemühen, den Gebrauch der Waffen ganz und vollständig kennen zu lernen.

Art. 38. Wer seine Waffen oder Montirungsstücke oder einen anderen Dienstgegenstand vorsätzlich beschädigt, zerstört oder preisgiebt, wird mit Arrest, oder mit Gefängniß oder Festungshaft bis zu zwei Jahren bestraft, in schwereren Fällen unter gleichzeitiger Versetzung in die zweite Klasse des Soldatenstandes.

Art. 39. Wer durch unvorsichtige Behandlung von Waffen oder Munition einen Menschen körperlich verletzt, wird mit Arrest, oder mit Gefängniß oder Festungshaft bis zu drei Jahren, und wenn der Tod eines Menschen verursacht worden ist, mit Gefängniß oder Festungshaft bis zu fünf Jahren bestraft.

Art. 40. Wer durch Fahrlässigkeit in der Wahrnehmung seines Dienstes eine erhebliche Beschädigung eines Schiffes oder dessen Zubehörs herbeiführt, wird mit Freiheitsstrafe bis zu drei Jahren bestraft; in schwereren Fällen kann zugleich auf Dienstentlassung erkannt werden.

Art. 41. Der Soldat hat mit Rücksicht auf seine besonderen Standespflichten über Dienstangelegenheiten die nöthige Verschwiegenheit zu beobachten. Bei allen dienstlichen Meldungen und Aussagen soll er sich der strengsten Wahrheit befleißigen.

Wer absichtlich Rapporte, dienstliche Meldungen oder dienstliche Berichte unrichtig abstattet, oder solche wissentlich weiterbefördert, wird mit Gefängniß nicht unter sechs Monaten bis zu drei Jahren und mit Versetzung in die zweite Klasse des Soldatenstandes bestraft.

Auch dann, wenn eine solche Handlung aus Fahrlässigkeit begangen wird, tritt Strafe ein.

Art. 42. Der Soldat darf niemals, sei es durch Aussicht auf äußere Vortheile oder durch irgend einen anderen Grund, bei Ausrichtung des Dienstes sich zu Pflichtwidrigkeiten verleiten lassen. Wer für eine Handlung, die eine Verletzung einer Dienstpflicht enthält, Geschenke oder andere Vortheile annimmt, fordert oder sich versprechen läßt, hat Zuchthaus bis zu fünf Jahren zu gewärtigen.

Art. 43. Wer die Wache, oder bei einem Kommando oder auf dem Marsche seinen Platz eigenmächtig verläßt, wird mit Arrest bestraft; im Felde oder an Bord eines Schiffes, das außerhalb der heimischen Gewässer allein fährt, tritt mittlerer oder strenger Arrest, oder Gefängniß bis zu sechs Monaten ein. Geschieht dies von dem Befehlshaber einer militärischen

Wache, eines Kommandos oder einer Abtheilung, oder von dem Offizier der Wache an Bord, so hat derselbe mittleren oder strengen Arrest nicht unter vierzehn Tagen, oder Gefängniß bis zu drei Jahren, im Felde oder an Bord eines Schiffes, das außerhalb der heimischen Gewässer allein fährt, Gefängniß nicht unter drei Jahren, und wenn dies vor dem Feinde geschehen ist, die Todesstrafe verwirkt. Gleiche Strafe trifft einen solchen Befehlshaber, welcher sonst in schuldhafter Weise zur Ausrichtung des ihm obliegenden Dienstes sich außer Stand setzt, oder den ihm in Bezug auf seinen Dienst ertheilten Vorschriften entgegenhandelt.

Art. 44. Den Schildwachen und Posten ist, wenn nicht ein Anderes ausdrücklich bestimmt wird, verboten, sich niederzusetzen oder niederzulegen, das Gewehr aus der Hand zu lassen, Taback zu rauchen, zu schlafen, über die Grenze ihres Postens hinauszugehen, denselben vor erfolgter Ablösung zu verlassen oder sonst ihre Dienstinstruktion zu übertreten. Der Ausguck an Bord eines Schiffes ist als Posten zu betrachten.

Wer als Schildwache oder Posten in schuldhafter Weise sich außer Stand setzt, den ihm obliegenden Dienst zu versehen, oder eigenmächtig seinen Posten verläßt, oder sonst den ihm in Bezug auf jenen Dienst ertheilten Vorschriften zuwiderhandelt, wird mit mittlerem oder strengem Arrest nicht unter vierzehn Tagen, oder mit Gefängniß oder Festungshaft bis zu drei Jahren, im Felde oder an Bord eines Schiffes, das außerhalb der heimischen Gewässer allein fährt, mit mittlerem oder strengem Arrest nicht unter drei Wochen, oder mit Gefängniß oder Festungshaft von drei bis zu fünfzehn Jahren, vor dem Feinde von zehn Jahren bis zu lebenslänglicher Dauer, oder mit dem Tode bestraft.

Art. 45. Wer als Befehlshaber einer militärischen Wache, eines Kommandos oder einer Abtheilung, oder als Offizier der Wache an Bord, oder wer als Schildwache oder Posten eine strafbare Handlung, welche er verhindern konnte oder zu verhindern dienstlich verpflichtet war, wissentlich begehen läßt, wird ebenso bestraft, als ob er die Handlung selbst begangen hätte.

Art. 46. Wer einen ihm zur Beaufsichtigung, Begleitung oder Bewachung anvertrauten Gefangenen vorsätzlich entweichen läßt, oder dessen Befreiung vorsätzlich bewirkt oder befördert, wird mit mittlerem oder strengem Arrest nicht unter vierzehn Tagen oder mit Gefängniß oder Festungshaft bis zu fünf Jahren bestraft, nach Umständen tritt neben der Gefängnißstrafe Versetzung in die zweite Klasse des Soldatenstandes ein.

Gleiche Strafe trifft denjenigen, welcher eine von seinem Vorgesetzten ihm befohlene oder ihm dienstlich obliegende Verhaftung vorsätzlich nicht zur Ausführung bringt.

Ist die Entweichung des Gefangenen nur durch Fahrlässigkeit befördert oder erleichtert worden, oder ist die Verhaftung nur aus Fahrlässigkeit unterblieben, so tritt Arrest, oder Gefängniß oder Festungshaft bis zu sechs Monaten ein.

Art. 47. Der Soldat darf in Kampf, Noth und Gefahr seine Kameraden nicht verlassen, muß ihnen nach allen Kräften Hülfe leisten, wenn sie in erlaubten Dingen seines Beistandes bedürfen, und soll mit ihnen in Eintracht leben.

Schlägereien der Soldaten unter einander, und Beleidigungen, durch welche die militärische Zucht und Ordnung gestört wird, werden nachdrücklich bestraft.

Art. 48. Wer irgend eine Dienstgewalt über Andere auszuüben hat, soll durch ruhiges, ernstes und gesetztes Benehmen die Achtung und das Vertrauen seiner Untergebenen sich zu erwerben suchen. Er darf daher den Untergebenen den Dienst nicht unnöthig erschweren und von denselben nur solche Geschäfte und Leistungen fordern, welche der Dienst mit sich bringt. Wer dieselben vorschriftswidrig behandelt, beleidigt, oder gar mißhandelt, oder wer seine Dienstgewalt dazu mißbraucht, um auf Kosten seiner Untergebenen sich Vortheile zu verschaffen, wird nachdrücklich resp. nach den Gesetzen bestraft.

Art. 49. Der Soldat soll ein ordentliches Leben führen und darf weder Schulden machen, noch der Trunkenheit, dem Spiel oder anderen Ausschweifungen sich ergeben. Auch muß er vom Zapfenstreich bis zur Reveille in seinem Quartiere sein, wenn er nicht im Dienste sich befindet, oder von seinem Vorgesetzten Erlaubniß erhalten hat, sich anderswo aufzuhalten. Zuwiderhandlungen werden bestraft.

Bei strafbaren Handlungen gegen die Pflichten der militärischen Unterordnung, sowie bei allen in Ausübung des Dienstes begangenen strafbaren Handlungen bildet die selbstverschuldete Trunkenheit des Thäters keinen Strafmilderungsgrund.

Art. 50. Wer im Dienst, oder nachdem er zum Dienst befehligt worden, durch Trunkenheit zur Ausführung seiner Dienstverrichtung sich untauglich macht, wird mit mittlerem oder strengem Arrest, oder mit Gefängniß oder Festungshaft bis zu einem Jahre bestraft.

Art. 51. Wer bei Ausübung des Dienstes oder unter Verletzung eines militärischen Dienstverhältnisses eines Diebstahls oder einer Unterschlagung an Sachen sich schuldig macht, welche vermöge des Dienstes oder jenes Verhältnisses ihm zugänglich oder anvertraut sind, hat mittleren oder strengen Arrest nicht unter vierzehn Tagen, oder Gefängniß bis zu fünf Jahren zu gewärtigen, unter Umständen neben gleichzeitiger Versetzung in die zweite Klasse des Soldatenstandes und Aberkennung der bürgerlichen Ehrenrechte.

Gleiche Strafen treffen denjenigen, welcher einen Diebstahl oder eine Unterschlagung gegen einen Vorgesetzten oder einen Kameraden oder gegen seinen Quartierwirth oder eine zu dessen Hausstand gehörige Person begeht.

Art. 52. Der Soldat, der einem Kameraden Eßwaaren, Getränke, Taback oder Gegenstände zum Reinigen oder zum Ausbessern von Montirungs- oder Armaturstücken, wenn auch nur von unbedeutendem Werthe oder in geringer Menge und zum alsbaldigen eigenen Gebrauch entwendet oder veruntreut, wird nachdrücklich bestraft.

Art. 53. Die in den Militär-Strafgesetzen für militärische Verbrechen oder Vergehen im Felde ertheilten Vorschriften finden auch unter anderen Verhältnissen Anwendung, wenn bei außerordentlichen Ereignissen der befehligende Offizier dienstlich hat bekannt machen lassen, daß diese Vorschriften für die Dauer des eingetretenen außerordentlichen Zustandes auf seine Untergebenen zur Anwendung kommen.

Art. 54. Während der Soldat, welcher seine Pflichten verletzt, Strafe zu gewärtigen hat, darf dagegen jeder rechtschaffene, unverzagte und ehrliebende Soldat der Anerkennung und des besonderen Wohlwollens seiner Vorgesetzten sich versichert halten.

Art. 55. Dem Soldaten steht nach Maßgabe seiner Fähigkeiten und Kenntnisse der Weg zu den höheren und selbst zu den höchsten Stellen in der Marine offen.

Derjenige, der sich durch Tapferkeit und Muth hervorthut, wird sich aller Auszeichnungen zu erfreuen haben, welche zur Belohnung für Tapferkeit im Kriege bestimmt sind. Desgleichen hat derjenige, welcher in Folge von vor dem Feinde erhaltenen Wunden oder in Folge der Strapatzen auf See dienstunfähig wird oder sonst im Dienst zu Schaden kommt, oder welcher nach längerer vorwurfsfreier Dienstzeit die Beschwerden des Dienstes nicht mehr zu ertragen vermag, für seine treu geleisteten Dienste die verdiente Belohnung durch ehrenvolle Auszeichnungen, sowie durch Anstellung im Civildienst nach den darüber bestehenden Vorschriften zu gewärtigen.

Art. 56. Von dem Ehr- und Pflichtgefühl der Soldaten wird dagegen erwartet, daß sie fort und fort ihre Pflichten treu und gewissenhaft erfüllen, durch ehrenhafte Führung in und außer dem Dienste ein Muster ordentlichen und rechtschaffenen Lebens geben und nach Kräften dazu beitragen werden, den guten Ruf des Heeres im In- und Auslande zu bewahren.

Berlin, den 23. November 1872.

Wilhelm.

v. Stosch.

Beilage IX.

Disziplinar-Strafordnung für die Kaiserliche Marine.

Ich habe auf Ihren Vortrag die Mir vorgelegte „Disziplinar-Straf-Ordnung für die Kaiserliche Marine, Erster Theil: Die Disziplinar-Bestrafung am Lande, Zweiter Theil: Die Disziplinar-Bestrafung an Bord in Dienst gestellter Schiffe und Fahrzeuge" vollzogen, und lasse Ihnen solche mit dem Auftrage wieder zugehen, das Weitere zur Einführung derselben zu veranlassen. Zugleich bestimme Ich, daß wenn gegen den Kommandanten eines Schiffes der ersten drei Rangklassen, gegen den Kommandeur eines selbständigen Marine-Theils oder gegen Stabs-Offiziere der Marine, welche sich in entsprechenden höheren Dienststellen befinden, im Disziplinarwege Arrest verhängt wird, Mir davon in einem jeden Falle sogleich Meldung zu machen ist. Sie haben auch wegen Publikation dieser Meiner Ordre das Weitere zu veranlassen.

Berlin, den 23. November 1872.

Wilhelm.
v. Stosch.

An den Chef der Admiralität.

Disziplinar-Strafordnung für die Kaiserliche Marine.

Erster Theil.

Die Disziplinar-Bestrafung am Lande.

I. Abschnitt.

Umfang der Disziplinar-Strafgewalt.

§ 1.

Der Disziplinarbestrafung unterliegen:

1) Handlungen gegen die militärische Zucht und Ordnung und gegen die Dienstvorschriften, für welche die Militärgesetze keine Strafbestimmungen enthalten;

2) diejenigen militärischen Vergehen, deren Bestrafung im Disziplinarwege in leichteren Fällen durch das Einführungs-Gesetz zum Militär-Strafgesetzbuche für das Deutsche Reich vom 20. Juni 1872 § 3 ausdrücklich gestattet ist*).

§ 2.

Der Disziplinar-Strafgewalt sind unterworfen:

1) alle zur Marine gehörenden Militärpersonen;

---

*) Diese militärischen Vergehen sind:

1) Eigenmächtige Entfernung und eigenmächtige Urlaubsüberschreitung, wenn die unerlaubte Abwesenheit höchstens sieben Tage, im Felde höchstens drei Tage gedauert hat. Militär Strafgesetzbuch für das Deutsche Reich § 64.

2) Verletzung der dem Vorgesetzten schuldigen Achtung im Dienste oder in Beziehung auf eine Diensthandlung, einschließlich der lauten Beschwerdeführung oder Widerrede gegen einen Verweis. § 89 Abs. 1 l. c.

3) Belügen des Vorgesetzten auf Befragen in dienstlichen Angelegenheiten. § 90 l. c.

4) Beleidigung eines Vorgesetzten oder im Dienstrange Höheren, wenn dieselbe nicht eine verleumderische oder nicht durch Verbreitung von Schriften, Darstellungen oder Abbildungen begangen ist. § 91 Abs. 1. l. c.

5) Ungehorsam gegen einen Befehl in Dienstsachen durch Nichtbefolgung oder durch eigenmächtige Abänderung oder Ueberschreitung desselben (§ 92 l. c.), wenn nicht durch den Ungehorsam ein erheblicher Nachtheil verursacht oder die Gefahr eines erheblichen Nachtheils herbeigeführt ist. § 93 ibid.

6) Mißbrauch der Dienstgewalt durch Borgen von Geld oder Annahme von Geschenken von einem Untergebenen ohne Vorwissen des gemeinschaftlichen Vorgesetzten. § 114 l. c.

7) Vorschriftswidrige Behandlung eines Untergebenen oder Beleidigung desselben, wenn die Beleidigung nicht eine verleumderische ist. § 121 Abs. 1. l. c.

8) Vorsätzliche und rechtswidrige Beschädigung, Zerstörung oder Preisgebung eines Dienstgegenstandes. § 137 l. c.

9) Verletzung der Dienstpflichten als Befehlshaber einer militärischen Wache, eines Kommandos oder einer Abtheilung, oder als Schildwache oder als Posten, durch eigenmächtiges Verlassen seines Postens oder durch eine andere Handlung, welche entweder ihn außer Stand setzt, den ihm obliegenden Dienst zu versehen, oder als ein Zuwiderhandeln gegen die ihm in Bezug auf jenen Dienst ertheilten Vorschriften sich darstellt; insofern durch die Pflichtverletzung kein Nachtheil verursacht oder im Felde nicht die Gefahr eines erheblichen Nachtheils herbeigeführt ist. § 141 l. c.

10) Verlassen der Wache ohne Erlaubniß während des Wachtdienstes. § 146 l. c.

11) Verlassen des angewiesenen Platzes ohne Erlaubniß bei einem Kommando oder auf dem Marsche. § 146 l. c.

12) Trunkenheit im Dienst, sowie nach erfolgter Befehligung zum Dienste durch Trunkenheit veranlaßte Untauglichkeit zur Ausführung einer Dienstverrichtung. § 151 l. c.

2) die Offiziere à la suite, wenn und insolange sie zu vorübergehender Dienstleistung zugelassen sind, sowie in Bezug auf solche disziplinarisch strafbare Handlungen gegen die militärische Unterordnung, welche sie begehen, während sie die Militäruniform tragen;
3) alle Personen, welche während eines Krieges sich in irgend einem Dienst- oder Vertragsverhältnisse bei der kriegführenden Marine befinden, oder sonst sich bei derselben aufhalten oder ihr folgen;
4) die Kriegsgefangenen.

II. Abschnitt.

Von der Disziplinarbestrafung der zum Soldatenstande gehörenden Militärpersonen des aktiven Dienststandes.

I. Disziplinarstrafen.

§ 3.

A Für Offiziere.

1) Verweis:
   a) einfacher, — ohne Zeugen oder im Beisein eines Vorgesetzten;
   b) förmlicher, — vor versammeltem Offizierkorps;
   c) strenger, — durch Parolebefehl, mit Eintragung der Veranlassung in die Parolebücher.
2) Stubenarrest bis zu vierzehn Tagen.

B. Für Unteroffiziere mit Einschluß der Deckoffiziere.

1) Verweis:
   a) einfacher, — im Beisein eines Vorgesetzten;
   b) förmlicher, — vor versammelten Offizieren und Unteroffizieren der Kompagnie oder Abtheilung;
   c) strenger, — durch Parolebefehl mit Eintragung der Veranlassung in die Parolebücher.
2) Die Auferlegung gewisser Dienstverrichtungen außer der Reihe, z. B. Strafwachen.
3) Arreststrafen:
   a) Kasernen-, Quartier- oder gelinder Arrest bis zu vier Wochen;
   b mittlerer Arrest bis zu drei Wochen.

C. Für Gemeine, mit Einschluß der Gefreiten-Klasse

1) Kleinere Disziplinarstrafen:
   a) die Auferlegung gewisser Dienstverrichtungen außer der Reihe, z. B. Strafexerziren, Strafwachen, Strafdienst in der Kaserne, den Montirungskammern oder auf den Schießständen, Erscheinen zum Rapport oder zum Appell in einem bestimmten Anzuge;
   b) die Entziehung der freien Verfügung über die Löhnung und die Ueberweisung derselben an einen Unteroffizier zur Auszahlung in täglichen Raten bis auf die Dauer von vier Wochen;

c) die Auferlegung der Verpflichtung, zu einer bestimmten Zeit vor dem Zapfenstreich in die Kaserne oder in das Quartier zurückzukehren, bis auf die Dauer von vier Wochen.

2) Arreststrafen:
   a) Kasernen-, Quartier- oder gelinder Arrest bis zu vier Wochen;
   b) mittlerer Arrest bis zu drei Wochen;
   c) strenger Arrest bis zu vierzehn Tagen.

Außerdem:

3) für die Gefreiten-Klasse:
   die Entfernung von dieser Charge, und
4) für Gemeine der zweiten Klasse des Soldatenstandes, nach fruchtloser Anwendung der vorstehend erwähnten Strafen:
   die Einstellung in eine Arbeiter-Abtheilung.

D. Für die Mitglieder des Maschinen-, Ingenieur- und des Sanitäts-Korps.

Nach Maßgabe ihres Militärranges die vorstehend aufgeführten Strafen.

§ 4.

Bloße Zurechtweisungen oder Rügen sind als Disziplinarstrafen nicht anzusehen.

Arreststrafen dürfen nicht unter vierundzwanzig Stunden verhängt werden.

Gegen Unteroffiziere, welche das Portepee tragen, darf mittlerer Arrest nicht verhängt werden.

II. Zuständigkeit zur Verhängung von Disziplinarstrafen.

1. Der Marine-Befehlshaber.

A. Im Allgemeinen.

§ 5.

Die Disziplinarstrafgewalt steht nur solchen Offizieren zu, denen der Befehl über einen Marinetheil, über ein abgesondertes Kommando, über eine Marinebehörde, oder über eine Marine-Anstalt, mit Verantwortlichkeit für die Disziplin, übertragen ist, und erstreckt sich auf die Untergebenen dieses Befehlsbereichs.

§ 6.

Die Disziplinarstrafgewalt ist nicht an die Charge, sondern an die Funktion geknüpft und geht von selbst auf den Stellvertreter im Kommando, sofern er Offizier ist, über.

Der Stellvertreter des Landwehrbezirks-Kommandeurs hat jedoch, insofern er Subalternoffizier ist, nur die im § 8 sub 2 und § 9 angegebenen Strafbefugnisse.

§ 7.

Diejenigen Offiziere, welche sich nicht in einer der im § 5 erwähnten dienstlichen Stellungen befinden, und die Unteroffiziere haben keine Disziplinarstrafgewalt.

Indessen ist jeder Offizier und Unteroffizier berechtigt, die nach dem Dienstgrade oder dem Patent oder dem Dienstalter unter ihm stehenden Personen des Soldatenstandes nöthigenfalls vorläufig zu verhaften oder ihre vorläufige Verhaftung zu bewirken. Eine solche Verhaftung aber muß von ihm sofort einem mit Disziplinarstrafgewalt versehenen Vorgesetzten des Verhafteten gemeldet werden.

§ 8.

Jeder mit Disziplinarstrafgewalt versehene Befehlshaber ist berechtigt:

1) gegen Offiziere einfache und förmliche Verweise, sowie
2) gegen Unteroffiziere und Gemeine die für dieselben nach § 3 B. 1, 2 und C. 1 zulässigen Disziplinarstrafen

zu verhängen.

B. Insbesondere.

§ 9.

Der Führer einer Kompagnie ist berechtigt, außer den im § 8 erwähnten Disziplinarstrafen

1) gegen Unteroffiziere und Gemeine:
   Kasernen-, Quartier- oder gelinden Arrest bis zu acht Tagen;
2) gegen Unteroffiziere, die nicht das Portepee tragen und gegen Gemeine:
   mittleeren Arrest bis zu fünf Tagen, und
3) gegen Gemeine:
   strengen Arrest bis zu drei Tagen

zu verhängen.

§ 10.

Der Führer (Kommandeur) einer Matrosen-Abtheilung, eines nicht selbstständigen Bataillons beziehungsweise einer solchen Artillerie-Abtheilung ist berechtigt, außer den im § 8 erwähnten Disziplinarstrafen

1) gegen Unteroffiziere und Gemeine:
   Kasernen-, Quartier- oder gelinden Arrest bis zu vierzehn Tagen;
2) gegen Unteroffiziere, die nicht das Portepee tragen und gegen Gemeine:
   mittleren Arrest bis zu zehn Tagen, und
3) gegen Gemeine:
   strengen Arrest bis zu sieben Tagen

zu verhängen.

Gegen die ihm untergebenen Offiziere darf derselbe zwar Stubenarrest verhängen, muß jedoch hiervon sofort dem ihm vorgesetzten Kommandeur zur Bestimmung der Dauer des Arrestes Meldung machen.

§ 11.

Der Kommandeur einer Matrosen- oder Werft-Division, der Torpedo- und See-Artillerie-Abtheilung, eines Regiments oder eines selbstständigen Bataillons, der Landwehrbezirks-Kommandeur und jeder andere mit den gerichtsherrlichen Befugnissen eines Regiments-Kommandeurs versehene Befehlshaber ist berechtigt, außer den im § 8 erwähnten Disziplinarstrafen

1) gegen Offiziere:
   a) strengen Verweis,
   b) Stubenarrest bis zu sechs Tagen;
2) gegen Unteroffiziere und Gemeine:
   Kasernen-, Quartier- oder gelinden Arrest bis zu vier Wochen;
3) gegen Unteroffiziere, die nicht das Portepee tragen und gegen Gemeine:
   mittleren Arrest bis zu drei Wochen, und
4) gegen Gemeine:
   strengen Arrest bis zu vierzehn Tagen

zu verhängen.

Auch ist derselbe berechtigt:

5) Personen der Gefreiten-Klasse von dieser Charge zu entfernen.

§ 12.

Die detachirten Stabsoffiziere, Kapitän-Leutenants und Hauptleute sind berechtigt, außer den im § 8 erwähnten Disziplinarstrafen

1) gegen Offiziere:
   a) strengen Verweis,
   b) Stubenarrest bis zu drei Tagen;
2) gegen Unteroffiziere und Gemeine:
   Kasernen-, Quartier- oder gelinden Arrest bis zu vierzehn Tagen;
3) gegen Unteroffiziere, die nicht das Portepee tragen und gegen Gemeine:
   mittleren Arrest bis zu zehn Tagen, und
4) gegen Gemeine:
   strengen Arrest bis zu sieben Tagen

zu verhängen.

Detachirte Subaltern-Offiziere haben in gleichem Umfange die Disziplinarstrafgewalt über die ihnen untergebenen Unteroffiziere und Gemeinen. Gegen die ihnen untergebenen Offiziere aber dürfen sie Arreststrafen nicht verhängen.

Jede von einem detachirten Offizier über einen Offizier verhängte Disziplinarbestrafung muß dem Vorgesetzten des Letzteren angezeigt werden.

§ 13.

Als detachirt sind Marine-Abtheilungen anzusehen, welche von ihrem nächsthöheren Befehlshaber örtlich soweit getrennt sind, daß sie die täglichen Befehle desselben nicht unmittelbar empfangen können, insofern sie nicht unter den Befehl eines anderen, die Stelle dieses Vorgesetzten einnehmenden Befehlshabers getreten sind.

§ 14.

Die dem Kommandeur einer Matrosen- oder Werft-Division, der Torpedo- und See-Artillerie-Abtheilung, eines Regiments oder selbstständigen

Bataillons und die dem Landwehrbezirks-Kommandeur vorgesetzten Befehlshaber, sowie die Gouverneure und Kommandanten sind in Betreff aller ihnen untergebenen Unteroffiziere und Gemeinen innerhalb derselben Grenzen zur Verhängung von Disziplinarstrafen berechtigt, wie der Kommandeur eines Regiments (§ 11).

Dem Chef der Admiralität steht außerdem die Befugniß zu, die Ueberweisung von Gemeinen der zweiten Klasse des Soldatenstandes an eine Arbeiter-Abtheilung zu veranlassen (§ 3 C. 4).

Offiziere seines Befehlsbereichs darf:

1) der Chef der Admiralität bis zu vierzehn Tagen,
2) der Stations-Chef, der Gouverneur, sowie der Kommandant einer Festung ersten Ranges bis zu zehn Tagen,
3) der Brigade-Kommandeur und der Kommandant eines offenen Ortes, sowie einer Festung zweiten oder dritten Ranges bis zu acht Tagen

mit Stubenarrest bestrafen.

§ 15.

Die Zuständigkeit der höheren Befehlshaber vom Kommandeur einer Matrosen-Abtheilung resp. Bataillons- oder Abtheilungs-Kommandeurs aufwärts zur Disziplinarbestrafung tritt ein, wenn die zur Disziplinarbestrafung geeignete Handlung:

1) unter ihren Augen, oder
2) gegen ihre dienstliche Autorität, oder
3) von Militärpersonen verschiedener Marinetheile ihres Befehlsbereichs begangen, oder
4) ihnen zur Entscheidung oder zur Bestimmung der Strafe gemeldet, oder
5) von dem niederen Befehlshaber unbestraft gelassen ist.

§ 16.

Die Zuständigkeit der Gouverneure und der Kommandanten tritt gegen alle am Orte befindliche Offiziere und Mannschaften ein, wenn die zur Disziplinarbestrafung geeignete Handlung:

1) als Exzeß gegen die allgemeine Sicherheit, Ruhe und Ordnung zu betrachten, oder
2) gegen eine besondere, in Beziehung auf die Festungswerke und Vertheidigungsmittel bestehende Anordnung, oder
3) gegen eine von ihnen erlassene militärpolizeiliche Vorschrift, oder sonst gegen ihre dienstliche Autorität, oder
4) im Wacht- oder sonstigen Dienste des Platzes, oder
5) von einem Offizier, Unteroffizier oder Gemeinen begangen ist, von deren eigenen, mit Disziplinarstrafgewalt versehenen Vorgesetzten Keiner in dienstlicher Eigenschaft am Orte ist.

In den Orten, in welchen zwei Kommandanten sich befinden, hat der zweite Kommandant nur dann Disziplinarstrafgewalt, wenn er die Dienstgeschäfte des ersten Kommandanten stellvertretend wahrnimmt.

Ein Gleiches gilt von dem Kommandanten in den Orten, in welchen derselbe sich unter einem Gouverneur befindet.

§ 17.

Die Zuständigkeit der Garnison- und Kantonnements-Aeltesten und in größeren Lagern oder Bivouaks der Lager-Kommandanten tritt gegen alle am Orte befindliche Offiziere und Mannschaften in den im § 16 sub 3 und 5 genannten Fällen ein.

Die genannten Militärbefehlshaber üben diese Disziplinarstrafgewalt in demselben Umfange, wie über ihre eigenen Untergebenen, aus.

Wenn im Kriege Offiziere zu Kantonnements-, Etappen- oder Lager-Kommandanten ernannt werden, erstreckt sich ihre Zuständigkeit auch auf die im § 16 sub 1 und 4 genannten Fälle.

§ 18.

Für den Umfang der Disziplinarstrafgewalt der in den §§ 9 bis 17 nicht ausdrücklich genannten Befehlshaber und für die Fälle, in denen ausnahmsweise Einzelnen der dort genannten Befehlshaber eine andere, als die daselbst angegebene Disziplinarstrafgewalt verliehen ist, sind die in den betreffenden besonderen Erlassen und Instruktionen ertheilten Bestimmungen maßgebend.

§ 19.

Wenn außer den Fällen der §§ 16 und 17 von mehreren der Disziplinarstrafgewalt verschiedener Marine-Befehlshaber unterworfenen Offizieren oder Mannschaften gemeinschaftlich eine zur Disziplinarbestrafung geeignete strafbare Handlung begangen wird, so steht die Bestimmung der Strafe gegen alle Betheiligte dem nächsten gemeinschaftlichen Befehlshaber, oder wenn ein solcher sich nicht in dienstlicher Eigenschaft am Orte befindet, dem Gouverneur oder Kommandanten und in Ermangelung desselben dem Garnison- oder Kantonnements-Aeltesten zu.

§ 20.

Nach den Bestimmungen der §§ 8 bis 19 regelt sich der Umfang der Disziplinarstrafgewalt der Marine-Befehlshaber auch in dem Falle, wenn Marine-Abtheilungen, welche aus ihrem ordentlichen Verbande zeitweilig ausgeschieden sind, mit anderen kombinirt und einem gemeinsamen Befehlshaber unterstellt werden.

Ueber Offiziere und Mannschaften, welche von ihrem Marinetheile zu einem anderen, oder zu einer Marinebehörde oder Anstalt abkommandirt sind, üben nach Maßgabe der Bestimmungen der §§ 8 bis 19 diejenigen Befehlshaber die Disziplinarstrafgewalt aus, denen die Abkommandirten in dem neuen Dienstverhältniß unterstellt sind.

§ 21.

Die Marine-Befehlshaber sind berechtigt, über Mitglieder des Sanitäts-Korps und des Maschinen-Ingenieur-Korps nach Maßgabe des Militärranges derselben Disziplinarstrafen unter den gleichen Voraussetzungen und innerhalb derselben Grenzen zu verhängen, innerhalb deren sie nach den Bestimmungen der §§ 8 bis 20 gegen die übrigen ihnen untergebenen Personen des Soldatenstandes zur Verhängung von Disziplinarstrafen zuständig sind.

2. Der im Vorgesetzten-Verhältniß stehenden Mitglieder des Sanitäts-Korps.

§ 22.

Von den im Vorgesetzten-Verhältniß stehenden Mitgliedern des Sanitäts-Korps im Offizierrange üben:

1) der Generalstabsarzt der Armee die Disziplinarstrafgewalt eines Divisions-Kommandeurs;
2) der Marine-General-Arzt diejenige eines Regiments-Kommandeurs;
3) die Chefärzte der Lazarethe diejenige eines nicht detachirten Kompagnie-Chefs

aus.

Den hier nicht genannten, im Vorgesetzten-Verhältniß stehenden Mitgliedern des Sanitäts-Korps im Offizierrange steht nur insoweit Disziplinarstrafgewalt zu, als sie ihnen durch besondere Erlasse oder Instruktionen verliehen ist.

Die Zuständigkeit der im Vorgesetzten-Verhältniß stehenden Mitglieder des Sanitäts-Korps im Offizierrange zur Verhängung von Disziplinarstrafen über Personen des Soldatenstandes ist auf die Aerzte, Lazarethgehülfen und militärischen Krankenwärter ihres Dienstbereichs beschränkt. Nur die Chefärzte der Feldlazarethe sind außerdem berechtigt, über die zu diesen Lazarethen gehörenden, beziehungsweise in dieselben aufgenommenen Mannschaften des Trains und über die Kranken vom Stande der Unteroffiziere und Gemeinen, nach Maßgabe des Militärranges dieser Personen, Disziplinarstrafen zu verhängen.

Die §§ 6, 7 und 20 finden auf die Mitglieder des Sanitäts-Korps analoge Anwendung.

III. Abschnitt.

Von der Disziplinarbestrafung der zum Soldatenstande gehörenden Militärpersonen des Beurlaubtenstandes.

§ 23.

Auf die Personen des Beurlaubtenstandes kommen die Strafvorschriften dieser Verordnung nur in der Zeit durchweg zur Anwendung, während welcher sie sich im Dienst befinden.

Außerhalb dieser Zeit tritt Disziplinarbestrafung nur ein: wegen Zuwiderhandlungen gegen die zum Zwecke der Aufrechthaltung der militärischen Kontrole ertheilten Dienstvorschriften, sowie wegen derjenigen militärischen Vergehen, deren Bestrafung im Disziplinarwege in leichteren Fällen auch bei Personen des Beurlaubtenstandes durch das Militär-Strafgesetzbuch für das Deutsche Reich vom 20. Juni 1872 und den § 3 des Einführungsgesetzes zu demselben ausdrücklich gestattet ist.

Dies ist der Fall:

1) wenn Personen des Beurlaubtenstandes des Ungehorsams gegen einen in Gemäßheit der Dienstordnung ertheilten Befehl durch Nichtbefolgung oder durch eigenmächtige Abänderung oder Ueberschreitung desselben sich schuldig machen;

2) wenn Personen des Beurlaubtenstandes im dienstlichen Verkehr mit dem Vorgesetzten oder in der Militäruniform:

a) die dem Vorgesetzten schuldige Achtung verletzen, insbesondere laut Beschwerde oder gegen einen Verweis Widerrede führen;

b) auf Befragen in dienstlichen Angelegenheiten dem Vorgesetzten wissentlich die Unwahrheit sagen;

c) einen Vorgesetzten oder im Dienstrange Höheren beleidigen;

3) wenn Personen des Beurlaubtenstandes im dienstlichen Verkehr mit dem Untergebenen oder in der Militäruniform:

a) einen Untergebenen beleidigen oder einer vorschriftswidrigen Behandlung desselben sich schuldig machen;

b) von dem Untergebenen ohne Vorwissen des gemeinschaftlichen Vorgesetzten Geld borgen oder Geschenke annehmen.

§ 24.

Die Befugniß, über Personen des Beurlaubtenstandes nach Maßgabe der Bestimmungen dieser Verordnung Disziplinarstrafen zu verhängen, steht den Landwehrbezirks-Kommandeuren und deren Stellvertretern, sowie eintretenden Falls den ihnen vorgesetzten höheren Militärbefehlshabern, und zwar in dem in den §§ 11, 6 und 14 angegebenen Umfange, zu.

Die Gouverneure, Kommandanten und Garnison-Aeltesten dürfen die ihnen nach den §§ 14 und 17 zustehende Disziplinarstrafgewalt nur dann gegen Personen des Beurlaubtenstandes ausüben, wenn die letzteren in der Militäruniform einer der im § 23 Nr. 2 und 3a. bezeichneten strafbaren Handlungen sich schuldig machen.

§ 25.

Besteht der Ungehorsam (§ 23 Nr. 1) in der Nichtbefolgung der Einberufungsordre zu einer Uebung, so darf nur dann die Bestrafung im Disziplinarwege erfolgen, wenn entweder der Einberufene nur zu spät sich an dem ihm bestimmten Orte gestellt hat, oder wenn die Umstände sonst eine milde Beurtheilung zulassen.

§ 26.

Ist eine zur Disziplinarbestrafung geeignete Handlung von im Dienst befindlichen Mannschaften des Beurlaubtenstandes während der Dauer einer Kontrolversammlung oder während eines anderen Dienstes, für welchen die Verpflegungskompetenz nicht gewährt wird, begangen, so darf die deshalb zu verhängende Arreststrafe die Dauer von drei Tagen gelinden oder mittleren Arrest nicht übersteigen.

Erachtet der zur Disziplinarbestrafung berechtigte Militärbefehlshaber eine Arreststrafe von solcher Dauer nicht für ausreichend, so hat er die Einleitung der gerichtlichen Untersuchung zu veranlassen.

§ 27.

Die über Mannschaften des Beurlaubtenstandes wegen der im § 23 aufgeführten, außer dem Dienst von ihnen begangenen militärischen Vergehen im Disziplinarwege zu verhängende Strafe darf das Maß von drei Tagen gelinden oder mittleren Arrest in folgenden Fällen nicht übersteigen:

1) wenn der Ungehorsam (§ 23 Nr. 1) besteht:
   a) in der Nichtbefolgung der Berufung zur Kontrolversammlung oder zu einem anderen Dienst, für welchen die Verpflegungskompetenz nicht gewährt wird,
   b) in der Abweichung von dem vorgeschriebenen Dienstwege bei Anbringung von Gesuchen in militärischen Dienstangelegenheiten;
2) wenn der Beurlaubte bei Verübung eines der im § 23 Nr. 2 genannten Vergehen sich nicht in der Militäruniform befunden hat.

Erachtet der zur Disziplinarbestrafung berechtigte Militärbefehlshaber eine Arreststrafe von solcher Dauer nicht für ausreichend, so hat er die Einleitung der gerichtlichen Untersuchung zu veranlassen.

§ 28.

Zuwiderhandlungen gegen die zum Zwecke der Aufrechthaltung der militärischen Kontrole ertheilten Dienstvorschriften über Meldung des Aufenthaltsorts und der Wohnung in diesem Orte, sowie über Meldung einer jeden Veränderung des Aufenthaltsorts oder der Wohnung werden an Mannschaften des Beurlaubtenstandes wahlweise mit Geldbuße von ein Drittheil bis zu zwanzig Thalern, oder mit Haft von einem bis zu acht Tagen geahndet.

Die Festsetzung dieser Strafen geschieht durch das Landwehrbezirks-Kommando; die Vollstreckung auf Requisition desselben durch die Civilbehörde des Aufenthaltsorts des Bestraften.

§ 29.

Auf die zum Beurlaubtenstande gehörenden Offiziere finden die Bestimmungen der §§ 26 und 27 mit der Maßgabe Anwendung, daß die über sie zu verhängende Disziplinarstrafe, insofern sie in Arrest besteht, das Maß von sechs Tagen Stubenarrest nicht übersteigen darf.

In den Fällen des § 28 ist gegen Offiziere keine andere Strafe, als Stubenarrest bis zu der vorangegebenen Dauer zulässig. Die Vollstreckung dieser Strafe liegt dem Landwehrbezirks-Kommandeur ob.

§ 30.

Die in diesem Abschnitt über Disziplinarbestrafung der Offiziere des Beurlaubtenstandes ertheilten Vorschriften finden auf die Offiziere gleichmäßig Anwendung, welche mit Pension zur Disposition gestellt, sowie auf diejenigen, welche mit dem Vorbehalt der gesetzlichen Dienstverpflichtung aus dem aktiven Dienste entlassen sind.

§ 31.

Auf die zum Beurlaubtenstande gehörenden Mitglieder des Sanitäts-

Korps und des Maschinen-Ingenieur-Korps kommen unter Berücksichtigung des Militärranges derselben die in den §§ 23 bis 30 enthaltenen Bestimmungen gleichfalls zur Anwendung.

IV. Abschnitt.
Von der Disziplinarbestrafung der Militärbeamten.

§ 32.

Die Militärbefehlshaber sind berechtigt, über Militärbeamte als Disziplinarstrafen Warnungen und einfache Verweise, sowie:

1) über untere Militärbeamte die gegen Unteroffiziere, welche das Portepee tragen, zulässigen Arreststrafen (§ 3 B. 3 § 4);
2) über obere Militärbeamte:
   a) Geldbuße bis zu zehn Thalern,
   b) Stubenarrest bis zu vierzehn Tagen

zu verhängen.

Der Stubenarrest darf jedoch über diejenigen oberen Militärbeamten, welche sowohl unter einem Militärbefehlshaber, als auch unter einem Verwaltungsvorgesetzten (oder einer Verwaltungsbehörde) stehen, nur in der Zeit verhängt werden, während welcher sie unter den Kriegsgesetzen stehen (§ 9 des Militär-Strafgesetzbuchs für das Deutsche Reich vom 20. Juni 1872).

§ 33.

Die Militärbefehlshaber üben die Disziplinarstrafgewalt über die Militärbeamten nach Maßgabe des Militärranges der Letzteren innerhalb derselben Grenzen aus, innerhalb deren sie nach den Bestimmungen der §§ 8 bis 20 zur Verhängung von Disziplinarstrafen gegen Personen des Soldatenstandes zuständig sind.

Zur Verhängung von Geldbußen sind nur diejenigen Militärbefehlshaber befugt, welche Offiziere mit Stubenarrest, unter Bestimmung der Dauer desselben, bestrafen dürfen. Der Chef der Admiralität darf Geldbuße bis zum höchsten zulässigen Betrage; die übrigen Befehlshaber dürfen Geldbuße nur bis zum Betrage von drei Thalern verhängen.

§ 34.

Militärbeamte, welche sowohl unter einem Militärbefehlshaber, als auch unter einem Verwaltungsvorgesetzten (oder einer Verwaltungsbehörde) stehen, sind bei Verletzung der Dienstvorschriften, welche die Grundlage ihrer Amtswirksamkeit bilden, ausschließlich der Disziplinarbestrafung des Verwaltungsvorgesetzten (oder der Verwaltungsbehörde) unterworfen.

Alle andern zur Disziplinarbestrafung geeigneten Handlungen solcher Militärbeamten gehören zur Zuständigkeit des ihnen vorgesetzten Militärbefehlshabers. Hierdurch wird jedoch die Mitaufsicht der Verwaltungsvorgesetzten (oder der Verwaltungsbehörden) über die sittliche Führung des Beamten und die Befugniß, auch ihrerseits dieserhalb, wo nöthig, im Disziplinarwege einzuschreiten, nicht ausgeschlossen.

Wo die Grenzen dieser beiden Unterordnungs-Verhältnisse zweifelhaft sein sollten, müssen bei Ausübung der Disziplinarstrafgewalt die für die betreffenden Militärbeamten ertheilten besonderen Dienstvorschriften und Instruktionen berücksichtigt werden.

§ 35.

Die Disziplinarstrafgewalt der Verwaltungsvorgesetzten (oder der Verwaltungsbehörden) über die im doppelten Unterordnungs-Verhältniß stehenden Militärbeamten regelt sich nach besonderen Bestimmungen.

§ 36.

Auf die zum Beurlaubtenstande gehörenden Militärbeamten kommen die in den §§ 23 bis 30 ertheilten Bestimmungen nach Maßgabe ihres Militärranges zur Anwendung.

§ 37.

Die Befugniß der Mitglieder des Sanitäts-Korps im Offizierrange zur Verhängung von Disziplinarstrafen über die zu ihrem Dienstbereich gehörenden Militärbeamten regelt sich nach den besonderen Vorschriften und Erlassen.

V. Abschnitt.

Von der Disziplinarbestrafung der im § 2 unter Nr. 3 und 4 genannten Personen.

§ 38.

Auf die im § 2 unter Nr. 3 und 4 genannten Personen finden die für Personen des Soldatenstandes in dieser Verordnung ertheilten Vorschriften Anwendung. Gehören sie nicht zum Soldatenstande, so ist bei der Wahl der Strafart die Bildungsstufe, auf welcher dieselben stehen und ihre Stellung im bürgerlichen Leben zu berücksichtigen.

VII. Abschnitt.

Von der Ausübung der Disziplinarstrafgewalt und von der Vollstreckung der Disziplinarstrafen.

I. Ausübung der Disziplinarstrafgewalt.

§ 39.

Jeder mit Disziplinarstrafgewalt versehene Militärvorgesetzte (§§ 5, 22) muß mit strenger Unparteilichkeit verfahren, und wenn die strafbare Handlung nicht mit Gewißheit aus seiner eigenen Wahrnehmung oder aus einer dienstlichen Meldung, oder aus dem Geständniß des Beschuldigten hervorgeht, sowie überhaupt, wenn er über die Schuld oder den Grad der Strafbarkeit zweifelhaft ist, den Hergang der Sache durch mündliche oder schriftliche Verhandlungen aufzuklären suchen.

§ 40.

Die Art und das Maß der Disziplinarstrafe hat der Militärvorgesetzte innerhalb der Grenzen seiner Disziplinarstrafgewalt, unter möglichster Schonung des Ehrgefühls des zu Bestrafenden, mit Berücksichtigung der Eigenart und der bisherigen Führung desselben, sowie der Natur der zu bestrafenden Handlung und des durch dieselbe mehr oder minder gefährdeten Dienstinteresses zu bestimmen.

Wenn Militärpersonen mit Funktionen betraut sind, die über ihre Charge hinausgehen, so ist bei der Wahl der Strafart auf diese Funktionen Rücksicht zu nehmen.

§ 41.

Ein und dieselbe strafbare Handlung darf nur von einem Vorgesetzten bestraft und dafür nicht mehr als eine Disziplinarstrafe auferlegt werden. Dies schließt jedoch die Befugniß nicht aus, mit einer Arreststrafe

1) gegen Personen der Gefreiten-Klasse die Entfernung von ihrer Charge,
2) gegen Gemeine:
   a) die Entziehung der freien Verfügung über die Löhnung und die Ueberweisung derselben an einen Unteroffizier zur Auszahlung in täglichen Raten,
   b) insofern sie sich in der zweiten Klasse des Soldatenstandes befinden, die Einstellung in eine Arbeiter-Abtheilung

zu verbinden.

§ 42.

Wird nach erfolgter Disziplinarbestrafung dasselbe Disziplinarvergehen von dem Bestraften wieder verübt, so ist, wenn nicht Gründe für eine mildere Beurtheilung vorhanden sind, eine härtere Strafe, als bei der Vorbestrafung, zu verhängen.

§ 43.

Wenn ein nicht mit der höchsten Strafbefugniß versehener Militärvorgesetzter zwar eine Disziplinarstrafe für zulässig, die ihm zustehende Strafbefugniß aber nicht für ausreichend erachtet, so hat er dem nächsthöheren Vorgesetzten von dem Straffalle zur weiteren Verfügung Meldung zu machen.

Entstehen bei einem mit Disziplinarstrafgewalt versehenen Militärvorgesetzten Bedenken darüber, ob eine strafbare Handlung disziplinarisch oder gerichtlich zu bestrafen sei, so muß der Fall dem nächsthöheren Vorgesetzten vorgetragen werden, welcher darüber Bestimmung zu treffen, oder nöthigenfalls behufs Einholung höherer Entscheidung weiter zu berichten hat.

§ 44.

Strafbare Handlungen der Militärpersonen, welche nur der Disziplinarbestrafung unterliegen (§ 1, Nr. 1), dürfen drei Monate nach der Verübung nicht mehr mit Strafe belegt werden.

Ausgenommen hiervon sind die im § 28 unter Strafe gestellten Handlungen.

§ 45.

Ist eine strafbare Handlung, welche gerichtlich hätte bestraft werden sollen, nur mit einer Disziplinarstrafe geahndet worden, so ist dadurch die Strafbarkeit nicht getilgt, sondern, — wenn inzwischen nicht nach den Vorschriften der Strafgesetze die Verjährung eingetreten ist, — die gerichtliche Untersuchung einzuleiten.

II. Vollstreckung der Disziplinarstrafen.

§ 46.

Die Vollstreckung der Disziplinarstrafen muß, sofern die Umstände es gestatten, gleich nach deren Festsetzung erfolgen.

Ist die Strafe von einem höheren Militärvorgesetzten verhängt, so bleibt es seinem Ermessen überlassen, die Vollstreckung derselben entweder selbst anzuordnen, oder dem nächsten Vorgesetzten des zu Bestrafenden zu übertragen.

§ 47.

Beim Kasernen- oder Quartier-Arrest kann der zu Bestrafende zwar zum Dienst herangezogen werden; er darf aber außerdem die Kaserne oder das Gebäude, in welchem er sein Quartier hat, nebst den dazu gehörigen Hofräumen nicht verlassen.

Für die Vollstreckung aller anderen Arreststrafen sind die bestehenden Bestimmungen über die Vollstreckung gerichtlich erkannter Arreststrafen maßgebend.

Wenn im Felde der über Unteroffiziere und Gemeine verhängte gelinde, mittlere oder strenge Arrest den örtlichen Verhältnissen nach weder in einem Ortsgefängniß noch in einem anderen zur Arrestvollstreckung geeigneten Lokale verbüßt werden kann, so ist, insofern die Strafvollstreckung aus dienstlichen Gründen keinen Aufschub erleidet, statt der genannten Arreststrafen für die Dauer der Strafe dem Verurtheilten während seiner dienstfreien Zeit der Aufenthalt auf einer Wache als Arrestat, ohne Entziehung seiner Kompetenzen, anzuweisen.

Hiermit wird verbunden:

1) wenn die verhängte Arreststrafe in mittlerem Arrest besteht: die Heranziehung zu beschwerlichen Dienstverrichtungen außer der Reihe,
2) wenn die verhängte Arreststrafe in strengem Arrest besteht: Anbinden, oder Gewehrtragen, zwei Stunden täglich.

§ 48.

Das Anbinden des Arrestaten geschieht auf eine der Gesundheit desselben nicht nachtheilige Weise, in aufrechter Stellung, den Rücken nach einer Wand oder einem Baume ꝛc. gekehrt, dergestalt, daß er sich weder setzen noch niederlegen kann.

Das Gewehrtragen besteht darin, daß der Arrestat im Stillstehen oder Umhergehen eine funfzehn Kilogramm nicht übersteigende Last, welche durch Gewehre oder andere Ausrüstungsstücke gebildet wird, auf einer Schulter oder auf beide Schultern ungleich vertheilt, zu tragen hat.

Zweistündiges Anbinden, oder zweistündiges Gewehr- 2c. Tragen, in Verbindung mit dem Aufenthalt des Arrestaten auf der Wache (§ 47), steht einem eintägigen strengen Arreste gleich. Am vierten, achten und demnächst an jedem dritten Tage fällt das Anbinden oder Gewehr- 2c. Tragen fort.

Die Strafvollstreckung erfolgt unter militärischer Aufsicht an einem vor den Augen des Publikums möglichst geschützten Orte.

§ 49.

An den nicht im Dienst befindlichen Mannschaften des Beurlaubtenstandes sind Arreststrafen, unter Aufnahme derselben in die Militärverpflegung des betreffenden Landwehrbezirks-Kommandos, in einem Militär-Arrestlokale zu vollstrecken. Die militärische Einkleidung des zu Bestrafenden ist hierbei in der Regel nicht erforderlich.

Ist innerhalb drei Meilen vom Aufenthaltsorte des zu Bestrafenden ein Militär-Arrestlokal nicht vorhanden, so können Arreststrafen unter acht Tagen auf Requisition des Landwehrbezirks-Kommandos durch die Civil-Behörden in einem bürgerlichen Gefängniß vollstreckt werden.

Arreststrafen, welche zur Uebung eingezogene Mannschaften des Beurlaubtenstandes während der Uebung oder vorher verwirkt haben, sind, soweit dies die Erhaltung der Disziplin zuläßt, erst nach Ablauf der Uebungszeit zu vollstrecken.

§ 50.

Wird eine Militärperson des Beurlaubtenstandes, welche in ihren Civilverhältnissen zu den im unmittelbaren oder im mittelbaren Staatsdienste stehenden Beamten gehört, disziplinarisch mit Arrest bestraft, so ist ihrer nächstvorgesetzten Dienstbehörde sogleich nach Verhängung der Strafe davon Nachricht zu geben.

§ 51.

Die Marine- und die Verwaltungs-Vorgesetzten haben von der, gegen eine ihnen untergebene Militärperson verhängten Disziplinarstrafe sich gegenseitig Mittheilung zu machen.

VII. Abschnitt.

Von der Beschwerdeführung über Disziplinarbestrafung.

§ 52.

Beschwerden über eine von dem zuständigen Militärvorgesetzten verhängte Disziplinarstrafe dürfen nur von einem Vorgesetzten des Bestraften oder von diesem selbst, und im letzteren Fall erst nach der Strafvollstreckung und ohne

Mitwirkung eines Dritten, in der für dienstliche Beschwerden vorgeschriebenen Form angebracht werden.

§ 53.

Wird die Beschwerde (§ 52) für begründet erachtet, so ist der hierauf bezügliche Bescheid in die Strafbücher, in welche die Strafe eingetragen worden, unter Löschung derselben, seinem Inhalte nach aufzunehmen und dem Beschwerdeführer davon Kenntniß zu geben.

Unbegründete Beschwerden unterliegen, insofern nicht nach § 152 des Militär-Strafgesetzbuches für das Deutsche Reich vom 20. Juni 1872 gerichtliche Verfolgung geboten ist, der Disziplinarbestrafung.

VIII. Abschnitt.

Von der Beaufsichtigung der Militärvorgesetzten in Absicht auf die richtige Anwendung der Disziplinarstrafen.

§ 54.

Die höheren Militär-Vorgesetzten haben die gerechte und zweckentsprechende Anwendung der den niederen Vorgesetzten zustehenden Strafbefugnisse und die vorschriftsmäßige Strafvollstreckung sorgfältig zu überwachen.

Sie haben zu diesem Behuf die Strafbücher, welche bei den Marinetheilen, den Marinebehörden und den militärischen Anstalten, deren Vorsteher mit Disziplinarstrafgewalt bekleidet sind, geführt werden müssen, und welche den Grund, die Art und das Maß der Strafe, sowie den Namen des Vorgesetzten, welcher die Strafe verhängt hat, auszuweisen haben, genau zu kontroliren.

§ 55.

Finden die höheren Militärvorgesetzten, daß

1) eine von dem niederen Vorgesetzten verhängte Disziplinarstrafe ihrer Art und ihrer Dauer nach unzulässig, oder

2) der Strafende zu deren Verhängung nicht befugt gewesen ist,

so ist von ihnen die Strafe abzuändern oder aufzuheben.

Schlußbestimmungen.

§ 56.

Die Befugniß der Militär-Vorgesetzten der Kaiserlichen Marine zur Verhängung von Disziplinarstrafen in Gemäßheit der Bestimmungen dieser Verordnung tritt auch in dem Falle ein, wenn die Militärperson, welche die Disziplinarstrafe verwirkt hat, dem Deutschen Heere angehört.

§ 57.

Diese Disziplinar-Strafordnung tritt mit dem 15. Dezember d. J. in Kraft. Von diesem Tage ab sind alle hiermit nicht in Einklang stehenden Bestimmungen über die Disziplinar-Bestrafung in der Marine am Land aufgehoben.

Zweiter Theil.
Die Disziplinar-Bestrafung an Bord in Dienst gestellter Schiffe und Fahrzeuge.

I. Abschnitt.
Umfang der Disziplinar-Strafgewalt.

§ 1.

Der Disziplinar-Bestrafung nach den Bestimmungen dieses zweiten Theils sind unterworfen:

1) alle zur Besatzung eines in Dienst gestellten Schiffes oder Fahrzeuges gehörenden, sowie
2) alle anderen auf einem solchen Schiffe oder Fahrzeuge befindlichen Personen,

und zwar vom Augenblick der Indienststellung bis zum Augenblick der Außerdienststellung.

§ 2.

Der Disziplinar-Bestrafung unterliegen:

a) Handlungen gegen die militärische Zucht und Ordnung, Uebertretungen der Schiffsordnung und der Dienstvorschriften, für welche die Militärgesetze keine Strafbestimmungen enthalten,
b) diejenigen militärischen Vergehen, deren Bestrafung im Disziplinarwege in leichteren Fällen durch das Einführungsgesetz zum Militär-Strafgesetzbuch für das Deutsche Reich vom 20. Juni 1872 § 3 ausdrücklich gestattet ist*).

II. Abschnitt.
Von der Disziplinar-Bestrafung der Personen des Soldatenstandes.

I. Disziplinarstrafen.

§ 3.

A. Gegen Offiziere, sowie Mitglieder des Sanitäts- und Maschinen-Ingenieur-Korps.

Verweis und einfacher Kammerarrest bis zu vierzehn Tagen.

Der Verweis für Offiziere ist:

a) einfacher, — ohne Zeugen oder im Beisein eines Vorgesetzten

---

*) Siehe Anmerkung zu § 1² des ersten Theils.

b) förmlicher, — vor versammeltem Offizier-Korps,
c) strenger, — durch Tagesbefehl, mit Eintragung der Veranlassung in das Ordrebuch.

Bloße Zurechtweisungen sind als Strafverweise nicht anzusehen.

B. Gegen Unteroffiziere mit Portepee.

a. Gegen Deckoffiziere.

1) Verweise:
   a) im Beisein ihrer Kameraden,
   b) vor versammeltem Offizier-Korps;
2) Schiffsarrest bis zu vier Wochen,
3) einfacher und verschärfter Kammerarrest bis zu drei Wochen.

b. Gegen die übrigen Unteroffiziere mit Portepee.

1) Verweise:
   a) im Beisein ihrer Kameraden,
   b) vor versammeltem Offizier-Korps;
2) Strafwachen bis zu vierzehn Tagen,
3) Schiffsarrest bis zu vier Wochen,
4) gelinder Arrest bis zu vier Wochen.

C. Gegen Unteroffiziere ohne Portepee.

1) Verweise in Gegenwart ihrer Kameraden oder von Offizieren,
2) Strafwachen oder Strafdienst bis zu vierzehn Tagen,
3) Schiffsarrest bis zu vier Wochen,
4) einsamer Arrest,
   a) gelinder Arrest bis zu vier Wochen,
   b) mittlerer Arrest bis zu drei Wochen,
5) Versetzung in eine niedere Gehaltsklasse bis auf drei Monat.

D. Gegen Gemeine (Matrosen, Kadetten 2c.)

1) Kleine Disziplinarstrafen:
   a) die Auferlegung gewisser Dienstverrichtungen außer der Tour mit angemessener Zeitbestimmung — Strafdienst — insbesondere Strafexerziren, Strafposten und Strafarbeit,
   b) Stehen an Deck während der Freizeit bis zu sechs Stunden, jedoch nicht über zwei Stunden an einem Tage „mit oder ohne Hangematte",
   c) Entern über den Topp bis zu drei Mal in angemessenen Zeiträumen je nach der Größe des Schiffes,
   d) Schiffsarrest bis zu vier Wochen.
2) Einsamer Arrest und zwar:
   a) gelinder Arrest bis zu vier Wochen,
   b) mittlerer Arrest bis zu drei Wochen,
   c) strenger Arrest bis zu vierzehn Tagen.

Strenger Arrest ist — insofern das Gesetz denselben nicht für einzelne Fälle der eine Disziplinarbestrafung gestattenden militärischen Vergehen ausdrücklich androht*) — nur gegen denjenigen zulässig, welcher bereits mit einer Freiheitsstrafe bestraft ist.

3) Gegen Personen der Gefreiten-Klasse: die Entfernung von dieser Charge, wodurch die Vorzüge derselben verloren werden.

4) Gegen Gemeine der zweiten Klasse des Soldatenstandes nach fruchtloser Anwendung der vorstehend erwähnten Strafen: die Einstellung in eine Arbeiter-Abtheilung**).

Gegen Kadetten ist Strafarbeit nicht zu verhängen.

§ 4.

Arreststrafen dürfen nicht unter vierundzwanzig Stunden verhängt werden.

II. Zuständigkeit zur Verhängung von Disziplinarstrafen.

A. Im Allgemeinen.

§ 5.

Die Disziplinarstrafgewalt steht allen Offizieren zu, welchen der Befehl

1) über ein oder mehrere in Dienst gestellte Schiffe oder Fahrzeuge, oder

2) über ein detachirtes Kommando von der Besatzung eines solchen Schiffes oder Fahrzeuges mit Verantwortlichkeit für die Disziplin,

übertragen ist und erstreckt sich auf die Untergebenen dieses Dienstbereichs.

Außer diesen Offizieren hat noch der erste Offizier auf den Schiffen ersten, zweiten und dritten Ranges eine Strafbefugniß. Dieselbe beschränkt sich jedoch auf die Berechtigung, Gefreite und Gemeine wegen geringfügiger Vergehen mit den in § 3 D. 1. namhaft gemachten kleineren Disziplinarstrafen zu belegen.

Ueber diese Bestrafung hat der erste Offizier dem Kommandanten jeden Sonnabend einen Rapport einzureichen.

§ 6.

Diejenigen Offiziere, welche sich nicht in einer der im § 5 erwähnten dienstlichen Stellungen befinden und die Unteroffiziere haben keine Disziplinar-Strafgewalt.

Es ist jedoch jeder Höhere im Range berechtigt, die nach dem Dienstgrade oder bei gleichem Dienstgrade nach dem Dienstalter unter ihm stehenden Personen des Soldatenstandes nöthigenfalls vorläufig zu verhaften oder ihre vorläufige Verhaftung zu bewirken.

Eine solche Verhaftung aber muß von ihm sofort dem Kommandanten des Verhafteten oder in dessen Abwesenheit dessen Stellvertreter gemeldet werden.

---

*) Siehe Anmerkung zu § 1² des ersten Theils Nr. 9 bis incl. 12.

**) Diese Strafe ist in der Regel nur zu beantragen, wenn das Schiff sich in den heimischen Gewässern befindet.

§ 7.

Die Disziplinarstrafgewalt ist nicht an die Charge, sondern an die Funktion geknüpft und geht von selbst auf den Stellvertreter im Kommando, sofern er Offizier ist, über.

§ 8.

Die Zuständigkeit der, den im § 5 genannten Befehlshabern vorgesetzten, höheren Befehlshaber der Marine zur Disziplinarbestrafung tritt ein, wenn die dazu geeignete strafbare Handlung:

a) unter ihren Augen, oder
b) gegen ihre dienstliche Autorität, oder
c) von Personen, welche zur Besatzung verschiedener Schiffe resp. Fahrzeuge gehören, gemeinschaftlich verübt, oder
d) ihnen zur Entscheidung oder Bestimmung der Strafe gemeldet wird, oder
e) von dem niederen Befehlshaber unbestraft gelassen sind.

B. Im Besonderen.

I. Der Kommandanten.

§ 9.

Jeder Kommandant eines in Dienst gestellten und einem Flotten- u. s. w. Verbande zugehörigen Schiffes oder Fahrzeuges der Marine hat:

a) wenn nach dem Besatzungs-Etat der Kommandant dieses Schiffes u. s. w. ein Stabsoffizier ist, die Befugniß, sämmtliche zur Besatzung gehörigen Personen mit Ausnahme der Offiziere, mit dem höchsten Maß der Disziplinarstrafen zu belegen.

Die Offiziere darf derselbe mit Verweisen und Kammerarrest bis zu sechs Tagen bestrafen,

b) wenn nach dem Besatzungs-Etat der Kommandant eines solchen Schiffes oder Fahrzeuges nicht Stabsoffizier ist, darf er

Offiziere mit Verweisen,

Deckoffiziere mit Schiffsarrest bis zu drei Wochen und Kammerarrest bis zu acht Tagen,

die übrigen Unteroffiziere mit Portepee mit Schiffsarrest bis zu drei Wochen und gelindem Arrest bis zu acht Tagen,

Unteroffiziere ohne Portepee und Gemeine mit zehntägigem gelinden und fünftägigem mittleren, letztere auch mit dreitägigem strengen Arrest und erstere mit Versetzung in eine niedere Gehaltsklasse bis zu einem Monat, Personen der Gefreiten-Klasse mit Entfernung von dieser Charge bestrafen.

Gehört das Schiff oder Fahrzeug einem Flotten- u. s. w. Verbande aber nicht an oder ist es detachirt, so hat der Kommandant desselben, sofern er

c) nach dem Besatzungs-Etat Stabsoffizier ist, die Befugniß, auch gegen Offiziere die höchste Disziplinarstrafe zu verhängen;

d) wenn er nach dem Besatzungs-Etat nicht Stabsoffizier ist, so darf er

Offiziere mit dreitägigem Kammerarrest, Deckoffiziere mit Schiffsarrest bis zu drei Wochen und mit Kammerarrest bis zu vierzehn Tagen,

die übrigen Unteroffiziere mit Portepee mit Schiffsarrest bis zu drei Wochen und mit gelindem Arrest bis zu vierzehn Tagen, Unteroffiziere ohne Portepee und Gemeine mit gelindem Arrest bis zu vierzehn Tagen und mittlerem Arrest bis zu zehn Tagen, erstere auch mit Versetzung in eine niedere Gehaltsklasse, jedoch nur bis zu zwei Monaten, Personen der Gefreiten-Klasse mit Entfernung von dieser Charge,

bestrafen.

Auch darf von ihm gegen Gemeine strenger Arrest bis zu sieben Tagen verhängt werden.

Von der Bestrafung eines Offiziers haben diese Kommandanten dem vorgesetzten Befehlshaber sobald als möglich Meldung zu machen.

Unter „detachirt" ist ein Schiff oder Fahrzeug zu verstehen, welches selbstständige Segelordre hat.

II. Der detachirten Offiziere.

§ 10.

Detachirte Offiziere haben, sofern sie nicht Stabsoffiziere oder Kapitän-Leutenants sind, gegen Unteroffiziere und Gemeine dieselbe Strafgewalt wie die im § 9 unter Litt. d gedachten Kommandanten detachirter Schiffe oder Fahrzeuge, welche nach dem Besatzungs-Etat nicht Stabsoffiziere sind.

Sind die detachirten Offiziere aber Stabsoffiziere oder Kapitän-Leutenants, so sind sie auch berechtigt, gegen Offiziere einfachen Kammerarrest bis zu drei Tagen zu verhängen.

§ 11.

Jede von einem detachirten Offizier über einen Offizier verhängte Disziplinarbestrafung muß dem unmittelbaren Vorgesetzten sobald als möglich gemeldet werden.

Dasselbe muß geschehen, wenn von einem detachirten Offizier, insofern derselbe nicht Stabsoffizier ist, ein Gemeiner mit strengem Arrest bestraft wird.

§ 12.

Die Disziplinarstrafgewalt steht den detachirten Offizieren in dem im § 10 bezeichneten Umfange so lange zu, als sie außer der gewöhnlichen täglichen Dienstverbindung mit ihrem nächsten Vorgesetzten sich befinden und nicht unter die Befehle eines anderen, die Stelle dieses Vorgesetzten einnehmenden Befehlshabers treten.

III. Der höheren Befehlshaber.

§ 13.

Die höheren, dem Kommandanten eines in Dienst gestellten Schiffes vorgesetzten Befehlshaber können in den Fällen des § 8 über Unteroffiziere mit und ohne Portepee, Gemeine ꝛc. das höchste Strafmaß verhängen.

Ein Offizier darf dagegen

a) von dem Chef der Admiralität mit vierzehn Tagen Kammerarrest,
b) von einem Marinestations-Chef mit zehn Tagen Kammerarrest,
c) von einem Geschwader-Chef oder sonstigen Befehlshaber mehrerer Schiffe oder Fahrzeuge mit zehn Tagen Kammerarrest,
d) von einem als detachirt zu betrachtenden Befehlshaber der Kategorie ad c. mit vierzehn Tagen Kammerarrest,

disziplinarisch bestraft werden.

§ 14.

Die in Vorstehendem bestimmte äußerste Grenze der anzuwendenden Disziplinarstrafen schließt die Befugniß zur Verhängung der gelinderen Strafen für die hiernach mit Strafgewalt versehenen Befehlshaber ein.

§ 15.

Diejenigen Personen, welche zum Stabe eines Geschwaders gehören, können nur vom Geschwader-Chef bestraft werden.

III. Abschnitt.

Von der Disziplinar-Bestrafung der Militärbeamten.

§ 16.

Gegen Militärbeamte, die an Bord in Dienst gestellter Schiffe oder Fahrzeuge kommandirt sind, übt der Kommandant die Disziplinar-Strafgewalt nach Maßgabe ihres Ranges innerhalb derselben Grenzen aus, wie gegen die ihm untergebenen Personen des Soldatenstandes.

§ 17.

Alle mit Disziplinarstrafgewalt versehenen Befehlshaber der Marine dürfen im Disziplinarwege

1) gegen untere Militärbeamte, die gegen Deckoffiziere,
2) gegen obere Militärbeamte, die gegen Offiziere

zulässigen Strafen verhängen.

§ 18.

Die Militär- und Verwaltungs-Vorgesetzten haben von der gegen einen, ihnen beiden untergebenen Militärbeamten verhängten Disziplinarstrafe, insofern dieselbe nicht blos in einem Verweise besteht, sich gegenseitig Mittheilung zu machen.

22*

IV. Abschnitt.

Von der Disziplinar-Bestrafung der im § 1 unter Nr. 2 erwähnten sowie der kontraktlich engagirten Personen.

§ 19.

Auf die im § 1 unter Nr. 2 genannten Personen finden, wenn sie zum Soldatenstande gehören, die für Personen des Soldatenstandes in dieser Verordnung ertheilten Vorschriften nach Maßgabe ihres Ranges Anwendung. Gehören sie nicht zum Soldatenstande, so sind in Absicht auf die Disziplinarbestrafung derselben die Vorschriften des § 16 maßgebend, jedoch muß dabei die Stellung dieser Personen im bürgerlichen Leben berücksichtigt werden.

Kontraktlich engagirte Köche und Kellner werden wie Unteroffiziere ohne Portepee bestraft; an Stelle der Versetzung in eine niedere Gehaltsklasse tritt Gehaltsabzug bis zu einem Viertel der Gage von einem Tage bis zu drei Monaten. Jedoch müssen die Leute mit dieser Strafandrohung durch Aufnahme in den Kontrakt bekannt gemacht worden sein.

V. Abschnitt.

Von der Ausübung der Disziplinar-Strafgewalt.

§ 20.

Jeder mit Disziplinar-Strafgewalt versehene Befehlshaber muß überall mit strenger Unparteilichkeit zu Werke gehen und wenn die strafbare Handlung nicht mit Gewißheit aus seiner eigenen Wahrnehmung oder aus einer dienstlichen Meldung oder aus dem Geständniß des Beschuldigten hervorgeht, sowie überhaupt, wenn er über die Schuld oder den Grad der Strafbarkeit zweifelhaft ist, den Hergang der Sache durch mündliche oder schriftliche Verhandlungen aufzuklären suchen.

§ 21.

Die Art und das Maß der Disziplinarstrafe hat der Befehlshaber innerhalb der Grenzen seiner Disziplinarstrafgewalt unter möglichster Schonung des Ehrgefühls des zu Bestrafenden, mit Berücksichtigung seiner Individualität, seiner bisherigen Führung und des durch die zu bestrafende Handlung mehr oder minder gefährdeten Dienstinteresses zu bestimmen.

Bei der Wahl der Strafart ist zugleich die Natur der strafbaren Handlung zu berücksichtigen.

Wenn Militärpersonen mit Funktionen betraut sind, die über ihre Charge hinausgehen, so ist bei der Wahl der Strafart auf diese Funktion Rücksicht zu nehmen.

§ 22.

Ein und dieselbe strafbare Handlung darf nur von einem Vorgesetzten bestraft und dafür nicht mehr als eine Disziplinarstrafe auferlegt werden.

§ 23.

Wird nach erfolgter Disziplinarbestrafung dasselbe Disziplinar-Vergehen oder eine gleichartige strafbare Handlung von dem Bestraften wieder verübt, so ist, wenn nicht besondere Milderungsgründe vorhanden sind, eine härtere Strafe als bei der Vorbestrafung zu verhängen. Reicht dazu die Disziplinarbestrafung nicht aus, so muß gerichtliche Untersuchung und Bestrafung eintreten.

§ 24.

Wenn der Vorgesetzte zwar eine Disziplinarstrafe für zulässig, das Maß der ihm zustehenden Strafbefugniß aber für unzureichend erachtet, so muß er darüber dem nächsten höheren Vorgesetzten zur weiteren Bestimmung Anzeige machen.

Bedenken, welche darüber entstehen, ob ein Vergehen überhaupt disziplinarisch oder gerichtlich zu bestrafen ist, müssen dem nächsten, mit Gerichtsbarkeit versehenen Vorgesetzten vorgetragen werden, welcher darüber zu bestimmen oder die höhere Entscheidung einzuholen hat.

§ 25.

Strafbare Handlungen der Personen des Soldatenstandes, welche nur zur Disziplinarbestrafung sich eignen, dürfen, wenn sie später als drei Monate nach der Verübung zur Kenntniß des betreffenden mit Disziplinarstrafgewalt versehenen Befehlshabers gelangen, als verjährt, nicht mehr mit Strafe belegt werden.

§ 26.

Ist eine strafbare Handlung, welche gerichtlich hätte bestraft werden sollen, nur mit einer Disziplinarstrafe geahndet worden, so ist dadurch die Strafbarkeit nicht getilgt, sondern, wenn inzwischen nicht nach den Vorschriften der Strafgesetze die Verjährung eingetreten ist — die gerichtliche Untersuchung einzuleiten. Bei Abmessung der gerichtlichen Strafe muß alsdann auf die bereits verbüßte Disziplinarstrafe Rücksicht genommen werden.

VII. Abschnitt.

Von der Vollstreckung der Disziplinarstrafen.

§ 27.

Die Disziplinarstrafen werden wie folgt vollstreckt:

1) Arreststrafen nach Maßgabe der Verordnung, betreffend die Vollstreckung von Arreststrafen auf den in Dienst gestellten Schiffen und Fahrzeugen der Marine vom 23. November 1872.

2) Strafwachen dürfen gegen Unteroffiziere nur verhängt werden, wenn dieselben in drei Wachen gehen.

Der Bestrafte hat alsdann unter besonderer Aufsicht des wachthabenden Offiziers, Wache um Wache zu gehen.

3) Der Strafdienst wird vollstreckt:

a) bei den Unteroffizieren ohne Portepee:

durch Kommandirung zur Beaufsichtigung der Strafarbeiter, zum Exerziren der Strafexerzirer oder zur Ausübung sonstigen besonderen Divisions- u. s. w. Dienstes;

b) bei Gemeinen:

α) durch Strafarbeit, Beschäftigung während der Freizeit der Mannschaft;

β) durch Strafexerziren während der Freizeit;

γ) durch Strafposten, welcher auf der Wache des Bestraften durch Postiren desselben auf einem bestimmten Platz auf Deck unter besonderer Aufsicht des wachthabenden Offiziers, in der vorgeschriebenen Dauer während höchstens 2 Stunden pro Wache stattzufinden hat

Die Strafen unter α und β werden nach Stunden verhängt, und wird vom Stabswachtmeister über die Vollstreckung besondere Kontrole geführt.

Für die Mittagsmahlzeit wird eine halbe Stunde und für Frühstück und Abendbrod je eine Viertelstunde Freizeit gestattet. An Sonn- und Feiertagen soll die Vollstreckung dieser Strafen in der Regel nicht stattfinden.

4) Die Versetzung in eine niedere Gehaltsklasse wird in der Art vollstreckt, daß während der Dauer der Strafe Unteroffiziere erster Klasse das Gehalt der Unteroffiziere zweiter Klasse, Unteroffiziere zweiter Klasse das Gehalt der resp. Gefreiten erhalten.

Eine Degradation ist mit dieser Strafe nicht verbunden.

Funktions-Zulagen, wie Schreiber- u. s. w. Zulagen, welche mit der Stelle des Bestraften verbunden sind, behält derselbe so lange, als er die qu. Funktion versieht. Ebenso soll die von dem Bestraften früher geleistete Familienzahlung nur dann verkürzt resp. eingestellt werden, wenn die, während der Strafzeit geleistete Familienzahlung nicht innerhalb einer Zeit von drei Monaten von Beendigung der Strafe ab durch Einbehaltung des sonst zur Disposition der betreffenden Person stehenden letzten Drittels der Löhnung gedeckt werden kann. Personen der Gefreiten-Klasse, welche mit Entfernung von dieser Charge bestraft sind, dürfen bei fortgesetzt guter Führung frühestens nach 3 Monaten durch den Kommandanten wieder zu ihrer früheren Charge befördert werden.

5) Die von kontraktlich engagirten Personen eingezogenen Gehaltsabzüge werden dem Unteroffizier-Unterstützungsfonds überwiesen.

§ 28.

Die Vollstreckung der Disziplinarstrafen muß, sofern die Umstände es nur irgend gestatten, gleich nach deren Festsetzung erfolgen. Ist die Strafe von einem höheren Befehlshaber verhängt, so bleibt es seinem Ermessen überlassen, die Vollstreckung derselben entweder selbst anzuordnen, oder dem nächst vorgesetzten Befehlshaber des zu Bestrafenden zu überlassen.

§ 29.

Hinsichtlich der Bekanntmachung der gegen Personen des Soldatenstandes verhängten Disziplinarstrafen bei dem Marinetheil oder der Schiffsbesatzung, welchen der Bestrafte angehört, und hinsichtlich der Führung der Straflisten behält es bei den darüber bestehenden Vorschriften das Bewenden.

VII. Abschnitt.

Von der Beschwerdeführung über Disziplinarbestrafung.

§ 30.

Beschwerden über eine von dem zuständigen Befehlshaber verhängte Disziplinarstrafe dürfen erst nach der Vollstreckung und alsdann nur

a) von dem Bestraften selbst und ohne Mitwirkung Anderer und

b) in der für dienstliche Beschwerden vorgeschriebenen Form,

im Dienstwege angebracht werden.

§ 31.

Wird die Beschwerde für begründet erachtet, so ist der hierauf bezügliche Bescheid in die Strafbücher, in welche die Strafe eingetragen worden, unter Löschung derselben, seinem Inhalte nach aufzunehmen und dem Beschwerdeführer davon Kenntniß zu geben.

Unbegründete Beschwerden unterliegen, insofern nicht strafrechtliche Verfolgung geboten ist, der Disziplinarbestrafung.

VIII. Abschnitt.

Von der Beaufsichtigung der Vorgesetzten in Absicht auf die richtige Anwendung der Disziplinarstrafen.

§ 32.

Die höheren Vorgesetzten haben die gerechte und zweckentsprechende Anwendung der den niederen Vorgesetzten zustehenden Strafvollstreckung sorgfältig zu überwachen.

Sie haben zu diesem Behuf die Straflisten, welche an Bord geführt werden müssen und welche den Grund, die Art und das Maß der Strafe, sowie den Namen des Vorgesetzten, welcher die Strafe verhängt hat, auszuweisen haben, genau zu kontroliren.

§ 33.

Finden die höheren Vorgesetzten, daß

1) eine von dem niederen Vorgesetzten verhängte Disziplinarstrafe entweder ihrer Art oder ihrer Dauer nach ungesetzlich, oder daß

2) der Strafende zu deren Verhängung nicht befugt gewesen ist, so ist von ihnen die Strafe abzuändern oder aufzuheben.

Schlußbestimmung.

§ 34.

Die Verordnung über die Disziplinarbestrafung in der Marine des Norddeutschen Bundes vom 13. Mai 1869 ist aufgehoben.

Berlin, den 23. November 1872.

Wilhelm.
v. Stosch.

Beilage X.

Verordnung, betreffend die Vollstreckung von Arreststrafen auf den in Dienst gestellten Schiffen und Fahrzeugen der Kaiserlichen Marine.

Ich habe auf Ihren Vortrag die Mir vorgelegte „Verordnung, betreffend die Vollstreckung von Arreststrafen auf den in Dienst gestellten Schiffen und Fahrzeugen der Marine" vollzogen und lasse Ihnen solche mit dem Auftrage wieder zugehen, das Weitere zur Einführung derselben zu veranlassen.

Berlin, den 23. November 1872.

Wilhelm.
v. Stosch.

An den Chef der Admiralität.

Verordnung, betreffend die Vollstreckung von Arreststrafen auf den in Dienst gestellten Schiffen und Fahrzeugen der Kaiserlichen Marine.

§ 1.

Die Vollstreckung von Arreststrafen findet, soweit dies ausführbar ist, nach Maßgabe der §§ 23 bis 27 beziehungsweise 162 des Militär-Strafgesetzbuches statt. In inländischen Kriegshäfen sind diese Strafen gegen Unteroffiziere und Gemeine, wenn angängig, an Land im Arrestlokal zu vollstrecken; dasselbe gilt hinsichtlich des geschärften Stuben- (Kammer-) Arrestes gegen Offiziere.

§ 2.

Der Kammerarrest wird in der Kammer des Bestraften vollzogen. Der Kommandant hat die Befugniß, dem Arrestaten den Aufenthalt auf Deck oder in der Batterie bis zu 2 Stunden täglich zu gestatten, während welcher Zeit ein Verkehr mit Kameraden oder anderen Personen nicht stattfinden darf.

Bei geschärftem Kammerarrest befindet sich die Kammer des Arrestaten unter Verschluß, und steht derselbe während der ihm ertheilten Erlaubniß des Aufenthaltes auf Deck resp. in der Batterie unter spezieller Aufsicht des Offiziers der Wache.

§ 3.

Falls der Bestrafte eine eigene Kammer nicht besitzt und auch keine andere Kammer für den Zweck disponibel gemacht werden kann, darf der Kammerarrest in Schiffsarrest von der doppelten Dauer umgewandelt werden.

Der Bestrafte hat sich während der Dauer dieses Arrestes in seinem gewöhnlichen Wohnraume aufzuhalten und darf Deck und Batterie nur nach Maßgabe der ihm nach § 2 vom Kommandanten ertheilten Erlaubniß betreten.

§ 4.

Der gelinde Arrest wird von Deckoffizieren und unteren Militärbeamten, welche eine Kammer haben, in dieser, unter Verschluß derselben verbüßt, wobei im Uebrigen die Bestimmungen des § 2 Anwendung finden.

Haben die Bestraften keine eigene Kammer, so tritt Umwandlung in die doppelte Dauer Schiffsarrest gemäß der Bestimmung des § 3 ein. Für die übrigen Unteroffiziere und die Gemeinen tritt in Stelle des gelinden Arrestes Schiffsarrest von doppelter Dauer und Essen an einem abgesonderten — wenn möglich unter Aufsicht eines Postens gestellten — Platze, wo der Bestrafte auch die Freizeit zu verbringen hat.

§ 5.

Der mittlere und strenge Arrest wird in den festen Schiffsarrestlokalen verbüßt, soweit solche vorhanden sind, und kommen alsdann die Bestimmungen der §§ 24, 25, 26 und 27 des Militär-Strafgesetzbuches für das Deutsche Reich ebenfalls zur Anwendung. Wo das für den Mittel-Arrest bestimmte Arrestlokal nicht durch Tageslicht erhellt ist, geschieht die Erleuchtung durch eine Laterne, welche außerhalb des Lokals angebracht, ihr Licht durch ein starkes Glas hineinwirft.

Beim Mittel-Arrest wird dem Arrestaten außerdem täglich eine Stunde Bewegung an freier Luft unter Aufsicht eines Postens gestattet.

§ 6.

Wo die festen Arrestlokale nicht vorhanden sind, oder falls dieselben nicht ausreichen, darf der Arrestat in einem dazu geeigneten Raum, in welchem er von der Schiffsbesatzung gänzlich getrennt ist, z. B. in der Last, oder in einem aus Segeltuchwänden herzustellenden, unter Aufsicht eines Postens befindlichen Raum an Deck oder in der Batterie für die Dauer der Strafzeit ein- resp. angeschlossen werden.

Der Arrestat erhält hierbei des Nachts keine Hängematte und die im Strafgesetzbuch vorgeschriebene Nahrung.

Bei strengem Arrest wird der Bestrafte außerhalb des dunklen Arrestraumes täglich mit Ausnahme der sogenannten guten Tage 2 Stunden an einen geeigneten und durch einen Vorhang von der übrigen Besatzung abgeschlossenen Ort an Deck, in der Batterie oder im Zwischendeck in aufrechter Stellung angebunden, dergestalt, daß er sich weder setzen noch legen kann. Welche Räumlichkeit als Arrestlokal mit Rücksicht darauf, daß der Aufenthalt in demselben die Gesundheit nicht schädigen darf, zu verwenden ist, hat der Kommandant nach Anhörung des Arztes zu bestimmen.

§ 7.

Die eine Arreststrafe verbüßenden Offiziere, Deckoffiziere und unteren Militärbeamten sind während der Strafzeit vom Dienst suspendirt. Nach dem Ermessen des zuständigen Befehlshabers darf, wenn die Umstände es fordern, ausnahmsweise die Heranziehung zum Dienst stattfinden.

Gemeine thun während des dem Arrest substituirten Schiffsarrestes, soweit dies angängig, den gewöhnlichen Dienst.

Während der Dauer des mittleren und strengen Arrestes wird nur die Arrestaten-Löhnung gezahlt.

§ 8.

Der Schiffsarrest im Sinne dieser Verordnung hat für Mannschaften vom Unteroffizier abwärts in der festgesetzten Dauer nur für die Tage Gültigkeit, während welcher sich das Schiff im Hafen bei gestatteter Kommunikation mit dem Lande befindet.

Während des Schiffsarrestes dürfen die Bestraften zu keinem Dienst nach und auf dem Lande verwendet werden.

Der Schiffsarrest der Offiziere, Deckoffiziere und unteren Militärbeamten, mit welchem eine Beschränkung der freien Bewegung im Schiffe und Dienstsuspension verbunden ist, kann auch während das Schiff sich in See befindet, verbüßt werden.

§ 9.

Jede Arreststrafe muß, wenn es die Umstände irgend gestatten, und soweit die Bestimmung des § 8 davon nicht eine Ausnahme bedingt, gleich nach der Publikation des Erkenntnisses vollstreckt werden.

Eine Unterbrechung in der Vollstreckung kann der Gerichtsherr, beziehungsweise der Kommandant, nur verfügen, wenn eine solche für die Gesundheit des Bestraften oder für den Dienst, namentlich bei kriegerischen Aktionen, unbedingt geboten erscheint.

Berlin, den 23. November 1872.

Wilhelm.
v. Stosch.

Ad Beil. VIII—X.

Berlin, den 26. November 1872.

Die vorstehenden Allerhöchsten Kabinets-Ordres, sowie die zugehörigen Verordnungen werden hierdurch zur allgemeinen Kenntniß der Marine gebracht.

Der Chef der Admiralität.
v. Stosch.

Register.

A.

B.

H.

J.

K.

L.

N.

O.

S.

T.

U.

V.

Berichtigungen.

Seite 7 Z. 10 v. u. l. 9. Juli st. 9. September.
" 15 Z. 31 v. u. l. Anm. 14 st. Anm. 16.
" 17 Anm. 1 ist am Schluß: (Motive) einzuschalten.
" 47 Z. 3 der Erläuterungen v. o. zwischen 138 Abs. 1 und 141 Abs. 1, ist einzuschalten: 139.
" 47 ebendas. l. 144 Abs. 1 st. 144 Abs. 2.
" 77 ist in der Anm. zu § 45 in der 4. Z. v. o. das Komma hinter: im Felde zu streichen.
" 113 Anm. 4 letzte Z. l. (cf. Anm. 5) st. (cf. Anm. 4).
" 132 Anm. 5 ist der Schlußsatz zu streichen und bei Anm. 4 als Schlußsatz einzurücken.
" 137 Anm. 1 zu § 82 Z. 2 v. o. l. (cf. Anm. 1 zu § 81) st. (cf. Anm. 2 zu § 81).
" 154 Z. 8 der Erläuterungen v. o. ist hinter: Landgendarmen einzuschalten: **im Dienst.**
" 170 Anm. 5 zweite Z. v. o. l. also mindestens zwei st. als mindestens zwei.
" 202 Anm. 1 letzte Z. l. (§ 160) st. (§ 60).

FSC
www.fsc.org
MIX
Papier | Fördert gute Waldnutzung
FSC® C083411

Kolibri 360 GmbH
Ferdinand-Jühlke-Straße 7
99095 Erfurt, Deutschland
produktsicherheit@kolibri360.de